Uwe Fachinger, Angelika Oelschläger,
Winfried Schmähl

Alterssicherung von Selbständigen

Beiträge zur Sozial- und Verteilungspolitik

herausgegeben von

Prof. Dr. Winfried Schmähl
(Universität Bremen)

Band 2

LIT

Uwe Fachinger, Angelika Oelschläger,
Winfried Schmähl

Alterssicherung von Selbständigen

Bestandsaufnahme und Reformoptionen

LIT

Gefördert durch die Hans-Böckler-Stiftung

Bibliografische Information Der Deutschen Bibliothek
Die Deutsche Bibliothek verzeichnet diese Publikation in der Deutschen Nationalbibliografie; detaillierte bibliografische Daten sind im Internet über http://dnb.ddb.de abrufbar.

ISBN 3-8258-7598-9

Grevener Str./Fresnostr. 2 48159 Münster
Tel. 0251–23 50 91 Fax 0251–23 19 72
e-Mail: lit@lit-verlag.de http://www.lit-verlag.de

Vorwort

Im Zuge des strukturellen Wandels der Erwerbsarbeit in Deutschland entstehen neben einer Vielzahl bereits vorhandener auch neue Formen selbständiger Tätigkeit. Zugleich befindet sich das System der Alterssicherung in Deutschland in einem tiefgreifenden Wandel, wobei insbesondere die umlagefinanzierte gesetzliche Rentenversicherung zugunsten kapitalfundierter Formen der Alterssicherung an Gewicht verlieren soll. In der vorliegenden Arbeit, die auf einer umfassenden Bestandsaufnahme der derzeitigen Situation der Alterssicherung von Selbständigen beruht, wird entgegen der in der öffentlichen Diskussion vertretenen Auffassung begründet, warum es vorteilhaft wäre, bislang nicht obligatorisch abgesicherte Selbständige – ein sehr heterogener Personenkreis – in die einkommensbezogene und beitragsfinanzierte gesetzliche Rentenversicherung einzubeziehen, um zumindest dafür zu sorgen, dass materielle Armut im Alter vermieden wird.

Die vorliegende Veröffentlichung basiert auf einem Bericht eines Forschungsprojektes zur „Alterssicherung von Selbständigen: Ausdehnung und Veränderung der Versicherungspflicht?“. Dieses Forschungsprojekt wie auch ein in diesem Rahmen durchgeführter Workshop wären ohne die finanzielle Förderung der Hans-Böckler-Stiftung nicht möglich gewesen. Dafür danken wir der Stiftung und insbesondere Frau Dr. Erika Mezger für die fruchtbare Zusammenarbeit. Zugleich gilt unser Dank Vertretern verschiedener Institutionen, die im Rahmen eines Workshops mit ihren Kenntnissen über den vielgestaltigen Komplex der Alterssicherung von Selbständigen einen inhaltlich bereichernden Beitrag geliefert haben.

Schließlich danken wir Frau Sabine Eilmes und Frau Anke Sommer für die Unterstützung bei der Erstellung der druckfertigen Fassung dieser Veröffentlichung. Die Autoren hoffen, mit dieser Arbeit nicht nur einen Beitrag zur verbesserten Information in diesem bislang relativ wenig durchleuchteten Themenkomplex, sondern auch eine Anregung für die Diskussion über die Weiterentwicklung des deutschen Alterssicherungssystems zu liefern.

Bremen, im November 2003

Uwe Fachinger, Angelika Oelschläger und Winfried Schmähl

Inhaltsverzeichnis[1]

1 Federführend waren für Kapitel 3 bis 5 Angelika Oelschläger, für Kapitel 5.2.2.5 und 5.2.2.6 Uwe Fachinger sowie für Kapitel 1 und 6 Uwe Fachinger und Winfried Schmähl.

Abbildungsverzeichnis

Tabellenverzeichnis

1 Kurzfassung

1.1 Problemstellung

Seit Beginn der 90er Jahre steigt die Zahl der selbständig Erwerbstätigen in Deutschland. Gefördert wurde diese Entwicklung durch ein komplexes Bündel sich ändernder gesellschaftlicher, ökonomischer und sozialer Bedingungen. Zu diesen zählen neue Orientierungen und Werte ebenso wie der sektorale Strukturwandel, betriebswirtschaftlich begründete Flexibilisierungsstrategien der Unternehmen, technisch-organisatorische Innovationsprozesse und gesunkene Preise von Informations- und Kommunikationstechnologien, wodurch Existenzgründungen mit vergleichsweise geringer Kapitalausstattung ermöglich werden.

Durch diese vielfältigen Veränderungen wurde Selbständigkeit für einen größeren Teil der Bevölkerung zu einer vielversprechenden Alternative. Die zunehmende Selbständigkeit wird jedoch auch begleitet von Gründungen „aus Not“, d.h. als Reaktion auf bestehende oder drohende Arbeitslosigkeit. Als Erklärungsmuster für die Entwicklungstendenzen wird daher in der Gründungsforschung seit einigen Jahren zu Recht zwischen einer „Ökonomie der Selbstverwirklichung“ (Pull-Faktor-These) und einer „Ökonomie der Not“ (Push-Faktor-These) unterschieden.

Da man sich von der Gründung neuer Unternehmen eine Entlastung des Arbeitsmarktes verspricht, wird der Trend zum Anstieg selbständiger Erwerbstätigkeit wirtschaftspolitisch in der Regel begrüßt und durch den Einsatz öffentlicher Mittel gefördert. Seit Ende der 80er Jahre werden jedoch auch die Schattenseiten erörtert. Die sozialpolitische Diskussion konzentrierte sich dabei auf das Phänomen der „Scheinselbständigkeit“, d.h. die beobachtete Tendenz, Selbständigkeit vorzutäuschen, um der Sozialversicherungspflicht zu entgehen. Auf diese Entwicklung reagierte der Gesetzgeber Ende der 90er Jahren mit zwei Gesetzen, durch die eine Einbeziehung der Scheinselbständigen in die Sozialversicherung erleichtert werden sollte.

Durch diese Fokussierung der sozialpolitischen Diskussion auf das Problem der Scheinselbständigkeit wurden ökonomische und soziale Folgen der Entwicklung in der „echten“ Selbständigkeit in den Hintergrund gedrängt. Mittlerweile herrscht jedoch Einigkeit darüber, dass sich im Bereich der „echten“ Selbständigkeit – ebenso wie bei den Beschäftigen – Strukturveränderungen abzeichnen.

Bislang deuten nur Indizien darauf hin, dass sich die Bandbreite der ökonomischen und sozialen Lage der Selbständigen durch die Entstehung der Selbständigkeit vergrößert. Nachweisbar ist allerdings, dass die Selbständigen im Durchschnitt über ein monatliches Nettoeinkommen in einer ähnlichen Größenordnung wie die Mehrzahl der Arbeiter und Angestellten verfügen. Einzelstudien zeigen ferner, dass ein Teil der Selbständigen, der von einem obligatorischen Alterssicherungssystem erfasst wird, der Verpflichtung zur kontinuierlichen Beitragszahlung aber nicht nachkommen kann oder will.

Für die Zukunft wird daher mit Defiziten in der Altersvorsorge der Selbständigen gerechnet, da ihre Möglichkeiten, in ausreichendem Maße für das Alter vorzusorgen, aufgrund niedriger Einkommen begrenzt sind. Zu einer sozialpolitischen Problemgruppe würden sie werden, wenn durch die mangelnde Altersvorsorge die Gefahr von Altersarmut steigt und dann die Gesellschaft für die Kosten einer mangelnden Vorsorge aufkommen muss. Die Altersvorsorge von Selbständigen wird daher als ein ernst zu nehmendes Problem eingestuft, dem durch sozialpolitische Maßnahmen rechtzeitig begegnet werden sollte.

Zu berücksichtigen ist ein weiterer Aspekt, der besonders in der Debatte über die „Scheinselbständigkeit" betont wurde: Änderungen in der Erwerbstruktur bleiben auch für die Finanzierung der sozialen Sicherungssysteme nicht ohne Folgen, denn durch eine Zunahme nicht sozialversicherungspflichtiger Beschäftigung verringert sich ceteris paribus die Zahl der Beitragszahler. Im umlagefinanzierten System der gesetzlichen Rentenversicherung hat dies ceteris paribus höhere Beitragssätze zur Folge, und dieser Prozess der Erosion der Finanzierungsbasis würde, falls die Vermutung zutrifft, dass die Vermeidung von Beitragszahlungen ein Hauptmotiv für die Umwandlung sozialversicherungspflichtiger in nicht sozialversicherungspflichtige Tätigkeiten darstellt, aus sich selbst heraus verstärkt.

Vor dem Hintergrund dieser Problemkomplexe wird derzeit die Frage nach einer grundlegenden Veränderung der Versicherungspflicht der Selbständigen diskutiert. Durch die Konzentration der sozialpolitischen Diskussion auf das Problem der „Scheinselbständigkeit" steht die Beantwortung der Frage, ob im Bereich der Alterssicherung der Selbständigen nach neuen Wegen gesucht werden sollte, noch am Anfang. In der einschlägigen Literatur herrscht im Grunde Einigkeit darüber, dass, bevor sozialpolitischer Handlungsbedarf reklamiert und Handlungsoptionen diskutiert werden können, eine Bestandsaufnahme der derzeitigen Situation und sich abzeichnender Entwicklungen notwendig sind. Denn der Wissensstand über die Konsequenzen der zunehmenden selbständigen Erwerbstätigkeit für die soziale Absicherung dieser heterogenen Personengruppe ist sehr lückenhaft.

Bisher gibt es weder gesicherte Erkenntnisse über die Folgen der institutionellen Verschiebung der Erwerbsformen für die sozialen Sicherungssysteme, noch sind Verdrängungsprozesse von sozialversicherungspflichtiger durch nicht sozialversicherungspflichtige Erwerbstätigkeit empirisch belegt. Schließlich ist ein Teil der Selbständigen bereits heute obligatorisch in der gesetzlichen Rentenversicherung oder einem anderen Alterssicherungssystem versichert und die Aufnahme einer selbständigen Tätigkeit damit nicht gleichbedeutend mit einem Wechsel in eine sozialrechtlich weniger geschützte Erwerbsform.

Vorrangiges Ziel des Projektes war vor diesem Hintergrund, empirische Forschungslücken zu schließen und unter Berücksichtigung des institutionellen Arrangements zu untersuchen,

- wie viele Selbständige bereits heute in einem öffentlich-rechtlich organisierten Alterssicherungssystem versicherungspflichtig sind,
- wie sich deren quantitative Bedeutung infolge des erwerbsstrukturellen Wandels in den 90er Jahren verändert hat und
- inwieweit die unterschiedlichen Alterssicherungsinstitutionen innerhalb und außerhalb der Sozialversicherung von diesen Veränderungen betroffen sind.

Ferner wird der Frage nachgegangen, zu welchen Resultaten die derzeitige Gestaltung der institutionellen Regelungen über eine Pflichtalterssicherung der Selbständigen im Hinblick auf deren materielle Situation in der Nacherwerbsphase führen.

Den Schwerpunkt bildet somit eine Lageanalyse der obligatorischen Altersvorsorge der Selbständigen aus institutioneller und empirischer Sicht. Darauf aufbauend werden Optionen dargelegt für eine Absicherung bislang in kein obligatorisches Alterssicherungssystem einbezogener Selbständiger und Schlussfolgerungen zum Veränderungsbedarf in der Alterssicherung von Selbständigen.

1.2 Institutionelle Regelungen

Die institutionellen Regelungen für die sozialversicherungspflichtigen Selbständigen sind in den folgenden Tabellen dargestellt. Die erste Tabelle verdeutlicht, dass nur bestimmte Gruppen versicherungspflichtig sind – und dies zudem in unterschiedlichen Regelsystemen innerhalb und außerhalb der GRV.

Einen Überblick über die Finanzierung vermittelt die Tabelle 1.2. Dabei wird deutlich, dass selbst innerhalb eines Systems – beispielsweise für die Kraft Gesetz versicherten Selbständigen in der GRV – unterschiedliche Regelungen bestehen. So müssen die (in der ersten Spalte unter b) subsumierten Selbständigen der Gruppe der) Versicherten kraft Gesetzes den vollen Beitragssatz zahlen. Eine hälftige Beitragszahlung wie bei den sozialversicherungspflichtig abhängig Beschäftigten oder den Hausgewerbetreibenden sowie den Künstlern und Publizisten existiert nicht.

Hinsichtlich der Finanzierung ist darauf hinzuweisen, dass es in der GRV kein „Beitragsabzugsverfahren“ wie bei den abhängig Beschäftigten gibt, der Versicherte muss die Beiträge selbst abführen. Dabei wird als Bemessungsgrundlage zunächst das Arbeitseinkommen in Höhe der Bezugsgröße verwendet. Dies bedeutet, dass ein sogenannter Regelbeitrag zu entrichten ist, der sich 2003 auf monatlich 447,90 € in West- und 374,36 € in Ostdeutschland beläuft.

Sofern ein höheres oder niedrigeres Einkommen nachgewiesen wird, wird dieses bis zur Beitragsbemessungsgrenze als Bemessungsgrundlage verwendet, von der dann 19,5 v.H. (Stand 1. Halbjahr 2003) als Beitrag an die GRV zu zahlen sind. Soweit die Person versicherungspflichtig ist, beträgt die monatliche Mindestbeitragsbemessungsgrundlage 325 € im gesamten Bundesgebiet. Damit ist ein Mindestbeitrag in Höhe von 63,37 € pro Monat zu zahlen.

Während bei den in der GRV abgesicherten Selbständigen somit in einem gewissen Umfang eine Wahlmöglichkeit zwischen einkommensbezogenen und einkommensunabhängigen Beiträgen besteht, zahlen Landwirten prinzipiell einen einkommensunabhängiger Festbetrag.

Die berufsständischen Versorgungswerke sind in der Gestaltung der beitragsrechtlichen Regelungen durch ein weites Spektrum unterschiedlicher Regelungen gekennzeichnet. Allgemein gilt, dass die Beiträge zu einem berufsständischen Versorgungswerk von den selbständig tätigen Pflichtmitgliedern grundsätzlich allein gezahlt werden. Einen Bundeszuschuss oder eine Beitragsbezuschussung wie bei den Landwirten oder eine hälftige Beitragszahlung wie bei den Künstlern und Publizisten existiert hier nicht.

Eine Reihe von Satzungen sehen für die selbständigen Mitglieder Regelbeiträge oder auch allgemeine Versorgungsabgaben vor, die sich nicht am persönlichen Einkommen des Mitglieds orientieren. Allerdings können anstelle

Tabelle 1.1: Formen der obligatorischen Alterssicherung für die Gruppe der selbständig Beschäftigten, Stand Januar 2003

	Sicherungssystem	
	Regelsystem	Zusatzsystem
Versicherte kraft Gesetzes	Gesetzliche Rentenversicherung	
a) Hausgewerbetreibende	a) Arbeiterrentenversicherung	
b) Lehrer, Erzieher, Pflegepersonen, Hebammen, Entbindungspfleger, Selbständige mit einem Auftraggeber und ohne versicherungspflichtigen Arbeitnehmer, Bezieherinnen und Bezieher eines Existenzgründungszuschusses	b) Angestelltenversicherung	
c) Seelotsen	c) Angestelltenversicherung	c) Gemeinsame Ausgleichskasse im Seelotswesen der Reviere
d) Küstenschiffer und Küstenfischer	d) Arbeiterrentenversicherung	
Handwerker, die in der Handwerksrolle eingetragen sind, für einen Zeitraum von mindestens 18 Jahren Pflichtbeitragszahlung	Arbeiterrentenversicherung	
Bezirksschornsteinfegermeister	Arbeiterrentenversicherung	Versorgungsanstalt der deutschen Bezirksschornsteinfegermeister
Künstler und Publizisten	Angestelltenversicherung (nach dem Künstlersozialversicherungsgesetz)	
Landwirte	Landwirtschaftliche Alterssicherung	
Teilgruppen der freien Berufe	Versorgungswerke der freien Berufe	

Quelle: Eigene Darstellung.

Tabelle 1.2: Die Finanzierung der obligatorischen Alterssicherung in der gesetzlichen Rentenversicherung für die Gruppe der selbständig Beschäftigten, Stand Januar 2003

	Beitrag des/der Versicherten		Finanzierung
	Bemessungsgrundlage	Ausnahmen	
Versicherte kraft Gesetzes			
a) Hausgewerbetreibende	a) Arbeitseinkommen bis zur Beitragsbemessungsgrenze		a) Beiträge: 50 v.H. Versicherte und 50 v.H., Arbeitgeber, zusätzlich Bundeszuschuss
b) Lehrer, Erzieher, Pflegepersonen, Hebammen, Entbindungspfleger, Selbständige mit einem Auftraggeber oder die keinen versicherungspflichtigen Arbeitnehmer beschäftigen	b) Arbeitseinkommen in Höhe der Bezugsgröße	b) bei Nachweis eines höheren oder niedrigeren Einkommens dieses Arbeitseinkommen bis zur Beitragsbemessungsgrenze, mindestens jedoch monatlich 400 EUR	b) und c) Beiträge: 100 v.H. Versicherte, zusätzlich Bundeszuschuss
c) Seelotsen	c) Arbeitseinkommen bis zur Beitragsbemessungsgrenze		
d) Küstenschiffer und Küstenfischer	d) das in der Unfallversicherung maßgebende beitragspflichtige Arbeitseinkommen	d) Beiträge: 100 v.H. Versicherte,	Zuschüsse der Länder, zusätzlich Bundeszuschuss
Handwerker, die in der Handwerksrolle eingetragen sind	Arbeitseinkommen in Höhe der Bezugsgröße	bei Nachweis eines höheren oder niedrigeren Einkommens dieses Arbeitseinkommen bis zur Beitragsbemessungsgrenze, mindestens jedoch monatlich 400 EUR	Beiträge: 100 v.H. Versicherte, zusätzlich Bundeszuschuss
Bezirksschornsteinfegermeister zur Beitragsbemessungsgrenze	Arbeitseinkommen in Höhe der Bezugsgröße	bei Nachweis eines höheren Einkommens dieses Arbeitseinkommen bis	Beiträge: 100 v.H. Versicherte, zusätzlich Bundeszuschuss
Künstler und Publizisten	voraussichtliches Jahresarbeitseinkommen	nicht versicherungspflichtig bei einem jährlichen Einkommen von unter 3.900,00 EUR	Beiträge: 50 v.H. Versicherte, 30 v.H. Auftraggeber, 20 v.H. Bundeszuschuss

Quelle: Eigene Darstellung.

der in der jeweiligen Satzung festgelegten Normbeiträge einkommensbezogene Beiträge gezahlt werden. Weiterhin sind Mindestbeitragsregelungen zu beachten. Einige Versorgungswerke sehen zudem die Möglichkeit ermäßigter Beitragszahlungen in den ersten Jahren nach Aufnahme der selbständigen Tätigkeit vor. Im Gegensatz zur GRV ist zudem eine freiwillige Höherversicherung nicht ausgeschlossen.

Die Leistungen sind ebenfalls unterschiedlich, sowohl was das Niveau als auch die Dynamisierung betrifft. Die in der GRV versicherungspflichtigen Selbständigen erhalten Leistungen, die denen der abhängig Beschäftigten entsprechen. Dabei wird das der Beitragszahlung zugrunde liegende Einkommen sowie die Anzahl der Monate, für die Beitragszahlung geleistet wurden, zur Ermittlung der Entgeltpunktsumme verwendet. Die Anpassung der Rentenzahlung ist identisch mit der für ehemals versicherungspflichtig abhängig Beschäftige.

Demgegenüber richtet sich die Höhe der Leistungen für die Landwirte grundsätzlich nach der Anzahl der Beitrags- sowie Zurechnungszeiten. Da einheitlich hohe Beiträge entrichtet wurden, wird auch bei der Leistungsermittlung kein Bezug auf das Erwerbseinkommen genommen. Die Anpassung richtet sich nach der der Renten aus der GRV.

Eine einheitliche Rentenformel existiert für die berufsständische Versorgung nicht, da die Leistungsberechnung nach unterschiedlichen Verfahren erfolgt, die in den jeweiligen Satzungen geregelt sind. Maßgeblicher Faktor für die Leistungshöhe ist aber auch in den Versorgungswerken die Höhe der Beitragszahlungen sowie die Dauer der Mitgliedschaft. Die Anpassung der Rentenleistungen erfolgt nach unterschiedlichen Verfahren. Sie wird nicht automatisch vollzogen und erfolgt unter Berücksichtigung der finanziellen Leistungsfähigkeit des jeweiligen Versorgungswerkes, d.h. die Anpassung des Rentenbetrages geschieht aufgrund des Jahresabschlusses und eines versicherungsmathematischen Gutachtens über das letzte Geschäftsjahr. Dies kann u.U. dazu führen, dass eine Dynamisierung beispielsweise für ein Jahr ausgesetzt wird.

1.3 Sozialrechtlich erfasste und nicht erfasste Selbständige

Bevor im folgenden zentrale Informationen zur quantitativen Bedeutung der jeweiligen Gruppen dargestellt werden, ist darauf hinzuweisen, dass es sich dabei aufgrund der Datenlage in der Regel nur um Näherungswerte handelt, die aber die Dimension durchaus verdeutlichen.

Tabelle 1.3: Versicherte, sozialrechtlich erfasste und nicht erfasste Selbständige Ende der 90er Jahre (Deutschland)

Versicherte Selbständige Ende 1999 in Tsd. nach Trägerdaten		(Sozial-) rechtlich erfasste Selbständige im Mai 2000 in Tsd. nach Mikrozensus	Selbständige, für die keine Regelungen über eine Versicherungspflicht existieren im Mai 2000 in Tsd. nach Mikrozensus	
GRV			Sonstige Freiberufler, Techniker u.ä.	230 54
Kraft Gesetz	21	150	Handel	616
Handwerker	86	630	Bank- und Versicherungswesen	100
Künstler/ Publizisten	96	150		
Auf Antrag	21		Verkehr	116
Mit einem Auftraggeber	?		Sonstige „unternehmensnahe“ Dienstleistungen	142
Landwirte	251	300		
Berufsständische Versorgung			Tourismus und Gastgewerbe	195
„klassische“ freie Berufe	ca. 260	380	Hauswirtschaft, Körperpflege, soziale Berufe	77
Bau-Ingenieure	?	30	Unternehmer	291
			Selbständige ohne nähere Tätigkeitsangabe	79
Gesamt	ca. 735	1.640		1.900

Quelle: Eigene Berechnung und Darstellung auf Grundlage Trägerdaten und Statistisches Bundesamt, Ergebnisse des Mikrozensus.

Die Untersuchung über den Personenkreis der Selbständigen, die in ein obligatorisches Alterssicherungssystem einbezogen sind, zeigt, dass neben versicherten Selbständigen (von etwa 735.000 Personen Ende 1999) und Selbständigen, für die eine Versicherungspflicht nach den derzeitigen institutionellen Regelungen nicht vorgesehen ist (von etwa 1,9 Mio. Personen), eine dritte, nicht unbedeutende Gruppe existiert, für die sozialrechtliche Regelungen zwar bestehen, die aber aus unterschiedlichen Gründen nicht versichert sind.

Die letztgenannte Gruppe sind einerseits die in der GRV als Versicherte kraft Gesetz erfassten Berufsgruppen, deren Anzahl nach den Mikrozensus-Daten mit 150.000 erheblich höher ist als die der tatsächlich in der GRV als Versicherte nachgewiesene Personen. Andererseits die Handwerker, die auf Grund von Befreiungsmöglichkeiten und der Rechtsform des Unternehmens ebenfalls nur zu einem geringen Anteil im Versichertenbestand erscheinen, und schließlich die Künstler und Publizisten, die nach dem Mikrozensus ebenfalls mehr Personen umfassen, als im Versichertenbestand ausgewiesen werden.

Im System der Alterssicherung der Landwirte sind es weitere etwa 50.000 Personen, deren versicherungsrechtlicher Status nicht eindeutig ermittelt werden kann, sowie im Bereich der berufsständischen Versorgung der klassischen freien Berufe weitere etwa 120.000 Personen, die derzeit nicht versichert sind. Dies wird vor allem darin begründet sein, dass bei Neugründungen Altersgrenzen existieren, die den versicherungspflichtigen Personenkreis auf die jüngeren Alterskohorten begrenzen. Hinzu kommen in diesem Bereich etwa 30.000 Personen, die als selbständige Bauingenieure tätig sind, für die bislang nur in Bayern und Nordrhein-Westfalen ein Versorgungswerk besteht, die aber in größerem Umfang dem Bayrischen Versorgungswerk beitreten wollen.

Neben den 1,9 Mill. Selbständigen, die keiner Versicherungspflicht unterliegen, gibt es somit etwa 900.000 sozialrechtlich bereits in irgendeiner Form erfasste, aber nicht versicherte Selbständige. Dies bedeutet, dass derzeit bei den kraft Gesetz versicherten Selbständigen ein relativ hoher Anteil an Personen besteht, die ihrer Versicherungspflicht – sei es gewollt oder unwissentlich – nicht nachkommen. Hierdurch zeigt sich ein grundsätzliches Problem, das unabhängig von der konkreten Ausgestaltung der Pflichtversicherung besteht: die faktische Erfassung der selbständig Erwerbstätigen.

1.4 Einkommens- und Vermögenssituation

Im Großen und Ganzen kann auf der Grundlage der Querschnittanalyse auf Basis der Einkommens- und Verbrauchsstichprobe des Jahres 1998 festgehalten werden, dass sich die Einkommenssituation der Selbständigen im Durchschnitt nicht wesentlich von der der abhängig Beschäftigten unterscheidet. Einen Einblick in die Verteilung der Erwerbseinkommen der jeweiligen Haupteinkommensbezieher (HEB) zeigt die folgende Abbildung.

Abbildung 1.1: Vergleich der Erwerbseinkommen aus abhängiger Beschäftigung und selbständiger Tätigkeit von Haupteinkommensbeziehern im Jahr 1998 in v.H.

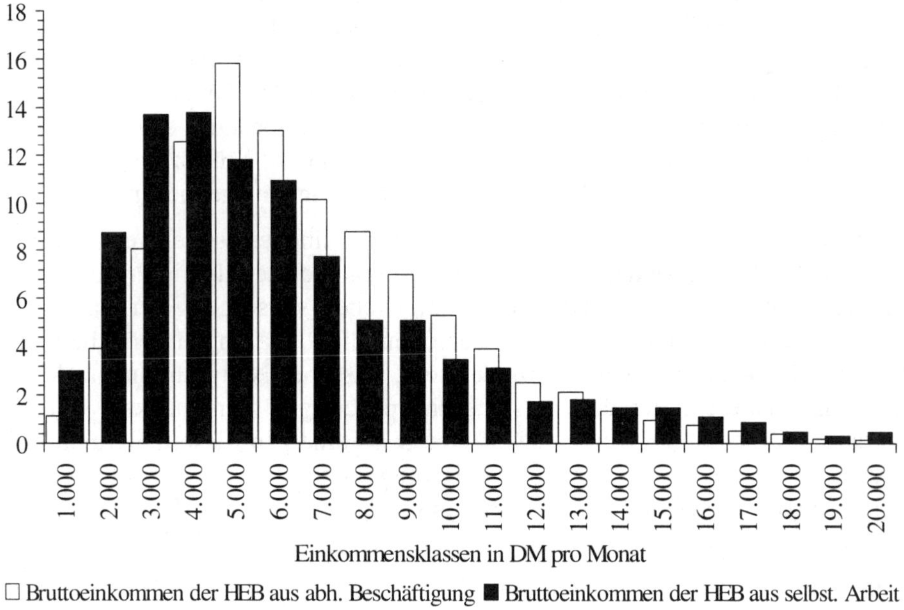

Quelle: Eigene Berechnungen auf der Basis des scientific use files der EVS'98.

Die Ergebnisse der Status quo Analyse beschreiben die Situation im Jahr 1998, d.h. sie basieren auf einer Querschnitterhebung, und können daher lediglich als erste Indizien für die Sparfähigkeit und die Vorsorgemaßnahmen von Haushalten selbständig Erwerbstätiger gewertet werden. Um eine adäquate Beschreibung zu erhalten und eine Problemanalyse durchführen zu können, sind Längsschnittanalysen anhand von Datensätzen erforderlich, die idealerweise die gesamte bisherige Erwerbs- und Vorsorgebiographie der Selbständigen erfassen. So ist davon auszugehen, dass zumindest ein Teil der selbständig Erwerbstätigen auch Phasen einer sozialversicherungspflichtigen abhängigen Beschäftigung aufweist.

Hinsichtlich des Vermögensbestandes weist die Verteilung der Nettogeldvermögensbestände insgesamt gesehen die aus anderen Untersuchungen bekannte Form auf, wonach der überwiegende Teil über nur geringe und ein kleiner

Anteil über sehr hohe Vermögensbestände verfügen. So liegt der äquivalenzgewichtete[2] Nettogeldvermögensbestand von 50 v.H. der Haushalte von Selbständigen ohne eine explizite Altersvorsorge unter 16.000 DM und bei denen mit einer expliziten Altersvorsorge unter 40.000 DM, und lediglich 10 v.H. der Haushalte haben einen Vermögensbestand von über 178.000 DM bzw. 221.000 DM.

Indizien weisen darauf hin, dass für einen nicht unbeträchtlichen Teil der Haushalte mit überwiegendem Einkommen aus einer selbständigen Erwerbstätigkeit die Gefahr der materiellen Armut im Alter besteht, da sie über keine oder eine nicht ausreichende Altersvorsorge verfügen. Dieser Mangel kann sicherlich zu einem Teil auf die relativ niedrige Sparfähigkeit zurückgeführt werden, da von diesen Haushalten 35,2 v.H. nur ein äquivalenzgewichtetes verfügbares Einkommen von unter 2.000 DM pro Monat haben.

1.5 Handlungsoption

Mit Blick auf die Alterssicherung derjenigen Selbständigen, die bislang in Deutschland in kein obligatorisches Vorsorge- und Sicherungssystem einbezogen sind, legen die Projektergebnisse nahe, diesen Personenkreis zu obligatorischer Vorsorge heranzuziehen. Angesichts der Heterogenität dieses Personenkreises sollte dabei zumindest eine Vorsorge erfolgen, die Einkommensarmut im Alter vermeidet, d.h. es sollte die Pflicht für eine Mindestabsicherung vorgesehen werden.

Eine solche Pflichtvorsorge kann zwar prinzipiell in privater oder staatlicher Regie erfolgen, allerdings sprechen sozial- und verteilungspolitische Gründe für eine Einbeziehung in die gesetzliche Rentenversicherung. Dabei werden – wie auch bei sonstigen Ausweitungen des Personenkreises in der GRV – Befreiungsmöglichkeiten erforderlich, sofern von den nicht obligatorisch Abgesicherten eine vergleichbare Vorsorge bereits betrieben wurde. Außerdem liegt es aus wirtschaftspolitischer Sicht nahe, reduzierte Vorsorgeaufwendungen in einer Startphase selbständiger Tätigkeit vorzusehen, um die Aufnahme solcher Erwerbstätigkeit nicht zu behindern.

Die Vorsorgeaufwendungen würden damit durch einkommensbezogene Beiträge in der GRV erbracht, nicht aber durch einkommensunabhängige Kopf-

2 Um die Wohlstandsposition von Haushalten mit unterschiedlicher Personenzahl vergleichen zu können, wurden die Vermögensbestände mit Äquivalenzziffern gewichtet. Da es keine allgemeingültigen Gewichtungsfaktoren gibt, wurden die Gewichte der Sozialhilfeskala verwendet, die auch vielfach bei Einkommensanalysen Verwendung finden.

beiträge. Solche Kopfbeiträge führen zu einer regressiven Belastung und erfordern kompensierende Mittel aus öffentlichen Haushalten, wenn die Belastung als sozial- und verteilungspolitisch nicht akzeptabel angesehen wird. Anstelle einer solchen "Subventionierung" von Altersvorsorge während der Erwerbsphase sollte bei Erreichen des Rentenalters geprüft werden, ob ein unzureichendes Einkommen vorhanden ist. Zu diesem Zeitpunkt liegt es nahe, im ungünstigen Fall aus öffentlichen Mitteln durch die bedarfsorientierte Grundsicherung im Alter eine Aufstockung des Einkommens vorzunehmen.

Allerdings ist auch in bezug auf die relative Höhe der Beitragszahlung zu bedenken, dass selbst diese in niedrigen Einkommensbereichen – da die Selbständigen den vollständigen Beitragssatz von derzeit 19,5 v.H. zahlen müssen – zu einer zu starken Belastung führen kann. Um hierdurch entstehende negative Effekte zu vermeiden, wäre eine Regelung analog zu der für abhängig Beschäftigte nach § 163 Abs. 1 Nr. 10 SGB VI denkbar, die zu einer Reduzierung des Beitragstarifs innerhalb der Gleitzone zwischen 400 € und 800 € führt. Bei der Ausgestaltung ist zu beachten, dass dann auch nur Ansprüche gemäß der Höhe der Beitragszahlung erworben werden und durch die reduzierte Beitragszahlung keine Umverteilung zwischen den Versicherten ausgelöst wird.

Hinsichtlich der Absicherung in der GRV ist zu entscheiden, wann das (Mindest-) Sicherungsziel als erreicht anzusehen ist. Hier bietet sich an, dies an das Erreichen einer bestimmten Summe an Entgeltpunkten zu knüpfen. Dabei ist zu beachten, dass Entgeltpunkte bereits durch (frühere) versicherungspflichtige Erwerbstätigkeit oder auch z.B. durch Kindererziehung erworben werden können.

Angesichts des in der GRV im Zeitablauf durch gesetzgeberische Maßnahmen vorgezeichneten Sinkens des generellen Leistungsniveaus wäre das Erreichen von (mindestens) 30 Entgeltpunkten vorzusehen. Danach würde für diesen Personenkreis die Vorsorgepflicht in der GRV enden.

Eine Versicherungspflicht ist so zu gestalten, dass ein hoher Erfassungsgrad gewährleistet ist. Dies kann zum einen durch verstärkte Kontrollen erfolgen. Zum anderen könnte durch Datenweitergabe im Rahmen der Kooperation zwischen Trägern der Krankenversicherung und der Rentenversicherung, die bereits für abhängig Beschäftigte erfolgt, ebenfalls der Erfassungsgrad erhöht werden.

Da in der GRV verschiedene Gruppen von Selbständigen mit Sonderregelungen erfasst sind, liegt es nahe zu prüfen, ob nicht für diesen Personenkreis eine einheitliche Regelung erfolgen sollte. Sonderregelungen sollten eine spezifische Begründung voraussetzen und nicht zu Lasten der in der GRV Versicherten gehen.

Es bleibt allerdings dann auch zu begründen, warum für bestimmte Gruppen von Selbständigen, die in der GRV versichert sind, eine Begrenzung der Vorsorgepflicht erfolgt, die für andere Versicherte (Arbeitnehmer und andere Gruppen von Selbständigen) nicht gegeben ist.

Eine Einbeziehung noch nicht einer Vorsorgepflicht unterliegender Selbständiger in die GRV wird manchmal befürwortet, um die Finanzierungsbasis der GRV zu verbreitern. Auf diese Frage sei abschließend kurz eingegangen.

Allerdings sei ausdrücklich betont, dass im Zentrum der hier vorgelegten Analyse die Alterssicherung von Selbständigen – also auch deren Absicherung im Alter – steht. Unter sozialpolitischen Aspekten sollte dies auch der dominierende Gesichtspunkt sein, d.h. eine Begründung aus dem Blickwinkel der Verbesserung der Finanzierungsbasis der GRV wäre nachrangig. Allerdings sind die Auswirkungen auf die Finanzlage der GRV und der übrigen Beitragszahler bei einer Entscheidung über eine Regelung für bislang nicht obligatorisch Versicherte bzw. auch eine Umgestaltung der Regelungen für bestimmte Gruppen bereits in die GRV einbezogener Selbständiger zu berücksichtigen.

Soll eine durch den strukturellen Wandel im Bereich der Erwerbstätigkeit wie auch durch eine Umgehung der Versicherungspflicht ausgelöste Erosion der Finanzierungsbasis der GRV verhindert werden, so macht dies im Prinzip eine obligatorische Absicherung aller Erwerbstätigen in der GRV erforderlich. Dabei ist jedoch zu beachten, dass für zahlreiche Selbständigengruppen Sondersysteme existieren, und dass Selbständige, die keiner Versicherungspflicht unterliegen, bereits eine freiwillige Vorsorge betreiben könnten. Diese beiden Aspekte können durch entsprechende Befreiungsregelungen berücksichtigt werden.

Die Frage ist nun, welche gesamtwirtschaftliche Relevanz diese zusätzlichen Einnahmen bei der Einführung einer Versicherungspflicht besitzt. Je nach den in Berechnungen gemachten Annahmen beispielsweise über die Höhe der Einkommen oder die Lebenserwartung der Selbständigen unterscheiden sich auch die Berechnungsergebnisse und die hierauf sich stützenden Aussagen über die Konsequenzen einer Erweiterung des in der GRV pflichtversicherten Personenkreises. Werden darüber hinaus Reaktionen der Haushalte z.B. hinsichtlich ihrer Spar- und Arbeitsangebotsentscheidungen unterstellt, hängen die Ergebnisse zusätzlich von den unterstellten Verhaltensannahmen ab.

Es überrascht daher nicht, dass recht unterschiedliche Ergebnisse vorgelegt werden, die allerdings – diese Vermutung erscheint nicht unplausible – auch von der generellen Einstellung von Autoren insbesondere im Hinblick auf die Entwicklung der umlagefinanzierten Alterssicherung und ihrer künftigen Rolle im Gesamtsystem der Alterssicherung abhängen.

Diese wenigen Hinweise machen bereits deutlich, dass Aussagen über die Auswirkungen auf die Finanzlage der GRV von vornherein nur sehr begrenzt möglich sind. Dabei ist zusätzlich zu berücksichtigen, dass hier nicht interessiert, welche Effekte durch Selbständige generell für die Finanzlage der GRV zu erwarten wären, sondern nur durch die Einbeziehung bislang noch nicht irgendwo obligatorisch erfasster selbständig Erwerbstätiger.

Insgesamt kann – auch angesichts der realistischerweise zu unterstellenden Größenordnung in Höhe von maximal 10 Mrd. € zusätzlicher jährlicher Einnahmen für die GRV bei Einführung einer Versicherungspflicht (was etwa einem Beitragssatzpunkt entsprechen dürfte) – der Effekt für die Finanzlage der GRV nicht als Argument gegen oder für eine obligatorische Einbeziehung des noch nicht obligatorisch gesicherten Personenkreises angeführt werden.

Das auch in der Diskussion vorgetragene Argument, dadurch würde das Gewicht der Umlagefinanzierung erhöht, während es im Sinne einer "Modernisierungsstrategie" gerade um deren Reduzierung gehe, berücksichtigt nicht die möglichen Folgen kapitalfundierter Alterssicherung und ihre geringe Eignung zur Absicherung gegen Einkommensarmut im Alter, worauf im Bericht ausführlich eingegangen wird.

Die Entscheidung für eine der Optionen im Hinblick auf noch nicht obligatorisch abgesicherte Selbständige sollte also nicht primär mit Blick auf die Finanzlage der GRV oder generell die Frage nach dem Gewicht von Umlagefinanzierung und kapitalfundierte Finanzierung getroffen werden, sondern mit Blick auf das sozialpolitische Ziel der einkommensmäßigen Sicherung im Alter. Hier spricht – wie im Bericht näher dargelegt wird – vieles für die Einbeziehung der bislang nicht obligatorisch abgesicherten Selbständigen in die gesetzliche Rentenversicherung, nicht zuletzt angesichts der dort gegebenen Leistungsdynamisierung, was angesichts steigender Lebenserwartung für die Sicherung im Alter von großer und vielfach nicht hinreichend gewürdigter Bedeutung ist.

2 Einleitung

2.1 Ausgangslage und Skizzierung des Problemfeldes

Bis Ende der 70er Jahre gingen in der Bundesrepublik Deutschland sowohl die absolute Zahl als auch der Anteil der Selbständigen an den Erwerbstätigen kontinuierlich zurück. Seit den 80er Jahren ist in diesem Bereich eine Trendwende zu beobachten, da die Anzahl der Selbständigen – trotz der weiterhin rückläufigen Entwicklung in der Landwirtschaft – allmählich wieder anstieg. In den 90er Jahren hat sich diese Tendenz fortgesetzt und an Dynamik gewonnen, so dass Deutschland – neben den Niederlanden – zu denjenigen Ländern in der Europäischen Union zählt, in denen selbständige Erwerbstätigkeit eine deutlich steigende Tendenz aufweist[3]. Gefördert wurde diese Entwicklung durch ein komplexes Bündel sich ändernder gesellschaftlicher, ökonomischer und sozialer Bedingungen. Zu diesen zählen neue Orientierungen und Werte ebenso wie der sektorale Strukturwandel, betriebswirtschaftlich begründete Flexibilisierungsstrategien der Unternehmen (Outsourcing), technisch-organisatorische Innovationsprozesse und gesunkene Preise von Informations- und Kommuniaktionstechnologien, die Existenzgründungen mit vergleichsweise geringer Kapitalausstattung ermöglichen[4].

Durch diese vielfältigen Veränderungen wurde Selbständigkeit für einen größeren Teil der Bevölkerung zu einer viel versprechenden Alternative. Und zwar sowohl in Bereichen mit eher unterdurchschnittlichen Verdienstmöglichkeiten, in denen in der Regel geringe Anforderungen an die Qualifikation der Gründer gestellt werden, als auch in hochqualifizierten Tätigkeitsfeldern

3 Siehe dazu Kruppe et al. (1998), S. 36. Einen Überblick über die Entwicklung in Deutschland geben Bögenhold (1985), S. 23ff., Schrumpf (1986/87), Pfeiffer (1994), S. 17ff.; für die 90er Jahre Sternberg (2000), S. 24ff. Für die (uneinheitliche) Entwicklung in Europa siehe z.B. das vom European Employment Observatory herausgegebene Schwerpunktheft der Zeitschrift Trends Nr. 31 (1998), Franco (1998), Leicht / Luber (1998) oder Luber (1999).

4 Siehe für einen Überblick Bögenhold (1985) und Bögenhold (1987a), ferner Frick et al. (1998), S. 69ff. oder Frick (1999), S. 22ff., Welter / Rosenbladt (1998). International vergleichend Loutfi (1991), Döse et al. (1994), Luber / Müller (1999) oder Sternberg (2000). Zur Tertiärisierung der Wirtschaft z.B. Bögenhold / Leicht (2000), S. 77ff. Zur Diskussion über den Einfluss neuer Informationstechnologien auf die Entstehung der „neuen“ Selbständigkeit Trautwein-Kalms (1997).

im so genannten „sekundären“ Dienstleistungsbereich[5]. Die zunehmende Selbständigkeit wird jedoch auch begleitet von Gründungen „aus Not“, d.h. als Reaktion auf bestehende oder drohende Arbeitslosigkeit[6]. Als Erklärungsmuster für die beschriebenen Entwicklungstendenzen wird daher in der Gründungsforschung seit einigen Jahren zu Recht zwischen einer „Ökonomie der Selbstverwirklichung“ (Pull-Faktor-These) und einer „Ökonomie der Not“ (Push-Faktor-These) unterschieden[7].

Da man sich von der Gründung neuer Unternehmen eine Entlastung des Arbeitsmarktes verspricht, wird der gegenwärtige Trend zum (Wieder-)Anstieg selbständiger Erwerbstätigkeit wirtschaftspolitisch in der Regel begrüßt und durch den Einsatz öffentlicher Mittel gefördert[8]. Seit Ende der 80er Jahre werden jedoch auch Schattenseiten der neu erwachten „Kultur der Selbständigkeit“ erörtert[9]. Die sozialpolitische Diskussion konzentrierte sich dabei in den 90er Jahren auf das Phänomen der „Scheinselbständigkeit“, d.h. die beobachtete Tendenz, Selbständigkeit vorzutäuschen, um der Sozialversicherungspflicht zu entgehen[10]. Auf diese Entwicklung reagierte der Gesetzgeber Ende der 90er Jahren mit zwei Gesetzen[11], durch die eine Einbeziehung der

---

5 Darunter werden qualifizierte Dienstleistungen in beratenden, erzieherischen oder gesundheitlichen Berufen im Forschungs-, Management- oder Ausbildungsbereich verstanden, die i.d.R. durch einen starken Bezug auf individuelle Kundenbedürfnisse gekennzeichnet sind. Siehe hierzu Wießner (1997b), S. 3. Zur Konzentration des Wachstums im Bereich der unternehmensnahen Dienstleistungen Vring (2000), S. 41ff.

6 Diesen Begriff prägte Bögenhold; Bögenhold (1987a), S. 27ff. Zum push-Faktor Arbeitslosigkeit auch Bögenhold / Staber (1990), Kaiser / Otto (1990), Pfeiffer (2000) oder auch Wießner (1997b) und Wießner (1997a).

7 Siehe z.B. Schmidt (1999a), S. 617 oder auch Frick (1999), S. 19.

8 Zu entsprechenden Verlautbarungen politischer Akteure siehe z.B. Sitte (1998), S. 152. Zu Fördermaßnahmen im Überblick Düll / Vogler-Ludwig (1998). Zur Förderung der Selbständigkeit im Rahmen der Arbeitsmarktpolitik Wießner (1998b) und Wießner (1998a). Eher kritisch gegenüber einer Existenzgründungsförderung nach dem Gießkannenprinzip Fischer (1994).

9 Siehe aus sozialversicherungsrechtlicher Sicht z.B. Kreikebohm / Splittgerber (1986), Mayer et al. (1988), Mückenberger (1991), Rüppel / Kröll (1992), von Einem (1993), Kretschmer (1994), Ruland (1996), Brand (1997), Steinmeyer (1996), Gitter (1996), Igl (1998b). Zum Begriff der Kultur der Selbständigkeit Frick et al. (1998) oder Frick (1999).

10 Für einen Literaturüberblick zur Diskussion über die Scheinselbständigkeit siehe Dietrich (1998). Zur Abgrenzungsproblematik grundlegend Wank (1988); ferner z.B. Brand (1996); Brand (1997), Dietrich (1996b), Klöpper (1992), Kommission "Scheinselbständigkeit" (1999) oder Steinmeyer (1996).

11 Deutscher Bundestag (1998) sowie Deutscher Bundestag (2000).

Scheinselbständigen in die Sozialversicherung erleichtert werden sollte[12]. Die Entwicklung einer eindeutigen Formel, um die als „Scheinselbständigkeit" bezeichnete Grauzone zwischen abhängiger und selbständiger Tätigkeit präzise abgrenzen zu können, steht jedoch nach wie vor aus[13].

Durch diese Fokussierung der sozialpolitischen Diskussion auf das Problem der „Scheinselbständigkeit" wurden ökonomische und soziale Folgen der Entwicklung in der „echten" Selbständigkeit in den Hintergrund gedrängt. Mittlerweile herrscht jedoch Einigkeit darüber, dass nicht alle „neuen" Selbständigen „Scheinselbständige" sind[14] und sich im Bereich der „echten" Selbständigkeit – ebenso wie bei den Beschäftigen – Strukturveränderungen abzeichnen[15].

Bislang deuten nur Indizien darauf hin, dass sich die Bandbreite der ökonomischen und sozialen Lage der Selbständigen durch die Entstehung der „neuen" Selbständigkeit vergrößert[16]. Nachweisbar ist allerdings, dass die durchschnittlichen Einkommen von Selbständigen zwar immer noch deutlich über den Einkommen aus unselbständiger Arbeit liegen, ein Teil der Selbständigen jedoch über ein monatliches Nettoeinkommen in einer ähnlichen Größenordnung wie die Mehrzahl der Arbeiter und Angestellten verfügt[17]. Einzelstudien zeigen ferner, dass ein Teil der Selbständigen soziale Sicherheit in einem Al-

---

12 Siehe dazu z.B. Buchner (1999), Leuchten / Zimmer (1999), Schiefer (1999), Söhnlein (1999), Werling (1999), Berndt (2000), Bieback (2000), Försterling (2000), Reiserer (2000), Kollmer (1999). Zur Entwicklung der Diskussion nach den gesetzlichen Neuregelungen im Bereich der Sozialversicherung Reindl (2000).

13 Aussagen über die Verbreitung dieses Phänomens basieren daher auf Schätzungen und je nach angewandtem methodischen Konzept fallen die Befunde zur Verbreitung der Scheinselbständigkeit in einer Bandbreite von 100.000 bis zu 1.000.000 höchst unterschiedlich aus. Die umfangreichste empirische Untersuchung in diesem Bereich legte Dietrich (1996a) vor. Zu einer Übersicht über verschiedene Schätzungen zur Zahl der Scheinselbständigen siehe dort S. 7 oder auch Dietrich (1996b), S. 297. Neuere Studien über die Entwicklung der Anzahl von Scheinselbständigen liegen derzeit nicht vor.

14 Siehe dazu Leicht / Philipp (1999), Bieback (2001), S. 31, oder auch Reindl (2000), S. 416ff.

15 Siehe z.B. Kaiser (1987), Mayer / Paasch (1990), Paasch (1991), Mückenberger (1991), Bögenhold (1991), Döse et al. (1994) und Dietrich (1996b). Zur Kulturbranche Gottschall (1999) oder Gottschall / Schnell (2000). Zu Entwicklungstendenzen in der abhängigen Beschäftigung beispielsweise Voß / Pongratz (1998) oder auch Linnenkohl (1998), S. 45 f.

16 So bereits Bögenhold (1987a), S. 18ff., ferner Schmidt (1999a), S. 623 oder Reindl (2000), S. 429. Zur „neuen" Selbständigkeit z.B. Vonderach (1980), Kaiser (1987), Wank (1992), Dietrich (1996a) oder Pfarr (1997).

17 Siehe zu dieser Thematik auch Fachinger (2002c).

terssicherungssystem sucht, der Verpflichtung zur kontinuierlichen Beitragszahlung aber nicht nachkommen kann oder will[18].

Für die Zukunft wird daher mit Defiziten in der Altersvorsorge der Selbständigen gerechnet, da ihre Möglichkeiten, in ausreichendem Maße für das Alter vorzusorgen, aufgrund niedriger Einkommen begrenzt sind und/oder es an der Einsicht in diese Notwendigkeit fehlt[19]. Zu einer sozialpolitischen Problemgruppe würden sie werden, wenn durch die mangelnde Altersvorsorge die Gefahr von Altersarmut steigt und dann die Gesellschaft für die Kosten einer mangelnden Vorsorge aufkommen muss. Die Altersvorsorge der Selbständigen wird daher als ein ernst zu nehmendes Problem eingestuft, dem durch sozialpolitische Maßnahmen rechtzeitig begegnet werden sollte[20].

Zu berücksichtigen ist ein weiterer Aspekt, der besonders in der Debatte über die „Scheinselbständigkeit" betont wurde: Änderungen in der Erwerbstruktur bleiben auch für die Finanzierung der sozialen Sicherungssysteme nicht ohne Folgen, denn durch eine Zunahme nicht sozialversicherungspflichtiger Beschäftigung verringert sich ceteris paribus die Zahl der Beitragszahler. Im umlagefinanzierten System der gesetzlichen Rentenversicherung hat dies ceteris paribus höhere Beitragssätze zur Folge und dieser Prozess der Erosion der Finanzierungsbasis würde, falls die Vermutung zutrifft, dass die Vermeidung von Beitragszahlungen ein Hauptmotiv für die Umwandlung sozialversicherungspflichtiger in nicht sozialversicherungspflichtige Tätigkeiten darstellt, aus sich selbst heraus verstärkt[21].

Vor dem Hintergrund dieser beiden Problemkomplexe wird derzeit die Frage nach einer grundlegenden Veränderung der Versicherungspflicht der Selbständigen erneut diskutiert. Erneut, da die Problematik der sozialen Sicherung

---

18 Döse et al. (1994), S. 171. Ähnlich bereits in den 80er Jahren Kreikebohm / Splittgerber (1986), später auch Mayer / Paasch (1990). Zu empirischen Befunden Dietrich (1996a), S. 141.

19 Siehe hierzu Mayer et al. (1988), Rüppel / Kröll (1992), Buch (1995a) oder auch Bäcker (2001), S. 460f.

20 Siehe Buch (1995a). Plander (1989) bezeichnet diese Entwicklung als eine „sozialpolitische Zeitbombe" (S. 17). Sozialpolitischen Handlungsbedarf sehen auch Bieback (1999), Schmähl (2001a), S. 317, Fachinger (2002a) und Fachinger / Oelschläger (2000).

21 Diese Konsequenz wird auch als Erosion der Finanzierungsbasis bezeichnet. Zu diesem Aspekt auch die Ausführungen von Buch (1995a) und Buch (1995b), Ruland (1996), Alterssicherungskommission (1997), Bäcker (1998). Nach Berechnungen von Buch (1995b), S. 154 hätte der Beitragssatz zur Rentenversicherung im Jahre 1992 von durchschnittlich 18 auf etwa 17,55 v.H. gesenkt werden können, wenn die von ihm unterstellten Umwandlungsprozesse von sozialversicherungspflichtiger in nicht sozialversicherungspflichtige Beschäftigung nicht stattgefunden hätten.

der selbständig Erwerbstätigen seit dem Aufbau der Sozialversicherung Ende des 19. Jahrhunderts zu den sozialpolitisch immer wieder erörterten Grundfragen gehört[22]. Die Ausgangsbedingungen haben sich allerdings insofern verändert, als in der heutigen Situation – anders als in der Vergangenheit – die Einbeziehung der Selbständigen in ein obligatorisches Alterssicherungssystem nicht allein vom Bestreben nach einer ausreichenden sozialen Sicherung der Betroffenen im Alter geleitet wird, sondern auch die Folgen gesellschaftlicher und wirtschaftlicher Entwicklungen für die bestehenden sozialen Sicherungssysteme erörtert werden.

Durch die Konzentration der sozialpolitischen Diskussion auf das Problem der „Scheinselbständigkeit" steht die Beantwortung der Frage, ob im Bereich der Alterssicherung der Selbständigen nach gänzlich neuen Wegen gesucht werden sollte, noch am Anfang[23]. Die Tragweite einer solchen Entscheidung wird jedoch gesehen[24], und es herrscht im Grunde Einigkeit darüber, dass, bevor sozialpolitischer Handlungsbedarf reklamiert und Handlungsoptionen diskutiert werden können, eine Bestandsaufnahme der derzeitigen Situation und sich abzeichnender Entwicklungen notwendig ist. Denn wenngleich die „Selbständigenforschung" seit Beginn der 80er Jahre in etlichen Feldern Indizien für den strukturellen Wandel aufgezeigt und die vielfältigen Facetten der „neuen Selbständigkeit" problematisiert hat, ist der Wissensstand über die Konsequenzen der zunehmenden selbständigen Erwerbstätigkeit für die soziale Absicherung dieser heterogenen Personengruppe lückenhaft[25].

---

22 Die sozialrechtliche Behandlung der Selbständigen wurde nach dem II. Weltkrieg in allen Entwicklungsetappen, in denen eine Ausdehnung des versicherungspflichtigen Personenkreises geplant war, intensiv diskutiert. Hierzu ausführlich Guderjahn (1971), zur Diskussion unmittelbar nach dem 2. Weltkrieg Heyn (1947), in den 50er Jahren Heyn (1954) oder Sund (1957).

23 So wird die Einführung einer allgemeinen Versicherungspflicht z.B. von von Einem (1993), Gitter (1996), Burger (1998) oder Merten (1998) im Prinzip verneint, da sie in der Sache als nicht gerechtfertigt bzw. als zu weitgehend (so von Einem und Gitter) oder auch als politisch nicht durchsetzbar angesehen wird (von Einem). Während andere Autoren – insbesondere unter Hinweis auf die Schutzbedürftigkeit bestimmter Selbständigengruppen – eine sozialstaatliche Absicherung befürworten. So zum Beispiel Brand (1997) oder Rische (1999).

24 So bezeichnet beispielsweise Steinmeyer (1996) eine derartige Maßnahme als Grundsatzentscheidung, die weitreichende Folgen auch für die bestehenden Alterssicherungssysteme hat und daher eine größere sozialpolitische Diskussion erforderten.

25 Siehe hier zu Steinmeyer (1996) oder auch Schmähl (2001a). Einen Überblick über die Schwerpunkte der Gründungsforschung geben Schmude (1994) oder Preisendörfer (1996).

Bisher gibt es daher weder gesicherte Erkenntnisse über die Folgen der institutionellen Verschiebung der Erwerbsformen für die sozialen Sicherungssysteme, noch sind Verdrängungsprozesse von sozialversicherungspflichtiger durch nicht sozialversicherungspflichtige Erwerbstätigkeit empirisch belegt[26]. Schließlich ist ein Teil der Selbständigen bereits heute obligatorisch in der gesetzlichen Rentenversicherung oder einem anderen Alterssicherungssystem versichert und die Aufnahme einer selbständigen Tätigkeit damit nicht gleichbedeutend mit einem Wechsel in eine sozialrechtlich weniger geschützte Erwerbsform.

2.2 Zielsetzung und Fragestellung der Arbeit

Vorrangiges Ziel des Projektes war vor diesem Hintergrund, empirische Forschungslücken zu schließen und unter Berücksichtigung des institutionellen Arrangements zu untersuchen,

- wie viele Selbständige bereits heute in einem öffentlich-rechtlich organisierten Alterssicherungssystem versicherungspflichtig sind,
- wie sich deren quantitative Bedeutung infolge des erwerbsstrukturellen Wandels in den 90er Jahren verändert hat und
- inwieweit die unterschiedlichen Alterssicherungsinstitutionen innerhalb und außerhalb der Sozialversicherung von diesen Veränderungen betroffen sind.

Ferner wird der Frage nachgegangen, zu welchen Resultaten die derzeitige Gestaltung der institutionellen Regelungen über eine Pflichtalterssicherung der Selbständigen im Hinblick auf deren materielle Situation in der Nacherwerbsphase führen.

Den Schwerpunkt bildet somit eine Lageanalyse der obligatorischen Altersvorsorge der Selbständigen aus institutioneller und empirischer Sicht. Darauf aufbauend werden Schlussfolgerungen gezogen sowie Überlegungen zum Veränderungsbedarf und Gestaltungsalternativen angestellt.

2.3 Vorgehensweise und Aufbau

Die wissenschaftliche Bewertung der Alterssicherung von Selbständigen steht vor der Schwierigkeit, dass es im historisch gewachsenen System der sozialen Sicherung der Bundesrepublik Deutschland im Laufe der Zeit zu einer Reihe

26 Dieser Prozess wird u.a. von Buch (1995a), S. 751, oder Buch (1995b), S. 154 konstatiert. Zu einer anderen Einschätzung siehe Institut der deutschen Wirtschaft (1998).

von gesetzlichen Regelungen kam, durch die Einzelgruppen von Selbständigen rentenversicherungspflichtig wurden. Als ein Charakteristikum der Entwicklung des Sozialrechts wird daher die Tendenz einer schrittweisen Ausweitung des obligatorisch einbezogenen Personenkreises hervorgehoben[27]. Insgesamt ergibt sich hinsichtlich der Alterssicherung von Selbständigen dadurch bedingt ein heterogenes Bild, welches nach Guderjahn (1971), S. 251, durch „Buntscheckigkeit und Lückenhaftigkeit" gekennzeichnet ist. Ferner ist die Gestaltung der Versicherungspflicht durch ein hohes Maß voneinander abweichender rechtlicher Regelungen geprägt, die allgemeingültige Aussagen nicht zulassen. Diese heterogene Struktur der bestehenden institutionellen Regelungen über die Pflichtaltersvorsorge der Selbständigen zu ergründen ist Schwerpunkt des ersten Teils der Arbeit, in dem eine institutionelle Bestandsaufnahme durchgeführt wird[28].

Um die unterschiedlichen Regelungen im historischen Kontext ihrer Entstehung beurteilen zu können, wird im Rahmen dieser institutionellen Untersuchung zunächst die Entwicklung der obligatorischen Alterssicherung der Selbständigen im Überblick dargestellt (Kapitel 3).

Im Anschluss daran wird die derzeitige Gestaltung der Pflichtversicherung in Form einer Gegenüberstellung der bestehenden institutionellen Regelungen in der Systematik der Gestaltungsbereiche einbezogener Personenkreis, Organisation, Finanzierung und Leistungsrecht untersucht. Dazu zählen einerseits (sozial-) rechtliche Regelungen über öffentlich-rechtlich organisierte Regel-Alterssicherungssysteme, d.h. Systeme, die für den einbezogenen Personenkreis die Basis der Altersvorsorge gewährleisten sollen und als Pflichtsystem ausgestaltet sind (Kapitel 3), andererseits obligatorische Zusatzsysteme, die für den einbezogenen Personenkreis eine ergänzende Sicherungsfunktion haben (Kapitel 4)[29].

Aufbauend auf dieser institutionellen Bestandsaufnahme schließt sich in Kapitel 5 die empirische Untersuchung an. Im Zentrum dieser Untersuchung steht zunächst das Aggregat der selbständig Erwerbstätigen, das nach unterschiedlichen Kriterien gegliedert wird – eine Vorgehensweise, die dem Umstand Rechnung trägt, dass die Selbständigen eine heterogene Gruppe sind

---

27 So auch z. B. Schmähl (1998), S. 650.

28 Bei der Beschreibung der Alterssicherungssituation der Selbständigen wird häufig nur auf die GRV Bezug genommen, ohne zu berücksichtigen, dass die Pflichtalterssicherung der Selbständigen auch auf anderen Systemen basiert, so z.B. Buch (1999), S. 65.

29 Siehe zur Abgrenzung von Regel-, Ergänzungs- und Zusatzsicherung und auch zur quantitativen Bedeutung der unterschiedlichen Formen beispielsweise Schmähl (1998),S. 61-68.

und die materielle Situation im Alter nicht von sozialrechtlichen Regelungen allein, sondern durch ein komplexes Bündel unterschiedlicher Faktoren geprägt wird.

Im Anschluss daran wird die in Kapitel 3 erarbeitete Systematik der institutionellen Bestandsaufnahme erneut aufgenommen, um zu überprüfen, zu welchen Ergebnissen die derzeitige Gestaltung der obligatorischen Alterssicherung der Selbständigen de facto führt. Im Hinblick auf den einbezogenen Personenkreis betrifft dies die Beantwortung der eingangs formulierten Fragen, wie viele Selbständige versicherungspflichtig sind und wie sich deren Anzahl und Zusammensetzung infolge des erwerbstrukturellen Wandels verändert hat. Um die Wirkungen der institutionellen Gestaltung auf die Alterssicherungssituation der Selbständigen in ihrer gesamten Bandbreite erfassen zu können, sind zudem empirische Befunde über die Höhe der Beitragszahlungen der versicherten Selbständigen an die unterschiedlichen Sicherungsinstitutionen und die Höhe und Zusammensetzung der Alterseinkommen von Selbständigen zu ermitteln und deren jeweilige Determinanten zu untersuchen.

Im Kapitel 6 schließlich werden die Schlußfolgerungen der institutionellen und empirischen Lageanalyse zusammengefügt und erste Überlegungen zum Handlungsbedarf angestellt.

3 Die obligatorische Altersvorsorge

Nicht zuletzt infolge des etappenweisen Ausbaus, der Etablierung von Sondersystemen in unterschiedlicher Form und/oder im Zeitablauf überwiegend partiell erfolgten Gesetzesänderungen sind die institutionellen Regelungen über die Pflichtversicherung der Selbständigen sehr unterschiedlich gestaltet. Ziel des folgenden Kapitels ist vor diesem Hintergrund ein Überblick über wichtige Gestaltungsmerkmale der bestehenden Pflichtsysteme. Die Darstellung erfolgt nicht systemspezifisch, sondern – nach einem kurzen Hinweis auf die geltenden Rechtsgrundlagen – in der Systematik der Gestaltungsbereiche sozialer Sicherungssysteme. Dazu zählen[30]:

- versicherter Personenkreis,
- Organisation,
- Gestaltung der Finanzierung (Finanzierungsverfahren und Finanzierungsarten) und
- Gestaltung der Leistungen.

Durch diese Vorgehensweise werden nicht nur die bestehenden Unterschiede deutlicher – es können auch die vom Gesetzgeber jeweils gewählten Gestaltungsoptionen in den Einzelbereichen besser herausgearbeitet werden, deren Bandbreite bei einer Neuordnung der Versicherungspflicht der Selbständigen zu berücksichtigen ist. Das folgende Kapitel konzentriert sich auf die Regel-Alterssicherungssysteme, d.h. Systeme, die für den versicherten Personenkreis die Basis der Altersvorsorge gewährleisten sollen und als Pflichtsysteme ausgestaltet sind. Zu diesen Regelsystemen zählen neben der gesetzlichen Rentenversicherung (GRV) und der Alterssicheurng der Landwirte (AdL) die berufsständischen Versorgungswerke für Angehörige der verkammerten freien Berufe, bei denen es sich dem Wesen nach ebenfalls um öffentlich-rechtliche Pflichtversicherungssysteme handelt. Im Gegensatz zu den bundesrechtlich geregelten Systemen der GRV und AdL beruhen diese berufsständischen Versorgungseinrichtungen jedoch auf landesgesetzlichen Regelungen, die den Einrichtungen eine gewisse Gestaltungsfreiheit einräumen[31]. Für den Bereich der berufsständischen Versorgung können aufgrund der Vielfalt die-

30 Siehe hierzu ausführlich Schmähl (1996b).

31 Der Umfang der Gestaltungsspielräume ist von den jeweiligen landesrechtlichen Ermächtigungsgrundlagen abhängig, die teilweise lediglich bestimmen, dass die Kammern Versorgungseinrichtungen schaffen können, teilweise aber auch detailliertere Regelungen über die konkrete Gestaltung dieser Versorgung enthalten. Bundesgesetzliche Ermächtigungsgrundlagen kommen nur in Ausnahmefällen (z.B. bei den Notaren) zur Anwendung. Siehe dazu ausführlicher Boecken (1986), S. 67-71.

ser Systeme nur Grundstrukturen dargestellt werden, von denen es im Einzelfall durchaus Abweichungen gibt[32]. Rechtsstand der nachfolgenden Darstellung ist der 31. Dezember 2002.

3.1 Rechtsgrundlagen

Eine Versicherungspflicht selbständig Erwerbstätiger wird in Deutschland durch unterschiedliche Rechtsgrundlagen begründet und rechtlich gestaltet. Dies sind:

- das Sechste Buch Sozialgesetzbuch (SGB VI)[33] und das Künstlersozialversicherungsgesetz (KSVG)[34] für die in der GRV pflichtversicherten Selbständigen,
- das Gesetz über die Alterssicherung der Landwirte (ALG)[35] für die in der Landwirtschaft selbständig Tätigen und
- die landesgesetzlichen Regelungen und Satzungen der berufsständischen Versorgungswerke für Angehörige der verkammerten freien Berufe.

In allen diesen Rechtsgrundlagen gilt, dass die Versicherungspflicht für den betroffenen Personenkreis nur einsetzt, wenn die jeweilige Tätigkeit auch tatsächlich ausgeübt wird und der (dauerhaften) Erzielung von Arbeitseinkommen dient, d.h. die Anmeldung eines Gewerbes, Freizeitbeschäftigungen, Kapitalbeteiligungen oder lediglich der Besitz von Produktionsmitteln führen nicht zur Versicherungspflicht[36].

---

[32] Siehe zu den unterschiedlichen satzungsrechtlichen Regelungen ausführlich Boecken (1986), S. 73-172; im Überblick Hahn (1974), Kolb (1983) oder Boecken (1988).

[33] SGB VI in der Fassung der Bekanntmachung vom 19. Februar 2002 (BGBl. 2002 I, S. 754, 1404, 3384), zuletzt geändert durch Artikel 2 des Gesetzes vom 23. Dezember 2002 (BGBl. 2002 I, S. 4637).

[34] Gesetz über die Sozialversicherung der selbständigen Künstler und Publizisten vom 27. Juli 1981 (BGBl. 1981 I, S. 705), zuletzt geändert durch Artikel 20 des Gesetzes vom 21. Juni 2002 (BGBl. 2002 I, S. 2167).

[35] Gesetz über die Alterssicherung der Landwirte (ALG) vom vom 29. Juli 1994 (BGBl. 1994 I, S. 1890,1891), verkündet als Art. 1 des „Gesetzes zur Reform der agrarsozialen Sicherung" – ASRG 1995, zuletzt geändert durch Artikel 6a des Gesetzes vom 23. Dezember 2002 (BGBl. 2002 I, S. 4621).

[36] Die Versicherungspflicht knüpft damit an die Tätigkeit an, die aktiv, auf Dauer angelegt und zur Erzielung von Arbeitseinkommen ausgeübt wird. Siehe für die GRV z.B. Voelzke (1999), § 16, Rdnr. 129 oder Gürtner (2000), § 2 Rdnr. 6; für die AdL § 1 Abs. 2 Satz 1 ALG; für die berufsständische Versorgung exemplarisch § 11 der Satzung der Architektenversorgung Baden-Württemberg vom 1. Januar 1997.

3.2 Versicherter Personenkreis

Der obligatorisch in ein Alterssicherungssystem einbezogene Personenkreis wird formal-rechtlich durch die (gesetzliche oder satzungsrechtliche) Abgrenzung des versicherungspflichtigen Personenkreises definiert. Daneben enthalten die o.a. Rechtsgrundlagen regelmäßig gesonderte Tatbestände, die Möglichkeiten einer Befreiung von der Versicherungspflicht vorsehen oder – für Teilgruppen der formal Versicherungspflichtigen – Versicherungsfreiheit bewirken. Durch diese – vom Gesetzgeber beabsichtigten – Zusatzregelungen sind der personelle Geltungsbereich der Rechtsgrundlagen und der tatsächlich versicherte Personenkreis nicht deckungsgleich. Ferner sind institutionelle Regelungen über die Sicherstellung der Durchführung der Versicherung zu beachten, deren Effizienz den Erfassungsgrad der jeweiligen Systeme beeinflusst. Der in ein Sicherungssystem tatsächlich einbezogene Personenkreis ist damit das Ergebnis unterschiedlicher Regelungsbereiche, deren Zusammenspiel schematisch in Form eines dreistufigen Prozesses dargestellt werden kann, wie er in Abbildung 3.1 mit Hinweis auf die jeweiligen Rechtsgrundlagen dargestellt ist.

Abbildung 3.1: Schematische Darstellung der institutionellen Regelungen im Bereich versicherter Personenkreis

I. Pflichtversicherter Personenkreis

Gesetzliche Rentenversicherung (§ 2 SGB VI)	Alterssicherung der Landwirte (§ 1 ALG)	Berufständische Versorgungswerke (Landes- / Satzungsrecht)

Regelungen über Versicherungsfreiheit und Befreiung von der Versicherungspflicht

dauerhaft: §§ 5 und 6 SGB VI / §§ 3 und 4 KSVG / § 2 ALG jeweiliges Satzungsrecht	übergangsrechtlich: §§ 229 bis 231a SGB VI / § 85 ALG jeweiliges Satzungsrecht

II. Pflichtversicherter Personenkreis unter Berücksichtigung von Regelungen über Versicherungsfreiheit und Versicherungsbefreiung

Effizienz der Regelungen über die Erfassung der Versicherungspflichtigen

III. tatsächlich versicherter Personenkreis

Quelle: Eigene Darstellung.

Die Darstellung dieser unterschiedlichen Regelungsbereiche in den Rechtsgrundlagen konzentriert sich im Folgenden – insbesondere bei den Regulierungen über Versicherungsfreiheit und Befreiung von der Versicherungspflicht – auf die für die Selbständigen relevanten und dauerhaft geltenden Vorschriften. Die vielfältigen Übergangsregelungen, die aus Vertrauens- und Bestandsschutzgründen bei einer Ausdehnung der Versicherungspflicht auf neue Personengruppen regelmäßig erlassen werden, finden nur Erwähnung, sofern sie für den derzeitigen Rechtszustand noch größere Bedeutung haben.

3.2.1 Pflichtversicherte

3.2.1.1 Kraft Gesetz versicherte Selbständige in der GRV

Aktuelle gesetzliche Grundlage der Pflichtversicherung von Selbständigen in der GRV ist § 2 SGB VI, in dem in Satz 1 Nr. 1 - 9 diejenigen selbständig Tätigen aufgezählt. Für einen Teil dieser Personen war die Versicherungspflicht bis zum In-Kraft-Treten des SGB VI im Jahre 1992 z.T. in der Reichsversicherungsverordnung (RVO), dem Angestelltenversicherungsgesetz (AngVG) und dem Handwerkerversicherungsgesetz (HVG) gesondert geregelt[37]. Danach sind selbständig Tätige

1. Lehrer und Erzieher,
2. Pflegepersonen in der Kranken-, Wochen-, Säuglings- oder Kinderpflege,
3. Hebammen und Entbindungspfleger,
4. Seelotsen,
5. Künstler und Publizisten,
6. Hausgewerbetreibende,
7. Küstenfischer und Küstenschiffer,
8. Handwerker,
9. Selbständige mit einem Auftraggeber und ohne sozialversicherungspflichtige Arbeitnehmer sowie
10. Personen, die einen Existenzgründungszuschuß nach § 421 1 SGB III erhalten,

unter z.T. voneinander abweichenden Voraussetzungen versicherungspflichtig. Die Abgrenzung dieser – teilweise nach Tätigkeitsfeldern definierten – Selbständigen kann im Einzelfall strittig sein und es besteht die Möglichkeit

---

37 Das SGB VI wurde durch Art. 1 des Rentenreformgesetzes (RRG) 1992 vom 18. Dezember 1989 (BGBl. 1989 I, S. 2261) neu in das Sozialgesetzbuch eingefügt und trat an die Stelle der bisherigen gesetzlichen Regelungen. Für einen Überblick zu den Neuregelungen des RRG 1992 Dederer / Grintsch (1989), zu den Gründen der Reform auch Schmähl (1990a).

von Konkurrenzen, d.h., dass Selbständige nach mehreren Tatbeständen versicherungspflichtig sind[38]. Da die jeweilige Zuordnung infolge der abweichenden sozialrechtlichen Bestimmungen für die Einzelgruppen von Bedeutung sein kann, wird auf wichtige Merkmale und Unterscheidungskriterien der kraft Gesetz versicherungspflichtigen Selbständigen und mögliche Abgrenzungsprobleme im Folgenden gesondert hingewiesen.

3.2.1.1.1 Lehrer und Erzieher

Lehrer und Erzieher sind nach § 2 Satz 1 Nr. 1 SGB VI rentenversicherungspflichtig, wenn sie im Zusammenhang mit ihrer selbständigen Tätigkeit keine versicherungspflichtigen Arbeitnehmer beschäftigen[39]. Der Lehrbegriff wird dabei weit gefasst und setzt keine besondere pädagogische Qualifikation voraus[40]. Zum Kreis der versicherungspflichtigen Lehrer und Erzieher zählen daher beispielsweise:

- Lehrbeauftragte oder Dozenten an öffentlichen oder privaten Bildungseinrichtungen (z.B. Sprachschulen);

---

38 Bestehen mehrere Pflichtversicherungsverhältnisse nebeneinander, gilt, dass im Einzelfall der beste soziale Schutz gewährleistet werden soll. Nach diesem „Günstigkeitsprinzip" geht daher entweder der Versicherungspflichttatbestand vor, bei dem der höchste Beitrag zu entrichten ist oder aber derjenige, bei dem ein geringerer Beitrag zu einem besseren sozialen Schutz führt. Nebeneinander bestehende Versicherungspflichtverhältnisse sind daher jeweils für den Einzelfall zu betrachten. Siehe hierzu Voelzke (1999), S. 380, § 15, Rdnr. 27-29. Teilweise werden Konkurrenzverhältnisse aber auch gesetzlich geregelt, indem entweder besondere Zuständigkeitszuweisungen erfolgen oder entsprechende Befreiungsregelungen getroffen werden.

39 Das heißt, dass seit dem 1. Januar 1992, vorher bezog sich dieses nur auf Angestellte, keine weiteren Angestellten oder Arbeiter zur Ausübung der selbständigen Tätigkeit beschäftigt werden. Dazu zählen auch Beschäftigte, welche die Ausübung der selbständigen Tätigkeit lediglich unterstützen, wie z.B. Reinigungskräfte in den Geschäftsräumen, nicht dagegen Haushaltshilfen im Privathaushalt. Siehe hierzu z.B. Grintsch (1997), § 2 Rdnr. 4. Nach den (rückwirkend) seit dem 1.1.1999 geltenden Neuregelungen durch das „Gesetz zur Förderung der Selbständigkeit" vom 20.12.1999 (BGBl. 2000 I, S. 2) zählen auch Auszubildende und Praktikanten zu den versicherungspflichtigen Arbeitnehmern. Bei den nach § 2 Satz 1 Nr. 1, 2 und 7 SGB VI Versicherungspflichtigen gilt dies ohne Rücksicht auf die Höhe des Einkommens, bei den nach § 2 Satz 1 Nr. 9 SGB VI Versicherungspflichtigen dagegen führt die Beschäftigung von Auszubildenden und Praktikanten nur dann zur Versicherungsfreiheit, wenn deren Vergütung 630 DM monatlich übersteigt. Dazu auch z.B. Buczko (2000), S. 135f.

40 Das heißt, er beinhaltet jede Form der Übermittlung von Wissen, Können oder Fertigkeiten. Die Tätigkeit eines Erziehers unterscheidet sich von der eines Lehrers insofern, als bei Ersterem der Persönlichkeitsentwicklung des zu Erziehenden in der Tätigkeit ein höherer Stellenwert zukommt. Siehe hierzu Gürtner (2000), § 2 Rdnr. 8.

- Nachhilfelehrer und Repetitoren;
- Sportlehrer oder Trainer (z.B. Ski-, Tennis-, Reit-, Golf-, Surf-, Schwimm- oder Tauchlehrer);
- Krankengymnasten bzw. Physiotherapeuten, die Gesunden Gymnastikunterricht erteilen oder auch
- Fahrlehrer.

Abgrenzungsprobleme können einerseits bei künstlerisch und publizistisch Lehrenden entstehen, da diese u.U. unter die Versicherungspflicht des KSVG fallen[41], andererseits wie beispielsweise bei Krankengymnasten oder Physiotherapeuten muß eine Abgrenzung zur Gruppe der Pflegepersonen vorgenommen werden. Der letztgenannte Fall ist allerdings angesichts der identischen Voraussetzungen für den Eintritt der Versicherungspflicht und den übereinstimmenden beitrags- und leistungsrechtlichen Regelungen für die jeweilige Person faktisch bedeutungslos.

3.2.1.1.2 Pflegepersonen in der Kranken-, Wochen-, Säuglings- oder Kinderpflege

In der Kranken-, Wochen-, Säuglings- oder Kinderpflege selbständig Erwerbstätige unterliegen der Versicherungspflicht gemäß § 2 Satz 1 Nr. 2 SGB VI nur, wenn sie im Zusammenhang mit ihrer selbständigen Tätigkeit keine versicherungspflichtigen Arbeitnehmer beschäftigen[42]. Kennzeichen dieser Selbständigen ist, dass sie ihre Tätigkeit aufgrund einer ärztlichen Diagnose und überwiegend auf ärztliche Anweisung hin ausüben und Kranke pflegen oder behandeln[43]. Zum versicherungspflichtigen Personenkreis zählen daher neben Krankenschwestern und -pflegern auch Angehörige von Heilhilfsberufen, bei denen sich pflegerische und therapeutische Tätigkeiten überschnei-

---

41 So werden z.B. Tanzlehrer, die vorrangig der Freizeitgestaltung und sportlichen Betätigung dienende Tanz- und Bewegungsformen vermitteln, als Lehrer und Erzieher nach § 2 Nr. 1 SGB VI betrachtet, während für Lehrer, deren Ausbildung schöpferische Elemente beinhaltet, auch eine Versicherungspflicht nach dem KSVG in Frage kommen kann. Hierzu auch Bundesversicherungsanstalt für Angestellte (1997), S. 23 bis 25.

42 Siehe zur Konkretisierung auch die Ausführungen in Fußnote 39.

43 Nach der Rechtsprechung des BSG ist die Tätigkeit der versicherungspflichtigen Pflegepersonen durch die Abhängigkeit von Weisungen eines Heilkundigen gekennzeichnet, d.h. sie wird grundsätzlich auf Anweisung oder Verordnung (Rezept) eines Arztes oder Heilpraktikers durchgeführt. Siehe hierzu mit Hinweisen auf die einschlägige Rechtsprechung in diesem Bereich Bundesversicherungsanstalt für Angestellte (1997), S. 26f.

den, wie etwa Masseure, medizinische Bademeister sowie Krankengymnasten und Physiotherapeuten.

Richtet sich deren Tätigkeit auf die Behandlung von Gesunden, entsteht keine Versicherungspflicht[44]. Abgrenzungsprobleme können daher beispielsweise entstehen, wenn Masseure auch als Sportmasseure tätig sind und dann nicht der Versicherungspflicht unterliegen oder wenn Krankengymnasten Gesunden Unterricht erteilen und nicht als Pflegeperson, sondern u.U. parallel als Lehrer versicherungspflichtig sind[45]. Zu Abgrenzungsproblemen kommt es ferner gegenüber nicht ärztlichen Heilberufen wie Heilpraktiker, Heilpädagogen, Logopäden oder Psychologen, denn diese werden, da sie ihre Diagnosen eigenverantwortlich stellen sowie Art und Umfang der Behandlung frei bestimmen, nicht zum versicherungspflichtigen Personenkreis gezählt, während beispielsweise Ergotherapeuten, da sie nach ärztlicher Anweisung arbeiten, versicherungspflichtig sind[46].

3.2.1.1.3 Hebammen und Entbindungspfleger

Selbständig tätige Hebammen, die überwiegend als freiberufliche Beleg-Hebammen in Krankenhäusern tätig sind, und Entbindungspfleger sind nach den heutigen Bestimmungen generell, d.h. ohne die Erfüllung weiterer Voraussetzungen, versicherungspflichtig nach § 2 Satz 1 Nr. 3 SGB VI[47].

---

44 Gürtner (2000), § 2, Rdnr. 13, oder Bundesversicherungsanstalt für Angestellte (1997), S. 28.

45 Bei gemischten Tätigkeiten gibt in der Regel die überwiegende Tätigkeit den Ausschlag für die Zuordnung. Siehe hierzu Gürtner (2000), § 2, Rdnr. 13.

46 Siehe hierzu Bundesversicherungsanstalt für Angestellte (1997), S. 28. Mit anderer Auffassung zur Versicherungspflicht selbständiger Therapeuten Nabel (1998). Heileurhythmisten, deren Arbeit der Unterstützung einer ärztlichen Behandlung dient, aber eher weltanschaulichen Gedanken folgt, gehören ebenfalls nicht zum versicherungspflichtigen Personenkreis. Siehe hierzu auch Bundesversicherungsanstalt für Angestellte (1997), S. 29.

47 Bis zum 30.6.1985 waren nur Hebammen mit Niederlassungserlaubnis in der Rentenversicherung pflichtversichert. Im Rahmen des Hebammengesetzes vom 4.6.1985 (BGBl. 1985 I, S. 902) wurde – neben der Zulassung der Entbindungspfleger – die Voraussetzung einer Niederlassungserlaubnis zur Ausübung einer selbständigen Tätigkeit abgeschafft und Versicherungspflicht ab dem 1. Juli 1985 auf alle freiberuflich tätigen Hebammen ausgedehnt. Für den „Altbestand" der Hebammen mit Niederlassungserlaubnis gelten allerdings im Beitragsrecht noch einige Besonderheiten. Siehe hierzu Fußnote 146 oder Bundesversicherungsanstalt für Angestellte (1997), S. 199, sowie Grintsch (1997), § 2, Rdnr. 11.

3.2.1.1.4 Seelotsen

Die freiberuflich tätigen Seelotsen der Reviere (also nicht Übersee-, Binnen- oder Hafenlotsen), die nach behördlicher Zulassung Schiffe als orts- und schifffahrtskundige freie Berater leiten, unterliegen der Versicherungspflicht gemäß § 2 Satz 1 Nr. 4 SGB VI ebenfalls ohne weitere Voraussetzungen. Eine Besonderheit bei dieser Versichertengruppe besteht darin, dass Seelotsen nicht nur in der GRV versicherungspflichtig sind, sondern auch in den Gemeinsamen Ausgleichskassen im Seelotswesen der Reviere (GAK), deren Leistungen die Renten der GRV im Sinne eines Gesamtversorgungssystems ergänzen.

3.2.1.1.5 Künstler und Publizisten

Die nach § 2 Satz 1 Nr. 5 SGB VI versicherungspflichtigen Künstler und Publizisten bilden heute die einzige Gruppe innerhalb der in der GRV versicherungspflichtigen Selbständigen, deren Versicherung teilweise[48] nach den Bestimmungen einer gesonderten Rechtsgrundlage erfolgt. Danach unterliegen Künstler und Publizisten der Versicherungspflicht, wenn sie im Zusammenhang mit ihrer Tätigkeit nicht mehr als einen Arbeitnehmer beschäftigen, „... es sei denn, die Beschäftigung erfolgt zur Berufsausbildung oder ist geringfügig im Sinne des § 8 des Vierten Buches Sozialgesetzbuch ...“ (§ 1 Nr. 2 KSVG)[49].

Schwierigkeiten bei der Abgrenzung des nach den Bestimmungen des KSVG versicherten Personenkreises entstehen vor allem im Hinblick darauf, ob eine Tätigkeit das Anforderungsprofil einer künstlerischen oder publizistischen Tätigkeit erfüllt. Nach § 2 KSVG gilt als selbständiger Künstler und Publizist, wer „... Musik, darstellende oder bildende Kunst schafft, ausübt oder lehrt ...“ oder als „... Schriftsteller, Journalist oder in anderer Weise publizistisch tätig ist oder Publizistik lehrt...“. Damit hat der Gesetzgeber die Begriffe des Künstlers und Publizisten nur umschrieben, mit der Folge, dass in Einzelfäl-

---

48 Das KSVG regelt die Voraussetzungen der Versicherungspflicht, die Durchführung der Versicherung und die Finanzierung, nicht jedoch das Leistungsrecht. In diesem Bereich gelten die allgemeinen Bestimmungen des SGB VI.

49 Siehe zur Künstlersozialversicherung ausführlich Finke (1996), Zimmermann (2000) sowie Bundesregierung (2000).
Im Überblick Götzenberger (1995), Marschner (1997) oder Zabre (1999). Mit Berücksichtigung der gesetzlichen Neuregelungen in diesem Bereich Bundesministerium für Arbeit und Sozialordnung (2002).

len auf dem Weg der Rechtsprechung entschieden wird, wer nach dem KSVG versichert wird und wer nicht[50].

Die organisatorisch für diese Fragen zuständige Künstlersozialkasse (KSK) verfährt hier regelmäßig nach einem Berufsgruppenkatalog, der auf den Künstlerbericht der Bundesregierung aus dem Jahre 1975 zurückgeht und entsprechend der einschlägigen Rechtsprechung zum Künstlerbegriff und den praktischen Erfahrungen bei der Durchführung des KSVG laufend angepasst wird[51]. Gleichwohl müssen in Zweifelsfällen weiterhin die Gerichte entscheiden, denn ausschlaggebend bleibt die Einzelfallbetrachtung.

Abgrenzungsprobleme gegenüber anderen versicherungspflichtigen Selbständigengruppen bestehen einerseits zwischen Künstlern und Handwerkern, da in der Handwerksrolle einige Berufe verzeichnet sind, die zugleich eine künstlerische Tätigkeit beinhalten können[52]; andererseits im weiten Feld der Kunst und Publizistik Lehrenden, bei denen die Versicherungspflicht nach dem KSVG voraussetzt, dass eine Ausbildung zur aktiven Ausübung der vermittelten Inhalte erfolgt[53].

3.2.1.1.6 Hausgewerbetreibende

Hausgewerbetreibende sind ebenso wie Hebammen und Seelotsen ohne weitere Voraussetzungen gemäß § 2 Satz1 Nr.6 SGB VI rentenversicherungspflichtig. Nach § 12 Abs. 1 SGB IV werden darunter Personen verstanden:

---

50 Strittig ist dies z.B. bei selbständigen Übersetzern, Tanzlehrern, Musikinstrumentenbauern, technischen Redakteuren oder Büttenrednern; Marschner (1997), S. 85ff. Zu zahlreichen Einzelurteilen in diesem Bereich siehe beispielsweise Zabre (1999). Zur jeweils aktuellen Rechtsprechung siehe http://www.Kuenstlersozialkasse.de.

51 Siehe dazu Deutscher Bundestag (1975). Zu dieser Aussage auch Marschner (1997), S. 85. Diese Berufsgruppen sind (in einer überholten Fassung) in der „Verordnung zur Durchführung des Künstlersozialversicherungsgesetzes“ vom 23. Mai 1984 (BGBl.1984 I, S. 709) aufgeführt. Ein Abgrenzungskatalog mit dem Stand vom 13. Mai 1992 findet sich beispielsweise in Grintsch (1997), § 2, Rdnr. 49. Zum aktuellen „Künstlerkatalog“ siehe beispielsweise Bundesministerium für Arbeit und Sozialordnung (2002), S. 17 bis 20.

52 Dies betrifft z.B. Kunst-, Gold- und Silberschmiede, Fotografen oder auch Glas- oder Porzellanmaler, wobei nach § 4 Nr.3 KSVG gilt, dass Handwerker, die in der Handwerksrolle eingetragen sind, in der Künstlersozialversicherung nicht versicherungsberechtigt sind. Zu den Abgrenzungsproblemen zwischen Handwerkern und Künstlern unter Angabe der einschlägigen Rechtsprechung siehe Zabre (1999), S. 559.

53 Zabre (1999), S. 559.

> „… die in eigener Arbeitsstätte im Auftrag und für Rechnung von Gewerbetreibenden, gemeinnützigen Unternehmen oder öffentlich-rechtlichen Körperschaften gewerblich arbeiten, auch wenn sie Roh- oder Hilfsstoffe selbst beschaffen oder vorübergehend für eigene Rechnung tätig sind.“[54]

Als Charakteristika dieser Personengruppe gilt, dass Hausgewerbetreibende – im Unterschied zu den sonstigen Gewerbetreibenden – die Verwertung ihrer Arbeitsergebnisse dem Auftraggeber[55] überlassen und sich damit in wirtschaftlicher Abhängigkeit befinden, im Unterschied zu abhängig Beschäftigten über Arbeitszeit und Arbeitsverlauf jedoch frei bestimmen können, d.h. persönlich unabhängig sind[56]. Abgrenzungsprobleme können sich gegenüber den – sozialrechtlich als Beschäftigte geltenden – Heimarbeitern ergeben[57]. Von diesen unterscheiden sich Hausgewerbetreibende, da sie nur gewerblich tätig, vorübergehend auch auf eigene Rechnung arbeiten können und daher nach außen als Unternehmer auftreten, während Heimarbeiter jede Tätigkeit ausüben können, aber ausschließlich für fremde Rechnung arbeiten[58].

3.2.1.1.7 Küstenschiffer und Küstenfischer

Küstenschiffer und Küstenfischer[59] unterliegen der Versicherungspflicht nach § 2 Satz 1 Nr.7 SGB VI, wenn sie zur Besatzung ihres Schiffes gehören oder als so genannte Partenfischer ohne eigenes Fahrzeug fischen und regelmäßig

---

54 Arbeitsrechtlich wird der Begriff der Hausgewerbetreibenden enger gefasst und ist auch an die Anzahl der Beschäftigten geknüpft, da die Tätigkeit „mit nicht mehr als zwei fremden Hilfskräften“ ausgeübt werden darf (§ 2 Abs. 2 Heimarbeitsgesetz (HAG)). Diese im Hinblick auf die Beschäftigtenzahl engere Begriffsdefinition im HAG wurde im Bereich der Sozialversicherung nicht übernommen, d.h. Hausgewerbetreibende sind unabhängig von der Anzahl der Beschäftigten versicherungspflichtig. Siehe Bundesversicherungsanstalt für Angestellte (1997), S. 43.

55 Als Auftraggeber gilt nach § 12 Abs. 3 SGB IV derjenige, in dessen Auftrag und für dessen Rechnung die Hausgewerbetreibenden arbeiten.

56 Siehe zur Versicherungspflicht der Hausgewerbetreibenden Grintsch (1997), § 2, Rdnr. 23-26, oder auch Gürtner (2000), § 2, Rdnr. 21.

57 § 13 SGB III und § 12 Abs. 2 SGB IV. Zum Begriff § 2 Abs. 1 HAG.

58 Daneben wird zur Abgrenzung herangezogen, ob die Tätigkeit nur mit Familienangehörigen oder allein (Heimarbeiter) oder durch Beschäftigung fremder Hilfskräfte (Hausgewerbetreibende) ausgeübt wird – ein Kriterium, welches umstritten ist, da Hausgewerbetreibende auch allein tätig sein können; Bundesversicherungsanstalt für Angestellte (1997), S. 45. Zur Abgrenzung gegenüber den Heimarbeitern auch Bundesversicherungsanstalt für Angestellte (1999), S. 104f.

59 Siehe zur genauen Definition dieser Berufsgruppe z.B. Gürtner (2000), § 2 Rdnr. 23.

nicht mehr als vier versicherungspflichtige Arbeitnehmer beschäftigen[60]. Die Versicherungspflicht setzt daher nur ein, wenn der Unternehmer persönlich an Bord mitarbeitet. Die im Vergleich zu den bisher genannten Gruppen höher angesetzte Zahl der beschäftigten Arbeitnehmer erfolgt in der Anlehnung an die Bestimmungen der gesetzlichen Unfallversicherung[61].

3.2.1.1.8 Handwerker

Nach § 2 Satz 1 Nr. 8 SGB VI sind selbständig tätige Handwerker versicherungspflichtig, wenn sie in der Handwerksrolle eingetragen sind[62]. Durch diese zusätzliche Voraussetzung knüpft die Versicherungspflicht der Handwerker nicht nur an die Ausübung eines handwerklichen Berufes an. Sie ist zudem von der Erfüllung der Voraussetzungen für die Eintragung in die Handwerksrolle abhängig, d.h. insbesondere dem Nachweis einer entsprechenden Befähigung (Meisterbrief) und davon, ob der jeweilige Beruf zu den in der Anlage A der Handwerksrolle verzeichneten gehört. Änderungen und Anpassungen der in der Handwerksrolle eingetragenen Berufe im Zeitablauf beeinflussen damit den versicherungspflichtigen Personenkeis[63]. Ist in der Handwerksrolle eine Personengesellschaft eingetragen, gilt als Handwerker, wer

---

60 Hinsichtlich der Voraussetzungen für die beschäftigten Arbeitnehmer siehe wiederum Fußnote 39.

61 § 2 Abs. 1 Nr. 7 SGB VII. Bis zum 30. Juni 1983 galt als Voraussetzung die Beschäftigung von zwei versicherungspflichtigen Arbeitnehmern. Die Erhöhung dieser Anzahl in den Gesetzesgrundlagen für die Versicherungspflicht in der Unfallversicherung erfolgte nach Lauterbach (1997), Rdnr. 253, in erster Linie, um möglichst alle Küstenfischer und Küstenschiffer in die für die Durchführung der Versicherungspflicht zuständige Seemannskasse der See-Berufsgenossenschaft einzubeziehen. Gürtner (2000), § 2 Rdnr. 24, stützt die höher angesetzte Beschäftigtenzahl mit der Notwendigkeit einer bestimmten Mindestbesatzung.

62 Außer Betracht bleiben dabei Eintragungen aufgrund der Führung eines Handwerksbetriebes nach §§ 2 bis 4 der Handwerksordnung in der Fassung der Bekanntmachung vom 24. September 1998 (BGBl. 1998 I, S. 3074). Dadurch unterliegen Inhaber handwerklicher Nebenbetriebe und Nachlassverwalter oder Erben (Witwer/Witwen), die den Handwerksbetrieb zeitlich begrenzt fortführen, nicht der Versicherungspflicht. Siehe zum einbezogenen Personenkreis im Überblick Steinmeyer (1998), 11/160, B. Grintsch (1997), § 2, Rdnr. 30 bis 35, Gürtner (2000), § 2, Rdnr. 27 bis 32, oder Winter (1998), S. 77-82. Zur Handwerkerversicherung allgemein Nielsen (1991).

63 Die letzte Änderung der Handwerksrolle erfolgte im Jahre 1998. Zu den versicherungsrechtlichen Folgen siehe Pezoldt (1998). Änderungen hinsichtlich des Kreises der in die Handwerksrolle eingetragenen Personen könnten sich zukünftig auch durch den Einfluss der europäischen Integration ergeben, da von Handwerkern aus dem Ausland keine Meisterprüfung gefordert wird.

als Gesellschafter in seiner Person die Voraussetzungen für die Eintragung in die Handwerksrolle erfüllt. Ist dies bei keinem der Gesellschafter der Fall, entsteht auch keine Versicherungspflicht und auch Gesellschafter von Kapitalgesellschaften werden von der Versicherungspflicht nicht erfasst[64].

Eine Besonderheit ist bei den Handwerkern die Möglichkeit der zeitlichen Begrenzung der Versicherungspflicht, denn Handwerker können sich – mit Ausnahme der Bezirksschornsteinfegermeister – als einzige Selbständigengruppe nach 18 Jahren Pflichtbeitragszahlung an die GRV auf Antrag von der Versicherungspflicht befreien lassen[65].

3.2.1.1.9 Selbständige mit nur einem Auftraggeber und ohne versicherungspflichtigen Arbeitnehmer

Nach den seit dem 1. Januar 1999 geltenden Neuregelungen in § 2 Satz 1 Nr. 9 SGB VI sind selbständig Tätige in der GRV versicherungspflichtig, die

a) „... im Zusammenhang mit ihrer selbständigen Tätigkeit regelmäßig keinen versicherungspflichtigen Arbeitnehmer beschäftigen, dessen Arbeitsentgelt aus diesem Beschäftigungsverhältnis regelmäßig 630 Deutsche Mark im Monat übersteigt, und
b) auf Dauer und im Wesentlichen nur für einen Auftraggeber tätig sind."

Im Unterschied zu den bislang aufgezeigten Regulierungen knüpft die Versicherungspflicht damit nicht an die Zugehörigkeit zu einer bestimmten Berufs-

---

64 Gürtner (2000), § 2, Rdnr. 31, oder auch Grintsch (1997), § 2, Rdnr. 33. Die versicherungsrechtliche Beurteilung der Gesellschafter von Kapitalgesellschaften hängt dann davon ab, ob die Gesellschafter in einem abhängigen Beschäftigungsverhältnis zur Gesellschaft stehen oder selbständig tätig sind. Ein abhängiges Beschäftigungsverhältnis wird nach der Rechtsprechung des Bundessozialgerichts unterstellt, wenn Gesellschafter funktionsgerecht dienend am Arbeitsprozess teilhaben, für ihre Tätigkeit ein entsprechendes Arbeitsentgelt erhalten und aufgrund ihres Anteils am Kapital keinen maßgeblichen Einfluss auf die Geschicke der Gesellschaft geltend machen können, wobei entscheidender Einfluss unterstellt wird, wenn der Gesellschafter-Geschäftsführer über mindestens 50 v.H. des Kapitals oder – aufgrund besonderer Vereinbarung im Gesellschaftervertrag – über eine Sperrminorität verfügt. Siehe dazu auch im Internet http://www.bfa-berlin.de/betrieb.d/clearing.de/de_sorg3.htm vom 6. Oktober 2000 („Gemeinsames Rundschreiben der Spitzenorganisationen vom 20.12.1999", Anlage 1 bis 3) über die versicherungsrechtliche Beurteilung von Gesellschafter-Geschäftsführern einer GmbH. Anlage 2 enthält auch eine Übersicht über die einschlägige BSG-Rechtsprechung. Zur sozialversicherungsrechtlichen Beurteilung mitarbeitender Gesellschafter siehe auch Menthe (1995) oder Erdmann (1996). Im Überblick Bundesversicherungsanstalt für Angestellte (1997), S. 202ff.

65 § 6 Abs. 1 Satz 1 Nr. 4 SGB VI.

gruppe an, sondern ausschließlich an qualitative Merkmale der Tätigkeit, die nach Ansicht des Gesetzgebers die „arbeitnehmerähnliche“ soziale Schutzbedürftigkeit dieses Personenkreises indizieren[66]. Als Tatbestandsmerkmal zur Abgrenzung dieser Personengruppe wurde einerseits auf die auch bei Lehrern und Pflegepersonen geltende Voraussetzung zurückgegriffen, dass im Zusammenhang mit der selbständigen Tätigkeit kein versicherungspflichtiger Arbeitnehmer beschäftigt wird[67], andererseits, dass die selbständige Tätigkeit im Wesentlichen nur für einen Auftraggeber ausübt wird. Ein Kriterium, welches als erfüllt gilt, wenn mindestens fünf Sechstel der Arbeitseinkommen aus der Tätigkeit für einen Auftraggeber stammen[68].

3.2.1.1.10 Selbständige, die einen Existenzgründungszuschuß erhalten

Hierbei handelt es sich vereinfacht ausgedrückt um Personen, die eine Phase der Arbeitslosigkeit durch die Aufnahme einer selbständigen Tätigkeit beenden. Gemäß § 2 Satz 1 Nr. 10 SGB VI sind diese Personen für die Dauer des Bezugs des sogenannten Existenzgründungszuschusses nach § 421 1 SGB III versicherungspflichtig. Der Zuschuss wird maximal drei Jahre lang gewährt, wobei sich die monatliche Leistunsgshöhe pro Jahr reduziert. Soweit diese Personen eine selbständige Erwerbstätigkeit ausüben, die nicht versicherungspflichtig ist, endet mit dem Auslaufen des Zuschusses die Versicherungspflicht in der GRV.

3.2.1.2 Auf Antrag pflichtversicherte Selbständige in der GRV

Alle nicht versicherungspflichtigen Selbständigen können sich nach § 4 Abs. 2 SGB VI in der GRV auf Antrag pflichtversichern. Gegenüber der freiwilli-

---

66 Bundestags-Drucksache 14/45 vom 17. November 1998. Die gleiche Meinung vertritt Gürtner (2000), § 2, Rdnr. 35.

67 Abweichend von den bisherigen Regelungen wurde für die nach § 2 Satz 1 Nr. 9 SGB VI Versicherten aber bestimmt, dass die Versicherungspflicht nur einsetzt, wenn das Einkommen des Arbeitnehmers aus diesem Beschäftigungsverhältnis regelmäßig 325 € monatlich nicht übersteigt, während für die übrigen Selbständigen gilt, dass die Beschäftigung eines Arbeitnehmers mit mehreren „325 €-Arbeitsverhältnissen“ die Versicherungsfreiheit bewirkt.

68 Buczko (2000), S. 136, oder auch Försterling (2000), S. 435f. Diese Grenzziehung erfolgte nach Försterling (2000), S. 436, in Anlehnung an die Regelungen zur Geringfügigkeit des § 8 Abs. 1 Nr. 1 SGB IV in der Fassung vom 1. Januar 1981, in der ein Arbeitsentgelt, dass ein Sechstel des Gesamteinkommens nicht überstieg, als geringfügig angesehen wurde.

gen Versicherung in der GRV[69] bietet die Antragspflichtversicherung Vorteile, da der Zugang zu bestimmten Leistungsarten von der Zahlung von Pflichtbeiträgen abhängig ist. Voraussetzung für diese Form der Pflichtversicherung ist nach § 4 Abs. 2 SGB VI lediglich, dass die Versicherung innerhalb von fünf Jahren nach Aufnahme der selbständigen Tätigkeit beantragt wird[70]. Durch das Konstrukt der Antragsversicherung haben alle Selbständigen die Möglichkeit, zu den gleichen Bedingungen wie die übrigen Pflichtversicherten in der GRV versichert zu sein. Anders als die kraft Gesetz Versicherten können sie über das Entstehen der Versicherungspflicht jedoch frei disponieren[71].

3.2.1.3 Pflichtversicherte Selbständige in der Alterssicherung der Landwirte

In der landwirtschaftlichen Alterssicherung sind nach § 1 ALG landwirtschaftliche Unternehmer versicherungspflichtig, die ein auf Bodenbewirtschaftung gerichtetes Unternehmen betreiben[72], welches eine bestimmte Mindestgröße erreicht[73].

---

69 Die spezifischen Bedingungen der freiwilligen Versicherung sind in § 7 SGB VI geregelt. Siehe hierzu u.a. Günther / Page (1987) oder Maydell (1978).

70 Nach § 2 Abs. 1 Nr. 11 AVG betrug diese Frist zwei Jahre. Sie wurde durch das RRG 1992 ab dem 1. Januar 1992 auf fünf Jahre verlängert.

71 Die Möglichkeit, die Versicherung auch nach eigenem Ermessen wieder zu beenden, besteht nicht; siehe z. B. Bundesversicherungsanstalt für Angestellte (1997), S. 71.

72 Dazu zählen nicht nur Eigentümer, sondern auch Pächter oder Nießbraucher. „Auf Bodenwirtschaft gerichtet" bedeutet die Aufzucht von Bodengewächsen, wie sie auch im Garten- und Weinbau oder der Forstwirtschaft gegeben ist, oder eine mit Bodennutzung verbundene Haltung typischer landwirtschaftlicher Tierarten – d.h. auch Fischzucht und Teichwirtschaft. Unter bestimmten Voraussetzungen fällt darunter auch die Pflege stillgelegter Flächen (§ 1 Abs. 4 Satz 3 ALG). Keine Bodenbewirtschaftung liegt bei Jagden vor und ausgenommen von der Versicherungspflicht sind auch in der landwirtschaftlichen Alterssicherung „Liebhaberbetriebe", bei denen keine nachhaltige Gewinnerzielungsabsicht vorliegt (§ 1 Abs. 7 ALG).

73 Diese Mindestgröße des landwirtschaftlichen Unternehmens wird – unter Berücksichtigung der örtlichen und regionalen Gegebenheiten – von den zuständigen landwirtschaftlichen Alterskassen festgelegt; sie ist also nicht einheitlich. Sie gilt als erreicht, wenn der Wirtschaftswert eines Unternehmens (nach dem Einheitswertbescheid - vgl. dazu § 1 Abs. 6 ALG) eine bestimmte Grenze übersteigt. Bis Ende 2003 dürfen auch der Flächenwert und der erforderliche Arbeitsbedarf noch als Ersatzkriterien zum Erreichen der Mindestgröße herangezogen werden. Als Größenordnung galt bis dahin in der Regel, dass die Mindestgröße bei etwa vier Hektar landwirtschaftlicher Nutzfläche oder 50 Hektar Wald anzusetzen war; siehe dazu Koch / Möller-Schlotfeldt (1999), S. 1257, § 61, Rdnr. 7. Zu den Kriterien bei Imkerei (100 Bienenvölker), Binnenfischerei (120 Arbeitstage jährlich) und der Wanderschäferei (240 Großtiere); § 1 Abs. 5 ALG.

Dazu zählen nach der Definition des § 1 Abs. 4 ALG:
- Unternehmen der Land- und Forstwirtschaft,
- Unternehmen des Garten- und Weinbaus,
- Unternehmen der Fischzucht und Teichwirtschaft,
- Imkerei,
- Binnenfischerei (See- und Flussfischer) und
- Wanderschäferei[74].

Mitunternehmer und unbeschränkt haftende Gesellschafter einer Personengesellschaft sind generell versicherungspflichtig; Kommanditisten einer KG und Mitglieder einer juristischen Person nur, wenn sie hauptberuflich im Unternehmen tätig sind und aufgrund dieser Tätigkeit nicht als Arbeitnehmer gelten[75]. Im Gegensatz zu den Handwerkern berührt die Wahl der Rechtsform die Versicherungspflicht bei den Landwirten damit nicht, sondern wird in erster Linie auf die Ausübung der Tätigkeit abgestellt.

Zum versicherungspflichtigen Personenkreis in der AdL zählen – seit 1995 – als so genannte „Fiktivunternehmer" auch die Ehegatten der Unternehmer oder Unternehmerinnen (§ 1 Abs. 3 ALG), wobei als auslösendes Element für die Versicherungspflicht allein die Ehe gilt, nicht die Mitarbeit im Betrieb oder der versicherungsrechtliche Status des Ehepartners, wodurch Ehegatten auch versicherungspflichtig sind, wenn der Ehepartner von der Versicherungspflicht befreit ist[76].

3.2.1.4 Pflichtversicherte Selbständige in berufsständischen Versorgungswerken

Zu den Pflichtmitgliedern in einem berufsständischen Versorgungswerk zählen in erster Linie Angehörige der „klassischen" verkammerten freien Berufe, d.h. Berufsgruppen, für die – überwiegend regional gegliederte – öffentlich-rechtliche Berufskammern mit Zwangsmitgliedschaft bestehen[77]. Dazu zählen Ärzte, Tierärzte und Zahnärzte, Apotheker, Architekten, Rechtsanwälte und Notare sowie Steuerberater, Steuerbevollmächtigte, Wirtschaftsprüfer und

---

74 Da das Kriterium der Bodenbewirtschaftung bei den drei letztgenannten Formen nicht vorliegt, zählen sie nicht zu den landwirtschaftlichen Unternehmen, gelten nach § 1 Abs. 4 Satz 4 ALG aber als solche.

75 Siehe zum Letzteren Punkt auch § 1 Abs. 2 Satz 3 ALG. Zur sozialrechtlichen Behandlung von Gesellschaftern auch Fußnote 64.

76 Betreiben Ehepartner ein Unternehmen gemeinsam, gelten beide als „echte" Landwirte nach § 1 Abs. 2 ALG.

77 Zum Begriff „freier Beruf" siehe Deneke (1969) undBoecken (1986), S. 34.

vereidigte Buchprüfer[78]. Seit Beginn der 90er Jahre existieren daneben berufsständische Versorgungswerke für freiberuflich tätige Berufsgruppen, bei denen dieses Merkmal nicht für alle Berufsstandsangehörigen zutrifft[79].

Die Pflichtmitgliedschaft in einem berufsständischen Versorgungswerk wird nach den satzungsrechtlichen Bestimmungen regelmäßig von der Zugehörigkeit zur Berufskammer abgeleitet, d.h. sie beginnt und endet mit der Kammermitgliedschaft und sie gilt nicht nur für die Selbständigen, sondern auch für die abhängig beschäftigten Berufsstandsangehörigen[80]. Pflichtmitglied in einem berufsständischen Versorgungswerk sind Berufsangehörige, für die in ihrem zuständigen Kammerbezirk ein Versorgungswerk gegründet wurde, oder für die aufgrund von landes- und satzungsrechtlichen Bestimmungen die Zuständigkeit eines Versorgungswerkes erklärt wurde[81]. Durch die letztgenannte Möglichkeit beschränkt sich der Einzugsbereich eines regional defi-

---

78 Hinsichtlich des zugrunde liegenden Abgrenzungskriteriums der Kammmerzugehörigkeit zählen zu dieser Gruppe auch die Seelotsen, deren Altersvorsorge bis 1970 ebenfalls ausschließlich in berufsständischer Form erfolgte.

79 Der persönliche Geltungsbereich der berufsständischen Versorgungswerke war bis zum Beginn der 90er Jahre auf die Angehörigen der „klassischen" freien Berufe begrenzt. Seit Beginn der 90er gibt es – insbesondere von Seiten der Bauingenieure – Bestrebungen, berufsständische Versorgungswerke auch für Berufsstände zu gründen, deren Berufsausübung nicht generell an eine Pflichtmitgliedschaft in der zuständigen Berufskammer geknüpft ist.

80 Siehe hierzu auch Pitschas (1999), S. 999, § 42, Rdnr. 8. Zum Kreis der versicherten Personen ausführlich Boecken (1986), S. 73ff. Die in die Pflichtversicherung einbezogenen angestellt tätigen Freiberufler haben nach § 6 Abs. 1 SGB VI das Recht, sich von der Versicherungspflicht in der GRV befreien zu lassen. Diese Befreiungsmöglichkeit gilt nach der Neuregelung des § 6 Abs. 1 Nr. 1 SGB VI durch das „Gesetz zur Änderung des Sechsten Buchs Sozialgesetzbuch und anderer Gesetze" vom 15. Dezember 1995 (BGBl. 1995 I, S. 1824) allerdings nur, wenn bereits vor dem 1. Januar 1995 auch eine gesetzliche Verpflichtung zur Kammermitgliedschaft bestand. Durch diese – auch als „Friedensgrenze" bezeichnete – Regelung wurde der Kreis der potentiell in berufsständischen Versorgungseinrichtungen pflichtversicherten angestellt tätigen Personen endgültig begrenzt. Siehe dazu auch Kramer (1996), Klattenhoff (1996) oder auch Marburger (1996).

81 Die Satzungen enthalten in diesen Fällen Regelungen, die nicht nur die Mitglieder des Kammerbezirks bzw. Bundeslandes von der Versicherungspflicht erfassen, sondern auch Mitglieder von Kammern in anderen Bundesländern. Siehe dazu exemplarisch § 11 der Satzung des Versorgungswerks der Architektenkammer Baden-Württemberg vom 1. Januar 1997, nach der kraft Satzung auch Mitglieder der Architekten- und Ingenieurkammer Schleswig-Holstein und der Hamburgischen Architektenkammer Pflichtmitglieder sind. Zu den Zuständigkeiten der unterschiedlichen Versorgungswerke der Ärzte, Zahnärzte und Tierärzte auch Bieling (1998). Zu weiteren Beispielen einer überregionalen Einbeziehung die Abbildung 3.2.

nierten Versorgungswerks teilweise auch auf Berufsangehörige in anderen Gebieten[82].

Die auf landesgesetzlichen Regelungen beruhende berufsständische Versorgung wurde sukzessive innnerhalb der „Friedensgrenze" zur gesetzlichen Rentenversicherung ausgebaut und ist heute mit wenigen Ausnahmen – hierzu gehören z.B. die Steuerberater in Berlin und die Steuerberater und Rechtsanwälte in Sachsen-Anhalt – flächendeckend etabliert.

Einen Überblick über die in die Pflichtmitgliedschaft von Versorgungswerken einbezogenen Berufsgruppen nach Bundesländern gibt die Abbildung 3.2.

3.2.2 Versicherungsfreiheit und Befreiung von der Versicherungspflicht

Wie eingangs erwähnt, sind Regelungen zur Versicherungsfreiheit und zur Versicherungsbefreiung von Bedeutung, da der versicherungspflichtige Personenkreis nicht nur durch einschränkende Voraussetzungen, wie etwa die Anzahl der Beschäftigten, begrenzt wird, sondern daneben durch Tatbestände, die Versicherungsfreiheit bewirken oder die Möglichkeit der Befreiung von der Versicherungspflicht einräumen. Versicherungsfreiheit unterscheidet sich von Befreiung insofern, als versicherungsfreie Personen gar nicht erst der Versicherungspflicht unterliegen und sie bei Erfüllung der entsprechenden Tatbestände auch nicht herbeiführen können, während die Befreiung von der Versicherungspflicht beim Vorliegen eines Befreiungstatbestandes auf Antrag beendet werden kann[83]. Die Befreiung von der Versicherungspflicht erfolgt daher nicht automatisch, sondern setzt ein aktives Handeln der Versicherten voraus.

Von den übergangsrechtlich geltenden Regelungen über Versicherungsfreiheit und Befreiung von der Versicherungspflicht, deren praktische Bedeutung sich im Zeitablauf reduziert, sind derzeit

- die Übergangsregelungen der neu versicherungspflichtigen Selbständigen mit einem Auftraggeber nach § 231 Abs. 5 SGB VI,
- die Befreiungsregelungen, die im Zuge der Reform der agrarsozialen Sicherung des Jahres 1995 erlassen wurden (§ 85 ALG),

---

82 Ein Zusammenschluss von unterschiedlichen Berufsgruppen in einem Versorgungswerk gibt es beispielsweisen in Bayern und Baden-Württemberg – hier sind Ärzte, Zahnärzte und Tierärzte in einem gemeinsamen Versorgungswerk versichert – im Saarland sind Ärzte und Zahnärzte und in Sachsen Ärzte und Tierärzte in einem Versorungswerk zusammengeschlossen. In Bayern sind weiterhin Steuerberater in das Versorgungswerk der Rechtsanwälte integriert.

83 Zur Abgrenzung von Versicherungsfreiheit und -befreiung siehe z.B. Voelzke (1999), § 17, Rdnr. 68f.

Abbildung 3.2: Berufständische Versorgung der „klassischen“ freien Berufe nach Bundesländern

Quelle: Zusammengestellt aus ABV – Arbeitsgemeinschaft Berufsständischer Versorgungseinrichtungen e.V.: www.abv.de/abvmitglieder.html, Stand 13. März 2003.

– die Regelungen bei neu errichteten berufsständischen Versorgungswerken[84] und
– Übergangsregelungen für die neuen Bundesländer (§ 229a SGB VI)

für den tatsächlich versicherten Personenkreis von Bedeutung. Nur auf diese wird daher im Folgenden gesondert hingewiesen[85].

3.2.2.1 Versicherungsfreiheit und Versicherungsbefreiung in der GRV

Ein wichtiges, die Versicherungsfreiheit auslösendes Kriterium ist in der GRV die Geringfügigkeit der Tätigkeit im Sinne von § 8 Abs. 3 SGB IV[86]. Eine solche Geringfügigkeit liegt vor, wenn die Tätigkeit weniger als 15 Stunden in der Woche ausgeübt wird und das Arbeitseinkommen monatlich 630 DM – ab 1. April 2003 liegt die Einkommensgrenze bei 400 € – nicht überschreitet[87] oder „... innerhalb eines Jahres seit ihrem Beginn auf längstens zwei Monate oder 50 Arbeitstage ...“ begrenzt ist und damit nur vorübergehend ausgeübt wird (§ 8 Abs. 1 Nr. 2 SGB IV).

Versicherungsfrei sind daneben Personen, die bereits eine Vollrente wegen Alters beziehen, da bei diesen Personengruppen davon ausgegangen wird,

---

[84] Da die Errichtung berufsständischer Versorgungswerke nicht abgeschlossen ist, ist bei dieser Vorsorgeform generell zwischen Regelungen bei Gründung und Regelungen nach In-Kraft-treten der Satzung zu unterschieden.

[85] Die Übergangsregelungen für die „älteren“ Systeme haben mittlerweile kaum noch Bedeutung. Siehe für die Handwerkerversicherung z.B. Heyn (1960), für die Künstlersozialversicherung Mess (1980).

[86] § 5 Abs. 2 Nr. 2 SGB VI. Die versicherungsrechtliche Behandlung der geringfügigen Beschäftigung wurde ab dem 1. April 1999 durch eine Änderung des § 8 Abs. 3 SGB IV neu geregelt (Gesetz zur Neuregelung der geringfügigen Beschäftigungsverhältnisse vom 24. März 1999 (BGBl. 1999 I, S. 388)). Seitdem gilt, dass Einkünfte und Arbeitsstunden mehrerer geringfügiger versicherungspflichtiger selbständiger Tätigkeiten und geringfügige und nicht-geringfügige versicherungspflichtige selbständige Tätigkeiten zusammenzuzählen sind, nicht jedoch Einkünfte und Arbeitsstunden aus abhängiger und geringfügiger selbständiger Tätigkeit.

[87] Die Kopplung der Einkommensgrenze an die Bezugsgröße, die der Gesetzgeber mit einem Siebtel der Bezugsgröße ansetzte, wurde zum 1. April 1999 aufgegeben. Ausnahmen bestanden hier – bis zur Novellierung des KSVG mit Wirkung zum 1. Januar 2001 – lediglich für die Künstler und Publizisten, da bei ihnen nach § 3 KSVG Versicherungsfreiheit auch dann bestand, wenn das Arbeitseinkommen (hierzu § 15 Abs. 1 SGB IV) die Grenze von einem Sechstel des Gesamteinkommens (wobei nach § 16 SGB IV alle Einkommensarten im Sinne des Einkommensteuerrechts berücksichtigt werden) nicht überstieg. Die Geringfügigkeit der Tätigkeit wurde bei dieser Gruppe daher nicht nur nach Maßgabe der Einkommensgrenze nach § 8 Abs. 1 Nr. 1 SGB IV festgemacht, sondern auch im Hinblick auf das Erwerbseinkommen insgesamt.

dass ein Sicherungsbedürfnis nicht mehr besteht[88] und Personen, die das 65. Lebensjahr vollendet haben und vorher nicht versichert waren[89].

Sonderregelungen für die Künstler und Publizisten normieren §§ 3 und 4 KSVG. Danach ist bei Künstlern und Publizisten Versicherungsfreiheit wegen Geringfügigkeit in den ersten drei Jahren nach Aufnahme der selbständigen Tätigkeit nicht vorgesehen (§ 3 Abs. 2 KSVG). Nach § 4 KSVG sind nur diejenigen Künstler und Publizisten versicherungsfrei, die:

- neben der künstlerischen oder publizistischen Tätigkeit eine mehr als geringfügige Tätigkeit ausüben, aufgrund derer sie versicherungsfrei oder befreit sind (z.B. Beamte),
- aus einer anderweitigen Tätigkeit Einkünfte erzielen, die über die Hälfte der Beitragsbemessungsgrenze in der GRV betragen oder
- als Handwerker oder Landwirte versicherungspflichtig sind[90].

Die Tatbestände für den Eintritt von Versicherungsfreiheit sind damit bei Künstlern und Publizisten weiter gefassst als bei den übrigen in der GRV Versicherungspflichtigen, wodurch der Kreis der Pflichtversicherten auf die sozial Schutzbedürftigen begrenzt werden soll[91]. Dafür kennt das KSVG keine dauerhaft geltenden Möglichkeiten der Befreiung von der Versicherungs-

---

88 Dazu zählen neben einer Vollrente wegen Alters aus der GRV auch Rentenleistungen nach beamten- oder kirchenrechtlichen Vorschriften oder aus einer berufsständischen Versorgung. Für Einzelheiten siehe § 5 Abs. 4 Nr. 1 und 2 SGB VI. Der Bezug einer Teilrente begründet die Versicherungsfreiheit dagegen nicht.

89 § 5 Abs. 4 Nr. 3 SGB VI. Versicherungsfrei sind in der GRV daneben nach § 5 Abs. 1 SGB VI Personen, die Anwartschaften auf eine Versorgung nach beamten- oder auch kirchenrechtlichen Grundsätzen haben und aus diesem Grund als ausreichend gesichert angesehen werden. Dies betrifft in erster Linie Beschäftigte des öffentlichen Sektors und hat – da es sich um ein beschäftigungsbezogenes Kriterium für die Versicherungsfreiheit handelt – für die Selbständigen keine Bedeutung. Siehe hierzu auch Voelzke (1999), § 17, Rdnr. 12. An Bedeutung gewinnen könnte demgegenüber, dass Studenten, die während ihres Studiums eine mehr als geringfügige selbständige Tätigkeit ausüben, seit 1996 nicht mehr versicherungsfrei sind. Siehe hierzu Bundesversicherungsanstalt für Angestellte (1997), S. 99f.

90 Für Details siehe die Bestimmungen des § 4 Nr. 1 bis 8 KSVG, die teilweise mit den Bestimmungen des § 6 SGB VI deckungsgleich sind. Zu den Tatbeständen der Versicherungsfreiheit auch Marschner (1997), S. 88.

91 Das heißt Künstler und Publizisten, die bereits gegen die in der GRV abgesicherten Risiken versichert sind oder dies aufgrund ihrer materiellen Situation sein könnten, sind ausgenommen. Siehe hierzu auch die Ausführungen von Voelzke (1999), § 17 Rdnr. 65.

pflicht auf Antrag[92], wie sie für die übrigen in der GRV Pflichtversicherten in § 6 SGB VI zusammengefasst sind[93].

Für die Selbständigen ist von diesen Regelungen relevant:

1. dass sich nach § 6 Abs.1 Nr.1 SGB VI Pflichtmitglieder berufsständischer Versorgungswerke von der Versicherungspflicht in der GRV befreien lassen können. Die praktische Relevanz dieser Regelung beschränkte sich in der Vergangenheit vor allem auf abhängig beschäftigte Freiberufler, die in berufsständischen Versorgungswerken versichert waren, da die nach § 2 Satz 1 Nr.1 bis 8 SGB VI pflichtversicherten Selbständigen nicht zu den Pflichtmitgliedern berufsständischer Versorgungswerke zählen[94]. Im Zusammenhang mit den neu versicherungspflichtigen Selbständigen mit einem Auftraggeber könnte diese Regelung jedoch auch für die selbständigen Freiberufler an Bedeutung gewinnen, da sich Pflichtmitglieder von berufsständischen Versorgungswerken, die ohne Mitarbeiter überwiegend für einen Auftraggeber tätig sind, aufgrund dieser Regelung von der Versicherungspflicht in der GRV befreien lassen können[95];
2. dass sich aufgrund der Möglichkeit der zeitlichen Begrenzung der Versicherungspflicht für die Handwerker, diese nach 216 Monaten (18 Jahren) Pflichtbeitragszahlung von der Versicherungspflicht befreien lassen können[96]. Angerechnet werden auf diese 18 Jahre sämtliche Pflichtbeitragszeiten, d.h. insbesondere Pflichtbeitragszahlungen während einer vorausgegangenen abhängigen Beschäftigung, aber auch Kindererziehungs- und Pflegezeiten, Wehrdienst oder Berufsausbildung[97]. Davon ausgenommen sind allerdings Bezirksschornsteinfegermeister, für die – ebenso wie für

---

92 Es gibt jedoch einige Übergangsregelungen, die in § 52 KSVG geregelt sind.

93 Auch hier gelten daneben Sonderregelungen nach §§ 231 und 231 a SGB VI. Zu den Änderungen der Vorschriften über Versicherungsfreiheit und Versicherungsbefreiung durch die Rentenreform des Jahres 1992 auch Finke et al. (1990), S. 51.

94 In Ausnahmefällen konnte sie bei einer Pflichtversicherung auf Antrag zum Tragen kommen, die schon vor Errichtung der berufsständischen Versorgungseinrichtung bestand. Siehe dazu Voelzke (1999), § 17, Rdnr. 82 bis 90.

95 Siehe dazu z.B. Gürtner (2000), § 2, Rdnr. 40. Die Befreiung von Handwerkern, die gleichzeitig Mitglied in einem berufsständischen Versorgungswerk sind, gibt es seit dem 1. Januar 1996 nicht mehr (§ 6 Abs.1 Satz 6 SGB VI). Siehe hierzu Kramer (1996), S. 158, oder Bundesversicherungsanstalt für Angestellte (1997), S. 102.

96 Der für die Handwerker bereits seit 1960 bestehende Rechtszustand wurde damit vom SGB VI in leicht modifizierter Form beibehalten; siehe hierzu Voelzke (1999), § 16, Rdnr. 151.

97 Siehe hierzu auch Bundesversicherungsanstalt für Angestellte (1997), S. 104.

die übrigen Selbständigen – eine unbegrenzte Versicherungspflicht besteht[98].

Zwei für die GRV neuartige Befreiungsvoraussetzungen wurden nach § 6 Abs.1a SGB VI für Selbständige mit einem Auftraggeber eingeführt, die sich:

- in der Existenzgründungsphase für maximal drei Jahre von der Versicherungspflicht befreien lassen können[99] und
- wenn sie nach Vollendung des 58. Lebensjahres erstmals nur noch für einen Auftraggeber und ohne weitere Beschäftigte tätig sind[100].

Daneben gelten für diesen Personenkreis großzügige übergangsrechtliche Befreiungsregelungen, wenn die Tätigkeit bereits vor dem 1. Januar 1999 ausgeübt wurde (vgl. § 231 Abs.5 SGB VI). Dadurch sind alle vor dem 2. Januar 1949 Geborenen oder – falls dieses nicht zutrifft – Personen, die vor dem 10. Dezember 1998[101] über eine der GRV vergleichbare Form der Altersvorsorge verfügten nach § 231 Abs. 5 Satz 1 Nr. 2 und 3 SGB VI ebenfalls befreiungsberechtigt. Der Begriff „vergleichbar“ wurde weit gefasst und umspannt Vermögen im weitesten Sinne: Als vergleichbar wurden zunächst Vorsorgeformen angesehen, wenn „... a) Leistungen für den Fall der Invalidität und des Erlebens des 60. oder eines höheren Lebensjahres sowie im Todesfall Leistungen an Hinterbliebene erbracht werden und b) für die Versicherung mindestens ebenso viel Beiträge aufzuwenden sind, wie Beiträge zur Rentenversicherung zu zahlen wären ...“; § 231 Abs. 5 Satz 1 Nr. 2 SGB VI. In § 231 Abs. 5 Satz 1 Nr. 3 SGB VI wurde auch das Vorhandensein von Vermö-

---

98 § 6 Abs. 1 Nr. 4 SGB VI. Bezirksschornsteinfegermeister waren schon nach den Regelungen des Handwerkerversicherungsgesetzes (§ 1 Abs. 1a HwVG) unbefristet versicherungspflichtig. Diese Regelung wurde im SGB VI übernommen; siehe hierzu auch Voelzke (1999), § 17, Rdnr. 115. Zu den Gründen auch die Ausführungen zu den Zusatzsystemen in Kapitel 4.

99 Diese Befreiung auf Antrag ist auch bei mehrfacher Existenzgründung möglich, wenn nicht nur eine Umbenennung oder nur unwesentliche Veränderung des Geschäftszweckes erfolgt. Ein kürzerer Zeitraum als die Maximalfrist kann immer dann sinnvoll sein, wenn der Versicherungsschutz bei Minderung der Erwerbsfähigkeit erhalten bleiben soll, da hier eine 36-monatige Pflichtbeitragszeit in den letzten fünf Jahren vorausgesetzt wird. Siehe dazu § 43 Abs. 1 Satz 1 Nr. 2 SGB VI und Buczko (2000), S. 137.

100 Voraussetzung ist hier der Tätigkeitsbeginn vor Vollendung des 58. Lebensjahres und die Tätigkeitseinschränkung danach. Für Personen, die sich erst nach Vollendung des 58. Lebensjahres selbständig machen, gilt diese unbeschränkte Befreiung nicht, sondern die Regelung der 3-jährigen Befreiungsfrist für Existenzgründer. Siehe hierzu auch Buczko (2000), S. 137f.

101 Das war der Tag der dritten Lesung des Korrekturgesetzes im Deutschen Bundestag; Geisler (2000), S. 138.

gen als Befreiungstatbestand anerkannt[102]. Ähnliche Befreiungsrechte wurden – außerplanmäßig und bis zum 30. September 2001 befristet – für Lehrer, Pflegepersonen und Hebammen eingeführt[103].

3.2.2.2 Versicherungsfreiheit und Versicherungsbefreiung in der Alterssicherung der Landwirte

Da die Versicherungspflicht der landwirtschaftlichen Unternehmer ab einer bestimmten Mindestgröße des landwirtschaftlichen Unternehmens einsetzt, existiert auch in diesem System eine Art Geringfügigkeitsgrenze. Ob der Betrieb als Haupt- oder Nebenerwerbsbetrieb geführt wird, ist unerheblich, mit der Folge, dass hauptberufliche Unternehmer in Kleinstbetrieben u.U. nicht versicherungspflichtig sind, während Nebenerwerbslandwirte, deren Betrieb die Mindestgröße überschreitet, als Pflichtmitglieder in das System einbezogen werden, sich aber unter bestimmten Bedingungen befreien lassen können.

Daneben sind selbständige Landwirte versicherungsfrei, die:

1. das 18. Lebensjahr noch nicht vollendet oder das 65. Lebensjahr vollendet haben (§ 2 Nr. 1 a) ALG),
2. bei Beginn der Versicherungspflicht die Wartezeit für eine Rente wegen Erwerbsunfähigkeit[104] von fünf Jahren nicht mehr erfüllen können (§ 2 Nr. 1 b) ALG) oder
3. das Unternehmen nach einer als Abgabe geltenden Ermächtigung zur Landveräußerung oder Landverpachtung nach § 21 Abs. 6 ALG weiter bewirtschaften (§ 2 Nr. 2 ALG) [105].

Ähnlich wie in der GRV bewirken damit in der AdL in erster Linie der Umfang der Erwerbstätigkeit und altersbedingte Faktoren eine Versicherungsfreiheit. Die Befreiungstatbestände sind allerdings wesentlich weiter gefasst als in der GRV.

Nach § 3 Abs. 1 ALG können sich Landwirte von der Versicherungspflicht befreien lassen, die

1. außerlandwirtschaftliche Einkommen in Höhe von mehr als einem Siebtel der Bezugsgrösse erzielen[106],

---

102 Siehe zur Abgrenzung des vergleichbaren Vermögens nach den Neuregelungen Laurich (2001).

103 Siehe hierzu das Gesetz zur Änderung des vierten Buches Sozialgesetzbuch vom 3. April 2001, (BGBl. 2001 I, S. 467).

104 Nach § 13 Abs. 1 Nr. 3 ALG.

105 Siehe hierzu auch Koch / Möller-Schlotfeldt (1999), § 61, Rdnr. 36.

2. aufgrund von Kindererziehung, Pflege oder Ableistung von Wehr- oder Zivildienst in der GRV versichert sind (§ 3 Abs. 1 Nr. 2 bis 4 ALG) oder
3. bei Eintritt der Versicherungspflicht die Wartezeit von 15 Jahren für die Regelaltersrente nicht mehr erfüllen können (§ 3 Abs. 3 ALG)[107].

Großzügige Übergangsregelungen für die Befreiung von der Versicherungspflicht wurden für die seit 1995 neu versicherungspflichtigen Ehegatten erlassen, die sich, wenn sie am 31. Dezember 1994 bereits verheiratet waren, bis Ende 1995 für oder gegen die Versicherungspflicht in der AdL entscheiden konnten, wenn sie

- zum 1. Januar 1995 das 50. Lebensjahr bereits vollendet hatten oder
- zum 31. Dezember 1995 bereits für 18 Jahre Beiträge an die GRV gezahlt hatten, in einem anderen Sicherungssystem versichert waren oder bis zum 31. Dezember 1995 einen privaten Versicherungsvertrag abgeschlossen hatten, der die gleichen Risiken abdeckte und für den Beiträge entsprechend der Höhe der Beiträge der AdL zu zahlen waren[108] (§ 85 ALG).

3.2.2.3 Versicherungsfreiheit und Versicherungsbefreiung in der Berufsständischen Versorgung

Die Satzungen der Berufsständischen Versorgungswerke kennen die Pflichtmitgliedschaft einschränkende Einkommensgrenzen – im Sinne einer Geringfügigkeitsgrenze – im Prinzip nicht. Einige Satzungen lassen jedoch eine kurzfristige oder eine geringfügige Beschäftigung als Grund für eine antragsgebundene Befreiung oder Teilbefreiung von der Pflichtversicherung im Versorgungswerk zu.

---

106 Arbeitsentgelt, Arbeitseinkommen oder Erwerbsersatzeinkommen. Zur Abgrenzung des landwirtschaftlichen vom nicht landwirtschaftlichen Arbeitseinkommen wird in der Regel die einkommensteuerrechtliche Zuordnung zur Hilfe genommen. Siehe hierzu Koch / Möller-Schlotfeldt (1999), S. 1264, § 61, Rdnr. 38.

107 Da nach § 17 Abs. 1 Satz 2 ALG auch rentenrechtliche Zeiten, die in anderen Sicherungssystemen zurückgelegt wurden – wie Pflichtbeitragszeiten der GRV – unter bestimmten Bedingungen auf die Wartezeit angerechnet werden, hat letztgenannter Befreiungstatbestand praktisch nur geringe Bedeutung. Siehe hierzu auch die Ausführungen von Deisler (1998), S. 137.

108 Zu diesem Aspekt auch Deisler (1998), S. 138f., oder Koch / Möller-Schlotfeldt (1999), § 61, Rdnr. 48ff. Diese Befreiungsmöglichkeiten wurden – vor allem für die Ehegatten von Nebenerwerbslandwirten, daher werden sie hier nicht weiter thematisiert – nur kurze Zeit nach der Reform des Jahres 1995 noch erheblich erweitert, indem auch ein geringer Wirtschaftswert des Unternehmens und das Vorhandensein außerlandwirtschaftlicher Einkommen als Befreiungsgründe anerkannt werden. Siehe hierzu auch Wirth (1996).

Ähnlich wie in den bisher behandelten Sicherungssystemen wird in fast allen Satzungen die Pflichtmitgliedschaft jedoch an z.T. unterschiedliche Altersgrenzen gebunden, d.h. zur Pflichtmitgliedschaft kommt es nur, wenn bei Beginn der Kammerzugehörigkeit eine bestimmte Altersgrenze, die in der Regel bei 45 Jahren liegt, nicht überschritten wird[109]. Eine altersbedingte Versicherungsfreiheit setzt daher bei den Berufsständischen Versorgungswerken früher ein als in der GRV und der AdL, wodurch Berufsangehörigen, die erst in fortgeschrittenem Lebensalter die Voraussetzungen für eine Kammermitgliedschaft erfüllen, der Zugang zur berufsständischen Versorgung verwehrt sein kann.

Möglichkeiten einer Befreiung von der Mitgliedschaft sind in der berufsständischen Versorgung regelmäßig nur vorgesehen, wenn eine Mitgliedschaft in einem anderen Versorgungswerk bestanden hat oder begründet wurde[110]. Ein eher selten vorkommender Befreiungstatbestand ist die Pflichtversicherung in der knappschaftlichen Rentenversicherung, die keine befreiungsrechtlichen Regelungen kennt. Wegen der analogen Anwendung des Angestelltenversicherungsrechts und da dies in der Praxis nur geringe Bedeutung hat, ist diese Befreiungsregelung in nur wenigen Satzungen enthalten. Von Bedeutung ist dies beispielsweise für die in knappschaftlichen Krankenhäusern tätigen Ärzte[111].

---

109 Zu den Altergrenzen auch Boecken (1986), S. 77. Danach variiert die Altersgrenze in einer Bandbreite von der Vollendung des 35. Lebensjahres bis zur Vollendung des 55. Lebensjahres. In der Ärzteversorgung Bremen beträgt diese Altersgrenze beispielsweise 45 Jahre, bei den Architekten in Baden-Württemberg 55 Jahre und die Vollendung des 40. Lebensjahres wird in der Satzung des Versorgungswerks der Steuerberater und Steuerbevollmächtigten im Land Niedersachsen als Altersgrenze genannt. Zum Zeitpunkt der Gründung eines Versorgungswerkes liegen die Altersgrenzen für die Mitgliedschaft in der Regel höher, um auch älteren Angehörigen des Berufsstandes noch die Möglichkeit einer Altersvorsorge einzuräumen. Dann sind allerdings auch die Befreiungsmöglichkeiten weiter gefasst. Siehe wiederum Boecken (1986), S. 75f.

110 Die Pflichtversicherung in der GRV wird nur in Ausnahmefällen als ein die Pflichtmitgliedschaft vermeidender Tatbestand anerkannt; siehe hierzu Boecken (1986), S. 78. Ferner sind – ähnlich wie in der GRV – Mitglieder, die nach beamten- oder kirchenrechtlichen Regelungen aus eigenem Recht Ansprüche auf Versorgung haben, in der Regel versicherungsfrei, wovon überwiegend abhängig Beschäftigte betroffen sind. Siehe dazu exemplarisch die Satzung des Versorgungswerks der Architektenkammer Baden-Württemberg. Teilweise wird auch der Vorrang von bestimmten Versorgungseinrichtungen eingeräumt, etwa in § 12 Abs. 1 Nr. 3 der Satzung der Steuerberaterversorgung NRW vom 13. Januar 1999.

111 Boecken (1986), S. 79

3.2.2.4 Übergangsregelungen für die neuen Bundesländer (§ 229 a SGB VI)

Einige regional begrenzte Sonderregelungen hinsichtlich des einbezogenen Personenkreises bestanden für die Selbständigen in den neuen Bundesländern, da hier für eine Übergangszeit der Tatsache Rechnung getragen werden sollte, dass die Versicherungspflicht der Selbständigen in der ehemaligen DDR umfassender angelegt war als in der BRD[112]. Diese Übergangsregelungen gelten für Selbständige in den neuen Ländern außerhalb der Landwirtschaft, die bereits vor dem 1. August 1991 selbständig erwerbstätig waren, sowie für selbständige Landwirte, die ihre Tätigkeit vor dem 1. Januar 1995 aufgenommen haben.

Danach blieben Selbständige außerhalb der Landwirtschaft, die in der DDR versicherungspflichtig waren und nicht unter die Versicherungspflicht des § 2 SGB VI fielen, in der jeweiligen Tätigkeit weiterhin versicherungspflichtig, konnten jedoch nach § 229a Abs. 1 SGB VI bis zum 31. Dezember 1994 die Befreiung von der Versicherungspflicht beantragen. Landwirte dagegen blieben zum 31. Dezember 1994 ohne diese Befreiungsmöglichkeit in der GRV versicherungspflichtig und wurden ab dem 1. Januar 1995 in den persönlichen Geltungsbereich des ALG einbezogen[113].

3.2.3 Erfassung

Die Schwierigkeit in der Erfassung der versicherungspflichtigen Selbständigen besteht darin, dass die Durchführung der Versicherung nicht automatisch mit der Aufnahme der selbständigen Tätigkeit beginnt – wie es bei den abhängig Beschäftigten regelmäßig der Fall ist –, sondern bei einigen Gruppen erst einsetzt, wenn sie sich beim zuständigen Sozialversicherungsträger melden. Dieses gilt für:

- Lehrer und Erzieher,
- Pflegepersonen,
- Hebammen und Entbindungspfleger,
- Künstler und Publizisten,

---

112 Zur Versicherungspflicht und zu den Übergangsregelungen für selbständig Erwerbstätige im Beitrittsgebiet auch die Ausführungen von Schmidt (1991) und Schmidt (1992). Zum Versicherungs- und Rentenrecht im Beitrittsgebiet allgemein Backhaus et al. (1991). Zur Umgestaltung des Systems der Alterssicherung in der DDR nach dem Beitritt Schmähl (1990b), Schmähl (1991) oder Schmähl (1992a). Zum Stand der Rechtsangleichung zehn Jahre nach dem Beitritt Dederer (2000) oder auch Meinhardt (2000).

113 Ausführlicher hierzu Bundesversicherungsanstalt für Angestellte (1997), S. 54-59.

– die Selbständigen mit einem Auftraggeber und ohne versicherungspflichtig Beschäftigte.

Unterbleibt diese Meldung – sei es aus Unkenntnis oder vorsätzlich – sind die formal Pflichtversicherten nicht versichert. Zudem bestand für die Rentenversicherungsträger bis 1996 nicht die Möglichkeit sozialversicherungpflichtige selbständig Erwerbstätige zu identifizieren.

Seit 1996 werden aber im Zusammenhang mit der Änderung des SGB V im Rahmen der Einführung des Krankenkassenwettbewerbs die Betriebsprüfungen von der Bundesversicherungsanstalt für Angestellte (BfA) durchgeführt und nicht mehr von den Allgemeinen Ortskrankenkassen. Eine Folge davon war, daß zahlreiche sozialversicherungspflichtige Selbständige erfasst wurden.

Eine Folge davon war, daß beispielsweise zahlreiche sozialversicherungspflichtige selbständig erwerbstätige Lehrkräfte Nachzahlungsforderungen ihrer Beiträge über einen Zeitraum von vier Jahren von der BfA erhalten haben. Da diese Nachzahlungsforderungen aus individueller Sicht in teilweise beträchtlicher Höhe lagen: entweder mußten einkommensbezogene Beiträge nachträglich gezahlt werden, was zu einer Summe von annähernd 80 v.H. des Bruttoeinkommens führte, oder es mußte der nicht einkommensbezogene Mindest- oder der Regelbetrag nachgezahlt werden, was insbesondere bei niedrigen Einkommen zu einer sehr hohen relativen Belastung führen kann[114].

Das Ergebnis der intensiv geführten sozialpolitischen Diskussion über diese Aspekte war dann eine befristete „Amnestieregelung“. Hiernach konnten sozialversicherungspflichtig selbständig Erwerbstätige bis zum 30. September 2001 eine Befreiung von der Versicherungspflicht beantragen,

„… wenn sie
1. glaubhaft machen, dass sie bis zu diesem Zeitpunkt von der Versicherungspflicht keine Kenntnis hatten, und
2. vor dem 2. Januar 1949 geboren sind oder
3. vor dem 10. Dezember 1998 eine anderweitige Vorsorge im Sinne des Absatzes 5 Satz 1 Nr. 2 oder 3 oder Satz 2 für den Fall der Invalidität und des Erlebens des 60. oder eines höheren Lebensjahres sowie im Todesfall für Hinterbliebene getroffen haben; Absatz 5 Satz 1 Nr. 2 und 3 und Satz 2

114 Um eine Vorstellung von der Größenordnung zu vermitteln sei einmal ein Mindestbeitrag von monatlich 325 EUR (Stand 2002) unterstellt. Dann ergibt sich über einen Zeitraum von vier Jahren ein Volumen in einer Größenordnung von 15.000 EUR bezogen auf Westdeutschland – unterstellt man den Regelbeitrag von 447,90 EUR, so liegt der Betrag über 21.000 EUR.

sind mit der Maßgabe anzuwenden, dass an die Stelle des Datums 30. Juni 2000 jeweils das Datum 30. September 2001 tritt."[115]

Damit war die prekäre Situation für die Personen, die sich in dem genannten Zeitraum von der Versicherungspflicht befreien lassen konnten, wenn sie die oben aufgeführten Kriterien erfüllten, zum Teil zumindest abgemildert worden.

Zum Beginn des Jahres 2001 trat die Regelung in Kraft, dass die Aufnahme einer versicherungspflichtigen selbständigen Tätigkeit innerhalb von drei Monaten beim zuständigen Rentenversicherungsträger anzuzeigen ist und es drohen bei Missachtung dieser Vorschrift – zumindest formal – nach § 190a SGB VI Bußgelder. Durch die Buchprüfungspflicht der BfA konnten zwar zahlreiche selbständi Erwerbstätigen erfasst werden, nach wie vor ist die Erfassung aber nicht sichergestellt, sondern hängt bei diesen Gruppen von der Kooperationsbereitschaft der Versicherungspflichtigen ab.

Geringere Erfassungsprobleme bestehen daher bei Selbständigen, deren Tätigkeit von Dritten erfasst und an die zuständigen Träger gemeldet wird. Bei den Hausgewerbetreibenden ist die Meldung gemäß § 190 SGB VI vom Auftraggeber durchzuführen. Die in der GRV versicherungspflichtigen Seelotsen werden nach ihrer Bestallung von den Lotsenbrüderschaften an die zuständige Seekasse gemeldet und die Küstenfischer und Küstenschiffer benötigen zur Berufsausübung eine Genehmigung der Fischereiämter, die dem Versicherungsträger davon Mitteilung machen. Ähnlich verhält es sich bei den Handwerkern, da die Handwerkskammern nach § 196 Abs. 3 SGB VI verpflichtet sind, den zuständigen Landesversicherungsanstalten sämtliche Anmeldungen, Löschungen und Änderungen in der Handwerksrolle mitzuteilen. Selbständig tätige Landwirte werden in das Unternehmerverzeichnis der landwirtschaftlichen Alterskassen eingetragen und auf dieser Grundlage hinsichtlich ihrer Versicherungspflicht überprüft[116]. Bei den berufsständischen Versorgungswerken wird die Erfassung der Pflichtmitglieder durch die Zwangsmitgliedschaft in der Berufskammer sichergestellt.

3.2.4 Zusammenfassung

Die in unterschiedlichen Rechtsgrundlagen normierte Versicherungspflicht von Selbständigen ist in Deutschland abhängig von der tatsächlichen Ausübung einer selbständigen Tätigkeit und gilt nur für die sozial- oder satzungs-

115 Artikel 2 Erstes Gesetz zur Änderung des Vierten Buches Sozialgesetzbuch vom 3. April 2001 (BGBl. 2001 I, S. 467).

116 Siehe hierzu Bundesversicherungsanstalt für Angestellte (1997), S. 200.

rechtlich definierten Selbständigengruppen. Mit Ausnahme der Neuregelungen für die Selbständigen mit einem Auftraggeber – und der Sonderform der Versicherung auf Antrag – knüpft die Versicherungspflicht an die Zugehörigkeit zu einer bestimmten Berufs- oder Tätigkeitsgruppe an, wobei es bei den Berufsfeldern zu Abgrenzungsproblemen zwischen Versicherungspflichtigen und nicht Versicherungspflichtigen kommen kann und auch die Zuordnung der Versicherungspflichtigen zu den unterschiedlichen Systemen nicht immer eindeutig ist[117].

In einigen Fällen ist die Versicherungspflicht daneben abhängig von der Anzahl der beschäftigten Arbeitnehmer, da eine Versicherungspflicht nur besteht bei

- Lehrern sowie Erziehern, Pflegepersonen und Selbständigen mit einem Auftraggeber bzw. ohne sozialversicherungspflichtig Beschäftigte, wenn keine versicherungspflichtigen Arbeitnehmer beschäftigt werden,
- Künstlern und Publizisten, wenn nicht mehr als ein Arbeitnehmer beschäftigt wird und
- Küstenfischern und Küstenschiffern, wenn nicht mehr als vier Personen beschäftigt werden.

Die Versicherungspflicht von Hebammen sowie Entbindungspflegern, Hausgewerbetreibenden, Seelotsen, Handwerkern, Landwirten und in berufsständischen Versorgungswerken pflichtversicherten Freiberuflern dagegen ist unabhängig von der Anzahl der beschäftigten Mitarbeiter.

Bei einigen Gruppen werden in den gesetzlichen Bestimmungen andere Kriterien zur Abgrenzung des versicherungspflichtigen Personenkreises herangezogen oder durch die Regelungen impliziert[118]. Dabei handelt es sich einerseits um eher qualitative Merkmale der Tätigkeit wie beispielsweise bei Küstenfischern und Küstenschiffern die persönliche Mitarbeit des Unternehmers an Bord oder – wie bei den nach § 2 Nr. 9 SGB VI neu Versicherungspflichtigen – die überwiegende Tätigkeit für nur einen Auftraggeber; andererseits um eher unternehmensbezogene Merkmale wie bei Handwerkern die Form der Eintragung in die Handwerksrolle oder bei Landwirten die Anforderungen an das landwirtschaftliche Unternehmen. Einflüsse des Gesellschaftsrechts auf

---

117 So sind beispielsweise die Küstenschiffer und Küstenfischer nach den Regelungen des SGB VI versicherungspflichtig, Binnenfischer dagegen nach dem ALG und Binnenschiffer überhaupt nicht.

118 Dies betrifft beispielsweise die staatliche Zulassung zur Ausübung des Berufs, die nicht nur bei verkammerten Freiberuflern, sondern beispielsweise auch bei den Seelotsen, Küstenschiffern und Küstenfischern zur Berufsausübung notwendig ist oder auch die Zugehörigkeit zu einer Berufskammer.

die Versicherungspflicht berücksichtigen die bestehenden sozialrechtlichen Regelungen nur in Ausnahmefällen und mit unterschiedlichen Konsequenzen: So gilt bei den Handwerkern bei Eintragung einer Personengesellschaft in die Handwerksrolle, dass nur Gesellschafter, die in ihrer Person die Voraussetzungen für die Eintragung in die Handwerksrolle erfüllen, versicherungspflichtig sind und die Eintragung einer juristischen Person den Eintritt der Versicherungspflicht vermeidet. In der landwirtschaftlichen Alterssicherung dagegen wird als Versicherungspflicht auslösendes Kriterium die Ausübung der Tätigkeit in den Vordergrund gerückt, wodurch alle hauptberuflich im Unternehmen tätigen Selbständigen versicherungspflichtig sind.

Neben die Versicherungspflicht einschränkenden zusätzlichen Voraussetzungen und Einflüssen des Gesellschaftsrechts wird der Kreis der Versicherten durch gesondert normierte Bestimmungen über Versicherungsfreiheit und Befreiungsmöglichkeiten, aber auch durch die Effizienz der Erfassung der Versicherungspflichtigen limitiert.

In allen Systemen ist eine altersbedingte Versicherungsfreiheit vorgesehen, um den versicherungspflichtigen Personenkreis auf die im erwerbsfähigen Alter Stehenden zu begrenzen oder dem Umstand Rechnung zu tragen, dass ein Leistungsanspruch nicht mehr erworben werden kann. In den satzungsrechtlichen Regelungen der Berufsständischen Versorgungswerke sind diese Altersgrenzen im Vergleich zu den sonstigen Systemen mit in der Regel 45 Jahren am niedrigsten angesetzt, wodurch älteren Berufsangehörigen der Zugang verwehrt sein kann.

Das Kriterium, die Versicherungspflicht von der Höhe des Einkommens abhängig zu machen, findet sich in den bestehenden Regelungen lediglich hinsichtlich einer Begrenzung nach unten, da die Ausübung einer geringfügigen selbständigen Tätigkeit für die in der GRV pflichtversicherten Selbständigen zur Versicherungsfreiheit führt und in der AdL das Unternehmen eine bestimmte Mindestgröße erreichen muss.

Einkommensgrenzen nach oben gibt es dagegen nicht, so dass nach den geltenden Bestimmungen eher Geringverdiener als Höherverdienende aus dem Kreis der Pflichtversicherten ausscheiden.

Einkommen aus anderen Tätigkeiten führt nur bei dem vom Bund höher bezuschussten System der Künstler und Publizisten zur Versicherungsfreiheit, während sich die Landwirte, wenn sie über andere Einkommensquellen verfügen, auf Antrag befreien lassen können, aber nicht automatisch aus dem Kreis der Versicherten herausfallen.

Zeitlich begrenzbar ist die Versicherungspflicht nur für Handwerker – mit Ausnahme der Bezirksschornsteinfegermeister –, wobei als Voraussetzung für die Befreiung eine bestimmte Dauer der Beitragszahlung und nicht das Erreichen eines bestimmten Absicherungsniveaus gewählt wurde. Alle übrigen Selbständigen sind solange versicherungspflichtig wie sie die Voraussetzungen für den Eintritt der Versicherungspflicht erfüllen. Diese Voraussetzungen können allerdings, wie beispielsweise bei Selbständigen, deren Versicherungspflicht von der Beschäftigtenzahl und/oder der Maßgabe, überwiegend für nur einen Arbeitgeber tätig zu sein, bereits durch geringfügige Veränderungen der betrieblichen Gegebenheiten entfallen.

Für die versicherungspflichtigen Selbständigen mit einem Auftraggeber und ohne versicherungspflichtig Beschäftigte wurde in der GRV erstmals ein Befreiungsrecht in der Existenzgründungs- und Auslaufphase eingeführt. Das Vorhandensein einer anderweitigen Sicherung oder Vorsorgeform wird auch bei Berufsständischen Versorgungswerken als Befreiungstatbestand – allerdings in engen Grenzen – akzeptiert. Insbesondere als Übergangsregelung findet sich die Möglichkeit der Befreiung von der Versicherungspflicht bei Nachweis einer anderweitigen Absicherung. Diese Übergangsregelungen, die im allgemeinen aus verfassungsrechtlich gebotenen Vertrauensschutzgründen erlassen werden und regelmäßig parallel eine Befreiung aufgrund von Altersgrenzen beinhalten, bewirken auch, dass die Effekte einer Ausweitung der Versicherungspflicht allenfalls mittelfristig vollständig sichtbar werden.

Die institutionellen Regelungen über die Sicherstellung der Erfassung der versicherungspflichtigen Selbständigen bedingen teilweise die Kooperation der Versicherungspflichtigen, da die Durchführung der Versicherung bei Lehrern, Pflegepersonen, Hebammen sowie Künstlern und Publizisten nur gewährleistet ist, wenn sie sich beim zuständigen Versicherungsträger melden. Bei den übrigen Gruppen erfolgt die Meldung dagegen durch Dritte, durch deren – unterschiedlich gestaltete – Erfassungsmechanismen die Durchführung der Versicherung regelmäßig sichergestellt sein wird.

3.3 Organisation und Recht

Die Pflichtversicherung der Selbständigen wird in Deutschland von organisatorisch unterschiedlich gestalteten Sicherungsinstitutionen durchgeführt. Diese unterscheiden sich:

1. darin, ob die Versicherung im Rahmen von institutionell eigenständigen Sondersystemen, in die Sozialversicherung integrierten Sondersystemen oder innerhalb der – für den Großteil der Erwerbsbevölkerung zuständigen

und daher auch als allgemeines System bezeichneten – GRV der Arbeiter und Angestellten erfolgt,
2. durch die im jeweiligen Organisationsrecht normierte Trägerstruktur und
3. dadurch, ob innerhalb der Systeme rechtliche Sonderregelungen im Bereich des Beitrags- und Leistungsrechts existieren, die zu weiteren Differenzierungen des einbezogenen Personenkreises führen.

Diese unterschiedliche Organisationsstruktur wird im Folgenden skizziert, um das Ausmaß der institutionellen Abgrenzung der versicherungspflichtigen Selbständigen untereinander und gegenüber den in der GRV versicherten abhängig Beschäftigten zu illustrieren. Die Darstellung geht – abweichend von der Vorgehensweise beim versicherten Personenkreis – vom Besonderen ins Allgemeine und beschreibt die Systeme daher in genau umgekehrter Reihenfolge.

3.3.1 Sicherungsform, Trägerstruktur und Recht

Um organisatorisch eigenständige – und daher in der Regel als Sondersysteme bezeichnete – Sicherungseinrichtungen handelt es sich bei der berufsständischen Versorgung und der AdL[119].

Träger der berufsständischen Versorgung sind berufsständische Versorgungswerke[120], die sich in ihrer heutigen Form auf ein Normengeflecht aus Landes- und Satzungsrecht stützen. Gemeinsam ist diesen Sicherungseinrichtungen, dass sie auf jeweils spezifischen Rechtsgrundlagen basieren, die rechtlich unterschiedlich ausgestaltet sein können und – sowohl institutionell als auch finanziell – separat fungieren[121]. Die berufsständische Versorgung ist

---

119 Beide Systeme erfassen neben den selbständig Tätigen auch andere Personengruppen und sind daher – ebenso wie die GRV – als Mischsysteme anzusehen. Bei den berufsständischen Versorgungswerken sind dies die abhängig Beschäftigten des jeweiligen Berufsstandes, bei der Alterssicherung der Landwirte die mithelfenden Familienangehörigen.

120 Dieser Begriff ist nach Kannengießer (1998), S. 39f., in erster Linie historisch zu erklären, da die ersten Hilfs- und Unterstützungseinrichtungen der Berufsstände der freien Berufe dem Versorgungsprinzip folgten.

121 Die Berufsständischen Versorgungswerke unterscheiden sich im Bereich des Organisationsrechts zwar in der Form, dass ein Teil als selbständige rechtsfähige Anstalten oder Körperschaften des öffentlichen Rechts errichtet wurde, ein anderer Teil dagegen für die Berufskammern als rechtlich unselbständiges Sondervermögen der jeweiligen Kammer fungiert. Um selbständige Anstalten oder Körperschaften handelt es sich beispielsweise bei den Versorgungswerken in Bayern oder den Versorgungswerken für Rechtsanwälte, während die übrigen Versorgungswerke in Form von rechtlich unselbständigem Sondervermögen durch Satzungen der jeweiligen Berufskammern

daher nicht nur dezentral organisiert, sondern besteht aus einer Vielzahl organisatorisch und finanziell eigenständiger Einrichtungen, bei denen finanzielle Verflechtungen in Form von Finanzausgleichs- oder Finanzverbundbeziehungen zwischen den Einrichtungen weder zwischen den Versorgungswerken einzelner Berufsstände noch auf regionaler Ebene vorgesehen sind[122].

Etwas anders gelagert ist die Situation in der AdL. Diese gilt als Sondersystem, da sie rechtlich separat kodifiziert und sowohl institutionell als auch finanziell selbständig ist, wodurch sie sich von den in die GRV integrierten Systemen unterscheidet. Im Gegensatz zur berufsständischen Versorgung ist das Recht für die nach dem ALG versicherten Selbständigen jedoch einheitlich und es besteht zwischen den ebenfalls regional gegliederten Trägern, den landwirtschaftlichen Alterskassen[123], ein Finanzverbund, da diese nach § 79 Abs. 1 ALG die Ausgaben der AdL gemeinsam tragen.

Innerhalb des allgemeinen Systems der GRV sind derartige Finanzverbund- und Ausgleichsregelungen zwischen den unterschiedlichen Trägern ebenfalls vorgesehen[124]. Dazu zählen für die Selbständigen:
- die 22 regional gegliederten Landesversicherungsanstalten, die für die Rentenversicherung der Arbeiter zuständig sind,
- die Bundesversicherungsanstalt für Angestellte (BfA), die zuständig für die Rentenversicherung der Angestellten ist, und

---

errichtet wurden; siehe hierzu auch Jung (1998), S. 159. Zu den unterschiedlichen Organisationsstrukturen ausführlich Boecken (1986), S. 52-62. Diese Unterscheidung ändert aber nichts an der institutionellen Abgrenzung der Versorgungswerke untereinander.

122 Die Sicherstellung der finanziellen Leistungsfähigkeit der einzelnen Versorgungswerke soll offenbar einerseits durch die Pflichtversicherung und das gewählte Finanzierungsverfahren, andererseits durch die Anlehnung an die Vorgaben der Versicherungsaufsicht sichergestellt werden. Spezielle Bestimmungen über eine Insolvenzsicherung der einzelnen Einrichtungen konnten den Satzungen nicht entnommen werden.

123 Die örtliche Zuständigkeit der Alterskassen richtet sich gemäß § 50 ALG nach dem Sitz des landwirtschaftlichen Unternehmens. Die Zahl der – regional stark gegliederten – Alterskassen wird sich im Zuge der Organisationsreform in der landwirtschaftlichen Alterssicherung verringern. Zur Begründung der Organisationsreform in der landwirtschaftlichen Sozialversicherung auch Deutscher Bundestag (1999). Zu den Neuregelungen in diesem Bereich Graeff / Schmidt (2001).

124 Hierzu auch die Regelung des § 218 SGB VI über den Finanzausgleich zwischen der Rentenversicherung der Arbeiter und der Rentenversicherung der Angestellten und die des § 219 SGB VI über den Finanzverbund innerhalb der Rentenversicherung der Arbeiter.

- die Seekasse, mit ihrer Zuständigkeit für die Rentenversicherung der Seeleute[125].

Die Zuordnung der in der GRV pflichtversicherten Selbständigen zu diesen unterschiedlichen Trägern erfolgt – ebenso wie bei den abhängig Beschäftigten – nach Tätigkeitsprofilen. Für Handwerker und Hausgewerbetreibende sind daher gemäß § 129 Abs. 1 SGB VI die Landesversicherungsanstalten zuständig, für Lehrer/Erzieher, Pflegepersonen, Hebammen und Entbindungspfleger, Seelotsen, Künstler und Publizisten sowie die Selbständigen mit einem Auftraggeber die BfA[126] und für Küstenfischer und Küstenschiffer schließlich nach § 129 Abs. 2 SGB VI die Seekasse[127].

Rechtliche Unterschiede zwischen den Selbständigen sind in der GRV nicht trägerspezifisch begründet, sondern in Form von Sonderregelungen für einzelne Gruppen:

So sind die nach dem KSVG versicherten Künstler und Publizisten zwar organisatorisch in die GRV integriert, die Durchführung der Versicherung erfolgt partiell jedoch nach den gesonderten Vorschriften des KSVG, welches gegenüber den allgemeinen Bestimmungen des SGB VI vor allem durch abweichende Finanzierungsregelungen gekennzeichnet ist. Ferner wurde für die Künstler und Publizisten – aufgrund dieser Sonderregelungen im Bereich der Finanzierung – eine gesonderte Institution für den Beitragseinzug, die Künst-

---

125 Vgl. §§ 127 und 132 SGB VI. Die Seekasse wurde im Jahre 1907 als Sonderanstalt der See-Berufsgenossenschaft errichtet. Die daneben bestehenden Versicherungsträger, die Bahnversicherungsanstalt als zuständiger Träger für die Rentenversicherung der Arbeiter der Deutschen Bahn AG und die Bundesknappschaft als zuständiger Träger für die Rentenversicherung der Bergleute, haben für die soziale Sicherung der Selbständigen praktisch keine Bedeutung.

126 Zuständiger Versicherungsträger bei den versicherungspflichtigen Selbständigen nach § 2 Nr. 9 SGB VI war zunächst der Träger, an den der letzte Beitrag vor Eintritt der Versicherungspflicht als Selbständiger gezahlt wurde und damit der kontoführende Träger. War vom Versicherungspflichtigen noch kein Beitrag zur GRV gezahlt worden, sollte die BfA zuständig sein, sofern nicht die Zuständigkeit eines Trägers der Arbeiterrentenversicherung beantragt wurde. Durch das Gesetz zur Förderung der Selbständigkeit vom 20. Dezember 1999 (BGBl. 2000 I, S. 2) wurde rückwirkend zum 1. Januar 1999 die Alleinzuständigkeit der BfA für diese Personengruppe festgelegt (§ 134 Nr. 6 SGB VI). Nur die Sonderzuständigkeiten der Bundesknappschaft und der Seekasse blieben erhalten (§ 126 Abs. 4 SGB VI). Vgl. dazu Buczko (2000), S. 138.

127 Nach § 135 Abs. 1 SGB VI wird im Falle der Seelotsen die Durchführung der Versicherungspflicht von der BfA auf die Seekasse übertragen, wodurch die Seekasse praktisch für alle in irgendeiner Form in der Seefahrt tätigen versicherungspflichtigen Selbständigen zuständig ist.

lersozialkasse (KSK), errichtet[128], die als Beitragsschuldner an die Stelle der Versicherten tritt und die Abgrenzung des versicherten Personenkreises und der abgabepflichtigen Verwerter vornimmt, während die Gewährung der Leistungen wiederum nach den allgemeinen Bestimmungen des SGB VI und durch die BfA erfolgt.

Als im Vergleich dazu weiter in die GRV integriert kann die Pflichtversicherung der Handwerker angesehen werden, da sie sowohl organisatorisch als auch rechtlich vollständig in die GRV und den Geltungsbereich des SGB VI eingebunden wurde. Mit der Möglichkeit der zeitlichen Begrenzung der Versicherungspflicht liegt für die Handwerker allerdings eine Sonderregelung vor, die sie von den übrigen Versicherungspflichtigen in der GRV unterscheidet.

Eine dritte Gruppe schließlich bilden in der GRV versicherungspflichtige Selbständige, die rechtlich – mit Ausnahme einiger Sonderregelungen über die Beitragszahlung – den abhängig beschäftigten Versicherungspflichtigen gleichgestellt und daher als am weitesten in das allgemeine System integrierte Selbständige angesehen werden können. Dazu zählen Lehrer und Erzieher, Pflegepersonen, Hebammen, Seelotsen, Hausgewerbetreibende und Küstenfischer und Küstenschiffer sowie die Selbständigen mit einem Auftraggeber und ohne sozialversicherungspflichtig Beschäftigte.

3.3.2 Zusammenfassung

Im Bereich der Organisation der Pflichtversicherung der Selbständigen ist in Deutschland innerhalb der bestehenden Systeme eine große Bandbreite der Gestaltungsmöglichkeiten in diesem Bereich parallel vertreten:

So erfolgt die Durchführung der Versicherung sowohl im Rahmen von Sondersystemen innerhalb (Landwirte) und außerhalb der Sozialversicherung (verkammerte Freiberufler) als auch im allgemeinen System der abhängig Beschäftigen (GRV-Pflichtversicherte).

Das Spektrum der Träger reicht von stark zersplitterten, organisatorisch und finanziell eigenständigen Sicherungseinrichtungen, der berufsständischen Versorgung, über in die Sozialversicherung zwar integrierte, aber als spezifische Träger konstituierte Parafisci mit Finanzverbund, bei den Landwirten, bis hin zur Durchführung der Versicherung der Selbständigen durch die Trä-

128 Im Verhältnis zur BfA ist die KSK zur Abführung des vollen Beitrags an die BfA verpflichtet, d.h. nicht nur der Beiträge der Versicherten, sondern auch die der Verwerter.

ger des allgemeinen Systems für die abhängig Beschäftigten ohne jegliche finanzielle Separierung.

Die rechtlichen Bestimmungen der Versicherung differieren sowohl zwischen den in den Einzelsystemen versicherten Selbständigengruppen als auch gegenüber den Bestimmungen für die abhängig Beschäftigten, so dass die Pflichtversicherung der Selbständigen einerseits zu abweichenden Bedingungen in unterschiedlich gestalteten Sondersystemen, andererseits zu – auch zwischen den Selbständigen – abweichenden Bedingungen im allgemeinen System der GRV erfolgt.

3.4 Finanzierung

Bei der Gestaltung der Finanzierung ist hinsichtlich des angewandten Finanzierungsverfahrens einerseits und den unterschiedlichen Einnahmequellen zur Finanzierung der Leistungen andererseits zu differenzieren.

Die Finanzierungsverfahren unterscheiden sich im Ausmaß der Rücklagenbildung zur Sicherstellung der Leistungsgewährung. Das Spektrum reicht vom Umlageverfahren, in dem – abgesehen von einer Liquiditätsreserve – keine Vermögensakkumulation vorgesehen ist, bis zum Anwartschaftsdeckungsverfahren, bei dem die Leistungsansprüche jedes Versicherten durch die Ansammlung von Vermögen aus Beitragszahlungen und Zinsen gedeckt werden[129]. Dazwischen existieren zahlreiche Mischformen, die Elemente beider Verfahren in unterschiedlichem Ausmaß kombinieren[130].

Als Finanzierungsquellen sozialer Alterssicherungssysteme kommen im Allgemeinen Beiträge der Versicherten, allgemeine Haushaltsmittel oder Vermögenseinkünfte der Systeme in Betracht[131]. Bei den Selbständigen gibt es daneben in der Pflichtalterssicherung der Künstler und Publizisten das Konstrukt der so genannten „Künstlersozialabgabe", die als eine Art Auftragge-

---

129 Beim Anwartschaftsdeckungsverfahren wird für den einzelnen Versicherten während der Anwartschaftszeit Kapital aus Beiträgen, Zins und Zinseszins angesammelt, aus dem bei Eintritt des Versicherungsfalles die Leistungen gezahlt werden. Daher gilt bei diesem Verfahren das auf das jeweilige Versicherungsverhältnis bezogene individuelle Äquivalenzprinzip, dessen Verwendung beispielsweise bei der privaten Lebensversicherung aufsichtsbehördlich vorgeschrieben ist.

130 Vgl. zur Finanzierung der sozialen Sicherung in Deutschland Schmähl (1996a) oder Schmähl (1996b), Rdnr. 30f., zur Definition der Verfahren ausführlicher Schmähl (1992b), S. 25ff., oder Schmähl (2001d). Zur Entwicklung der Finanzierungsverfahren im Überblick Mörschel (1990).

131 Vgl. z.B. Schmähl (1981), S. 654, oder Schmähl (1996b) Rdnr. 28f.

berbeitrag charakterisiert werden kann, erhebungstechnisch aber einige Besonderheiten aufweist.

3.4.1 Finanzierungsverfahren

Die Finanzierung der Leistungen erfolgt beim überwiegenden Teil der Alterssicherungssysteme der Selbständigen – ebenso wie bei den abhängig Beschäftigten – im Umlageverfahren, da sowohl die jährlichen Ausgaben der GRV nach § 153 Abs. 1 SGB VI als auch die der AdL gemäß § 66 ALG aus den Einnahmen der Systeme desselben Zeitraumes beglichen werden.

Die berufsständischen Versorgungswerke dagegen wenden Finanzierungsverfahren an, die Elemente des Umlageverfahrens und der Kapitalfundierung kombinieren, d.h. dort wird aus den Beitragszahlungen der Mitglieder regelmäßig ein Kapitalbestand gebildet.

Als übliche Verfahren gelten in diesem Bereich das so genannte „modifizierte Anwartschaftsdeckungsverfahren" und das „offene Deckungsplanverfahren" [132]. Beides sind Verfahren, die durch eine im Vergleich zum reinen Anwart-

---

132 Vgl. z.B. Jung (1998), S. 158. Zu den Spezifika der einzelnen Verfahren ferner Boecken (1986), S. 129ff., oder Kolb (1983), S. 392f. Die Unterschiede in diesen Verfahren sind darin begründet, dass beim „offenen Deckungsplanverfahren" im Gegensatz zum „modifizierten Anwartschaftsdeckungsverfahren" an Stelle der angestrebten individuellen Äquivalenz zwischen Beiträgen und Leistungen eines Mitglieds eine „Gesamtäquivalenz" zwischen Beiträgen und Leistungen für eine abgrenzbare Personengruppe erreicht werden soll. Im Gegensatz zum „geschlossenen Deckungsplanverfahren", bei dem die Kapitalbildung für Leistungen und Anwartschaften auf einen begrenzten Personenkreis beschränkt ist, kann beim „offenen Deckungsplanverfahren" durch die Pflichtmitgliedschaft in den Versorgungswerken auch der Neuzugang von Mitgliedern in die Berechnungen einbezogen werden. Technisch wird der erforderliche Kapitalbedarf ermittelt, indem mit Hilfe von versicherungsmathematischen Berechnungen die zukünftig anfallenden Leistungen mit dem im gleichen Zeitraum vorhandenen Vermögen, Vermögenserträgen und den zu erwartenden Beiträgen in bilanzielle Übereinstimmung gebracht werden. Das Ausmaß der Kapitalbildung ist bei Anwendung des „modifizierten Anwartschaftsdeckungsverfahrens" in der Regel größer als beim „offenen Deckungsplanverfahren", da angestrebt wird, die Anwartschaften der Mitglieder nahezu vollständig durch entsprechende Kapitalansammlungen abzudecken. Vgl. Jung (1998), S. 158. Die Satzungen der nach dem Verfahren der „modifizierten Anwartschaftsdeckung" arbeitenden Versorgungswerke – das sind vor allem die Versorgungswerke der Architekten – sind dadurch bedingt in der Regel durch eine größere Flexibilität hinsichtlich der Pflichtmitgliedschaft und der Beitragszahlungen gekennzeichnet und enthalten großzügigere Befreiungsmöglichkeiten. Vgl. zum Letzteren auch Kolb (1983), S. 392. Exemplarisch z.B. die Satzung des Versorgungswerks der Architekten in Baden-Württemberg (§ 12), nach der sich in der GRV versicherte, angestellt tätige Architekten befreien lassen können. Eine Rege-

schaftsdeckungsverfahren geringere Kapitalbildung gekennzeichnet sind, da die Finanzierung der Leistungen teilweise durch die unmittelbare Verwendung von Beitragsteilen – also im Umlageverfahren – erfolgt[133]. Eine Vorgehensweise, die – im Gegensatz zur privaten Rentenversicherung – in berufständischen Versorgungswerken möglich ist, da es sich um Einrichtungen mit Pflichtmitgliedschaft handelt[134].

3.4.2 Finanzierungsarten

Die Einnahmestruktur der Sicherungssysteme der Selbständigen ist durch die Kombination unterschiedlicher Finanzierungsarten gekennzeichnet, was u.a. im Hinblick auf die distributiven Wirkungen der in diesem Bereich getroffenen Entscheidungen von Bedeutung ist, da sich die als Abgabe gestalteten Finanzierungsarten hinsichtlich des abgabepflichtigen Personenkreises, der Bemessungsgrundlage der Abgabe und des Abgabentarifs unterscheiden[135].

In der GRV und der AdL besteht diese Kombination im Wesentlichen aus Beitrags- und Steuermitteln sowie – begrenzt auf den nach dem KSVG versicherten Personenkreis – der Künstlersozialabgabe. In der berufsständischen Versorgung dagegen ausschließlich aus Beitragseinnahmen und Vermögenserträgen, da Steuermittel zur Finanzierung der Leistungen nicht vorgesehen sind[136].

---

lung, die nach Boecken (1986), S. 78f. nur in Ausnahmefällen als Befreiungstatbestand anerkannt wird. Ferner ist bei diesem Versorgungswerk auch eine Beitragsbefreiung für selbständig tätige Architekten vorgesehen, wenn sie Pflichtbeiträge in die GRV zahlen, und zwar in der Höhe der zur GRV geleisteten Beiträge. Vgl. dazu § 16 Abs. 4 der Satzung. Bei der Leistungsberechnung hat das jeweils angewandte Finanzierungsverfahren beispielsweise zur Folge, dass bei Anwendung des „modifizierten Anwartschaftsdeckungsverfahrens" in der Regel auch die Verweildauer der Beiträge im System bei der Rentenberechnung berücksichtigt wird. Vgl. dazu Jung (1998), S. 158.

133 Vgl. Jung (1998), S. 158, Kannengießer (1998), S. 122, oder auch Boecken (1986), S. 134. Die unmittelbare Verwendung von Beitragsteilen wird teilweise zur Sicherstellung der Leistungsdynamisierung herangezogen. Eine Verfahrensweise, die vorteilhaft sein kann, wenn dadurch eine höhere Dynamisierungsrate erreicht werden kann als beim reinen Anwartschaftsdeckungsverfahren durch Gewinnverteilung der Zinserträge. Sie erfolgt aber auch, um Leistungen für die Alt- und Uraltlast finanzieren zu können.

134 Vgl. Jung (1998), S. 158, der auf die Notwendigkeit eines dauernden Mitgliederzugangs hinweist.

135 Zu unterschiedlichen ökonomischen Wirkungen ausgewählter Maßnahmen vgl. im Überblick Schmähl (1981), Schmähl (1988a) sowie Schmähl (1996b), Rdnr. 102ff.

136 Vgl. zum Letzteren z. B. Boecken (1986), S. 118, oder Kannengießer (1998), S. 50.

Im Folgenden wird einerseits die Einnahmestruktur der Einzelsysteme, andererseits die Gestaltung der Abgabearten gegenübergestellt.

3.4.2.1 Gesetzliche Rentenversicherung

Haupteinnahmequellen der GRV sind Beiträge der Versicherten, die annähernd drei Viertel der Gesamteinnahmen ausmachen, und Zuschüsse des Bundes aus allgemeinen Haushaltsmitteln[137]. Die Ausgaben der GRV werden damit überwiegend durch Beiträge gedeckt.

Das Beitragsrecht beinhaltet für die Selbständigen eine Reihe von Sonderregelungen, die einerseits die Beitragsberechnung, andererseits die Beitragszahlung und -tragung betreffen. Ferner sind in diesem Bereich die spezifischen Eigenarten des KSVG im Bereich der Finanzierung zu berücksichtigen, die aus Gründen der Übersichtlichkeit – einschließlich der Künstlersozialabgabe – als gesonderter Punkt behandelt werden.

3.4.2.1.1 Beitragsberechnung

Grundsätzlich erfolgt die Beitragszahlung unabhängig vom aus selbständiger Tätigkeit erzielten Einkommen in Höhe des sogenannten Regelbeitrags nach § 165 Abs. 1 Satz 1 Nr. 1 SGB VI. Hiervon kann allerdings unter bestimmten Bedingungen, auf die im Folgenden näher eingegangen wird, abgewichen werden.

Die Höhe der Beitragszahlung wird für die in der GRV Versicherungspflichtigen gemäß § 157 SGB VI durch die Höhe des Beitragssatzes und die zur Berechnung verwendete Beitragsbemessungsgrundlage bestimmt. Die Höhe des Beitragssatzes ist in der GRV für alle Versicherten – und damit auch für die kraft Gesetz versicherten Selbständigen – gleich[138]. Es erfolgt somit keine

---

137 Daneben existieren eine Reihe weiterer Einnahmearten, zu denen beispielsweise Erstattungen nach § 179 SGB VI zählen oder – in geringem Umfang – Vermögenserträge aus der Schwankungsreserve. Diese sonstigen Einnahmen hatten beispielsweise im Jahr 1999 einen Anteil am Gesamtfinanzierungsvolumen der GRV von etwa 2 v.H. und sind damit für die Finanzierung der Leistungen von untergeordneter Bedeutung. Die Beitragseinnahmen betrugen nach Angaben des VDR im Jahr 1999 313.922 Mrd. DM, der Bundeszuschuss 81.845 Mrd. DM und der zusätzliche Bundeszuschuss 15.600 Mrd. DM. Vgl. dazu im Detail auch Bundesregierung (2001a), S. 34. Zur Entwicklung der Einnahmen- und Ausgabenstruktur in den Jahren 1999 und 2000 z.B. Genzke (2000) und Genzke (2001).

138 Siehe zur Festsetzung der Beitragssätze §§ 158 und 160 SGB VI. Im Jahre 1999 betrug der Beitragssatz zur GRV ab dem 1. April 19,5 v.H., in den Folgejahren verrin-

Differenzierung der Beitragssätze nach unterschiedlichen Versichertengruppen. Als Beitragsbemessungsgrundlage[139] gelten – ebenfalls für alle Versicherungspflichtigen – gemäß § 161 Abs. 1 SGB VI die beitragspflichtigen Einnahmen. Nach § 165 SGB VI wird unter den beitragspflichtigen Einnahmen bei den Selbständigen allerdings sehr unterschiedliches verstanden[140]:

So definiert § 165 Abs. 1 SGB VI als beitragspflichtige Einnahmen der Selbständigen ein Arbeitseinkommen in Höhe der Bezugsgröße, d.h. ein Einkommen, welches dem Durchschnittsentgelt der GRV-Versicherten im vorvergangenen Kalenderjahr entspricht[141]. Bei Anwendung dieser Regulierung zahlen die Selbständigen – vereinfacht ausgedrückt – den Durchschnittsbeitrag der abhängig Beschäftigten zur GRV, der mit dem Terminus „Regelbeitrag" bezeichnet wird[142]. Im Jahr 2002 betrug dieser Regelbeitrag der GRV in den alten Bundesländern 447,90 € und in den neuen Bundesländern 374,36 €[143]. Bei Nachweis eines geringeren oder höheren Arbeitseinkommens durch das Vorlegen des letzten Einkommensteuerbescheids kann der Beitragsberechnung jedoch auch das individuelle Arbeitseinkommen – bis zur Beitragsbemessungsgrenze[144] – zugrunde gelegt und damit ein einkommensbezogener Bei-

---

gerte er sich auf 19,3 v.H. im Jahr 2000 und auf 19,1 v.H. im Jahr 2001. Mittlerweile liegt er bei 19,5 v.H. Zur langfristigen Entwicklung vgl. beispielsweise Verband Deutscher Rentenversicherungsträger (2002), S. 243.

139 Die Beitragsbemessungsgrundlage ist in der GRV nicht nur für die Berechnung des Beitrags, sondern auch für die Ermittlung der diesem Beitrag zuzurechnenden Entgeltpunkte und damit für die Leistungshöhe von Bedeutung.

140 Zur Definition für die abhängig Beschäftigten vgl. § 162 SGB VI.

141 Vgl. zur Definition § 18 SGB IV. Die Bezugsgröße betrug im Jahr 2001 monatlich 4.480 DM in den alten und 3.780 DM in den neuen Bundesländern. In den neuen Bundesländern ist dadurch bedingt - bis zur Angleichung der wirtschaftlichen Verhältnisse – von den Selbständigen auch ein geringerer Regelbeitrag zu zahlen.

142 Die Bezeichnung Durchschnittsbeitrag ist insofern nicht korrekt, als sich die Bemessungsgrundlage auf die Durchschnittswerte des vorvergangenen Jahres bezieht, auf die der aktuelle Beitragssatz Anwendung findet. Die Definition des Regelbeitrags als Durchschnittsbeitrag des vorvergangenen Jahres ist durch mögliche Änderungen des Beitragssatzes allerdings ebenfalls nicht zutreffend.

143 Zur längerfristigen Entwicklung der Beiträge vgl. Verband Deutscher Rentenversicherungsträger (2002), S. 246.

144 Die Beitragsbemessungsgrenze (BBG) ändert sich jährlich entsprechend der Veränderung der Bruttolohn- und -gehaltssumme je durchschnittlich beschäftigtem Arbeitnehmer im vergangenen Jahr im Vergleich zum vorvergangenen Jahr (§ 159 SGB VI). Zur Zeit beträgt die BBG in der GRV in den alten Bundesländern 5.100 € und in den neuen Bundesländern 4.250 €. Zur Entwicklung siehe beispielsweise Verband Deutscher Rentenversicherungsträger (2002), S. 245.

trag entrichtet werden[145]. Durch diese Regelung wird den Selbständigen in der GRV ein Wahlrecht hinsichtlich der Zahlung einkommensunabhängiger oder einkommensbezogener Beiträge eingeräumt. Dieses gilt allerdings nur für Lehrer und Erzieher, Pflegepersonen, Hebammen, Handwerker, Selbständige mit einem Auftraggeber und auf Antrag pflichtversicherte Selbständige, da für die übrigen Selbständigengruppen gesonderte Regulierungen in § 165 Abs. 1 Nr. 2 bis 6 SGB VI festgelegt wurden[146]. Danach ist die Beitragsbemessungsgrundlage:

- für Seelotsen und Hausgewerbetreibende das tatsächlich erzielte Arbeitseinkommen,
- für Künstler und Publizisten gemäß § 12 KSVG ein Zwölftel des voraussichtlichen Jahreseinkommens aus der künstlerischen oder publizistischen Tätigkeit[147], jedoch mindestens 3.900 €, das entspricht 325 € pro Monat,

---

145 Unter dem individuellen Arbeitseinkommen ist nach § 15 SGB IV der nach den allgemeinen Gewinnermittlungsvorschriften des Einkommensteuerrechts ermittelte Gewinn aus der selbständigen Tätigkeit zu verstehen. Bei einer neu aufgenommenen Tätigkeiten wird dieses Einkommen geschätzt. Vgl. zur Definition auch Pezoldt (1997), S. 92f. Seit dem 1. Januar 1996 gilt durch das „Gesetz zur Änderung des Sechsten Buches Sozialgesetzbuch und anderer Gesetze“ vom 15. Dezember 1995 (BGBl. 1995 I, S. 1824) die Regelung, dass bei der Berechnung der Beiträge nicht mehr das aktuelle Arbeitseinkommen zugrunde gelegt wird, sondern immer das im letzten Steuerbescheid festgesetzte Einkommen aus selbständiger Arbeit, was bei starken Gewinnschwankungen zu Härten führen kann, da im Sozialversicherungsrecht – anders als beispielsweise im Steuerrecht – ein nachträglicher Ausgleich zuviel gezahlter Beiträge nicht erfolgt. Vgl. zu diesen Neuregelungen Diekmann et al. (1996) oder auch Pezoldt (1997). Da auch diese Regelung im Einzelfall zu Härten führte, gilt seit Beginn des Jahres 2001, dass bei Einkommensrückgängen in Höhe von mindestens 30 v.H. die Beitragsberechnung an das laufende Einkommen angepasst werden kann.

146 Übergangsrechtliche Sonderregelungen galten beispielsweise bis zum 30. Juni 1992 nach § 279 SBG VI für Hebammen mit Niederlassungserlaubnis und „Alleinhandwerker“, d.h. Handwerker, die mit Ausnahme von Lehrlingen nur mithelfende Familienangehörige beschäftigen. Danach betrugen die beitragspflichtigen Einnahmen der Hebammen mit Niederlassungserlaubnis mindestens 40 v.H. der Bezugsgröße (§ 279 Abs. 1 SGB VI), die der Alleinhandwerker, die bis 1991 von der Möglichkeit Gebrauch gemacht haben, nur jeden zweiten Monat Beiträge zu zahlen, mindestens 50 v.H. der Bezugsgröße (§ 279 Abs. 2 Satz 1 SGB VI). Liegt das tatsächliche Einkommen darunter, konnte beantragt werden, dass nur 40 v.H. der Bezugsgröße angesetzt wird, wurden vor der Neuregelung nur jeden zweiten Monat Beiträge entrichtet, reduzierte sich dieser Satz auf 20 v.H. Vgl. dazu § 279 Abs. 2 SGB VI.

147 Werden neben der künstlerischen und publizistischen Tätigkeit andere selbständige Tätigkeiten ausgeübt, ist für die Bemessung des Beitrags zur KSK nur das Einkommen aus der künstlerischen oder publizistischen Tätigkeit maßgebend, gleichzeitig aber zu prüfen, ob die Höhe des anderweitigen Einkommens Versicherungsfreiheit bewirkt. Da in der Mitteilung des voraussichlichen Einkommens Manipulationsmög-

- für Küstenfischer und Küstenschiffer das in der Unfallversicherung gemäß § 92 Abs. 3 und 4 SGB VII beitragspflichtige Arbeitseinkommen, wodurch der Beitragsbemessung ein durch Ausschüsse festgesetztes Durchschnittseinkommen zugrunde gelegt wird, bei dessen Festlegung auch die Kuttergröße eine Rolle spielt, nach der die Durchschnittseinkommensgrößen differenziert werden,
- für Bezirksschornsteinfegermeister mindestens die Bezugsgröße, so dass diese Gruppe – unabhängig vom tatsächlichen Einkommen – mindestens den Regelbeitrag zahlt.

Da die Versicherungspflicht auch im Falle geringer oder negativer Arbeitseinkommen (Verluste) fortbesteht[148], zahlten gering verdienende Selbständige, wenn sie von der einkommensbezogenen Beitragszahlung Gebrauch machten, auch nur geringe Beiträge oder die Beitragszahlung entfiel. Da dieses aus Sicht des Gesetzgebers zu unerwünschten Ergebnissen führte, wurde durch ein Korrekturgesetz des Jahres 1998 für die Selbständigen wieder ein Mindestbeitrag in der GRV eingeführt[149].

Die Möglichkeit der so genannten Höherversicherung, d.h. einer freiwilligen Zahlung höherer als nach den gesetzlichen Bestimmungen zu entrichtender Beiträge, besteht nach den Neuregelungen durch das Rentenreformgesetz (RRG) des Jahres 1999 dagegen generell nicht mehr[150].

Um die finanzielle Belastung durch die Beitragszahlung für Existenzgründer zu verringern, können Selbständige, die formal den Regelbeitrag entrichten

---

lichkeiten liegen können, muss der KSK das tatsächliche Einkommen bis Ende April des jeweiligen Folgejahres mitgeteilt werden. Vgl. Marschner (1997), S. 98.

148 Dieses gilt unter der Maßgabe, dass eine Geringfügigkeit der Tätigkeit wegen Überschreitens der wöchentlichen Arbeitszeit von 15 Stunden nicht vorliegt.

149 § 165 Abs. 1 Nr. 1 SGB VI, geändert durch Art. 4 Nr. 6 a) des Gesetzes zu Korrekturen in der Sozialversicherung und zur Sicherung der Arbeitnehmerrechte vom 19. Dezember 1998 (BGBl. 1998 I, S. 3843), in dem das Mindesteinkommen auf 630 DM monatlich festgelegt wurde und damit die bis zum In-Kraft-Treten des RRG 1992 geltenden Bestimmungen wieder eingeführt wurden. Siehe zur Begründung BT-Drs. 14/45, S. 20f. Ab dem 1. April 2003 beträgt der Mindestbeitrag zur GRV 87,00 €.

150 Da die Beitragsanteile zur Höherversicherung in der GRV von der Dynamisierung ausgenommen waren, war sie nicht besonders attraktiv und aufgrund dessen von geringer Bedeutung. Bereits durch das RRG 1992 galten nur noch Vertrauensschutzregelungen und durch das „Gesetz zur Reform der gesetzlichen Rentenversicherung" vom 16. Dezember 1997 (BGBl. 1997 I, S. 2998) (RRG 1999) wurde diese Möglichkeit dann endgültig abgeschafft. Vgl. zur Höherversicherung in der GRV z.B. Krauß (1999), § 54, Rdnr. 21 bis 24, mit weiteren Literaturangaben oder auch Michaelis (1998a), S. 41.

müssten, in den ersten drei Jahren nach der Existenzgründung gemäß § 165 Abs. 1 Satz 2 SGB VI nur den halben Regelbeitrag zahlen[151]. Auch in diesen drei ersten Jahren gilt aber die Grundregel, dass bei Nachweis eines geringeren Einkommens einkommensbezogene Beiträge gezahlt werden können.

3.4.2.1.2 Unterschiede hinsichtlich der Beitragstragung und der Beitragszahlung

Nach § 169 Nr. 1 SGB VI zahlen die in der GRV versicherten Selbständigen ihre Beiträge selbst[152]. Ausnahmen bestehen nach § 169 Nr. 3 SGB VI für Künstler und Publizisten sowie für Hausgewerbetreibende, die beitragsrechtlich den abhängig Beschäftigten gleichgestellt werden, da ihre Beiträge zur Hälfte von den jeweiligen Auftraggebern zu zahlen sind.

Die Zahlung erfolgt unmittelbar an die zuständigen Träger. Ausnahmen bestehen in diesem Bereich für Seelotsen und Hausgewerbetreibende, bei denen der „Arbeitgeber" die Beiträge weiterleitet, wobei als „Arbeitgeber" bei den Seelotsen nach § 174 Abs. 3 Nr. 1 SGB VI die Lotsenbrüderschaften gelten und bei den Hausgewerbetreibenden gemäß § 12 Abs. 3 SGB IV der Auftraggeber, der die Arbeit unmittelbar an sie vergibt[153].

3.4.2.1.3 Bundeszuschüsse

Zahlungen aus dem Bundeshaushalt erfolgen an die GRV in drei unterschiedlichen Varianten:

1. dem allgemeinen Bundeszuschuss, dessen Veränderung an die Lohnentwicklung und die Entwicklung des Beitragssatzes der GRV gekoppelt ist (§ 213 Abs. 2 SGB VI),

---

151 Die Frist von drei Jahren beginnt nach Aufnahme der selbständigen Tätigkeit, und zwar auch dann, wenn die Tätigkeit zunächst wegen Geringfügigkeit versicherungsfrei wäre. Bei mehrmaliger Existenzgründung können diese Beitragserleichterungen jeweils erneut in Anspruch genommen werden. Vgl. Schmidt (1999b), § 49, Rdnr. 105. Diese Regelung gilt auch für die Selbständigen mit einem Auftraggeber, die sich nicht von der Versicherungspflicht befreien lassen wollen. Vgl. Buczko (2000), S. 137.

152 Die Bestimmungen des Sozialrechts über die Traglast der Beiträge bezieht sich auf die Beitraghszahlung, d.h. in ökonomischem Sinne auf die Zahllast. Daher ist der sozialreichtliche Terminus mit der ökonomischen Auffassung über die Traglast nicht deckungsgleich, da u.a. von Überwälzungsvorgängen abstrahiert wird. Art und Ausmaß dieser Überwälzungsprozesse sind weder einheitlich noch eindeutig bestimmbar. Zu möglichen Überwälzungsformen vgl. im Überblick Schmähl (1981).

153 Vgl. dazu auch Bundesversicherungsanstalt für Angestellte (1997), S. 158.

2. zusätzlichen Zuschüssen aus dem Mehrwertsteueraufkommen (§ 213 Abs. 3 und 4 SGB VI) und
3. einem Erhöhungsbetrag zum zusätzlichen Bundeszuschuss, der aus den Ökosteuereinnahmen gespeist wird[154].

Diese Zuschüsse des Bundes zur GRV werden nicht für bestimmte Personengruppen, sondern an die GRV als Ganzes geleistet[155] und kommen den pflichtversicherten Selbständigen damit im gleichen Umfang zugute wie allen anderen Versicherten. Dieses gilt, soweit die nicht beitragsgedeckten Leistungen auch von Selbständigen in gleichem Ausmaß bezogen werden, denn sofern das Differenzierungsmerkmal der abhängig oder selbständig ausgeübten Tätigkeit herangezogen wird, kann ex ante eine Begünstigung der über die Bundeszuschüsse finanzierten Leistungen nicht festgestellt werden. Die Zahlung der Bundeszuschüsse wird regelmäßig mit der Finanzierung von interpersonellen Umverteilungsaufgaben gerechtfertigt, die über die Rentenversicherung abgewickelt werden[156], wie insbesondere Kriegsfolgelasten oder auch Ausgaben im Zusammenhang mit dem Beitritt der fünf neuen Bundesländer, den sogenannten Vereinigungslasten, die insbesondere durch die sogenantne Rentenüberleitung verursacht sind.

3.4.2.1.4 Landeszuschuß für die Küstenschiffer und Küstenfischer

Küstenschiffer und Küstenfischer, die nach § 2 Abs. 1 Nr. 7 SGB VII versichert sind, erhalten einen allgemeinen Beitragszuschuss von den Ländern mit Küstenbezirken gemäß § 163 SGB VII. Die Höhe dieser Zuschüsse ist in der folgenden Tabelle angegeben.

---

154 Vgl. zu den Bundeszuschüssen ausführlicher Schmähl (2001d), S. 144 und 181f. Die Einführung der zusätzlichen Bundeszuschüsse aus Einnahmen der Steuern vom Umsatz erfolgte durch das „Gesetz zur Finanzierung eines zusätzlichen Bundeszuschusses zur GRV" vom 19. Dezember 1997 (BGBl. 1997 I, S. 3121) mit Wirkung vom 1. April 1998. Ab dem Jahr 2000 wurden der Rentenversicherung darüber hinaus zusätzlich Einnahmen des Bundes aus dem „Gesetz zur Fortführung der ökologischen Steuerreform" zugeführt, um die Beitragssätze zu stabilisieren. Die Bundeszuschüsse werden seit dem aus verschiedenen Quellen gespeist, für die auch unterschiedliche Bemessungsgrundlagen maßgeblich sind.

155 Diese Aussage bezieht sich auf die finanziellen Effekte der Bundeszuschüsse, nicht auf deren Begründung.

156 Zur verteilungs- und beschäftigungspolitischen Begründung von Bundeszuschüssen an die GRV siehe ausführlich Schmähl (1997b).

Tabelle 3.1: Zuschüsse der Länder mit Küstenbezirken zu den Beirägen für die Unternehmen der Küstenfischerei

Bundesland	Beitragssumme in DM
Schleswig-Holstein	859.621,89
Niedersachsen	470.980,11
Hamburg	193.762,57
Bremen (nur Bremerhaven)	3.628,08
Mecklenburg-Vorpommern	403.077,05

Quelle: Schreiben des Bundesversicherungsamtes vom 21. September 2001.

3.4.2.1.5 Künstler und Publizisten – Beitragszahlung, Künstlersozialabgabe und zusätzlicher Bundeszuschuss

Nach § 15 KSVG gilt für die versicherungspflichtigen Künstler und Publizisten die Besonderheit, dass sie an die KSK – als zuständige Einzugsstelle – nur den halben des nach den allgemeinen Vorschriften des SGB VI zu zahlenden Beitrags entrichten müssen. Die zweite Hälfte wird in Form der Künstlersozialabgabe von den Verwertern und einem Zuschuss des Bundes aufgebracht. Im Vergleich zu den übrigen Selbständigen zahlen Künstler und Publizisten damit für die gleichen Leistungen nur die Hälfte.

3.4.2.1.6 Künstler und Publizisten – Beitragszahlung, Künstlersozialabgabe und zusätzlicher Bundeszuschuss

Nach § 15 KSVG gilt für die versicherungspflichtigen Künstler und Publizisten die Besonderheit, dass sie an die KSK – als zuständige Einzugsstelle – nur den halben des nach den allgemeinen Vorschriften des SGB VI zu zahlenden Beitrags entrichten müssen. Die zweite Hälfte wird in Form der Künstlersozialabgabe von den Verwertern und einem Zuschuss des Bundes aufgebracht. Im Vergleich zu den übrigen Selbständigen zahlen Künstler und Publizisten damit für die gleichen Leistungen nur die Hälfte.

Die Künstlersozialabgabe wird im Umlageverfahren bei den jeweiligen Verwertern der künstlerischen und publizistischen Leistungen erhoben und kann daher als eine Art „Arbeitgeberbeitrag" zur Künstlersozialversicherung charakterisiert werden, der erhebungstechnisch allerdings einige durchaus umstrittene Besonderheiten aufweist[157]. Zu diesen Verwertern zählen nach § 24 Abs. 1 Satz 1 KSVG einerseits Verlage, Theater, Rundfunkanstalten oder Galerien, andererseits aufgrund der Generalklausel des § 24 Abs. 2 KSVG alle sonstigen Einrichtungen, die nicht nur gelegentlich Aufträge an Künstler und Publizisten vergeben. Bemessungsgrundlage der Abgabe sind gemäß § 25 Abs. 1 KSVG die gezahlten Entgelte für die künstlerischen oder publizistischen Leistungen, und zwar unabhängig davon, ob die jeweils leistenden Künstler oder Publizisten nach dem KSVG versicherungspflichtig sind oder nicht[158]. Der für die Berechnung maßgebliche Abgabesatz variiert nach dem aufzubringenden jährlichen Beitragsvolumen. Für das Jahr 2003 beträgt die Künstlersozialabgabe 3,8 v.H.[159]. Der Abgabesatz wird durch die Gegenüberstellung des voraussichtlichen Abgabebedarfs und der geschätzten Summe der Honorare ermittelt. Der gegenüber dem Arbeitgeberbeitrag zur GRV geringere Abgabesatz ergibt sich zum einen dadurch, dass die Bemessungsgrundlage der Künstlersozialabgabe auch Honorare an nicht versicherungspflichtige Künstler und Publizisten beinhaltet, in diesen Honoraren – anders als in den Arbeitseinkommen der Versicherten – Betriebskosten enthalten sind und es keine Bemessungsgrenzen gibt, und zum anderen durch die zusätzlichen Zahlungen des Bundes an die KSK.

---

157 Die Frage nach dem Kreis der abgabepflichtigen Unternehmen hat die Gerichte immer wieder beschäftigt und zu einer Reihe von Entscheidungen des BSG in diesem Bereich geführt. Vgl. dazu im Überblick z.B. Marschner (1997), S. 94ff., oder auch Zabre (1999), S. 561f.

158 Zum Beispiel weil sie über andere Einkünfte verfügen oder von der KSK nicht als Künstler oder Publizist angesehen werden. Details zur Erhebung der Künstlersozialabgabe, sind in der „Verordnung zur Durchführung des Künstlersozialversicherungsgesetzes“ vom 23. Mai 1984 (BGBl. 1984 I, S. 709) geregelt. Bei einer Überprüfung der abgabepflichtigen Unternehmen durch die KSK wird hier beispielsweise geprüft, ob alle Vermarktungsvorgänge erfasst sind, ein Vorgang zur Bemessungsgrundlage zählt oder nicht und ähnliches mehr. Vgl. dazu Marschner (1997), S. 94 und 101. Zur Abgabepflicht der Verwerter siehe auch KSK – Informationsschriften für Verwerter http://www.Kuenstlersozialkasse.de/index.cfm?FB2031668E7C4D3894246BA6FC9 AF10E.

159 Vgl. Künstlersozialabgabe-Verordnung vom 26. September 2000 (BGBl. 2000 I, S. 1414). Der Abgabesatz wurde auf Empfehlung des Bundesverfassungsgerichtes zeitweise nach Sparten differenziert und in Form eines bereichsspezifischen Abgabesatzes erhoben. Seit In-Kraft-Treten des Haushaltssanierungsgesetzes 1999 wird die Künstlersozialabgabe wieder einheitlich für alle Sparten festgelegt – erstmals im Jahr 2000 auf 4 v.H. Vgl. Art. 17 Nr. 1d) des Gesetzes zur Sanierung des Bundeshaushalts (Haushaltssanierungsgesetz – HSanG) vom 22. Dezember 1999 (BGBl. 1999 I, S. 2534) – Änderung des Künstlersozialversicherungsgesetzes.

Der vom Bund zu den Ausgaben der KSK zu zahlende Zuschuss ist in § 34 KSVG gesetzlich verankert[160]. Er wurde bei Erlass des Gesetzes im Jahre 1981 damit begründet, dass Künstler und Publizisten ihre Produkte teilweise selbst vermarkten und in diesen Fällen zur Aufbringung des „Arbeitgeberanteils“ ein Bundeszuschuss zu leisten sei[161]. Das Aufteilungsverhältnis zwischen Künstlersozialabgabe und Bundeszuschuss wurde im Zeitablauf mehrfach verändert, da die Höhe des Anteils der „Selbstvermarkter“ unterschiedlich beurteilt wurde[162]. Eine Reduzierung wurde im Rahmen des Artikels 17 Nr. 2 HSanG verwirklicht, welcher den Bundeszuschuss von 25 v.H. auf 20 v.H. reduzierte. Der von den Verwertern zu finanzierende Anteil erhöhte sich entsprechend von 25 v.H. auf 30 v.H.

3.4.2.2 Alterssicherung der Landwirte

Die Finanzierung der Alterssicherung der Landwirte erfolgt durch Beiträge der Versicherten und Bundesmittel. Die Einnahmestruktur ist in diesem System jedoch dadurch gekennzeichnet, dass etwa 70 v.H. der Ausgaben aus allgemeinen Haushaltsmitteln des Bundes bestritten werden und Beitragseinnahmen daher als untergeordnete Finanzierungsart anzusehen sind[163].

3.4.2.2.1 Beitragsberechnung

Das ALG sieht in § 68 für die selbständigen Landwirte prinzipiell einen einkommensunabhängigen „Kopfbeitrag“ vor, so dass im Folgenden Beitragssätze und abweichende Beitragsbemessungsgrundlagen nicht zu berücksichtigen sind.

Die Festlegung dieses Beitrags erfolgt seit der Agrarsozialreform des Jahres 1995 in Anlehnung an das Beitrags-/Leistungsverhältnis der GRV, wodurch verhindert werden soll, dass die Beiträge in der AdL stärker steigen als in der

---

160 Danach wird ein Zuschuss zu den Ausgaben gezahlt und die Verwaltungskosten der KSK vom Bund übernommen.

161 Vgl. dazu die Ausführungen in Kapitel 2 oder auch Zimmermann / Schulz (2000a), S. 17.

162 Die Höhe des Bundeszuschusses betrug bei Einführung der Künstlersozialversicherung 17 v.H., wurde dann im Jahre 1987 auf 25 v.H. erhöht und Ende der 90er Jahre im Rahmen des Haushaltssanierungsgesetzes erneut gesenkt.

163 Vgl. zur Entwicklung der Bundeszuschüsse in den Jahren 1994 bis 2001 z.B. Bundesministerium für Verbraucherschutz (2003), Tabellenanhang, Tabelle 61. Der Modus der Ermittlung der Finanzierungsanteile wurde zuletzt im Rahmen der Agrarsozialreform des Jahres 1995 erheblich verändert.

GRV. Die Höhe des monatlichen Beitrags wurde zunächst in der Form bestimmt, dass ein Landwirt für eine vergleichbare Rentenleistung einen um 20 v.H. geringeren Beitrag zahlen sollte als ein GRV-Versicherter, was mit dem unterschiedlichen Leistungsspektrum der Systeme gerechtfertigt wurde[164].

Ab dem Jahr 2000 wird gemäß Artikel 15 Nr. 4 und 5 HSanG die Höhe dieser Beitragsreduzierung verringert, und zwar in einem ersten Schritt auf 17,5 v.H. und dann bis zum Jahr 2003 in drei weiteren Stufen auf 10 v.H.[165]. Dadurch wird es in der AdL in diesen Jahren im Vergleich zur GRV zu überproportionalen Beitragssteigerungen kommen, die durch die Senkung des Beitragssatzes der GRV allerdings etwas abgemildert werden[166].

Im Jahr 2001 betrug die Höhe des Beitrags der AdL in den alten Bundesländern 346 DM, in den neuen Bundesländern 290 DM und bewegt sich damit etwa in einer Größenordnung von 40 v.H. des Regelbeitrags der Selbständigen der GRV.

3.4.2.2.2 Beitragszuschüsse

Trotz des formal geltenden Einheitsbeitrags der AdL kann die individuelle Beitragsbelastung der Landwirte unterschiedlich sein, und zwar durch die Regelungen der Beitragsbezuschussung nach §§ 32 bis 35 ALG.

Danach erhalten gering verdienende Landwirte nach der Einkommenshöhe gestaffelte Beitragszuschüsse, die aus Bundesmitteln finanziert werden. Die individuelle Höhe der Beitragszahlung wird dadurch – leistungsneutral – in der höchsten Zuschussklasse bei einem Einkommen bis 8.220 € jährlich für eine Person um 119 € reduziert. Der Beitragszuschuß verringert sich sukzessive. Damit steigt die absolute Beitragsbelastung bis zum Erreichen der Einkommensgrenze in Höhe von 15.500 € stufenweise bis zum Einheitsbeitrag an[167]. Durch diese Beitragsbezuschussung existiert in der AdL ein nach der

---

[164] Vgl. dazu Koch / Möller-Schlotfeldt (1999), S. 1292, § 65, Rdnr. 12, oder auch Flecken (1995), S. 63. Daneben wurde dadurch den unterschiedlichen Leistungsvoraussetzungen Rechnung getragen, wie insbesondere der so genannten „Hofabgabeklausel“ und den längeren Wartezeiten. Vgl. Deisler (1998), S. 148. Technisch wurde zur Ermittlung des monatlichen Beitrags zur AdL der Beitragssatz zur GRV, das voraussichtliche Durchschnittsentgelt und der Wert 0,0346 miteinander multipliziert.

[165] Siehe Bundesministerium für Ernährung (2000), S. 89.

[166] Der Beitrag zur AdL erhöhte sich in den alten Bundesländern von 327 DM im Jahre 1999 (1. April bis 31. Dezember d.J.) auf 346 DM in 2001, während der Regelbeitrag für Selbständige der GRV im gleichen Zeitraum von 859,95 DM auf 855,68 DM gesunken ist.

[167] Vgl. Rombach (1994), S. 461.

Einkommenshöhe gestaffelter Beitrag. Im Gegensatz zu den pauschal geleisteten zusätzlichen Zuschüssen des Bundes an die Künstlersozialversicherung nimmt die Höhe der Zuschüsse jedoch mit steigendem Einkommen ab, wie der Tabelle 3.2 entnommen werden kann. Dabei wird nicht nur das Einkommen aus der landwirtschaftlichen Tätigkeit, sondern das Gesamteinkommen zugrunde gelegt.

Bis Ende 1999 betrug die Zuschusshöhe in der höchsten Klasse 80 v.H. des Einheitsbeitrages und nahm mit zunehmenden Einkommen je zusätzliche 1.000 DM um 3,2 Prozentpunkte des Beitrags – bis auf 10 DM in der am geringsten bezuschussten Einkommensklasse – ab, d.h., bis 17.000 DM Einkommen betrug der Zuschuss 76,8 v.H., bis 18.000 DM 73,6 v.H. usw. Durch die Neuregelungen des Haushaltssanierungsgesetzes 1999 in Artikel 15 Nr. 2b) veränderte sich dieser Prozentsatz von 3,2 v.H. auf rund 4 v.H. Die Zuschussgewährung erfolgt indirekt: die Beitragszahler zahlen an die landwirtschaftlichen Alterskassen einen um den Zuschuss verringerten Beitrag.

3.4.2.2.3 Bundeszuschüsse

Nach § 78 ALG zahlt der Bund den Unterschiedsbetrag zwischen den Ausgaben der landwirtschaftlichen Alterskassen und den Beitrags- und sonstigen Einnahmen. Im Gegensatz zu den regelgebundenen Zuschüssen an die GRV gilt daher in der AdL die Defizitdeckung des Bundes. Die im Vergleich zur GRV sehr viel höheren Bundeszuschüsse – im Jahr 2002 betrugen diese etwa 75 v.H. der Ausgaben[168] – werden mit den spezifischen Zielsetzungen dieses Alterssicherungssystems begründet, da mit den Leistungen der AdL nicht nur die Alterssicherung verbessert, sondern parallel nach wie vor struktur- und einkommenspoltitische Ziele verfolgt werden. Die Defizitdeckung des Bundes führt in Verbindung mit der Anlehnung der Beitragsentwicklung an die GRV im Ergebnis jedoch auch dazu, dass die finanziellen Folgen des Strukturwandels im System der AdL in erster Linie aus allgemeinen Haushaltsmitteln finanziert werden[169].

---

168 Errechnet aus Tabelle 61, S. 51, des Tabellenanhangs zu Bundesministerium für Verbraucherschutz (2003).

169 Vgl. Hagedorn / Mehl (2001), S. 109.

Tabelle 3.2: Beitragszuschuss in der landwirtschaftlichen Alterssicherung. Gültig für den Zeitraum: 1. Januar 2003 bis 31. Dezember 2003

	Alte Bundesländer			Neue Bundesländer		
Einkommens-stufen	Beitrags-zuschuss	Netto-beitrag	Zuschuss	Beitrags-zuschuss	Netto-beitrag	Zuschuss
von ... bis ... €	in €/mtl.	in €/mtl.	in v.H.	in €/mtl.	in €/mtl.	in v.H.
0 - 8.220	119	79	60,1	100	66	60,2
8.221 - 8.740	111	87	56,1	93	73	56,0
8.741 - 9.260	103	95	52,0	86	80	51,8
9.261 - 9.780	95	103	48,0	80	86	48,2
9.781 - 10.300	87	111	43,9	73	93	44,0
10.301 - 10.820	79	119	39,9	66	100	39,8
10.821 - 11.340	71	127	35,9	60	106	36,1
11.341 - 11.860	63	135	31,8	53	113	31,9
11.861 - 12.380	55	143	27,8	46	120	27,7
12.381 - 12.900	48	150	24,2	40	126	24,1
12.901 - 13.420	40	158	20,2	33	133	19,9
13.421 - 13.940	32	166	16,2	27	139	16,3
13.941 - 14.460	24	174	12,1	20	146	12,0
14.461 - 14.980	16	182	8,1	13	153	7,8
14.981 - 15.500	8	190	4,0	7	159	4,2
über 15.500	0	198	0,0	0	166	0,0

Quelle: http://www.lsv-d.de/verbaende/02gla/05zahlen/zahlen02.html.

3.4.2.3 Berufsständische Versorgungswerke

Abweichend von der GRV und der Alterssicherung der Landwirte, die durch Zuschüsse aus Haushaltsmitteln zu den teilweise öffentlich finanzierten Alterssicherungssystemen zählen, sind Bundes- oder Landeszuschüsse zur Finanzierung der Leistungen der berufsständischen Versorgungswerke nicht vorgesehen[170]. Dafür spielen in diesen Systemen aufgrund der angewandten

[170] Dies ist in der Regel in den landesgesetzlichen Ermächtigungsgesetzen normiert, in denen festgelegt wird, dass die Versorgungswerke ihre Leistungen ausschließlich aus eigenen Mitteln erbringen müssen; ebenso wenig besteht eine Bundes- oder Landesgarantie. Vgl. Kolb (1983), S. 390, oder Boecken (1986), S. 118.

Finanzierungsverfahren Vermögenserträge als Finanzierungsquelle eine größere Rolle als in den anderen Sicherungssystemen[171].

Verallgemeinernde Aussagen über die Einnahmestruktur der berufsständischen Versorgungswerke sind schwer zu treffen, da etliche Einrichtungen erst in den letzten Jahren gegründet wurden und sich die Kapitalfonds daher noch in der Aufbauphase befinden[172]. Für die Gesamtheit der in der Arbeitsgemeinschaft berufsständischer Versorgungseinrichtungen e.V. (ABV) zusammengeschlossenen Versorgungswerke hielt sich der Anteil der Beiträge und Vermögenserträge am Finanzvolumen Ende der 90er Jahre in etwa die Waage[173].

In der Gestaltung der beitragsrechtlichen Regelungen sind die berufsständischen Versorgungswerke durch ein weites Spektrum unterschiedlicher Regulierungen gekennzeichnet. Allgemein gilt, dass die Beiträge zu einem berufsständischen Versorgungswerk – teilweise als Versorgungsabgabe bezeichnet – von den selbständig tätigen Pflichtmitgliedern grundsätzlich allein gezahlt werden[174].

Eine Reihe von Satzungen sehen – ähnlich wie die GRV – für die selbständigen Mitglieder Regelbeiträge oder auch allgemeine Versorgungsabgaben vor, die sich nicht am persönlichen Einkommen des Mitglieds, sondern an unterschiedlichen anderen Rechengrößen orientiert. Dazu zählen bespielsweise

- der Höchstbeitrag der GRV[175],
- die Beitragsbemessungsgrenze in der GRV[176] oder

---

171 Vgl. dazu Kolb (1983), S. 395, oder Boecken (1986), S. 118.

172 Dadurch bedingt übersteigen die Einnahmen die Ausgaben derzeit auch noch erheblich; vgl. Meurer (1994), S. 302.

173 Siehe zu den jeweils aktuellen Werten http://www.abv.de/stat.htm.

174 Die beitragsrechtlichen Regelungen für die als Angestellte tätigen Berufsangehörigen sind teilweise abweichend gestaltet. Da die Befreiungsregelung nach § 6 Abs. 1 Satz 1 Nr. 1b) SGB VI die Zahlung einkommensbezogener Beiträge als Voraussetzung für die Befreiung von der Versicherungspflicht vorsieht, ist jedoch davon auszugehen, dass von angestellt Tätigen mindestens ein Beitrag in Höhe des GRV-Beitrags zu zahlen ist. Vgl. zu den Regelungen für die als Angestellte tätigen Pflichtmitglieder auch Boecken (1986), S. 120f. und S. 127f.

175 Zum Beispiel bei der Ärzteversorgung Bremen (§ 26 Abs. 1 der Satzung vom 1. Januar 1999) oder der Steuerberaterversorgung Niedersachsen (§ 27 der Satzung). Der Höchstbeitrag zur GRV betrug im Jahr 2002 in den alten Bundesländern 859,50 €, in den neuen Bundesländern 716,25 €.

176 So wird zum Beispiel bei dem Versorgungswerk der Architektenkammer Baden-Württemberg in § 16 Abs. 1 der Satzung vom 1. Januar 1997 auf die Beitragsbemessungsgrenze in der GRV als Beitragsbemessungsgrundlage Bezug genommen, auf die ein Beitragssatz in Höhe von 18 v.H. gezahlt wird.

– die durchschnittliche Versorgungsabgabe der Mitglieder[177].

Die Normbeiträge der Mitglieder berufsständischer Versorgungseinrichtungen sind dadurch bedingt in der Regel deutlich höher als die der übrigen pflichtversicherten Selbständigen.

Parallelen zu den beitragsrechtlichen Regelungen in der GRV bestehen in der berufsständischen Versorgung insofern, als neben den satzungsrechtlich definierten Normbeiträgen:
– in der Regel einkommensbezogene Beiträge gezahlt werden können,
– teilweise Mindestbeitragsregelungen zu beachten sind[178] und
– einige Versorgungswerke die Möglichkeit ermäßigter Beitragszahlungen in den ersten Jahren nach Aufnahme der selbständigen Tätigkeit vorsehen[179].

Im Gegensatz zur GRV ist die freiwillige Höherversicherung nicht ausgeschlossen, womit dem Umstand Rechnung getragen wird, dass Freiberufler ihre Tätigkeit infolge der langen Ausbildungszeiten vergleichsweise spät aufnehmen und dann wegen der Einrichtung einer eigenen Praxis oder Kanzlei am Aufbau einer Altersvorsorge aus finanziellen Gründen zunächst gehindert sein können. Die Zahlung von höheren Beiträgen ist regelmäßig auf das 1,3- bis 1,7fache des Normbeitrags nach oben hin begrenzt, da nach § 5 Abs. 1 Nr. 8 Körperschaftsteuergesetz eine Überschreitung des Beitrags von mehr als 100 v.H. bis 125 v.H. des Höchstbeitrages der GRV für das Versorgungswerk die Veranlagung zur Körperschaftsteuer zur Folge hätte[180].

---

177 Siehe Jung (1998), S. 161.

178 Der Mindestbeitrag beträgt z.B. beim Versorgungswerk der Steuerberater und Steuerbevollmächtigten im Land Niedersachsen gemäß § 29 der Satzung 10 v.H. des Normbeitrags oder 25 v.H. im Versorgungswerk der Architektenkammer Baden-Württemberg nach § 16 Abs. 3 der Satzung. Bei Letzterem ist allerdings gemäß § 19 der Satzung auch ein Ruhen der Beitragspflicht vorgesehen, wenn das Einkommen ein Fünftel der dem Normbeitrag zugrunde liegenden Einkommenshöhe unterschreitet.

179 Beitragserleichterungen für Existenzgründer finden sich beispielsweise für die Architekten in Baden-Württemberg, die in den ersten fünf Jahren gemäß § 16 Abs. 3 der Satzung nur 25 v.H. des Normbeitrags (d.h. den Mindestbeitrag) zahlen müssen.

180 Danach liegt die Grenze bei 125 v.H., wenn die Satzung des Versorgungswerks nur Pflichtmitgliedschaften und freiwillige Mitgliedschaften kennt, die sich unmittelbar an das Pflichtversicherungsverhältnis anschließen; vgl. dazu auch Kannengießer (1998), S. 45. Das 1,7fache wird beispielsweise bei der Nordrheinischen Ärzteversorgung in § 20 Abs. 2 der Satzung vom 1. Januar 1990 normiert, das 1,5fache bei dem Versorgungswerk der Ärztekammer Bremen in § 28 Abs. 3 der Satzung, das doppelte beim Versorgungswerk der Architektenkammer Baden-Württemberg in § 20 der Satzung, wobei sich die Beitragszahlung bei Letzterem nicht am Höchstbeitrag zur GRV

3.4.3 Zusammenfassung

Im Bereich der Finanzierungsgestaltung unterscheiden sich die Alterssicherungssysteme der Selbständigen sowohl hinsichtlich der angewandten Finanzierungsverfahren als auch hinsichtlich der Bedeutung und Gestaltung der verschiedenen Finanzierungsarten.

Als Finanzierungsverfahren kommt sowohl in der GRV als auch in der Alterssicherung der Landwirte das Umlageverfahren zur Anwendung, während die Finanzierung der Berufsständischen Versorgungswerke in der Regel in Form von Mischverfahren erfolgt, die Elemente des Umlageverfahrens und der Kapitalfundierung kombinieren.

Sowohl der Stellenwert der zur Finanzierung der Leistungen in Frage kommenden Einnahmequellen (Beiträge, Steuern und Vermögenseinkünfte) als auch die Einnahmestruktur ist in den Sicherungseinrichtungen der Selbständigen unterschiedlich.

Die GRV finanziert sich überwiegend aus Beitragseinnahmen, zum geringeren Teil aus Steuermitteln, die AdL dagegen vorwiegend aus allgemeinen Haushaltsmitteln und zum kleinerem Teil aus Beiträgen. In der berufsständischen Versorgung sind demgegenüber Steuermittel zur Finanzierung der Leistungen grundsätzlich nicht vorgesehen. Dafür kommen – aufgrund des höheren Anteils an Kapitalfundierung in diesen Systemen – als die Beitragszahlungen ergänzende Einnahmequellen Vermögenserträge stärker zum Tragen als in den umlagefinanzierten Systemen der GRV und AdL.

Beiträge der Versicherten sind damit, auch wenn ihr Anteil am Finanzierungsvolumen unterschiedlich ist, die einzige Finanzierungsart, die in allen Sicherungssystemen zur Finanzierung der Leistungen beiträgt. Die beitragsrechtliche Gestaltung weist Ähnlichkeiten insofern auf, als in allen Sicherungseinrichtungen für die Selbständigen die Möglichkeit der Zahlung von einkommensunabhängigen Regel- oder Einheitsbeiträgen besteht. Sowohl in der GRV als auch in berufsständischen Versorgungswerken können stattdessen wahlweise einkommensbezogene Beiträge gezahlt werden, wobei in beiden Systemen eine obere Beitragsbemessungsgrenze und in der Regel ein Mindestbeitrag existiert. In der AdL dagegen ist eine einkommensbezogene Beitragszahlung konzeptionell nicht vorgesehen, da alle Versicherten formal einen Einheitsbeitrag entrichten. Für Geringeinkommensbezieher wird die in-

orientiert, sondern darunter liegt, so dass dieser höhere Wert körperschaftsrechtlich unschädlich ist.

dividuelle Beitragsbelastung durch die Gewährung einkommensabhängiger Beitragszuschüsse aus Bundesmitteln jedoch reduziert.

Eine solche Beteiligung Dritter an den Beitragszahlungen der Selbständigen ist in den gesetzlichen Bestimmungen ansonsten nur für die in der GRV versicherten Hausgewerbetreibenden sowie Künstler und Publizisten vorgesehen, bei den Hausgewerbetreibenden ähnlich wie bei den abhängig Beschäftigten in Form einer hälftigen Beitragszahlung durch den Auftraggeber und bei Künstlern und Publizisten durch die Finanzierung des halben Beitrags aus einem zusätzlichen Bundeszuschuss und der Künstlersozialabgabe.

Eine direkte Bezuschussung der Beitragszahlungen aus allgemeinen Haushaltsmitteln findet sich bei den Selbständigen damit nur bei Landwirten sowie den Künstlern und Publizisten, allerdings mit dem Unterschied, dass sie bei den Landwirten nach Bedarfsgesichtspunkten erfolgt, während Künstler und Publizisten – genau umgedreht – de facto einen um so höheren Zuschuss erhalten, je höher der individuelle Beitrag und damit das Einkommen der Versicherten ist.

Alle übrigen pflichtversicherten Selbständigen zahlen ihre Beiträge grundsätzlich allein. Die zeitlich befristete Möglichkeit, in der Existenzgründungsphase reduzierte Beiträge zu zahlen, findet sich sowohl in der GRV als auch in berufständischen Versorgungswerken, während die AdL solche Beitragserleichterungen nicht kennt. Diese ermäßigten Beitragszahlungen haben im Gegensatz zu den Beitragszuschüssen jedoch auch entsprechende Auswirkungen auf das Leistungsniveau, die in der GRV nicht mehr revidierbar sind, denn nur in berufsständischen Versorgungswerken besteht die Möglichkeit einer freiwilligen Höherversicherung, um die Leistungen des Pflichtversicherungssystems bei Bedarf aufzustocken.

Die unterschiedlich gestalteten beitragsrechtlichen Regelungen für die Selbständigen führen nach geltendem Recht zu unterschiedlichen Beitragsniveaus und unterschiedlichen relativen Beitragsbelastungen. Für die in der GRV und der AdL pflichtversicherten Selbständigen zeigt die absolute Höhe der Beitragszahlung differenziert nach Einkommensklassen Abbildung 3.3, die relative Belastung Abbildung 3.4.

Wird die absolute Höhe der Beitragszahlungen betrachtet, zahlen ab einem bestimmten Einkommmensniveau Landwirte den geringsten Beitrag, gefolgt von den Künstlern und Publizisten und den Regel- und schließlich einkommensbezogenen Beitragszahlern in der GRV. Lediglich in den unteren Einkommenklassen wird dieses Verhältnis durchbrochen, da die Mindestbeiträge der GRV und die Beiträge der Künstler noch unterhalb der bezuschussten Beiträge der AdL angesiedelt sind.

Abbildung 3.3: Beitragszahlung der Selbständigen in GRV und AdL in DM pro Monat nach Einkommensklassen (alte Bundesländer 2001)

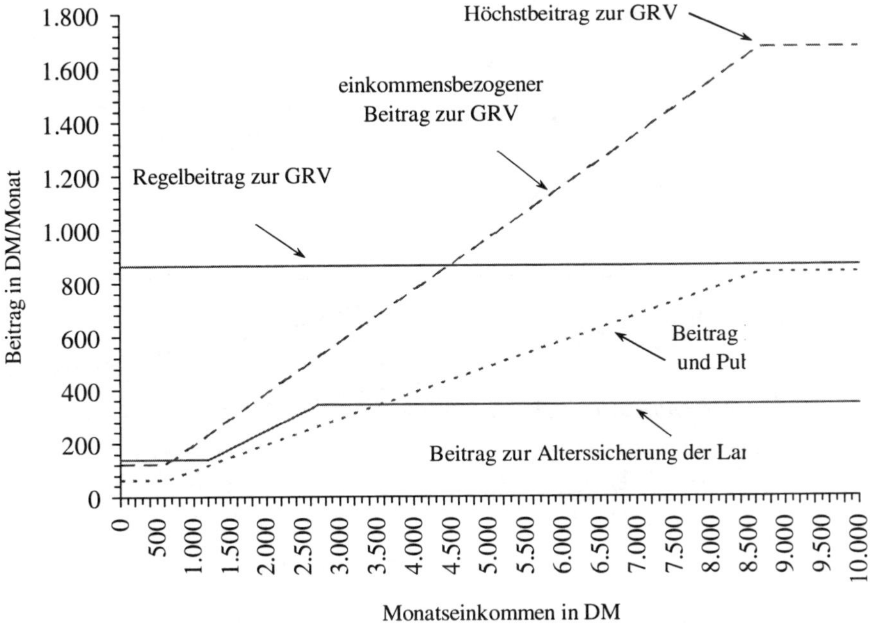

Quelle: Eigene Berechnung.

In der graphischen Darstellung der relativen Beitragsbelastung wird deutlich, dass sie bei den Landwirten und den den Regelbeitrag zahlenden Selbständigen in der GRV mit zunehmendem Einkommen proportional abnimmt, während dieser Effekt bei einer einkommensbezogenen Beitragszahlung an die GRV erst ab dem Erreichen der Beitragsbemessungsgrenze einsetzt. Deutlich wird ferner die trotz einkommensbezogener Beitragszahlung geringere relative Beitragsbelastung der Künstler und Publizisten, die ebenso wie die Hausgewerbetreibenden, die in der Abbildung nicht gesondert dargestellt sind, nur den halben Beitrag zahlen.

Die Beitragszahlungen zu den berufsständischen Versorgungswerken sind in die Abbildungen nicht integrierbar, da die Beitragsgestaltung in den satzungsrechtlichen Bestimmungen sehr uneinheitlich geregelt ist. Bei allen Versorgungswerken, bei denen sich der Normbeitrag am Höchstbeitrag der GRV orientiert, verliefe der entsprechende Graph der absoluten Beitragszahlung pa-

Abbildung 3.4: Relative Beitragsbelastung der Selbständigen in GRV und AdL nach Einkommensklassen (alte Bundesländer 2001)

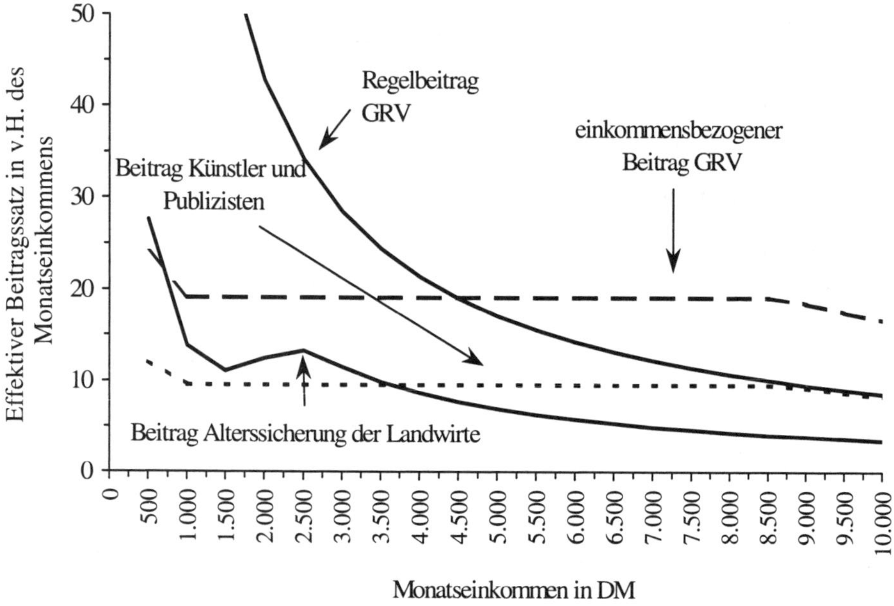

Quelle: Eigene Berechnung.

rallel zum Regelbeitrag der GRV, allerdings auf dem höheren Niveau der höchsten einkommensbezogenen Beitragszahlungen an die GRV. Ist bei der Beitragsberechnung dagegen die Beitragsbemessungsgrenze der GRV maßgeblich, wird aber ein geringerer Beitragssatz gewählt, ist der Verlauf ebenfalls parallel, aber auf einem geringeren Niveau. Bei Zahlung einkommensbezogener Beiträge und Anlehnung an den Beitragssatz der GRV entspräche der Verlauf den einkommensbezogenen Beitragszahlungen an die GRV, weicht der Beitragssatz ab, sind die Zahlungen in den entsprechenden Einkommensklassen niedriger oder höher. Für die jeweiligen relativen Beitragsbelastungen dieser unterschiedlichen Möglichkeiten gelten die Ausführungen zu den GRV-Versicherten entsprechend.

3.5 Leistungen

Die Gestaltung der leistungsrechtlichen Regelungen eines Alterssicherungssystems wird einerseits durch Grundsatzentscheidungen beispielsweise darüber geprägt:

- in welchem Umfang die Leistungen zu den monetären Einkommen des versicherten Personenkreises im Alter beitragen sollen und/oder
- ob sich die Höhe der Altersrente am früheren (Erwerbs-) Einkommen orientieren soll oder unabhängig davon gestaltet wird,

andererseits – in einem zweiten Schritt – durch die Konkretisierung des Leistungsrechts im Hinblick auf Entscheidungen über[181]:
- Leistungsarten und Leistungsvoraussetzungen,
- die Formel zur Rentenberechnung und
- die Veränderungen der Zahlbeträge im Zeitablauf.

Die institutionelle Regulierung im Bereich der Leistungen berührt daher unterschiedliche Entscheidungs- und Gestaltungsebenen, die zusammengenommen und in Verbindung mit den beitragsrechtlichen Regelungen die jeweilige Grundkonzeption eines Alterssicherungssystems, den „Systemtyp“, repräsentieren.

Seit der Rentenreform des Jahres 1957 dominiert in Deutschland als Grundkonzeption in diesem Sinne die einkommensbezogene und von Vorleistungen in Form von Beitragszahlungen abhängige Rente, normativ mit dem Ziel verbunden, die relative Einkommensposition im Alter aufrechtzuerhalten[182].

Bei den Selbständigen ist dies nicht immer der Fall, und zwar einerseits, da der Gestaltung der institutionellen Regelungen unterschiedliche normative Zielvorstellungen zugrunde liegen, wie sie beispielsweise bei Einführung der Pflichtversicherung für die Handwerker und Landwirte artikuliert wurden, andererseits auf Grund des Zusammenspiels von beitrags- und leistungsrechtlichen Regelungen und des dadurch entstehenden Wirkungsgeflechts[183].

---

181 Siehe dazu im Überblick Schmähl (1981).

182 Siehe zu den unterschiedlichen Sicherungszielen und den ihnen zugrunde liegenden verteilungspolitischen Zielvorstellungen Schmähl (1980), Schmähl (1984) oder Böhm (1992).

183 Operationalisierende Festlegungen des Versorgungsziels etwa im Sinne einer Prozentangabe des Leistungsniveaus im Vergleich zu einem wie auch immer definierten Einkommen während der Erwerbsphase finden sich in den rechtlichen Regelungen nicht und auch die zur Kennzeichnung der Sicherungssysteme verwandten Termini, wie beispielsweise das Ziel einer Grundsicherung für die Handwerker bzw. einer Teilsicherung für die Landwirte werden in den gesetzlichen Regelungen nicht konkretisiert, sondern sind lediglich aus dem Zusammenspiel der beitrags- und leistungsrechtlichen Regelungen ableitbar. Daher werden sie hier zur Charakterisierung der Systeme nicht herangezogen. Für die GRV wird das Absicherungsniveau daher gewöhnlich mit Hilfe des Modellfalles der so genannten Eckrente operationalisiert, der eine Biographie von 45 Versicherungsjahren und eine Beitragszahlung in der Höhe des Durchschnittsentgelts der Versicherten zugrunde liegen.

Angesichts dieser Zusammenhänge erscheint es für das Verständnis der nachfolgenden Ausführungen hilfreich, die untersuchten Alterssicherungssysteme zunächst im Hinblick auf die ihnen zugrunde liegende Konzeption zu systematisieren, bevor die leistungsrechtlichen Regelungen im Einzelnen aufgezeigt und abschließend Probleme der Portabilität von Leistungsansprüchen skizziert werden.

3.5.1.1 Einkommensbezogene versus einkommensunabhängige Pflichtversicherung der Selbständigen

Die Gestaltung der Pflichtalterssicherung der Selbständigen wird im Folgenden dahingehend unterteilt:
- ob durch die beitrags- und leistungsrechtlichen Regelungen die Höhe der Rente in einer gewissen Relation zur Höhe des (Arbeits-) Einkommens während der Erwerbsphase steht oder
- ob die Höhe des Rentenzahlbetrags weitgehend unabhängig von der Einkommenssituation im Erwerbsleben ist.

Im ersten Fall wird innerhalb des Systems eine Einkommens- und Konsumverstetigung im Lebensverlauf angestrebt, während nicht-einkommensbezogene Renten diese Zielsetzung nicht verfolgen und eher als Sockelleistung konzipiert sind.

Die Entscheidung über einkommensbezogene oder einkommensunabhängige Leistungen kann sowohl durch normative als auch technische Überlegungen getragen werden und sie besagt noch nichts über das jeweils realisierte Sicherungsniveau[184].

Zu den einkommensbezogenen Systemen zählen die GRV und die berufsständischen Versorgungswerke, sofern sich die Höhe der Beitragszahlung an der Höhe des Einkommens orientiert[185]. Für in der GRV versicherte Selbständige und Mitglieder berufsständischer Versorgungswerke sind Rentenleistungen

---

184 Überwiegend technischer Natur sind die Beweggründe, wenn in den institutionellen Regelungen beispielsweise dem Umstand Rechnung getragen wird, dass Feststellung und Nachweis des tatsächlichen Einkommens der Selbständigen bei Fälligkeit der Beitragszahlung in der Praxis mit Problemen behaftet sind, d.h. es geht dann vor allem um die Problematik der Einkommensermittlung und Überprüfung.

185 Die Einkommensbezogenheit der Renten wird durch Elemente des sozialen Ausgleichs eingeschränkt aber nicht aufgehoben, so in der GRV beispielsweise durch die Anerkennung von Kindererziehungszeiten, der Berücksichtigung von beitragsfreien Zeiten oder der Höherbewertung von Zeiten mit geringem Einkommen.

allerdings nur dann einkommensbezogen, wenn während der Versicherungszeit einkommensbezogene Beiträge gezahlt werden[186].

Bei Zahlung von einheitlichen Regel- oder Normbeiträgen dagegen kommt die zweite Konzeption zur Anwendung, da sich die Höhe der Rente nicht am individuellen Arbeitseinkommen, sondern einer unterschiedlich definierten Durchschnittsgröße orientiert, die vom individuellen Einkommen sowohl nach unten als auch nach oben abweichen kann[187]. Im Vergleich zu den einkommensbezogenen Leistungen wird dadurch regelmäßig ein nivellierteres Leistungsspektrum realisiert, das innerhalb der Leistungsbezieher lediglich hinsichtlich der individuellen Versicherungsdauer variiert. Existieren darüber hinaus institutionelle Regelungen, die eine Begrenzung der Versicherungsdauer vorsehen wie es in der GRV bei den Handwerkern der Fall ist, wirkt auf die Rentenhöhe ein zusätzlicher Mechanismus, durch den das Absicherungsniveau reduziert werden kann.

Die konzeptionelle Gestaltung der Leistungen ist daher nicht nur systemspezifisch unterschiedlich, sondern auch innerhalb der Sicherungseinrichtungen nicht einheitlich geregelt. Gemeinsam ist allen Systemen jedoch, dass Höhe und Dauer der Beitragszahlungen das individuell erreichbare Absicherungsniveau maßgeblich bestimmen. Dadurch ergeben sich im Einzelfall über die gewählte Konzeption hinaus Abweichungen in der Leistungshöhe, die sich in Modellfällen wie dem Eckrentner nicht und in Durchschnittswerten nur begrenzt widerspiegeln.

3.5.2 Rentenarten und Leistungsvoraussetzungen

Der soziale Tatbestand „Alter" wird in den institutionellen Regelungen durch das Erreichen einer bestimmten Altersgrenze definiert. In allen hier untersuchten Alterssicherungssystemen sind daneben Möglichkeiten vorgesehen, vor dem Erreichen der jeweiligen Regelaltersgrenze eine Rente zu beziehen und / oder den Rentenbeginn hinauszuschieben, um den Austritt aus dem Er-

186 In beiden Systemen wird dieses Prinzip der einkommensbezogenen Leistungen partiell verletzt, da die Leistungen durch den Mechanismus der Beitragsbemessungsgrenze nach oben hin begrenzt werden, wodurch das relative Absicherungsniveau ab einem bestimmten Einkommen sinkt. In der berufsständischen Versorgung geschieht dies darüber hinaus durch die Möglichkeit der freiwilligen Höherversicherung, durch die sich das relative Absicherungsniveau innerhalb bestimmter Grenzen erhöht.

187 Eine Konzeption, die infolge der Zahlung von Einheitsbeiträgen auch in der AdL gilt.

werbsleben flexibler zu gestalten[188]. Im Folgenden sind daher nicht nur die so genannten Regelaltersrenten, sondern unterschiedliche Rentenarten mit jeweils spezifischen Leistungsvoraussetzungen zu berücksichtigen und die unterschiedlichen Konsequenzen für die Höhe der Leistungen, wenn eine vorgezogene oder hinausgeschobene Rente bezogen wird.

3.5.2.1 Pflichtversicherte Selbständige in der GRV

Für alle in der GRV pflichtversicherten Selbständigen gelten im Leistungsrecht die allgemeinen Vorschriften über Renten in den §§ 33 ff. SGB VI. Selbständige haben daher wie die übrigen Versicherten Anspruch auf die dort spezifizierten Rentenarten, sofern sie die geforderten Leistungsvoraussetzungen erfüllen. Dazu zählen durchweg das Erreichen einer bestimmten Altersgrenze und eine bestimmte Dauer der Versicherung, die sogenannte Wartezeit, und bei einzelnen Rentenarten die Erfüllung weiterer persönlicher oder versicherungsrechtlicher Voraussetzungen, wie sie in §§ 35 ff. SBG VI spezifiziert werden. Danach werden Altersrenten in der GRV gewährt als:

Regelaltersrente, wenn
- das 65. Lebensjahr vollendet wurde und
- die allgemeine Wartezeit von fünf Jahren erfüllt ist[189].

Altersrente für langjährig Versicherte, wenn
- das 62. Lebensjahr vollendet wurde und
- die Wartezeit von 35 Jahren erfüllt ist.

Altersrente für Schwerbehinderte, wenn
- das 63. Lebensjahr vollendet wurde,
- bei Beginn der Altersrente die Anerkennung als Schwerbehinderter vorliegt und
- die Wartezeit von 35 Jahren erfüllt ist.

Altersrente wegen Arbeitslosigkeit oder nach Altersteilzeitarbeit, wenn der oder die Versicherte
- vor dem 1. Januar 1952 geboren wurde,
- das 60. Lebensjahr vollendet hat,

---

188 Ein erster Schritt in diese Richtung wurde in Deutschland mit der Einführung der flexiblen Altersgrenze im Rahmen der Rentenreform 1972 vollzogen. Siehe zu einer Bewertung der dort getroffenen Reformmaßnahmen beispielsweise Hermann (1988).

189 Auf diese Wartezeit werden Beitragszeiten, das sind Zeiten, in denen freiwillige Beiträge oder Pflichtbeiträge gezahlt wurden, und zum Teil auch beitragsfreie Zeiten, z.B. in Form von Anrechnungszeiten, angerechnet.

- arbeitslos ist oder innerhalb der letzten eineinhalb Jahre vor Beginn der Rente insgesamt 52 Wochen arbeitslos war,
- in den letzten zehn Jahren vor Beginn der Rente acht Jahre Pflichtbeiträge gezahlt und
- die Wartezeit von 15 Jahren erfüllt hat.

Altersrente für Frauen, wenn die Versicherte
- vor dem 1. Januar 1952 geboren ist[190],
- das 60. Lebensjahr vollendet hat,
- nach Vollendung des 40. Lebensjahres mehr als zehn Jahre Pflichtbeiträge entrichtet und
- die Wartezeit von 15 Jahren erfüllt hat.

All diese in der GRV sehr differenziert gestalteten Rentenarten können von Selbständigen in Anspruch genommen werden[191], für alle vorgezogenen Altersrenten gilt jedoch, dass die in § 34 Abs. 3 SGB VI genannte Hinzuverdienstgrenze in Höhe von 630 DM monatlich nicht überschritten werden darf, während beim Bezug einer Regelaltersrente in der GRV unbeschränkt hinzuverdient werden kann[192].

---

190 Für alle danach Geborenen wurde diese Leistung – auch unter dem Hinweis auf die Verletzung des Gleichheitsgrundsatzes – gestrichen. Vgl. dazu Michaelis (1998b), S. 97.

191 Dies gilt auch für die Rente wegen Arbeitslosigkeit, wenn nach Aufgabe der selbständigen Tätigkeit der ernsthafte Wille zur Aufnahme einer abhängigen Beschäftigung vorhanden ist. Dabei ist es nicht erforderlich, dass sich der oder die Versicherte beim Arbeitsamt meldet oder Leistungen nach dem AFG bekommt oder bekommen hat; vgl. Bundesversicherungsanstalt für Angestellte (1997), S. 214, oder auch Köbl (1999), S. 667, § 27, Rdnr. 58. Eine Altersrente nach Altersteilzeitarbeit wird dagegen nur in Ausnahmefällen in Frage kommen, da die Altersteilzeitregelung originär auf den gleitenden Übergang in den Ruhestand von abhängig Beschäftigten ausgerichtet ist. Dennoch können auch Selbständige diese Leistung beziehen, wenn die geforderten Anspruchsvoraussetzungen erfüllt werden. Die daneben bestehende sechste Rentenart, die Rente für langjährig unter Tage beschäftigte Bergleute, kommt aufgrund ihrer Anknüpfung an den Beschäftigtenstatus für Selbständige nicht in Betracht.

192 Die Hinzuverdienstgrenzen dürfen nach § 34 Abs. 2 Satz 2 innerhalb eines Rentenbezugsjahres zweimal überschritten werden. Bei dieser Regelung ergeben sich für die Selbständigen einige Einschränkungen. Einerseits, da sich diese Regelung auf Sonderzahlungen für Arbeitnehmer wie Weihnachts- oder Urlaubsgeld bezieht, die selbständig Erwerbstätige in der Regel nicht erhalten, andererseits durch die Problematik der Einkommensermittlung, da ein aktuelles Monatseinkommen bei den Selbständigen in der Regel nicht ermittelt werden kann. Der zulässige Hinzuverdienst wird daher bei den Selbständigen auf die entsprechende jährliche Basis begrenzt. Siehe dazu Bundesversicherungsanstalt für Angestellte (1997), S. 227.

Geringfügige Unterschiede gegenüber den abhängig Beschäftigten bestehen im Hinblick auf die Berücksichtigung rentenrechtlicher Zeiten zur Erfüllung der Wartezeit gemäß § 54 SGB VI[193]. So werden Anrechnungszeiten[194] nach § 58 Abs. 2 Satz 2 SGB VI bei den Selbständigen nur angerechnet, wenn die Tätigkeit ohne ihre persönliche Mitarbeit nicht weitergeführt werden konnte, so dass eine Anrechnung regelmäßig nur bei Alleinunternehmern oder solchen, die nur Auszubildende beschäftigen, erfolgt. Ferner werden bei selbständig Tätigen auf die Wartezeit von 35 Jahren Berücksichtigungszeiten nicht angerechnet, wenn sie parallel eine mehr als geringfügige selbständige Tätigkeit ausüben, da in diesem Fall die Zahlung von Beiträgen als zumutbar angesehen wird, wenn eine vorzeitige Rente beansprucht wird[195].

Bereits im Rentenreformgesetz 1992 wurde vorgesehen, die angeführten Altersgrenzen für die Inanspruchnahme einer vorgezogenen Rente schrittweise auf die Regelaltersgrenze von 65 Jahren anzuheben[196]. Auch nach dieser Anhebung ist ein vorzeitiger Rentenbezug jedoch möglich, dann allerdings gemäß § 77 Abs. 2 Nr. 2 a) SGB VI unter Inkaufnahme von Abschlägen in Höhe von 0,3 v.H. für jeden Kalendermonat, den die Rente vorzeitiger in Anspruch genommen wird[197]. Wird der Rentenbeginn dagegen über das 65. Le-

---

193 Die bei den beschriebenen Rentenarten vorausgesetzten Wartezeiten unterscheiden sich nicht nur hinsichtlich ihrer Dauer, sondern auch darin, welche rentenrechtlichen Zeiten darauf angerechnet werden. Dazu zählen Beitragszeiten und beitragsfreie Zeiten, d.h. Zeiten, in denen keine Beiträge gezahlt wurden, die aber mit Anrechnungszeiten, Zurechnungszeiten oder Ersatzzeiten belegt sind, wobei bei den Selbständigen Beitragszeiten mit einer Beitragszahlung von Null, die aufgrund einer entsprechenden Einkommenssituation zustande kommen, zu den Beitragszeiten und nicht zu den beitragsfreien Zeiten gezählt werden; vgl. dazu Schulin (1999), S. 843, § 38, Rdnr. 34.

194 Das heißt Zeiten einer Unterbrechung der Erwerbstätigkeit aus persönlichen Gründen, wie z.B. Krankheit, Schwangerschaft oder Arbeitslosigkeit.

195 Berücksichtigungszeiten gemäß § 57 SGB VI wurden durch das RRG 1992 eingeführt. Sie erhöhen die Rentenanwartschaften nicht unmittelbar, sondern sollen nachteilige Folgen der Kindererziehung und Pflege bei der Leistungsberechnung ausgleichen. Vgl. z.B. Finke et al. (1990), S. 53, Zweng et al. (1992), § 51, Rdnr. 3, SGB VI, oder auch Kreikebohm (1999), § 30, Rdnr. 296.

196 Dies erfolgt stufenweise und je nach Rentenart unterschiedlich bis zum Jahr 2012; siehe dazu Anlage 19 SGB VI. Zu den unterschiedlichen Vertrauensschutzregelungen Verband Deutscher Rentenversicherungsträger (2000). Eine Ausnahme wurde lediglich für die Altersrente für Schwerbehinderte vorgesehen, bei der die Altersgrenze auf das 63. Lebensjahr angehoben wird.

197 Da eine solche durch Abschläge verminderte Rente für die gesamte Rentenlaufzeit gilt und auch bei der Hinterbliebenensicherung zu berücksichtigen ist, können Rentenabschläge vom Versicherten durch Beitragszahlungen vor Vollendung des 65. Lebensjahres ganz oder teilweise ausgeglichen werden. Die Ausgleichsbeträge sind – da sie von verschiedenen Faktoren abhängen – bei jedem Versicherungsfall unterschied-

bensjahr hinausgeschoben, erhöht sich die Rente für jeden Monat der Nichtinanspruchnahme der Rentenleistung nach § 77 Abs. 2 Nr. 2b) SGB VI um 0,5 v.H.[198].

Eine Besonderheit im Leistungsrecht der GRV besteht darin, dass eine Altersrente wahlweise als Voll- oder Teilrente bezogen werden kann, um einen gleitenden Übergang vom Erwerbsleben in den Ruhestand zu ermöglichen. Die Versicherten können dadurch einerseits einen Teil der ihnen zustehenden Altersrente in Anspruch nehmen, andererseits innerhalb bestimmter Grenzen weiterhin Erwerbseinkommen realisieren[199]. Eine solche Teilrente kann entweder ein Drittel, die Hälfte oder zwei Drittel der Vollrente betragen. Entscheiden sich Selbständige für eine Teilrente, kann einerseits die Vorausschätzung und / oder Gestaltung des Arbeitseinkommens gewisse Schwierigkeiten bereiten, da die zulässigen Hinzuverdienstgrenzen nicht überschritten werden dürfen, andererseits kann diese Form des Rentenbezugs gerade für Selbständige attraktiv sein, da sie in der Regel über eine größere Souveränität in der Gestaltung ihrer Erwerbstätigkeit verfügen.

3.5.2.2 Alterssicherung der Landwirte

Das Leistungsrecht in der AdL wurde im Rahmen der Agrarsozialreform des Jahres 1995 grundlegend umgestaltet. Seitdem besteht auch in diesem System die Möglichkeit, eine vorgezogene Altersrente zu beziehen, wenn auch bei weitem nicht in so differenzierter Form wie in der GRV. Zu unterscheiden sind daher nur zwei Rentenarten:

3.5.2.2.1 Regelaltersrente

Anspruch auf die Regelaltersrente, im § 11 ALG als Altersrente vom 65. Lebensjahr an bezeichnet, haben Landwirte und deren Ehegatten, wenn
1. das 65. Lebensjahr vollendet ist,
2. die Wartezeit von 15 Jahren erfüllt und

---

lich und werden vom zuständigen Rentenversicherungsträger ermittelt; siehe dazu Verband Deutscher Rentenversicherungsträger (2000), S. 33f.

198 Eine Begrenzung der Dauer der Aufschiebung ist dabei nicht vorgesehen.

199 Die Hinzuverdienstgrenzen sind dabei um so niedriger, je höher der Anteil der Teilrente an der Vollrente ist. Zu den Hinzuverdienstgrenzen siehe § 34 Abs. 3 Nr. 2 SGB VI.

3. das landwirtschaftliche Unternehmen abgegeben wurde[200].

Auf die Erfüllung der im Vergleich zur GRV längeren Wartezeit werden gemäß § 17 Abs. 1 Satz 1 bis 3 ALG nicht nur Beitragszeiten in der AdL angerechnet[201], sondern unter bestimmten Voraussetzungen auch Versicherungszeiten, die in anderen öffentlich-rechtlichen Alterssicherungssystemen zurückgelegt wurden[202]. Die Berücksichtigung von beitragsfreien Zeiten kennt die Landwirtschaftliche Alterssicherung dagegen nicht.

Eine lückenlose Beitragsentrichtung, wie sie nach den bis 1995 geltenden Regelungen der Altershilfe der Landwirte vorgesehen war, wird nach neuem Recht nicht mehr gefordert, so dass Ansprüche bei Unterbrechung der Beitragszahlung nicht mehr verloren gehen[203].

Die Abgabe des landwirtschaftlichen Unternehmens als Leistungsvoraussetzung, die neben der längeren Wartezeit eine weitere Besonderheit des ALG darstellt, verdeutlicht, dass mit der Alterssicherung der Landwirte auch nach der grundlegenden Reform des Jahres 1995 parallel nach wie vor agrarstrukturelle Ziele verfolgt werden, indem die Rentengewährung von der Hofabgabe abhängig gemacht wird[204]. Durch diese Abgabeklausel kann es in der AdL unfreiwillig zu einem Rentenbezug auch nach Vollendung des 65. Lebensjahres kommen, der in diesem System allerdings nicht durch entsprechende Rentenzuschläge honoriert wird. Zudem führt die Abgabeklausel dazu, dass die

---

200 Die verschiedenen Möglichkeiten der Erfüllung der Voraussetzung der Hofabgabe sind durch das ALG erweitert worden. § 21 ALG unterscheidet drei Abgabemöglichkeiten, wobei die Abgabe des Unternehmens an Dritte beispielsweise durch Verkauf oder Verpachtung praktisch die größte Bedeutung hat.

201 Das heißt Beitragszeiten als landwirtschaftlicher Unternehmer, Ehegatte, mithelfender Familienangehöriger oder aufgrund einer freiwilligen Weiterversicherung.

202 Hierzu zählen neben Pflichtbeitragszeiten nach SGB VI Zeiten der Versicherungsfreiheit nach § 5 Abs. 1 SGB VI, d.h. insbesondere Zeiten, in denen Versorgungsansprüche nach beamtenrechtlichen Regelungen begründet wurden, und Zeiten der Versicherungsbefreiung nach § 6 Abs. 1 Nr. 1 bis 3 SGB VI. Letztere sind Zeiten der Mitgliedschaft in einer berufsständischen Versorgung, als Lehrer und Erzieher an nicht-öffentlichen Schulen oder als nichtdeutsches Besatzungsmitglied. Diese Zeiten werden allerdings nur angerechnet, wenn nicht gleichzeitig Beiträge zur AdL entrichtet wurden oder sich der Versicherte in diesen Zeiten von der Versicherungspflicht befreien ließ. Vgl. dazu Deisler (1998), S. 140.

203 Siehe hierzu Koch / Möller-Schlotfeldt (1999), S. 1269, § 62, Rdnr. 5. Beitragszeiten bis zum 31. Dezember 1994 werden nach wie vor als Wartezeit nur anerkannt, wenn entsprechend der bis dahin geltenden Regelungen lückenlos Beiträge geleistet wurden.

204 Siehe dazu auch Bundesregierung (2001a), S. 52.

Möglichkeit, eigenes Erwerbseinkommen aus dem Betrieb neben dem Rentenbezug zu erzielen, nachhaltig eingedämmt wird.

3.5.2.2.2 Vorzeitige Altersrente

Eine vorzeitige Altersrente kann gemäß § 12 ALG in der AdL ab dem 55. Lebensjahr in Anspruch genommen werden, wenn die weiteren Bedingungen (Wartezeit und Hofabgabe) erfüllt sind und der Ehegatte bereits einen Anspruch auf Altersrente ab dem 65. Lebensjahr hat. Der Geltungsbereich dieser Regelung ist damit auf jüngere Ehegatten begrenzt, denen ein früherer Rentenbezug ermöglicht werden soll, damit das Ehepaar gemeinsam in den Ruhestand gehen kann. Auch in der landwirtschaftlichen Alterssicherung ist der Bezug einer vorgezogenen Altersrente nach § 23 Abs. 8 ALG mit entsprechenden Rentenabschlägen verbunden, die in diesem System allerdings nicht einheitlich für jeden Monat des vorgezogenen Rentenbeginns berechnet werden, sondern nach dem Renteneintrittsalter gestaffelt sind:
- vor dem 60. Lebensjahr beträgt dieser Abschlag 0,2 v.H. je Monat,
- bei Rentenbeginn zwischen dem 60. und 62. Lebensjahr 0,23 v.H. und
- ab dem 62. Lebensjahr – ebenso wie in der GRV – 0,3 v.H.

3.5.2.3 Berufsständische Versorgungswerke

Die unterschiedlichen Leistungsarten der Berufsständischen Versorgungswerke werden in den Satzungen konkretisiert und sind daher nicht einheitlich. Neben einer Regelaltersrente sind in den meisten Satzungen jedoch ebenfalls Regelungen über vorgezogene oder hinausgeschobene Altersrenten enthalten, so dass die flexible Altersgrenze auch in diese Systeme Eingang gefunden hat[205].

3.5.2.3.1 Regelaltersrenten

Im Gegensatz zu den Leistungsvoraussetzungen der bisher untersuchten Systeme fordern die meisten Satzungen der berufsständischen Versorgungswerke als Leistungsvoraussetzung für den Bezug einer Regelaltersrente lediglich das Erreichen einer bestimmten Altersgrenze, wobei als Regelaltersgrenze ebenfalls die Vollendung des 65. Lebensjahres gilt. Nur teilweise wird darüber hinaus auch die Erfüllung einer bestimmten Wartezeit und / der die Aufgabe

---

205 Siehe zu den unterschiedlichen Leistungsarten der Berufsständischen Versorgungswerke auch Boecken (1986), S. 86-88.

der Berufstätigkeit gefordert[206]. Ist Letzteres nicht der Fall, kann – ebenso wie in der GRV – neben der Erwerbstätigkeit die volle Rente bezogen werden[207].

3.5.2.3.2 Vorzeitige und hinausgeschobene Altersrenten

Soll die Altersrente früher oder später als in den Satzungen festgelegt bezogen werden, wird bei vorgezogenen Renten teilweise die Aufgabe oder Geringfügigkeit der weiteren Berufsausübung gefordert[208].

Bei der Rentenberechnung kommen im Falle vorgezogener oder hinausgeschobener Altersrenten versicherungsmathematisch ermittelte Ab- oder Zuschläge zur Anwendung, wodurch die Abschläge bei vorzeitigem Rentenbezug mit 0,4 v.H. bis 0,7 v.H. höher ausfallen als in der GRV und der AdL[209], während die Zuschläge, die in einer Bandbreite von 0,4 v.H. bis 0,5 v.H. variieren, in etwa denen der GRV entsprechen[210].

Zuschläge zu den Versorgungsleistungen werden in berufsständischen Versorgungswerken teilweise zudem gewährt, wenn lediglich Ansprüche des

---

206 Boecken (1986), S. 86. Die Wartezeit beträgt dann in der Regel ebenso wie in der GRV fünf Jahre; vgl. exemplarisch § 12 Abs. 4 der Satzung der Steuerberater Niedersachsen oder § 15 Abs. 1 der Satzung der Ärzteversorgung Bremen. Das bei den berufsständischen Versorgungswerken auf die Erfüllung einer Wartezeit verzichtet wird, könnte auch darin begründet sein, dass die meisten Versorgungswerke Altersgrenzen für die Pflichtmitgliedschaft festlegen.

207 Jung (1998), S. 164.

208 Zum Teil ist ein vorgezogener Rentenbezug in den Satzungen vorgesehen, zum Teil ein hinausgeschobener oder auch beide Möglichkeiten zugleich. Als Altersgrenze für eine „vorzeitige" Inanspruchnahme gilt in der Regel die Vollendung des 60. bis 62. Lebensjahres: Das 60. Lebensjahr beispielsweise beim Versorgungswerk der Architektenkammer Baden-Württemberg nach § 27 Abs. 1 der Satzung oder beim Versorgungswerk der Ärztekammer Bremen nach § 15 Abs. 4 der Satzung, das 62. Lebensjahr bei der Nordrheinischen Ärzteversorgung gemäß § 9 Abs. 7 der Satzung. Eine Verschiebung des Rentenbezugs durch eine Verlängerung der Erwerbstätigkeit ist in der Regel bis zum 68. Lebensjahr möglich, in einigen Satzungen aber auch darüber hinaus. Vgl. dazu Boecken (1986), S. 86-88.

209 Siehe zu den Abschlägen Jung (1998), S. 164. So betragen diese beispielsweise nach § 20 Abs. 4 der Satzung des Versorgungswerks der Ärztekammer Bremen 0,4 v.H. oder gemäß § 30 Abs. 3 der Satzung des Versorgungswerks der Architektenkammer Baden-Württemberg 0,5 v.H. Die Abschläge werden teilweise ebenso wie in der AdL nach dem Rentenzugangsalter gestaffelt festgelegt, wie z.B. in § 12 Abs. 2 der Satzung des Versorgungswerks der Steuerberater und Steuerbevollmächtigten im Land Niedersachsen.

210 Bei den Zuschlägen gibt es pauschale Werte für jedes Jahr des hinausgeschobenen Renteneintritts oder auch gestaffelte Werte. Vgl. dazu auch Boecken (1986), S. 87.

Mitglieds zu befriedigen sind, d.h. keine abgeleiteten Ansprüche von Hinterbliebenen bestehen[211] oder unter bestimmten Voraussetzungen in Form von Kinderzuschlägen[212].

3.5.3 Berechnung und Anpassung der Leistungen

Der folgende Abschnitt behandelt einerseits die leistungsbestimmenden Faktoren bei der Rentenberechnung, d.h. die angewandte Rentenformel bei der Erstfestsetzung der Leistungen, sowie Höchst- und Mindestleistungen der Systeme, andererseits die Bestimmungsgrößen und das Verfahren der Rentenanpassung während des Rentenbezugs[213].

3.5.3.1 Versicherte kraft Gesetz in der GRV

Die Leistungsberechnung der in der GRV pflichtversicherten Selbständigen erfolgt nach den gleichen Grundsätzen wie die Berechnung der Renten der übrigen Versicherten. Die Höhe der Altersrente wird bei der Erstfestsetzung daher durch die drei Faktoren:

- persönliche Entgeltpunkte (PEP)
- Rentenartfaktor (RAF) und
- aktueller Rentenwert (AR)

gemäß § 64 SGB VI bestimmt.

Die Formel zur Berechnung der monatlichen Rente lautet[214]:

$$\text{Monatsrente} = \text{PEP} \times \text{RAF} \times \text{AR}$$

Die persönlichen Entgeltpunkte eines Beitragsjahres ergeben sich bei den abhängig Beschäftigten durch das Verhältnis des eigenen beitragspflichtigen Bruttoarbeitsentgelts zum Durchschnittsentgelt aller abhängig Beschäftigten,

---

211 Boecken (1986), S. 87.

212 In der Regel, wenn ein Kind von unter 18 Jahren zu versorgen ist oder sich das Kind in der Berufsausbildung befindet und das 27. Lebensjahr noch nicht vollendet hat; vgl. dazu Jung (1998), S. 165, oder auch Boecken (1986), S. 89ff.

213 Siehe dazu z. B. Schmähl (1981), S. 653f.

214 Bei vorzeitiger Inanspruchnahme einer Altersrente – oder auch bei Renteneintritt nach Vollendung des 65. Lebensjahres – ist darüber hinaus eine Veränderung des so genannten Zugangsfaktors zu berücksichtigen. Dieser Zugangsfaktor, der bei Bezug der Regelaltersrente eins beträgt, verringert sich – wie dargestellt – für jeden Monat der vorzeitigen Inanspruchnahme um 0,003 (Rentenabschlag) bzw. erhöht sich für jeden Monat der hinausgeschobenen Inanspruchnahme der Altersrente um 0,005.

d.h. ein Durchschnittsverdiener bekommt einen Entgeltpunkt jährlich, bei höherem oder geringerem Arbeitsentgelt entsprechend mehr oder weniger.

Bei den Selbständigen, die während der Erwerbsphase einkommensbezogene Beiträge zahlen, greift der gleiche Mechanismus. Die persönlichen Entgeltpunkte spiegeln bei ihnen daher die individuelle Einkommensposition in Relation zu den durchschnittlichen Einkommen der Versicherten in der GRV wider.

Bei den in der GRV versicherten Selbständigen dagegen, die während ihrer Erwerbstätigkeit Regelbeiträge zahlen, wird dieser Zusammenhang aufgelöst, da sich die Beitragszahlung nicht am persönlich erzielten Arbeitseinkommen, sondern am Durchschnittswert der GRV Versicherten bemisst. In Zeiten der Regelbeitragszahlung wird damit unabhängig vom tatsächlichen Einkommen immer etwa ein Entgeltpunkt erzielt[215]. Gilt dies über den gesamten Erwerbsverlauf, variiert die Summe der Entgeltpunkte bei den regelbeitragszahlenden Selbständigen nicht mehr nach der Höhe des Arbeitseinkommens im Lebensverlauf, sondern nur noch nach der Versicherungsdauer, und in der Rentenformel wird die Konzeption der Einkommensbezogenheit der Leistungen nicht mehr realisiert[216].

Der zweite Faktor der Formel, der Rentenartfaktor, beträgt bei der Altersrente eins und beeinflusst die Rentenhöhe aufgrund dessen nicht. Der dritte Faktor, der aktuelle Rentenwert, ist eine absolute, vom Versicherten nicht beeinflussbare Größe, die den €-Wert eines Entgeltpunktes zum Zeitpunkt des Rentenbeginns angibt. In der Zeit vom 1. Juli 2002 bis zum 31. Juni 2003 beträgt der aktuelle Rentenwert in den alten Bundesländern 25,86 € und in den neuen Bundesländern 22,70 €[217]. Die individuelle Höhe der Altersrente wird daher in der GRV vor allem von der Anzahl der Entgeltpunkte bestimmt, die während des Erwerbslebens akkumuliert wurden[218].

---

215 Bei Zahlung des halben Regelbeitrags in der Existenzgründungsphase dementsprechend etwa ein halber Entgeltpunkt. Da sich der Regelbeitrag am Durchschnittseinkommen des vorvergangenen Jahres orientiert, wird in der Regel nicht genau ein Entgeltpunkt, sondern ein bei steigenden Einkommen um die Erhöhung der Einkommen verringerter Wert erreicht.

216 Siehe zur Rentenberechnung und Anpassung nach dem RRG 1992 ausführlich Michaelis (1990), S. 695ff., mit Berücksichtigung neuerer Entwicklungen auch Schulin (1999).

217 Zur Entwicklung des aktuellen Rentenwertes siehe Verband Deutscher Rentenversicherungsträger (2001a), S. 242.

218 Dazu zählen nach § 66 SGB VI auch Entgeltpunkte für beitragsfreie Zeiten, z.B. Zeiten der Schulausbildung, und Entgeltpunkte im Rahmen eines Versorgungsausgleichs.

Die absolute Höhe der Rente wird durch die Beitragsbemessungsgrenze nach oben hin begrenzt, die damit gleichzeitig als Leistungsbemessungsgrenze wirkt[219]. Mindestrenten sind in der GRV nicht vorgesehen[220].

Die Anpassung der Rentenleistungen erfolgt durch die Veränderung des aktuellen Rentenwertes, der nach § 65 SGB VI jährlich zum 1. Juli neu festzusetzen ist. Die Anpassungsformel wurde in der jüngeren Vergangenheit mehrfach verändert. Seit dem 1. Juli 2001 erfolgt sie in Form der so genannten „modifizierten Bruttolohnanpassung", wodurch im Großen und Ganzen eine analoge Entwicklung der Renten und der Lohneinkommen gewährleistet werden soll[221].

3.5.3.2 Alterssicherung der Landwirte

In der Alterssicherung der Landwirte ist seit 1995 ein einheitlicher Rentenanspruch für jeden Beitragsmonat vorgesehen. Die Höhe der individuellen Rente variiert damit – ähnlich wie bei den Regelbeitragszahlern in der GRV – nur nach der Dauer der anzurechnenden Beitragszeiten. Sie wird nach dem ALG durch die Faktoren:

- Steigerungszahl (S) und
- allgemeiner Rentenwert (AR)[222]

bestimmt.

---

219 Siehe z.B. Schmähl (2001b), S. 82f. Die Beitragsbemessungsgrenze entspricht etwa einem Wert von 180 Prozent der durchschnittlichen Arbeitsentgelte, so dass jährlich höchstens etwa 1,8 Entgeltpunkte erreicht werden können.

220 Schmähl (2001b), S. 85.

221 Die Rentenanpassung orientierte sich ab 1992 an der Veränderung der Nettoeinkommen und im Zeitraum von 1999/2000 vorübergehend an der Preisentwicklung. Seit dem Rentenreformgesetz 2002 gilt eine sogenannte modifizierte Bruttoanpassung. Das Altersvermögensergänzungsgesetz (AVmEG) vom 21. März 2001 sieht eine zweimalige Änderung der Rentenanpassung vor. Die Erste gilt für den Zeitraum 2001 bis 2010, die Zweite ab 2011. Abweichend vom ab 1992 geltenden Verfahren der Nettolohnanpassung werden gemäß AVmEG ab 2001 nur noch die Belastungsveränderungen bei den Rentenversicherungsbeiträgen (Arbeitnehmer- und Arbeitgeberbeitrag) und die des Aufwands für die staatlich geförderte Zusatzalterssicherung berücksichtigt; siehe hierzu ausführlich Fachinger (2001c) mit zahlreichen Verweisen sowie Schmähl (1988c), Schmähl (1999b) oder Schmähl (1999c). Vgl. zur neuen Anpassungsformel in der vorläufigen und endgültigen Fassung nach dem AVmEG auch Ebert (2001) und zu den Wirkungen der Neuregelungen auf das Rentenniveau z.B. Schmähl (2000), S. 57ff.

222 Diese Bezeichung wurde in Anlehnung an den in der GRV zur Anwendung kommenden „aktuellen Rentenwert" gewählt. Vgl. dazu § 4 der Verordnung zur Anpassung der Renten vom 31. Mai 2000 (BGBl. 2000 I, S. 788).

Die Rentenformel lautet[223]:

$$\text{Monatsrente} = S \times AR$$

Die Steigerungszahl wird gemäß § 23 Abs. 2 und 3 ALG ermittelt, in dem Summe der Beitragszeiten in Monaten zuzüglich Zurechnungszeit in Monaten zuzüglich Zeit einer Rente wegen Erwerbsminderung in Monaten zuzüglich Zurechnungszeit vor dieser Rente in Monaten mit dem Faktor 0,0833 multipliert wird[224].

Die Höhe des allgemeinen Rentenwertes orientiert sich an der Entwicklung des aktuellen Rentenwertes in der GRV und ist damit ebenfalls vom Versicherten nicht beeinflussbar. Im Jahr seiner Einführung im Rahmen der Agrarsozialreform 1995 wurde die Höhe dieses Wertes in der Form festgelegt, dass die nach bisherigen Recht ermittelte Rente für Unverheiratete mit 40 Beitragsjahren durch 40 dividiert wurde[225]. Ab dem 1. Juli 2002 beträgt der allgemeine Rentenwert in der AdL[226] in den alten Bundesländern 11,94 € und in den neuen Bundesländern 10,48 € und entspricht damit rund 46 v.H. des aktuellen Rentenwerts der GRV. Entsprechend niedriger ist das in der AdL bei vergleichbarer Versicherungsdauer realisierte Absicherungsniveau.

Die erreichbare Höchstrente wird durch die Dauer der Versicherungspflicht begrenzt, da Beiträge nur zwischen dem 18. und 65. Lebensjahr, also 47 Jahre lang, entrichtet werden können[227]. Mindestrentenregelungen sind nicht vorgesehen.

Die Anpassung der Leistungen erfolgt nach dem gleichen Mechanismus wie in der GRV, da sich der allgemeine Rentenwert jährlich ebenfalls zum 1. Juli entsprechend der prozentualen Veränderung des aktuellen Rentenwertes in der GRV verändert. Die Anpassung der Renten in der AdL orientiert sich damit nicht an sektor- oder systemspezifischen Größen, sondern an Rechengrößen des allgemeinen Systems der abhängig Beschäftigten.

---

223 Vgl. dazu auch Deisler (1998), S. 146.

224 Der hier angegebene Faktor von 0,0833 gilt für die Beiträge als Landwirt. Wurden vom Versicherten daneben Beiträge als mithelfendes Familienmitglied entrichtet, gilt für diese Zeiten der Faktor 0,0417. Dadurch wird bei der Leistungsberechnung der unterschiedlichen Beitragshöhe dieser beiden Versichertengruppen Rechnung getragen.

225 Das heißt konkret 849,70 DM geteilt durch 40, was 21,24 DM pro Monat entspricht.

226 Verordnung zur Anpassung der Renten im Jahre 2002 vom 7. Juni 2002 (BGBl. 2002 I, S. 1799).

227 Da die Alterssicherung der Landwirte erst im Jahre 1957 eingeführt wurde, kann die Höchstrente derzeit noch nicht erreicht werden. Im Jahr 2001 war der Höchstbetrag daher auf 1.005,84 DM begrenzt.

3.5.3.3 Berufsständische Versorgungswerke

Eine einheitliche Rentenformel existiert für die berufsständische Versorgung nicht, da die Leistungsberechnung nach unterschiedlichen Verfahren erfolgt, die in den jeweiligen Satzungen geregelt sind. Maßgeblicher Faktor für die Leistungshöhe ist aber auch in den Versorgungswerken die Höhe der Beitragszahlungen während der Mitgliedschaft[228].
Die Ausführungen zu den Konsequenzen einer einkommensbezogenen oder einkommensunabhängigen Beitragszahlung auf die Relation von Rentenhöhe und Erwerbseinkommen im Lebensverlauf, wie sie für die Versicherten in der GRV dargestellt wurden, gelten für die berufsständischen Versorgungswerke entsprechend, da in diesen Systemen ebenfalls sowohl Regelbeitragszahlungen als auch einkommensbezogene Beitragszahlungen vorgesehen sind. Unter Berücksichtigung dieser Unterscheidung im Hinblick auf die Bemessungsgrundlage der Beitragszahlung können die beiden häufigsten Formen der Leistungsberechnung wie folgt charakterisiert werden[229]:

1. Zur Berechnung der Leistungen wird ähnlich wie in der GRV der Jahresbeitrag des Mitgliedes ins Verhältnis zu einem anderen Faktor gesetzt[230], woraus sich zunächst eine persönliche „Steigerungszahl" (Beitragsquotient) ergibt, die dann mit einer wiederum unterschiedlich gestalteten Rentenbemessungsgrundlage[231] multipliziert wird.
2. Die Rentenleistung wird von der Höhe der Beitragszahlungen in bestimmten Altersklassen abhängig gemacht, wobei der anzuwendende Multiplika-

---

228 Vgl. dazu Kannengießer (1998), S. 45. Zum Versorgungsziel der Berufsständischen Versorgung ebenda, S. 43f.

229 Das erste Verfahren wird etwa von einem Drittel der Einrichtungen angewandt, das zweite Verfahren von nahezu einem weiteren Drittel der Einrichtungen. Vgl. dazu Boecken (1986), S. 137 und S. 139. Die Anwendung der unterschiedlichen Verfahren wird auch durch das angewandte Finanzierungsverfahren bestimmt.

230 Dieser Faktor kann die durchschnittliche Versorgungsabgabe zum Versorgungswerk sein oder auch der Höchstbeitrag zur GRV. Vgl. Boecken (1986), S. 137f.; zum Ersteren siehe beispielsweise § 9 Abs. 3 der Satzung der Nordrheinischen Ärzteversorgung, zum Letzteren § 20 i.V.m. § 26 der Satzung des Versorgungswerks der Ärztekammer Bremen.

231 Die Festsetzung der Rentenbemessungsgrundlage erfolgt häufig in der Form eines Vielfachen eines bestimmten Faktors (z.B. der durchschnittlichen Versorgungsabgabe eines Geschäftsjahres), wobei der Multiplikator entweder in Abhängigkeit von den zu erwartenden Einnahmen und Ausgaben des kommenden Geschäftsjahres gewählt wird oder auf der Grundlage von versicherungsmathematischen Gutachten, deren Berechnung nicht nur die Entwicklung für das kommende, sondern aller künftiger Einnahmen und Ausgaben berücksichtigt. Vgl. dazu Boecken (1986), S. 137ff.

tor, das ist der versicherungsmathematisch ermittelter Prozentsatz vom gezahlten Beitrag, mit steigendem Lebensalter des Mitglieds – und damit abnehmender Verweildauer der Beiträge im Versorgungswerk – sinkt[232].

Durch Hinzurechnung pauschaler Werte werden nach einigen Satzungen beitragsfreie Zeiten (wie Schul- oder Berufsausbildungszeiten) berücksichtigt oder es werden Zeiten einer reduzierten Beitragszahlung wegen Kindererziehung oder Mutterschutz bei der Rentenberechnung dem Durchschnitt angeglichen[233]. Einige Versorgungswerke zahlen darüber hinaus Kinderzuschläge in Höhe von in der Regel etwa 10 v.H. der Altersrente[234].

Eine Begrenzung des Rentenzahlbetrags nach oben wird ähnlich wie in der GRV durch die Begrenzung der Höchstbeitragszahlungen verwirklicht. Mindestleistungen sind nicht vorgesehen.

Die Anpassung der Rentenleistungen erfolgt nach unterschiedlichen Verfahren. Im Gegensatz zur GRV und AdL wird sie in den berufsständischen Versorgungswerken nicht automatisch vollzogen[235], sondern in der Regel unter Berücksichtigung der finanziellen Leistungsfähigkeit des jeweiligen Versorgungswerkes, so dass von einem halbautomatischen Anpassungsmechanismus gesprochen werden kann.

Die angewandten Verfahren können grob dahingehend unterschieden werden, dass in Versorgungswerken, in denen die Leistungsberechnung nach einem bestimmten Vomhundertsatz einer allgemeinen Rentenbemessungsgrundlage erfolgt, deren Veränderung in der Regel auch zur Anpassung der Anwart-

---

232 Vgl. dazu Boecken (1986), S. 139f. Danach wird bei der Anwendung dieses Verfahrens teilweise mit Leistungstabellen gearbeitet (Methode 2 bei Boecken), teilweise mit Prozentsätzen (Methode 3 bei Boecken). Das Prinzip ist jedoch ähnlich. So wird die Jahresrente beispielsweise gemäß § 30 der Satzung des Versorgungswerks der Architektenkammer Baden-Württemberg in Prozentsätzen der geleisteten Beiträge berechnet. Die Höhe der Prozentsätze wird dabei vom Alter zur Zeit der Beitragszahlung bestimmt und reichen von 23 v.H. der Beiträge, die bis zum 30. Lebensjahr gezahlt wurden, bis zu 8 v.H. der Beiträge, die vom 66. Lebensjahr an entrichtet werden.

233 Die Nordrheinische Ärzteversorgung berücksichtigt z.B. in § 9 Abs. 4 der Satzung bestimmte beitragslose oder beitragsgeminderte Zeiten bis zu maximal acht Jahren.

234 So zum Beispiel die Nordrheinische Ärzteversorgung gemäß § 16 der Satzung oder das Versorgungswerk der Ärztekammer Bremen nach § 23 der Satzung.

235 Allerdings wird in SGB VI eine Leistungsanpassung der Berufsständischen Versorgungswerke gefordert, da eine Befreiung von der Versicherungspflicht gemäß § 6 Abs. 1 Satz 1 Nr. 1c) SGB VI u.a. nur unter der Voraussetzung einer Dynamisierung der Leistungen erfolgen kann.

schaften und Bestandsrenten führt[236]. Bei Versorgungswerken, die bei der Leistungsberechnung die Verweildauer der Beiträge im System berücksichtigen, wird die Anpassung der Leistungen dagegen in der Regel durch die Veränderung der Anrechnungsfaktoren realisiert[237].

3.5.4 Mobilitätsregelungen

Aufgrund der Versicherungspflicht der Selbständigen in unterschiedlichen Sicherungssystemen stellt sich abschließend die Frage, inwieweit die Arbeitsmarktmobilität der Versicherten durch die derzeitige Gestaltung eingeschränkt wird. Dieser Aspekt ist von Bedeutung, wenn ein Wechsel des Sicherungssystems infolge der Aufnahme einer anders gearteten selbständig oder abhängig ausgeübten Tätigkeit für die Betreffenden mit nachteiligen Folgen verbunden ist. Dieses kann der Fall sein, wenn zum Leistungsbezug Anspruchsvoraussetzungen erfüllt werden müssen oder die Zahlung von Pflichtbeiträgen unmittelbar vor Leistungsbeginn vorausgesetzt wird. Probleme bei einem Wechsel des Sicherungssystems sind daher überwiegend leistungsrechtlicher Art. Problematisch kann ein Wechsel der Tätigkeit und des zuständigen Sicherungssystems jedoch auch sein, wenn Zugangsvoraussetzungen nicht mehr erfüllt werden können, wie es beispielsweise bei berufsständischen Versorgungswerken der Fall sein kann, die eine Mitgliedschaft an das Unterschreiten bestimmter Altersgrenzen knüpfen.

Bei einem Wechsel von Berufstätigkeiten, die innerhalb der GRV als abhängig oder selbständig Erwerbstätige versicherungspflichtig sind, ergeben sich keine Probleme, da alle Pflichtversicherungszeiten im Leistungsrecht gleich behandelt werden. In anderen Sicherungssystemen der Selbständigen zurückgelegte Versicherungszeiten werden dagegen in der GRV auf die Erfüllung von Leistungsvoraussetzungen grundsätzlich nicht angerechnet und auch eine Übertragung von Leistungsansprüchen in ein anderes Sicherungssystem oder von einem anderen Sicherungssystem in die GRV ist nicht vorgesehen. Wech-

---

236 Wurde hier – wie es häufig der Fall ist – als Basisgröße die durchschnittliche Versorgungsabgabe gewählt, kann dadurch in Berufsständischen Versorgungswerken eine Art „einnahmeorientierte Ausgabenpolitik" realisiert werden, d.h. die Ausgaben steigen nur, wenn es auch auf der Einnahmeseite zu Erhöhungen kommt. Die Veränderung der Versorgungsabgabe kann sich je nach Gestaltung an der Veränderung der Höchstbeiträge zur GRV orientieren und damit auch sinken oder an der Einkommensentwicklung der Mitglieder im Versorgungswerk. Siehe zu dem Begriff „einnahmeorientierte Ausgabenpolitik" und die Hinwendung zu dieser Politik innerhalb der GRV Schmähl (2001c), S. 3.

237 Siehe dazu beispielsweise § 30 Abs. 5 der Satzung des Versorgungswerks der Architektenkammer Baden-Württemberg.

selt ein versicherter Selbständiger daher von der GRV in die AdL oder ein berufständisches Versorgungswerk oder umgekehrt aus diesen Sicherungssystemen in die GRV, bestehen Ansprüche an die jeweiligen Sicherungssysteme (isoliert) nebeneinander und es wird in der GRV nur auf die Erfüllung der GRV spezifischen Leistungsvoraussetzungen abgestellt.

In der AdL – in der die Wartezeit mit 15 Jahren erheblich länger ist als in der GRV – wurde die Erfüllung dieser Leistungsvoraussetzung zunächst im Rahmen der Agrarsozialreform 1995 erleichtert, da eine lückenlose Beitragsentrichtung nicht mehr gefordert und damit die vorübergehende Aufnahme einer anderweitigen Tätigkeit auch nicht mehr leistungsschädlich war. Durch das ASRG-ÄndG vom 15. Dezember 1995 wurden die Anrechnungsbestimungen dann wenig später nochmals modifiziert und seitdem auf die Erfüllung der Wartezeit unter bestimmten Voraussetzungen auch Versicherungszeiten in anderen Sicherungssystemen angerechnet. Dies gilt beispielsweise für Versicherungszeiten in der GRV, nicht jedoch für Zeiten einer selbständigen Tätigkeit, die in einem Berufsständischen Versorgungswerk versicherunspflichtig war. Eine Übertragung von Leistungsansprüchen aus oder in andere Sicherungssysteme ist jedoch in der AdL ebenfalls nicht vorgesehen, so dass Leistungen aus diesem System ebenso wie in der GRV nur isoliert erworben und bezogen werden können.

Bei den berufsständischen Versorgungswerken ist die Situation komplizierter, da sie regelmäßig nur diejenigen Berufsangehörigen erfassen, die im betreffenden Land und teilweise auch nur im betreffenden Kammerbezirk tätig sind[238]. Nicht durch einen Berufs- oder Tätigkeitswechsel, wie er in diesen Berufszweigen eher selten vorkommen wird, sondern schon durch einen örtlichen Arbeitsplatzwechsel endet daher u.U. auch die Mitgliedschaft im bislang zuständigen Versorgungswerk. Die Satzungen der Versorgungswerke haben für diese Fälle mittlerweile Lösungen gefunden, um die räumliche Mobilität ihrer Mitglieder nicht zu behindern. Die Entwicklung in diesem Bereich ist dadurch gekennzeichnet, dass zunächst die eingezahlten Beiträge erstattet wurden, später mehr und mehr dazu übergegangen wurde, die bis dahin erworbenen Anwartschaften ohne oder mit Fortsetzung der Beitragszahlung aufrecht zu erhalten oder Befreiungsmöglichkeiten zu eröffnen, wenn eine Mitgliedschaft in einem anderen Versorgungswerk besteht[239]. Ferner wird die

---

238 Die Zuständigkeit eines Versorgungswerkes für Berufsangehörige in mehreren Bundesländern verringert dieses Problem, löst es aber nicht vollständig, da bundesweit betrachtet in der Regel nach wie vor unterschiedliche Versorgungswerke für einen Berufsstand zuständig sind.

239 Vgl. Kannengießer (1998), S. 41.

Freizügigkeit dadurch gefördert, dass zwischen den Versorgungswerken so genannte Überleitungsabkommen geschlossen werden[240], die es ermöglichen, die an das bisher zuständige Versorgungswerk geleisteten Beiträge auf das nunmehr zuständige zu übertragen, so dass im Leistungsfall die Rente nur von einem Träger gezahlt wird und nicht aus mehreren Teilleistungen besteht[241].

3.5.5 Zusammenfassung

In der Leistungsgestaltung kommen in den Pflichtalterssicherungssytemen der Selbständigen unterschiedliche Konzeptionen zum Tragen. Sowohl in der GRV als auch in den Berufsständischen Versorgungswerken werden durch die Gestaltung der beitragsrechtlichen Regelungen für die Selbständigen überwiegend einkommensunabhängige Rentenleistungen realisiert. Wahlweise kann in beiden Systemen jedoch auch ein Anspruch auf einkommensbezogene Renten erworben werden. Lediglich die Leistungen der Alterssicherung der Landwirte sind ausschließlich in Form einer einkommenunabhängigen Alterssicherung konzipiert. Durch diese beitragsrechtlichen Sonderregelungen reflektiert die Höhe der Rente bei den Selbständigen nur zum Teil ihre Einkommensposition in der Erwerbsphase. Vornehmlich spiegelt sie lediglich die Beitragsposition innerhalb des jeweiligen Systems, die sich an unterschiedlichen Durchschnittswerten orientiert, wider.

Die Rentenarten und Leistungsvoraussetzungen haben sich im Zeitablauf in einigen Punkten angeglichen, weichen im Detail jedoch nach wie vor voneinander ab.

So ist die Regelaltersgrenze für den Anspruch auf eine Altersrente in allen untersuchten Systemen regelmäßig die Vollendung des 65. Lebensjahres. Der Bezug einer vorgezogenen Altersrente ist – unter unterschiedlichen Voraussetzungen – größtenteils möglich, nach den neueren leistungsrechtlichen Regelungen in allen Systemen jedoch mit entsprechenden Abschlägen auf die Rentenzahlung verbunden. Auf der anderen Seite gibt es bei fast allen Systemen mittlerweile Zuschläge, wenn der Renteneintritt nach dem 65. Lebensjahr erfolgt. Eine Ausnahme bildet hier lediglich die Alterssicherung der Landwirte, die vorgezogene Altersrenten nur in wenigen Ausnahmefällen zulässt und Zuschläge bei einem u.U. unfreiwillig hinausgeschobenen Renteneintritt nicht vorsieht. Die Gestaltung der Zu- und Abschlagsregelungen ist in

---

240 Eine erste Vereinbarung dieser Art wurde im Jahre 1959 zwischen der Bayerischen und der Nordrheinischen Ärzteversorgung geschlossen. Vgl. Schewe (1969), S. 10.

241 Solche Beitragsübertragungsmöglichkeiten bestehen zum Teil sogar mit ähnlichen Versorgungssystemen innerhalb der Europäischen Union. Vgl. dazu Jung (1998), S. 160f.

den berufsständischen Versorgungswerken stärker an versicherungsmathematischen Berechnungsgrundsätzen ausgerichtet als in der GRV und der AdL, wodurch insbesondere die Abschläge bei vorzeitigem Rentenbeginn höher ausfallen.

Neben der Erfüllung von Anspruchsvoraussetzungen, die in der Person des Leistungsberechtigten liegen, wie das Erreichen bestimmter Altersgrenzen, müssen für den Leistungsbezug regelmäßig weitere versicherungsrechtliche Voraussetzungen erfüllt werden, zu denen insbesondere das Vorhandensein gewisser Vorversicherungszeiten zählt. Diese so genannten Wartezeiten sind in der Alterssicherung der Landwirte mit 15 Jahren am längsten. Ferner wird in diesem System die Gewährung von Rentenleistungen zusätzlich an die Abgabe des Unternehmens gekoppelt. Für die in der GRV Versicherten gilt diese Leistungsvoraussetzung bei Beantragung einer Regelaltersrente nicht – wird eine vorgezogene Altersrente gezahlt, existieren jedoch Hinzuverdienstgrenzen.

In allen Systemen differiert die Höhe der individuellen Leistung in erster Linie aufgrund der Versicherungsdauer und der Höhe der Beitragszahlungen. Nur in der landwirtschaftlichen Alterssicherung variiert die Höhe der Altersrente wegen der Einheitsbeiträge ausschließlich aufgrund der Versicherungsdauer. In allen Systemen werden die Leistungen durch die Gestaltung der beitragsrechtlichen Regelungen nach oben hin begrenzt. Eine Mindestsicherung ist in keinem System vorgesehen. Familienbezogene Komponenten, wie etwa Kinderzuschläge, finden sich nur (noch) bei einigen berufsständischen Versorgungswerken.

Die Leistungsberechnung erfolgt in der GRV bei den Selbständigen nach demselben Prinzip wie bei abhängig Beschäftigten, d.h. die Höhe der Rente ist in erster Linie abhängig von der Höhe der Beitragszahlungen während der Erwerbsphase. Das innerhalb der GRV durch die Gestaltung der beitrags- und leistungsrechtlichen Regelungen angestrebte Ziel einer Einkommensverstetigung im Lebensverlauf wird allerdings nur erreicht, wenn über entsprechend lange Versicherungszeiten auch einkommensbezogene Beiträge gezahlt wurden. Abbildung 3.5 zeigt die Höhe der Leistungen in der GRV und der Alterssicherung der Landwirte in Abhängigkeit von der Höhe der Beitragszahlungen und der Versicherungsdauer. Die Beitragszahlungen an die GRV werden umgerechnet in Entgeltpunkte dargestellt.

Abbildung 3.5 verdeutlicht die Bedeutung der Höhe der Beitragszahlungen im Erwerbsverlauf für das erreichbare Absicherungsniveau. In der Alterssicherung der Landwirte ist das Leistungsniveau durch die Gestaltung der beitrags- und leistungsrechtlichen Regelungen fix und variiert lediglich hinsichtlich der

Versicherungsdauer. Die Höhe der Leistungen in der GRV dagegen wird daneben durch die Höhe der Beitragszahlungen bestimmt.

Abbildung 3.5: Leistungen der GRV und der Alterssicherung der Landwirte in Abhängigkeit von der Versicherungsdauer (2000/01) in DM pro Monat

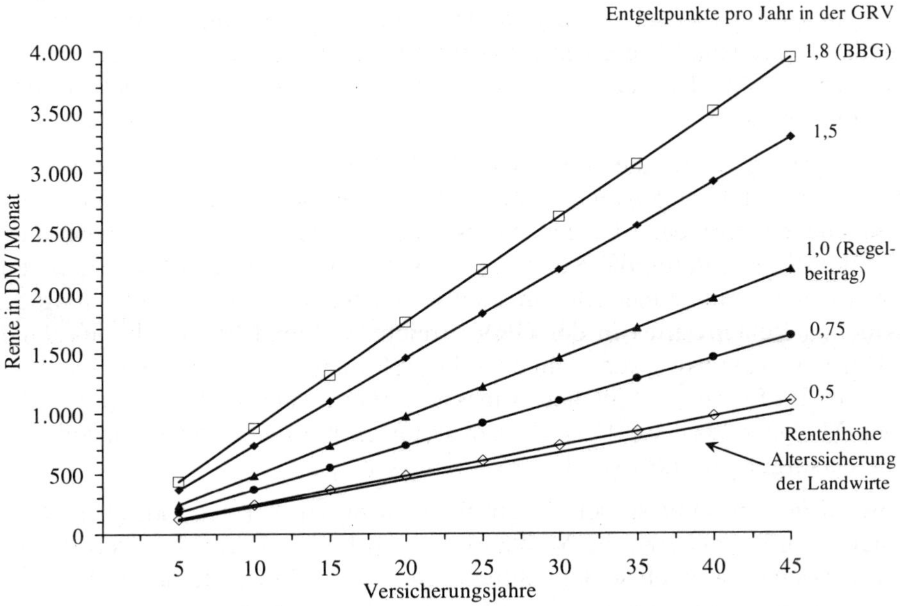

Quelle: Eigene Berechnung.

Diese ist nur bei einem Teil der Selbständigen von der Höhe des Einkommens abhängig, denn der Mehrzahl der versicherungspflichtigen Selbtändigengruppen wird durch die Möglichkeit der Regelbeitragszahlung ein Gestaltungsspielraum hinsichtlich des in der GRV realisierten Absicherungsniveaus eingeräumt. Bestehen zudem, wie bei den Handwerkern, Möglichkeiten, die Versicherungsdauer zu begrenzen, kann das individuelle Leistungsniveau des Pflichtalterssicherungssystems durch einen zweiten Mechanismus gesteuert werden.

Der zu zahlende „Preis" für die in der Abbildung dargestellten Leistungen wird in der Alterssicherung der Landwirte in den unteren Einkommensgruppen durch Beitragszuschüsse aus Bundesmitteln reduziert und auch bei den Künstlern und Publizisten ist zu berücksichtigen, dass sie, im Gegensatz zu den übrigen Selbständigen, für die gleiche Leistung nur den halben Beitrag zahlen.

Verallgemeinernde Aussagen über das Leistungsniveau der Berufsständischen Versorgungswerke zu treffen, ist aufgrund der unterschiedlichen Rentenformeln nicht möglich. Die Höhe der Leistungen ist jedoch ebenso wie in der GRV in erster Linie von der Höhe der Beitragszahlungen und der Versicherungsdauer abhängig. Infolge der höheren Beitragszahlungen an die berufständischen Versorgungswerken, die etwa im Bereich der Höchstbeitragszahlung an die GRV anzusiedeln sind, werden auf der Leistungsseite regelmäßig auch entsprechend höhere Leistungsniveaus realisiert und die Höherversicherung ermöglicht darüber hinaus bis zu einem gewissen Grad auch in einer kürzeren Versicherungsdauer die jeweiligen Höchstbeträge zu erreichen.

Die Regelungen über die Anpassung der Leistungen haben sich im Zeitablauf den in der GRV angewandten Verfahren angenähert, wenn auch aus unterschiedlichen Gründen. In der Alterssicherung der Landwirte wurde diese Harmonisierung durch die Koppelung des dort bei der Rentenberechnung zur Anwendung kommenden allgemeinen Rentenwertes an die Entwicklung des aktuellen Rentenwertes in der GRV erreicht, während bei den berufsständischen Versorgungswerken wohl eher die Befreiungsvorschrift des § 6 SGB VI zu einer im Ergebnis ähnlichen Anpassung führt, wenn auch mit der zusätzlichen Maßgabe, dass die Leistungsanpassungen mit der wirtschaftlichen Lage des Versorgungswerkes vereinbar sein müssen.

Sowohl in den bundesgesetzlichen als auch in den berufsständischen Regelungen wurden mittlerweile Maßnahmen getroffen, die Arbeitsmarktmobilität der Versicherten durch sozialrechtliche Normen nicht zu behindern. Die Ausgestaltung dieser Regelungen ist allerdings nicht zufriedenstellend, da bei einem Wechsel der Sicherungseinrichtung Leistungsansprüche verloren gehen können und ein Wechsel der Systeme zu Leistungskumulationen aus unterschiedlichen Sicherungseinrichtungen führt, da die Portabilität von Leistungsansprüchen zwischen den Systemen nur in Ausnahmefällen vorgesehen ist.
Bei den Handwerkern wurde die entsprechende Regulierung durch den Leitgedanken der Sicherstellung einer Grundsicherung getragen, ohne jedoch diesen Begriff klar zu definieren und in den institutionellen Regelungen auch zielsicher zu verankern.

3.6 Synopse der institutionellen Regelungen

Rechtsgrundlagen

Institution	Rechtsgrundlage
GRV	Sechstes Buch Sozialgesetzbuch (SGB VI) und Künstlersozialversicherungsgesetz (KSVG)
AdL	Gesetz über die Alterssicherung der Landwirte (ALG)
Berufständische Versorgung	Landesgesetzliche (in Ausnahmefällen bundesgesetzliche) Regelungen und Satzungen der berufsständischen Versorgungswerke

Einbezogener Personenkreis

Versicherungpflichtiger Personenkreis

nach § 2 SGB VI	nach § 1 ALG	Berufsständische Versorgungswerke
Lehrer und Erzieher	Landwirte und deren Ehegatten	Angehörige der klassischen freien Berufe:
Pflegepersonen		– Ärzte
Hebammen und Entbindungspfleger		– Zahnärzte
Seelotsen der Reviere		– Tierärzte
Künstler und Publizisten		– Apotheker
Hausgewerbetreibende		– Rechtsanwälte/Notare
Küstenfischer und -schiffer		– Steuerberater / WP
Handwerker		– Architekten
Selbständige mit einem Auftraggeber und ohne sozialversicherungspflichtig Beschäftigte		– teilweise Bauingenieure

Allgemeine Voraussetzung: Aktive und auf Dauer angelegte Tätigkeit zur Erzielung von Erwerbseinkommen.

Zusätzliche Voraussetzungen für die Versicherungspflicht

Lehrer und Erzieher	– keine versicherungspflichtigen Arbeitnehmer
Pflegepersonen	– keine versicherungspflichtigen Arbeitnehmer
Hebammen	– keine
Seelotsen der Reviere	– keine
Künstler und Publizisten	– nicht mehr als ein versicherungspflichtiger Arbeitnehmer (Ausnahme Berufsausbildung)
Hausgewerbetreibende	– keine
Küstenfischer und Küstenschiffer	– nicht mehr als vier versicherungspflichtige Arbeitnehmer – Selbständige müssen Mitglied der Besatzung sein
Handwerker	– Eintragung in die Handwerksrolle
Selbständige mit einem Auftraggeber und ohne sozialversichrungspflichtig Beschäftigte	– keine Arbeitnehmer, deren Arbeitsentgelt DM 630/Monat übersteigt – Tätigkeit auf Dauer und im Wesentlichen nur für einen Auftraggeber
Auf Antrag Versicherte	– Antrag innerhalb von fünf Jahren nach Aufnahme der selbständigen Tätigkeit
Landwirte	– keine
Berufsständische Versorgungswerke	– Pflichtmitgliedschaft in der Berufskammer

Versicherungsfreiheit

GRV-Versicherte	– Geringfügigkeit der Tätigkeit nach § 8 Abs. 3 SGB IV (Ausnahme: Berufsanfänger als Künstler oder Publizist) – Vollendung des 65. Lebensjahres ohne vorherige Versicherungspflicht – Bezug einer Altersrente (Vollrente)
Sonderregelungen für Künstler und Publizisten	– andere Tätigkeit über der Geringfügigkeitsgrenze, aufgrund derer Versicherungsfreiheit besteht – Einkünfte aus anderer Tätigkeit in Höhe von mehr als der Hälfte der Beitragsbemessungsgrenze in der GRV

Sonderregelungen für Künstler und Publizisten	– Versicherungspflicht als Handwerker oder Landwirt
Landwirte	– Unterschreitung der Mindestgröße (Geringfügigkeit) – jünger als 18/älter als 65 Jahre – Wartezeiterfüllung EU-Rente nicht mehr möglich (fünf Jahre) – Rentenbezug
Berufsständische Versorgung	– Überschreiten bestimmter Altersgrenzen beim Eintritt in die Kammer (i.d.R. 45 Jahre)

Befreiung von der Versicherungspflicht auf Antrag

Selbständige mit einem Auftraggeber	– Befreiung in den ersten drei Jahren nach Aufnahme der Tätigkeit – Vollendung des 58. Lebensjahres
Handwerker	– Befreiung nach 216 Monaten Pflichtbeitragszahlung (Ausnahme Bezirksschornsteinfeger)
Landwirte	– Erzielung von außerlandwirtschaftlichen Einkommen über der Geringfügigkeitsgrenze – Wartezeiterfüllung für Altersrente (15 Jahre) nicht mehr möglich
Berufsständische Versorgung	– Mitgliedschaft in einer anderen Versorgungseinrichtung

Relevantes Übergangsrecht

Selbständige mit einem Auftraggeber, die ihre Tätigkeit bereits vor dem 1. Januar 1999 ausgeübt haben	– vor dem 10. Dezember 1949 geboren – Vorhandensein einer vergleichbaren Form der Altersvorsorge vor dem 10. Dezember 1998
Lehrer und Erzieher, die von ihrer Versicherungspflicht nichts wussten	– vor dem 2. Januar 1949 geboren – Vorhandensein einer vergleichbaren Form der Altersvorsorge vor dem 10. Dezember1998

Erfassung	
Lehrer und Erzieher, Pflegepersonen, Hebammen, Künstler und Publizisten, Selbständige mit einem Auftraggeber und ohne sozialversicherungspflichtig Beschäftigte	– Eigene Meldung beim zuständigen Sozialversicherungsträger
Hausgewerbetreibende	– Meldung durch Auftraggeber
Seelotsen	– Meldung durch Lotsenbrüderschaften
Küstenfischer und -schiffer	– Meldung durch Fischereiämter
Handwerker	– Meldung durch Handwerkskammern
Landwirte	– Erfassung durch Unternehmerverzeichnis der landwirtschaftlichen Alterskassen
Berufsständische Versorgungswerke	– Erfassung über die Berufskammer

Organisation und Recht

Systemtyp

Institution	Regulierungshoheit	Systemtyp
Gesetzliche Rentenversicherung	Bund	Allgemeines System der Sozialversicherung
Alterssicherung der Landwirte	Bund	Sondersystem innerhalb der Sozialversicherung
Berufsständische Versorgungswerke	Kammern/Länder	Sondersysteme außerhalb der Sozialversicherung

Trägerstruktur

Personenkreis	Sicherungssystem	Träger
Lehrer und Erzieher	GRV	BfA
Pflegepersonen	GRV	BfA
Hebammen	GRV	BfA

Trägerstruktur (Fortsertzung)

Personenkreis	Sicherungssystem	Träger
Seelotsen der Reviere	GRV	BfA / Seekasse
Künstler und Publizisten	GRV	BfA mit Künstlersozialkasse als Beitragseinzugsstelle
Hausgewerbetreibende	GRV	LVA
Küstenfischer und -schiffer	GRV	Seekasse
Handwerker	GRV	LVA
Selbständige mit einem Auftraggeber	GRV	BfA
Landwirte	Alterssicherung der Landwirte	Landwirtschaftliche Alterskassen
Verkammerte Freiberufler	Institutionell und finanziell eigenständige Sondersysteme	Berufsständische Versorgungswerke

Finanzierung

Institution	Finanzierungsverfahren	Finanzierungsarten
GRV	Umlageverfahren	Beiträge, regelgebundene Bundeszuschüsse
GRV (Künstlersozialkasse)	Umlageverfahren	Gesonderter Bundeszuschuss
Alterssicherung der Landwirte	Umlageverfahren	Beiträge, Bundeszuschuss (Defizitdeckung)
Berufsständische Versorgungswerke	Mischverfahren mit Kapitalfundierung und Elementen des Umlageverfahrens	Beiträge, Vermögenseinkünfte

Leistungen

Grundkonzeption

<table>
<tr><th>Personenkreis</th><th>Einkommens-unabhängige Leistungen</th><th>Einkommens-bezogene Leistungen</th></tr>
<tr><td>Lehrer und Erzieher</td><td colspan="2">wahlweise</td></tr>
<tr><td>Pflegepersonen</td><td colspan="2">wahlweise</td></tr>
<tr><td>Hebammen</td><td colspan="2">wahlweise</td></tr>
<tr><td>Seelotsen der Reviere</td><td></td><td>X</td></tr>
<tr><td>Künstler und Publizisten</td><td></td><td>X</td></tr>
<tr><td>Hausgewerbetreibende</td><td></td><td>X</td></tr>
<tr><td>Küstenfischer und -schiffer</td><td></td><td>(X)</td></tr>
<tr><td>Handwerker</td><td colspan="2">wahlweise</td></tr>
<tr><td>Selbständige mit einem Auftraggeber</td><td colspan="2">wahlweise</td></tr>
<tr><td>Landwirte</td><td>X</td><td></td></tr>
<tr><td>Verkammerte Freiberufler</td><td colspan="2">(wahlweise)</td></tr>
</table>

Leistungsarten und Leistungsvoraussetzungen

Institution	GRV	AdL	Berufsständische Versorgung
Altersgrenze	65	65	65
Vorgezogene Altersrenten	ja	nein	ja
Hinausgeschobene Altersrenten	ja	nein	ja
Wartezeit Regelaltersrente	5 Jahre	15 Jahre	(keine)

Leistungsarten und Leistungsvoraussetzungen (Fortsetzung)

Institution	GRV	AdL	Berufsständische Versorgung
Elemente der Leistungsbemessung	Dauer der Versicherung / Höhe der Beitragszahlungen	Dauer der Versicherung	Dauer der Versicherung / Höhe der Beitragszahlungen (teilweise Zeitpunkt der Beitragszahlung)
Anrechnung beitragsfreier Zeiten	ja	nein	zum Teil
Mindestrenten	nein	nein	nein
Maßstab Anpassung der Leistungen	Einkommensentwicklung	Einkommensentwicklung	unterschiedlich
Turnus	jährlich	jährlich	jährlich
Verfahren	automatisch	automatisch	halbautomatisch

4 Die obligatorischen Zusatzsysteme

Neben den im zweiten Kapitel dargestellten Regelsicherungssystemen existieren in Deutschland zwei obligatorische Zusatzsysteme für selbständig Erwerbstätige, die im Unterschied zu den Regelsicherungssystemen nicht auf eine eigenständige Basissicherung, sondern auf deren Ergänzung und daher funktionell anders ausgerichtet sind.

Pflichtmitglieder in diesen Zusatzsystemen sind Bezirksschornsteinfegermeister, d.h. selbständig tätige Meister in diesem Gewerk, und freiberuflich tätige Seelotsen der Reviere. Gemeinsam ist diesen Berufsgruppen, dass ihre Tätigkeit der allgemeinen Gefahrenabwehr und damit einem öffentlichen Interesse dient und sie diese im gesetzlich geregelten Auftrag ausüben[242]. Neben Rechten und Pflichten der Berufsstandsangehörigen und der Zulassung zur Berufsausübung, der sogenannten Bestallung, sind infolgedessen bei beiden Gruppen über Gebührenordnungen[243] bzw. Lotstarifordnungen[244] die Einkommenserzielung während der Erwerbsphase und, was eine Besonderheit darstellt, auch die Sicherstellung einer angemessenen Altersvorsorge in der Nacherwerbsphase gesetzlich normiert[245]. Dieses wird heute durch ein zwei-

242 Rechtsgrundlagen bilden hier einerseits das Gesetz über das Schornsteinfegerwesen (Schornsteinfegergesetz) vom 15. September 1969, in der Fassung vom 10. August 1998 (BGBl. 1998 I, S. 2071), zuletzt geändert am 27. April 2002 (BGBl. 2002 I, S. 1467), andererseits das Gesetz über das Seelotswesen vom 13. Oktober 1954 (BGBl. 1954 II, S. 1035), in der Fassung der Bekanntmachung vom 13. September 1984 (BGBl. 1984 I, S. 1213) zuletzt geändert durch Artikel 5 des Zweiten Gesetzes zur Anpassung bestimmter Bedingungen in der Seeschifffahrt an den internationalen Standard vom 16. Juni 2002 (BGBl. 2002 I, S. 1828).

243 Die Gebühren für die Leistungen der Schornsteinfegermeister, die von den Kunden zu bezahlen sind, werden in Form von Kehr- und Überprüfungsgebührenordnungen durch die Wirtschaftsminister der Länder vorgegeben. Daher existieren regional geringfügige Unterschiede in der Höhe der Gebühren.

244 Die per Rechtsverordnung vom Bundesminister für Verkehr erlassenen Lotstarifordnungen bestimmen neben den Voraussetzungen für die Gebührenpflicht die Höhe der Gebühren für die Lotseinrichtungen des Bundes und der Entgelte für die Leistungen der Lotsen (Lotsgelder). Vgl. dazu § 6 Seelotsengesetz.

245 So bestimmt § 22 Abs. 3 des Schornsteinfegergesetzes, dass die Einteilung der Kehrbezirke so zu erfolgen hat, dass „... die Einnahmen [...] nach Abzug der nach diesem Gesetz und nach dem Handwerkerversicherungsgesetz zu leistenden Beiträge für die Versorgung im Schornsteinfegerhandwerk und der notwendigen Geschäftskosten dem Bezirksschornsteinfegermeister ein angemessenes Einkommen sichern. ...“ Und § 7 des Seelotsgesetzes besagt, dass bei der Festsetzung der Lotsgelder darauf zu achten ist, „..., daß eine ausreichende Versorgung für den Fall des Alters, der Berufsunfähigkeit und des Todes ermöglicht werden kann. ...“

schichtiges System der Altersvorsorge gewährleistet, das zum einen auf der Pflichtversicherung in der GRV als Regelalterssicherung basiert und zum anderen auf einer Pflichtmitgliedschaft in einer berufsständisch organisierten Zusatzversorgungseinrichtung.

Im folgenden Kapitel wird die derzeitige Gestaltung dieser Zusatzsysteme in der gleichen Systematik wie im vorangegangenen Kapitel für die Regelalterssicherungssysteme dargestellt. Die einführenden Bemerkungen zu den Einzelbereichen im zweiten Kapitel gelten daher entsprechend und werden nicht nochmals erläutert. Da die quantitative Bedeutung dieser Einrichtungen mit einem Mitgliederbestand von insgesamt weniger als 9.000 Personen gering ist, erfolgt die Darstellung in erster Linie aus Gründen der Vollständigkeit und in gestraffter Form. Ferner werden – abweichend vom vorangegangenen Kapitel – einige empirische Informationen eingeflochten, da die Zusatzsysteme aufgrund ihrer quantitativ geringen Bedeutung in der empirischen Untersuchung im zweiten Teil der Arbeit nicht mehr gesondert berücksichtigt werden.

4.1 Rechtsgrundlagen

Rechtgrundlagen der Versorgungseinrichtungen sind, ähnlich wie bei den berufsständischen Versorgungswerken, die als Regelsicherungssystem fungieren, einerseits (bundes-)gesetzliche Regelungen, andererseits das jeweilige Satzungsrecht der Versorgungseinrichtung. Für die Zusatzversorgung der Bezirksschornsteinfegermeister sind dies die §§ 29 bis 49 des Schornsteinfegergesetzes (SchfG) in Verbindung mit der Satzung der Versorgungsanstalt der deutschen Bezirksschornsteinfegermeister in der Fassung vom 13. März 1995[246], für die Zusatzsicherung der Seelotsen das Gesetz über das Seelotswesen (SeeLG) und die Satzung der gemeinsamen Ausgleichskassen im Seelotsenwesen der Reviere (GAK) in der Fassung vom 1. Juli 1995. Das Schornsteinfegergesetz konkretisiert die rechtliche Gestaltung der Zusatzversorgung dabei im Vergleich zum Seelotsgesetz stärker, wodurch dem jeweiligen Satzungsrecht eine unterschiedliche Bedeutung zukommt.

4.2 Versicherter Personenkreis

Die institutionellen Regelungen über den einbezogenen Personenkreis sind in beiden Zusatzsystemen stringent gestaltet. Sonderregelungen über Versiche-

246 Zuletzt geändert durch die Satzung vom 5. Dezember 2000. Vgl. zur aktuellen Satzung jeweils http://www.versorgungskammer.de/vdbs/index.html.

rungsfreiheit oder eine Befreiung von der Mitgliedschaft sind daher nicht zu berücksichtigen und auch Erfassungsprobleme spielen durch die Zwangsmitgliedschaft in der zuständigen Berufskammer und dem Erfordernis der staatlichen Zulassung zur Berufsausübung in diesen Systemen keine Rolle[247].

4.2.1 Bezirksschornsteinfegermeister

Mitglied der Versorgungsanstalt der Bezirksschornsteinfeger ist gemäß § 35 SchfG jeder Bezirksschornsteinfeger ab dem Tag seiner Bestellung und jeder ehemalige Bezirksschornsteinfeger als Anspruchsberechtigter[248]. Die Mitgliederentwicklung der Versorgungsanstalt ist relativ stabil und hatte in den vergangenen Jahren eine eher zunehmende Tendenz, da zumindest in den alten Bundesländern die Zahl der Kehrbezirke durch die Intensivierung der Bebauung anstieg[249]. Die Anzahl der aktiven Mitglieder der Versorgungsanstalt belief sich Ende des Jahres 1999 auf insgesamt 7.965[250].

4.2.2 Seelotsen

Pflichtmitglied in der Zusatzversorgung der Seelotsen sind alle Mitglieder der Lotsenbrüderschaften, d.h. die bestallten Seelotsen der Reviere[251]. Die Anzahl der aktiven Seelotsen ist – im Gegensatz zu den Bezirksschornsteinfegermeistern – in den letzten Jahren kontinuierlich gesunken. Dies ist in erster Linie auf die geänderten Strukturen in der Seeschifffahrt zurückzuführen, da das Frachtaufkommen von größeren und dadurch teilweise bedingt von weniger Schiffen transportiert wird und somit weniger Lotsen benötigt werden. Ende 1999 waren 768 aktive Seelotsen Mitglied des Zusatzversorgungssystems[252].

---

247 Für die Seelotsen gilt ähnliches wie für die Mitglieder von berufsständischen Versorgswerken, d.h. die Pflichtmitgliedschaft in der Versorgungseinrichtung wird über die Pflichtmitgliedschaft in der Kammer sichergestellt.

248 Eine freiwillige Mitgliedschaft in der Versorgungsanstalt ist nicht vorgesehen.

249 Vgl. dazu den Geschäftsbericht der Versorgungsanstalt 2000, S. 72. Danach ging die Zahl der Kehrbezirke erst in den Jahren 1999 und 2000 erstmals seit 1969 leicht zurück.

250 Vgl. dazu den Geschäftsbericht 2000 der Versorgungsanstalt der deutschen Bezirksschornsteinfegermeister (Beilage: Das Geschäftsjahr auf einen Blick).

251 Die deutschen Seelotsen sind insgesamt in sieben Lotsenbrüderschaften zusammengeschlossen (Elbe, NOK I und II, Weser I und II, Emden und Wismar-Rostock-Stralsund). Diese Brüderschaften bilden die Bundeslotsenkammer, die die Gesamtheit der Lotsenbrüderschaften gegenüber Dritten vertritt und diese auch fachlich berät. Für die Hafenlotsen gelten diese Regelungen nicht.

252 Die Anzahl der Mitglieder hat sich allein im Zeitraum 1995 bis 1999 von 915 Personen auf 768 Personen verringert. Vgl. dazu die versicherungsmathematischen Gutach-

4.3 Organisation

Bei beiden Zusatzsystemen handelt es sich um berufsständisch organisierte, institutionell eigenständige Versorgungseinrichtungen, die bundesweit, also regional nicht weiter untergliedert, zuständig sind.

Träger der Zusatzversorgung der Bezirksschornsteinfeger ist die „Versorgungsanstalt der deutschen Bezirksschornsteinfegermeister“ mit Sitz in München, eine bundesunmittelbare Körperschaft des öffentlichen Rechts mit Selbstverwaltung (§§ 34 und 36 SchfG). Die Aufsicht über die Anstalt hat laut § 42 Abs. 1 SchfG das Bundesministerium für Finanzen.

Die Zusatzversorgung der Seelotsen erfolgt durch die „Gemeinsamen Ausgleichskassen im Seelotswesen der Reviere“ (GAK), die nach § 1 der Satzung als zweckgebundenes Sondervermögen der Bundeslotsenkammer angegliedert sind[253]. Nach wie vor bestehen gemäß § 1 Abs. 2 Satzung GAK zwei unterschiedliche Kassen, und zwar die Ausgleichskasse I für Seelotsen, für die bis zum 31. Dezember 1974 der Versorgungsfall eingetreten ist, und die Ausgleichskasse II für Lotsen, bei denen der Versorgungsfall ab dem 1. Januar 1975 eingetreten ist bzw. eintreten wird[254]. Die Aufsicht über beide Kassen hat der Bundesminister für Verkehr (§ 3 der Satzung GAK).

---

ten der GAK der Jahre 1996 und 1999, die von der Bundeslotsenkammer zur Verfügung gestellt wurden.

253 Die Bundeslotsenkammer wiederum ist eine bundesunmittelbare Körperschaft des öffentlichen Rechts.

254 Diese Trennung der Kassen wurde nach Auskunft der Bundeslotsenkammer in erster Linie aus steuerlichen Gesichtspunkten vorgenommen, da die Beiträge zur GAK I – für die keine Leistungsansprüche erworben werden – als Betriebsausgaben gelten und daher steuerlich absetzbar sind, während die Beiträge zur GAK II für die aktiven Lotsen Versorgungsaufwendungen darstellen. Die Bedeutung der Ausgleichskasse I wird naturgemäß im Zeitablauf geringer. Am 31. Dezember 1999 wurden von dieser Kasse noch Leistungen für neun Altersrentner und 58 Witwen gewährt. Neben den Ausgleichskassen der Bundeslotsenkammer werden von den einzelnen Lotsenbrüderschaften zusätzliche Altersvorsorgemaßnahmen getroffen. Die Gestaltung dieser Vorsorgemaßnahmen kann in der Form charakterisiert werden, dass es sich, Gegensatz zu den Leistungen der GAK, nicht um ein leistungsbezogenes System, sondern um ein beitragsbezogenes System handelt, bei dem die Beiträge entweder in einer eigenen Pensionskasse der jeweiligen Brüderschaft oder in Form einer Gruppenversicherung angelegt werden.

4.4 Finanzierung

4.4.1 Finanzierungsverfahren und Einnahmestruktur

Die Finanzierung der Zusatzsysteme erfolgt im Umlageverfahren[255]. Hauptfinanzierungsquelle sind Beiträge der Mitglieder, die bei den Bezirksschornsteinfegern Ende der 90er Jahre etwa 90 v.H. der Einnahmen ausmachten[256] und bei den Seelotsen etwa 98 v.H.[257]. Daneben tragen Vermögenserträge zur Finanzierung der Leistungen bei, deren quantitative Bedeutung durch das unterschiedliche Ausmaß der Rücklagenbildung der Versorgungseinrichtungen bestimmt wird[258]. Staatliche Zuschüsse sind nicht vorgesehen.

4.4.2 Beiträge

Die Höhe der Beitragszahlungen der Mitglieder wird nach dem voraussichtlichen aus Beitragsmitteln zu bestreitendem Finanzbedarf für die anfallenden Versorgungsleistungen bemessen. In beiden Systemen wird dieser Finanzbedarf in Form von einheitlichen Pro-Kopf-Beiträgen auf die Mitglieder umgelegt und – was eine Besonderheit im Berufsrecht dieser beiden Selbständigengruppen darstellt – bei der Festsetzung der Gebühren bzw. Tarife für die erbrachten Leistungen als Einkommensbestandteil gesondert berücksichtigt[259].

---

255 Vgl. dazu für die Seelotsen § 9 der Satzung GAK und für die Bezirksschornsteinfeger § 39 ff. der Satzung der Versorgungsanstalt der deutschen Bezirksschornsteinfegermeister.

256 Vgl. zur Entwicklung des Beitragsaufkommens seit 1969 den Geschäftsbericht 2000 der Versorgungsanstalt der deutschen Bezirksschornsteinfegermeister, S. 72. Zu dieser Aussage auch Musielak et al. (1992), § 43 Rdnr. 1 und 2.

257 Der Anteil der Vermögenserträge betrug bei der GAK in den Jahren 1997 bis 1999 etwa 2 bis 3 v.H.

258 Nach § 9 Abs. 2 der Satzung der GAK ist zur Sicherstellung der Zahlungsfähigkeit der Ausgleichskasse eine Rücklage in Höhe von mindestens sechs Monatsrenten zu bilden. Die Satzung der Versorgungsanstalt enthält dagegen keine Angaben über die Höhe der Vermögensrücklage, so dass es offenbar der Finanzpolitik der Versorgungsanstalt überlassen bleibt, die Höhe der Rücklage dem gegenwärtigen und zukünftigen Finanzbedarf der Anstalt anzupassen. Vgl. dazu auch Musielak et al. (1992), § 43 Rdnr. 2.

259 Bei den Bezirksschornsteinfegermeistern ist dieses darin begründet, dass die Beiträge zur GRV und zur Versorgungsanstalt bei der Festsetzung der Gebühren gesondert zu berücksichtigen sind. Bei einheitlichen Gebührensätzen je Bundesland ist dies praktisch nur möglich, wenn für alle Schornsteinfeger der gleiche Beitrag sowohl zur Versorgungsanstalt als auch zur GRV erhoben wird. Eine Voraussetzung, die für die Beiträge zur GRV durch den von den Schornsteinfegermeistern zu zahlenden Regelbei-

Der Berechnungsmodus der Beiträge ist unterschiedlich, da bei den Bezirksschornsteinfegern die Festlegung offenbar durch Division der benötigten Mittel durch die Anzahl der Mitglieder erfolgt, während sie bei den Seelotsen in Form eines Vomhundertsatz eines Referenzeinkommens definiert werden. Dieses Referenzeinkommen, als tarifliches Normaleinkommen bezeichnet, orientiert sich am Einkommen eines Kapitäns auf großer Fahrt, welches als „Normaleinkommen" von den Seelotsen erzielt werden soll. Dieses Einkommen liegt regelmäßig oberhalb der Beitragsbemessungrenze in der GRV – im Jahre 1999 belief es sich auf 8.960 DM pro Monat –, so dass Seelotsen neben dem GAK-Beitrag Höchstbeiträge an die GRV entrichten.

Wird die absolute Höhe der Beitragszahlung verglichen, so zahlten die Bezirksschornsteinfeger im Jahre 1999 an die Versorgungsanstalt durchschnittlich 1.022,00 DM monatlich[260]. Wird der parallel an die GRV zu entrichtende Pflichtbeitrag in Höhe von 859,95 DM (Regelbeitrag ab 1. April des Jahres) zusätzlich berücksichtigt, ergibt sich ein Gesamtbeitrag von etwa 1.882,00 DM monatlich, d.h. ein Beitrag, der den Höchstbeitrag zur GRV in Höhe von 1.657,50 DM um etwa 14 v.H. übersteigt[261].

Die Höhe des „tarifierten" Beitrags der Seelotsen zur GAK orientiert sich am vom Bundesverkehrsministerium in der Berechnung des „tariflichen Normaleinkommens" für die Zwecke der GAK-Versorgung festgelegten Betrag, der sich – nach dem seit 1995 gültigen Tarif – aus 5,9 v.H. des Referenzeinkommens zuzüglich weiteren 0,55 v.H. des Referenzeinkommens zur Aufstockung der Rücklage zusammensetzt. Im Jahre 1999 waren damit als „tarifierter" Beitrag rund 578 DM zu zahlen. Zusätzlich wurden von den Lotsenbrüderschaften in den Jahren 1998 und 1999 allerdings nicht tarifierte Sonderumlagen erhoben, da der tarifierte Umlagebetrag zur Finanzierung der Leistungen nicht ausreichte und infolgedessen die satzungsrechtlich geforderte Mindestrücklage der GAK unterschritten wurde[262]. Diese Sonderumlage, die von

---

trag ebenfalls erfüllt wird; siehe dazu auch Musielak et al. (1992), § 43 Rdnr. 3. Bei den Seelotsen wirkt ein ähnlicher Mechanismus, da die Beitragszahlungen zur GAK bei der Festsetzung der Lotsgelder ebenfalls berücksichtigt und gesondert tarifiert werden.

260 Im Jahr 2000 ist dieser Betrag leicht angestiegen und betrug 1.074,53 DM; siehe hierzu Geschäftsbericht für das Jahr 2000 der Versorgungsanstalt der deutschen Bezirksschornsteinfegermeister.

261 Zahlenangaben nach Geschäftsbericht 2000 der Versorgungsanstalt der deutschen Bezirksschornsteinfegermeister.

262 Begründet ist diese Entwicklung in einer Zunahme der Leistungsfälle, bei gleichzeitigem Rückgang der Zahl der aktiven Lotsen. Im Jahre 1998 wurde die Sonderumlage

den Seelotsen zur Finanzierung der Kasse zusätzlich aufgebracht wurde, belief sich im Jahre 1999 auf 2,5 v.H. des Referenzeinkommens, d.h. 224 DM monatlich. Dadurch erhöhte sich die Beitragszahlung der Seelotsen zur GAK in 1999 von 6,45 v.H. auf 8,95 v.H. des Referenzeinkommens, d.h. insgesamt 802 DM monatlich. Wird auch hier der Beitrag zur GRV zusätzlich berücksichtigt, wurde von den Seelotsen in diesem Jahre insgesamt ein Pflichtbeitrag in Höhe von 2.507 DM entrichtet.

Aus diesen Angaben wird deutlich, dass die Zusammensetzung der zu zahlenden Pflichtbeiträge und der Stellenwert der GRV-Beiträge innerhalb der Versorgungsaufwendungen bei den Seelotsen und Bezirkschornsteinfegern infolge der unterschiedlichen Beitragsbemessungsgrundlage (Arbeitseinkommen versus Regelbeitrag) unterschiedlich ist. Denn bei den Bezirksschornsteinfegermeistern übersteigt die Höhe der Beitragszahlung zur Versorgungsanstalt die Pflichtbeitragszahlung an die GRV[263], während bei den Seelotsen die GRV-Beiträge überwiegen. Die Höhe und Zusammensetzung der Gesamtbeitragszahlung der Bezirksschornsteinfeger und Seelotsen zeigt die Abbildung 4.1.

Abbildung 4.1: Gesamtbeitragszahlung und Zusammensetzung der Zahlbeträge Bezirksschornsteinfegermeister und Seelotsen 1999

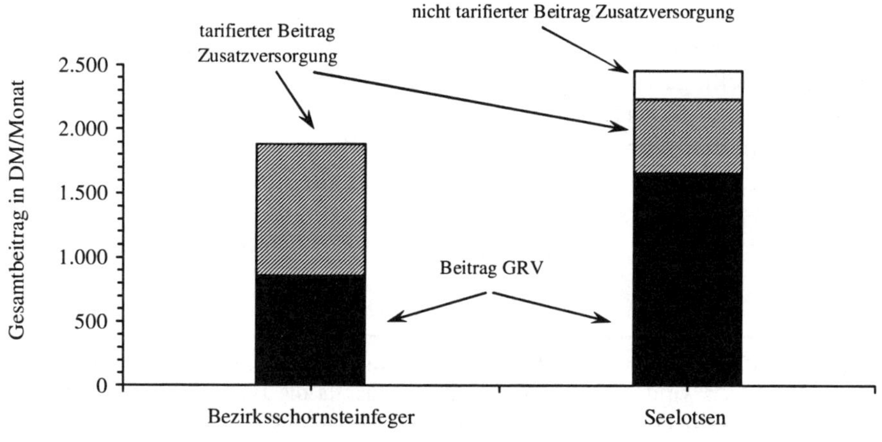

Quelle: Eigene Darstellung.

zunächst auf 1 v.H. des Referenzeinkommens festgesetzt und im Jahre 1999 auf 2,5 v.H.

263 Vgl. zur Entwicklung der Beitragszahlungen seit 1969 den Geschäftsbericht 1998 der Versorgungsanstalt der deutschen Bezirksschornsteinfegermeister, S. 74.

4.5 Leistungen

Die Zusatzsysteme der Bezirksschornsteinfeger und Seelotsen sind auf der Leistungsseite als so genannte Gesamtversorgungssysteme konzipiert, d.h. ihre Leistungen werden nicht isoliert in Form einer eigenständig definierten Einzelleistung gewährt, sondern sind darauf ausgerichtet, die Leistungen der GRV bis zum Erreichen der jeweils für die Berufsgruppen angestrebten „angemessenen" Gesamtversorgung zu ergänzen.

Als angemessen erschien dem Gesetzgeber bei Erlass des Schornsteinfegergesetzes Ende der 60er Jahre der Höchstbetrag der Grundvergütung in der Vergütungsgruppe V c des öffentlichen Dienstes (§ 30 SchfG in der Fassung vom 15. September 1969). Im Zuge des 18. RAG[264] wurde dieser Höchstbetrag mit Wirkung vom 1. Januar 1975 auf 72 v.H. der Gesamtvergütung in dieser Tarifklasse festgelegt, um den geänderten Tarifgepflogenheiten zu Beginn der 70er Jahre Rechnung zu tragen[265].

Bei den Seelotsen wird das Versorgungsziel ebenfalls in Anlehnung an eine Bemessungsgrundlage definiert, und zwar wiederum an das Einkommen der Kapitäne auf großer Fahrt, das auch der Beitragsberechnung zugrunde liegt.

In beiden Systemen wurden damit zur Festlegung der Leistungshöhe externe Parameter gewählt. Allerdings mit dem Unterschied, dass bei den Bezirksschornsteinfegermeistern mit der Vergütungsgruppe V c des Bundes-Angestelltentarifs (BAT) eine Größe gewählt wurde, die mit der Einkommensent-

---

264 § 18 des Achtzehnten Gesetzes über die Anpassung der Renten aus der gesetzlichen Rentenversicherung sowie über die Anpassung der Geldleistungen aus der gesetzlichen Unfallversicherung und der Altersgelder in der Altershilfe für Landwirte vom 28. April 1975 (BGBl. 1975 I, S. 1018).

265 Bei den Einkommenserhöhungen im öffentlichen Dienst wurde zu Beginn der 70er Jahre von der rein prozentualen Erhöhung der Bezüge abgegangen, indem Sockelbeträge gewährt wurden, die nicht Bestandteil der Grundvergütung, sondern des Ortszuschlages waren. Dadurch blieben die Versorgungsleistungen der Bezirksschornsteinfegermeister, die sich an der Grundvergütung orientierten, hinter der Einkommensentwicklung zurück. Durch die Neufassung des § 30 SchfG sollte gewährleistet werden, dass sich jegliche Erhöhung der Bezüge der Vergütungsgruppe V c auch auf die Versorgungsleistungen auswirken. Neben der Grundvergütung wurden daher ab 1975 alle Leistungen, die allen Angestellten zufließen, du a. der Ortszuschlag, die Stellenzulage sowie Einmalzahlungen, mit Ausnahme der vermögenswirksamen Leistungen, bei der Anpassung der Versorgungsleistungen berücksichtigt. 72 v.H. dieser Gesamtvergütung entsprachen zum Zeitpunkt der Gesetzesänderung in etwa der damaligen Höhe der Grundvergütung unter Berücksichtigung der zwischenzeitlich erfolgten Erhöhungen in Form von Sockelbeiträgen. Vgl. dazu auch Musielak et al. (1992), § 30, S. 296f.

wicklung dieser Berufsgruppe nicht zwangsläufig korrespondiert, während bei den Seelotsen mit der Referenzgröße des Einkommens eines Kapitäns auf großer Fahrt die Orientierung an der Einkommensentwicklung einer vergleichbaren Berufsgruppe angestrebt wird.

4.5.1 Leistungsvoraussetzungen

4.5.1.1 Bezirksschornsteinfegermeister

Die Altersgrenze zum Bezug von Leistungen aus der Versorgungsanstalt der Bezirksschornsteinfeger ist die Vollendung des 65. Lebensjahres. Eine frühere Zahlung des Ruhegelds, wie es hier genannt wird, ist nicht vorgesehen. Wenn Bezirksschornsteinfegermeister daher vor Vollendung des 65. Lebensjahres Leistungen aus der GRV in Anspruch nehmen, erhalten sie Leistungen aus der Versorgungsanstalt nur bei Versetzung in den Ruhestand wegen Invalidität. Wird der Kehrbezirk freiwillig oder aus anderen Gründen[266] vor Erreichen der Altersgrenze aufgegeben, wird das Ruhegeld der Versorgungsanstalt erst mit Vollendung des 65. Lebensjahres gezahlt und auch nur, wenn mindestens fünf Jahre Pflichtbeiträge zur Versorgungsanstalt entrichtet wurden[267].

4.5.1.2 Seelotsen

Die Altersgrenze zum Bezug von Leistungen aus den Ausgleichkassen ist ebenfalls die Vollendung des 65. Lebensjahres, mit der nach § 18 SeeLG die Bestallung zum Seelotsen erlischt. Zahlungen vor Vollendung des 65. Lebensjahres sind nicht vorgesehen, außer sie gehen ebenso wie bei den Bezirksschornsteinfegermeistern mit Invalidität[268] des Anspruchsberechtigten einher, durch die die Bestallung ebenfalls endet. Im Gegensatz zu den Bezirksschornsteinfegermeistern kennt das Zusatzsystem der Seelotsen allerdings keine Wartezeiten für die Anspruchsberechtigung, denn Anspruch auf

---

266 Rücknahme, Widerruf oder Aufhebung der Bestellung.

267 Bei kürzerer Mitgliedschaft bzw. Beitragszahlung besteht kein Anspruch auf Rückzahlung der gezahlten Beiträge. Ferner ist die freiwillige Beitragszahlung zur Erfüllung der Anspruchsvoraussetzungen vom Gesetz nicht zugelassen. Vgl. dazu Musielak et al. (1992), § 29 Rdnr. 3.

268 Als Erwerbsunfähigkeit gilt bei den Seelotsen auch die sog. Lotsdienstuntauglichkeit, die nach anderen Kriterien festgelegt wird als die Erwerbsminderung in der GRV und nur von den Ausgleichskassen als Anspruchsfall anerkannt wird, nicht jedoch von der GRV.

Ausgleichsleistungen hat gemäß § 12 der Satzung jeder Seelotse mit dem Tag seiner Bestallung.

4.5.2 Leistungsberechnung

4.5.2.1 Bezirksschornsteinfegermeister

In der Versorgungsanstalt der Bezirksschornsteinfegermeister werden nach § 29 Abs. 4 SchfG bei der Leistungsberechnung für jedes begonnene Jahr der Mitgliedschaft in den ersten 20 Jahren 3,5 v.H. und in den folgenden zehn Jahren 3 v.H. des erreichbaren Jahreshöchstbetrages angerechnet[269]. Dieser Höchstbetrag beträgt 72 v.H. der jährlichen Gesamtvergütung eines verheirateten, kinderlosen Angestellten des Bundes in der höchsten Lebensaltersstufe der Vergütungsgruppe V c des BAT, wobei vermögenswirksame Leistungen und Einkommensbestandteile, die nicht allen Angestellten gewährt werden, unberücksichtigt bleiben.

Der Jahreshöchstbetrag des Ruhegeldes (1999: 43.231,44 DM) ist daher nach einer Bestelldauer von 30 Jahren erreicht, Beitragszahlungen über das 30. Jahr der Mitgliedschaft hinaus werden bei der Leistungsberechnung nicht berücksichtigt[270].

Auf die so ermittelte individuelle Gesamtversorgung werden die Rentenanprüche aus der GRV angerechnet, die auf Pflichtbeitragszahlungen beru-

---

269 Eine Ausnahme gilt hier für Bezirksschornsteinfegermeister, die unverschuldet länger als der Durchschnitt auf ihre Bestallung warten mussten. Für die gilt gemäß § 29 Abs. 3 Satz 2 SchfG, dass die zwölf Jahre übersteigende Zeit seit dem Datum des so genannten Rangstichtags auf die Mitgliedschaft angerechnet wird. Der so genannte Rangstichtag ist der Tag der Meldung zu der Meisterprüfung, die der Bewerber bestanden hat (§ 11 der Vierten Verordnung zur Änderung der Verordnung über das Schornsteinfegerwesen in der vom Bundesrat am 14. März 1997 verabschiedeten Fassung).

270 Diese Regelung wird damit gerechtfertigt, dass das Durchschnittsalter der Bezirksschornsteinfegermeister bei der Bestellung etwa 35 Jahre beträgt und daher eine Beitragszahlung über das 30. Jahr hinaus praktisch nur selten vorkommt. Sollte dies dennoch der Fall sein, kann hier auch deshalb kein Einspruch erhoben werden, weil die Beiträge zur Versorgungskammer zu den Geschäftskosten gehören, die bei Festsetzung der Kehrgebühren mit berücksichtigt werden. Im Jahre 1999 betrug das durchschnittliche Zugangsalter der in den alten Bundesländern erstmals Bestellten 34,9 Jahre, in den neuen Bundesländern 32,5 Jahre. Vgl. Geschäftsbericht 2000 der Versorgungsanstalt der deutschen Bezirksschornsteinfegermeister, S. 57.

hen[271]. Für Bezirksschornsteinfegermeister besteht daher auch wenig Anreiz, höhere als die gesetzlich normierten Pflichtbeiträge zur GRV zu zahlen. Wurden Beiträge zur GRV aus welchen Gründen auch immer nicht gezahlt, wird das Ruhegeld nach § 29 Abs. 5 Satz 2 SchfG[272] fiktiv um den daraus entstandenen Minderungsbetrag der GRV-Rente gekürzt. Dies ist eine Vorgehensweise, die gewährleisten soll, dass unterlassene Beitragszahlungen nicht zu Lasten der Versorgungsanstalt ausgeglichen werden.

Eine Mindestleistung der Versorgungsanstalt wird in der Form sichergestellt, dass die Anrechnung von Renten aus der GRV unterbleibt, wenn 1,5 v.H. des Jahreshöchstbetrages des Ruhegeldes für jedes Jahr der Beitragszahlung als Leistung vom Versorgungswerk unterschritten würde. Diese Regelung ist einerseits für ehemalige Bezirksschornsteinfegermeister von Bedeutung, deren Bestellung vor Erreichen der Altersgrenze erloschen ist, da ihnen dadurch ein Ausgleich für ihre Beitragszahlungen gewährleistet wird. Andererseits bedeutet sie, dass nach einer Mitgliedschaft von 30 Jahren als Ruhegeld aus der Versorgungsanstalt unabhängig von der Höhe der anrechenbaren Rente mindestens 45 v.H. des Jahreshöchstbetrages gezahlt werden, eine Regelung, durch die der Gesetzgeber sicherstellen wollte, dass jeder Anspruchsberechtigte für seine Beiträge eine bestimmte Gegenleistung erhält[273].

Die Höhe der durchschnittlich von der Versorgungsanstalt gezahlten Altersruhegelder belief sich im Jahre 1999 auf monatlich 1.821 DM[274] und der erreichbare Höchstbetrag der Gesamtversorgung, der von etwa 95 v.H. der Versorgungsbezieher erreicht wird, auf etwa 3.600 DM, so dass die Hälfte der Gesamtversorgung aus Leistungen der Versorgungsanstalt besteht.

---

271 Rententeile für freiwillige Beitragszahlungen und / oder beitragsfreie Zeiten werden dagegen bei der Anrechnung nicht berücksichtigt. Veränderungen der anrechenbaren Rente, die sich infolge des 1976 eingeführten Versorgungsausgleichs ergeben, bleiben dabei nach § 29 Abs. 5 SchfG unberücksichtigt. Damit soll verhindert werden, dass die Versorgungsanstalt im Ergebnis den Unterhalt für den geschiedenen Ehegatten trägt bzw. anders herum, eine Erhöhung der anrechenbaren Rente der Versorgungsanstalt zugute kommt. Vgl. dazu auch Musielak et al. (1992), § 29 Rdnr. 11 bis 13.

272 Der Paragraph wurde durch Nr. 17 des Gesetzes zur Änderung des Schornsteinfegergesetzes vom 20. Juli 1994 (BGBl. 1994 I, S. 1624) eingefügt.

273 Vgl. Musielak et al. (1992), § 29 Rdnr. 15.

274 Vgl. Geschäftsbericht 2000 der Versorgungsanstalt der deutschen Bezirksschornsteinfegermeister, S. 70. Die Angaben erfolgen für die alten Bundesländer, da die Leistungen für die neuen Bundesländer aufgrund der Neueinführung der Zusatzsicherung nicht repräsentativ sind.

4.5.2.2 Seelotsen

Die Höhe der von den Ausgleichskassen monatlich gezahlten Rente ergibt sich ebenfalls aus der Differenz zwischen der angestrebten Gesamtversorgung und einer fiktiv anrechenbaren Rente. Ähnlich wie bei den Bezirksschornsteinfegermeistern wird daher nicht die tatsächliche Leistung aus der GRV – ggf. unter Berücksichtigung von Leistungen des Versorgungsausgleichs – in Anrechnung gebracht, sondern eine Modell-Leistung, der ein „normaler", d.h. vor allem lückenloser Versicherungsverlauf des Mitglieds in der GRV zugrunde gelegt wird.

Die Gesamtversorgung der Seelotsen und die anrechenbare Rente aus der GRV wird in Abhängigkeit vom Renteneintrittsalter nach den in der folgenden Tabelle abgebildeten Prozentsätzen der Rentenbemessungsgrundlage, dem Kapitänsgehalt, gemäß § 13 Abs. 2a) der Satzung der GAK berechnet, von dem im Höchstfall, d.h. beim Erreichen der Regelaltersgrenze, 46 v.H. als Gesamtversorgungsleistung erreicht werden sollen.

Tabelle 4.1: Zusammensetzung der Versorgung der Seelotsen in v.H. der Rentenbemessungsgrundlage in Abhängigkeit vom Renteneintrittsalter

Rentenalter bis	Gesamtversorgung	anrechenbare GRV-Rente
55 Jahre	43,00	32,30.
56 Jahre	43,30	33,15
57 Jahre	43,60	34,00
58 Jahre	43,90	34,85
59 Jahre	44,20	35,70
60 Jahre	44,50	36,55
61 Jahre	44,80	37,40
62 Jahre	45,10	38,25
63 Jahre	45,40	39,10
64 Jahre	45,70	39,95
65 und mehr Jahren	46,00	40,80

Quelle: § 13 Abs. 2 Bst. a der Satzung GAK vom 1. Juli 1995.

Die Dauer der Beitragszahlung wird bei der Leistungsberechnung in der Form berücksichtigt, dass der Ausgleichsbetrag für die Zeit zwischen Vollendung des 33. Lebensjahres und der Bestallung um 0,17 v.H. per annum – bis zur Höchstgrenze von 2,55 v.H. (entsprechend 15 Jahren) – nach § 13 Abs. 2c) der Satzung der GAK gekürzt wird[275]. Eine Garantieleistung kennt das Zusatzsystem der Seelotsen nicht.

Aus diesen Werten wird, neben den anzuwendenden Rechengrößen, deutlich, dass bei den Seelotsen die GRV-Renten in der Zusammensetzung der Gesamtversorgung den größten Anteil ausmachen. Werden die absoluten Werte betrachtet, setzte sich die Gesamtversorgung bei Erreichen der Regelaltersgrenze (1999: 4.121.60 DM) aus einer der GRV in Höhe von 3.655,68 DM und Leistungen der GAK in Höhe von 465,92 DM zusammen. Damit entfallen 89 v.H. der Gesamtversorgung auf Leistungen der GRV und weitere 11 v.H. werden aus der GAK gezahlt, während dieses Verhältnis bei den Bezirksschornsteinfegern etwa 50 zu 50 ist.

Die unterschiedliche Beitragszusammensetzung spiegelt sich auf der Leistungsseite daher in den Relationen in etwa wider, kann jedoch nicht Eins zu Eins übertragen werden.

4.5.3 Anpassung der Leistungen

4.5.3.1 Bezirksschornsteinfegermeister

Durch die Anbindung des Ruhegeldes der Versorgungsanstalt an den BAT soll sichergestellt werden, dass die Versorgung der Bezirksschornsteinfeger an der allgemeinen Lohnentwicklung teilnimmt. Da die Renten aus der GRV einem anderen Anpassungsmechanismus unterliegen, verläuft die Anpassung der Ruhegeldsbestandteile in der Regel nicht einheitlich und die Leistungen der Versorgungsanstalt erhöhen sich nicht unbedingt um denselben Prozentsatz, um den die BAT-Vergütungen angehoben werden[276].

---

275 Das Lebensalter bei der Bestallung liegt nach Auskunft der Bundeslotsenkammer derzeit zwischen 35 und 40 Jahren. Da die Ausbildungszeiten in Zukunft kürzer werden, wird auch das Durchschnittsalter bei der Bestallung sinken und werden die Regelungen der Satzung zu den Abschlägen weniger zum Tragen kommen. Erfolgt die Bestallung nach Vollendung des 48. Lebensjahres – was praktisch keine Rolle spielt – müssen nach § 9 Abs. 5 der Satzung der GAK die Beiträge, die ab dem 48. Lebensjahr angefallen wären, von der betreffenden Lotsenbrüderschaft zusätzlich aufgebracht und der Rücklage der Kasse zugeführt werden.

276 Obwohl nach der Änderung des § 30 SchfG mit Wirkung vom 1. Januar 1975 fast alle Leistungen in den Jahreshöchstbetrag eingerechnet werden, kann der Prozentsatz sowohl höher als auch niedriger ausfallen als der Satz der Erhöhung der Gehälter nach BAT, da in den Jahreshöchstbetrag auch Leistungen eingerechnet werden, die von tariflichen Änderungen u.U. unberührt bleiben, wie z.B. das Urlaubsgeld. Vgl. dazu Musielak et al. (1992), § 30.

Nach § 29 Abs. 7 SchfG werden die Leistungen der Versorgungsanstalt neu berechnet, wenn:

- sich der Jahreshöchstbetrag ändert oder
- die Renten aus der GRV angepasst werden (in der Regel zum 1. Juli eines Jahres).

Steigt der Jahreshöchstbetrag, bedeutet das für die Ruhegeldempfänger eine Erhöhung ihrer Gesamtversorgung, während sich bei Anpassung der GRV-Renten nur die Versorgungsanteile verändern, nicht jedoch die Leistungshöhe an sich[277].

4.5.3.2 Seelotsen

Die Anpassung der laufenden Leistungen der GAK, die durch Beschluss der Bundeslotsenkammer festgesetzt wird, orientiert sich an der Änderung der Rentenbemessungsgrundlage. Die prozentuale Änderung soll nach der Satzung „... im Umfang der Änderung des Kapitänsgehaltes am 1. Juli des betreffenden Jahres im Vergleich zum Kapitänsgehalt am 1. Juli des vorangegangenen Jahres entsprechen (Volldynamik)“. Abweichende Regelungen sind jedoch möglich, da nach § 13 Abs. 2b) der Satzung der GAK ein Korridor für die Erhöhungen vorgegeben wurde, und zwar in der Form, dass die Rentenbemessungsgrundlage mindestens um die halbe prozentuale Erhöhung des Kapitänsgehaltes anzuheben ist (garantierte Halbdynamik). Dieses Prinzip der Halbdynamik kam bei den Anpassungen Ende der 90er Jahre zur Anwendung, um auch die Leistungsempfänger in gewissem Umfang an den finanziellen Schwierigkeiten der Kassen zu beteiligen.

Der Anpassungsrhythmus wird durch die jeweiligen tariflichen Gepflogenheiten beeinflusst. Werden die Tarife nicht jährlich, sondern – wie es insbesondere bei den Seelotsen in den letzten Jahren der Fall war – in größeren Zeitabständen neu festgesetzt, um deren Laufzeiten zu verlängern, werden auch die Leistungsanpassungen in größeren Zeitabständen vorgenommen. Ein Mechanismus, der bei den Bezirksschornsteinfegermeistern durch die Anbindung an den BAT ebenfalls zum Tragen kommen kann.

---

277 Eine Ausnahme besteht hier lediglich, wenn die Versorgungsleistung als Garantiesumme gezahlt wird, da in diesem Fall auch die Rentenerhöhung dem Leistungsempfänger zugute kommt.

4.6 Zusammenfassung

Die obligatorische Altersvorsorge der Bezirksschornsteinfegermeister und Seelotsen in Form eines zweischichtigen Systems weist in der Konstruktion viele Gemeinsamkeiten, in Details jedoch Unterschiede auf.

Nicht nur durch die Existenz der Zusatzsysteme unterscheiden sich beide Gruppen von den übrigen versicherungspflichtigen Selbständigen, sondern auch dadurch, dass bei der Einkommensfestsetzung durch die jeweils zuständigen Bundes- bzw. Landesministerien die Aufwendungen für die Altersversorgung als Einkommensbestandteil gesondert berücksichtigt werden[278].

Hinsichtlich des einbezogenen Personenkreises erfassen die in Form öffentlich-rechtlicher Versorgungseinrichtungen organisierten Systeme eindeutig abgrenzbare und durch Berufsordnung erfassbare Personengruppen, die während der Ausübung ihrer Tätigkeit uneingeschränkt der Pflichtmitgliedschaft unterliegen.

Die Finanzierungsmodalitäten sind insofern vergleichbar, als beide Systeme das Umlageverfahren anwenden, Beiträge als Finanzierungsart bei weitem überwiegen, staatliche Zuschüsse nicht vorgesehen sind und die Erhebung der Beiträge in Form von einheitlichen Kopfbeiträgen erfolgt. Die absolute Höhe der Beitragszahlungen zum Zusatzsystem und die Zusammensetzung des Gesamtbeitrags für die obligatorische Altersversorgung weichen jedoch voneinander ab, was u.a. in der unterschiedlichen Bemessungsgrundlage der GRV-Beiträge begründet ist.

Eine Besonderheit im Leistungsrecht der Systeme ist, dass die Zusatzversorgung als Gesamtversorgung ausgestaltet ist, auf die Renten der GRV angerechnet werden. Beide Systeme können daher als leistungsbezogene Systeme charakterisiert werden, deren jeweiliges Versorgungsziel sich an unterschiedlichen Vomhundertsätzen einer Referenzgröße orientiert.

Beide Versorgungswerke rechnen nach den aktuellen gesetzlichen bzw. satzungsrechtlichen Regelungen auf die Gesamtversorgung nicht mehr die tatsächlichen Leistungen der GRV, sondern Fiktivleistungen nach Modell-Fällen an, so dass im individuellen Verhalten der Mitglieder begründete Minderleistungen der GRV nicht zu Lasten der Versorgungseinrichtung ausgeglichen werden. Eine definierte Garantieleistung des Zusatzsystems ist bei Seelotsen nicht vorgesehen, während bei Bezirksschornsteinfegermeistern – unabhängig

---

278 Eine Ausnahme davon bilden momentan nur die von den Seelotsen erhobenen Sonderumlagen.

von der Höhe der anrechenbaren Rente – mindestens 45 v.H. der Gesamtversorgung von der Versorgungsanstalt gezahlt wird.

Bei den Bezirksschornsteinfegermeistern machen die Leistungen des Zusatzsystems etwa die Hälfte der Alterseinkünfte aus obligatorischen Sicherungseinrichtungen aus, bei den Seelotsen dagegen nur etwa ein Zehntel, wodurch sich in der Leistungshöhe die Relation der Beitragszahlungen in gewisser Weise widerspiegelt.

Hinsichtlich der Leistungsvoraussetzungen unterscheiden sie sich darin, dass das Zusatzsystem der Seelotsen im Gegensatz zu den Bezirksschornsteinfegermeistern Wartezeiten für die Anspruchsberechtigung nicht kennt.

Sowohl die Rentenbemessungsgrundlage als auch der Maßstab für die Anpassung der Leistungen sind in beiden Systemen an externen Parametern orientiert. Dieses ist bei den Bezirksschornsteinfegern die Vergütungsgruppe V c des BAT, die mit dem tatsächlichen Einkommen dieser Berufsgruppe nicht korrespondiert, während bei den Seelotsen mit der Referenzgröße des Einkommens eines Kapitäns auf großer Fahrt eine Orientierung an die Einkommensentwicklung vergleichbarer Berufsgruppen gewählt wurde.

Hinsichtlich der Anpassungsmodalitäten kann bei den Seelotsen zwischen Voll- und Halbdynamik unterschieden werden, während bei den Bezirksschornsteinfegern eine Volldynamisierung in Anlehnung an den BAT erfolgt.

5 Empirische Analyse

5.1 Vorbemerkungen

Die institutionelle Bestandsaufnahme der obligatorischen Altersvorsorge von Selbständigen hat gezeigt, dass bestimmte und größtenteils berufsgruppenbezogen abgegrenzte Selbständigengruppen bereits heute in einem öffentlich-rechtlichen Alterssicherungssystem pflichtversichert sind. Ferner wurde deutlich, dass die beitrags- und leistungsrechtlichen Regelungen für selbständig Erwerbstätige unterschiedlich gestaltet sind und dadurch bedingt nur einige von ihnen in ihrer Altersvorsorge „arbeitnehmertypischen" Regelungsmustern unterliegen.

Wie viele Selbständige versicherungspflichtig sind, wie sich deren Anzahl und Zusammensetzung vor dem Hintergrund der zunehmenden selbständigen Erwerbstätigkeit in den 90er Jahren verändert hat, wie sie sich auf die unterschiedlichen Alterssicherungssysteme verteilen und welche Auswirkungen die unterschiedliche sozialrechtliche Behandlung der Selbständigen auf deren materielle Situation in der Nacherwerbsphase hat, ist nicht bekannt.

Ziel des zweiten Teils der Arbeit ist es, diesen unterschiedlichen Fragestellungen in Form einer empirischen Untersuchung nachzugehen. Für eine solche Untersuchung wird Datenmaterial benötigt, welches:

die Anzahl der versicherungspflichtigen selbständig Erwerbstätigen und deren Veränderung in den 90er Jahren abbildet,

- Informationen über die obligatorisch in den unterschiedlichen Alterssicherungsinstitutionen versicherten selbständig Tätigen und deren quantitative Entwicklung in der Untersuchungsperiode enthält und
- Informationen über die Höhe, Zusammensetzung und Determinanten der Alterseinkommen von Selbständigen bereitstellt.

Diese Anforderungen kann für sich allein genommen keine Datenquelle auch nur annähernd erfüllen. Die Untersuchung erfolgt daher auf der Grundlage unterschiedlicher Erhebungen der amtlichen und halbamtlichen Statistik, die überprüft, ausgewertet, zusammengefügt und teilweise verknüpft wurden, um Antworten auf die angeführten Fragen zu finden.

Bei der Auswahl dieses Datenmaterials war zu berücksichtigen, dass für eine empirische Untersuchung der genannten Aspekte Daten über die Person der Selbständigen und nicht über deren Betriebe oder Unternehmen benötigt werden[279]. Ferner war, da eine vergleichsweise kleine Subgruppe der Erwerbstätigen untersucht wird, bei der Auswahl des Datenmaterials darauf zu achten, dass die benötigten Merkmalsausprägungen erfragt und der Stichprobenumfang hinreichend groß ist, um disaggregierte Untersuchungen, wie sie zur Identifikation und Quantifizierung von sozialrechtlich spezifizierten Teilgruppen notwendig sind, vornehmen zu können.

Unter Berücksichtigung dieser Anforderungen wurden für die Untersuchung vier Datengrundlagen ausgewertet, und zwar:

1. der Mikrozensus des Statistischen Bundesamtes, der als einzige Datenquelle der amtlichen Statistik detaillierte Informationen über den erwerbsstrukturellen Wandel bereitstellt und die benötigten Merkmale der Selbständigen zur Quantifizierung sozialrechtlich definierter Teilgruppen ausweist[280],
2. die Geschäftsstatistiken der Versicherungsträger, anhand derer Anzahl und Entwicklung des versicherten Personenkreises und der Höhe der Beitragszahlungen von versicherten Selbständigen untersucht werden können,
3. die Erhebung „Alterssicherung in Deutschland 1999“ (ASID 1999) und
4. die Untersuchung „Altersvorsorge in Deutschland 1996“ (AVID ‘96), aus denen Informationen über Höhe und Zusammensetzung der Alterseinkommen von Selbständigen gewonnen werden können.

In Einzelbereichen werden daneben Forschungsergebnisse, die der Sekundärliteratur zu speziellen Fragen entnommen werden konnten, in die Untersuchung eingebunden, die in erster Linie auf Erhebungsergebnissen des Soziooökonomischen Panels (SOEP) und der Einkommens- und Verbrauchsstichprobe (EVS) basieren.

---

279 Daher schieden statistische Erhebungen, die auf Betriebe oder Unternehmen abstellen, für eine nähere Analyse aus und konnten allenfalls als Kontroll- und Ergänzungsmaterial verwendet werden. Zu solchen unternehmensbezogenen Erhebungen zählen beispielsweise die Hotel- und Gaststättenerhebungen – vgl. Krokow (1995) – oder auch die Handwerkszählungen des Statistischen Bundesamtes – vgl. Statistisches Bundesamt (1996), Statistisches Bundesamt (1996), Statistisches Bundesamt (1997b) oder auch Veldhues (1996). Abweichungen zwischen unternehmens- und personenbezogenen Angaben können entstehen, wenn mehrere Personen ein Unternehmen selbständig leiten oder umgekehrt, eine selbständig erwerbstätige Person Eigentümer mehrerer Unternehmen ist.

280 Eine weitere personenbezogene Erhebung stellt die Beschäftigtenstatistik des Instituts für Arbeitsmarkt- und Berufsforschung (IAB) dar – eine Totalerhebung, die sich auf alle sozialversicherungspflichtig Beschäftigten bezieht und auf Angaben der Betriebe basiert. Der Nachteil dieser Erhebung besteht allerdings darin, dass nur Arbeitgeber mit sozialversicherungspflichtigen Beschäftigten erfasst werden und damit nur etwa die Hälfte der derzeit selbständig Erwerbstätigen in Deutschland.

Die Untersuchung stützt sich damit auf sehr unterschiedliches Datenmaterial, welches weder mit dem Ziel einer Darstellung der Altersvorsorge der Selbständigen erhoben wurde[281] noch unmittelbar miteinander verknüpft werden kann, da Erhebungskonzepte, Erhebungsmethoden und -zeitpunkte der jeweiligen Teilkomponenten nicht deckungsgleich sind. Da aber keine Datenquelle isoliert in der Lage ist, Antworten auf die eingangs formulierten Fragen zu geben, wurden damit partiell verbundene 0methodische Probleme in Kauf genommen. Im Verlauf der Untersuchung zeigte sich zudem, dass eine Untersuchung der Altersvorsorge der Selbständigen durch methodische Mängel weit weniger beeinträchtigt wird als durch die Tauglichkeit des zur Verfügung stehenden Datenmaterials an sich. Die inhaltlichen Schwerpunkte, Stärken und Schwächen des Datenmaterials bestimmen denn auch den Aufbau der Untersuchung, die sich aufgrund der Datenrestriktionen den unterschiedlichen Fragestellungen in teilweise übergreifenden Untersuchungsschritten nähert, die wie folgt skizziert werden können:

Im ersten Teil steht das Aggregat der selbständig Erwerbstätigen im Mittelpunkt, das auf Grundlage der Mikrozensus-Daten nach unterschiedlichen Kriterien gegliedert wird, um sowohl erwerbsbezogene Strukturen und Veränderungen als auch deren sozialpolitische Implikationen erfassen zu können. Die Ergebnisse dieser Disaggregation sind für den Fortgang der Arbeit in mehrfacher Hinsicht von Bedeutung.

Einerseits bilden sie die Grundlage der weiteren Untersuchungsschritte, in denen die Folgen des erwerbsstrukturellen Wandels für die soziale Absicherung der Selbständigen und die bestehenden Sicherungssysteme ermittelt werden, andererseits tragen sie dazu bei, die heterogene Gruppe der Selbständigen empirisch präziser zu erfassen und sozio-ökonomische Merkmale in der Erwerbsphase abzubilden, die in allen Sicherungssystemen als mittelbare oder unmittelbare Determinanten die Höhe und Zusammensetzung der Alterseinkommen beeinflussen können.

Im Anschluss daran wird diese vorrangig erwerbsbezogene Disaggregationsebene verlassen und zur Untersuchung der sozialpolitischen Dimension der beobachtbaren Veränderungen der Erwerbsstrukturen in den 90er Jahren die Systematik der institutionellen Bestandsaufnahme erneut aufgenommen.

Im zweiten Teil der Untersuchung stehen daher zunächst Ergebnisse der bestehenden institutionellen Regelungen hinsichtlich des versicherungspflichti-

281 Empirische Untersuchungen, die speziell die Alterssicherung und Altersvorsorge der Selbständigen zum Gegenstand haben, wurden im Jahre 1968 von Schmidtchen (1968) und zuletzt 1986 von Infratest Burke Sozialforschung vorgelegt; vgl. Bundesministerium für Arbeit und Sozialordnung (1992).

gen Personenkreises im Vordergrund, um Antworten auf die Fragen zu erhalten:

1. Wie viele werden Selbständige von institutionellen Regelungen über eine Versicherungspflicht erfasst?
2. Wie viele sind davon tatsächlich versichert?
3. Wie hat sich deren Anzahl infolge des erwerbsstrukturellen Wandels in den 90er Jahren verändert?
4. Inwieweit schlägt sich der strukturelle Wandel in der Versichertenbestandsentwicklung der unterschiedlichen Alterssicherungsinstitutionen der Selbständigen innerhalb und außerhalb der Sozialversicherung nieder?

Diese Untersuchung erfolgt auf Grundlage der Trägerstatistiken in Verbindung mit den Mikrozensus-Daten. Die Ergebnisse ermöglichen es zugleich, den derzeit nicht von einem obligatorischen Alterssicherungssystem erfassten Personenkreis zu isolieren und näherungsweise auch zu quantifizieren.

Im dritten Teil werden wiederum auf Grundlage der Trägerdaten empirische Daten über die Höhe der Beitragszahlungen der versicherten Selbständigen in den unterschiedlichen Sicherungssystemen dargestellt, die unmittelbar auf die Höhe der späteren Leistungen der jeweiligen Systeme wirken. Diese Untersuchung schließt die Überprüfung der Ergebnisse der unterschiedlich gestalteten beitragsrechtlichen Regelungen für die Selbständigen ein und zeigt Änderungen im Beitragszahlverhalten, wenn Wahlrechte hinsichtlich der Höhe der Beitragszahlung eröffnet werden.

Im letzten Teil der Untersuchung schließlich werden auf Grundlage der Sondererhebungen ASID 1999 und AVID ‘96 empirische Ergebnisse zur Höhe und Zusammensetzung der Alterseinkommen von Selbständigen vorgestellt, um einen Eindruck über deren materielle Situation in der Nacherwerbsphase zu vermitteln.

5.1.1 Die Datenquellen der Untersuchung im Einzelnen

5.1.1.1 Mikrozensus

Im Rahmen der Mikrozensus-Erhebung des Statistischen Bundesamtes werden in der BRD seit 1957 und in den neuen Bundesländern seit 1991 jährlich 1 v.H. der Wohnbevölkerung in Deutschland, d.h. derzeit rund 820.000 Personen in etwa 370.000 Haushalten, befragt. Der Mikrozensus ist damit hinsichtlich des Stichprobenumfangs die größte Repräsentativbefragung des Statistischen Bundesamtes. Inhaltlicher Schwerpunkt ist die Bereitstellung von

Informationen über die Bevölkerungs- und Erwerbsstruktur in Form von tief gegliederten sozio-demografischen und erwerbsstatistischen Merkmalen[282].

Die Daten des Mikrozensus erlauben, sozio-demografische und sozio-ökonomische Merkmale der Erwerbstätigen zu untersuchen und Informationen über quantitative Entwicklungen im Zeitablauf zu gewinnen. Zudem ermöglichen sie als einzige Datenquelle der amtlichen Statistik eine Zuordnung der Erwerbstätigen bis auf die Ebene von dreistelligen Berufsklassifikationen und eignen sich damit für tief gegliederte Untersuchungen, wie sie für die quantitative Erfassung der sozialrechtlich nach Berufsgruppen abgegrenzten pflichtversicherten Selbständigen notwendig sind.

Als Selbständige gelten im Mikrozensus nach der Definition des Statistischen Bundesamtes

> „... Personen, die einen Betrieb oder eine Arbeitsstätte als Eigentümer, Miteigentümer, Pächter oder selbständiger Handwerker leiten sowie selbständige Handelsvertreter usw., darunter auch freiberuflich Tätige, nicht jedoch Personen, die in einem arbeitsrechtlichen Verhältnis stehen und lediglich innerhalb ihres Arbeitsbereiches selbständig disponieren können (z.B. die selbständige Filialleiterin). Zu den Selbständigen zählen auch Hausgewerbetreibende und Zwischenmeister, die mit fremden Hilfskräften in eigener Arbeitsstätte im Auftrag von Gewerbetreibenden Arbeit an Heimarbeiter weitergeben oder Waren herstellen oder bearbeiten. ...“[283]

Erfassungs- und Abgrenzungsprobleme dieser Personengruppe können entstehen, da die Befragten ihren Erwerbsstatus, d.h. auch die Zuordnung nach der „Stellung im Beruf“, selbst einschätzen oder ggf. durch andere Haushaltsmitglieder dieser Stellung zugeordnet werden und aufgrund dessen einige Personen zu den Selbständigen gezählt werden, die sozialversicherungsrecht-

---

282 Vgl. zur Anlage des Mikrozensus ausführlicher Emmerling / Riede (1997), Lüttinger (1997) oder Schmidt (2000). Für die vorliegende Untersuchung wurden Ergebnisse des Mikrozensus in unterschiedlicher Form verwendet: zum einen durch die Nutzung von Veröffentlichungen und von Arbeitsblättern des Statistischen Bundesamtes, zum anderen durch Auswertungen der Scientific Use Files der Jahre 1991, 1993, 1995 und 1996.

283 Siehe beispielsweise Statistisches Bundesamt (2001a), S. 16. Die Abgrenzung der Selbständigen, wie sie auch in den Veröffentlichungen des Statistischen Bundesamtes vorgenommen wird, erfolgt nach dem Labour-force-Konzept der International Labour Organisation, d.h. es werden alle Selbständigen ab dem 15. Lebensjahr mit einem Hauptwohnsitz in Deutschland einbezogen. Vgl. zu den Konzepten und Definitionen der Erwerbsbeteiligung im Mikrozensus ausführlicher Schmidt (2000).

lich als abhängig Beschäftigte gelten würden[284]. Personen, die sich selbst als abhängig beschäftigt definieren, formal aber als Selbständige auftreten und damit u.U. nicht sozialversicherungspflichtig sind, werden dagegen nicht als Selbständige erfasst. Eine Quantifizierung dieser beiden Gruppen ist nicht möglich[285]. Es wird jedoch unterstellt, dass die Selbsteinstufung der Befragten als Selbständige u.a. darauf beruht, dass ein abweichender sozialrechtlicher Status nicht festgestellt wurde, so dass die Validität der Untersuchungsergebnisse über den nicht versicherten Personenkreis unter den statistisch als Selbständige ausgewiesenen Erwerbstätigen nicht beeinträchtigt wird[286].

Die Untersuchung sozialrechtlicher Aspekte wird bei der Verwendung der Mikrozensus-Daten erschwert, da sich die Kategorisierung der Berufsgruppen an der sektoralen Einteilung – wie sie bei Arbeitsmarktanalysen üblicherweise verwendet wird – orientiert, diese mit der sozialrechtlichen Zuordnung in der Regel jedoch nicht korrespondiert. Als Beispiel dafür sei einerseits die sektorale Kategorie Dienstleistungen genannt, die hinsichtlich der sozialrechtlichen Behandlung der dort Tätigen ein ganzes Bündel unterschiedlicher Formen aufweist, andererseits die sozialrechtlich zusammengefasste Kategorie der Handwerker, die im Mikrozensus nach Gewerken ausgewiesen wird und in unterschiedlichen Wirtschaftssektoren anzutreffen ist. Für eine Untersuchung sozialrechtlicher Aspekte muss das Datenmaterial des Mikrozensus daher neu aufbereitet und systematisiert werden.

Ferner ist die Abgrenzung und Quantifizierung der Selbständigen nach dem sozialrechtlichen Status nicht immer trennscharf möglich. Einerseits, da sozialrechtlich relevante Merkmale der selbständigen Tätigkeit nicht in der notwendigen Differenziertheit erfragt werden, andererseits, da sehr kleine Be-

---

284 Siehe zur Problematik der Selbsteinschätzung für Untersuchungen über die Scheinselbständigkeit z.B. Dietrich (1998), S. 76ff., oder Buch (1999), S. 39. Als einziges Abgrenzungsmerkmal der Scheinselbständigkeit wird vom Mikrozensus das Merkmal der Tätigkeit ohne weitere Mitarbeiter erhoben. Dieses reicht als Merkmal in keinem der unterschiedlichen Abgrenzungskonzepte zur Ermittlung von Scheinselbständigen aus; vgl. zu den unterschiedlichen Konzepten Dietrich (1998), S. 70ff. Zur Abgrenzung der Scheinselbständigen würden daher weitere Informationen zu Einzelaspekten der Erwerbstätigkeit benötigt.

285 Dieses Problem betrifft nicht nur den Mikrozensus, sondern alle Personenbefragungen, in denen die Einschätzung der Stellung im Beruf der subjektiven Wahrnehmung der Befragten überlassen wird.

286 Hinsichtlich des Personenkreises, der sich fälschlicherweise als abhängig beschäftigt einstuft und daher in die Untersuchung der Selbständigen nicht einbezogen wird, kann es dagegen tendenziell zu einer Verzerrung der Untersuchungsergebnisse in Richtung einer Unterschätzung führen. So auch in seiner Untersuchung über die Scheinselbständigen Buch (1999), S. 40.

rufsgruppen nicht oder nur in Sammelgruppen ausgewiesen werden und aufgrund dessen nicht eindeutig quantifiziert werden können[287]. Auf die dadurch entstehenden Probleme bei der Identifikation dieser Selbständigen wird innerhalb der Untersuchung an entsprechender Stelle hingewiesen[288].

Die Analyse der Mikrozensus-Daten ermöglicht daher quantitative Entwicklungen in der Erwerbstätigkeit abzubilden, detaillierte Informationen über sozio-demografische und sozio-ökonomische Merkmale der Erwerbstätigen und deren Veränderungen im Zeitablauf zu gewinnen und die sozialrechtlich definierten Selbständigengruppen näherungsweise zu quantifizieren. Informationen über die Altersvorsorge der Selbständigen oder deren materielle Situation in der Nacherwerbsphase können den Mikrozensus-Daten dagegen nicht entnommen werden, so dass sich die Verwendbarkeit dieses Datenmaterials auf erwerbsbezogene Dimensionen der Untersuchung beschränkt[289].

---

287 Im Mikrozensus werden Angaben zu den Berufen in so genannten dreistelligen Berufsordnungen erfasst, die in der nächst höheren Ebene in zweistelligen Berufsklassen zusammengefasst werden. Innerhalb der Berufsordnungen werden bei quantitativ unbedeutenden Berufsgruppen teilweise mehrere ihrem Wesen nach möglichst ähnliche Berufe zusammengefasst. Eine weitere Aufgliederung innerhalb der Berufsordnungen ist nicht möglich.

288 Für zukünftige Untersuchungen könnte an Bedeutung gewinnen, dass zwei versicherungspflichtige Selbständigengruppen in den Mikrozensus-Daten nicht identifiziert werden können. Dies sind einerseits Hausgewerbetreibende, da dies keine Berufs-, sondern eine Tätigkeitsbezeichnung ist, andererseits die seit 1999 versicherungspflichtigen Selbständigen mit einem Auftraggeber, da die zur Abgrenzung dieser Personengruppe vom Gesetzgeber gewählten qualitativen Merkmale der Berufsausübung aus den Mikrozensus-Daten ebenfalls nicht ermittelt werden können. Eine Quantifizierung der potentiell als Selbständige mit einem Auftraggeber versicherungspflichtigen Selbständigen kann auf Grundlage des in Deutschland erhobenen Datenmaterials daher derzeit nicht vorgenommen werden. Für die vorliegende Untersuchung ist dieses Problem noch nicht von Bedeutugn, da die Versicherungspflicht in der Untersuchungsperiode erst kurze Zeit bestand und in den ersten drei Jahren nach Aufnahme der Tätigkeit mit großzügigen Befreiungsregelungen ausgestattet wurde, die die quantitative Relevanz dieser Versichertengruppe in der Untersuchungsperiode reduzieren.

289 Im Fragenkatalog des Mikrozensus sind zwar einige Fragen zum Bereich der Alterssicherung der Befragten enthalten. Die Ergebnisse des Mikrozensus in diesem Themenbereich erwiesen sich bei einer näheren Untersuchung jedoch als nicht besonders zuverlässig und werden für die Untersuchung aufgrund dessen nicht herangezogen. Die Überprüfung dieser Ergebnisse trug allerdings zur Einschätzung bei, dass Selbsteinschätzungen der Befragten im Bereich der Altersvorsorge auf Grund der Komplexität des Befragungsgegenstandes nicht geeignet sind, ein Bild der Lage zu vermitteln; vgl. dazu ausführlich Dräther et al. (2001). Angaben über die sozio-ökonomische Situation der Selbständigen in der Nacherwerbsphase können dem Mikrozensus nicht entnommen werden, da bei nicht mehr erwerbstätigen Personen die ehemalige Stellung im Beruf nicht erhoben wird.

5.1.1.2 Daten der Versicherungsträger

Bei den zur Untersuchung des versicherten Personenkreises und der Höhe der Beitragszahlungen der Selbständigen verwendeten Daten der Versicherungsträger innerhalb der Sozialversicherung handelt es sich im Gegensatz zu den Angaben der amtlichen Statistik nicht um Stichprobenergebnisse, sondern um so genannte prozessproduzierte Daten, d.h. Daten, die im Prozess der Aufgabenerfüllung der jeweiligen Institutionen anfallen und die Untersuchungspopulation komplett abbilden[290].

Für die Vielzahl der im zweiten Kapiel dargestellten Versicherungsträger innerhalb der GRV wird in der Untersuchung auf das umfangreiche statistische Datenmaterial des Verbandes Deutscher Rentenversicherungsträger (VDR) zurückgegriffen, welches sowohl jährliche Auswertungen als auch Zeitreihendarstellungen umfasst.

Als nachteilig für die Untersuchung erwies sich bei Verwendung der Statistiken des VDR, dass:

1. die unterschiedlichen nach § 2 Nrn. 1 bis 9 SGB VI versicherungspflichtigen Selbständigengruppen statistisch nur getrennt ausgewiesen werden, wenn abweichende sozialrechtliche Regelungen dieses erfordern. Die nach dem Sozialrecht in neun unterschiedlichen Gruppen definierten pflichtversicherten Selbständigen werden in den VDR-Statistiken aufgrund dessen nur in vier Kategorien abgebildet, innerhalb derer die Einzelgruppen nicht mehr isoliert werden können, wodurch der Aussagegehalt der Daten eingeschränkt wird;
2. aus den Daten des VDR nicht hervorgeht, welche Leistungen den Selbständigen in der Nacherwerbsphase zufließen, da in den Statistiken über den Rentenbestand nicht nach der Stellung im Beruf unterschieden wird[291].

Ferner zeigte die Datenüberprüfung, dass zwischen den Daten der im VDR zusammengeschlossenen Einzelträger und den zusammenfassenden Statistiken des VDR teilweise erhebliche Unterschiede bestehen, wofür es weder von

---

290 Vgl. zur Verwendung prozessproduzierter Daten der Rentenversicherungsträger Schmähl / Fachinger (1994).

291 Erst neuerdings wird in den Statistiken über den Rentenzugang hinsichtlich der letzten Stellung im Beruf unterschieden. Bei diesen Angaben handelt es sich jedoch nur um Durchschnittswerte des jeweiligen Zugangs, die nicht repräsentativ für den Bestand sind.

Seiten der Träger noch des VDR eine Erklärung gibt[292]. In der Untersuchung werden daher – um auf eine einheitliche Datenbasis zurückzugreifen – durchgängig die VDR-Daten verwendet und nur in Einzelfällen auf abweichende Ergebnisse der Einzelträger hingewiesen.

Für den Bereich der landwirtschaftlichen Alterssicherung konnten für die Untersuchung die ebenfalls sehr detaillierten Angaben des Gesamtverbandes der landwirtschaftlichen Alterskassen (GLA) genutzt werden, die neben dem Versichertenbestand auch Angaben über Beitragszahlungen der aktiven Landwirte und Leistungen der landwirtschaftlichen Alterskassen enthalten.

Sehr viel schwieriger als für die innerhalb der GRV und der Alterssicherung der Landwirte versicherten Selbständigen erwies sich dagegen die Informationsbeschaffung für die in berufsständischen Versorgungswerken pflichtversicherten Selbständigen. Denn obwohl die berufsständische Versorgung formal den öffentlich-rechtlichen Alterssicherungssystemen zugerechnet wird, existiert für diesen Zweig über den einbezogenen Personenkreis und andere Strukturdaten kein mit den übrigen Trägern vergleichbares Berichtssystem in Form detaillierter und aggregierter Trägerstatistiken. Die Untersuchung musste sich daher auf die wenigen zugänglichen Daten für die berufsständischen Versorgungswerke beschränken, die von der Arbeitsgemeinschaft der Berufsständischen Versorgungswerke (ABV) zur Verfügung gestellt werden. Da in diesen Daten hinsichtlich der Stellung im Beruf der Mitglieder nicht unterschieden wird, können Informationen über die Selbständigen nur in Form von Schätzergebnissen gewonnen werden, wodurch der Aussagegehalt der Ergebnisse im Bereich der berufsständischen Versorgung erheblich beeinträchtigt wird.

Bei einer Gegenüberstellung von Trägerdaten und Mikrozensus-Daten als Referenzstatistik ist zu berücksichtigen, dass dem Mikrozensus das Berichtswochenkonzept zugrunde liegt, d.h. die erfragten Merkmale für eine festgelegte Berichtswoche im Frühjahr – in der Regel im April, im Jahr 2000 im Mai – ermittelt werden und diese Erhebungsperiode mit den Stichtagsergebnissen der Träger, in der Regel der 31. Dezember eines Jahres, nicht übereinstimmt, so dass es zwangsläufig zu Unschärfen auf Grund unterschiedlicher Erhebungszeitpunkte kommt, die nicht vermieden werden können.

---

292 So weichen beispielsweise die Angaben über den Versichertenbestand der Künstler und Publizisten bei den unterschiedlichen, mit der Versicherung betrauten Institutionen KSK, BfA und schließlich VDR erheblich voneinander ab.

5.1.1.3 Sondererhebungen zur Alterssicherung und Altersvorsorge

Die Untersuchung der Höhe der Alterseinkommen der Selbständigen erfolgt auf der Grundlage von zwei Stichprobenerhebungen zur Alterssicherung und Altersvorsorge, die von Infratest Burke Sozialforschung durchgeführt wurden. Auf diese Erhebungen wird zurückgegriffen, weil:

- die einschlägigen Erhebungen des Statistischen Bundesamtes zur Einkommenssituation der Bevölkerung für eine Untersuchung der Alterseinkommen von Selbständigen nicht herangezogen werden können, da bei nicht mehr erwerbstätigen Personen die ehemalige Stellung im Beruf nicht erhoben wird,
- Trägerdaten über die Leistungen aus den unterschiedlichen Systemen nicht für alle obligatorisch versicherten Selbständigengruppen vorliegen und
- diese Daten für eine Untersuchung der Gesamteinkommenssituation der Selbständigen im Alter zu kurz greifen, da sie Kumulationen von Leistungen auf der Personenebene nicht abbilden[293].

Dabei handelt es sich einerseits um die Erhebung „Alterssicherung in Deutschland“ (ASID), die bislang in den Jahren 1986, 1992, 1995 und 1999 durchgeführt wurde, andererseits um die Erhebung „Altersvorsorge in Deutschland 1996“ (AVID ‘96), die inhaltlich an die ASID-Erhebungen anknüpft, mittels Mikrosimulation aber auf die Untersuchung zukünftiger Alterseinkommen abstellt.

Untersuchungspopulation der ASID ist die Wohnbevölkerung im Alter von 55 Jahren und älter, d.h. in der aktuellsten ASID des Jahres 1999 die Bevölkerung der Geburtsjahrgänge 1944 und früher[294]. Für diese Bevölkerungsgruppe wurden für rd. 35.000 Personen[295] sehr differenzierte Angaben zur Zusammensetzung und Höhe der Einkommen erhoben, die nicht nur Leistungen aus

---

[293] Die in diesem Bereich vorliegenden Trägerdaten wurden aber zur Validierung der Untersuchungsergebnisse der ASID herangezogen.

[294] Einschließlich der Anstaltsbevölkerung und deutsch sprechenden Ausländern. Das Auswahlverfahren für die Erhebung bildete eine repräsentative Stichprobe aus den Melderegistern der Einwohnermeldeämter. Die empirische Untersuchung wurde zwischen Mitte August 1999 und Mitte März 2000 durchgeführt. Jüngere Personen können über ihren Status als Ehepartner ebenfalls erfasst sein. Vgl. zur Konzeption und Anlage der Untersuchung ausführlich Bundesministerium für Arbeit und Sozialordnung (2001b).

[295] Dazu zählen nach Angaben von Infratest 19.775 Zielpersonen, 11.403 Ehefrauen (darunter 1.923 unter 55 Jahren) und Angaben für 3.978 verstorbene Ehemänner. Vgl. Bundesministerium für Arbeit und Sozialordnung (2001b), S. 10.

Alterssicherungssystemen, sondern auch zahlreiche weitere monetäre Einkommenskomponenten und deren Stellenwert für die Gesamtversorgung abbilden[296].

Diesem eindeutigen Vorteil der differenzierten Erhebung unterschiedlicher Einkommenskomponenten, die angesichts der größeren Gestaltungsspielräume hinsichtlich der Altersvorsorge besonders für die Untersuchung der Altersvorsorge von Selbständigen erforderlich ist, stehen allerdings eine Reihe von Einschränkungen der Analysemöglichkeiten gegenüber. So sind:

1. die Selbständigen in der ASID eine Subgruppe, die größtenteils als Sammelgruppe ausgewiesen wird und nur hinsichtlich weniger Merkmale in den Grobkategorien Landwirte, Handwerker, verkammerte Freiberufler, sonstige Freiberufler und Gewerbetreibende weiter differenziert werden kann,
2. die Feldbesetzungen in der ASID aufgrund des geringen Stichprobenumfangs schon bei dieser Grobaufgliederung teilweise so klein, dass statistisch gesicherte Ergebnisse – insbesondere für Frauen und die neuen Bundesländer – nicht mehr ausgewiesen werden können[297],
3. die Leistungen aus obligatorischen Sicherungssystemen nicht dahingehend analysierbar, aufgrund welcher versicherungsrechtlicher Zeiten die Ansprüche erworben wurden,
4. die Ergebnisse der ASID 1999 einerseits in einem Berichtsband und einem ergänzenden Tabellenband veröffentlicht, andererseits in den Alterssicherungsbericht der Bundesregierung 2001 eingeflossen, so dass in der Untersuchung auf unterschiedliche Informationsquellen zurückgegriffen werden musste, deren Ergebnisse nicht immer deckungsgleich sind und im Tabellenband nur teilweise nachvollzogen werden können[298] und

---

296 Die ASID differenziert 25 verschiedene Einkommensarten, die nach Brutto- und Nettowerten sowie nach eigenen und abgeleiteten Einkommen weiter differenziert werden. Sachleistungen, wie beispielsweise freie Kost und Logis aber auch Einkommen aus Vermögensauflösungen werden dagegen nicht erfasst. Vgl. dazu Bundesministerium für Arbeit und Sozialordnung (2001b), S. 8. Die im Rahmen der ASID erhobenen Einkommensangaben beruhen auf Selbstauskünften der Befragten, was bei der Interpretation der Ergebnisse zu berücksichtigen ist.

297 Die Durchschnittswerte der Leistungen zur berufsständischen Versorgung beruhen in den neuen Bundesländern bei den Männern auf Angaben von fünf Befragten und bei den Frauen von zwei Befragten; siehe Bundesministerium für Arbeit und Sozialordnung (2001b), Tabelle 2035.

298 Siehe Bundesministerium für Arbeit und Sozialordnung (2001a), S. 1. Eine Reihe von Angaben und Aussagen des Alterssicherungsberichts der Bundesregierung 2001 sind mit den in der Untersuchung ermittelten Ergebnissen nicht vergleichbar, da in diesem Bericht Selbständige und mithelfende Familienangehörige größtenteils zusammenge-

5. die Querschnittsdaten der ASID das Ergebnis der Altersvorsorgeaktivitäten der älteren ehemals Selbständigen, bilden aber den laufenden Prozess nicht ab, wodurch die Aussagekraft der Ergebnisse der ASID für die derzeitige Selbständigengeneration eingeschränkt ist. Einerseits, da sich Verhaltens- und Rechtsänderungen im Bereich der Altersvorsorge in der Regel langfristig auswirken, andererseits, da sich Strukturveränderungen in diesen Daten nicht niederschlagen, was beispielsweise durch die quantitativ deutliche Überrepräsentation der Landwirte in der ASID-Population belegt wird, deren spezifische Alterssicherungssituation die Durchschnittswerte prägt.

Trotz dieser Einschränkungen können mit Hilfe der Ergebnisse der ASID Anhaltspunkte über die Höhe und Zusammensetzung der Alterseinkommen der ehemals Selbständigen gewonnen werden. Fragen nach der Struktur der Altersvorsorge der aktuell Selbständigen jedoch nicht beantwortet werden.

Dieser Nachteil könnte durch Verwendung der Ergebnisse der AVID des Jahres 1996 vermieden werden, da diese Erhebung auf die Untersuchung der zukünftigen Alterseinkommen abzielt, indem Anwartschaften aus Alterssicherungssystemen unter komplexen Modellannahmen bis zur Vollendung des 65. Lebensjahres fortgeschrieben werden[299]. Zudem werden in der AVID auf der Personen- und Ehepaarebene Erwerbs- und Nichterwerbsbiographien erfasst, wodurch ein Längsschnitt-Einblick in Erwerbsverläufe und Versicherungs-

---

fasst werden. Allein bei den über 65jährigen sind auf Grund dessen im Alterssicherungsbericht hochgerechnet 634.000 Personen als mithelfende Familienangehörige in den Zahlenangaben für die Selbständigen enthalten, was insbesondere bei den Frauen zu Verzerrungen der Ergebnisse führt, da diese Gruppe bei einer Zusammenfassung der Selbständigen und mithelfenden Familienangehörigen aus hochgerechnet 297.000 ehemals selbständigen Frauen und 626.000 mithelfenden Familienangehörigen besteht. Da der Tätigkeitsschwerpunkt der weiblichen mithelfenden Familienangehörigen mit etwa 62 v.H. in der Landwirtschaft liegt, können insbesondere die Ergebnisse für die Frauen im landwirtschaftlichen Sektor als nicht repräsentativ für die dort selbständig Tätigen angesehen werden. Vgl. zu den quantitativen Dimensionen Bundesministerium für Arbeit und Sozialordnung (2001b), Tabellen 1126, 1202, 2126 und 2203.

299 Siehe Bundesministerium für Arbeit und Sozialordnung (2000). Den Mikrosimulationen über die Höhe und Zusammensetzung der zukünftigen Alterseinkommen liegt der Rechtsstand des Jahres 1996 zugrunde. Rechtsänderungen finden daher keine Berücksichtigung. Ferner wurde der weitere Erwerbsverlauf anhand eines vergleichsweise kleinen Beobachtungsfensters – die Grundlage bildeten die Jahre 1992 bis 1996 – fortgeschrieben. Somit werden davon nach 1996 abweichende Entwicklungen in den Simulationsergebnissen nicht abgebildet, so dass die Ergebnisse insbesondere für die jüngeren Kohorten mit erheblichen Unsicherheiten behaftet sind.

biographien ermöglicht wird. Damit ist die AVID die bislang umfassendste Untersuchung im Bereich der Altersvorsorge[300].

Die Untersuchungspopulation der AVID '96 besteht aus Personen deutscher Nationalität der Geburtsjahrgänge 1936 bis 1955, die im Jahr 1996 in der GRV anwartschaftsberechtigt auf eine Versichertenrente waren oder eine solche Rente bereits bezogen sowie deren Ehepartner. Nicht zur Untersuchungspopulation zählen jüngere oder ältere Kohorten und Personen, die entweder nie versichert waren und für die damit kein GRV-Konto existiert oder die trotz eines Kontos im Untersuchungsjahr noch keine Anwartschaft auf eine GRV-Rente hatten[301].

Die Anteile der Selbständigen an der Untersuchungspopulation werden mit 6 v.H. beziffert, bei den aktiven Selbständigen mit 8 v.H. in den alten und 7 v.H. in den neuen Bundesländern[302]. Diese im Vergleich zur Selbständigenquote nach Mikrozensus, die etwa 10 v.H. beträgt, geringeren Werte und die Überlegung, dass von der Untersuchung nur GRV-Anwartschaftsberechtigte erfasst werden, wirft zwangsläufig die Frage nach der Repräsentativität der AVID-Ergebnisse für die Gruppe der Selbständigen auf. Denn auch von Infratest wird eingeräumt, dass es insbesondere in den alten Bundesländern „... eine größere Zahl von Selbständigen geben [wird], die nicht über ein GRV-Konto verfügen."[303] Aus den methodischen Erläuterungen zur AVID geht allerdings nicht hervor, wie groß diese Zahl ist.

Zur Überprüfung dieser Frage wurden daher eigene Berechnungen auf Grundlage der Daten des Mikrozensus durchgeführt. Danach bildet die AVID durch die Begrenzung der Untersuchungspopulation auf GRV-Anwartschaftsberechtigte der Geburtsjahrgänge 1936 bis 1955 etwa 30 v.H. der im Jahre 1996 selbständig Erwerbstätigen insgesamt ab – 27 v.H. in den alten Bundesländern und 47 v.H. in den neuen Ländern. Werden nur die Selbständigen in den befragten Alterskohorten betrachtet, erhöht sich dieser Anteil auf etwa 57

300 Zu Forschungsergebnissen im Bereich der Alterssicherung, die – neben den Veröffentlichungen von Infratest – auf Grundlage der AVID-Daten veröffentlicht wurden vgl. z.B. Kortmann / Schatz (1999), Bieber / Stegmann (2000), Faik et al. (2001), Kortmann (2001) oder auch Stegmann / Bieber (2000).

301 Verband Deutscher Rentenversicherungsträger / Bundesministerium für Arbeit und Sozialordnung (2000), S. 16.

302 Bei den Männern in den alten Bundesländern 10 v.H., bei den Frauen 5 v.H.; in den neuen Bundesländern bei den Männern 9 v.H. und bei den Frauen 5 v.H., siehe Verband Deutscher Rentenversicherungsträger / Bundesministerium für Arbeit und Sozialordnung (2000), S. 41.

303 Verband Deutscher Rentenversicherungsträger / Bundesministerium für Arbeit und Sozialordnung (2000), S. 45.

v.H., wobei die Anteilswerte in den alten und neuen Bundesländern mit 52 v.H. zu 87 v.H. erheblich differieren, was als Nachwirkung der umfassenderen Versicherungspflicht in der ehemaligen DDR zu werten ist[304]. Insbesondere für die alten Bundesländer ist die Aussagekraft der von der AVID zur Verfügung gestellten Informationen daher eingeschränkt. Für etwas mehr als die Hälfte der im Jahre 1996 in den untersuchten Altersklassen selbständig Erwerbstätigen können auf Grundlage der AVID jedoch empirische Befunde zur Altersvorsorge und Erwerbsbiographie dargestellt werden.

Neben diesen Einschränkungen durch die Auswahl der Untersuchungspopulation, sind einer Untersuchung der Altersvorsorge von Selbständigen auf Grundlage der AVID Grenzen gesetzt, da:

1. die Selbständigen – ebenso wie in der ASID – nur als Sammelgruppen abgebildet werden, die dem unterschiedlichen sozialrechtlichen Status nur eingeschränkt Rechnung tragen, und zwar in den Kategorien Landwirte, Handwerker, verkammerte Freiberufler, Gewerbetreibende und sonstige Selbständige, die mit denen der ASID nicht übereinstimmen, wodurch die Vergleichbarkeit der Untersuchungen beeinträchtigt wird.
2. in der AVID von den vielfältigen Einkommensquellen der privaten Vorsorge nur die Leistungen aus Lebens- und privaten Rentenversicherungen berücksichtigt werden, wodurch eine abschließende Beurteilung der materiellen Lage der Selbständigen nicht möglich ist.

Sowohl die ASID als auch die AVID sind für eine Untersuchung der Alterseinkommen der Selbständigen daher mit spezifischen Mängeln behaftet und aufgrund des abweichenden Untersuchungsdesigns weder unmittelbar vergleichbar noch in übereinstimmender Systematik darstellbar. Hinzu kommt, dass keine dieser Untersuchungen speziell die Altersvorsorge Selbständiger zum Gegenstand hat, wodurch etliche Merkmale und Determinanten der Alterseinkommen, wie sie für die Untersuchungspopulation als Ganzes differenziert untersucht werden können, auf der Grundlage des zur Verfügung

---

304 Die Anteile zwischen Männern und Frauen weichen dabei nur in den neuen Bundesländern mit 84 v.H. (Männer) zu 94 v.H. (Frauen) nennenswert voneinander ab, während sie in den alten Bundesländern mit 52 v.H. bei den Männern und 53 v.H. bei den Frauen nahezu identisch sind. Hinsichtlich der in der AVID getrennt erfassten Selbständigengruppen zeigt sich, dass Landwirte und verkammerte Freiberufler der entsprechenden Altersklassen mit Werten von 39 v.H. bzw. 35 v.H. (Gesamtdeutschland) unterdurchschnittlich vertreten sind, während beispielsweise die Handwerker mit einem Wert von etwa 70 v.H. stärker abgebildet werden, was angesichts der unterschiedlichen sozialrechtlichen Behandlung dieser Gruppen und auch der unterschiedlichen Erwerbsbiographien nicht verwundert. Die Gruppe der „sonstigen Selbständigen“ liegt bei einem Wert von 60 v.H.

stehenden Datenmaterials für die Subgruppe der Selbständigen nicht ermittelbar sind.

Je weiter sich die Untersuchung daher der Frage nach der materiellen Situation der derzeitigen Selbständigen in der Nacherwerbsphase nähert, desto undifferenzierter und lückenhafter wird das zur Verfügung stehende Datenmaterial. Auf der Grundlage der genannten Datenquellen ist es jedoch möglich, wichtige Komponenten der Alterseinkommen der Selbständigen aufzuzeigen, deren Sicherungssituation im Vergleich zu den abhängig Beschäftigten zu bewerten, Veränderungen im Zeitablauf aufzuzeigen und Ergebnisse der Untersuchung zum einbezogenen Personenkreis und den Beitragszahlungen der Selbständigen zu validieren.

5.1.1.4 Sozioökonomisches Panel (SOEP)

Das Sozioökonomische Panel (SOEP) ist eine repräsentative Wiederholungsbefragung privater Haushalte, die seit dem Jahre 1984 durchgeführt wird[305]. Inhaltlich ist diese Befragung wie der Mikrozensus im Bereich der Bevölkerungs- und Erwerbsstatistik angesiedelt. Themenschwerpunkte sind Fragen zur Haushaltszusammensetzung, Erwerbs- und Familienbiografie, Erwerbsbeteiligung und beruflichen Mobilität, zu Einkommensverläufen, Gesundheit und Lebenszufriedenheit[306]. Die Statuseinschätzung hinsichtlich der Stellung im Beruf erfolgt im SOEP ebenso wie im Mikrozensus auf Grund der Selbsteinschätzung der Befragten, so dass hinsichtlich der Zuordnung der Befragten nach der Stellung im Beruf ähnliche Probleme auftreten können wie beim Mikrozensus. Im Unterschied zum Mikrozensus handelt es sich beim SOEP aber um eine Längsschnitt–Datenquelle, d.h. eine wiederholte Befragung ein und derselben Stichprobenmitglieder. Dieser Datenquelle können daher auch Angaben über Erwerbsverläufe entnommen werden, wie beispielsweise zur Dauer unterschiedlicher Erwerbststatus, die – neben der Höhe der Beitragszahlungen – eine wichtige Determinante der Altersvorsorge darstellen können. Dieser eindeutigen Stärke des SOEP steht allerdings der Nachteil des geringen Stichprobenumfangs gegenüber. Im Rahmen des SOEP wurden im

---

305 Seit Juni 1990 wurde diese Befragung auch auf das Gebiet der ehemaligen DDR ausgeweitet. Organisiert wird diese Erhebung seit 1990 vom Deutschen Institut für Wirtschaftsforschung (DIW) in Berlin, durchgeführt wird sie – ebenso wie die ASID und AVID – von Infratest Sozialforschung.

306 Vgl. zur Anlage des SOEP, Veröffentlichungen und aktuellen Entwicklungen http://www.diw.de/deutsch/sop/index.html. Zur Verwendung der Längsschnitt-Daten des SOEP für Untersuchungen der Einkommens- und Vermögensentwicklung Himmelreicher (2001).

Jahr 2000 etwa 20.000 Personen in ca. 12.000 Haushalten befragt[307]. Der Stichprobenumfang erlaubt es daher nicht, differenzierte Untersuchungen der Untergruppe „Selbständige" vorzunehmen[308]. Ferner können durch die Begrenzung des Beobachtungsfensters des SOEP vollständige Erwerbsbiographien nicht ermittelt werden.

5.1.1.5 Einkommens- und Verbrauchsstichprobe (EVS)

Im Rahmen der Einkommens- und Verbrauchsstichprobe (EVS) des Statistischen Bundesamtes werden in der Regel im fünfjährigem Abstand ca. 0,2 v.H. der privaten Haushalte befragt[309]. Hauptzweck der EVS ist es, möglichst differenzierte Informationen über Einnahmen, Ausgaben und Vermögen von privaten Haushalten bereitzustellen, wobei insbesondere die Einkommen sehr detailliert erhoben werden[310].

Für eine Untersuchung der Altersvorsorge der Selbständigen ist die EVS allerdings ebenfalls nur eingeschränkt geeignet. Einerseits, da die Selbständigen nur in den Subkategorien der innerhalb und außerhalb der Landwirtschaft Tätigen ausgewiesen werden und differenzierte Aussagen, beispielsweise über die Einkommens- und Vermögenssituation von sozialrechtlich unterschiedlich behandelten Selbständigengruppen in der Erwerbsphase, daher nicht möglich

---

307 Die Grundgesamtheit umfasst im SOEP seit 1990 die wohnberechtigte Bevölkerung in Deutschland im Alter ab 16 Jahren. Die sogenannte Anstaltsbevölkerung wird dabei nur erfasst, wenn dieser Zustand während der Befragung eingetreten ist und die Befragung fortgesetzt werden konnte. Die Stichprobe des SOEP gliedert sich in drei Teilstichproben: Stichprobe A erfasst Personen in den alten Bundesländern, deren Haushaltsvorstand die deutsche oder eine andere Staatsbürgerschaft mit Ausnahme der türkischen, griechischen, jugoslawischen, spanischen und italienischen Staatsangehörigkeit hat, die gesondert in der Stichprobe B, auch Ausländerstichprobe genannt, erfasst werden. Stichprobe A und B bilden das SOEP-West. Im Juni 1990 wurde das SOEP im Rahmen der Stichprobe C, auch als SOEP-Ost bezeichnet, erstmals ausgeweitet. Im Jahr 1994/95 kam dann die sog. Zuwanderer-Stichprobe hinzu und im Jahre 1998 erfolgte eine „Auffrischung" der Datenbasis, um u.a. die Fallzahlen zu stabilisieren.

308 Im SOEP werden die Selbständigen in den Kategorien Landwirte, freie Berufe und selbständige Akademiker, Sonstige ohne Mitarbeiter, Sonstige mit ein bis neun Mitarbeitern und Sonstige mit zehn und mehr Mitarbeitern erfasst. Für eine nach einzelnen Selbständigengruppen differenzierte Analyse erweist sich der Stichprobenumfang des SOEP als zu gering; siehe dazu auch die Untersuchung von Frerichs / Himmelreicher (2001).

309 Nicht erfasst werden von der EVS die in Institutionen lebende Bevölkerung und Personen ohne festen Wohnsitz.

310 Zur Anlage der EVS vgl. z.B. Euler (1982).

sind. Andererseits, da die Einkommenssituation von Selbständigen in der Nacherwerbsphase anhand der EVS nicht untersucht werden kann, da – ebenso wie im Mikrozensus – bei nichterwerbstätigen älteren Personen keine Angaben zur früheren Stellung im Beruf vorliegen[311].

Ferner ist bei der Interpretation der Ergebnisse der EVS zu berücksichtigen, dass Haushalte mit besonders hohen Einkommen untererfasst sind, wobei die so genannte Abschneidegrenze für die EVS des Jahres 1998 beispielsweise bei einem Haushaltsnettoeinkommen von DM 35.000 pro Monat angesetzt wurde und auch unterhalb dieser Grenze eine Untererfassung eingeräumt wird[312]. Gleichwohl ist die EVS die einzige Datenquelle, die hinlänglich zuverlässige Anhaltspunkte über die Höhe der Einkommen von Selbständigen und deren Verteilung bereitstellt[313]. Ergebnisse auf Grundlage der EVS werden daher als ergänzende Information in diesem Bereich hinzugezogen.

5.2 Veränderungen der Erwerbsformen in den 90er Jahren

Im folgenden Kapitel stehen empirische Ergebnisse zu quantitativen Veränderungen der Erwerbsformen in den 90er Jahren und zur sozialen und beruflichen Situation der Selbständigen im Mittelpunkt. Dieser erste Teil der empirischen Untersuchung ist breit angelegt, einerseits, da infolge der überwiegend berufsbezogenen Versicherungspflicht der Selbständigen nicht nur quantitative Aggregatsänderungen, sondern auch strukturelle Veränderungen innerhalb der selbständigen Erwerbstätigkeit den versicherungspflichtigen Personenkreis beeinflussen können, andererseits der Überlegung folgend, dass die materielle Situation im Alter nicht nur durch sozialrechtliche Regelungen beeinflusst wird, sondern auf der individuellen Ebene gleichermaßen sozioökonomische und erwerbsbiografische Determinanten in der vorgelagerten Lebens- und Erwerbsphase zu einer finanziellen Besser- oder Schlechterstellung von Personengruppen im Alter führen.

---

311 Auch über den Umweg der Art der Alterseinkommen ist dieses nicht möglich, da beispielsweise Leistungen der GRV und der landwirtschaftlichen Alterssicherung in einer Kategorie zusammengefasst werden. Siehe für eine umfangreiche Analyse der Einkommenssituation von Haushalten älterer Menschen insbesondere Fachinger (2001b) und Fachinger (2002b).

312 Zu den Wirkungen dieser Abschneidegrenze auf den von der EVS 1998 erfassten Personenkreis der Selbständigen vgl. beispielsweise Münnich (2000), S. 680f.

313 Vgl. zu einer Beurteilung der Verwendung der EVS im Überblick auch Bundesministerium für Arbeit und Sozialordnung (2001d), S. 4f., sowie Fachinger (2002a).

Vor diesem Hintergrund beschreibt das folgende Kapitel quantitative und strukturelle Merkmale der selbständigen Erwerbstätigkeit und deren Veränderung in den 90er Jahren, die nicht nur für die Entwicklung des versicherten Personenkreises unter den Selbständigen maßgebend sind, sondern gleichermaßen als sozio-ökonomische Determinanten auf die Alterssicherungssituation wirken können[314]. Um einen Beurteilungsmaßstab für die soziale und berufliche Situation der Selbständigen im Erwerbssystem und deren Veränderung zu erhalten, erfolgt die Darstellung größtenteils in Form einer Gegenüberstellung mit abhängig Erwerbstätigen, wodurch gleichzeitig Unterschiede, aber auch Gemeinsamkeiten der beiden großen, sozialrechtlich unterschiedlich behandelten Erwerbstätigengruppen ermittelt werden können.

Das Kapitel ist wie folgt aufgebaut: Im ersten Teil wird die Bestandsentwicklung der Selbständigen in den 90er Jahren, ihr Stellenwert im deutschen Erwerbssystem und Verschiebungen der Erwerbsformen auf der Aggregatsebene skizziert. Im Anschluss daran werden auf der Grundlage von Querschnittsdaten des Mikrozensus ausgewählte sozio-demografische und sozio-ökonomische Merkmale und deren Veränderung in den 90er Jahren dargestellt und abschließend auf der Grundlage von Längsschnittdatensätzen biografische Faktoren ermittelt, die auf die Alterssicherungssituation wirken können.

5.2.1.1 Quantitative Veränderungen in der Erwerbstätigenstruktur in den 90er Jahren

Im Mai 2000 weist der Mikrozensus für Gesamtdeutschland 3,643 Mio. selbständig Erwerbstätige aus, davon 3,089 Mio. in den alten und 0,554 Mio. in den neuen Bundesländern. Die Selbständigenquote[315], d.h. der Anteil der Selbständigen an allen Erwerbstätigen, beträgt damit in Deutschland zu Beginn des Jahres 2000 annähernd 10 v.H. – ein Wert, der im europäischen Ver-

314 Vgl. zur Bedeutung sozialer und beruflicher Konstellationen auf die Einkommenssituation im Alter beispielsweise Bundesregierung (2001a), S. 101ff., Bundesministerium für Familie (2001), S. 186ff., Schmähl (1998) sowie Fachinger (2002b), S. 11ff.

315 Die Selbständigenquote und deren Veränderung im Zeitablauf zeigt den Stellenwert der selbständigen Erwerbstätigkeit innerhalb des Erwerbssystems. Diese Kennziffer wird teilweise auch als subgruppenspezifische Quote ermittelt, um Strukturunterschiede im Bestand zu verdeutlichen. Bei der Interpretation dieser Maßzahl ist zu berücksichtigen, dass Veränderungen der Quote sowohl in einer Veränderung des Zählers als auch des Nenners begründet sein können und daher nicht mit der Entwicklungstendenz der absoluten Werte korrespondieren müssen. Vgl. zur Verwendung von Selbständigenquoten als Kennziffern z.B. Dietrich (1998), S. 19f.

gleich eher am unteren Rand angesiedelt ist[316]. In den alten Bundesländern ist die Quote mit 10,3 v.H. nach wie vor höher als in den neuen Ländern mit 8,4 v.H. In der Entwicklungsdynamik liegen die neuen Länder jedoch vorn, denn die Steigerungsrate in den 90er Jahren war mit fast 60 v.H. etwa vier mal höher als in den alten Ländern mit ca. 15 v.H., wodurch es im Zuge des Transformationsprozesses auch zu einer kontinuierlichen Annäherung der Selbständigenquoten kam[317].

Im Vergleich zum Frühjahr 1991 hat sich die Anzahl der Selbständigen bis zum Jahr 2000 um insgesamt 606.000 erhöht, wovon 400.000 auf die alten und 206.000 auf die neuen Bundesländer entfallen. Die Entwicklung der Anzahl der Selbständigen in den alten und neuen Bundesländern in den 90er Jahren zeigt die Abbildung 5.1.

Wird diese Entwicklung den Veränderungen in der abhängigen Beschäftigung gegenübergestellt, so zeigt sich für Gesamtdeutschland eine gegenläufige Tendenz, denn die Anzahl der abhängig Beschäftigten hat sich im untersuchten Zeitraum um über eine Million verringert. Wird in der Bestandsentwicklung nach alten und neuen Ländern differenziert, ergibt sich allerdings ein ungleiches Bild. So stieg in den alten Bundesländern auch die Anzahl der abhängig Beschäftigten im betrachteten Zeitraum um 135.000 an – werden nur die Kategorien Arbeiter und Angestellte betrachtet, sogar um mehr als 500.000.

---

316 Nach Angaben von Eurostat betrug im Jahre 1999 die Selbständigenquote der EU 15 im Durchschnitt 14 v.H. Eine geringere Quote als in Deutschland weisen mit 8 v.H. Dänemark und Luxemburg auf, nur einen geringfügig höheren Wert mit 11 v.H. Frankreich, die Niederlande, Österreich und Schweden und unterdurchschnittliche Quoten finden sich mit 12 v.H. auch in Großbritannien und mit 13 v.H. in Finnland. Überdurchschnittliche Werte weisen demgegenüber Belgien (15 v.H.), Irland (18 v.H.) und Spanien (19 v.H.), Italien (24 v.H.), Portugal (25 v.H.) sowie Griechenland (32 v.H.) auf. Vgl. Kommission der Europäischen Gemeinschaften (2001), S. 119. Zur Entwicklung der selbständigen Erwerbstätigkeit in der EU vgl. auch Luber (1999), Leicht / Luber (1998), Kruppe et al. (1998) oder Franco (1998).

317 Bei den hier angeführten Werten für die Entwicklung in den neuen Bundesländern ist als Basiseffekt das unterschiedliche Ausgangsniveau zum Zeitpunkt des Beitritts zu berücksichtigen und hinsichtlich der Erhöhung der Selbständigenquote, dass diese zum Teil auf die Abnahme der Zahl der Erwerbstätigen insgesamt zurückzuführen ist. Die quantitative Bedeutung der selbständigen Erwerbstätigkeit in der ehemaligen DDR ist im Zeitablauf kontinuierlich zurückgegangen. Ende der 80er Jahre waren noch etwa 180.000 Personen selbständig oder als mithelfende Familienangehörige tätig, was einem Anteil an allen Erwerbstätigen von nur etwa 2 v.H. entspricht. Vgl. Statistisches Amt der DDR (1990), S. 127, im Überblick auch Dietrich (1998), S. 22.

Abbildung 5.1: Entwicklung der Anzahl der Selbständigen in den alten und neuen Bundesländern 1991 bis 2000 in Tsd.

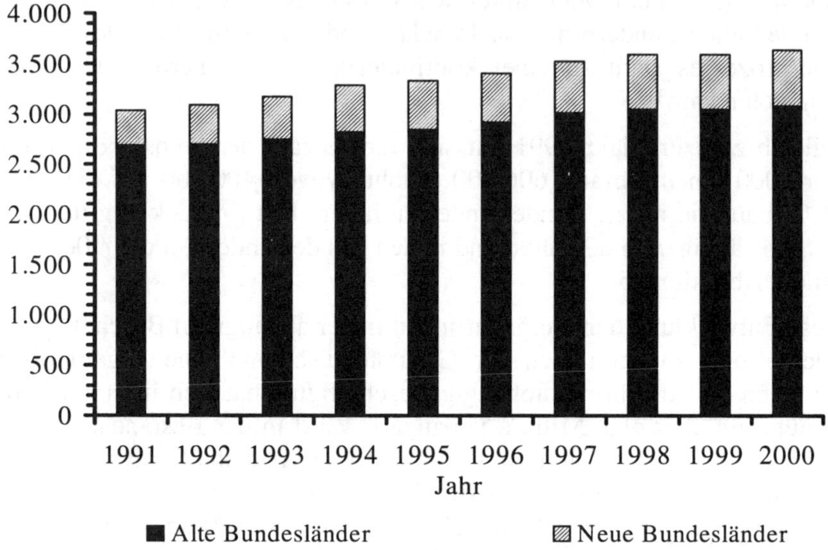

Quelle: Statistisches Bundesamt, Ergebnisse des Mikrozensus.

Diese Zunahme erfolgte zwar nicht so kontinuierlich wie bei den Selbständigen und war zudem durch beträchtliche Verschiebungen innerhalb der unterschiedlichen Gruppen gekennzeichnet. Die Beschäftigungseinbrüche Mitte der 90er Jahre sind in den alten Bundesländern bis zum Beginn des Jahres 2000 auf der Aggregatsebene jedoch ausgeglichen worden[318]. Die Tabelle 5.1 zeigt die Entwicklung der Anzahl der Erwerbstätigen in den 90er Jahren für die alten Bundesländer.

---

318 Effekte wie Strukturverschiebungen zwischen Vollzeit- und Teilzeittätigkeiten und damit die Umverteilung des vorhandenen Arbeitsvolumens auf mehr Köpfe werden bei dieser Aggregatsbetrachtung nicht deutlich und ebenso wenig kann exakt ermittelt werden, inwieweit die Erhöhung der Beschäftigtenzahlen in den alten Bundesländern auf die verbesserte Erfassung der geringfügigen Erwerbstätigkeit im Mikrozensus zurückzuführen ist; siehe dazu auch Hoffmann / Walwei (1998b), S. 415. Zu strukturellen Veränderungen der Erwerbsformen und deren Bestimmungsgründe Hoffmann / Walwei (1998a) und Walwei (1998), innerhalb der abhängigen Erwerbstätigkeit in der ersten Hälfte der 90er Jahre daneben Engelbrech / Reinberg (1997); für die Jahre 1998 und 1999 Bach et al. (1999).

Tabelle 5.1: Anzahl der selbständig Erwerbstätigen, Arbeiter, Angestellten und Beamten in den alten Bundesländern in Tsd. 1991 bis 2000

Jahr	Selbständige	Arbeiter	Angestellte	Beamte	abh. Beschäftigte insgesamt
1991	2.689	11.045	13.014	2.421	26.480
1992	2.699	11.045	13.449	2.384	26.878
1993	2.746	10.681	13.530	2.352	26.563
1994	2.823	10.210	13.573	2.316	26.099
1995	2.850	10.116	13.559	2.257	25.932
1996	2.921	10.088	13.655	2.242	25.985
1997	3.014	9.715	13.913	2.212	25.840
1998	3.051	9.681	14.067	2.148	25.896
1999	3.049	9.786	14.489	2.109	26.384
2000	3.089	10.009	14.569	2.037	26.615
Saldo 1991-2000	+ 400	– 1.036	+ 1.555	– 384	+ 135

Quelle: Statistisches Bundesamt, Ergebnisse des Mikrozensus. Eigene Berechnungen.

In den neuen Bundesländern dagegen ging sowohl die Zahl der Arbeiter als auch die der Angestellten um insgesamt fast 1,6 Mio. zurück. Erhöht hat sich lediglich die Anzahl der Selbständigen um 206.000 und der Beamten um 188.000. Eine Entwicklung, die sowohl vor dem Hintergrund des Aufbaus marktwirtschaftlicher Strukturen als auch der sukzessiven Angleichung der Arbeits- und Lebensverhältnisse zu interpretieren ist, da bei beiden Gruppen die Anteile an den Erwerbstätigen insgesamt unter den Werten der alten Bundesländer liegen. Einen Überblick über die Entwicklung der Anzahl der Erwerbstätigen in den neuen Bundesländern gibt die Tabelle 5.2.

Insgesamt betrachtet sind damit auf der Aggregatsebene in den 90er Jahren in beiden Teilen Deutschlands erhebliche quantitative Veränderungen und Strukturverschiebungen innerhalb der Erwerbstätigkeit feststellbar. Die Ausübung einer selbständigen Tätigkeit hat in den alten und neuen Bundesländern quantitativ an Bedeutung gewonnen. Auf der Grundlage der hochaggregierten Daten der Bestandsentwicklung allein können für die Selbständigen jedoch keine Aussagen über die sozialpolitischen Folgen dieser Entwicklung abgeleitet werden.

Tabelle 5.2: Anzahl der selbständig Erwerbstätigen, Arbeiter, Angestellten und Beamten in den neuen Bundesländern in Tsd. 1991 bis 2000

Jahr	Selbständige	Arbeiter	Angestellte	Beamte	abh. Beschäftigte insgesamt
1991	348	3.523	3.794	90	7.407
1992	392	2.923	3.412	108	6.443
1993	429	2.788	3.241	131	6.160
1994	465	2.772	3.274	155	6.201
1995	486	2.879	3.231	188	6.298
1996	488	2.888	3.098	219	6.205
1997	514	2.761	3.073	243	6.077
1998	543	2.619	3.105	258	5.982
1999	546	2.667	3.166	279	6.112
2000	554	2.670	3.075	278	6.023
Saldo 1991-2000	+ 206	– 853	–719	+ 188	– 1.384

Quelle: Statistisches Bundesamt, Ergebnisse des Mikrozensus; eigene Berechnungen.

Ein Grund dafür ist, dass aus den Daten beispielsweise nicht hervorgeht, welchen sozialrechtlichen Status die „neuen" Selbständigen haben. Aber auch bei den formal versicherungspflichtigen abhängig Beschäftigten ist eine vorschnelle Beurteilung der Daten in dieser Hinsicht riskant, denn zumindest in den alten Bundesländern hätte angesichts der Zunahme der abhängigen Beschäftigung auch die Anzahl der sozialversicherunspflichtigen Beschäftigten steigen müssen. Dieses ist aber nicht der Fall, wodurch auch der Anteil der pflichtversicherten Beschäftigten an den Arbeitern und Angestellten in den 90er Jahren rückläufig ist[319].

319 Die Anzahl der in der GRV pflichtversicherten Beschäftigten hat sich in den 90er Jahren in den alten Bundesländern von 20,98 Mio. (Stande 31. Dezember 1990) auf 20,47 Mio. (Stand 31. Dezember 1999) verringert; siehe Verband Deutscher Rentenversicherungsträger (2001a), S. 22. Eine Tendenz, die auch in den neuen Bundesländern zu beobachten ist, wenn auch nicht in so ausgeprägter Form. Dieser Rückgang der versicherungspflichtigen Beschäftigten in der GRV kann in der Zunahme und / oder besseren Erfassung der geringfügigen Beschäftigungsverhältnisse begründet sein (Hoffmann / Walwei (1998b), S. 415), zu einem kleineren Teil kann er aber auch auf

5.2.2 Sozio-demografische und sozio-ökonomische Merkmale

Sozio-demografische und sozio-ökonomische Merkmale können einerseits mittelbar im Zusammenspiel mit sozialrechtlichen Regelungen auf die materielle Situation im Alter wirken, anderseits als direkte Einflussfaktoren den sozialrechtlichen Status während der Erwerbstätigkeit bestimmen. Zur ersten Kategorie zählen eher personenbezogene Merkmale wie Geschlecht, Alter, Qualifikationsniveau, Arbeitszeitgestaltung und Einkommen während der Erwerbsphase, zur zweiten Tätigkeitsfelder, Betriebsgrößenstruktur oder auch die Rechtsform des Unternehmens, d.h. Merkmale, die in den bestehenden sozialrechtlichen Regelungen zur Abgrenzung des versicherungspflichtigen Personenkreises herangezogen werden. Im Folgenden wird das Aggregat der Erwerbstätigen zunächst nach personenbezogenen und im Anschluss daran hinsichtlich tätigkeitsbezogener Merkmale disaggregiert, wobei diese hier aus rein analytischen Gründen vorgenommene Differenzierung nicht darüber hinweg täuschen soll, dass beide Kategorien nicht trennscharf abzugrenzen sind und regelmäßig auch nicht unabhängig voneinander die soziale und berufliche Situation prägen.

5.2.2.1 Differenzierung nach dem Geschlecht der Erwerbstätigen

Von den rund 3,6 Mio. Selbständigen des Jahres 2000 waren ca. 2,6 Mio. Männer (72 v.H.) und ca. 1 Mio. Frauen (28 v.H.). Frauen sind damit unter den Selbständigen deutlich geringer vertreten als innerhalb der abhängigen Beschäftigung, wo der Anteil annähernd 45 v.H. erreicht (siehe Abbildung 5.2)[320].

---

eine Zunahme der in Berufsständischen Versorgungswerken versicherten Angestellten zurückgeführt werden.

320 Die Anteile der Frauen schwanken auch innerhalb der abhängig Beschäftigten. Unter den Selbständigen sind Frauen allerdings noch geringer vertreten als unter Arbeitern und Beamten mit einem Anteil von knapp über 30 v.H. und sie sind in diesem Segment deutlich geringer repräsentiert als bei den Angestellten, wo der Frauenanteil mittlerweile 57 v.H. erreicht. Ebenso wie bei den abhängig Beschäftigten ist der Anteil der Frauen unter den Selbständigen in den neuen Ländern mit 30,1 v.H. höher als in den alten Bundesländern mit 27,4 v.H. Diesen Anteilen steht bei den abhängig Beschäftigten eine etwas geringere Abweichung in Höhe von 46,4 v.H. (neue Bundesländer) zu 44,6 v.H. (alte Bundesländer) gegenüber. Vgl. zur Entwicklung der Frauenerwerbstätigkeit in Deutschland in den 90er Jahren beispielsweise Schwarz (2000), für einen umfassenden Überblick Klammer / u.a. (2000), zu geschlechtsspezifischen Unterschieden innerhalb der selbständigen Erwerbstätigkeit in Deutschland Georgellis / Wall (2000), zu unterschiedlichen Bestimmungsgründen der Aufnahme

Abbildung 5.2: Erwerbstätige nach Stellung im Beruf und Geschlecht in v.H. der jeweiligen Erwerbstätigengruppe 2000 (Deutschland)

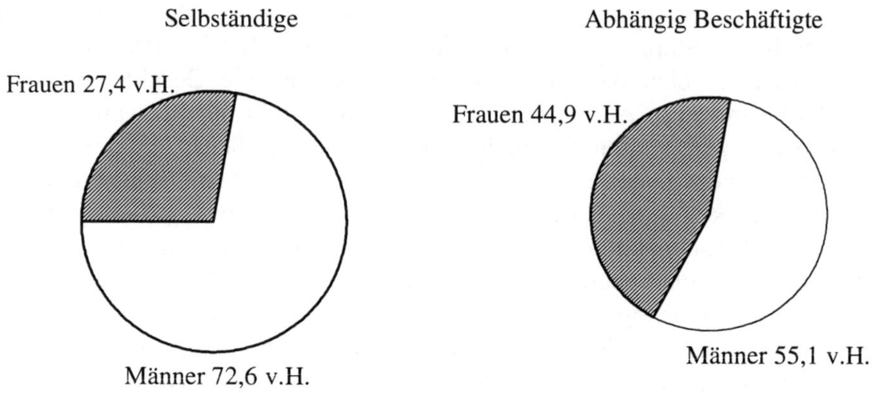

Quelle: Eigene Darstellung auf Grundlage von Arbeitsblättern des Statistischen Bundesamtes, Ergebnisse des Mikrozensus 2000.

Diese insgesamt geringere Präsenz der Frauen in der selbständigen Erwerbstätigkeit spiegelt sich auch in den geschlechtsspezifischen Selbständigenquoten wider, die bei Männern mit 12,7 v.H. annähernd doppelt so hoch ist wie bei Frauen mit 6,4 v.H.[321]. Sowohl die Anzahl als auch der Anteil der Frauen an den selbständig Erwerbstätigen hat sich in den 90er Jahren erhöht (um 232.000 bzw. 2,1 Prozentpunkte). Die zunehmende Erwerbsbeteiligung von Frauen schlägt sich damit auch im Bereich der Selbständigkeit nieder, wenngleich ihr Anteil bei den abhängig Beschäftigten mit 2,5 Prozentpunkten im betrachteten Zeitraum geringfügig stärker stieg.

---

einer selbständigen Erwerbstätigkeit bei Männern und Frauen im Vergleich Deutschland und USA McManus (2001), zu den unterschiedlichen Konsequenzen für die USA Williams (2000), zu geschlechtsspezifischen Unterschieden Heller Clain (2000).

321 In den alten Bundesländern sind beide Quoten mit 13,2 v.H. (Männer) und 6,5 v.H. (Frauen), höher als in den neuen Bundesländern mit 10,7 v.H. (Männer) und 5,6 v.H. (Frauen).

5.2.2.2 Altersstruktur der Erwerbstätigen

Wird die Altersstruktur der Erwerbstätigen betrachtet, zeigen die Daten ebenfalls Unterschiede zwischen Selbständigen und abhängig Beschäftigten[322]. So waren im Jahr 2000 gut die Hälfte der Selbständigen älter als 45 Jahre, bei den abhängig Beschäftigten jedoch nur ein Drittel und zwölf Prozent der Selbständigen hatte das 60. Lebensjahr überschritten, womit die Erwerbsquote in diesem Alterssegment die der abhängig Beschäftigten mit drei Prozent deutlich übersteigt.

Entsprechend schwächer sind die Selbständigen in den jüngeren Alterskohorten vertreten, denn nur sechs Prozent der Selbständigen war im Jahr 2000 unter 30 Jahre alt im Vergleich zu 24 v.H. bei den abhängig Erwerbstätigen. Die mittleren Altersklassen zwischen 30 und 45 Jahren sind dagegen mit jeweils 43 v.H. in etwa gleich stark besetzt. Einen Überblick über die Altersverteilung der Selbständigen und der abhängig Beschäftigten im Jahre 2000 gibt Abbildung 5.3.

Abbildung 5.3: Altersstruktur der Selbständigen und abhängig Beschäftigten im Jahr 2000 (Deutschland)in v.H.

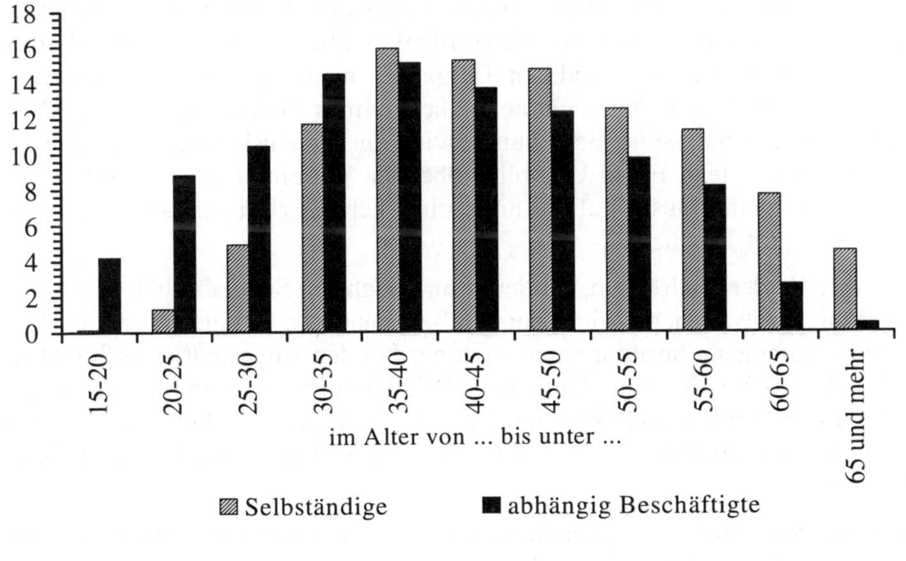

322 Regionale Unterschiede in der Altersstruktur zwischen den Selbständigen sind kaum feststellbar, die Frauen sind im Durchschnitt allerdings geringfügig jünger.

Quelle: Eigene Darstellung auf Grundlage von Arbeitsblättern des Statistischen Bundesamtes, Ergebnisse des Mikrozensus 2000.

Im Vergleich zum Beginn der 90er Jahre hat sich die Altersstruktur der Selbständigen vor allem in der Besetzung der unteren Altersklassen verändert, denn im Jahre 1991 war mit etwa zehn Prozent ein höherer Anteil jünger als 30 Jahre und nur annähernd 40 v.H. fielen in die Alterskategorie der 30- bis 45jährigen. Insgesamt deutet diese Altersverteilung an, dass eine selbständige Tätigkeit erst im fortgeschrittenen Lebensalter und nach einigen Jahren Berufserfahrung aufgenommen wird, dann aber im Vergleich zu den abhängigen Beschäftigen länger ausgeübt wird bzw. aufgrund der größeren individuellen Gestaltungsspielräume u.U. länger ausgeübt werden kann.

5.2.2.3 Schulische und berufliche Qualifikation

Schulische und berufliche Qualifikationen sind für die Aufnahme einer selbständigen Tätigkeit ausschlaggebend, wenn die Berufsausübung an bestimmte Zugangsvoraussetzungen geknüpft ist, wie es beispielsweise bei Handwerkern oder Angehörigen der verkammerten freien Berufe der Fall ist[323]. In einigen Tätigkeitsfeldern besteht daher zwangsläufig ein Zusammenhang zwischen Berufsausübung und beruflicher Qualifikation. Die Daten zeigen jedoch, dass die Ausübung einer selbständigen Tätigkeit – nicht gleichzusetzen mit deren Erfolg – in etlichen Fällen nicht an ein bestimmtes Ausbildungsniveau gekoppelt ist und damit keine Beziehung zwischen der Ausbildung und dem Erwerbsstatus besteht. Einen Überblick über die Verteilung der höchsten allgemeinen Schulabschlüsse auf die unterschiedlichen Erwerbstätigengruppen im Jahr 2000 gibt Tabelle 5.3.

Die Anteile der niedrigsten, mittleren und höchsten Schulabschlüsse sind danach mit je etwa einem Drittel bei den Selbständigen fast gleich verteilt. Eine ähnlich homogene Struktur findet sich nur bei den Angestellten, während für Arbeiter und Beamte eine deutlichere Polarisierung zu niedrigen bzw. hohen Schulabschlüssen kennzeichnend ist. Wie sich diese schulischen Ausbildungsniveaus im Bereich der beruflichen Qualifikation widerspiegeln, zeigt Tabelle 5.4.

Von den Selbständigen haben nach diesen Angaben fast die Hälfte eine berufliche Ausbildung in Form einer Lehre, annähernd ein Viertel verfügt über eine Meister-, Techniker- oder Fachschulausbildung und fast 30 v.H. absolvierten

323 Plicht et al. (1994), S. 182.

Tabelle 5.3: Erwerbstätige nach höchstem allgemeinen Schulabschluß 2000

Art des Abschlusses	Selbständige	Arbeiter	Angestellte	Beamte
Erwerbstätige mit Angabe zum Schulabschluss in v.H. der Befragten	93,2	90,4	95,2	96,6
Davon in v.H.:				
Volks- / Hauptschule	33,9	62,3	25,8	11,9
polytechnische Oberschule (DDR)	8,5	15,5	10,0	4,3
Realschule oder gleichwertiger Abschluss	20,8	16,6	30,9	25,5
Fachhoch- / Hochschulreife	36,9	5,7	33,3	58,2

Quelle: Arbeitsblätter des Statistischen Bundesamtes, Ergebnisse des Mikrozensus 2000. Summenabweichungen sind rundungsbedingt.

Tabelle 5.4: Erwerbstätige nach höchstem beruflichen bzw. Fachhochschul- und Hochschulabschluss 2000

Art des Abschlusses	Selbständige	Arbeiter	Angestellte	Beamte
Erwerbstätige mit Angabe zum Berufsabschluß in v.H. der Befragten	82,2	65,0	82,6	88,7
Davon in v.H.:				
Berufliches Praktikum	3,2	2,8	1,2	0,4
Lehre	45,7	89,9	55,2	37,0
Meister/ Techniker/ Fachschulabschluss	23,6	5,8	15,5	14,2
Fachhochschulabschluss	9,9	0,9	9,5	16,2
Hochschulabschluss/ Promotion	19,5	0,6	11,7	32,3

Quelle: Arbeitsblätter des Statistischen Bundesamtes, Ergebnisse des Mikrozensus 2000. Summenabweichungen sind rundungsbedingt.

eine Fachhoch- oder Hochschule. Hinsichtlich des Anteils der akademischen Berufsabschlüsse werden die Selbständigen damit nur von den Beamten übertroffen, während solche Abschlüsse bei den Arbeitern kaum und bei den Angestellten nur mit einem Anteil von etwa 20 v.H. vertreten sind. Ungeachtet dessen ist das Qualifikationsniveau der Selbständigen nicht nur in der schulischen, sondern ebenso in der beruflichen Qualifikation breit gestreut[324].

Hinsichtlich der Entwicklungstendenz in den 90er Jahren ist der Zuwachs an höher qualifizierten Selbständigen hervorzuheben, denn der Anteil der Akademiker unter den Selbständigen hat sich in den 90er Jahren in etwa verdoppelt[325].

5.2.2.4 Arbeitszeit

Werden die durchschnittlichen wöchentlichen Arbeitszeiten betrachtet, zeigen sich bei den Selbständigen im Vergleich zu den abhängig Beschäftigten deutlich längere Arbeitszeiten. So beziffern die Selbständigen ihre durchschnittliche wöchentliche Arbeitszeit mit 49 Stunden, während Arbeiter und Angestellte 34 Stunden und die Beamten durchschnittlich 37 Stunden an ihrem Arbeitsplatz verbringen[326]. Diese Unterschiede in den Durchschnittswerten ge-

---

324 Nach einer Untersuchung des DIW auf der Grundlage des SOEP der Jahre 1991 bis 1996 hatte von den Neugründern der überwiegende Teil eine abgeschlossene Ausbildung: 73,5 v.H. in den alten, 85,7 in den neuen Bundesländern. 16,8 v.H. in den alten bzw. 14,3 v.H. in den neuen Bundesländern hatten eine Hoch- oder Fachhochschule absolviert, was ein etwas geringerer Wert als im Bestand ist. Neuzugänge ohne Berufsausbildung gab es mit 9,7 v.H. nur in den alten Bundesländern; in den neuen Bundesländern waren sie statistisch nicht nachweisbar. Über Berufserfahrung, einem Aspekt, dem von der „Gründungsforschung" ein relativ hoher Stellenwert für die Überlebenswahrscheinlichkeit neu gegründeter Unternehmen eingeräumt wird, verfügten nahezu alle Neugründer, davon mehr als drei Viertel über zehn Jahre und mehr. Jedoch lediglich etwa 31 v.H. gaben an, über spezifische Branchenerfahrung zu verfügen; siehe Pannenberg (1998), S. 689f. Zur schulischen und beruflichen Ausbildung von „Neugründern" in den neuen Bundesländern hebt Hinz (1998), S. 130, hervor, dass die Gründungspersonen im Vergleich zu den abhängig Beschäftigten deutlich besser qualifiziert sind und gering Qualifizierte unter ihnen eine verschwindende Minderheit darstellen.

325 Vgl. dazu auch Plicht et al. (1994).

326 Regionale Unterschiede in den durchschnittlichen Arbeitszeiten der Selbständigen bestehen mit 49,8 Stunden (ABL) zu 49,0 Stunden (NBL) kaum, zwischen unterschiedlichen Selbständigengruppen aber durchaus: So weisen die Selbständigen in der Land- und Forstwirtschaft mit 62 Stunden die längsten Arbeitszeiten auf, die geringsten – mit 43 Stunden – Selbständige in den sonstigen Dienstleistungen. Gegenüber 1991 sind die durchschnittlichen Werte um ca. zwei Stunden zurückgegangen. Vgl. dazu mit Angaben für die gesamten 90er Jahre Statistisches Bundesamt (2001c), S. 105.

hen zum Teil auf den geringeren Anteil an Teilzeit arbeitenden Selbständigen mit 14 v.H. gegenüber 21 v.H. bei den abhängig Beschäftigten zurück[327].

Das Gros dieser Teilzeit arbeitenden Selbständigen sind – ebenso wie bei den abhängig Beschäftigten – Frauen. Der Anteil der selbständigen Frauen, die weniger als 35 Stunden in der Woche arbeiten, beträgt 35,1 v.H. und der der Männer 8,8 v.H. Wird die Verteilung der Arbeitszeiten detaillierter betrachtet, gibt der überwiegende Teil der männlichen und weiblichen Selbständigen an, mehr als 40 Stunden wöchentlich zu arbeiten[328]. Grundsätzulich gilt jedoch, dass Frauen dies im geringeren Umfang tun und – ebenso wie die abhängig beschäftigten Frauen – häufiger in Arbeitszeitbereichen unterhalb der 35-Stunden-Woche vertreten sind. Weniger als 15 Stunden wöchentlich – und damit u.U. geringfügig im Sinne des Sozialrechts – arbeiten 11,6 v.H. der weiblichen und 2,6 v.H. der männlichen Selbständigen. Da zusätzlich benötigte Informationen zur Abgrenzung einer als geringfügig einzustufenden Tätigkeit der Selbständigen aus den Mikrozensus-Daten nicht ermittelt werden können, ist eine Quantifizierung der geringfügigen selbständigen Tätigkeit nicht ohne weiteres möglich[329]. Die Verteilung der wöchentlichen Arbeitszeiten zeigt die Abbildung 5.4.

5.2.2.5 Zur Einkommenssituation der Haushalte

5.2.2.5.1 Einleitung

Die Erhebung und Untersuchung der Einkommenssituation der Selbständigen zählt innerhalb der empirischen Sozialforschung nach wie vor zu den schwie-

---

327 Nach der Definition des Mikrozensus liegt eine Teilzeittätigkeit vor, wenn die normalerweise geleistete Arbeitszeit unter 32 Stunden wöchentlich liegt; siehe Statistisches Bundesamt (2001a), S. 125.

328 Von den selbständigen Frauen gaben in den alten Ländern 58 v.H. an, mehr als 40 Stunden zu arbeiten, von den Männern 88 v.H. In den neuen Ländern ist die Diskrepanz in den Anteilswerten mit einem Verhältnis von 80 v.H. (Frauen) zu 92 v.H. (Männer) weniger stark ausgeprägt.

329 Gegenüber 1991 hat sich der Anteil der Selbständigen, die weniger als 15 Stunden arbeiten erhöht, denn in diesem Jahr betrugen die Werte bei den Männern nur 1,8 v.H. und bei den Frauen 9,4 v.H.; siehe Statistisches Bundesamt (1993), S. 118. Andere Quellen sprechen dagegen davon, dass die Teilzeitarbeit gegenüber den 80er Jahren zurückgegangen sein soll; siehe dazu auch Schmid / Storrie (2001), S. 68.

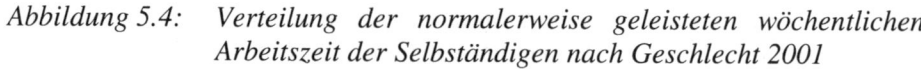

Abbildung 5.4: Verteilung der normalerweise geleisteten wöchentlichen Arbeitszeit der Selbständigen nach Geschlecht 2001

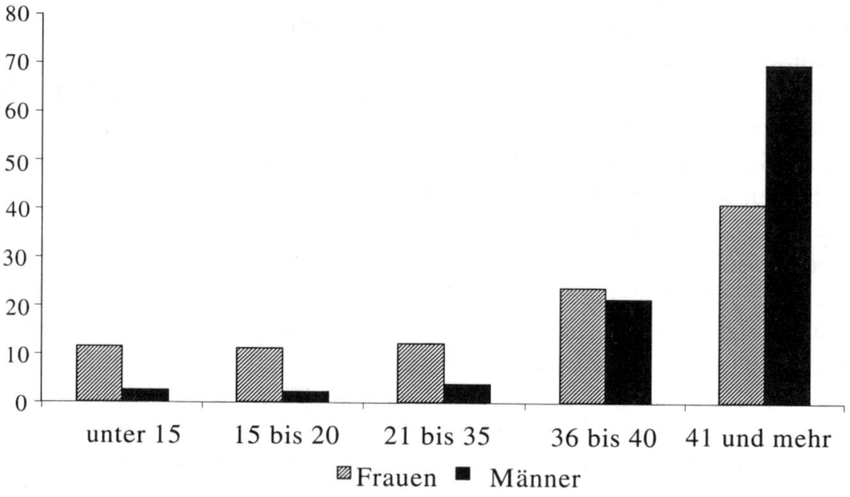

Quelle: Eigene Darstellung auf Grundlage von Arbeitsblättern des Statistischen Bundesamtes, Ergebnisse des Mikrozensus 2000.

rigen Kapiteln[330]. Dies ist einerseits darin begründet, dass sich die Erwerbseinkommen der Selbständigen in der Regel als jährliche Differenz zwischen Aufwand und Ertrag der unternehmerischen Tätigkeit und damit als positive oder negative Residualeinkommen ergeben, die in Abhängigkeit von internen und externen Einflussfaktoren auf die Gewinnsituation schwanken, andererseits in den Gestaltungsspielräumen bei der Gewinnermittlung durch Bewertungswahlrechte und der nicht immer trennscharf möglichen Abgrenzung privater und betrieblicher Aufwendungen. Die Ermittlung aktueller Erwerbseinkommen ist daher bei Selbständigen schwieriger als bei abhängig Beschäftigten mit überwiegend fixen Kontrakteinkommen. Über- oder Unterschätzungen in Befragungen werden daher wohl eher die Regel als die Ausnahme sein.

Sozialrechtlich findet sich das Kriterium, die Versicherungspflicht von der Höhe des Erwerbseinkommens abhängig zu machen, nur noch hinsichtlich einer Begrenzung nach unten, d.h. es kann Versicherungsfreiheit auf Grund von Geringfügigkeit der Tätigkeit bestehen. Gleichwohl kommt der Einkommenssituation bei allen Untersuchungen im Bereich der Altersvorsorge natürlich

330 Siehe zum Stand der Forschung in diesem Bereich im Überblick Fachinger (2002c), S. 13f.

insofern Bedeutung zu, als bei einer intertemporalen Einkommensumverteilung zum Zwecke der Altersvorsorge auf individueller Ebene auch der Aspekt der Sparfähigkeit zu berücksichtigen ist[331].

Im Mikrozensus wird, sofern Angaben zum Einkommen gemacht wurden, die Höhe des individuellen Nettogesamteinkommens, d.h. nicht nur der Einkommen aus Erwerbstätigkeit, in Form einer Selbsteinstufung der Befragten in vorgegebenen Einkommensklassen ermittelt. Einen Überblick über die subjektive Einschätzung der Einkommenssituation von Selbständigen außerhalb der Landwirtschaft[332] und abhängig Beschäftigten nach Ergebnissen des Mikrozensus geben getrennt für Männer und Frauen die Abbildung 5.5 und Abbildung 5.6.

Abbildung 5.5: *Verteilung der auf Selbsteinschätzung beruhenden Angaben zu den monatlichen Nettoeinkommen selbständiger und abhängig beschäftigter Männer in DM von ... bis unter ... (2000) in v.H.*

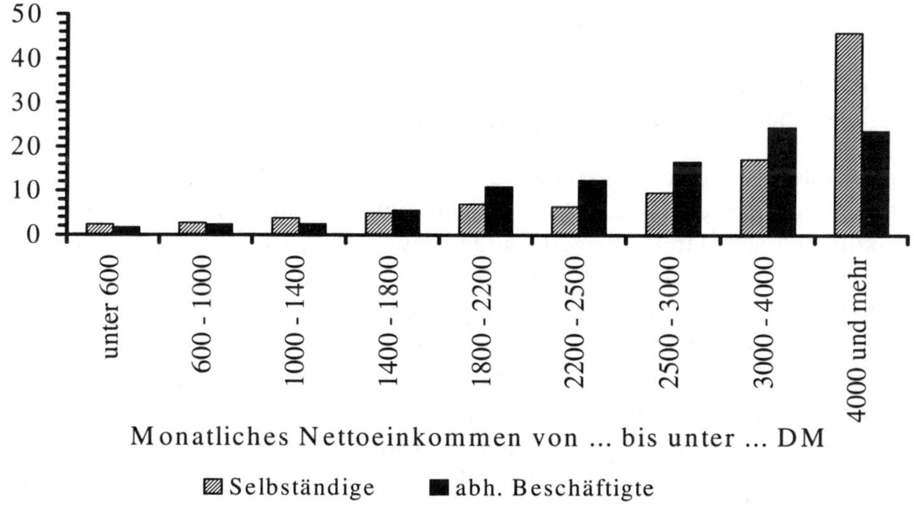

Quelle: Eigene Darstellung auf Grundlage von Arbeitsblättern des Statistischen Bundesamtes, Ergebnisse des Mikrozensus 2000.

331 Siehe zu diesem Aspekt und einer Untersuchung dieses Gesichtspunkts auf der Basis der EVS ausführlich Fachinger (2002c).

332 Bei den in der Landwirtschaft tätigen Selbständigen werden Angaben zum Einkommen nicht erfragt.

Abbildung 5.6: Verteilung der monatlichen Nettoeinkommen selbständiger und abhängig beschäftigter Frauen in DM von ... bis unter ... (2000) in v.H.

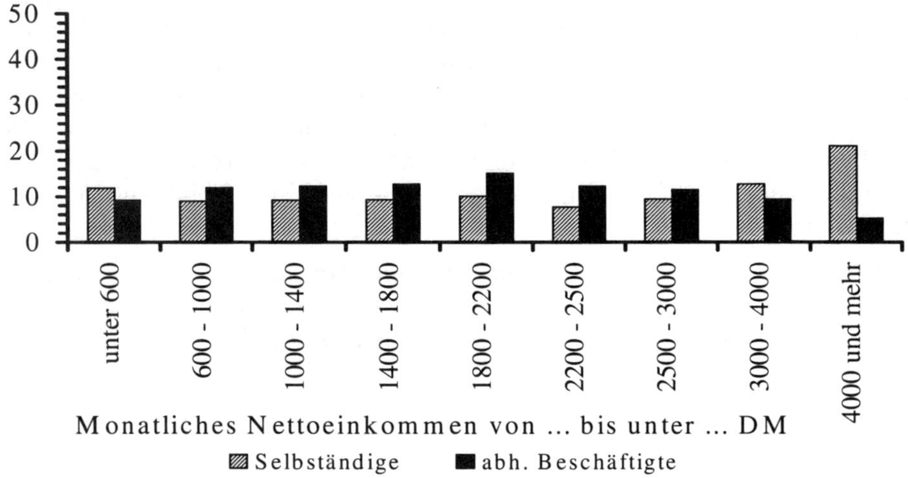

Quelle: Eigene Darstellung auf Grundlage von Arbeitsblättern des Statistischen Bundesamtes, Ergebnisse des Mikrozensus 2000.

Diese Daten geben daher lediglich die subjektive Einschätzung der gegenwärten Einkommenslage wieder und können nicht als objektive Angaben zu den Einkommen selbständig Erwerbstätiger gewertet werden. Selbst als Angaben zur Einkommensstruktur sind diese Daten nicht geeignet, da weder eine systematische Über- noch Unterschätzung der individuellen oder haushaltsspezifischen Einkommenssituation vorliegt. Die Analyse von Mönnich zur Aussagefähigkeit von auf Selbsteinschätzung beruhenden Einkommensangaben zeigt, daß die klassifizierten Angaben im Mikrozensus über die Höhe des Einkommens erhebliche Abweichungen von der Verteilung der auf Einzelnachweisen beruhenden dezidierten Einkommen in der Einkommens- und Verbrauchsstichprobe des Statistischen Bundesamtes aufweisen und die Verteilung der selbstgeschätzten Einkommen sehr stark verzerrt ist[333].

Die Abfrage der Einkommenshöhe im Mikrozensus stimmt mit der der Befragung im Einführungsinterview der EVS im Prinzip überein. Der Vergleich mit den auf Grundlage der Feinanschreibung erhaltenen Informationen für 1998 zeigt, daß weder die Größenordnung – in der Regel wird die Höhe des Einkommens unterschätzt – noch die Struktur der Verteilung – beispielsweise

---

333 Siehe hierzu ausführlich Münnich (2000), S. 689.

die Streuung und die Schiefe – auch nur annähernd übereinstimmen. Ergebnisse von Einkommensanalysen auf der Grundlage des Mikrozensus sollten daher nicht zur Beurteilung der Einkommenssituation von Personen oder Haushalten herangezogen werden[334]. Die Einkommensangaben im Mikrozensus können, da es sich zudem um prospektive Schätzungen der Befragten in der Berichtswoche handelt, somit noch nicht einmal als Indikator für die Einkommensstruktur angesehen werden.

Augenfällig ist an diesen Einkommensangaben der Befragten zunächst die unterschiedliche Verteilung bei Männern und Frauen, wobei für beide gilt, dass Selbständige sowohl in der höchsten als auch in der niedrigsten Einkommensklasse höhere Anteilswerte als abhängig Beschäftigte aufweisen und alle Einkommensklassen besetzt werden. Die Einkommen der Frauen sind jedoch sehr viel gleichmäßiger über die erfragten Einkommensklassen verteilt als die der Männer. Ein Befund, der auf die bereits dargestellte Verteilung der Arbeitszeit nur bedingt zurückgeführt werden kann.[335]

5.2.2.5.2 Stand der Forschung

Überblickt man die Literatur, so ist zuvorderst festzuhalten, daß insgesamt gesehen die der wissenschaftlichen Forschung zugänglichen Informationen über die Einkommenslage und die Risikovorsorge von Selbständigen und damit die Kenntnisse über den Stand des Status quo als dürftig zu charakterisieren sind. Da keine Datenbasis existiert, die ausreichende Informationen enthält, wurden zur Analyse der Einkommenssituation von selbständig Erwerbstätigen unterschiedliche Statistiken bzw. Datengrundlagen herangezogen. Neben der EVS und dem Sozio-ökonomischen Panel wurde auch auf Angaben der Einkommensteuerstatistik, von Interessensverbänden sowie Institutionen der sozialen Sicherung, hier insbesondere der Rentenversicherungsträger, zurückgegriffen. Da diesen Datensätzen teilweise ein unterschiedlicher Einkommensbegriff zugrunde liegt, aber auch die Bezugseinheiten divergieren, sind die Ergebnisse in der Regel nicht im Detail vergleichbar. Dass dennoch auf diese unterschiedlichen und jeweils nur bedingt geeigneten Datengrundlagen zurückgegriffen wurde, liegt an der Unzulänglichkeit des alternativ verfügbaren Materials.

---

334 So auch schon Euler (1985), S. 56.

335 Der Zusammenhang zwischen Arbeitszeit und Einkommen ist bei Selbständigen nicht ohne weiteres ableitbar, da sowohl Selbständige mit einer Arbeitszeit von unter 21 Stunden in allen Einkommensklassen vertreten sind als auch die Selbständigen mit einer Arbeitszeit von 40 Stunden und mehr. Siehe hierzu Statistisches Bundesamt (2001b), S. 70ff.

Empirische Analysen zur Einkommenslage von Selbständigen basieren überwiegend auf den EV-Stichproben des Statistischen Bundesamtes. In diesen Auswertungen wurde auf die Einkommenssituation von Selbständigen meist im Zusammenhang und im Vergleich mit der Situation der abhängig Beschäftigten eingegangen[336]. Die Veröffentlichungen enthalten vor allem Durchschnittswerte, wobei zwischen den Selbständigen, die in, und denen, die außerhalb der Landwirtschaft tätig sind, unterschieden wird. Weitere Informationen insbesondere über die Streuung der Einkommen sind darin nicht enthalten[337]. Eine Ausnahme hiervon bildet die Arbeit von Münnich (2000). Hier wird die Einkommenssituation ausführlich dargestellt. Neben der Zusammensetzung der Einkommen von Selbständigen[338] sind beispielsweise auch die Dezilgrenzen der Verteilung der Nettoäquivalenzeinkommen angegeben[339]. Dabei zeigt sich, daß der Bereich, über den die Einkommen streuen, sehr groß ist, wobei die unteren Dezile vergleichsweise geringe Anteile an der Summe der Nettoäquivalenzeinkommen aufweisen. Zu im Endeffekt vergleichbaren Resultaten – auch wenn im Detail die Untersuchungseinheit sowie der Einkommensbegriff nicht identisch sind – kommen die Analysen auf der Grundlage des SOEP[340].

Ausführlichere Informationen liegen für die freiberuflichen Zahnärzte vor. Hierzu tragen vor allem die Statistiken bei, die von der Kassenzahnärztlichen Bundesvereinigung veröffentlicht werden. In Bedau (1999d) wird die Verteilung der Bruttoeinkünfte aus selbständiger Tätigkeit für das Jahr 1997 dargestellt[341]. Es wird bei einem sehr hohen Durchschnittseinkommen von 197.600 DM eine beträchtliche Disparität erkennbar. Die breite Streuung der Verteilung wird dadurch deutlich, daß 18,5 v.H. über Bruttoeinkünfte von 300.000 DM oder mehr verfügten und 3 v.H. mindestens 500.000 DM im Jahr 1997

---

336 Die aktuellste Veröffentlichung ist Münnich (2000). Die EVS liegt auch verschiedenen Arbeiten von Bedau zugrunde; siehe z.B. Bedau (1999a), Bedau (1999e), Bedau (1996b) sowie Bedau (1997).

337 Siehe beispielhaft aus der jüngeren Vergangenheit Bedau (1999a), Bedau (1999b), Bedau (1998a), Bedau et al. (1993). Für das Jahr 1992 wurde in Bedau (1994) eine auf Berechnungen des Deutschen Instituts für Wirtschaftsforschung unter Verwendung amtlicher Statistiken beruhende Einkommensschichtung der Haushalte von Selbständigen in und außerhalb der Landwirtschaft veröffentlicht; siehe zur Beurteilung der Verteilungsrechnung des DIW z.B Lindner (1986).

338 Münnich (2000), S. 681.

339 Münnich (2000), S. 688.

340 Analysen anhand des SOEP wurden beispielsweise von Frerichs / Himmelreicher (2000), S. 183 ff., sowie Berntsen (1992), S. 99 ff., vorgelegt.

341 Für eine Darstellung der Bruttoeinkünfte von freiberuflich tätigen Zahnärzten aus früheren Jahren siehe z.B. Bedau (1998b) oder Bedau (1996a).

erzielten. Andererseits lag das Bruttoeinkommen von 11,4 v.H. der freiberuflich tätigen Zahnärzte unter 50.000 DM und von 14,2 v.H. zwischen 50.000 DM und 100.000 DM. Bedau vermutet, daß es sich hierbei u.a. um sogenannte „Neueinsteiger“ handelt, die ihre abhängige Beschäftigung aufgegeben haben und daher nur einen Teil des Jahres selbständig erwerbstätig waren.

Aufgrund der schlechten Informationslage wurde auch auf die Einkommensteuerstatistiken zurückgegriffen. Obwohl hier nur die der Einkommensteuer unterliegenden Einkünfte aus freiberuflicher Tätigkeit je Steuereinheit erfaßt werden, bietet diese Statistik in der Bundesrepublik Deutschland die einzige Möglichkeit, nach Berufsgruppen differenziert Einkommensangaben für freiberuflich Tätige zu erhalten[342]. Da durch diese Statistik keine zeitnahen Daten zur Verfügung gestellt werden können, ist die Darstellung der Einkommen von Steuerpflichtigen in den Freien Berufen aus dem Jahr 1992 von Bedau (1999c) zwar nicht aktuell, weist aber auf erhebliche Abweichungen zwischen den Berufsgruppen hin. Die folgende Tabelle zeigt zum einen diese Differenzen in den Durchschnittseinkommen, zum anderen verdeutlicht sie die unterschiedlich hohe Anzahl an in den jeweiligen Berufsgruppen Tätigen.

Bemerkenswert an den Befunden in der Tabelle 5.5 ist, daß in den künstlerischen Berufen im Vergleich zu den anderen Berufsgruppen sehr niedrige Bruttoeinkünfte erzielt werden. Weiterhin ist darauf zu verweisen, daß in der Gruppe der sonstigen freien Berufe anteilsmäßig mehr als die Hälfte der freiberuflich Tätigen enthalten ist – und diese verfügen mit durchschnittlich 37.588 DM pro Jahr über die zweitniedrigsten Bruttoeinkünfte. Der Anteil der Berufsgruppen mit Bruttoeinkünften von über 170.000 DM pro Jahr liegt bei 16,6 v.H. Hieran wird eine erhebliche Heterogenität zwischen den Berufsgruppen deutlich. Inwieweit diese auch innerhalb der Gruppen auftritt, läßt sich anhand des Datenmaterials nicht feststellen.

Es liegen allerdings für die Gruppe der freiberuflich tätigen Künstler und Publizisten, die in der Künstlersozialkasse (KSK) versicherungspflichtig sind, relativ aktuelle Informationen über die Verteilung der Jahresarbeitseinkommen, die der KSK gemeldet wurden, vor[343]. Im Ergebnis zeigt sich, daß die Durchschnittseinkommen vergleichsweise niedrig sind. Im Jahr 2000 betrug das Durchschnittseinkommen aller Versicherten 21.852 DM. Die Einkommen variieren dabei zwischen den Geschlechtern und den vier Berufsgruppen aus den Bereichen Wort, Musik, bildende Kunst und darstellende Kunst, nach dem

[342] Siehe Statistisches Bundesamt (1997a). Die Einkommensteuerstatistik des Jahres 1989 bildet die Grundlage der Analyse von Bedau (1995a).

[343] Bundesregierung (2000), S. 16 ff.

Tabelle 5.5: Durchschnittliche Bruttoeinkünfte aus freiberuflicher Tätigkeit je Steuerpflichtigen mit positiven Einkünften aus freiberuflicher Tätigkeit im Jahr 1992

Berufsgruppe	Durchschnittliche Brutto-einkünfte in DM pro Jahr	freiberuflich Tätige absolut	in v.H.
Ärzte	171.102	120.110	12,5
Zahnärzte	221.585	37.646	3,9
Tierärzte	66.653	8.259	0,9
Heilpraktiker	45.842	7.959	0,8
Rechtsanwälte und Notare	129.776	45.811	4,8
Steuerberater und -bevollmächtigte	135.458	32.627	3,4
Wirtschafts- und Buchprüfer	183.419	1.926	0,2
Architekten	105.448	70.109	7,3
Ingenieure und Techniker	94.320	32.251	3,4
Künstlerische Berufe	27.453	52.261	5,5
Sonstige freie Berufe	37.588	549.237	57,3
Insgesamt	78.195	958.196	100.0

Quelle: Bedau (1999c) sowie eigene Berechnungen.

Alter der Versicherten und nach ihrer Berufserfahrung[344]. So haben beispielsweise die Männer im Alter von über 60, die dem Bereich Wort zugeordnet sind, mit 40.217 DM das höchste und die Frauen im Bereich darstellende Kunst, die jünger als 30 Jahre sind, mit 12.415 DM das niedrigste Durchschnittseinkommen erzielt. Bei diesen Einkommensangaben handelt es sich um Schätzungen der Versicherten. Daher ist es fraglich, inwieweit diese Angaben im Hinblick auf ihre Validität besser als die im Mikrozensus sind. Allerdings wird im Bericht darauf hingewiesen, daß die Angaben „... nicht erheblich von den tatsächlich erzielten Arbeitseinkommen abweichen..." wür-

344 Siehe Bundesregierung (2000), S. 13 f., sowie Zimmermann / Schulz (2000b).

den[345]. Der Bericht liefert damit Indizien für im Durchschnitt niedrige Einkommen in den künstlerischen Berufen, allerdings wird auch die Vermutung geäußert, daß es sich bei diesen gemeldeten Einkommen nicht um die einzigen Einkünfte handle[346].

Zusammenfassend ist zu konstatieren, daß derzeit nur relativ grobe Informationen über die Einkommen der selbständig Erwerbstätigen vorliegen. Dabei zeichnet sich eine heterogene Situation mit relativ vielen hohen, aber auch zahlreichen niedrigen Einkommen aus selbständiger Erwerbstätigkeit ab. Lediglich für einige Gruppen sind detailliertere Angaben vorhanden. Allerdings handelt es sich hierbei um spezifische Einkommensangaben, die entweder auf einer Selbsteinschätzung des individuellen Jahresarbeitseinkommens beruhen oder sich auf die der Einkommensbesteuerung unterliegenden Einheit beziehen. Daher sind die Angaben nicht vergleichbar. Ein weiterer Mangel ist, daß sie keine Informationen über die Soziodemographie der Haushalte enthalten. Solche sind aber für eine Analyse der Sparfähigkeit, wie der nachfolgenden Tabelle entnommen werden kann, erforderlich.

Die Sparfähigkeit von Personen und damit die Fähigkeit, eine Risikovorsorge betreiben zu können, wird durch eine Vielzahl von Faktoren beeinflußt. Um dies zu verdeutlichen, sind in der Tabelle einige Beispiele angegeben. Allerdings ist die Bedeutung der einzelnen Einkunfts- und Abgabearten sowie deren Determinanten sehr unterschiedlich. So dominieren beispielsweise spezifische Einkunftsarten in bestimmten Lebensphasen. Während der Erwerbstätigkeit sind die Einkünfte aus der oder den jeweiligen Tätigkeiten in der Regel vorherrschend, wohingegen Renten und Pensionen bei Haushalten älterer Menschen in der Nacherwerbsphase – beispielsweise nach der Aufgabe der Erwerbstätigkeit aus Altersgründen – grundsätzlich die Haupteinkunftsart darstellen[347].

Der untere Teil der Tabelle verdeutlicht weiterhin, daß bezüglich einer Analyse der Sparfähigkeit zwischen zwei Gruppen der selbständig Erwerbstätigen zu unterscheiden ist: zum einen gibt es Selbständige, die nicht der Sozialversicherungspflicht unterliegen und über keine abgeleiteten Ansprüche verfügen[348]. Die andere Gruppe bilden die Selbständigen, die sozialversicherungspflichtig sind. Bei diesen ist allerdings zu fragen, ob sie erstens der Sozialver-

345 Bundesregierung (2000), S. 25.

346 Siehe Bundesregierung (2000), S. 26.

347 Siehe beispielsweise Bundesministerium für Familie (2001), Fachinger (2001b) sowie Fachinger (2001a).

348 Siehe hierzu ausführlicher Fachinger / Oelschläger (2000) oder Fachinger (2000).

Tabelle 5.6: Wichtige Einkunfts- und Abgabenarten von Haushalten sowie deren Determinanten

Einkunfts- und Abgabenarten	Determinanten
– Erwerbseinkünfte aus unselbständiger und selbständiger Tätigkeit;	Erwerbstätigkeit im formellen und informellen Sektor;
– Vermögenseinkünfte (ohne Versicherungen);	Sparen, Schenkungen und Vererbung;
– Renten und Pensionen von Sozialversicherungen, Gebietskörperschaften, berufständischen Versorgungswerken, Betrieben und Privatversicherungen;	Leistungsrecht der sozialen Sicherungssysteme: Art und Umfang früherer Erwerbstätigkeit im formellen Sektor, Familienstand (z.B. bei Hinterbliebenenrenten), Gesundheitszustand (z.B. bei Invalidität) und Pflegebedürftigkeit;
– Weitere Transferzahlungen aus öffentlichen Haushalten wie z.B. Sozialhilfe und Wohngeld;	Übrige Einkünfte, Haushaltsgröße, -zusammensetzung und –struktur, Mietausgaben usw.;
– Interfamiliäre monetäre Transfers;	Familienbeziehungen und ökonomische Situation von Familienangehörigen;
Summe der Bruttoeinkommen	
– Lohn- und Einkommensteuer;	Abgabesätze für Einkommen bzw. einzelne Einkunftsarten;
– Rückzahlung (einschl. Zinsen) von Hypotheken, Grundschulden und Krediten	Zinssätze;
Summe der (Netto) Einkommen	
– Auflösung von Geld oder/und Sachvermögen;	Vermögensbestand und Summe der Nettoeinkommen im Verhältnis zum „Bedarf";
– nichtmonetäre Einkommenselemente (Sachleistungen) u.a. aus öffentlichen Haushalten und aus Privathaushalten, z.B. intrafamiliäre Transfers;	Leistungsrecht und Familienbeziehungen;
– Preisvergünstigungen;	Art der Einkommensverwendung;
– Indirekte Steuern;	Art der Einkommensverwendung;
– Zuzahlungen im Krankheits- und Pflegefall;	Leistungsrecht der sozialen Sicherungssysteme, Gesundheitszustand;
Materielle Lebenslage (ohne Risikovorsorge)	
– Sozialversicherungsbeiträge an: Renten-, Kranken- und Pflegeversicherung, sowie Bundesanstalt für Arbeit;	Abgabesätze für Einkommen bzw. einzelne Einkunftsarten;
– vergleichbare Beiträge bei nicht sozialversicherungspflichtiger Erwerbstätigkeit;	
Materielle Lebenslage (mit Risikovorsorge)	

Quelle: Modifizierte Darstellung nach Bundesministerium für Familie, Senioren, Frauen und Jugend (2001), S. 187.

sicherungspflicht nachkommen und ob zweitens die Absicherung hoch genug ist, um den Eintritt materieller Armut zu vermeiden.

Die Risikovorsorge hat neben den individuellen Gegebenheiten auch die der anderen Haushaltsmitglieder – inwieweit diese versichert sind und bei Ehepartnern z.B. abgeleitete Ansprüche entstehen – zu berücksichtigen. So kann beispielsweise im Rahmen der Familienmitversicherung in der gesetzlichen Krankenversicherung (GKV) oder des Anspruchserwerbs in der GRV eine Absicherung gegen Risiken, die dort abgedeckt sind, vorhanden sein. Dies bedeutet, daß zur Beurteilung der Sparfähigkeit die gesamte Haushaltssituation zu berücksichtigen ist.

Den Ansatzpunkt der Darstellung der Einkommenssituation von selbständig Erwerbstätigen bildet deren Bruttoeinkommen aus der jeweiligen Tätigkeit. In einer ersten Annäherung sind in der Abbildung 5.7 die Häufigkeitsverteilungen der Bruttoeinkommen aus selbständiger und unselbständiger Arbeit von Haushalten dargestellt, wobei auf der Abszisse jeweils die Klassenobergrenze angegeben ist.

Abbildung 5.7: Verteilung der Bruttoeinkommen aus selbständiger und unselbständiger Erwerbstätigkeit unter 20.000 DM 1998 in v.H.

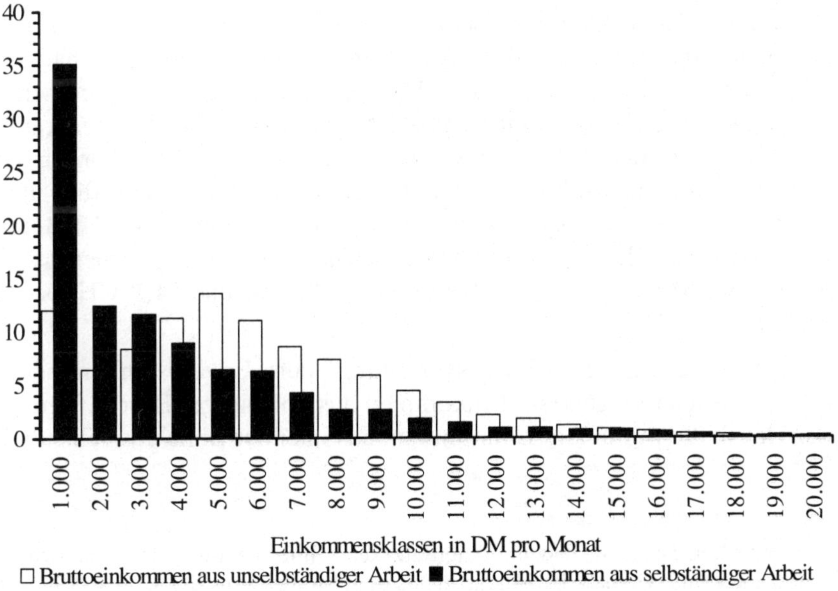

Quelle: Eigene Berechnungen auf der Basis des scientific use files der EVS'98.

Es wird die unterschiedliche Struktur der Verteilungen sichtbar. Während die der Bruttoeinkommen aus abhängiger Beschäftigung eine für Einkommensverteilungen typische rechtsschiefe Form aufweist – lediglich die unterste Klasse ist vergleichsweise stark besetzt –, ist die Verteilung der Bruttoeinkommen aus selbständiger Tätigkeit mit einer 35,1 v.H. betragenden Besetzung der untersten Einkommensklasse und sich einer sukzessive reduzierenden Klassenbesetzung bei steigendem Erwerbseinkommen eher als ungewöhnlich zu bezeichnen.

Die in der Abbildung 5.7 dargestellte Verteilung der Bruttoeinkommen aus selbständiger Tätigkeit mit 35,1 v.H. unter 1.000 DM charakterisiert nicht die Einkommenslage der Haushalte. Auf der Grundlage dieses Befundes kann nicht unmittelbar und ohne Kontrolle anderer Einkünfte auf die Einkommenssituation eines Haushalts geschlossen werden. Zu vermuten ist vielmehr, daß die niedrigen Einkommen in der Regel nicht das Haupteinkommen der Haushalte darstellen und eine, andere Einkünfte ergänzende, Funktion haben[349]. Es ist daher zu unterscheiden, ob es sich um das Einkommen der Person, die als die oder der Haupteinkommensbezieher/in (HEB) gilt, oder ob es sich um ein ergänzendes Einkommen handelt. In der Abbildung 5.8 ist deshalb dieser Verteilung die der Bruttoeinkommen aus selbständiger Arbeit von Haushalten, bei denen diese Einkommen dominieren, gegenübergestellt.

Die Abbildung 5.8 verdeutlicht, daß die Einkommen in der untersten Klasse überwiegend eine das Haushaltseinkommen ergänzende Funktion haben und lediglich für rund 3,8 v.H. der Haushalte ein Bruttoeinkommen aus selbständiger Tätigkeit von unter 1.000 DM pro Monat die Haupteinkunftsart darstellt. Es wird allerdings ebenfalls deutlich – und dies ist schon ein erster Hinweis auf die Sparfähigkeit der Haushalte –, daß auch die unteren Einkommensklassen der Verteilung der Bruttoeinkommen der HEB relativ stark besetzt sind: 12,6 v.H. erreichen ein Bruttoerwerbseinkommen bis unter 2.000 DM pro Monat, 26,3 v.H. bis unter 3.000 DM und 51,8 v.H. bis unter 5.000 DM.

Vergleicht man die Häufigkeitsverteilung der Erwerbseinkommen der Haushalte mit überwiegendem Einkommen aus abhängiger Beschäftigung mit der der Haushalte mit einem Einkommen, das in erster Linie aus selbständiger

---

349 Zu bedenken ist auch, daß im Datensatz keine Informationen über die Arbeitszeit vorhanden sind. Gemäß den Angaben aus dem Mikrozensus des Jahres 1998 arbeiteten immerhin 5,5 v.H. der Selbständigen unter 15 Stunden pro Woche, 4,6 v.H. zwischen 15 und 20 Stunden und 6,0 v.H. zwischen 21 und 35 Stunden; Statistisches Bundesamt (1999a), sowie eigene Berechnungen.

Abbildung 5.8: Vergleich der Bruttoeinkommen aus selbständiger Arbeit von allen Haushalten mit denen von Haushalten mit einer selbständig erwerbstätigen HEB 1998 in v.H.

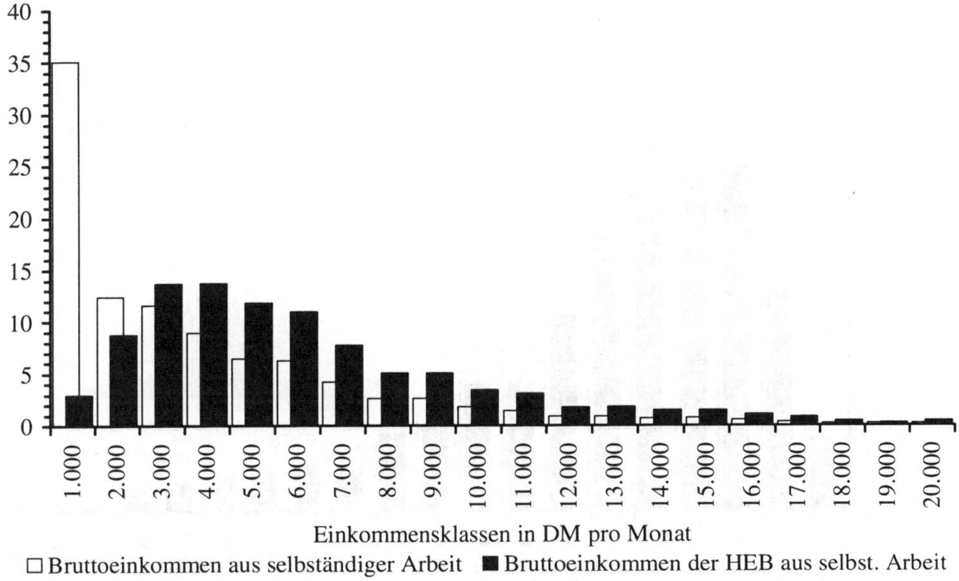

Quelle: Eigene Berechnungen auf der Basis des scientific use files der EVS'98.

Tätigkeit stammt, so zeigt sich eine analoge Struktur, wie der Abbildung 5.9 entnommen werden kann.

In der Abbildung wird zudem deutlich, daß der Modalwert der Bruttoeinkommen aus selbständiger Arbeit niedriger ist als bei denen aus abhängiger Beschäftigung. Mit andern Worten, die unteren Klassen bis zu einem monatlichen Einkommen von 3.000 DM sind bei den Selbständigenhaushalten erheblich stärker besetzt: 26,3 v.H. im Vergleich zu 13,8 v.H.

Bei der Interpretation ist allerdings zu beachten, daß es sich um eine Momentaufnahme der jeweiligen Einkommenslage handelt. So könnte es sein, daß in jungen Jahren bzw. zu Beginn der Aufnahme einer selbständigen Tätigkeit relativ geringe Einkünfte und anschließend, nach der Etablierung der

Tätigkeit und z.B. dem Aufbau eines Kundenstammes, deutlich höhere Einkünfte erzielt werden[350].

Abbildung 5.9: Vergleich der Erwerbseinkommen aus abhängiger Beschäftigung und selbständiger Tätigkeit der HEB 1998 in v.H.

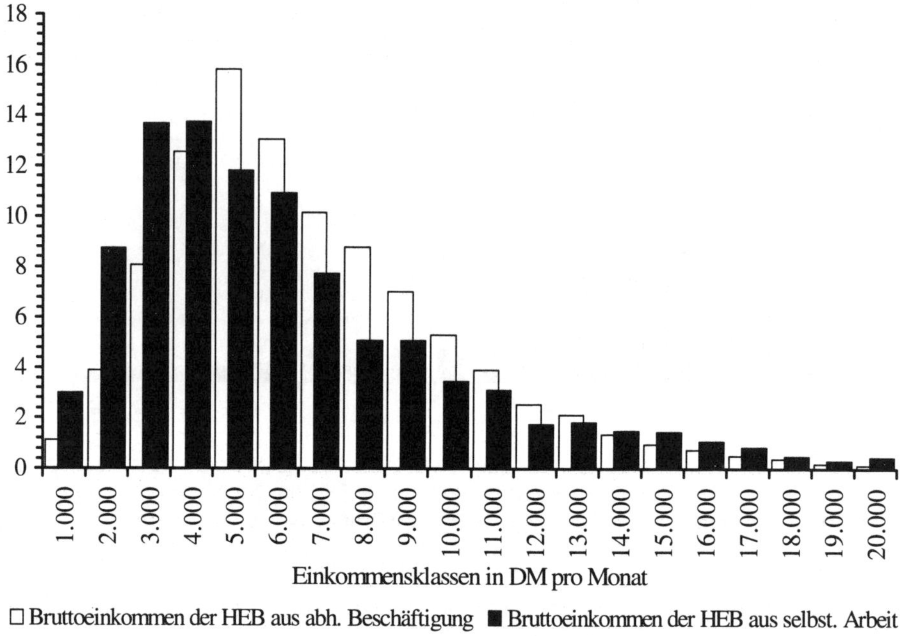

Quelle: Eigene Berechnungen auf der Basis des scientific use files der EVS'98.

Hinweise, daß diese Vermutung nicht unbegründet ist, liefert die Abbildung 5.10. Das Durchschnittseinkommen der jüngeren selbständig Erwerbstätigen liegt deutlich unter dem der älteren Selbständigen[351].

Die Abbildung 5.10 zeigt, daß für die Interpretation der Einkommensverteilung auch die Berücksichtigung der Altersklassenbesetzung wesentlich ist, da

---

350 Zur Berücksichtigung dieser Einkommensentwicklung existieren Regelungen im Bereich der sozialen Sicherung für sogenannte Berufsanfänger bzw. Einsteiger. In § 3 Abs. 2 Künstlersozialversicherungsgesetz ist beispielsweise eine Berufsanfängerfrist mit einer Dauer von drei Jahren festgelegt.

351 In der Abbildung 5.10 sind nur die Werte für den Altersbereich zwischen 29 und 65 Jahren angegeben, da die Besetzungszahl der anderen Altersklassen zu gering ist.

im Alter bis ca. 45 Jahren die Durchschnittseinkommen unterhalb des allgemeinen Durchschnitts liegen[352]. Falls nun überproportional viele junge Menschen selbständig erwerbstätig sind, wäre dies ein Grund für das in Abbildung 5.9 im Durchschnitt niedrigere Einkommen. Damit stellt sich die Frage nach der Altersstruktur der Selbständigen. In der Abbildung 5.11 ist die Altersschichtung für die selbständig Erwerbstätigen und zum Vergleich die für die abhängig Beschäftigten dargestellt.

Abbildung 5.10: Altersspezifisches Durchschnittseinkommen der HEB aus selbständiger Erwerbstätigkeit 1998 in DM

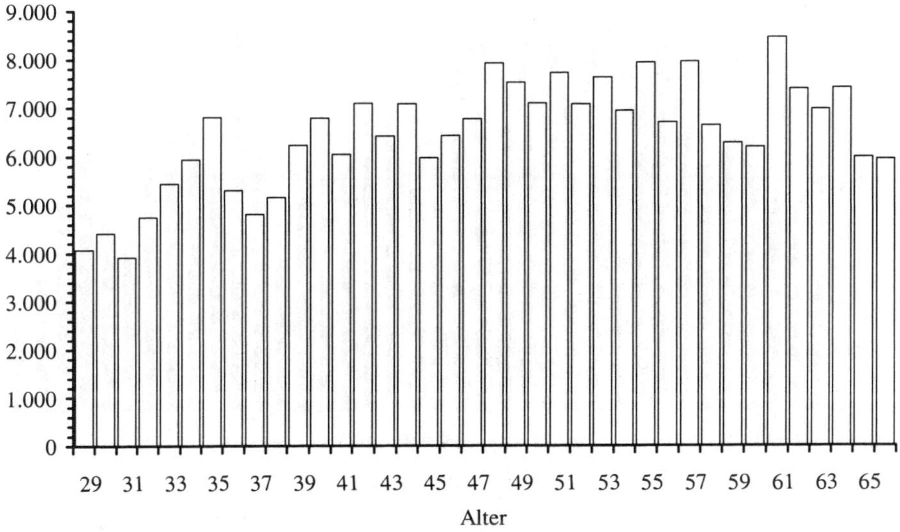

Quelle: Eigene Berechnungen auf der Basis des scientific use files der EVS'98.

Es zeigt sich folgende Systematik: Die Altersgruppe der 36- bis 55jährigen weist eine etwa gleiche Verteilung über die Altersklassen auf. In den jungen Jahren bis zum Alter von 35 Jahren sind die Altersjahrgänge bei den Selbständigen deutlich geringer besetzt. Demgegenüber sind bei den abhängig Beschäftigten ab dem 55sten Lebensjahr anteilsmäßig erheblich weniger Perso-

352 Die Notwendigkeit, die Altersstruktur bei der Messung der Einkommensungleichheit zu berücksichtigen, wurde ausführlich diskutiert; siehe Paglin (1975), Danziger et al. (1977), Johnson (1977), Kurien (1977), Minarik (1977), Paglin (1977), Paglin (1979), Wertz (1979), Paglin (1989) sowie Jenkins / O'Higgins (1989).

nen erwerbstätig. Zu konstatieren ist somit, daß, entgegen der Vermutung, daß die Altersstruktur für die anteilsmäßig höhere Besetzungen der unteren Einkommensklassen bei den selbständig Erwerbstätigen einer der Gründe sein könnte, bei den selbständig Erwerbstätigen die unteren Alterskategorien geringer besetzt sind.

Abbildung 5.11: Altersschichtung der Erwerbstätigen 1998 in v.H.

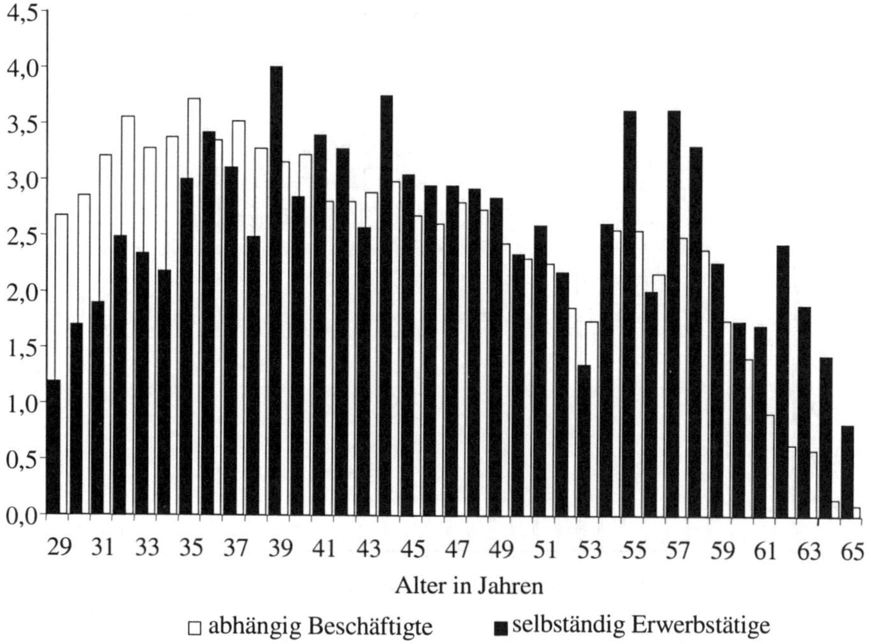

Quelle: Eigene Berechnungen auf der Basis des scientific use files der EVS'98.

In der verhältnismäßig starken Besetzung der unteren Einkommenskategorien deutet sich eine vergleichsweise niedrige Sparfähigkeit für einen relativ großen Anteil der Selbständigen an. Allerdings ist darauf hinzuweisen, daß die Haushalte von selbständig Erwerbstätigen auch Einkünfte aus anderen Quellen erzielen. Hier dürften insbesondere die Einkommen weiterer Haushaltsmitglieder von Relevanz sein. Deshalb werden im folgenden die Gesamteinnahmen der Haushalte dargestellt. Bei der Interpretation der Verteilung bezüglich der materiellen Lebenslage ist allerdings die jeweilige Haushaltssituation zu beachten.

In der Abbildung 5.12 ist daher die Häufigkeitsverteilung der äquivalenzgewichteten Gesamteinnahmen[353] von Haushalten mit einer selbständig erwerbstätigen HEB angegeben und der Häufigkeitsverteilung derjenigen der Haushalte mit einer abhängig beschäftigten HEB gegenübergestellt.

Abbildung 5.12: Äquivalenzgewichtete Gesamteinnahmen von Haushalten mit einer erwerbstätigen HEB 1998 in v.H.

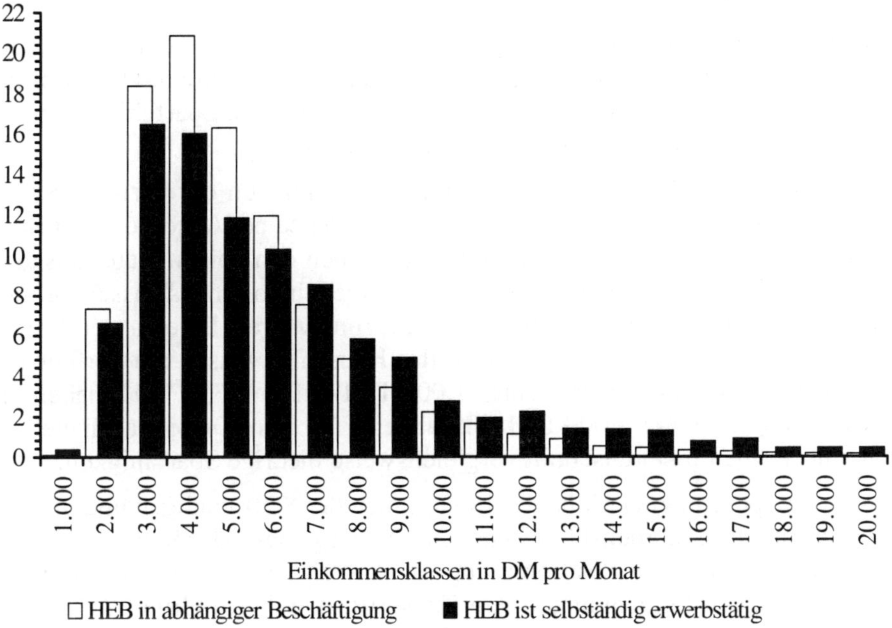

Quelle: Eigene Berechnungen auf der Basis des scientific use files der EVS'98.

Die Abbildung 5.12 zeigt, daß die Häufigkeitsverteilung der monatlichen Gesamteinnahmen von Selbständigenhaushalten in den Randbereichen stärker besetzt ist als die der Haushalte mit einer abhängig beschäftigten HEB. So verfügen 0,4 v.H. der Haushalte über Gesamteinnahmen von bis zu 1.000 DM pro Monat im Vergleich zu 0,1 v.H. der Haushalte mit einer HEB in abhängiger Beschäftigung. Im Bereich der Verteilung oberhalb von 7.000 DM pro

353 Es wurden die Gewichte der sogenannten Sozialhilfeskala verwendet: Der Haushaltsvorstand erhält demnach den Wert 1,0, jede weitere Person ab 18 Jahren den Wert 0,8, zwischen 14 und 17 Jahre alte Personen den Wert 0,9, zwischen sieben und 13 Jahre alte Personen den Wert 0,65 und unter sieben Jahre alte den Wert 0,5 bzw. bei Alleinerziehenden den Wert 0,55.

Monat liegen 33,4 v.H. der Haushalte mit einer selbständig erwerbstätigen HEB im Gegensatz zu 23,7 v.H. der Vergleichsgruppe. Die restlichen Haushalte beziehen überwiegend Einkommen von 4.000 DM bis 6.000 DM pro Monat. In diesem Bereich sind die Kategorien bei den Haushalten mit einer selbständigen erwerbstätigen HEB um 9,2 v.H. deutlich geringer besetzt. Insgesamt gesehen konzentriert sich die Häufigkeitsverteilung der Gesamteinnahmen von Haushalten mit einer HEB in abhängiger Erwerbstätigkeit stärker um den Mittelwert.

Den bisherigen Auswertungen lagen Bruttogrößen zugrunde, aus denen Informationen über die Einkommenserzielung abgeleitet wurden. Um Informationen über die materielle Lebenslage und damit über die Sparfähigkeit zu erhalten, sind die verfügbaren Einkommen zu betrachten.

In der Abbildung 5.13 sind die Häufigkeitsverteilungen der verfügbaren Äquivalenzeinkommen von Haushalten mit und ohne eine Vorsorge angegeben. Es zeigt sich, daß sich die Sparfähigkeit zwischen den beiden Haushaltskategorien nicht gravierend unterscheidet. Auch die Einkommensklassen bei den Haushalten ohne Vorsorgemaßnahmen sind im unteren Bereich der Verteilungen relativ stark besetzt: 13,9 v.H. der Haushalte weisen ein verfügbares monatliches Einkommen von unter 1.000 DM auf und 35,2 v.H. haben ein Einkommen von unter 2.000 DM. Mit anderen Worten: Diese Haushalte verfügen über eine im Durchschnitt vergleichsweise niedrige Sparfähigkeit.

Das breite Spektrum der Höhe der Einkommen der Selbständigen und die hinsichtlich der Einkommenshöhe mit den abhängig Beschäftigten größtenteils durchaus vergleichbare Positionierung wird durch andere Erhebungen bestätigt[354]. So zeigen Berechnungen von Hauser/Becker[355] auf Grundlage der Ergebnisse der EVS der Jahre 1993 und 1998, dass die Bruttoeinkommen der Selbständigen, wenn allein das arithmetische Mittel betrachtet wird, zwar deutlich höher als die der abhängig Erwerbstätigen sind. Dieser Abstand fällt jedoch schon sehr viel geringer aus, wenn der Median als Verteilungsmaß gewählt wird. Werden Streuungsmaße zum Vergleich der Konzentration der Verteilung herangezogen, zeigt sich bei den Selbständigen zudem ein sehr viel breiteres Einkommensspektrum. Interessant ist, dass die Verteilung nach

---

354 Vgl. Fachinger (2002c), Bedau (1994), S. 773, oder Becker (2001). Zu Ergebnissen auf Grundlage des SOEP 1994 im Überblick Frick (1999), S. 18, oder auch Frerichs / Himmelreicher (2001).

355 Vgl. dazu Bundesministerium für Arbeit und Sozialordnung (2001d), S. 42f. Die Einkommen in den neuen Bundesländern sind dabei – ebenso wie bei den abhängig Beschäftigten – tendenziell geringer als in den alten Bundesländern.

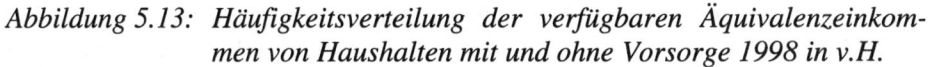

Abbildung 5.13: Häufigkeitsverteilung der verfügbaren Äquivalenzeinkommen von Haushalten mit und ohne Vorsorge 1998 in v.H.

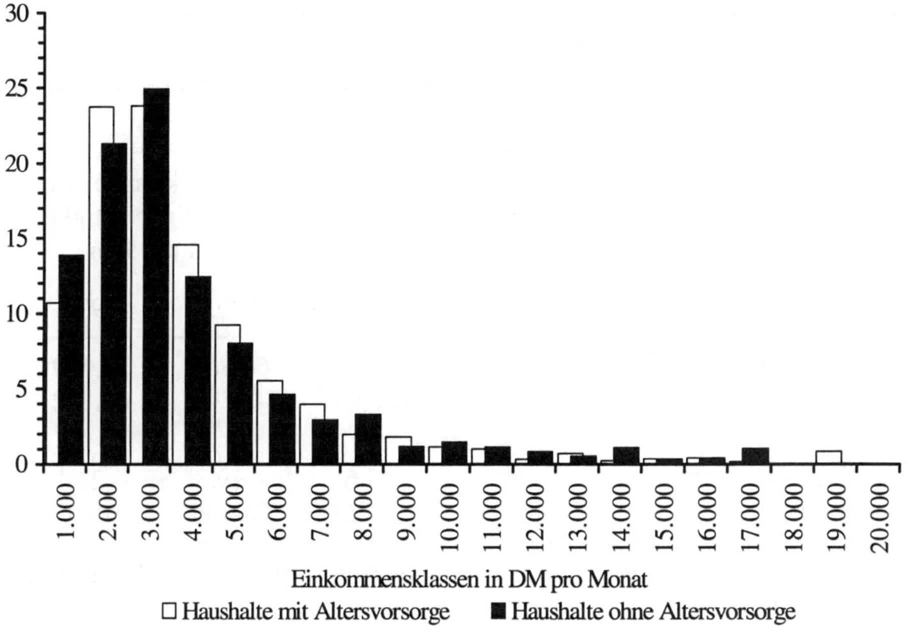

Quelle: Eigene Berechnungen auf der Basis des scientific use files der EVS'98.

den Ergebnissen von Hauser/Becker in den 90er Jahren gleichmäßiger wurde und es bei den Selbständigen partiell offenbar zu einem Einkommensrückgang kam, mit der Folge, dass der Median im Jahre 1998 unterhalb des entsprechenden Wertes der abhängig Beschäftigten lag[356]. Einen Ausschnitt aus den Ergebnissen von Hauser/Becker zeigt die Tabelle 5.7.

356 Zur jahrelang gegenläufigen Entwicklung der Einkommen der Selbständigen außerhalb der Landwirtschaft vgl. z.B. Bedau (1995b), S. 358. Zu möglichen Gründen für den Rückgang, die im Untersuchungsdesign der EVS begründet sein können, nämlich, dass 1998 mehr Selbständige die „Abschneidegrenze" überschritten haben, vgl. Münnich (2000), S. 688f. Eine rückläufige Einkommensentwicklung wurde im Verlauf der Untersuchung allerdings durch andere Indizien, wie beispielsweise die Entwicklung der Beitragszahlungen der verkammerten Freiberufler, bestätigt.

Die Selbständigen sind auf Grund dieser ungleichen Einkommensverteilung sowohl bei den sehr Reichen[357] als auch – wie es Hanisch auf der Grundlage von Auswertungen des SOEP zeigt[358] – bei den Erwerbstätigenhaushalten im Armuts- und Niedrigeinkommensbereich relativ stärker vertreten als die in einem abhängigen Arbeitsverhältnis Stehenden[359].

Tabelle 5.7: Bruttoeinkommen aus unselbständiger und selbständiger Arbeit 1993 und 1998

	Bruttoeinkommen aus unselbständiger Arbeit (DM pro Jahr)		Bruttoeinkommen aus selbständiger Tätigkeit (DM pro Jahr)	
	1993	1998	1993	1998
Arithmetisches Mittel	46.789	51.714	66.866	59.569
Median	43.768	48.799	47.248	42.842
Relative Differenz (v.H.)*	– 6,5	– 5,6	– 29,3	– 28,1
Gini-Koeffizient	0,3233	0,3223	0,4596	0,4447

* Abweichung des Medians vom arithmetischen Mittel in v.H. des arithmetischen Mittels.

Quelle: Bundesministerium für Arbeit und Sozialordnung (2001d), S. 43.

5.2.2.6 Zur Vermögenssituation der Haushalte

5.2.2.6.1 Einige einleitende Bemerkungen

Bevor auf die Vermögenssituation eingegangen wird, ist vorab auf einige Aspekte hinzuweisen, da die Vermögenssituation unter dem Aspekt der Absicherung des Einkommensausfalls durch die altersbedingte Aufgabe der Erwerbs-

357 Vgl. dazu die Ergebnisse von Merz in Bundesministerium für Arbeit und Sozialordnung (2001d), S. 75ff.

358 Vgl. dazu Bundesministerium für Arbeit und Sozialordnung (2001d), S. 175.

359 Zur Spannbreite der Einkommen vgl. für die Freiberufler z.B. Bedau (1999c), für die nach KSVG versicherten Künstler Bundesregierung (2000), S. 13f. oder Bundesministerium für Arbeit und Sozialordnung (2002), S46f. Zur Einkommenssituation in der Landwirtschaft Bundesministerium für Verbraucherschutz (2001), S. 36-38 und Anhang Tabelle 15, S. 21; Tabelle 43, S. 42.

tätigkeit behandelt wird. Dies macht eine differenzierte Analyse u.a. nach dem Zweck der Vermögensbildung, aber auch der zur Vermögensbildung notwendigen Sparfähigkeit erforderlich. So stellt sich beispielsweise für einen in der GRV versicherungspflichtigen Selbständigen die Entscheidung, aus den verfügbaren Einkommen eine zusätzliche Vermögensakkumulation zu betreiben, anders, als für einen Selbständigen, der keiner Versicherungspflicht unterliegt. Weiterhin unterscheidet sich ceteris paribus, d.h. bei gleich hohem Bruttoeinkommen, das verfügbare Einkommen als Indikator für die Sparfähigkeit allein schon aufgrund der Tatsache, dass der Versicherungspflichtige Beiträge an eine Sicherungsinstitution zu überweisen hat.

Daher sei hier zunächst eine Unterscheidung in drei Teilgruppen getroffen. Für die erste Teilgruppe besteht eine Versicherungspflicht in der GRV. Des weiteren ist die Möglichkeit der freiwilligen Absicherung in der GRV vorhanden. Anhand der EVS können diese Gruppen identifiziert werden, da im Datensatz die Beiträge bei einer obligatorischen oder freiwilligen Absicherung in der GRV ausgewiesen werden.

In der Tabelle 5.8 sind die entsprechenden Häufigkeiten für diese Fälle angegeben. Es zeigt sich, daß insgesamt 39,2 v.H. der selbständig Erwerbstätigen Beiträge an die GRV zahlen. Ein beträchtlicher Anteil dieses Personenkreises war somit 1998 ohne eine Altersvorsorge in der GRV.

Tabelle 5.8: Absicherung der Alleinlebenden in der GRV 1998 in v.H.

Pflichtbeitragszahlung	freiwillige Beitragszahlung	Keine Beitragszahlung in GRV
18,5	20,7	60,8

Quelle: Eigene Berechnungen auf der Basis des scientific use files der EVS'98.

Allerdings sind in der Gruppe der Haushalte, die keine Beiträge an die GRV zahlen, auch die Haushalte der Freiberufler enthalten, die Abgaben an Versorgungskassen leisten. Eine Identifizierung dieser Gruppe ist anhand des verfügbaren Datenmaterials nicht möglich. Es sei aber zumindest erwähnt, daß von den 306.035 Alleinlebenden, die keine Beiträge an die GRV zahlen, 167.159, das sind 54,6 v.H., Prämien für Lebens-, Ausbildungs-, Aussteuer- und Sterbegeldversicherung leisten und daher über eine der darunter subsumierten Absicherungen verfügen. Damit verbleibt ein Anteil in Höhe von 27,5 v.H. alleinlebender selbständig Erwerbstätiger, die über keine Altersvorsorge nach den hier untersuchten Arten verfügen.

Bei den Ehepaaren ist die Situation zwangsläufig komplexer als bei den Alleinlebenden. Hier ist zu unterscheiden zwischen den Haushalten mit einer selbständigen Erwerbsperson, die zwar der Haupteinkommensbezieher (HEB) sein kann, aber nicht muß, in denen

1. die oder der selbständig Erwerbstätige freiwillig oder zwangsweise Beiträge zahlt und der Ehepartner ebenfalls über eine derartige Absicherung verfügt, so daß abgeleitete Ansprüche entstehen können bzw. vorliegen,
2. freiwillig oder zwangsweise Beiträge von der oder dem selbständig Erwerbstätigen gezahlt werden und der Ehepartner über keine derartige Absicherung verfügt,
3. keine Beiträge von der HEB, aber vom Ehepartner gezahlt werden, und
4. keinerlei Beiträge in ein soziales Sicherungssystem eingezahlt werden.

Bedenkt man, dass statt dessen oder auch ergänzend eine Absicherung in einem privatwirtschaftlichen Unternehmen erfolgen kann, so läßt sich dies in einem Sechzehnfelderschema darstellen. Da weiterhin die Ehepartnerin oder der -partner der selbständig erwerbstätigen Person die HEB sein kann, ergeben sich insgesamt 32 Kombinationen für den Versicherungsstatus eines Ehepaares.

Über eine Altersvorsorge von selbständig Erwerbstätigen stehen in der Einkommens- und Verbrauchsstichprobe die folgenden Informationen zur Verfügung:

- Pflichtbeiträge zur gesetzlichen Rentenversicherung[360]. Dies sind Rentenversicherungsbeiträge der durch Gesetz Versicherungspflichtigen und der auf Antrag pflichtversicherten Selbständigen.
- Freiwillige Beiträge zur gesetzlichen Rentenversicherung[361]. Bei diesen Beiträgen handelt es sich um freiwillige Beiträge zur GRV der Arbeiter, der Angestellten und der Landwirte (Landwirtschaftliche Altershilfe bzw. -kasse) sowie von nicht versicherungspflichtigen Personen, wie Selbständigen, Hausfrauen und geringfügig Beschäftigten.

In der Tabelle 5.9 wird nach diesen beiden Kriterien differenziert der Vomhundertwert der jeweiligen Kombinationen ausgewiesen.

Die Tabelle 5.9 zeigt, daß immerhin 34,2 v.H. der Ehepaare über keine Absicherung in der GRV verfügen. Weitere 19,6 v.H. der selbständig Erwerbstätigen leisten zwar keine Beitragszahlung, verfügen aber, da die oder der Ehepartner/in pflichtversichert ist, über abgeleitete Ansprüche. Ob und inwieweit

360 Statistisches Bundesamt (1999b), S. 107 f.

361 Statistisches Bundesamt (1999b), S. 109 f.

diese Haushalte diese „Sicherungslücke" durch private Vorsorgemaßnahmen schließen, kann anhand des Datenmaterials nicht untersucht werden.

Tabelle 5.9: Altersvorsorge in der gesetzlichen Rentenversicherung 1998 in v.H.

	Selbständig Erwerbstätige(r)		
Ehepartner/in	obligatorisch	freiwillig	Keine Beitragszahlung
obligatorisch	5,9	13,4	19,6
freiwillig	–	2,7	–
keine Beitragszahlung	7,1	16,1	34,2

Quelle: Eigene Berechnungen auf der Basis des scientific use files der EVS'98.

Wie dargestellt, läßt sich zwar nicht genau bestimmen, welche Form einer privaten Altersvorsorge die Personen betreiben, allerdings darf nicht unterstellt werden, daß die 60,8 v.H. der Alleinlebenden bzw. die 34,2 v.H. der Ehepaare über keine Altersvorsorge verfügen. Rechnet man die Haushalte, die Prämien für Lebens-, Ausbildungs-, Aussteuer- und Sterbegeldversicherung zahlen, mit zu denen, die über eine Absicherung verfügen, so verbleiben 15,3 v.H. aller Haushalte, die keine Altersabsicherung besitzen, d.h. weder obligatorisch noch freiwillig in der GRV versichert sind oder über abgeleitete Ansprüche verfügen und auch keine private Vorsorgemaßnahmen betreiben, die zur Kategorie Prämien für Lebens-, Ausbildungs-, Aussteuer- und Sterbegeldversicherung gehören[362].

In diesem Zusammenhang ergibt sich die Frage nach der Höhe des akkumulierten Vermögens, da eine Vorsorge im Prinzip auch durch einen entsprechenden Vermögensaufbau außerhalb der bisher betrachteten Institutionen erfolgen kann[363].

---

362 Obwohl diese Haushalte keine Prämien zahlen, können sie dennoch über ein Versicherungsguthaben verfügen. Dennoch werden diese Haushalte im folgenden mit dem Term „ohne Vorsorge" bezeichnet.

363 Siehe beispielsweise Braun (2000), S. 93 ff. Die Akkumulation von Vermögen zur Vorsorge ist nur eine der Funktionen, die Vermögen für private Haushalte haben kann. In der Literatur wird u.a. zwischen der Nutzungs-, der Verwertungs-, der Macht- und der Übertragungsfunktion (Folkers (1980), S. 267 f., oder zwischen der Ertrags-, der Integrations- und der Sicherungsfunktion (Lampert (1993), S. 376 ff.) unterschieden; vgl. hierzu auch Krupp (1975), S. 27.

5.2.2.6.2 Vermögen

In der EVS wird zwar nur ein Teilbereich der privaten Vermögen erfaßt[364], dennoch kann anhand des Datensatzes ein Eindruck von der Vermögensverteilung insbesondere bei Haushalten mit relativ niedrigen Gesamteinnahmen gewonnen werden. In der Abbildung 5.14 sind die Perzentile der anhand der EVS ermittelbaren äquivalenzgewichteten Nettogeldvermögensverteilung des Jahres 1998 wiedergegeben. Zur Bildung der Nettogrößen wurde von der Summe der Geldvermögen die Summe der Raten- und Konsumentenkredite, allerdings ohne Hypotheken, Grundschulden und Baudarlehen[365], subtrahiert. Dabei wurde ebenfalls zwischen zwei Gruppen unterschieden: den Haushalten, die eine Altersvorsorge betreiben, und denjenigen, die keine derartige Absicherung haben.

Abbildung 5.14: Äquivalenzgewichteter Nettogeldvermögensbestand von Haushalten mit und ohne Altersvorsorge 1998 in Tsd. DM

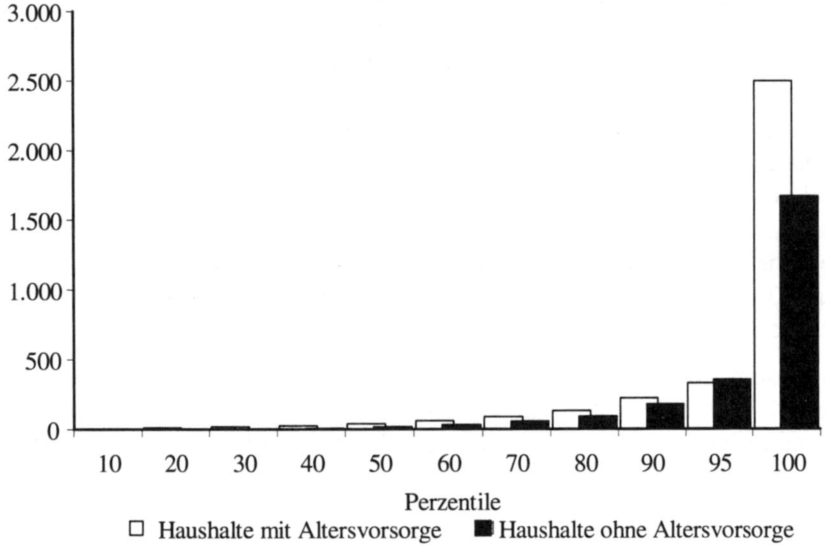

Quelle: Eigene Berechnungen auf der Basis des scientific use files der EVS'98.

---

364 Siehe ausführlich hierzu beispielsweise Bedau (1998a) sowie Fachinger (1998), mit ausführlichen Verweisen, und für eine umfangreiche Darstellung der Vermögen Bundesregierung (2001b), Bundesregierung (2001b) und Schüssler et al. (2001).

365 Diese werden dem Immobilienvermögen zugerechnet.

Insgesamt gesehen weist die Verteilung der Nettogeldvermögensbestände die aus anderen Untersuchungen bekannte Form auf, wonach der überwiegende Teil der betrachteten Gruppen über nur geringe und ein kleiner Anteil über sehr hohe Vermögensbestände verfügen. So liegt der äquivalenzgewichtete Nettogeldvermögensbestand von 50 v.H. der Haushalte von Selbständigen ohne eine Altersvorsorge unter 16.000 DM und bei denen mit einer Altersvorsorge unter 40.000 DM, und 90 v.H. der Haushalte haben einen Vermögensbestand von maximal 178.000 DM bzw. 221.000 DM.

Nun erfolgt ein Vermögensaufbau insbesondere für eine Altersvorsorge durch haushaltsspezifische Konsum-Spar-Entscheidungen im Lebensablauf während der Erwerbstätigkeitsphase, eventuell ergänzt durch ererbte Vermögensbestände. Dies macht ergänzend eine das Lebensalter berücksichtigende Betrachtung erforderlich.

So zeigen die empirischen Studien, in denen die Vermögensbestände nach Altersgruppen differenziert ausgewiesen werden, einen mit zunehmendem Alter der Bezugsperson höheren durchschnittlichen Vermögensbestand auf. Daß dies auch für die hier betrachteten Haushalten zutrifft, zeigt Tabelle 5.10: Die jüngeren Haushalte verfügen über die relativ niedrigsten durchschnittlichen Vermögensbestände und die Höhe steigt mit zunehmendem Alter der HEB sukzessive an. In der Tabelle ist nicht der arithmetische Mittelwert, sondern der Median angegeben, da dieser von einzelnen hohen Werten nicht beeinflußt wird und somit bei einer Verteilung mit einigen wenigen Ausreißern im oberen Bereich, wie dies für die Vermögensverteilung zutrifft, kein verzerrtes Bild der Situation wiedergibt.

Aus der Tabelle 5.10 wird ersichtlich, daß die Haushalte ohne Vorsorgemaßnahmen je Altersgruppe niedrigere Bestände akkumuliert haben. Es liegen somit weitere Indizien dafür vor, daß die Haushalte ohne eine der voran stehend beschriebenen Formen einer Vorsorge diese nicht durch die Bildung privater Vermögen substituiert haben und somit einen Einkommensausfall in aller Regel nur für einen vergleichsweise kurzen Zeitraum durch die Auflösung ihres Geldvermögensbestandes kompensieren können.

Aber nicht nur die absolute Höhe der Geldvermögen ist von Interesse, sondern auch die Art bzw. Struktur des Vermögensbestandes, da die Anlageformen unterschiedliche Eigenschaften aufweisen[366]. Im Falle beispielsweise einer länger andauernden Auftragslosigkeit ist die Liquidität relevant. So kann

366 Siehe hierzu unter dem Aspekt der Altersvorsorge ausführlich Viebrok / Dräther (1999) mit zahlreichen Verweisen.

Tabelle 5.10: Medianwerte der äquivalenzgewichteten Nettogeldvermögensbestände von Haushalten mit und ohne Altersvorsorge 1998 in DM

Alter der HEB	Haushalte ohne Vorsorgemaßnahmen	Haushalte mit Vorsorgemaßnahmen
20 bis 24	4.951	29.937
25 bis 29	0	8.571
30 bis 34	7.027	12.009
35 bis 39	6.540	18.171
40 bis 44	3.406	26.363
45 bis 49	22.222	48.871
50 bis 54	27.270	62.212
55 bis 59	59.107	77.484
60 bis 64	55.000	117.827
65 und älter	97.444	77.789

Quelle: Eigene Berechnungen auf der Basis des scientific use files der EVS'98.

auf bestimmte Vermögensarten gar nicht oder nur bedingt zurückgegriffen werden, um durch deren Vermögensverzehr das Lebenshaltungsniveau aufrechterhalten und die Deckung des täglichen Bedarfs gewährleisten zu können.

Neben der Liquidität ist auch das Risiko der Vermögensanlage zu berücksichtigen, falls das akkumulierte bzw. noch zu akkumulierende Vermögen während der Erwerbstätigkeitsphase der Altersvorsorge, d.h. zur Sicherung des Lebenshaltungsniveaus im Alter nach der Aufgabe der Erwerbstätigkeit, dienen soll. Zu diesen als Risiken zu bezeichnenden Eigenschaften gehören weiterhin die Volatilität als auch der Wertverlust durch inflationäre Prozesse.

Auf die zuvor genannten einzelnen Aspekte kann hier nicht näher eingegangen werden, um ihnen aber zumindest im Ansatz Rechnung zu tragen, wird im folgenden kurz auf die Zusammensetzung der Vermögensbestände eingegangen. Bei der Darstellung in der Tabelle 5.11 wird zwischen zwei Gruppen unterschieden: Es werden die Vermögen für die Haushalte mit einer selbständig erwerbstätigen HEB mit mindestens einer Vorsorge und für die ohne eine Vorsorge dokumentiert, d.h. es sind die Anteilswerte der Haushalte, die über entsprechende Vermögen verfügen, an allen Haushalten mit bzw. ohne eine Vorsorge angegeben. Zusätzlich sind die Medianwerte für einzelne Vermögenskomponenten der Haushalte aufgeführt, deren Vermögensbestand ungleich Null ist.

Tabelle 5.11: Anteilswerte der Haushalte mit Vermögensbeständen an allen Haushalten mit bzw. ohne Vorsorge sowie Medianwerte der Vermögensbestände von Haushalten mit einer selbständig erwerbstätigen HEB, Quartalswerte 1998 in DM

Vermögensart	Haushalte mit Vorsorge		Haushalte ohne Vorsorge	
	mit Vermögen in v.H.	Median[a)]	mit Vermögen in v.H.	Median[a)]
Sparguthaben	70,6	10.000	64,5	10.290
Bausparguthaben	46,3	8.000	24,2	7.700
Aktien	27,6	18.000	20,5	23.000
Sonstige Wertpapiere	26,9	20.000	25,7	29.300
Rentenwerte	11,9	27.000	9,4	42.548
Versicherungsguthaben	82,4	47.809	25,1	26.899
Sonstige Anlagen	36,3	19.442	29,1	30.000
Summe der Geldvermögen	95,8	89.779	82,4	49.000
Immobilienvermögen				
Einheitswert	67,7	50.000	52,8	40.300
Verkehrswert	67,7	550.000	52,8	480.000

Anmerkung: a) Bei der Ermittlung wurden nur Vermögensbestände größer Null verwendet.

Quelle: Eigene Berechnungen auf der Basis des scientific use files der EVS'98.

Die Tabelle 5.11 verdeutlicht, daß die Haushalte ohne eine Vorsorge in der GRV oder ohne eine der Kategorie Prämien für Lebens-, Ausbildungs-, Aussteuer- und Sterbegeldversicherung zuzurechnenden Versicherung im Durchschnitt vergleichsweise niedrige Vermögensbestände aufweisen. So beträgt die Summe der Geldvermögen im Durchschnitt 49.000 DM und beläuft sich damit auf 54,6 v.H. des durchschnittlichen Geldvermögensbestandes der

Haushalte mit einer Vorsorge[367]. Zudem besitzt nur etwa die Hälfte dieser Haushalte Immobilienvermögen. Die niedrige Sparfähigkeit geht somit mit einem vergleichsweise niedrigen Vermögensbestand einher.

Des weiteren wird deutlich, daß bestimmte Vermögensarten dominieren. So sind die Sparguthaben und der Immobilienbesitz bei den Haushalten ohne Vorsorge die vorherrschenden Anlageformen, während bei den Haushalten mit einer Vorsorge neben diesen beiden Arten noch Versicherungs- sowie Bausparguthaben relativ häufig vertreten sind. Die Haushalte ohne Vorsorge verfügen zwar in 25,1 v.H. der Fälle auch über Versicherungsguthaben – für die Lebens-, Ausbildungs-, Aussteuer- und Sterbegeldversicherung erfolgten allerdings keine Prämienzahlung –, diese sind aber im Gegensatz zu der anderen Gruppe, bei der sie mit 82,4 v.H. die verbreitetste Vermögensart sind und den höchsten Medianwert der Geldvermögensarten mit 47.809 DM aufweisen, in ihrer Höhe relativ unbedeutend im Vergleich zu den Rentenwerten, deren Medianwert 42.548 DM beträgt. Es verfügen allerdings lediglich 9,4 v.H. der Haushalte über Rentenwerte.

Insgesamt gesehen sind somit auch die Bestände alternativer Formen der Vermögensakkumulation zur Risikovorsorge relativ niedrig. Insbesondere bei den Haushalten ohne Vorsorgemaßnahmen besteht daher keine bzw. nur geringfügig die Möglichkeit der Substitution eines Einkommensausfalls oder der Kompensation einer finanziellen Mehrbelastung durch die Auflösung von Vermögensbeständen.

Daß bei den Anlageformen geschlechtsspezifische Unterschiede auftreten, zeigt die Tabelle 5.12. So sind die Anteilswerte bei den Frauen für Versicherungsguthaben und bei den Männern insbesondere für die Vermögensarten Aktien, sonstige Wertpapiere sowie Immobilienvermögen deutlich höher.

Um auch einen Eindruck von der Verteilung zu vermitteln, sind in der Tabelle 5.13 ausgewählte Perzentilwerte angegeben, wobei alle Haushalte mit einer selbständigen HEB berücksichtigt wurden. Die Tabelle vermittelt einen optischen Eindruck von den Divergenzen der Aufteilung der Vermögensbestände auf die unterschiedlichen Vermögensarten. So zählen Versicherungs- und Sparguthaben sowie Immobilienbesitz zu den verbreitetsten Arten, wohingegen der Vermögensbestand lediglich von einer Minderheit Rentenwerte oder Aktien enthält. Weiterhin verdeutlicht die Tabelle die erhebliche Ungleichver-

[367] Hierin spiegelt sich der seit langem bekannte Sachverhalt des relativ engen Zusammenhangs zwischen der Höhe der Einkünfte und der Höhe des Vermögensbestandes wider. Siehe für eine aktuelle Analyse anhand des SOEP Himmelreicher (2001), S. 345 ff.

Tabelle 5.12: Anteilswerte der Haushalte mit einer selbständig erwerbstätigen HEB ohne Vorsorge, die über eine entsprechende Vermögensart verfügen in v.H.

Vermögensart	Alle	Frauen	Männer
Sparguthaben	64,5	65,1	64,3
Bausparguthaben	24,2	23,2	24,5
Aktien	20,5	18,4	21,2
Sonstige Wertpapiere	25,7	22,8	26,6
Rentenwerte	9,4	10,0	9,2
Versicherungsguthaben	25,1	27,1	24,4
Sonstige Anlagen	29,1	29,7	28,9
Geldvermögen	82,4	86,6	80,9
Immobilienvermögen	52,8	41,0	56,8

Quelle: Eigene Berechnungen auf der Basis des scientific use files der EVS'98.

teilung des Vermögensbestabdes. So konzentriert sich der Besitz je nach Vermögensart auf rund 10 v.H. bis 20 v.H. der Haushalte. Besonders auffällig ist dies beispielsweise bei den Kategorien Aktien und Rentenwerte. Und selbst bei den Sparguthaben, über die ein relativ hoher Anteil verfügt, besitzt die Mehrzahl vergleichsweise geringe Bestände. Bemerkenswert an dieser Vermögensart ist, daß die Werte ab dem 70sten Perzentil höher als bei den HEB mit Vorsorge sind.

Es wird ersichtlich, daß die Haushalte ohne Vorsorgemaßnahmen auch im Bereich der privaten Vorsorge in der Regel über keine hinreichend hohen Vermögensbestände verfügen, die es ihnen ermöglichen würden, das Lebenshaltungsniveau über eine längere Phase durch Auflösung der Bestände aufrecht zu erhalten.

Zur näheren Charakterisierung der Haushalte mit einer selbständig erwerbstätigen HEB ohne private Vorsorge sei ein Blick auf deren soziodemographische Merkmale geworfen und mit denen der Gesamtheit aller Haushalte mit einem(r) selbständig erwerbstätigen HEB verglichen.

In der Tabelle 5.14 sind die absoluten Zahlen und die Vomhundertwerte für die Anzahl der Personen, die in dem jeweiligen Haushalt leben, sowie für das Geschlecht und für den Familienstand angegeben.

Tabelle 5.13: Vermögensbestände der Haushalte mit einer selbständig erwerbstätigen HEB mit Vorsorge, die über eine entsprechende Vermögensart verfügen in DM

	Minimum	10	20	30	40	50	60	70	80	90	95	Maximum
Sparguthaben	0	0	0	72	1.900	4.500	8.200	14.000	23.000	46.000	78.780	644.292
Bausparguthaben	0	0	0	0	0	0	2.000	4.800	9.750	21.790	39.600	303.000
Aktien	0	0	0	0	0	0	0	0	7.000	36.000	89.100	814.770
Sonstige Wertpapiere	0	0	0	0	0	0	0	0	6.475	32.928	79.200	2.428.185
Rentenwerte	0	0	0	0	0	0	0	0	0	5.000	40.000	1.178.201
Versicherungsguthaben	0	0	1.092	8.284	17.850	30.975	51.236	80.430	130.814	226.471	331.650	1.512.119
Sonstige Anlagen	0	0	0	0	0	0	0	4.000	15.000	50.000	90.900	1.875.960
Geldvermögen, insgesamt	0	6.620	20.876	36.000	57.395	81.826	118.168	176.488	250.309	420.980	611.064	4.001.320
Einheitswert des Immoblienbesitzes	0	0	0	0	18.000	30.000	41.400	55.000	75.800	114.305	164.673	1.453.982
Verkehrswert des Immoblienbesitzes	0	0	0	0	210.000	350.000	470.000	600.000	800.000	1.212.000	1.782.000	10.107.143

Vermögensbestände der Haushalte mit einer selbständig erwerbst. HEB ohne Vorsorge, die über eine entsprechende Vermögensart verfügen in DM

	Minimum	10	20	30	40	50	60	70	80	90	95	Maximum
Sparguthaben	0	0	0	0	505	2.800	7.000	12.000	25.300	60.600	101.000	829.982
Bausparguthaben	0	0	0	0	0	0	0	0	2.816	10.131	18.000	574.479
Aktien	0	0	0	0	0	0	0	0	891	25.000	78.477	3.001.550
Sonstige Wertpapiere	0	0	0	0	0	0	0	0	4.000	50.000	105.203	2.428.185
Rentenwerte	0	0	0	0	0	0	0	0	0	0	40.000	323.200
Versicherungsguthaben	0	0	0	0	0	0	0	0	9.552	42.096	107.657	373.872
Sonstige Anlagen	0	0	0	0	0	0	0	0	10.000	50.000	110.880	400.950
Geldvermögen	0	0	618	8.285	15.043	30.000	54.500	91.495	151.500	320.126	528.800	3.001.550
Einheitswert	0	0	0	0	0	6.464	21.500	30.300	58.000	91.080	141.400	680.740
Verkehrswert	0	0	0	0	0	148.500	300.000	400.000	600.000	940.500	1.782.000	6.715.170

Quelle: Eigene Berechnungen auf der Basis des scientific use files der EVS'98

Tabelle 5.14: Anzahl der Personen, die in einem Haushalt mit einer selbständig erwerbstätigen HEB ohne private Vorsorge leben, 1998

		absolut	in v.H.
Anzahl der Personen	1	138.417	44,2
	2	90.486	28,9
	3	35.006	11,2
	4	29.569	9,4
	5 und mehr	19.923	6,3
Geschlecht	männlich	233.279	74,4
	weiblich	80.122	25,6
Familienstand	ledig	93.400	29,8
	verheiratet	134.546	42,9
	verwitwet	–	–
	geschieden	61.771	19,7
	dauernd getrennt lebend	–	–
Alter	20 bis 24	6.022	1,9
	25 bis 29	23.380	7,5
	30 bis 34	51.995	16,6
	35 bis 39	43.693	13,9
	40 bis 44	39.653	12,7
	45 bis 49	30.709	9,8
	50 bis 54	14.973	4,8
	55 bis 59	26.076	8,3
	60 bis 64	30.115	9,6
	65 und älter	46.786	14,9
Gesamt		313.401	100,0

Quelle: Eigene Berechnungen auf der Basis des scientific use files der EVS'98.

Aus der Tabelle 5.14 wird deutlich, daß mit 44,2 v.H. im Vergleich zu 24,8 v.H. der Gesamtheit überproportional viele Einpersonenhaushalte im Jahr 1998 keine Altersvorsorgemaßnahmen aufweisen. Alle anderen Haushaltsgrößen sind demgegenüber unterproportional besetzt. Insgesamt gesehen verfügen 138.417 Einpersonenhaushalte, das sind 27,3 v.H., über keine explizite Altersvorsorge.

Auch bei der Verteilung nach dem Geschlecht zeigt sich eine Verzerrung gegenüber der Gesamtheit aller Haushalte mit einer selbständig erwerbstätigen HEB. So sind in 25,6 v.H. der Haushalte ohne Altersvorsorgemaßnahmen Frauen die HEB, im Gegensatz zu 20,3 v.H. bei der Gesamtgruppe. Mit 19,3 v.H. sind damit annähernd ein Fünftel aller Frauen ohne Altersvorsorge.

Ein Blick auf den Familienstand der HEB läßt zwei weitere Gruppen erkennbar werden, bei denen in überproportional vielen Fällen keine Altersvorsorge vorliegt. So wird aus Tabelle 5.14 sichtbar, daß ledige, in der Gesamtheit bilden diese 20,4 v.H. aller Fälle, sowie geschiedene Personen, mit einem Anteil von 19,7 v.H. im Vergleich zu 12,5 v.H., in überdurchschnittlich vielen Fällen nicht für eine ausreichende materielle Absicherung im Alter vorsorgen. Es handelt sich hierbei um 22,4 v.H. der ledigen und 24,1 v.H. der geschiedenen Haushalte mit einer selbständig erwerbstätigen HEB.

Weiterhin zeigt sich, daß ab der Kategorie der 30- bis 34jährigen mit zunehmendem Alter der Anteil sukzessive zurückgeht. Da die Altersklassen nicht gleich stark besetzt sind, ist zur zusätzlichen Information der Anteil der Haushalte ohne private Vorsorge an allen Haushalten für jede Altersgruppe berechnet worden. Die Ergebnisse sind in der Tabelle 5.15 angegeben. Hierdurch wird offensichtlich, daß mit zunehmendem Alter der HEB der Anteil der Haushalte ohne private Vorsorge bis einschließlich zum 54sten Lebensjahr zurückgeht, wobei deutliche „Sprünge“ zwischen einzelnen Altersgruppen auftreten: so von 25 bis 29 auf 30 bis 34, und von 30 bis 34 auf 35 bis 39.

Obwohl die Besetzungszahlen bei den Haushalten mit einer weiblichen HEB teilweise zu gering sind, um Werte angeben zu können, weist die geschlechtsspezifische Differenzierung darauf hin, daß anteilsmäßig die Haushalte mit Frauen als HEB je Altersgruppe überproportional ohne private Vorsorgemaßnahmen sind. Zusammenfassend ist somit festzuhalten, daß Indizien vorliegen, die nahelegen, daß überwiegend die Haushalte mit einer jüngeren sowie diejenigen mit einer weiblichen HEB ohne eine adäquate private Vorsorge sind. Versucht man, die Informationen aus den vorangehenden Tabellen zusammenzufassen, und spitzt die Aussage zu, so deutet sich an, daß sich geschiedene selbständig erwerbstätige Frauen, die alleine leben, in einer besonders prekären Situation befinden. Weitere „Problemgruppen“ zeigen sich bei einer Betrachtung der Haushaltsstruktur in Tabelle 5.16.

Im Vergleich zur Gesamtheit ist der Anteil an Haushalten ohne Altersvorsorge bei den alleinlebenden Frauen und Männern sowie den Ehepaaren ohne

Tabelle 5.15: Anteil der Haushalte ohne private Vorsorge an allen Haushalten je spezifischer Altersgruppe

Alter	alle	weiblich	männlich
20 bis 24	47,1	–	–
25 bis 29	41,4	–	42,9
30 bis 34	24,0	45,6	17,0
35 bis 39	13,3	–	14,2
40 bis 44	12,3	14,8	11,6
45 bis 49	10,2	12,7	9,6
50 bis 54	6,6	–	6,8
55 bis 59	8,6	13,2	7,2
60 bis 64	16,0	–	16,0
65 und älter	53,4	69,6	48,6
Gesamt	15,4	19,3	14,3

Anmerkung: – Klassenbesetzung zu gering.

Quelle: Eigene Berechnungen auf der Basis des scientific use files der EVS'98.

Kind, bei denen der Ehepartner nicht erwerbstätig ist, überdurchschnittlich hoch. Der Erwerbstätigkeit des Partners scheint zudem eine besondere Bedeutung beizukommen. Mit 59,5 v.H. im Vergleich zu 34,9 v.H. verfügen nämlich überproportional viele Haushalte, in denen der Partner nicht erwerbstätig ist, über keine der hier betrachteten Art der Altersvorsorge.

Bezieht man die absoluten Häufigkeiten in der Tabelle 5.16 auf die der Gesamtgruppen, so wird folgendes deutlich: Zu den Gruppen mit einem vergleichsweise hohen Anteil an Haushalten, die ohne Altersvorsorge sind, gehören alleinlebende Frauen mit 22,8 v.H. und alleinlebende Männer mit 30,3 v.H. Demgegenüber sind diese Anteilswerte bei den Ehepaaren mit 10,7 v.H. und den zusammenlebenden Paaren mit 14,3 v.H. verhältnismäßig niedrig. Aus der Tabelle 5.16 wird auch die Bedeutung, die der Erwerbstätigkeit des (Ehe-) Partners zukommt, deutlich: 18,9 v.H. der Haushalte, bei denen der (Ehe-) Partner nicht erwerbstätig ist, und demgegenüber nur 6,9 v.H. derjenigen mit einem erwerbstätigen (Ehe-) Partner verfügen über keine Absicherung.

Tabelle 5.16: Angaben zur Haushaltsstruktur der Gruppe der Selbständigen außerhalb der Landwirtschaft 1998

Haushaltsstruktur		absolut	in v.H.
	alleinlebende Frau	45.656	14,6
	alleinlebender Mann	92.762	29,6
	Alleinerziehende(r) mit 1 Kind	–	–
	Alleinerziehende(r) mit 2 Kindern und mehr	–	–
Zwischensumme	Alleinlebend/-erziehend	153.058	48,8
Ehepaar ohne Kind	Ehepartner nicht erwerbstätig	46.339	14,8
	Ehepartner erwerbstätig	18.618	5,9
Ehepaar mit 1 Kind	Ehepartner nicht erwerbstätig	–	–
	Ehepartner erwerbstätig	13.855	4,4
Ehepaar mit 2 Kindern	Ehepartner nicht erwerbstätig	12.587	4,0
	Ehepartner erwerbstätig	13.062	4,2
Ehepaar mit 3 Kindern und mehr	Ehepartner nicht erwerbstätig	–	–
	Ehepartner erwerbstätig	10.041	3,2
Zwischensumme	Ehepaar	131.365	41,9
Zwischensumme	zusammenlebendes Paar	20.768	6,6
Sonstiger Haushalt		–	–
Gesamt		313.401	100,0
Nachrichtlich:	(Ehe-) Partner nicht erwerbstätig	90.471	59,5
	(Ehe-) Partner erwerbstätig	61.663	40,5
	Gesamt	152.133	100,0

Quelle: Eigene Berechnungen auf der Basis des scientific use files der EVS'98.

5.2.2.7 Wirtschaftsbereiche

Bei der in Arbeitsmarktanalysen üblichen Disaggregation der Erwerbstätigen nach verschiedenen Wirtschaftsbereichen erfolgt die Zuordnung der Unternehmen über den sektoralen Schwerpunkt ihres Outputs[368]. Wird dieser Einteilung gefolgt, ist das Gros der Selbständigen mit einem Anteil von 70 v.H. in den beiden Zweigen des Dienstleistungsbereichs konzentriert und dies gilt insbesondere für die Frauen unter den Selbständigen, von denen 87 v.H. im Dienstleistungsbereich tätig sind[369]. Auf die Bereiche Land- und Forstwirtschaft entfallen demgegenüber nur noch knapp neun Prozent und auf das Produzierende Gewerbe 21,2 v.H. Der Dienstleistungssektor ist aber nicht nur in den Anteilswerten, sondern auch in der Entwicklungsdynamik von herausragender Bedeutung: Rund 650.000 Selbständige sind in den 90er Jahren allein in diesen Bereich hinzugekommen, während es im Produzierenden Gewerbe nur 51.000 waren und sich die Anzahl der Selbständigen in der Landwirtschaft weiter um 95.000 verringerte[370]. Entsprechend veränderte sich in den 90er Jahren die Verteilung der Selbständigen auf die Sektoren, d.h. der Dienstleistungsbereich hat weiter an Bedeutung gewonnen, während der Stellenwert des Produzierenden Gewerbes – trotz absoluter Zuwächse – und der Land- und Forstwirtschaft zurückging[371]. Die Veränderung der Verteilung der

---

368 Genauer nach dem wirtschaftlichen Schwerpunkt der örtlichen Einheit, der nicht deckungsgleich mit dem Schwerpunkt des Unternehmens sein muss; siehe Statistisches Bundesamt (2001b), S. 18.

369 In der Statistik wird dieser Bereich in die Mischkategorie „sonstige Dienstleistungen", in denen im Jahre 2000 40,5 v.H. der Selbständigen tätig waren, und „Handel, Gastgewerbe, Verkehr" mit knapp 30 v.H. weiter untergliedert. Gemeinsames Kennzeichen der hier Tätigen ist, dass sie in der Regel keine materiellen Güter produzieren. Die Betätigungsfelder sind überaus vielschichtig und beinhalten sowohl die traditionellen Leistungen des Handels, des Gastgewerbes, des Banken-, Versicherungs- und Verkehrsgewerbes sowie der verkammerten Freiberufler als auch eher neue selbständige Tätigkeiten, die von Werbefachleuten, Informatikern, Software-Entwicklern u.ä. ausgeübt werden; siehe Statistisches Bundesamt (2000), S. 303.

370 Siehe zu den sektoralen Schwerpunkten im Gründungsgeschehen auch Pannenberg (1998).

371 Regionale Unterschiede zwischen alten und neuen Bundesländern bestehen einerseits hinsichtlich des Stellenwertes der landwirtschaftlichen Unternehmer, die in den neuen Ländern mit vier Prozent geringer vertreten sind als in den alten Ländern (10 v.H.) und sich – als weitere Besonderheit – statistisch ausschließlich aus männlichen Selbständigen rekrutieren, andererseits im Produzierenden Gewerbe, das in den neuen Ländern mit 26 v.H. stärker besetzt ist als in den alten Ländern (20 v.H.). Der Dienstleistungsbereich ist dagegen in der Summe etwa gleich stark besetzt, geringfügige Unterschiede bestehen darin, dass sonstige Dienstleistungen in den neuen Ländern einen etwas geringeren Stellenwert einnehmen als in den alten Ländern (38,3 v.H. ge-

Selbständigen auf die genannten Bereiche im Zeitraum 1991 bis 2000 zeigt die Abbildung 5.15[372].

Abbildung 5.15: Verteilung der Selbständigen auf Wirtschaftsbereiche in v.H. 1991 und 2000

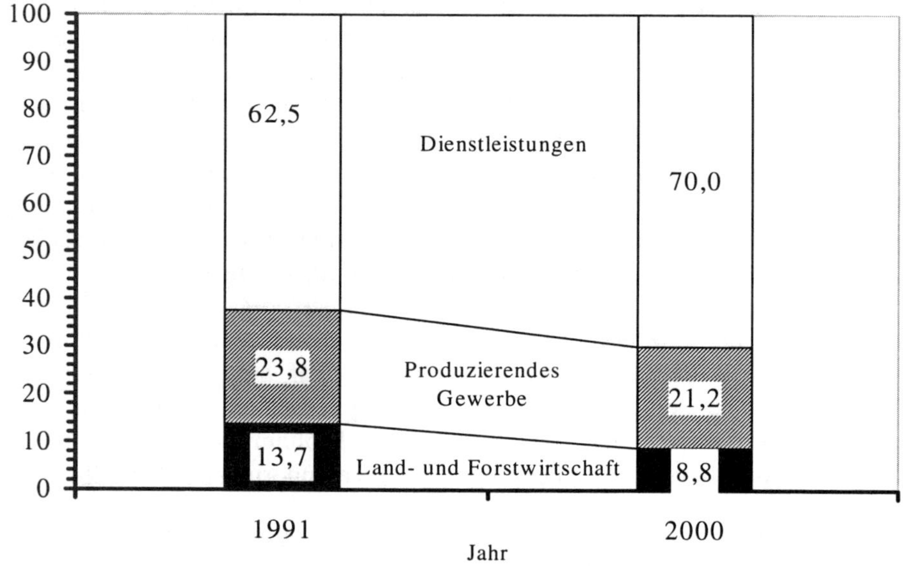

Quelle: Eigene Darstellung auf Grundlage Statistisches Bundesamt, Ergebnisse des Mikrozensus.

Die Anzahl der abhängig Beschäftigten folgt der Verteilung der Selbständigen auf die Wirtschaftsbereiche nur bedingt, wodurch es zu unterschiedlichen bereichsspezifischen Selbständigenquoten kommt. Den höchsten Wert erreicht hier die Land- und Forstwirtschaft mit einer Selbständigenquote von 43 v.H., gefolgt von ebenfalls überdurchschnittlichen Werten im Dienstleistungsbe-

genüber 40,9 v.H.) und der Bereich Handel, Gastgewerbe und Verkehr dementsprechend stärker besetzt ist (31,6 v.H. gegenüber 29,1 v.H.). Vgl. zu den Gründungsschwerpunkten in den neuen Bundesländern Hinz (1998), S. 93-96. Zu Unterschieden gegenüber westdeutschen Strukturen ebenda, S. 115.

372 Die Grobaufgliederung in vier Wirtschaftsbereiche wird hier nicht übernommen, da seit 1995 die „Klassifikation der Wirtschaftszweige, Ausgabe 1993" verwendet wird, die nur eingeschränkt mit der Gliederung der Vorjahre vergleichbar ist. Zu Änderungen der Zuordnung der Erwerbstätigen kam es z.B. im Bereich C (Handel, Verkehr und Nachrichtenübermittlung), dem nach der neuen Wirtschaftszweigsystematik auch das Gastgewerbe und Reparaturtätigkeiten zugeordnet werden.

reich (17 v.H. in Handel, Gastgewerbe und Verkehr; 15 v.H. in sonstigen Dienstleistungen), unterdurchschnittlich hoch ist die Selbständigenquote dagegen im Produzierenden Gewerbe mit acht Prozent.

5.2.2.8 Tätigkeitsfelder

Einer quantitativen Untersuchung der sozialrechtlich definierten Teilmengen der Selbständigen nach Wirtschaftsbereichen und auch in der feineren Untergliederung nach Wirtschaftsunterbereichen sind aufgrund der überwiegend berufsbezogen abgegrenzten Pflichtversicherten sehr schnell Grenzen gesetzt, da nur der potentiell in das Alterssicherungssystem der Landwirte einbezogene Personenkreis sektoral identifiziert werden kann. Eine ergiebigere Analyseebene für die Untersuchung sozialrechtlicher Aspekte bildet daher die Verteilung der Selbständigen auf unterschiedliche Berufsbereiche oder Tätigkeitsfelder, die im Mikrozensus nach dreistelligen Berufsnummern in über hundert verschiedene Berufsbereiche aufgegliedert werden[373]. Nach einer ersten Auswertung der Daten des Mikrozensus nach zweistelligen Berufsgruppen kristallisieren sich auch in Berufsbereichen Schwerpunkte der selbständigen Tätigkeit heraus, da 55 v.H. der selbständigen Männer in nur zehn unterschiedlichen Berufsfeldern tätig sind und sich bei den Frauen sogar zwei Drittel den zehn häufigsten zuordnen lassen. Einen Überblick über die vom überwiegenden Teil der Selbständigen ausgeübten Berufe, die aufgrund der Verschiedenartigkeit der Zusammensetzung nach Geschlecht differenziert dargestellt werden, gebt die Tabelle 5.17.

Diese Zusammenstellung zeigt, dass einige Tätigkeitsfelder wie Unternehmensleitung, -beratung und -prüfung, die Tätigkeit im Groß- und Einzelhandel, in akademischen Heilberufen oder im Hotel- und Gaststättenbereich sowohl bei den Männern als auch bei den Frauen zu den Hauptbetätigungsfeldern zählen. Daneben gibt es auch solche, die eher geschlechtsspezifisch besetzt sind, was sich nicht nur in der Rangfolge innerhalb der zehn häufigsten Berufsgruppen, sondern auch in den Frauenanteilen widerspiegelt.

Überdurchschnittlich hohe Anteile weisen Berufe in der Körperpflege (Frauenanteil 81,6 v.H.), die übrigen Gesundheitsberufe (69 v.H.), Lehrtätigkeiten (49 v.H.) und das sonstige Verkaufspersonal (51,3 v.H.) auf, ferner soziale

---

[373] Der Mikrozensus erfasst Berufsangaben in Berufsordnungen auf der Basis der „Klassifizierung der Berufe“ des Jahres 1992, die in dreistelligen Klassifizierungskennziffern zusammengefasst werden und die ihrem Wesen nach möglichst gleichartige Berufe umfassen.

Tabelle 5.17: Die zehn häufigsten Berufsgruppen selbständiger Frauen und Männer (2000)

		in 1.000	in v.H.
Selbständig tätige Frauen insgesamt		1.012	100,0
davon im Bereich / als:			
1	Groß- und Einzelhandel / Ein- und Verkauf	120	11,9
2	Unternehmensleitung, -beratung und –prüfung	98	9,7
3	Berufe in der Körperpflege	80	7,9
4	Ärzte/Apotheker	76	7,5
5	Hotel- und Gaststättenberufe	74	7,3
6	Lehrer	51	5,0
7	Übrige Gesundheitsberufe	49	4,8
8	Künstlerische und zugeordnete Berufe	48	4,7
9	Verkaufspersonal	40	4,0
10	Dienstleistungskaufleute und zugeordnete Berufe	39	3,9
	Top-10 gesamt	675	66,7
Selbständig tätige Männer insgesamt		2.631	100,0
davon im Bereich / als:			
1	Unternehmensleitung, -beratung und –prüfung	298	11,3
2	Groß- und Einzelhandel / Ein- und Verkauf	228	8,7
3	Landwirtschaftliche Berufe	222	8,4
4	Ärzte/Apotheker	135	5,1
5	Ingenieure	133	5,1
6	Hotel- und Gaststättenberufe	107	4,1
7	Künstlerische und zugeordnete Berufe	93	3,5
8	Dienstleistungskaufleute und zugeordnete Berufe	90	3,4
9	Bank- und Versicherungswesen	82	3,1
10	Warenkaufleute/Vertreter	78	3,0
	Top-10 gesamt	1.466	55,7

Quelle: Statistisches Bundesamt, Ergebnisse Mikrozensus 2000.

Berufe (82,6 v.H.), der gesamte Bereich der Textilverarbeitung (73,7 v.H.) und haus- und ernährungswirtschaftliche Berufe (77,8 v.H.). Zu den in beruflicher Hinsicht eindeutigen Männerdomänen (Anteile über 90 v.H.) zählen demgegenüber neben den in Tabelle 5.17 angeführten Ingenieurberufen die Techniker, die handwerklichen Berufe in der Metall-, Holz- und Kunststoffverarbeitung, das Bau- und Ausbaugewerbe, Leder- und Süßwarenherstellung sowie Sicherheitsberufe und Berufe im Landverkehr.

Wird die Zunahme der selbständigen Erwerbstätigkeit in den 90er Jahren nach beruflichen Schwerpunkten untersucht[374], dominieren in absoluten Zahlen Berufsbereiche, die im unternehmensnahen Dienstleistungssektor angesiedelt sind, wie Unternehmensleitung, -beratung und -prüfung, Dienstleistungskaufleute, Ingenieure, Rechnungskaufleute/Informatiker, Dienst- und Wachberufe. Diese konnten im Zeitraum von 1991 bis 2000 einen Zuwachs von etwa 250.000 Selbständige verbuchen[375]. Mit einem Plus von etwa 200.000 wurde die Bestandsentwicklung aber auch durch die wachsende Anzahl der selbständigen Lehrer, Ärzte und im künstlerischen und publizistischen Bereich Tätigen positiv beeinflusst und durch das Handwerk, in dem im Untersuchungszeitraum mehr als 100.000 Selbständige hinzukamen[376]. Der Anstieg der selbständigen Erwerbstätigkeit erfolgte damit sowohl in Berufsbereichen, in denen keinerlei Regelungen über eine Pflichtversicherung existieren als auch in Bereichen, die dem sozialrechtlich geschützten Personenkreis zuzurechnen sind. Welche Konsequenzen sich daraus für den tatsächlich versicherten Personenkreis ergeben, kann infolge der Spezifika der sozialrechtlichen

---

374 Dieses Unterfangen ist mit einigen Schwierigkeiten behaftet, da die Erfassungssystematik der Berufe zu Beginn der 90er Jahre geändert wurde und damit ein Vergleich im Zeitablauf nur bedingt möglich ist. Weiterhin hat sich der Anteil der nicht weiter spezifizierten Selbständigen, die Gruppe Sonstige/ohne nähere Tätigkeitsangabe, in den 90er Jahren erheblich verringert. Dies kann zu Zuwächsen in Einzelgruppen geführt haben, die nicht isoliert werden können. Es werden daher hier nur grobe Anhaltspunkte gegeben.

375 Siehe dazu beispielsweise auch Fehrenbach / Leicht (2001).

376 Die höchsten Zuwachsraten weisen bei den unternehmensnahen Dienstleistungen mit mehr als 100 v.H. die Dienst- und Wachberufe und die Rechnungskaufleute/Informatiker auf. Hohe Zuwachsraten gab es aber auch bei den publizistischen und verwandten Berufen mit annähernd 100 v.H. und den Lehrern mit etwa 85 v.H. Beim Handwerk weisen die Ausbauberufe mit etwa 70 v.H. den höchsten Zuwachs auf. Nach Gewerbezweigen gruppiert, sind mehr als die Hälfte der Handwerker im Bau und Ausbaugewerbe oder in Elektro- oder Metallberufen tätig, weitere 30 v.H. verteilen sich auf die Gewerbe Holz, Nahrungsmittel, Bekleidung, Textil und Leder sowie Glas-, Papier-, Keramische und Sonstige Gewerbe. In den Dienstleistungsgewerben der Gesundheits- und Körperpflege oder im Reinigungsberufen arbeiten 15 v.H.

Regulierungen für die genannten Einzelgruppen jedoch nur in Form einer Detailanalyse ermittelt werden[377].

5.2.2.9 Betriebsgrößenstruktur

Die Anzahl der beschäftigten Mitarbeiter wird in der jüngsten Gesetzgebung als Kriterium zur Abgrenzung des versicherungspflichtigen Personenkreises herangezogen. Im Mikrozensus werden die Selbständigen im Hinblick auf die Betriebsgrößenstruktur in zwei Hauptgruppen unterteilt: Einerseits in solche, die alleine arbeiten und allenfalls durch Familienmitglieder unterstützt werden, andererseits in diejenigen mit weiteren Beschäftigten[378]. In Deutschland überwiegt mittlerweile die erstgenannte Gruppe, denn 50,6 v.H. der Selbständigen waren im Jahr 2000 ohne weitere Beschäftigte tätig[379]. Bei den Männern ist dieser Anteil mit 47,1 v.H. geringer als bei den Frauen mit 59,5 v.H.[380]. Ob sich diese geschlechtsspezifischen Unterschiede in der Betriebsgrößenstruktur bei den Selbständigen mit weiteren Beschäftigten fortsetzen, ist aus dem verfügbaren Datenmaterial nicht ohne weiteres ermittelbar, da differenzierte Angaben zur Betriebsgrößenstruktur geschlechtsspezifisch nicht erhoben werden. Hilfsweise wurden daher Angaben über die Anzahl der in der Arbeitsstätte tätigen Personen ausgewertet, um Anhaltspunkte über personelle Organisationstrukturen der selbständigen Erwerbstätigkeit zu gewinnen. Dabei zeigt sich, dass Frauen sehr viel häufiger als Männer allein arbeiten und in geringerem Umfang als Männer in größere Organisationseinheiten eingebunden sind. Einen Überblick über die Verteilung der Selbständigen auf die unterschiedlichen Arbeitsstättengrößenklassen gibt Abbildung 5.16.

---

377 Dazu zählen insbesondere die Regelungen über die begrenzbare Versicherungspflicht für die Handwerker, aber auch die Besonderheiten der Pflichtversicherung in einem Berufsständischen Versorgungswerk.

378 Der sozialversicherungsrechtliche Status dieser Beschäftigten kann anhand der Mikrozensus-Daten nicht ermittelt werden, was im weiteren Verlauf der Untersuchung zu einigen Abgrenzungsproblemen führt, auf die an entspechender Stelle gesondert hingewiesen wird.

379 Im europäischen Vergleich ist dieser Anteil gering, da in etlichen Ländern mehr als zwei Drittel der Selbständigen ohne weitere Mitarbeiter tätig sind, siehe Leicht (2000), S. 81. Zu sozialen und sozio-ökonomischen Merkmalen der Selbständigen nach Betriebsgrößenstruktur und deren Entwicklung ausführlicher Leicht (2000), S. 84-87. Zur Entwicklung der Selbständigen ohne Mitarbeiter in den Niederlanden beispielsweise Evers / Wijman (2000).

380 Der Anteil der „Solo-Unternehmer“ fällt in den neuen Bundesländern mit 47,8 v.H. geringer aus als in den alten Bundesländern mit 51 v.H., wobei diese regionalen Unterschiede bei den Frauen mit 53,9 v.H. gegenüber 60,6 v.H. sehr viel ausgeprägter sind als bei den Männern mit Werten von 45,5 zu 47,5 v.H.

Abbildung 5.16: Verteilung der Selbständigen auf Arbeitsstätten nach Größenklassen und Geschlecht 2000 (Deutschland) in v.H.

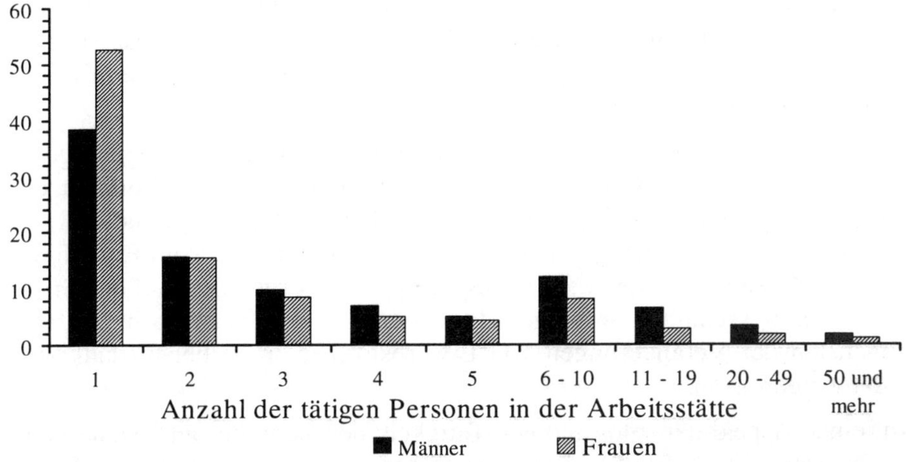

Quelle: Eigene Darstellung auf Grundlage Statistisches Bundesamt, Ergebnisse des Mikrozensus 2000.

Im Vergleich zum Beginn der 90er Jahre hat sich die Anzahl der ohne weitere Mitarbeiter tätigen Selbständigen kontinuierlich erhöht und auch die Zunahme der selbständigen Erwerbstätigkeit in den 90er Jahren geht seit 1994 größtenteils auf die so genannten „Solo-Unternehmer" zurück, während sich die Anzahl der Selbständigen mit weiteren Beschäftigten demgegenüber zeitweise sogar reduzierte[381].

5.2.3 Gründungen und Liquidationen

Die sich positiv entwickelnden Bestandsdaten der selbständig Erwerbstätigen spiegeln die dahinter stehende Dynamik nur unzulänglich wider, denn der steigenden Zahl von Neugründungen steht eine ebenso beständig steigende Zahl von Liquidationen und damit Marktaustritten gegenüber. Nach Berechnungen des DIW auf der Grundlage des SOEP[382] haben allein im Zeitraum

---

381 Siehe zum Wandel der Betriebsgrößenstruktur in der Bundesrepublik Deutschland zwischen 1970 und 1987 Leicht / Stockmann (1993) und zu den Tendenzen in den 90er Jahren Leicht / Philipp (1999), Leicht (2000) oder auch Bögenhold (2000).

382 Eine andere, häufig genutzte Quelle zur Abbildung von Gründungen und Liquidationen ist die Gewerbeanzeigenstatistik. Der Mangel dieser Statistik besteht allerdings

von 1990 bis Ende 1996 ca. 2 Mio. Personen erstmals eine selbständige Tätigkeit aufgenommen, davon 1,48 Mio. in den alten und etwa 560.000 in den neuen Bundesländern. Im gleichen Zeitraum haben aber auch etwa 1,6 Mio. Personen, 1,24 in den alten Bundesländern und 330.000 in den neuen Bundesländern, die selbständige Tätigkeit auch wieder aufgegeben[383]. Die Zunahme der selbständigen Erwerbstätigkeit wird daher von einer erheblichen Ein- und Austrittsdynamik begleitet[384].

Ob und in welchem Ausmaß sich daraus Defizite in der Altersvorsorge der Betroffenen ergeben, ist nicht nur von der sozio-ökonomischen Situation, dem Vorsorgeverhalten und u.U. dem sozialrechtlichen Status während der selbständigen Tätigkeit abhängig, sondern auch von deren Dauer im Erwerbsverlauf. Abschließend werden daher einige empirische Ergebnisse auf der Grundlage von Längsschnittdaten vorgestellt, in denen auch die erwerbsbiografische Dimension der Veränderungen von Erwerbsformen im Lebensverlauf abgebildet werden kann.

Auf einen Aspekt der selbständigen Tätigkeit, der nicht nur unter steuerlichen und betriebswirtschaftlichen Gesichtspunkten, sondern gleichermaßen für den Bereich der Altersvorsorge bedeutsam sein kann, sei in diesem Zusammenhang vorab hingewiesen, nämlich die Rechtsform, in der die Tätigkeit ausgeübt wird. In Deutschland existieren hier sehr unterschiedliche Varianten, einerseits Einzelunternehmen oder Personengesellschaften, bei denen die selbständigen Betreiber unbeschränkt, d.h. im vollen Umfang für die Verbindlichkeiten des Unternehmens haften und das Risiko des Scheiterns von der Höhe des Gesamtvermögens determiniert wird; andererseits Rechtsformen mit beschränkter Haftung, bei denen das Risiko auf die Kapitaleinlage begrenzt und

darin, dass sie das Gründungs- und Liquidationsgeschehen überzeichnet, da eine Gewerbeanmeldung lediglich eine Absichtserklärung darstellt, die nicht zwangsläufig zum Aufbau einer selbständigen Erwerbstätigkeit führt. Ferner werden von der Gewerbeanzeigenstatistik die in der Landwirtschaft, in freien Berufen und in Versicherungsunternehmen Tätigen nicht erfasst, da sie von der Meldepflicht ausgenommen sind; siehe Sternberg (2000), S. 21.

383 Siehe Pannenberg (1998) sowie zu ersten Ergebnissen für den Zeitraum bis 1995 auch Pannenberg (1997). Diese erste Untersuchung bezog bei den Veränderungen auch die mithelfenden Familienangehörigen ein und unterscheidet sich dadurch von der im Jahr 1998 veröffentlichten; siehe Pannenberg (1998), S. 688.

384 Für einen umfassenden Überblick über das Gründungsgeschehen in Deutschland siehe Sternberg (2000). Zu empirischen Ergebnissen für die alten und neuen Bundesländer auch Harhoff (1997). Speziell für Ostdeutschland Lehmann (1994), Steil (1997) oder Hinz (1998). Zur Entwicklung junger Unternehmen in den neuen Ländern zu Beginn der 90er Jahre auch Paulini (1994).

damit auch eine Trennung der persönlichen wirtschaftlichen Situation des Betreibers von der des Unternehmens ermöglicht wird[385]. Die Wahl der Rechtsform ist daher mit unterschiedlichen haftungsrechtlichen Konsequenzen verbunden, wodurch sich die finanziellen Folgen eines Scheiterns in der Selbständigkeit im Einzelfall sehr unterschiedlich gestalten. Wird Betriebsvermögen als Altersvorsorgeform gewählt, handelt es sich allerdings unabhängig von der Rechtsform um Risikokapital, dessen Höhe und Verfügbarkeit von Erfolg oder Misserfolg der selbständigen Erwerbstätigkeit abhängig ist.

5.2.3.1 Erwerbsstatus der Gründer vor Aufnahme der selbständigen Erwerbstätigkeit

Nach der bereits angeführten Untersuchung des DIW lag das Durchschnittsalter der Existenzgründer in den alten und neuen Bundesländern bei etwa 36 Jahren[386]. Beim Erwerbsstatus vor der Gründung zeigen sich jedoch deutliche regionale Unterschiede. So waren von den „neuen Selbständigen" der Jahre 1990 bis 1996 in den alten Bundesländern 56 v.H. vor Aufnahme der selbständigen Tätigkeit abhängig beschäftigt, 14 v.H. waren registrierte Arbeitslose und 30 v.H. gründeten direkt nach der Ausbildung oder im Anschluss an eine Nichterwerbstätigkeit ein Unternehmen. In den neuen Ländern war der Anteil der zuvor abhängig Erwerbstätigen mit 72 v.H. höher. Allerdings sahen dort 28 v.H. der Existenzgründer vor dem Übergang in die Selbständigkeit ihren Arbeitsplatz als gefährdet an – in den alten Ländern waren dies nur zwei Prozent – und auch der Anteil der zuvor arbeitslosen Selbständigen liegt mit 16 v.H. über dem westdeutschen Wert. Dafür nahmen nur elf Prozent direkt nach der Ausbildung oder im Anschluss an eine Nichterwerbstätigkeit eine selbständige Tätigkeit auf[387]. In den neuen Ländern scheint der „push-Effekt"

---

385 Wie sich die unterschiedlichen Rechtsformen der Unternehmen auf die Selbständigen verteilen, ist aus der amtlichen Statistik nicht ermittelbar, da solche Angaben personenbezogen nicht erhoben werden. Für die „Neugründer" gibt Hinz (1998), S. 101, in einer Regionalstudie in den neuen Bundesländern einen Anteil von 21 v.H. Kapitalgesellschaften an, dementsprechend entfallen annähernd 80 v.H. auf Personengesellschaften.

386 Pannenberg (1998), S. 689. Nach einer Untersuchung des RWI haben die Selbständigen ihre Tätigkeit im Durchschnitt mit etwa 33 Jahren aufgenommen. Die „Neugründer" mit 35 Jahren etwas später, was sich in etwa mit den Angaben des DIW deckt. Der „Altbestand", d.h. diejenigen Selbständigen, die bereits seit 20 Jahren und mehr selbständig sind, hat sich dagegen mit etwa 26 Jahren deutlich früher selbständig gemacht. Siehe dazu Frick et al. (1998), S. 56.

387 Siehe Pannenberg (1998), S. 688f. Zu ähnlichen Ergebnissen für die neuen Bundesländer kommt Hinz (1998), S. 136.

Arbeitslosigkeit im Gründungsgeschehen daher eine größere Rolle als in den alten Ländern zu spielen, wo Selbständigkeit jedoch in höherem Maße von Berufs(wieder-)einsteigern als Alternative zu einer abhängigen Beschäftigung angesehen wird[388]. Für den überwiegenden Teil der Selbständigen bildet die abhängige Beschäftigung jedoch die Ausgangsbasis[389].

Eine auf der Grundlage des SOEP des Jahres 1997 durchgeführte Untersuchung von Georgellis und Wall kommt hinsichtlich des vor der Existenzgründung bestehenden Erwerbsstatus zu geschlechtsspezifisch unterschiedlichen Ergebnissen[390]. So waren bei den Männern etwa 77 v.H. vor Aufnahme der selbständigen Tätigkeit Vollzeit beschäftigt und 17 v.H. waren arbeitslos. Bei den Frauen dagegen wechselten 43 v.H. aus einer Teilzeitbeschäftigung in die Selbständigkeit, etwas mehr als 27 v.H. war zuvor nicht erwerbstätig und nur knapp 25 v.H. wechselte aus einer Vollzeitbeschäftigung in die Selbständigkeit. Ferner heben Georgellis und Wall in ihrer Untersuchung hervor, dass die weiblichen Gründer tendenziell mehr Kinder haben als die männlichen und häufiger verheiratet sind. Ergebnisse, die ihrer Auffassung nach dafür sprechen, dass Frauen eine selbständige Tätigkeit auch wählen, um in der Kinderbetreuung flexibler zu sein[391].

5.2.3.2 Status nach Beendigung der selbständigen Erwerbstätigkeit

Die Ausführungen über die Altersstruktur der Selbständigen haben gezeigt, dass ein nicht unerheblicher Teil von ihnen, im Jahre 2000 etwa zwölf Pro-

---

388 Pannenberg (1998), S. 689. Die höhere Bedeutung von „push"-Faktoren in den neuen Bundesländern wird auch von anderen empirischen Untersuchungen zur Unternehmensgründung bestätigt. Vgl. dazu in einer Zusammenfassung Sternberg (2000), S. 95.

389 Nach Ergebnissen von Klammer / Tillmann (2001b), S. 101, auf der Grundlage des SOEP wechselten in den 90er Jahren zwischen 0,3 v.H. und 0,8 v.H. der Bevölkerung im erwerbsfähigen Alter von einer abhängigen Beschäftigung in eine selbständige Tätigkeit. Ebenso viele wechselten aber von einer selbständigen Tätigkeit auch wieder in eine abhängige Beschäftigung zurück, so dass die Autorinnen zu dem Schluss kommen, dass nach den SOEP-Daten von einer Gewichtsverschiebung zwischen abhängiger und selbständiger Tätigkeit und einem nennenswerten Anstieg des wechselseitigen Austausches nicht ausgegangen werden kann.

390 Georgellis / Wall (2000). Regional wird in dieser Untersuchung nicht differenziert, so dass ein Vergleich mit den Ergebnissen der DIW-Untersuchung nicht nur aufgrund der unterschiedlichen Untersuchungsperiode, sondern auch infolge der regional anderen Differenzierung nur eingeschränkt möglich ist.

391 Zur besseren Vereinbarkeit von Familie und Beruf als „pull"-Faktor für die Ausübung einer selbständigen Erwerbstätigkeit von Frauen vgl. auch Frick et al. (1998), S. 248.

zent, das 60. Lebensjahr überschritten hat. Überschlagsrechnungen auf der Grundlage dieser Altersverteilung gehen daher davon aus, dass in den nächsten fünf Jahren jährlich etwa 80.000 Selbständige auch aus Altersgründen den Bestand verlassen[392].

Die altersbedingte Fluktuation innerhalb der Selbständigen ist für die Austrittsdynamik allerdings nur zum Teil veantwortlich. So wird das Durchschnittsalter der aufgebenden Personen in der Untersuchungspopulation des DIW, das waren im Zeitraum 1990 bis 1996 1,57 Mio. Personen, in den alten Ländern mit 47 Jahren und in den neuen Ländern mit 41 Jahren beziffert, und liegt damit weit unterhalb der Altersgrenzen, die gewöhnlich einen Übergang in den Ruhestand nahe legen. In beiden Teilen Deutschlands wechselte nach Ergebnissen des SOEP der größere Teil der ehemals Selbständigen in Rente oder eine sonstige Nichterwerbstätigkeit, alte Bundesländer 59 v.H., neue Bundesländer 44 v.H., wobei bei diesen Angaben zwischen diesen beiden Erwerbsstatus – auch hinsichtlich der geschlechtsspezifischen Verteilung – nicht differenziert wird. Ein Drittel der ehemals Selbständigen in den alten Bundesländern und 41 v.H. in den neuen Bundesländern nahm erneut eine abhängige Erwerbstätigkeit auf und in die Arbeitslosigkeit führte die Aufgabe des Betriebes in den alten Ländern etwa acht Prozent und in den neuen Ländern etwa 16 v.H. Die durchschnittliche Dauer der selbständigen Erwerbstätigkeit lag bei den aufgebenden Personen im SOEP in den alten Ländern mit 15 Jahren deutlich höher als in den neuen Ländern mit sieben Jahre, was allerdings auch durch die Historie zu erklären ist[393].

Die Bestimmungsgründe eines solchen in der Regel auf wirtschaftlichen Schwierigkeiten beruhenden Scheiterns in der selbständigen Erwerbstätigkeit sind vielfältig, noch nicht umfassend erforscht und auch über den Verbleib der ehemals Selbständigen ist wenig bekannt[394]. Älteren empirischen Unter-

---

392 Siehe hierzu Bundesministerium für Wirtschaft und Technologie (2001), S. 3.

393 So ging in den alten Ländern im betrachteten Zeitraum nur ein Drittel der Abgänge auf Gründungen nach 1990 zurück, während in den neuen Bundesländern die Schließungen zu gut zwei Drittel auf nach 1990 gegründete Unternehmen entfielen; siehe Pannenberg (1998), S. 690f.

394 So werden als Begründung für eine Insolvenz oder auch die stillschweigende Aufgabe des Unternehmens aufgrund von wirtschaftlichen Schwierigkeiten sowohl unternehmensspezifische Faktoren, wie die Branche oder die Unternehmensgröße, als auch personenbezogene Ursachen wie der Mangel an Berufs- oder Branchenerfahrung sowie zu geringes Startkapital ins Feld geführt. Siehe dazu beispielsweise Harhoff / Woywode (1994), Brüderl (1999), S. 104f., oder auch Wießner (2001), der daneben auf die Bedeutung weicher Faktoren und „soft skills" der Gründerpersonen hinweist, die den Unternehmenserfolg beeinflussen können. Die Schwierigkeit, verlässliche Informationen über den Verbleib der ehemals Selbständigen zu erhalten, könnte auch

suchungen zufolge scheitern viele Unternehmensgründungen bereits in den ersten Jahren nach Aufnahme der Geschäftstätigkeit[395] und die seit 1992 wieder steigenden Insolvenzzahlen könnten ein weiteres Indiz für die zunehmend kürzere Lebensdauer von Unternehmen sein, obwohl sie nur einen kleineren Teil der Unternehmensabgänge erfassen[396]. Selbständigkeit geht in den 90er Jahren daher möglicherweise mit einem höheren materiellen Risiko einher, von dem insbesondere Kleinunternehmen und vormals nicht erwerbstätige bzw. arbeitslose Existenzgründer betroffen sind[397].

5.2.3.3 Selbständigkeit als Phase im Erwerbsverlauf?

Die Ergebnisse des DIW auf Grundlage der SOEP-Daten der Jahre 1990 bis 1996 zur durchschnittlichen Verweildauer und dem Erwerbsstatus vor und nach der Selbständigkeit werden durch die Ergebnisse der AVID, die solche Aussagen mit Einschränkungen ebenfalls ermöglicht, gestützt.

Von der dort erfassten Untersuchungspopulation der GRV-Anwartschaftsberechtigten der Geburtsjahrgänge 1936 bis 1955 waren etwa acht Prozent mindestens zwölf Monate ihres Erwerbslebens selbständig erwerbstätig, ohne Beiträge an die GRV zu entrichten, wobei die Anteile bei den Frauen mit fünf Prozent deutlich niedriger sind als bei den Männern mit knapp zwölf Prozent[398].

---

darin begründet sein, dass in Untersuchungen über Determinanten der Selbständigkeit in der Regel der Bestand herangezogen wird, nicht aber die ehemaligen Selbständigen und dadurch die so genannte Survivor-Problematik die Untersuchung dieser Aspekte erschwert. Zum Verbleib der von der Bundesanstalt für Arbeit geförderten Existenzgründer und zu den Gründen des Scheiterns in dieser Untersuchungspopulation Wießner (1998b).

395 Vgl. dazu Harhoff / Woywode (1994) mit weiteren Literaturangaben. Zum Scheitern von Betriebsgründungen in den neuen Ländern Hinz / Wilsdorf (1999).

396 Siehe Statistisches Bundesamt (2001c), S. 140, mit Angaben zur Entwicklung der Insolvenzen 1992 bis 1998. Insolvenzen sind qualitativ anders zu beurteilen als Liquidationen, da sie Zahlungsunfähigkeit voraussetzen.

397 Siehe dazu z.B. Bögenhold (1987b), S. 328f., Bögenhold / Staber (1990), S. 277, Brüderl et al. (1991), S. 97, oder Döse et al. (1994), S. 96f.

398 Sozialversicherungspflichtige selbständige Tätigkeiten werden in der AVID nicht abgebildet. Für die Dauer der Biografie-Episoden werden im Folgenden nicht die projizierten, sondern die empirischen Daten bis April 1996, also die bis zu diesem Zeitpunkt tatsächlich ermittelten Biografie-Dauern, zugrunde gelegt, die dem Projekt für Gesamtdeutschland als Sonderauswertung zur Verfügung standen. Diese Ergebnisse sind mit den Basisdaten der AVID nicht vergleichbar, da auch die Biografie-Dauern projiziert wurden. Eine Kohortendifferenzierung unterbleibt an dieser Stelle, da die

Von den in der aktuellen oder letzten beruflichen Stellung abhängig Beschäftigten wiesen 2,8 v.H. der Frauen und 4,7 v.H. der Männer Zeiten einer selbständigen Tätigkeit auf[399].

Die durchschnittliche Dauer der selbständigen Erwerbstätigkeit wird bei Arbeitern und Angestellten mit etwa sechs Jahren beziffert, bei den Beamten mit knapp drei Jahren. Der überwiegende Teil der abhängig Beschäftigten hat eine beitragsfreie selbständige Tätigkeit jedoch weniger als fünf Jahre ausgeübt: Arbeiter/Angestellte 56 v.H., Beamte fast 100 v.H. Es gibt allerdings auch Fälle, in denen nach einer deutlich längeren Phase der Selbständigkeit erneut in eine abhängige Beschäftigung gewechselt wurde. So geben 22 v.H. der abhängig Beschäftigten mit Phasen einer selbständigen Tätigkeit an, zwischen fünf und zehn Jahren selbständig gearbeitet zu haben, weitere 18 v.H. zwischen zehn und 20 Jahren und etwa vier Prozent 20 Jahre und mehr[400].

Eine spiegelbildliche Darstellung des Stellenwertes abhängiger Beschäftigung im Erwerbsverlauf der in der AVID in der aktuellen oder letzten beruflichen Stellung selbständig Tätigen ist nicht ohne weiteres möglich, da hinsichtlich der ausgewiesenen GRV-Erwerbsjahre nicht nach der Stellung im Beruf während dieser Zeit unterschieden wird. Ferner ist zu berücksichtigen, dass auf Grund des Untersuchungsdesigns der AVID alle von ihr erfassten Selbständigen GRV-Versicherungsjahre aufweisen, während Selbständige ohne GRV-Zeiten nicht abgebildet sind. Werden diese Einschränkungen in Kauf genommen, weist die AVID als durchschnittliche Dauer versicherungspflichtiger Erwerbsjahre in der GRV bei den aktuell oder in letzter beruflicher Stellung Selbständigen rund 18 Jahre aus[401].

Deutliche geschlechtsspezifische Unterschiede zeigen sich hinsichtlich des Stellenwertes der Teilzeitarbeit im Erwerbsverlauf, denn etwa 30 v.H. der weiblichen Selbständigen weisen gegenüber weniger als einem Prozent bei den Männern Teilzeit-Erwerbsjahre auf und werden damit ceteris-paribus in

---

empirischen Daten die Ergebnisse der hochgerechneten Werte in diesem Bereich nicht bestätigen können. Zu den hochgerechneten Werten siehe z.B. Klammer / Tillmann (2001a).

399 Sonderauswertung AVID, Tab. 1019, 1020, 1021. Informationen über eine sozialversicherungspflichtige selbständige Erwerbstätigkeit sind in den AVID Basisdaten nicht enthalten. Auswertungen auf Grundlage der BIBB/IAB Erhebung 1998/99 ergeben mit 4,3 v.H. einen etwas höheren Wert und weisen darauf hin, dass es sich bei diesen Personen überwiegend um Beschäftigte mit einem höheren Bildungsabschluss handelt; siehe dazu Klammer / Tillmann (2001c), S. 71.

400 Sonderauswertung AVID Tabelle 1028. Geschlechtsspezifische Unterschiede sind dabei kaum feststellbar.

401 Sonderauswertung AVID Tabellen 1025, 1026, 1027.

der GRV geringere Antwartschaften erwerben als die ausschließlich Vollzeit Arbeitenden und auch der Stellenwert einer geringfügigen Beschäftigung ist bei den Frauen mit neun Prozent höher als bei den Männern mit zwei Prozent. Die Dauer der sozialversicherungsfreien selbständigen Erwerbstätigkeit wird in der AVID für die Untersuchungspopulation der Selbständigen mit durchschnittlich 15 Jahren beziffert, werden projizierte Daten bis zur Vollendung des 65. Lebensjahres zugrunde gelegt, mit 26 Jahren. Bei den Männern ist dieser Wert mit 16 Jahren und projektierten 28 Jahren höher als bei den Frauen mit durchschnittlich elf Jahren bzw. vorausberechneten 17 Jahren.

Inwieweit beispielsweise von den Landwirten oder verkammerten Freiberuflern in diesen GRV beitragsfreien Zeiten der Selbständigkeit Beiträge an die jeweiligen berufsspezifischen Sicherungssysteme gezahlt wurden, geht aus den Daten nicht hervor. Ebenso wenig kann auf der Grundlage der AVID-Ergebnisse ermittelt werden, wie viele Selbständige Pflichtbeiträge zur GRV gezahlt haben oder in der als sozialversicherungsfrei angegebenen Erwerbszeit Beiträge hätten zahlen müssen – beides Aspekte, denen im folgenden Kapitel detaillierter nachgegangen wird.

5.2.4 Zusammenfassung

Der Überblick über die quantitative Entwicklung und einige soziale und berufliche Merkmale der Erwerbstätigen zeigt, dass es sich bei den Selbständigen um eine heterogene Erwerbstätigengruppe handelt, die in unterschiedlichen Wirtschaftsbereichen und Arbeitsstrukturen tätig ist, unterschiedliche schulische und berufliche Qualifikationen aufweist und auch im Bereich der Einkommenserzielung durch erhebliche Disparitäten gekennzeichnet ist. Unterschiede gegenüber abhängig Beschäftigten zeigen sich vor allem hinsichtlich eher sozio-demografischer Merkmale, d.h. einerseits im geringeren Anteil der Frauen, die selbständig erwerbstätig sind, andererseits in der Altersstruktur.

Hinsichtlich sozio-ökonomischer Merkmale findet sich dagegen bei beiden Erwerbstätigengruppen ein breites Spektrum. Dies betrifft sowohl die schulische und berufliche Qualifikation als auch die Berufs- und Tätigkeitsfelder, die regelmäßig sowohl in Form einer abhängigen als auch selbständigen Erwerbstätigkeit ausgeübt werden können und daher nicht spezifische „Selbständigenbereiche“ sind[402].

---

402 Ausnahmen sind hier beispielsweise die Bezirksschornsteinfeger und mittlerweile auch die Seelotsen der Reviere.

Dies betrifft aber auch die Arbeitszeitgestaltung, die bei den Selbständigen vergleichbaren Mustern wie bei den abhängig Erwerbstätigen folgt: während die Teilzeittätigkeit vor allem von Frauen ausgeübt wird, überwiegt bei den männlichen Erwerbstätigen die Vollzeittätigkeit.
Und dies betrifft schließlich die erzielten Erwerbseinkommen, deren Höhe bei den Selbständigen nicht nur von Dauer und Niveau der ausgeübten Tätigkeit abhängt, sondern auch dadurch geprägt wird, dass es in nahezu allen Tätigkeitsfeldern Selbständige gibt, deren Einkommenssituation noch schlechter ist als die der abhängig Beschäftigten.

Die traditionelle Aufgliederung der Erwerbstätigen nach der Stellung im Beruf sagt unter heutigen Bedingungen daher nur noch eingeschränkt auch etwas über die sozio-ökonomische Position während der Erwerbsphase aus.

Die Entwicklung in den 90er Jahren ist nicht nur durch quantitative Zuwächse, sondern auch durch Veränderungen in der Zusammensetzung der Selbständigen gekennzeichnet. Zu Zuwächsen kam es dabei sowohl in den in der Literatur vielbeachteten Formen der neuen Selbständigkeit, die sich insbesondere aus Anbietern so genannter unternehmensbezogener Dienstleistungen rekrutiert. Gleichermaßen jedoch in eher tradierten Feldern, wie bei den Handwerkern oder auch Angehörigen der klassischen freien Berufe, für die bereits derzeit sozialrechtliche Regelungen über eine obligatorische Altersvorsorge bestehen.

Strukturell wird die Zunahme der selbständigen Erwerbstätigkeit in den 90er Jahren daneben dadurch geprägt, dass sie offenbar in erster Linie auf Selbständige zurückgeht, die als Solo-Unternehmer im Wesentlichen nur ihre eigene Arbeitsleistung zur Verfügung stellen.

In Deutschland sind die Entwicklungstendenzen bei den unterschiedlichen Formen der selbständigen Tätigkeit daher – ebenso wie in anderen europäischen Ländern – dadurch gekennzeichnet, dass neben traditionellen Formen, wie sie beispielsweise durch Berufsgruppen der Handwerker, Landwirte, Händler oder Angehörige der klassischen freien Berufe repräsentiert werden, neue Formen an Bedeutung gewinnen, deren Schwerpunkt einerseits bei den Anbietern so genannter unternehmensbezogener Dienstleistungen liegt, andererseits in einer ebenfalls wachsenden Anzahl von Selbständigen, die allein arbeiten und damit im Wesentlichen, ähnlich wie die abhängig Beschäftigten, nur ihre eigene Arbeitsleistung anbieten.

Die Untersuchungen auf der Grundlage der wenigen verfügbaren Längsschnittdaten bestätigen einerseits die Befunde über die Altersstruktur, indem sie zeigen, dass eine selbständige Erwerbstätigkeit vergleichsweise spät aufgenommen wird und ihr größtenteils eine abhängige Beschäftigung vorausgeht. Sie zeigen andererseits jedoch, dass die individuelle Verweildauer in diesem Erwerbsstatus sehr unterschiedlich ist und durchaus nur eine vorübergehende Etappe in der Erwerbsbiografie darstellen kann, deren Auswirkungen auf die Höhe der Altersvorsorge nicht unmittelbar ableitbar sind. In allen Fällen, in denen wirtschaftliche Schwierigkeiten oder sogar Insolvenz zur Aufgabe zwingen und dies mit einem Verlust des Vorsorgevermögens einhergeht, kann selbständige Erwerbstätigkeit jedoch zu Versorgungslücken führen, die im weiteren Erwerbsverlauf nicht oder nicht mehr ohne weiteres geschlossen werden können.

5.3 Alterssicherungssysteme und Selbständige

Nachdem im vorangegangenen Kapitel quantitative und strukturelle Veränderungen der selbständigen Erwerbstätigkeit in den 90er Jahren im Überblick aufgezeigt wurden, sind im Folgenden die vor diesem Hintergrund eingetretenen Veränderungen von Anzahl und Struktur der in Regelalterssicherungssystemen versicherten Selbständigen und deren Bestimmungsgrößen zu untersuchen, wodurch es auch möglich ist, den Kreis der versicherungspflichtigen Selbständigen näherungsweise zu quantifizieren.

Zu diesem Zweck wird auf Grundlage der Daten der Versicherungsträger die Entwicklung und Zusammensetzung der in den unterschiedlichen Basissystemen pflichtversicherten Selbständigen ermittelt.

Da diese Befunde mit dem formal pflichtversicherten Personenkreis der Selbständigen aufgrund von institutionellen Regelungen über Versicherungsfreiheit und Befreiung sowie Erfassungsproblemen regelmäßig nicht übereinstimmen, werden diesen Daten Ergebnisse des Mikrozensus über die in den jeweiligen Berufsfeldern Tätigen gegenübergestellt, um einen Eindruck über den Erfassungsgrad der Systeme, d.h. den Anteil der tatsächlich Versicherten an den Berufsgruppen, für die bereits heute institutionelle Regelungen über eine Versicherungspflicht bestehen, zu vermitteln. Ferner werden bei deutlichen Diskrepanzen zwischen diesen beiden Größen mögliche Ursachen für die Abweichungen aufgezeigt.

Auf der Grundlage der Ergebnisse dieser Untersuchung werden in einem dritten Schritt schließlich diejenigen Selbständigengruppen quantifiziert, für die derzeit keinerlei institutionelle Regelungen über eine obligatorische Altersvorsorge existieren.

Bei der Interpretation der Ergebnisse dieser Gegenüberstellung sind einerseits die unterschiedlichen Erhebungszeitpunkte der verwendeten Datenquellen, andererseits die nicht immer trennscharf mögliche Abgrenzung der sozialrechtlich definierten Teilgruppen im Mikrozensus zu berücksichtigen, so dass im Folgenden auf die Ermittlung von Größenordnungen abgestellt wird. Ferner sei darauf hingewiesen, dass bei dieser Gegenüberstellung eine Trennung nach alten und neuen Bundesländern aufgrund der zu geringen Fallzahlen in den Einzelgruppen in den neuen Bundesländern nicht mehr möglich ist.

5.3.1 Versicherte Selbständige in der GRV

Bei den in der GRV versicherungspflichtigen Selbständigen handelt es sich um eine Mischgruppe aus den nach § 2 Nr. 1 bis 9 SGB VI kraft Gesetz Versicherungspflichtigen und den Antragspflichtversicherten nach § 4 Abs. 2 SGB VI.

In den Verbandsstatistiken des VDR werden diese Selbständigen in den Kategorien:
- Selbständige kraft Gesetz,
- Selbständige auf Antrag,
- Handwerker sowie
- Künstler und Publizisten

ausgewiesen. Eine weitere Differenzierung dieser Kategorien nach den Einzelgruppen, wie sie in § 2 Nr. 1 bis 9 SGB VI genannt sind, ist nicht möglich. Die Datenbasis erlaubt aber, die Versicherten nach dem Versicherungsträger, nach Wohnort in den alten oder neuen Bundesländern sowie nach Alter und Geschlecht aufzugliedern, wobei auf Unterschiede zwischen den Versichertengruppen hinsichtlich der Altersstruktur und dem Geschlecht zum Zwecke der besseren Vergleichbarkeit abschließend in einem jeweils gesonderten Gliederungspunkt hingewiesen wird. Die Daten der nachfolgenden Tabellen zur GRV beziehen sich auf den Kreis der aktiv Versicherten am 31. Dezember des jeweiligen Jahres. Bei den Werten für das Jahr 1999 handelt es sich durchgängig um vorläufige Ergebnisse, die den erfassten Personenkreis in der Regel leicht unterrepräsentieren.

5.3.1.1 Versicherte kraft Gesetz

Die in dieser Kategorie in den VDR-Statistiken abgebildeten Versicherten bestehen – abweichend von der formalen Definition der kraft Gesetz Versichungspflichtigen des § 2 SGB VI – aus:
- Hausgewerbetreibenden und
- Küstenschiffern und Küstenfischern,

die in der Arbeiterrentenversicherung versicherungspflichtig sind,

und aus
- Lehrern und Erziehern,
- Pflegepersonen,
- Hebammen,
- Seelotsen und
- Selbständige mit einem Auftraggeber,

deren Versicherung innerhalb der Angestelltenversicherung durchgeführt wird. Tabelle 5.18 gibt einen Überblick über die quantitative Entwicklung dieser Versicherten nach Träger, Wohnsitz und Geschlecht in den 90er Jahren.

Tabelle 5.18: Aktiv Versicherte Selbständige kraft Gesetz 1991 bis 99

Jahr	Versicherte insgesamt	davon nach					
		Träger		Wohnsitz		Geschlecht	
		ArV	AnV	ABL	NBL	Männer	Frauen
1991	15.784	1.992	13.792	15.145	639	8.922	6.862
1992	30.648	7.482	23.166	15.530	15.118	17.644	13.004
1993	34.670	13.279	21.391	15.447	19.223	20.273	14.397
1994	35.649	15.838	19.811	15.358	20.291	21.643	14.186
1995	26.106	7.538	18.568	14.798	11.308	14.358	11.748
1996	24.146	6.515	17.631	14.064	10.082	13.248	10.898
1997	22.888	6.396	16.492	13.687	9.201	12.569	10.319
1998	22.346	5.952	16.394	13.828	8.518	12.114	10.232
1999	20.602	5.101	15.501	12.664	7.938	11.068	9.534

Quelle: VDR Statistik (aktiv) Versicherte, versch. Jahrgänge, 1991 bis 1998 aktualisierte Ergebnisse, 1999 vorläufige Ergebnisse.

Diese Angaben zeigen, dass die Zahl der kraft Gesetz versicherten Selbständigen in der ersten Hälfte der 90er Jahre zunächst zwar absolut gestiegen ist, die Erhöhung in den Jahren 1992 bis 1994 ebenso wie der Rückgang ab 1995 jedoch fast ausschließlich auf die quantitative Entwicklung in den neuen Bundesländern zurückzuführen ist. Der Grund dafür ist eine sozialrechtliche Übergangsregelung, nach der alle bereits vor dem 1. August 1991 in den neuen Ländern selbständig Tätigen in der GRV versicherungspflichtig blieben, sofern sie nicht bis zum 31. Dezember 1994 ihren Austritt erklärten[403]. Bleiben die Folgen dieser Übergangsregelung unberücksichtigt, zeigt sich bei den

403 Dies betrifft nicht die ebenfalls weiter pflichtversicherten Landwirte, da diese Gruppe ab dem 1. Januar 1995 in der AdL versicherungspflichtig wurde.

kraft Gesetz Versicherten in den 90er Jahren eine sinkende Tendenz, denn nicht nur in den alten, sondern auch in den neuen Bundesländern ist der Rückgang der Versichertenzahlen mittlerweile unverkennbar; und dies, obwohl sich die Anzahl der Selbständigen in den Berufsgruppen, die dieser Mischgruppe angehören, nach den Mikrozensus-Daten in den 90er Jahren eindeutig erhöht hat: von etwa 65.000 im Jahre 1991 auf etwa 154.000 Anfang des Jahres 2000[404]. Wie viele dieser Selbständigen versicherungspflichtig sind, kann aufgrund der zusätzlichen Voraussetzungen für die Versicherungspflicht bei einigen Selbständigengruppen nur näherungsweise ermittelt werden. Vor allem bei den freiberuflich tätigen Lehrern[405] und Pflegepersonen zeigen sich in diesem Bereich mittlerweile jedoch erhebliche Diskrepanzen, da sich deren Anzahl nach Mikrozensus-Daten bis zum Frühjahr 2000 auf etwa 100.000 erhöhte, in der Angestelltenversicherung als zuständigem Träger Ende 1999 jedoch insgesamt nur etwa 16.000 Personen – und damit nur ein Sechstel der genannten Gruppe – versichert waren.

Lehrer und Erzieher sowie Pflegepersonen sind in der GRV versicherungspflichtig, wenn sie keine versicherungspflichtigen Arbeitnehmer beschäftigen. Da aus den Mikrozensus-Daten nicht hervorgeht, in welchem versicherungsrechtlichen Status die Mitarbeiter beschäftigt sind, können exakte Aussagen über den tatsächlich versicherungspflichtigen Personenkreis nicht getroffen werden. Erkennbar ist allerdings, dass die Mehrzahl der Selbständigen in den betreffenden Berufsgruppen ohne weitere Beschäftigte tätig ist und daher grundsätzlich der Versicherungspflicht unterliegt. So arbeiten von den im Mikrozensus 2000 ausgewiesenen 104.000 Lehrern 85.000 und damit mehr als 80 v.H. allein und wären damit grundsätzlich versicherungspflichtig. Zum Vergleich: Die Gewerkschaft Erziehung und Wissenschaft schätzt die Anzahl der selbständig tätigen Lehrkräfte auf 50.000-100.000[406]. In der Kategorie der übrigen Gesundheitsberufe, zu denen die sozialversicherungspflichtigen Pflegeberufe und Hebammen bei denen die Beschäftigtenzahl keine Rolle spielt mit einer Gesamtzahl von etwa 50.000 Personen zählen, sind es etwa 60 v.H. Dadurch kämen in diesem Bereich weitere etwa 30.000 Personen hinzu, die einer Versicherungspflicht unterliegen dürften. In der Kategorie der Lehrer ist

---

404 Probleme bei der Quantifizierung dieser Mischgruppe auf der Grundlage der Mikrozensus-Daten ergeben sich durch die Sammelerfassung einiger Gruppen aufgrund geringer Fallzahlen und des dadurch bedingten fehlenden Einzelausweises. Dieses gilt einerseits für Pflegepersonen, andererseits für Seelotsen sowie Küstenfischer und Küstenschiffer.

405 Die Gruppe der Erzieher wird auf Grund der zu geringen Fallzahlen quantitativ nicht ausgewiesen.

406 Siehe Gewerkschaft Erziehung und Wissenschaft (2001), S. 35.

daneben allerdings zu berücksichtigen, dass ein Teil von ihnen nach dem KSVG versicherungsberechtigt ist, was aus den Mikrozensus-Daten ebenfalls nicht hervorgeht. Werden hier die Angaben der KSK hinzugezogen, arbeiteten im künstlerischen und publizistischen Bereich etwa 14.000 Pädagogen, die nach dem KSVG versichert sind – im Bereich bildende Kunst 827 Personen, im Bereich Musik 11.838 und im Bereich darstellende Kunst 1.340. Werden diese ausgenommen und bei den Lehrern und Pflegepersonen nur die Selbständigen ohne Mitarbeiter berücksichtigt, wären allein in diesen beiden Berufsgruppen etwa 100.000 in der GRV kraft Gesetz versicherungspflichtig. Die quantitative Bedeutung der Seelotsen, Küstenfischer und Küstenschiffer, die im Mikrozensus in Sammelgruppen erfasst werden, ist demgegenüber zu vernachlässigen. Die weitere Kategorie der Hausgewerbetreibenden kann im Mikrozensus nicht ermittelt werden, da es sich nicht um eine Berufs-, sondern eine Tätigkeitbezeichnung handelt.

Inwieweit der Versichertenbestand in dieser Kategorie, in der die Durchführung der Versicherung beim überwiegenden Teil von der Meldung der Versicherungspflichtigen beim Träger abhängig ist, durch bessere Kontroll- und Erfassungsmechanismen erhöht oder zukünftig durch die Ausdehnung der Versicherungspflicht auf Selbständige mit einem Auftraggeber kaschiert wird, ist derzeit nicht absehbar[407]. Die zu Beginn des Jahres 2001 erlassenen übergangsrechtlichen Befreiungsregelungen für Lehrer, Pflegepersonen und Hebammen werden den Versichertenbestand jedoch unabhängig von einer verbesserten Erfassung für einige Jahre u.U. reduzieren[408].

5.3.1.2 Versicherungspflichtige Selbständige auf Antrag

Die zweite Mischgruppe in den Verbandsstatistiken des VDR sind die Versicherungspflichtigen auf Antrag, denn in dieser Kategorie sind vom Grundsatz her alle Selbständigen Berechtigte, die nicht pflichtversichert sind. Wird die quantitative Entwicklung der Antragspflichtversicherten betrachtet, die in den Mikrozensus-Daten nicht isoliert werden können, zeigt sich eine ähnliche

---

407 Die Wirkungen der zum 1. Januär 1999 in Kraft getretenen Neuregelung über die Versicherungspflicht der Selbständigen mit einem Auftraggeber werden erst in einigen Jahren messbar sein, einerseits, da für diese Gruppe in den ersten drei Jahren nach Aufnahme der Tätigkeit großzügige Befreiungsmöglichkeiten vorgesehen sind, andererseits, da übergangsrechtliche Befreiungsregelungen gelten. Nach Angaben der BfA waren zweieinhalb Jahre nach In-Kraft-Treten der Versicherungspflicht, d.h. im Juni 2001, knapp 7.000 Selbständige mit einem Auftraggeber in der Angestelltenversicherung versichert.

408 Die Frist für die Beantragung einer Befreiung lief am 30. September 2001 ab.

Tendenz wie bei den Versicherten kraft Gesetz, d.h., ihre Anzahl nimmt – wenn die Auswirkungen der Transformationsphase zu Beginn der 90er Jahre unberücksichtigt bleiben – kontinuierlich ab. Die Neigung der Selbständigen, sich auf freiwilliger Basis für eine Versicherungspflicht in der GRV zu entscheiden, scheint daher rückläufig zu sein, obwohl Ende 1999 geringfügig mehr Selbständige auf Antrag pflichtversichert waren als in der Gruppe der kraft Gesetz Versicherten. Die Entwicklung der Antragspflichtversicherten zeigt Tabelle 5.19.

Tabelle 5.19: Aktiv versicherte Selbständige auf Antrag 1991 bis 1999

Jahr	Versicherte insgesamt	davon nach Träger		Wohnsitz		Geschlecht	
		ArV	AnV	ABL	NBL	Männer	Frauen
1991	28.412	9.547	18.865	28.270	142	22.808	5.604
1992	38.616	18.731	19.885	27.826	10.790	29.185	9.431
1993	33.345	13.888	19.457	27.462	5.883	25.755	7.590
1994	29.040	10.792	18.248	26.102	2.938	22.724	6.316
1995	28.719	10.832	17.887	25.663	3.056	22.555	6.164
1996	27.097	9.963	17.134	24.118	2.979	21.475	5.622
1997	24.331	8.576	15.755	21.489	2.842	19.455	4.876
1998	22.493	7.905	14.588	19.897	2.596	18.073	4.420
1999	20.901	7.463	13.438	18.430	2.471	16.815	4.086

Quelle: VDR Statistik (aktiv) Versicherte, versch. Jahrgänge, 1991 bis 1998 aktualisierte Ergebnisse, 1999 vorläufige Ergebnisse.

5.3.1.3 Handwerker

Auf den Versichertenbestand der Handwerker wirken eine Reihe institutioneller Regulierungen, zu denen u.a. die Besonderheit zählt, dass sie sich nach 18 Jahren Pflichtbeitragszahlung von der Versicherungspflicht befreien lassen können. Für die Ermittlung des Erfassungsgrades der Handwerkerversicherung müsste daher ermittelt werden, wie viele von ihnen aufgrund von die Versicherungspflicht einschränkenden Kriterien nicht versicherungspflichtig sind und wie viele ihrer Versicherungspflicht bereits nachgekommen sind. Beides ist mit dem zur Verfügung stehenden Datenmaterial nicht möglich[409].

[409] Dieses ist bei den Handwerkern darin begründet, dass im Mikrozensus weder die personen- und unternehmensbezogenen zusätzlichen Kriterien der Versicherungspflicht erhoben werden noch Angaben zur Dauer der Beitragszahlung zur GRV.

Quantifizierbar ist jedoch der Anteil der versicherten Handwerker (Ende 1999 etwa 86.000) an den selbständigen Handwerkern insgesamt (Frühjahr 2000 etwa 632.000), der sich mit knapp 14 v.H. Ende der 90er Jahre noch unterhalb der Größenordnung der kraft Gesetz versicherten Selbständigen bewegt.

Wird die Entwicklung der Versichertenzahlen der Handwerker in den 90er Jahren betrachtet, zeigt sich eine Erhöhung um etwa 21.000. Diese Erhöhung ist allerdings von regional unterschiedlichen Entwicklungstendenzen geprägt, da die Anzahl der Versicherten in den alten Bundesländern – nach jahrelangen Rückgängen – (wieder) gestiegen ist, während in den neuen Ländern seit 1992 auch bei den Handwerkern ein kontinuierlicher Rückgang zu verzeichnen ist. Einen Überblick über die quantitative Entwicklung der versicherten Handwerker gibt Tabelle 5.20[410].

Tabelle 5.20: Aktiv versicherte Handwerker 1991 bis 1999

Jahr	Versicherte insgesamt	davon nach			
		Wohnsitz		Geschlecht	
		ABL	NBL	Männer	Frauen
1991	64.871	59.723	5.148	52.563	12.308
1992	80.811	61.985	18.826	66.673	14.138
1993	83.406	64.907	18.499	68.698	14.708
1994	85.958	68.192	17.766	70.835	15.123
1995	88.864	71.933	16.931	73.325	15.539
1996	88.821	72.785	16.036	73.799	15.022
1997	89.003	73.040	15.963	74.064	14.939
1998	87.733	72.069	15.664	73.024	14.709
1999	85.712	70.230	15.482	71.029	14.683

Quelle: VDR Statistik (aktiv) Versicherte, versch. Jahrgänge, 1991 bis 1998 aktualisierte Ergebnisse, 1999 vorläufige Ergebnisse.

Die Zunahme der versicherten Handwerker in den alten Bundesländern kann mehrere Ursachen haben. Sie kann einerseits in der wachsenden Zahl der selbständigen Handwerker in den 90er Jahren begründet sein – seit 1993 insgesamt etwa 110.000 zusätzlich[411] –, andererseits in der Modifikation der so-

410 Eine Unterscheidung nach dem Träger entfällt, da alle Handwerker in der ArV versichert sind.

411 Die Veränderungen in diesem Bereich sind durch eine Änderung der Klassifikation im Mikrozensus zu Beginn der 90er Jahre nicht vollständig ermittelbar. Daher wird auf Ergebnisse des Jahres 1993 zurückgegriffen. Die quantitativen Veränderungen

zialrechtlichen Regelungen, da Handwerker seit der Rentenreform 1992 nicht mehr automatisch aus der Versicherungspflicht entlassen werden, sondern sich auf Antrag befreien lassen können, und auch die Befreiungstatbestände nach SGB VI eingeschränkt wurden. Gegen die zweite Annahme, dass das Kalkül des Gesetzgebers aufgeht und durch die sozialrechtliche Neuregelung mehr Handwerker nach Ablauf der Pflichtversicherungszeit von 18 Jahren in der GRV verbleiben, spricht die Altersverteilung der versicherten Handwerker, die zur Überprüfung dieser Hypothese analysiert wurde. Danach sind nach wie vor etwa drei Viertel der versicherten Handwerker jünger als 40 Jahre, und zwar mit steigender Tendenz[412].

Die Möglichkeit der Befreiung von der Versicherungspflicht nach Ablauf der Pflichtbeitragszeit wird daher nach wie vor stark genutzt, mit der Folge, dass ein Großteil der Handwerker vor Vollendung des 40. Lebensjahres aus der GRV ausscheidet[413]. Eine weitere Analyse der Altersverteilung der versicherten Handwerker bis zur Vollendung des 34. Lebensjahres, d.h. einem Alter, in dem eine Befreiung praktisch nicht möglich ist, zeigte darüber hinaus, dass auch bei vorsichtiger Interpretation der Daten nur etwa die Hälfte der nach konventionellem Verständnis versicherungspflichtigen Handwerker in diesen Altersklassen auch tatsächlich versichert ist[414]. Es ergibt sich:

---

gehen zum kleineren Teil auch auf Änderungen der Handwerksordnung zurück, da seit 1998 z.B. Gerüstbauer in die Anlage A aufgenommen und damit versicherungspflichtig wurden, während z.B. Gerber oder Pinselhersteller in die Anlage B verwiesen wurden und nicht mehr versicherungspflichtig sind.

412 Der Anteil der Versicherten unter 40 Jahre erhöhte sich in den alten Bundesländern von 73 v.H. im Jahre 1992 auf über 80 v.H., die bereits im Jahr 1995 erreicht wurden. In den neuen Ländern war die Altersverteilung zu Beginn der 90er Jahre gleichmäßiger, mittlerweile zeigen sich jedoch Verhaltensangleichungen. Geschlechtsspezifische Unterschiede zeigen sich nur in geringem Umfang, wobei der Anteil der Versicherten unter 40 Jahre bei Frauen sogar etwas höher ausfällt.

413 Werden von den über 40jährigen Versicherten noch die unbegrenzt versicherungspflichtigen Bezirksschornsteinfeger isoliert, verringerte sich Ende der 90er Jahre die Zahl der auch in der zweiten Hälfte des Erwerbslebens noch freiwillig versicherten männlichen Handwerker nochmals um etwa die Hälfte von 8.000 auf etwa 4.000. Angesichts der etwa 600.000 Berufsangehörigen ist damit nur eine geringe Zahl von Handwerkern ab dem 40. Lebensjahr in der GRV versichert. Die der Abschätzung zugrunde liegenden Daten wurden verschiedenen Jahrgängen der Statistikbände des Verbands Deutscher Rentenversicherungsträger „VDR Statistik Aktiv Versicherte" und für die Bezirksschornsteinfeger dem Geschäftsbericht 1998 der Versorgungsanstalt entnommen.

414 Für diese Untersuchung wurden Mikrozensus-Daten des Jahres 1995 herangezogen, die durch die Angaben der Handwerkszählung validiert werden konnten.

Handwerker bis zum 34. Lebensjahr kumuliert: Mikrozensus 1995 120.000, nach VDR versichert 54.275, d.h. 45,5 v.H. wären versichert.

- Männer nach Mikrozensus 103.028, nach VDR 43.987, d.h. somit 43 v.H. versichert;
- Frauen nach Mikrozensus 16.169, nach VDR 10.288, und damit etwa 64 v.H. versichert.

Da dieses anders etwa als bei den Versicherten kraft Gesetz nicht in Erfassungsproblemen begründet ist, liegt die Vermutung nahe, dass bei den Handwerkern die zusätzlichen Voraussetzungen für den Eintritt der Versicherungspflicht zu einer Auflösung des Zusammenhangs zwischen ausgeübter Tätigkeit und sozialrechtlichem Status führen. Eine Annahme, die einerseits durch die steigende Zahl der in der Rechtsform der GmbH oder GbR geführten Handwerksunternehmen gestützt wird[415], andererseits durch die jüngste Handwerkszählung des Jahres 1995, die erkennen ließ, dass eine Reihe von Handwerksbetrieben fälschlicherweise als Nebenerwerbsbetriebe geführt wurden, deren Betreiber ebenfalls nicht versicherungspflichtig sind[416]. Inwieweit diese Entwicklungen vorrangig durch das Motiv getragen werden, die Sozialversicherungspflicht zu vermeiden, ist nicht nachweisbar.

5.3.1.4 Künstler und Publizisten

Bei den Künstlern und Publizisten ist seit Einführung der Künstlersozialversicherung im Jahre 1983 ein kontinuierlicher Anstieg der Versichertenzahlen zu verzeichnen[417]. Die Entwicklung der nach dem KSVG Versicherten im Untersuchungszeitraum nach VDR-Daten zeigt die Tabelle 5.21. In den Statistiken der KSK werden die Versichertenzahlen höher ausgewiesen, so bei-

---

415 Im Jahre 1995 wurden 122.814 Unternehmen als GmbH geführt; 393.204 als Einzelunternehmen und 24.319 als BGB-Gesellschaft; siehe Statistisches Bundesamt (1996a), S. 91. Bei den in der Rechtsform einer GbR geführten Betrieben, sind Gesellschafter, welche die persönlichen Voraussetzungen (Meisterbrief) nicht erfüllen, nicht versicherungspflichtig, d.h. nur die so genannten „Meistergesellschafter" unterliegen der Versicherungspflicht.

416 Zur falschen Eintragung der Betriebe siehe Veldhues (1996), S. 488. Nach einer telefonischen Auskunft des Statistischen Bundesamtes (Herr Vollmöller am 15. Mai 2001) ist allerdings weder über das Ausmaß noch über die Motive der Handwerker, eine nicht den Tatsachen entsprechende Betriebsform anzugeben, etwas bekannt. Zu entsprechenden Tendenzen – insbesondere im Bauhandwerk – siehe Mayer / Paasch (1990), S. 118f.

417 Siehe dazu beispielsweise Verband Deutscher Rentenversicherungsträger (2001a), S. 23.

spielsweise im Jahr 1999 um etwa 11.000 Personen. Es zeigt sich aber die gleiche Tendenz.

Tabelle 5.21: Aktiv versicherte Künstler und Publizisten 1991 bis 1999

Jahr	Versicherte insgesamt	davon nach			
		Wohnsitz		Geschlecht	
		ABL	NBL	Männer	Frauen
1991	38.182	37.941	241	24.317	13.865
1992	45.866	41.052	4.814	29.139	16.727
1993	54.739	48.862	5.877	34.278	20.461
1994	61.548	54.489	7.059	38.116	23.432
1995	70.405	62.145	8.260	43.198	27.207
1996	77.757	68.406	9.351	47.153	30.604
1997	85.274	74.449	10.825	51.222	34.052
1998	91.782	79.491	12.291	54.831	36.951
1999	95.996	82.845	13.151	56.619	39.377

Quelle: VDR Statistik (aktiv) Versicherte, versch. Jahrgänge, 1991 bis 1998 aktualisierte Ergebnisse, 1999 vorläufige Ergebnisse.

Die Anzahl der versicherten Künstler und Publizisten hat sich danach in den 90er Jahren um fast 58.000 erhöht und folgt damit in der Tendenz dem Anstieg der in künstlerischen und publizistischen Berufen selbständig Tätigen.

Wie viele nach dem KSVG versicherungspflichtige Künstler und Publizisten derzeit versichert sind, ist schwerer zu schätzen, einerseits, da sich die Erfassung dieser Personengruppe im Mikrozensus auf die Selbsteinschätzung der Befragten gründet, die mit der Einschätzung der den sozialversicherungsrechtlichen Status feststellenden Institution (der KSK) nicht übereinstimmen muss, andererseits, da aus den Mikrozensus-Daten neben dem Kriterium der Beschäftigtenzahl, welches auch für die Künstler und Publizisten gilt, nicht ermittelt werden kann, wie viele von ihnen aufgrund geringer oder anderweitiger Einkommen versicherungsfrei sind[418]. Auf Grund der günstigen Bei-

418 Von den im Mikrozensus ausgewiesenen etwa 150.000 Künstlern und Publizisten arbeiteten etwa 85 v.H. allein und wären damit – unter Vernachlässigung der weiteren Kriterien – versicherungspflichtig. Nach dem jüngsten Künstlerbericht, der sich auf Angaben der Einkommensteuer-Statistik des Jahres 1992 beruft, haben jedoch weit über 50 v.H. der Künstler überwiegende Einkünfte aus anderen Quellen angegeben, wobei eine Übertragung dieser Quote auf die Mikrozensus-Daten nicht ohne weiteres möglich ist, da weder bekannt ist, welche Tätigkeit als Haupttätigkeit angesehen wird,

trags-Leistungs-Relation der Künstlersozialversicherung ist – rationales Verhalten der Versicherungsberechtigten unterstellt – jedoch davon auszugehen, dass der Großteil der Versicherungspflichtigen in der Künstlersozialversicherung mittlerweile auch versichert ist[419].

5.3.1.5 Altersverteilung der in der GRV versicherten Selbständigen

Die Altersverteilung der versicherten Selbständigen wird dargestellt, da sie sowohl sozialrechtliche Besonderheiten als auch längerfristige Entwicklungstendenzen im versicherten Personenkreis widerspiegelt[420]. Abbildung 5.17 zeigt die Altersverteilung der in der GRV versicherten Selbständigen in von Hundert der Versicherten im Jahre 1999.

Aus dieser unterschiedlichen Altersverteilung der versicherten Selbständigen wird einerseits die bereits angesprochene Tendenz deutlich, dass sich die Handwerker nach Ablauf der Pflichtbeitragszeit von der Versicherungspflicht befreien lassen und die Zahl der Versicherten in den höheren Altersstufen sukzessive zurückgeht. Andererseits kann die nachlassende Neigung jüngerer Alterskohorten, ihre Altersvorsorge kraft Gesetz oder auf Antrag innerhalb der GRV zu realisieren, nachgezeichnet werden, denn die Versichertenzahlen in den älteren Kohorten sind, insbesondere bei den Antragspflichtversicherten, deutlich höher als in den jüngeren Jahrgängen. Da dieses, für die Altersverteilung der Selbständigen untypische Profil in der Verteilung nicht konstant ist, sondern im Zeitverlauf in Richtung der älteren Kohorten wandert, spricht bei den Antragspflichtversicherten einiges dafür, dass diese mit der Rentenreform 1972 neu geschaffene Pflichtversicherungsvariante im Nachklang der Reform stärker genutzt wurde, als es heute der Fall ist.

Bei den Versicherten kraft Gesetz hingegen ist der höhere Anteil der Versicherten in den älteren Kohorten zum Teil auch auf die bereits erwähnten

---

noch wie hoch diese Einkommen im Einzelfall und im Jahr 2000 sind; siehe Bundesregierung (2000), S. 26.

419 Werden die VDR-Daten den vom Mikrozensus im Jahr 2000 in künstlerischen oder publizistischen Tätigkeitsfeldern ausgewiesenen Personengruppen (ca. 150.000) unter Berücksichtigung der nach KSK versicherten Pädagogen gegenübergestellt, zeigt sich in der Künstlersozialversicherung Ende der 90er Jahre ein im Vergleich zu den übrigen Selbständigengruppen höherer Erfassungsgrad von etwa 60 v.H., und zwar mit steigender Tendenz.

420 Siehe zur Altersverteilung der Versicherten getrennt nach alten und neuen Bundesländern Verband Deutscher Rentenversicherungsträger (2000).

Abbildung 5.17: Altersverteilung der versicherten Selbständigen 1999 in v.H.

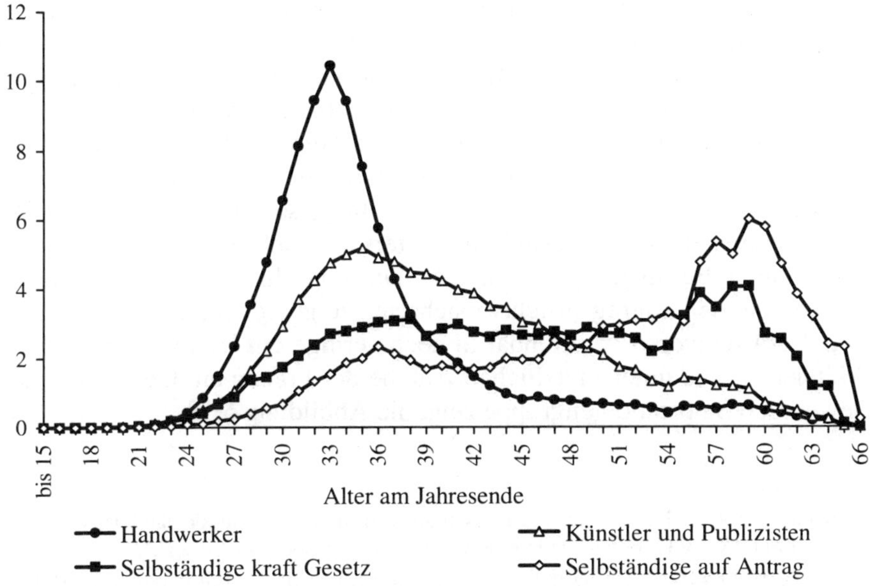

Quelle: Eigene Darstellung auf Grundlage von Verband Deutscher Rentenversicherungsträger (2001b).

Übergangsregelungen für die neuen Bundesländer zurückzuführen, wo sich überwiegend ältere Selbständige für den Verbleib in der GRV entschieden haben.

In der Altersverteilung der Künstler und Publizisten dagegen zeigen sich in der abgebildeten Altersverteilung nach der Einführungsphase des Systems die Wirkungen übergangsrechtlicher Regelungen des KSVG, die eine Befreiung von der Versicherungspflicht vorsahen, wenn bei Erlass des Gesetzes im Jahr 1981 eine vergleichbare Sicherungsform vorhanden war, während die Befreiungsmöglichkeit auf Grund der Vollendung des 50. Lebensjahres im Jahre 1999 keine Auswirkungen mehr zeigt, da diese Kohorte das 65. Lebensjahr mittlerweile erreicht hat.

5.3.1.6 Verteilung der in der GRV versicherten Selbständigen nach Geschlecht

Werden die einzelnen Versichertengruppen in der GRV hinsichtlich der geschlechtsspezifischen Verteilung der Versicherten untersucht, weisen die Versicherten kraft Gesetz[421] und die Künstler und Publizisten[422] mit einem Frauenanteil von über 40 v.H. einen überdurchschnittlichen Wert auf, während bei den Versicherten auf Antrag und den Handwerkern der Frauenanteil mit weniger als einem Fünftel (Antragspflichtversicherte 19,5 v.H., Handwerker 17,1 v.H.) unterdurchschnittlich ausfällt[423]. In diesen unterschiedlichen Anteilswerten spiegeln sich einesteils die unterschiedlich hohen Frauenquote in den jeweiligen Berufsgruppen wider[424]. Die unterdurchschnittliche Präsenz der Frauen bei den Antragspflichtversicherten zeigt jedoch, dass Frauen diese Option der Altersvorsorge offenbar in noch geringerem Umfang wahrnehmen als Männer[425]. Die unterschiedlichen Anteile der Frauen an den Versicherten der jeweiligen Selbständigengruppe zeigt die Abbildung 5.18.

---

421 Im Jahr 1999 46,3 v.H. (Gesamtdeutschland); in den alten Bundesländern war dieser Anteil mit 48,4 v.H. höher als in den neuen Bundesländern (42,9 v.H.).

422 Im Jahr 1999 41 v.H. (Gesamtdeutschland); dabei war der Anteil in den alten Bundesländern mit 41,6 v.H. ebenfalls höher als in den neuen Bundesländern mit 37,7 v.H.

423 Der Frauenanteil an den GRV-Versicherten erhöhte sich im betrachteten Zeitraum von 26 auf 30 v.H. und stieg damit etwas stärker als der Frauenanteil an den Selbständigen insgesamt. Auch diese Erhöhung ist allerdings wieder durch unterschiedliche Entwicklungstendenzen gekennzeichnet und findet nicht einheitlich über alle Bereiche statt. So blieb der Anteil der Frauen bei den Versicherten auf Antrag mit um die 20 v.H. über die Jahre in etwa konstant, während er sich bei Handwerkern von 19 auf nur noch 17 v.H. verringerte. Bei den kraft Gesetz Versicherten dagegen stieg der – ohnehin höhere – Anteil nochmals von 43,5 auf 46,3 v.H. an und bei den Künstlern und Publizisten von 36,3 auf 41 v.H. Geschlechtsspezifische Unterschiede zwischen den alten und den neuen Bundesländern sind in der Entwicklung nur in geringfügigem Ausmaß beobachtbar.

424 So gehören zu den kraft Gesetz Versicherungspflichtigen u.a. die Hebammen und Entbindungspfleger – ein Beruf, der derzeit nur von Frauen ausgeübt wird. Bei der Gruppe Pflegepersonen, Lehrer und Erzieher ist der Frauenanteil – wie bei den künstlerischen und publizistischen Berufen – im Vergleich zu der Gesamtgruppe der Selbständigen ebenfalls deutlich höher. Der Anteil an selbständigen Frauen liegt in der Gesamtgruppe bei rund 28 v.H.

425 Bei den Versicherten auf Antrag gibt es die deutlichsten regionalen Unterschiede, denn in den alten Bundesländern sind 17,4 v.H. der Versicherten auf Antrag weiblich, in den neuen Bundesländern mit 35,6 v.H. rund doppelt so viel. Bei den Handwerkern dagegen spielen regionale Unterschiede mit 17 v.H. in den alten Bundesländern gegenüber 17,7 v.H. in den neuen Bundesländern so gut wie keine Rolle.

Abbildung 5.18: In der GRV versicherte Selbständige nach Geschlecht 1999

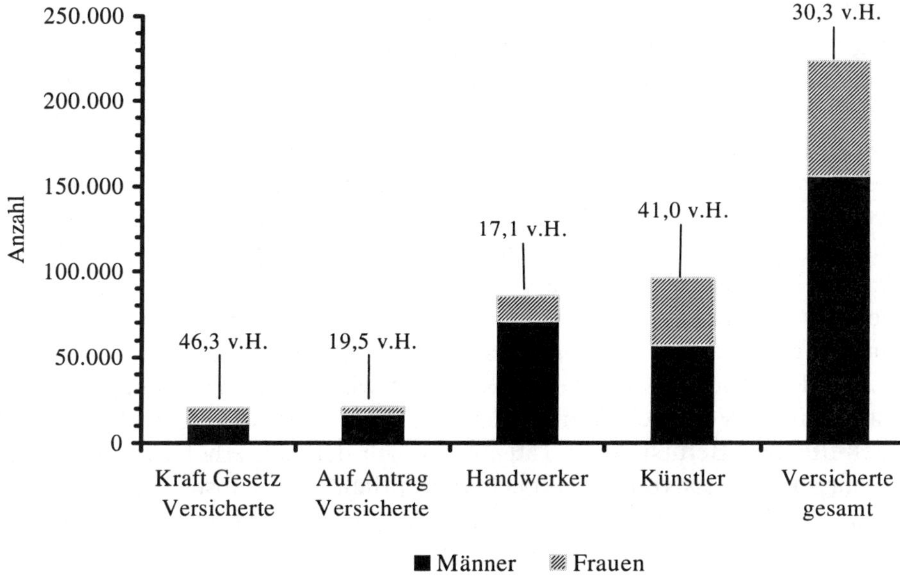

Quelle: Eigene Darstellung auf Grundlage von Verband Deutscher Rentenversicherungsträger (2001b).

5.3.1.7 Anzahl und Entwicklung der in der GRV versicherten Selbständigen insgesamt

Werden alle in der GRV versicherten Selbständigengruppen zusammengefasst, waren dort Ende der 90er Jahre etwa 223.000 Selbständige versichert. Im Vergleich zu 1991 mit einem Ausgangswert von etwa 147.000 hat sich deren Anzahl in den 90er Jahren um etwa 76.000 erhöht, wodurch sich der Anteil der GRV-versicherten Selbständigen an den Selbständigen insgesamt in den 90er Jahren mit nur leicht sinkender Tendenz konstant um etwas mehr als 6 v.H. bewegt. Die Werte in den alten und neuen Bundesländern haben sich im Verlauf der 90er Jahre mehr und mehr angenähert und sind im Jahr 1999 in den neuen Ländern mit 7 v.H. nur noch geringfügig höher als in den alten Ländern mit 6 v.H. Diese Konstanz in den Anteilswerten basiert allerdings auf sehr unterschiedlichen Entwicklungstendenzen in den Einzelgruppen und wird in den neuen Bundesländern zum Teil von den übergangsrechtlichen Regelungen aufgrund der unterschiedlichen Gestaltung der Versicherungspflicht der Selbständigen in der ehemaligen DDR beeinflusst, deren Auswirkungen mit dem zur Verfügung stehenden Datenmaterial nicht exakt isoliert werden können.

Die Erhöhung der Anzahl der in der GRV versicherten Selbständigen in den 90er Jahren geht mit einem Plus von 58.000 jedoch zweifelsohne auf die Bestandsentwicklung der versicherten Künstler und Publizisten zurück, während es bei Handwerkern mit einem Plus von etwa 20.000 Versicherten zu geringeren Zunahmen kam und sich die Zahl der kraft Gesetz und auf Antrag Pflichtversicherten in den 90er Jahren verringerte. Der Anteil der Künstler und Publizisten an den in der GRV versicherten Selbständigen hat sich in den 90er Jahren infolgedessen von 26 v.H. auf 43 v.H. erhöht, während sich der Stellenwert der übrigen Selbständigen entsprechend verringerte. Dieser Rückgang in der relativen Bedeutung der Handwerker und Versicherten kraft Gesetz ist, wenn den Daten des Mikrozensus gefolgt wird, allerdings nicht auf erwerbsstrukturelle Veränderungen zurückzuführen, denn die Anzahl der in den betreffenden Berufsfeldern Tätigen hat sich deutlich erhöht. Es scheint vielmehr so, als dass von den versicherungspflichtigen Selbständigen in den hier erfassten Berufsfeldern nur noch eine Minderheit auch tatsächlich versichert ist. Die Gesamtentwicklung der GRV-versicherten Selbständigen zeigt Abbildung 5.19[426].

Abbildung 5.19: Versicherte Selbständige in der GRV 1991 bis 1999

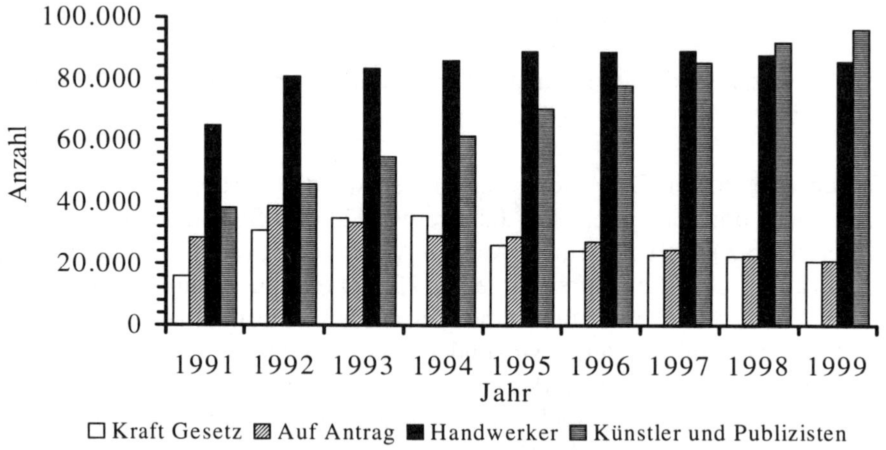

Quelle: Eigene Darstellung auf Grundlage von Verband Deutscher Rentenversicherungsträger, VDR Statistik Versicherte, verschiedene Jahrgänge.

426 Die Versichertenzahlen der Künstler und Publizisten wären unter Berücksichtigung der KSK-Statistiken auch hier höher anzusetzen.

5.3.2 Versicherte in der Alterssicherung der Landwirte

Das sektorspezifische System der Alterssicherung der Landwirte ist infolge des Strukturwandels schon seit seiner Gründung durch einen kontinuierlichen Rückgang der beitragszahlenden Landwirte gekennzeichnet, und dieser Trend wird sich auch in den Folgejahren noch fortsetzen[427]. Die Anzahl der versicherten Landwirte hat sich dadurch im Zeitablauf verringert[428], auch wenn sich der Versichertenbestand in den 90 Jahren durch die Einbeziehung der Ehegatten in die Versicherungspflicht absolut erstmals erhöhte[429]. Durch etwas andere Erhebungsstrukturen der Alterskassen der Landwirte und partieller Änderungen der statistischen Erfassung im Jahr 1995 weicht die Darstellung der Bestandsentwicklung von den bisher untersuchten Versichertengruppen ab und wird teilweise in die Entwicklung bis 1995 und ab 1995 gesplittet[430]. Einen Überblick über die Entwicklung des Versichertenbestandes der AdL, die bis 2000 verfügbar ist, gibt Abbildung 5.20.

Die Abbildung 5.20 zeigt sowohl bei den versicherten Landwirten als auch bei den Ehegatten eine rückläufige Bestandsentwicklung. Bei den hier im Vordergrund stehenden Landwirten[431] verringerte sich die Zahl der Versicherten in der Untersuchungsperiode von annähernd 402.000 im Jahre 1991 auf etwa 251.000 im Jahr 1999 und ist damit um 151.000, das sind fast 40 v.H., zurückgegangen[432]. Der Anteil der versicherten Landwirte an den Selb-

---

427 Zu den Einschätzungen der weiteren Entwicklung siehe Deutscher Bundestag (2001), S. 6f.

428 Die Anzahl der beitragszahlenden Landwirte ist seit Gründung des Systems Ende der 50er Jahre von über 800.000 auf nur noch etwa 236.000 im Jahr 2000 zurückgegangen.

429 Die im Zuge der Agrarsozialreform erfolgte Ausdehnung des territorialen Geltungsbereichs des ALG auf die neuen Bundesländer hat aufgrund der abweichenden Betriebsgrößenstrukturen quantitativ geringere Effekte, da Ende 1995 in den neuen Bundesländern lediglich 9.260 Landwirte pflichtversichert waren; siehe dazu Bundesregierung (1998), Seite 65, Tabelle A 26. Im Folgenden werden daher nur die quantitativen Auswirkungen der Einbeziehung der Ehegatten gesondert dargestellt.

430 Die Altersverteilung der Landwirte wird nicht gesondert dargestellt. Sie ist aufgrund der unbegrenzten Versicherungspflicht und des bereits seit längerem existierenden Systems gleichmäßiger als bei den bisher dargestellten Versichertengruppen; siehe die entsprechenden Statistiken des Gesamtverbandes der landwirtschaftlichen Alterskassen.

431 Der Frauenanteil unter den versicherten Landwirten ist mit 7 v.H. niedriger als im Mikrozensus mit 13 v.H. ausgewiesen.

432 Dieser Rückgang fand fast ausschließlich bei den männlichen, nicht jedoch bei den weiblichen Versicherten statt, bei denen seit 1995 kein Rückgang zu verzeichnen ist.

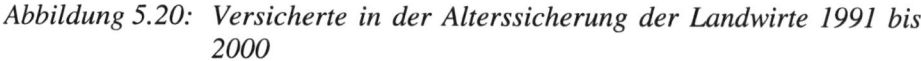

Abbildung 5.20: Versicherte in der Alterssicherung der Landwirte 1991 bis 2000

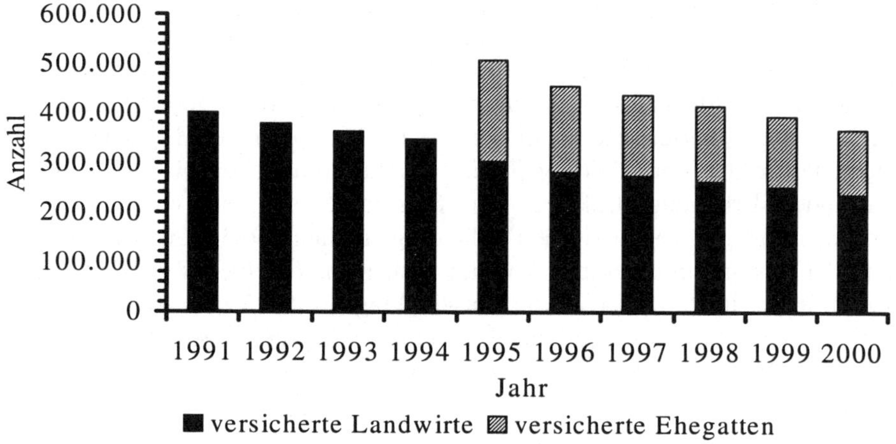

Quelle: 1991-1994: Hauptergebnisse Arbeits- und Sozialstatistik, versch. Jg., 1995-2000: Geschäftsstatistiken des Gesamtverbandes der landwirtschaftlichen Alterskassen.

ständigen insgesamt hat sich infolgedessen von 15 v.H. im Jahre 1991 (alte Bundesländer) auf knapp 7 v.H. (Gesamtdeutschland) verringert. Diese Entwicklung ist allerdings nicht nur auf sektorale Strukturveränderungen zurückzuführen, sondern zugleich auf die kontinuierlich steigende Zahl der versicherungsbefreiten Landwirte, denn die Zahl der Beitragszahler in der AdL sinkt stärker als die der landwirtschaftlichen Unternehmer. Der Erfassungsgrad des landwirtschaftlichen Alterssicherungssystems geht aufgrund dessen zurück, und zwar sowohl bei den Landwirten als auch den Ehegatten, wie die Tabelle 5.22 zeigt.

Für die starke Zunahme der Befreiungsanträge unmittelbar nach der Reform des Jahres 1995 könnte die Neuregelung verantwortlich sein, bei der Beitragsbezuschussung alle steuerpflichtigen Einkünfte anzurechnen, wodurch die AdL für Personen mit außerlandwirtschaftlichen Einkommen, die zu einer Einbuße der Bezuschussung führten, an Attraktivität verloren hat[433]. Ob diese

433 Eine Vermutung, die dadurch erhärtet wird, dass der Befreiung auf Grund von außerlandwirtschaftlichen Einkünften seit der Reform vermehrt Bedeutung zukommt; siehe

Tabelle 5.22: Versichertenentwicklung und Erfassungsgrad in der landwirtschaftlichen Alterssicherung, 1991 bis 2000

Landwirtschaftliche Unternehmer und Beitragszahler in der Altershilfe der Landwirte 1991 bis 1994 (alte Bundesländer)

Jahr	Landwirtschaftliche Unternehmer	Beitragszahlende Unternehmer	in v.H. der landwirtschaftlichen Unternehmer
1991	487.987	401.651	82,3
1992	474.679	379.671	80,0
1993	462.965	364.001	78,6
1994	–	348.466	–

Versicherte und versicherungsfreie oder befreite Landwirte 1995 bis 2000 (Gesamtdeutschland)

Jahr	Versicherte Landwirte nach § 1 Abs. 2 ALG (1)	Versicherungsfreie oder befreite Landwirte (2)	Gesamt (3)	Spalte (1) in v.H. der Spalte (3)
1995	303.302	119.897	423.199	71,7
1996	281.964	135.636	417.600	67,5
1997	274.093	143.503	417.596	65,6
1998	262.221	146.460	408.681	64,2
1999	250.829	148.831	399.660	62,8
2000	236.010	152.894	388.904	60,7
Saldo	– 67.292	+ 32.997	– 34.295	

Versicherte und versicherungsfreie oder befreite Ehegatten 1995 bis 2000 (Gesamtdeutschland)

Jahr	Versicherte (1)	Versicherungsfreie oder befreite (2)	Gesamt (3)	Spalte (1) in v.H. der Spalte (3)
1995	205.056	64.673	269.729	76,0
1996	173.196	116.673	289.869	59,7
1997	162.539	125.166	287.705	56,5
1998	152.483	132.990	285.473	53,4
1999	143.225	135.849	279.074	51,3
2000	131.165	137.398	268.563	48,8
Saldo	– 73.891	+ 72.725	– 1.166	

Quelle: Beitragszahlende Unternehmer (1991-1994): Bundesministerium für Ernährung (2000), Anhang, Tabelle 90, S. 70; 1995-2000 Geschäftsstatistiken des Gesamtverbandes der landwirtschaftlichen Alterskassen.

die Geschäftsstatistiken des GLA. Zu den Befreiungsgründen siehe Koch / Möller-Schlotfeldt (1999), S. 1264 und 1267.

außerlandwirtschaftlichen Einkommen aus versicherungspflichtiger und u.U. abhängiger Beschäftigung oder anderen nicht-versicherungspflichtigen Quellen stammen, geht aus den Trägerdaten nicht hervor, so dass Aussagen darüber, ob die versicherungsbefreiten Landwirte gegebenenfalls in einem anderen obligatorischen Alterssicherungssystem Ansprüche erwerben, nicht getroffen werden können.

Werden die Versichertenzahlen der AdL den Ergebnissen des Mikrozensus gegenübergestellt, spricht allerdings einiges dafür, dass außerlandwirtschaftliche Einkommen vom Großteil der befreiten Landwirte durch anderweitige Erwerbstätigkeiten erzielt werden. Denn in den Berufsgruppen, die in der AdL versicherungspflichtig sein könnten, werden vom Mikrozensus 2000 nur etwa 300.000 Selbständige ausgewiesen, die ihre Haupttätigkeit im landwirtschaftlichen Bereich ansiedeln[434], wodurch in diesem Bereich nur etwa 50.000 Selbständige verbleiben, die nicht in der Alterssicherung der Landwirte versichert sind.

5.3.3 Versicherte Selbständige in berufsständischen Versorgungswerken

Die berufsständische Versorgung setzt sich aus einer Vielzahl eigenständiger Träger zusammen, deren Zuständigkeit sich in der Regel auf einzelne Berufsgruppen erstreckt und daneben regional auf Länder- oder Kammerbezirksebene begrenzt ist[435]. Über den einbezogenen Personenkreis und andere Struk-

---

434 Im Bereich der Land- und Tierwirtschaft erfasst der Mikrozensus alle in diesem Sektor ausgeübten Berufstätigkeiten, d.h. neben den in der Alterssicherung der Landwirte versicherten Berufsgruppen beispielsweise auch Verwalter, Berater und ähnliche Tätigkeiten, die nicht unter die Versicherungspflicht der AdL fallen. Insgesamt sind von den hier erfassten Berufsgruppen 70 v.H. ohne weitere Mitarbeiter tätig. Ferner ist bei dieser Berufsgruppe zu berücksichtigen, dass die Erfüllung der Kriterien für die Pflichtversicherung in der AdL nicht gleichbedeutend mit der im Mikrozensus erhobenen Haupttätigkeit sein muss. Da zusätzlich benötigte Angaben zu Art und Umfang der Tätigkeit, wie sie in den gesetzlichen Bestimmungen festgelegt sind, nicht erhoben werden, ist eine eindeutige Identifizierung und weitere Differenzierung durch mehrere Unwägbarkeiten beeinträchtigt. Ebenso wenig ist es möglich, die etwa 251.000 Versicherten in der AdL Ende des Jahres 1999 eindeutig den im Mikrozensus ausgewiesenen Berufsbereichen zuzuordnen, da deren Haupttätigkeit auch in anderen Berufsbereichen liegen könnte. Wird jedoch die Tendenz in den Befreiungen von der Versicherungspflicht in der AdL berücksichtigt, werden in diesem System überwiegend diejenigen verbleiben, deren Haupteinkunftsquelle die Landwirtschaft ist.

435 Teilweise haben auch Berufsangehörige in Bundesländern ohne solche Einrichtungen die Berechtigung berufsständischen Versorgungswerken in anderen Bundesländern beizutreten.

turdaten der berufsständischen Versorgung existieren keine mit den übrigen Trägerdaten vergleichbaren Statistiken, und es wird in den verfügbaren Informationen der Arbeitsgemeischaft der Berufsständischen Versorgungseinrichtungen (ABV) im Versichertenbestand nicht nach der Stellung im Beruf der Mitglieder unterschieden, so dass keine Angaben über die Anzahl und den Anteil der selbständigen Mitglieder in den dort zusammengeschlossenen Versorgungswerken vorliegen und die Angaben der ABV nur für Schätzergebnisse herangezogen werden können[436].

Quantitativ stellt die Personengruppe der Freiberufler, die in einem berufsständischen Versorgungswerk versichert sein könnten, eine nicht unbedeutende Größe im Erwerbssystem dar, denn nach Mikrozensus-Daten waren im Frühjahr 2000 insgesamt 787.000 Personen in klassischen freien Berufen tätig, davon 379.000 als Selbständige und 408.000 als abhängig Beschäftigte[437].

Zum potentiellen Mitgliederkreis der berufsständischen Versorgungswerke zählen damit etwas mehr als ein Zehntel der Selbständigen insgesamt und dies – wenn die Entwicklung der 90er Jahre betrachtet wird – mit steigender Tendenz. Einen Überblick über die Zusammensetzung der Gruppe der verkammerten Freiberufler nach Stellung im Beruf und Geschlecht im Jahre 2000 nach Ergebnissen des Mikrozensus gibt Tabelle 5.23.

Die Selbständigenquote, die für die Schätzung des versicherten Personenkreises auf der Grundlage der ABV-Daten benötigt wird, beträgt in diesem Bereich 48,2 v.H. und damit etwa die Hälfte. Diese Größenordnung wird auch von der ABV für ihren Mitgliederkreis bestätigt. In den einzelnen Berufsgruppen ist sie unterschiedlich und reicht von 86,4 v.H. bei Zahnärzten, über 63,2 v.H. bei Tierärzten bis zu etwa 30 v.H. bei den Apothekern, wie die Tabelle 5.23 zeigt.

---

436 Da der Ausbau der Berufsständischen Versorgungswerke schrittweise und regelmäßig mit entsprechenden Übergangsregelungen erfolgt, sind Schätzungen auf Grund der in diesen Berufen selbständig tätigen Freiberufler derzeit noch nicht geeignet, ein Bild der Situation zu vermitteln.

437 Gegenüber den Angaben des Instituts für Freie Berufe in Nürnberg (1. Januar 2000) weist der Mikrozensus die Anzahl der verkammerten selbständigen Freiberufler höher aus. Nennenswerte Differenzen bestehen in den Kategorien der Ärzte (118.698), Apotheker (21.870), Rechtsanwälte (78.600) und Steuerberater und Wirtschaftsprüfer (56.819). Die Angaben der Verbände wiederum übersteigen die Angaben des Instituts der Freien Berufe. So geht die Bundesanwaltskammer von 104.059 Rechtsanwälten aus (1. Januar 2000). Gemäß einer Auskunft der Arbeitsgemeinschaft berufständischer Versorgungseinrichtungen waren zum 31. Dezember 2000 bei deren Mitgliedseinrichtungen insgesamt knapp 566.000 Personen versichert. Trotz der Kammerzugehörigkeit scheint es daher über den in diesen Bereichen tätigen Personenkreis doch einige Unsicherheiten zu geben.

Tabelle 5.23: Erwerbstätige in klassischen verkammerten freien Berufen im Jahr 2000, in Tsd.

Berufe	Erwerbstätige			darunter Selbständige			darunter Angestellte		
	Ges.	davon Männer	davon Frauen	Ges.	davon Männer	davon Frauen	Ges.	davon Männer	davon Frauen
Ärzte	308	182	126	131	84	47	177	98	79
Zahnärzte	59	36	23	51	32	18	8	4	5
Tierärzte	19	12	8	12	8	/	7	4	/
Apotheker	60	19	41	18	11	7	42	8	34
Wirtschaftsprüfer, Steuerberater u.ä.	83	54	29	43	30	13	40	24	16
Rechtsvertreter, -berater	143	102	41	72	57	15	71	45	26
Architekten, Raumplaner	115	87	28	52	42	10	63	45	18
Gesamt	787	492	296	379	264	110	408	228	178

Anmerkungen: / = keine Angabe, da Zahlenwert nicht sicher genug.
Summendifferenzen sind rundungsbedingt.

Quelle: Statistisches Bundesamt, Ergebnisse des Mikrozensus 2000.

Wird dieser Anteil auf die beitragsleistenden Mitglieder der Berufsständischen Versorgungswerke nach den Angaben der ABV übertragen, waren dort Ende 1999 etwa 260.000 Selbständige, d.h. annähernd 70 v.H. der verkammerten selbständigen Freiberufler insgesamt versichert.

In den einzelnen Berufsgruppen ist der Erfassungsgrad durch den schrittweisen Ausbau der berufsständischen Versorgungswerke noch unterschiedlich und reicht von einer fast vollständigen Einbeziehung der Berufsstandsmitglieder bei Zahnärzten, über Werte von um die 90 v.H. bei den übrigen Ärzten und Apothekern bis etwa 50 v.H. bei den Architekten und 30 v.H. bei den rechts- und steuerberatenden Berufen. Ein Ergebnis, dass nicht überrascht, da die Angehörigen der Heilberufe beim Aufbau der berufsständischen Versorgung eine Vorreiterrolle innehatten, während die letztgenannten Gruppen erst vergleichsweise spät solche Versorgungseinrichtungen errichteten und bei

Neugründungen regelmäßig Altersgrenzen existieren, die den Kreis der Versicherten auf die jüngeren Berufsangehörigen begrenzen[438].

Wird die Bestandentwicklung in den 90er Jahren untersucht, die ebenfalls nur in Form von Schätzergebnissen dargestellt werden kann, zeigt sich eine kontinuierliche Zunahme von etwa 90.000 versicherten Selbständigen insgesamt. Der Anteil der in berufsständische Versorgungssysteme einbezogenen Selbständigen erhöhte sich infolgedessen um etwa 1,5 Prozentpunkte auf 7,2 v.H. Ende der 90er Jahre. Einen Überblick über die geschätzte Entwicklung der beitragszahlenden Selbständigen in berufsständischen Versorgungswerken zeigt Abbildung 5.21.

Abbildung 5.21: Entwicklung der in berufsständischen Versorgungswerken beitragszahlenden Selbständigen 1991 bis 1999

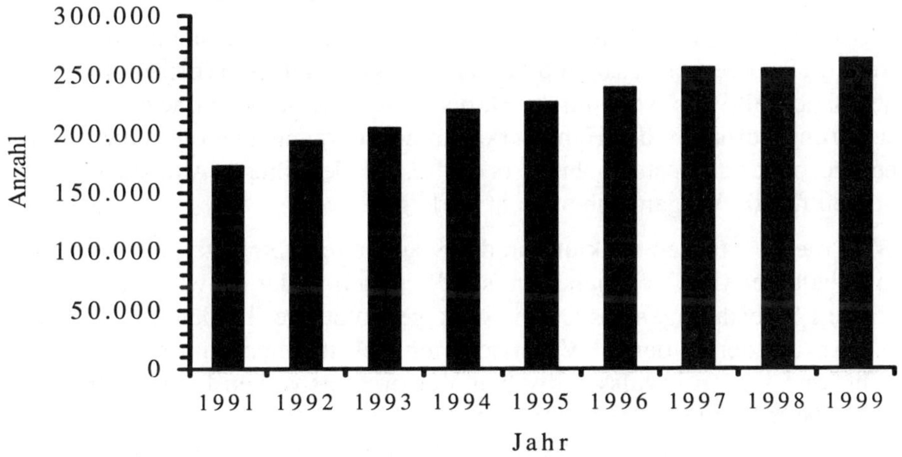

Quelle: Schätzungen auf der Grundlage von Angaben der Arbeitsgemeinschaft Berufsständischer Versorgungseinrichtungen sowie der scientific use files der Mikrozensen.

438 Die Altersverteilung, über die keine Angaben vorliegen, wird in den einzelnen Versorgungswerken daher ebenfalls unterschiedlich ausfallen. In der längerfristigen Perspektive werden sich diese Unterschiede jedoch abbauen. Die unterschiedlich hohen Frauenanteile in den einzelnen Berufsgruppen (siehe Tabelle 5.23) spiegeln sich in den Mitgliedszahlen der ABV mit nur geringen Abweichungen wider, so dass geschlechtsspezifische Unterschiede in der Erfassung und im Befreiungsverhalten der abhängig Beschäftigten keine Rolle spielen.

5.3.4 Versicherte Selbständige in den 90er Jahren insgesamt

Werden alle obligatorisch in ein öffentlich rechtliches Alterssicherungssystem einbezogenen Selbständigen betrachtet, setzt sich dieser Kreis Ende des Jahres 1999 zusammen aus:

- mit 223.000 etwas mehr als 6 v.H. der Selbständigen, die innerhalb der GRV versichert sind,
- rund 250.000 in der Alterssicherung der Landwirte Versicherten, das sind etwa 7 v.H., und
- etwas mehr als 260.000 bzw. 7 v.H. der Selbständigen, die beitragszahlendes Mitglied in einem Berufsständischen Versorgungswerk sind.

Alles in allem sind damit derzeit etwa 20 v.H. der Selbständigen obligatorisch in einem Altersicherungssystem versichert, der Großteil von ihnen allerdings außerhalb der GRV.

Werden die anspruchsberechtigten und nach Ablauf der Pflichtbeitragszeit befreiten Handwerker zusätzlich berücksichtigt, erhöht sich dieser Anteil in einer Bandbreite von weiteren 7 v.H. bis 14 v.H., je nachdem, wie sich das Versicherungsverhalten der Handwerker in der Vergangenheit gestaltete, was einer gesonderten Untersuchung bedürfte, da detaillierte Altersklassenverteilungen für die Vergangenheit nicht vorliegen.

Wird die Bestandsentwicklung in den 90er Jahren betrachtet, gibt es nicht nur innerhalb der GRV-Versicherten, sondern auch in der Entwicklung der versicherten Selbständigen insgesamt stark gegenläufige Tendenzen: So hat sich die Anzahl der in der GRV versicherten Selbständigen um etwa 76.000 erhöht, und in den berufsständischen Versorgungswerken kamen etwa 90.000 Versicherte hinzu. Gleichzeitig ist der Bestand in der Alterssicherung der Landwirte jedoch um 151.000 zurückgegangen, so dass sich die Anzahl der versicherten Selbständigen insgesamt nur um etwa 15.000 Personen erhöhte. Einen Überblick über diese gegenläufigen Entwicklungstendenzen in den unterschiedlichen Bereichen der obligatorischen Alterssicherung der Selbständigen in den 90er Jahren gibt Abbildung 5.22.

Der Anteil der obligatorisch in ein Alterssicherungssystem einbezogenen Selbständigen an den Selbständigen insgesamt ist in den 90er Jahren von 23 v.H. auf 20 v.H. zurückgegangen. Im Vergleich zur Situation zu Beginn der 80er Jahre ist bei den selbständig Erwerbstätigen eine Tendenz zu sozial weniger geschützten Erwerbstätigkeiten unverkennbar. Dieses ist in erster Linie allerdings nicht durch die Zunahme der Selbständigen an sich bedingt, sondern durch strukturelle Veränderungen im Zeitablauf, da die beiden großen

Abbildung 5.22: Entwicklung der versicherten Selbständigen in den 90er Jahren

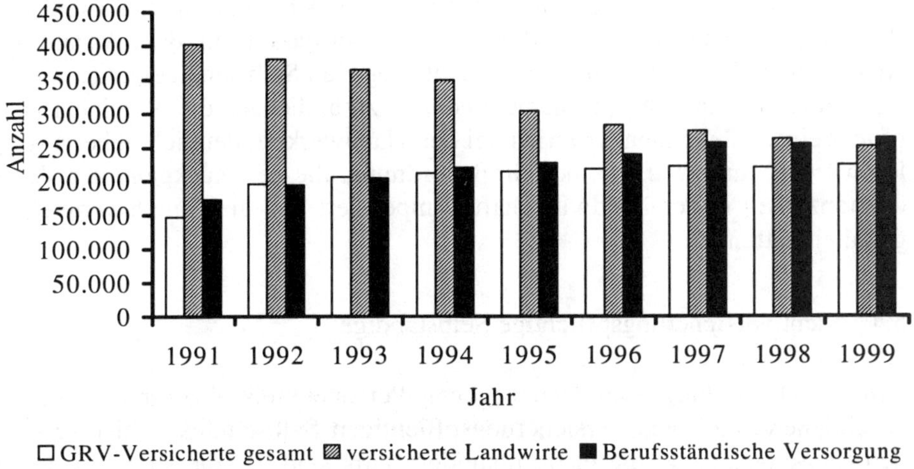

Quelle: Eigene Darstellung auf der Grundlage der Trägerdaten, berufsständische Versorgung geschätzt.

pflichtversicherten Gruppen – Landwirte und Handwerker – im Zeitverlauf an Bedeutung verloren haben. Bleibt die sowohl durch erwerbsstrukturelle wie sozialrechtliche Änderungen verursachte Entwicklung in der Landwirtschaft unberücksichtigt, ergibt sich allerdings ein etwas anderes Bild, denn außerhalb der Landwirtschaft hat sich der Anteil der Versicherten an den Selbständigen in den 90er Jahren von 12 v.H. auf knapp 15 v.H. erhöht[439].

Sowohl in absoluten Zahlen als auch gemessen an den Anteilswerten wurde damit zumindest ein Teil der beobachtbaren Strukturveränderungen in der Erwerbstätigkeit von den bestehenden sozialrechtlichen Regelungen über eine Pflichtversicherung der Selbständigen aufgefangen, wenn auch auf niedrigem Niveau.

Die Untersuchung zeigte jedoch gleichermaßen, dass einer berufsgruppenbezogenen Beschreibung der Alterssicherung der Selbständigen in Deutschland mittlerweile deutliche Grenzen gesetzt sind, denn bei weitem nicht alle Angehörigen der formal versicherungspflichtigen Berufsgruppen sind in den für sie

---

439 Werden die Anteile der in der GRV und in berufsständischen Versorgungswerken Versicherten an den Selbständigen insgesamt betrachtet, erhöht sich der Wert von 10,3 v.H. auf 13,4 v.H.

zuständigen Systemen auch tatsächlich versichert. Wie sich die oben genannten Anteilswerte verändern würden, wenn alle Versicherungspflichtigen auch tatsächlich versichert wären, darüber können nur grobe Schätzungen angestellt werden. Die Entwicklungstendenzen bei den Lehrern und Erziehern, Pflegepersonen sowie Handwerkern deuten aber darauf hin, dass Anzahl und Anteil der in der GRV obligatorisch einbezogenen Selbständigen ohne die offenkundigen Erfassungsprobleme und die zusätzlichen, die Versicherungspflicht einschränkenden Kriterien bei den Handwerkern deutlich höher ausfallen würden, und zwar in einer Größenordnung, die den Rückgang der Versichertenzahlen in der Landwirtschaft kompensiert und die Anteilswerte stabil gehalten hätten.

5.4 Nicht versicherungspflichtige Selbständige

Um die Darstellung zum einbezogenen Personenkreis abzurunden, werden abschließend die nicht versicherungspflichtigen Selbständigen, hier verstanden als Selbständige, die in Berufsfeldern tätig sind, für die keinerlei sozialrechtliche Regelungen über eine Versicherungspflicht bestehen, weiter differenziert. Zu diesem Zweck wurden die im Mikrozensus getrennt erfassten Berufsgruppen neu gruppiert und in Tätigkeitsfelder eingeteilt, die dem sozialrechtlichen Status stärker Rechnung tragen.

5.4.1 Freiberufler

Mit der Bezeichnung „Freiberufler" werden Selbständige umschrieben, deren wesentliches Merkmal die persönliche Erbringung von Leistungen ideeller Art ist[440]. Diese Berufsgruppen sind die Hauptakteure im Dienstleistungsbereich. Sie stellen im Jahre 2000 nach Mikrozensus-Daten mit über 900.000 etwa ein Viertel der Selbständigen insgesamt und haben auch die Entwicklung der Selbständigenzahlen in den 90er Jahren maßgeblich beeinflusst[441].

Zu diesen Freiberuflern zählen die ca. 380.000 Angehörigen der klassischen freien Berufe, die sozialrechtlich dem Bereich der berufsständischen Versor-

---

440 Siehe zu den Abgrenzungsmerkmalen der Freiberufler ausführlicher Deneke (1969), S. 24-29.

441 Die statistische Erfassung der Angehörigen der freien Berufe ist auf Grund der Vielfalt der unterschiedlichen Tätigkeiten schwierig. Der Mikrozensus veröffentlicht in diesem Bereich gesonderte Übersichten, in denen die Berufsfelder der Freiberufler zusammengefasst werden. Nach Angaben des Bundesverbandes der Freien Berufe in Nürnberg war zu Beginn des Jahres 2000 jeder sechste Selbständige als Freiberufler tätig und die Gesamtzahl wird mit 702.000 geringer ausgewiesen als im Mikrozensus.

gungswerke zuzuordnen sind, ferner die nach SGB VI versicherungspflichtigen Lehrer, Pflegepersonen, Hebammen, Seelotsen sowie Künstler und Publizisten. Damit fallen etwa 684.000 Personen bzw. 75 v.H.[442] der Freiberufler in Tätigkeitsbereiche, für die schon heute sozialrechtliche Regelungen über eine Versicherungspflicht existieren, wenn auch aufgrund von Übergangsregelungen, Erfassungsproblemen oder die Versicherungspflicht einschränkenden Kriterien davon nur etwa 373.000, d.h. mit 55 v.H. nur etwas mehr als die Hälfte tatsächlich versichert sind[443].

Werden die verbleibenden Freiberufler betrachtet, für die es derzeit keinerlei sozialrechtliche Regulierungen im Bereich der Altersvorsorge gibt, zählen dazu Angehörige der

- wirtschaftsberatenden Berufe, insbesondere Unternehmensberater, Werbefachleute, Wirtschaftswissenschaftler und Psychologen, mit fast 100.000 Personen,
- Ingenieurberufe, von denen bislang nur die Minderheit von einer berufsständischen Versorgung erfasst ist, mit etwa 94.000 Personen,
- sonstigen Heilberufe, das sind Heilpraktiker sowie therapeutische Berufe, mit etwa 24.000 Personen und schließlich
- 16.000 Dolmetscher und Übersetzer, von denen ca. 1.700 derzeit nach dem KSVG als versicherungsberechtigt eingestuft wurde.

Insgesamt sind damit etwa 230.000 Personen nicht von sozialrechtlichen Regelungen über eine Versicherungspflicht erfasst. Hinsichtlich der Tätigkeitsmerkmale werden diesem Bereich in einer weiten Fassung ferner:

- Techniker (35.000),
- technische Zeichner, Industrie- und Werkmeister (13.000)
- sowie Ingenieure und Techniker, die in der Garten- und Landespflege tätig sind (6.000),

zugerechnet werden, also insgesamt weitere 54.000 Personen.

5.4.2 Handel (Waren- und Dienstleistungskaufleute)

Ein weiterer quantitativ bedeutsamer Bereich ist der Handel, in dem – trotz erheblicher Konzentrationsprozesse – immer noch etwa 520.000 Personen selbständig tätig sind. Diese gliedern sich in:

- 340.000 Groß- und Einzelhandelskaufleute,
- 87.000 Vertreter,

---

442 Hierbei handelt es sich um 380.000 Freiberufler, 104.000 Lehrer, 50.000 Pflegepersonen und 150.000 Künstler.

443 Dies sind 263.000 Freiberufler, 95.000 Künstler, 15.000 GRV-Versicherte.

- 78.000 Personen, die z.B. als Nahrungs- und Genussmittelverkäufer (25.000) oder sonstige Fachverkäufer (30.000) tätig sind,
- 6.000 Tankwarte und
- 8.000 Verlagskaufleute.

In einer weiten Fassung werden diesem Bereich ferner
- 60.000 Handelsmakler und Immobilienkaufleute sowie
- 18.000 sonstige Vermittler, Vermieter und Versteigerer und
- 19.000 Floristen

zugeordnet. Für die in diesen Bereichen damit insgesamt etwa 616.000 selbständig Tätigen besteht ebenfalls keine Versicherungspflicht.

5.4.3 Bank- und Versicherungswesen

Im Bank- und Versicherungswesen waren im Jahre 2000 annähernd 100.000 Personen selbständig tätig, wobei die Gruppe der Versicherungsfachleute mit 79.000 Personen den größten Anteil stellt. Eine Versicherungspflicht besteht auch für diesen Personenkreis nicht.

5.4.4 Verkehrsberufe

In Verkehrsberufen sind
- Berufskraftfahrer sowie Fuhr- und Taxiunternehmer mit etwa 85.000 Personen vertreten, ferner
- Verkehrsfachleute im Güter-, Personen- und Fremdenverkehr mit 31.000 Personen.

Damit insgesamt 116.000 Personen, für die keine Versicherungspflicht besteht.

5.4.5 Sonstige „unternehmensnahe" Dienstleistungen

Einen weiteren, stark wachsenden Bereich innerhalb der selbständig ausgeübten Dienstleistungen bilden
- Rechnungskaufleute und Informatiker mit 66.000 Personen, davon 44.000 in der Datenverarbeitung,
- sonstige Büroberufe mit 49.000, darunter Bürofachkräfte mit 26.000 sowie Industriekaufleute, technische Kaufleute und Betriebswirte ohne Diplom mit 11.000 Personen,
- Dienst- und Wachberufe mit 21.000 Personen und
- sonstige Sicherungsberufe ohne Schornsteinfeger mit 6.000 Personen,

somit insgesamt 142.000 Selbständige, die nicht versicherungspflichtig sind.

5.4.6 Tourismus und Gastgewerbe

Im Tourismus und Gastgewerbe werden vom Mikrozensus etwa 180.000 Hotel- und Gaststättenbesitzer ausgewiesen. Ferner werden diesem Bereich die 15.000 selbständigen Köche zugeordnet, so dass auf diese Sektion weitere 195.000 Selbständige tätig sind, für die keine Versicherungspflicht besteht.

5.4.6.1 Haus- und ernährungswirtschaftliche Berufe,Berufe in der Körperpflege

In diesen Berufsfeldern stellen die Kosmetikerinnen, die dem handwerksähnlichen Gewerbe zugeordnet und damit nicht versicherungspflichtig sind, mit 45.000 Personen die größte Gruppe, daneben haus- und ernährungswirtschaftliche Berufe mit weiteren 9.000 Personen, d.h. in der Summe 54.000 Personen.

5.4.7 Soziale Berufe

Bei den 23.000 in sozialen Berufen selbständig Tätigen kann nur die Untergruppe Sozialarbeiter und Sozialpädagogen mit 6.000 näher identifiziert werden, weitere 7.000 Personen gaben an, in sonstigen sozialen Berufen tätig zu sein[444].

5.4.8 Restgröße

Eine nicht näher definierbare Restgröße bilden im Mikrozensus die Selbständigen, die sich als

- 291.000 Unternehmer und Geschäftsführer, Geschäftsbereichsleiter u.ä. und
- 80.000 Selbständige ohne nähere Tätigkeitsangabe

bezeichnen, insgesamt damit 371.000 Personen, über die keine eindeutigen Aussagen getroffen werden können, bei denen aber davon auszugehen ist, dass sie dem beruflich definierten Pflichtversichertenkreis nicht angehören.

Summa Summarum kann die Gruppe der Selbständigen, für die keinerlei sozialrechtliche Regelungen über eine Versicherungspflicht bestehen, damit auf etwa 1,9 Millionen, d.h. etwas mehr als 50 v.H. der Selbständigen insgesamt beziffert werden. Wie viele davon unter die Neuregelungen für Selbständigen

444 In dieser Gruppe befinden sich aber eine Reihe Berufskategorien, wie z.B. Erzieher, Kinderpfleger und Altenpfleger, denen bei Differenzbildung 14.000 Personen zuzuordnen sind und für die u.U. eine Versicherungspflicht in der GRV besteht.

mit einem Auftraggeber fallen, kann auf Grund der vom Gesetzgeber gewählten qualitativen Abgrenzungskriterien nicht ermittelt werden. Doch selbst wenn es darüber nähere Erkenntnisse gäbe, ist bei diesem Personenkreis zu berücksichtigen, dass in den gesetzlichen Regelungen in den ersten drei Jahren nach Aufnahme der Tätigkeit großzügige Befreiungsmöglichkeiten vorgesehen sind und die Versicherungspflicht danach nur besteht, solange die versicherungsrelevanten Tatbestände vorliegen, die durch entsprechende Gestaltung der betrieblichen Gegebenheiten relativ leicht „ausgehebelt" werden können.

5.5 Zusammenfassung

Die Untersuchung über den in ein obligatorisches Alterssicherungsystem einbezogenen Personenkreis unter den Selbständigen zeigt, dass neben versicherten Selbständigen von etwa 735.000 Personen Ende 1999 und Selbständigen, für die eine Versicherungspflicht nach den derzeitigen institutionellen Regelungen nicht vorgesehen ist in Höhe von etwa 1,9 Mio. Personen, eine dritte, nicht unbedeutende Gruppe existiert, für die sozialrechtliche Regelungen bestehen, die aber aus unterschiedlichen Gründen nicht versichert sind.

Dies sind in der GRV einerseits die in der Sammelgruppe der Versicherten kraft Gesetz erfassten Berufsgruppen, deren Anzahl nach den Mikrozensus-Daten mit 150.000 erheblich höher ist als die der tatsächlich Versicherten. Andererseits die Handwerker, die auf Grund von Befreiungsmöglichkeiten und der Bedeutung der Rechtsform des Unternehmens für die Versicherungspflicht ebenfalls nur zu einem geringen Anteil im Versichertenbestand erscheinen, und schließlich die Künstler und Publizisten, die im Mikrozensus ebenfalls mehr Personen umfassen, als im Versichertenbestand ausgewiesen werden.

Im System der Alterssicherung der Landwirte fallen unter diesen Personenkreis weitere etwa 50.000 Personen, deren versicherungsrechtlicher Status nicht eindeutig ermittelt werden kann, sowie im Bereich der berufsständischen Versorgung der klassischen freien Berufe weitere etwa 120.000 Personen, die derzeit nicht versichert sind. Dies wird vor allem darin begründet sein, dass bei Neugründungen Altersgrenzen existieren, die den versicherungspflichtigen Personenkreis auf die jüngeren Alterskohorten begrenzen. Hinzu kommen in diesem Bereich etwa 30.000 Personen, die als selbständige Bauingenieure tätig sind, für die bislang nur in Bayern und Nordrhein-Westfalen ein Versorgungswerk besteht, die aber in größerem Umfang dem Bayrischen Versorgungswerk beitreten wollen.

Erst nach Berücksichtigung dieser etwa 900.000 sozialrechtlich bereits in irgendeiner Form erfassten – wenn auch nicht versicherten – Selbständigen verbleiben diejenigen, für die derzeit keinerlei Regelungen über eine Pflichtversicherung existieren. Zur quantitativen Bedeutung dieser drei Gruppen können aufgrund der Datenlage nur Näherungswerte angegeben werden, die die Dimensionen aber durchaus verdeutlichen. Einen Überblick über die quantitative Bedeutung der Einzelgruppen gibt abschließend die Tabelle 5.24.

Tabelle 5.24: Versicherte, sozialrechtlich erfasste und nicht erfasste Selbständige Ende der 90er Jahre (Deutschland)

Versicherte Selbständige		*(Sozial-) rechtlich erfasste Selbständige*	*Selbständige, für die keine Regelungen über eine Versicherungspflicht existieren*	
Ende 1999 in Tsd. nach Trägerdaten		im Mai 2000 in Tsd. nach Mikrozensus	im Mai 2000 in Tsd. nach Mikrozensus	
			Sonstige Freiberufler,	230
GRV:			Techniker u.ä.	54
Kraft Gesetz	21	150	Handel	616
Handwerker	86	630	Bank- und Versicherungswesen	100
Künstler / Publizisten	96	150		
Auf Antrag	21		Verkehr	116
Selbständige mit einem Auftraggeber	?		Sonstige „unternehmensnahe" Dienstleistungen	142
Landwirte	251	300		
Berufsständische Versorgung:			Tourismus und Gastgewerbe	195
„klassische" freie Berufe ca.	260	380	Hauswirtschaft, Körperpflege, soziale Berufe	77
Bau-Ingenieure	?	30	Unternehmer	291
			Selbständige ohne nähere Tätigkeitsangabe	79
Gesamt ca.	735	1.640		1.900

Quelle: Eigene Berechnung und Darstellung auf Grundlage Trägerdaten und Statistisches Bundesamt, Ergebnisse des Mikrozensus.

5.6 Beitragszahlungen der versicherten Selbständigen

Die Höhe der Beitragszahlungen in der Erwerbsphase ist in allen untersuchten Alterssicherungssystemen der Selbständigen neben der Versicherungsdauer die maßgebende Determinante für das individuell erreichbare Absicherungsniveau.

Wie im ersten Teil der Arbeit dargestellt, weist die Gestaltung der institutionellen Regelungen über die Höhe der Beitragszahlungen bei den Selbständigen einige Besonderheiten auf, da ein Teil von ihnen einkommensunabhängige Regel- oder Einheitsbeiträge zahlen kann. Im Gegensatz zum überwiegenden Teil der abhängig Beschäftigten ist die Höhe der Beitragszahlungen bei den Selbständigen damit nicht nur von der Höhe der Erwerbseinkommen abhängig, sondern wird daneben durch die spezifische Gestaltung der institutionellen Regelungen beeinflusst.

Im Folgenden wird auf Grundlage von Daten der Versicherungsträger überprüft, zu welchen Ergebnissen diese sozialrechtliche Sonderbehandlung der Selbständigen im Bereich der Beitragszahlung führt. Dieser Aspekt ist nicht nur für die empirische Untersuchung der Höhe der Beitragszahlungen und dem daraus ableitbaren Anspruchserwerb von Bedeutung. Aus den Beitragszahlungen der Selbständigen können auch Hinweise auf das Zahlverhalten von Versicherten gewonnen werden, wenn hinsichtlich der Beitragshöhe Wahlrechte eröffnet werden, und es können in diesem Bereich Verhaltensänderungen infolge einer Neugestaltung der beitragsrechtlichen Regelungen aufgezeigt werden. Die Untersuchungsperiode für die in der GRV versicherten Selbständigen wird daher etwas ausgedehnt und auch ein Vergleich der Beitragszahlungen vor und nach der Rentenreform des Jahres 1992 vorgenommen.

Um einen Beurteilungsmaßstab für die relative Höhe der Zahlungen der Selbständigen und deren Entwicklung im Zeitverlauf zu haben und gleichzeitig die bei einem Zeitvergleich auftretenden Probleme der Indexierung der Werte zu lösen, wird im folgenden Kapitel für alle Teilgruppen als Messziffer der Regelbeitrag für die Selbständigen in der GRV genutzt, d.h. der Beitrag, den ein Versicherter leistet, der das Durchschnittsentgelt der GRV-Versicherten des vorvergangenen Jahres erzielt und der auf der Leistungsseite zu einem Entgeltpunkt führt. Eine Vorgehensweise, die es darüber hinaus ermöglicht, beim Vergleich den unterschiedlichen Bemessungsgrenzen und Lebensverhältnissen in den alten und neuen Bundesländern Rechnung zu tragen[445].

---

[445] Zwar könnten auch andere Indikatoren – wie beispielsweise die Entwicklung der Beitragszahlungen im Verhältnis zur Entwicklung der Einkommen der Selbständigen –

Bei der Interpretation der im Folgenden dargestellten Ergebnisse ist zu berücksichtigen, dass es sich bei den Trägerdaten durchgängig um Querschnittsangaben handelt, die nicht abbilden (können), wie sich die Beitragszahlungen im individuellen Versicherungsverlauf verändern. Solche Informationen könnten nur aus Längsschnitterhebungen gewonnen werden, die der Untersuchung nicht zur Verfügung stehen.

5.6.1 Beitragszahlung der in der GRV versicherten Selbständigen

In den Verbandsstatistiken des VDR werden Beitragszahlungen der versicherten Selbständigen in denselben Gruppierungen ausgewiesen wie der versicherte Personenkreis. Hinsichtlich der nachfolgend beschriebenen Versichertengruppen gelten daher die Ausführungen zum versicherten Personenkreis entsprechend.

Die Höhe der Beitragszahlungen der unterschiedlichen Selbständigengruppen wird in den VDR-Statistiken einerseits in Form von Durchschnittsbeiträgen, andererseits als Verteilung der geleisteten Zahlungen auf Beitragsklassen abgebildet[446]. Die Untersuchung muss diesem Darstellungsraster folgen, wodurch Aussagen beispielsweise über die Anteile der Versicherten, die exakt den Regelbeitrag zur GRV zahlen, nicht möglich sind, sondern auf die jeweilige Klassenzugehörigkeit der Zahlung abzustellen ist. Ferner werden die Beitragszahlungen der Versicherten – abweichend vom untersuchten Personenkreis – nicht stichtagsbezogen, sondern zeitraumbezogen erfasst, d.h. die Werte enthalten die Zahlungen aller Versicherten, die irgendwann im Berichtsjahr einen Beitrag gezahlt haben[447].

Einen Überblick über die Höhe der von den pflichtversicherten Selbständigen durchschnittlich an die GRV entrichteten Beiträge im Jahr 1999 gibt für die alten und neuen Bundesländer Abbildung 5.23.

Nach diesen Daten liegen sowohl in den alten als auch in den neuen Bundesländern bei allen in der GRV versicherten Selbständigengruppen die durchschnittlichen monatlichen Beitragszahlungen im ab dem 1. April des Jahres

herangezogen werden. Da Einkommensangaben aber nur in Aggregatsgrößen und nicht differenziert nach Einzelgruppen vorliegen und durch die Möglichkeit der Zahlung des Regelbeitrags beim Gros der GRV-Versicherten auch ohne Bedeutung für die Beitragsentrichtung sind, erschienen diese weniger geeignet.

446 Beide Kategorien können nach Wohnort in den alten oder neuen Bundesländern, nach Geschlecht und Altersgruppen weiter differenziert werden.

447 Siehe dazu z.B. Verband Deutscher Rentenversicherungsträger (2000), S. IX.

Abbildung 5.23: Durchschnittlich entrichteter Beitrag der versicherten Selbständigen in der GRV in DM/Monat 1999

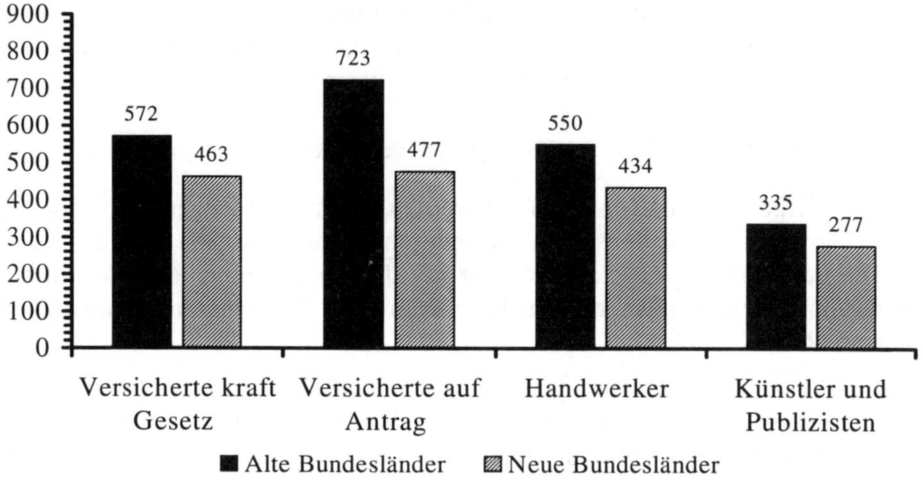

Quelle: Eigene Darstellung auf Grundlage von Verband Deutscher Rentenversicherungsträger (2001b).

1999 unterhalb des in diesem Jahr geltenden Regelbeitrags in Höhe von 859,95 DM in den alten bzw. 723,45 DM in den neuen Ländern[448]. Zudem differieren sie zwischen den unterschiedlichen Versichertengruppen[449]. Wird die Verteilung der Beitragszahlungen auf die unterschiedlichen Beitragsklas-

[448] Da die Höhe dieses Regelbeitrags in der GRV nicht nur von der Entgeltentwicklung der Versicherten, sondern auch von der Höhe des jeweils geltenden Beitragssatzes zur GRV abhängig ist, kam es im Jahre 1999 durch die Reduzierung des Beitragssatzes ab dem 1. April auch zu einer Reduzierung des Regelbeitrags. Um für die Untersuchung einen einheitlichen Wert zugrunde legen zu können, wird im Folgenden der ab dem 1. April gültige Wert verwendet. Bis zum 31. März 1999 betrug der Regelbeitrag zur GRV 895,23 DM in den alten Bundesländern und 753,13 DM in den neuen Bundesländern.

[449] Den höchsten Wert erreichen die Zahlungen der Antragspflichtversicherten in den alten Bundesländern mit im Durchschnitt annähernd 85 v.H. des Normwertes, die kraft Gesetz Versicherten, die Handwerker und die Antragspflichtversicherten in den neuen Bundesländern zahlen nur etwa zwei Drittel, und das Schlusslicht bilden Künstler und Publizisten, deren durchschnittliche Zahlungen in den neuen und alten Bundesländern nur knapp 40 v.H. des „Regelbeitrags" für die Selbständigen erreichen.

sen zwischen Mindest- und Höchstbeitrag zur GRV[450] betrachtet wie sie in Abbildung 5.24 getrennt für die alten und neuen Bundesländer graphisch dargestellt ist, wird der Grund für diese unterdurchschnittlichen Beitragszahlungen offenkundig, denn Beiträge oberhalb des Regelbeitrags zahlte im Jahr 1999 nur eine Minderheit der Selbständigen, während die Klassen unterhalb des Regelbeitrags, und hier insbesondere die Klasse des halben Regelbeitrags mit 429,98 DM in den alten und 361,73 DM in den neuen Bundesländern sowie die Klasse des Mindestbeitrags von einheitlich 122,85 DM auffallend stark besetzt sind.

Abbildung 5.24: Verteilung der Beitragszahlungen der in der GRV versicherten Selbständigen nach Beitragsklassen 1999 in v.H.

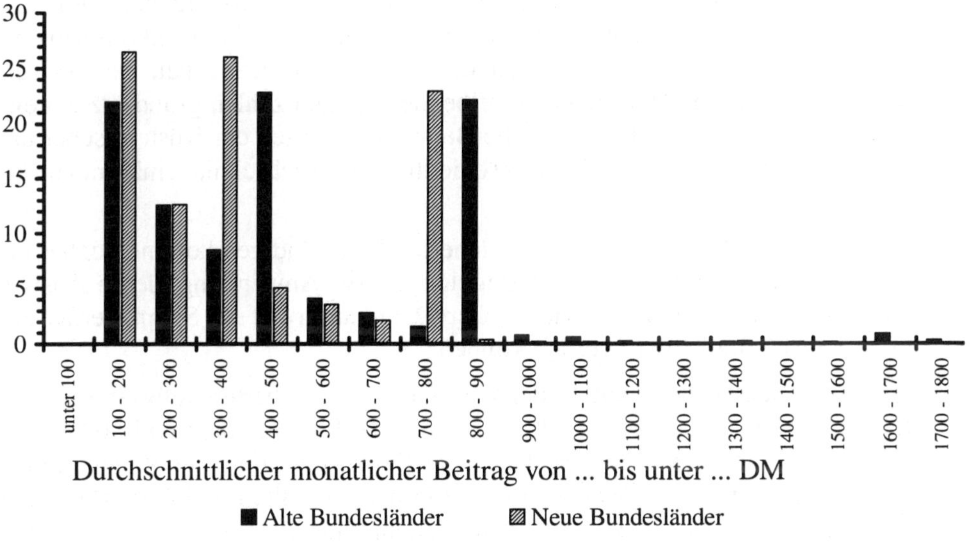

Quelle: Eigene Darstellung auf Grundlage von Verband Deutscher Rentenversicherungsträger (2001b).

Abweichend von den in der GRV versicherten abhängig Beschäftigten ist die Einkommenssituation der Selbständigen für diese Verteilung nur zum Teil ursächlich, denn in der Höhe der Beitragszahlungen spiegeln sich auch die unterschiedlichen beitragsrechtlichen Sonderregelungen für die einzelnen Grup-

450 Ab dem 1. April 1999 betrug der Mindestbeitrag in den alten und neuen Bundesländern einheitlich 122,85 DM, der Höchstbeitrag in den alten Bundesländern 1.657,50 DM und in den neuen Bundesländern 1.404,00 DM.

pen wider. Unterschiede und Gemeinsamkeiten hinsichtlich der Höhe der Beitragszahlungen werden daher im Folgenden vor dem Hintergrund der abweichenden sozialrechtlichen Regelungen detaillierter untersucht, um den Einfluss der institutionellen Regelungen in diesem Bereich zu illustrieren.

5.6.1.1 Beitragszahlungen der Versicherten kraft Gesetz

Von den Versicherten kraft Gesetz können Lehrer und Erzieher, Pflegepersonen, Hebammen und Selbständige mit einem Auftraggeber und ohne sozialversicherungspflichtig Beschäftigte den Regelbeitrag zahlen. Ferner gilt für diese Gruppen, dass in den ersten drei Jahren der selbständigen Tätigkeit nur der halbe Regelbeitrag entrichtet werden kann, d.h. ein Beitrag, der in etwa dem durchschnittlichen Arbeitnehmerbeitrag ohne Arbeitgeberanteil entspricht. Bei Nachweis eines geringeren oder höheren Arbeitseinkommens besteht jedoch auch die Möglichkeit der einkommensbezogenen Beitragszahlung. Seelotsen und Hausgewerbetreibende dagegen zahlen grundsätzlich einkommensbezogene Beiträge und die Beitragszahlungen der Küstenfischer und Küstenschiffer werden nach unterschiedlichen Durchschnittseinkommen bemessen.

In der Gruppe der kraft Gesetz versicherten Selbständigen kommen daher unterschiedliche beitragsrechtliche Regelungen zur Anwendung, deren Auswirkungen in den verfügbaren statistischen Daten aufgrund der Sammelerfassung nicht vollständig isoliert werden können.

Wird der Durchschnittsbeitrag der kraft Gesetz versicherten Selbständigen betrachtet, erreichte er im Jahre 1999 mit 572 DM in den alten und 463 DM in den neuen Bundesländern nur etwa zwei Drittel der Höhe des Regelbeitrags, wobei die Beiträge der Männer mi 639 DM in den alten und 490 DM in den neuen Ländern etwa 15 v.H. bis 20 v.H. höher ausfallen als die der Frauen in Höhe von 500 DM bzw. 427 DM. Ein Befund, der – wenn auch in unterschiedlichem Ausmaß – für alle in der GRV versicherten Selbständigengruppen gilt und auf den im Folgenden daher nicht mehr gesondert hingewiesen wird[451].

---

451 Die prozentualen Abstände in den Beitragszahlungen zwischen männlichen und weiblichen Versicherten betragen bei den Antragspflichtversicherten in den alten Ländern 30 v.H. und in den neuen Bundesländern 22 v.H.; bei den Handwerkern gibt es mit jeweils etwa 28 v.H. keine regionalen geschlechtsspezifischen Unterschiede und bei den Künstlern und Publizisten sind die Abstände mit 15 v.H. in den alten und 20 v.H. in den neuen Ländern ähnlich stark ausgeprägt wie bei den Versicherten kraft Gesetz, nur regional genau andersherum gruppiert.

Die hinter diesen Durchschnittsbeiträgen verborgene Verteilung der Zahlungen auf die unterschiedlichen Beitragsklassen zeigen differenziert nach Geschlecht und getrennt für die alten und neuen Bundesländer die Abbildung 5.25 und Abbildung 5.26.

Aus diesen Verteilungen wird in den Anteilswerten die Dominanz der Beitragsklassen, in denen Regelbeitrag, halber Regelbeitrag und Mindestbeitrag angesiedelt sind, deutlich. Es zeigen sich aber auch die geschlechtsspezifischen und regionalen Unterschiede, d.h. die stärkere Präsenz der Frauen in den unteren Beitragsklassen und das durchgängig niedrigere Beitragsniveau in den neuen Ländern.

In der Regel werden Beiträge oberhalb des Regelbeitrags nur von einer Minderheit der Versicherten entrichtet[452]. Dabei ist zu berücksichtigen, dass be-

Abbildung 5.25: Verteilung der Beitragszahlungen der kraft Gesetz versicherten Selbständigen 1999 in v.H. (alte Bundesländer)

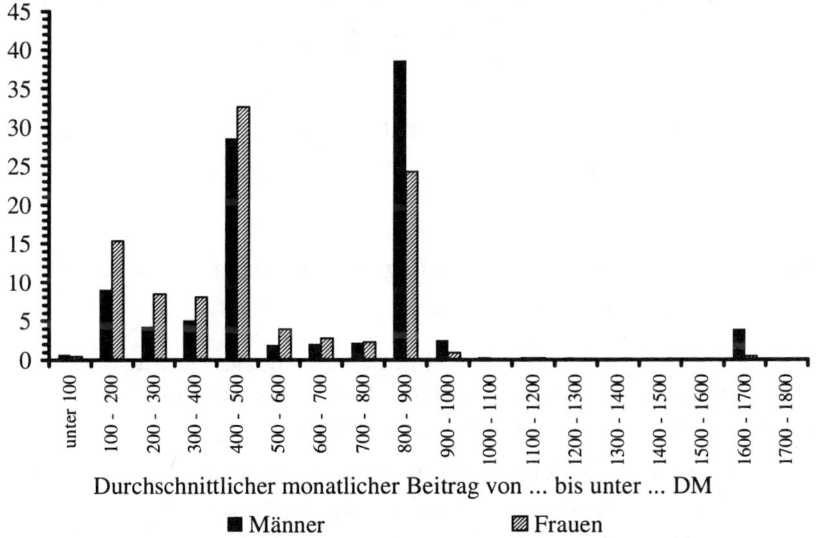

Quelle: Eigene Darstellung auf Grundlage von Verband Deutscher Rentenversicherungsträger (2001b).

---

452 So zahlen in den alten Bundesländern in der Klassenbetrachtung nur etwa 5 v.H. der Versicherten mehr als den Regelbeitrag, in den neuen Ländern nicht einmal 1,5 v.H. Bei den Männern waren dies in den alten Ländern mit 7,5 v.H. mehr als bei den Frauen mit weniger als 2 v.H., während die jeweiligen Anteile in den neuen Ländern mit 1,7 v.H. bei den Männern und 0,9 v.H. bei den Frauen ausgeglichener sind.

Abbildung 5.26: Verteilung der Beitragszahlungen der kraft Gesetz versicherten Selbständigen nach Geschlecht in den neuen Bundesländern 1999 in v.H.

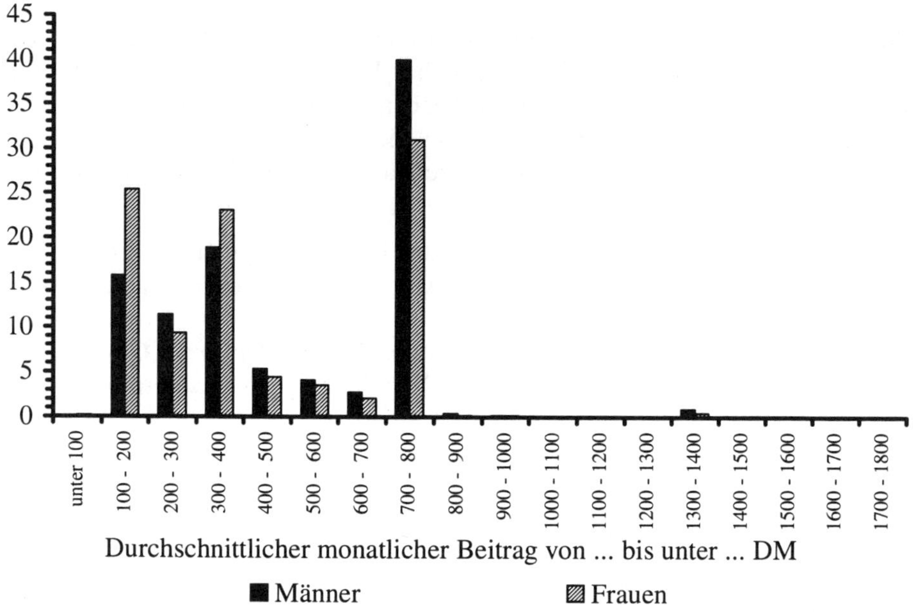

Quelle: Eigene Darstellung auf Grundlage von Verband Deutscher Rentenversicherungsträger (2001b).

stimmte Selbständigengruppen einkommensbezogene Beiträge zahlen. Auf Grund von hohen Einkommen[453] zahlen diese – vor allem männlichen Versicherten in den alten Bundesländern – den Höchstbeitrag.

Beitragszahlungen in der Klasse des Regelbeitrags leisteten von den männlichen Versicherten etwa 40 v.H., von den weiblichen zwischen 24 v.H. in den alten und 31v.H. in den neuen Bundesländern. Der überwiegende Teil der kraft Gesetz versicherten Selbständigen zahlt damit Beiträge unterhalb des Regelbeitrags: bei den männlichen Versicherten 54 v.H. in den alten bzw. 58 v.H. in den neuen Ländern, bei den weiblichen 74 v.H. in den alten und 68 v.H. in den neuen Ländern. Der Schwerpunkt dieser Zahlungen liegt in den alten Ländern mit etwa 30 v.H. in der Klasse des halben Regelbeitrags, wäh-

453 Diese werden beispielsweise von den Seelotsen erzielt.

rend in den neuen Ländern insbesondere bei den Frauen die Klasse des halben Regelbeitrags und des Mindestbeitrags etwa gleich stark besetzt sind.

Inwieweit die Konzentration der Beitragszahlungen in der Klasse des halben Regelbeitrags auf die eingangs erwähnten Beitragserleichterungen für Existenzgründer zurückzuführen ist, kann aus dem Datenmaterial nicht ermittelt werden. Bei allen Beitragszahlungen außerhalb der Klassen des vollen oder halben Regelbeitrags handelt es sich aber um einkommmensbezogene Beitragszahlungen, die auch einen Eindruck über die Einkommenssituation der Beitragszahler vermitteln können. So lag das Arbeitseinkommen aus der versicherungspflichtigen selbständigen Tätigkeit für mindestens ein Viertel der Selbständigen in den alten Bundesländern und etwa 30 v.H. in den neuen Ländern offenbar unterhalb der Hälfte der jeweiligen Bezugsgröße in der GRV, d.h. in den alten Ländern war es geringer als 2.200 DM im Monat und in den neuen Ländern als 1.850 DM/Monat.

5.6.1.2 Beitragszahlungen der Antragspflichtversicherten

Die Mischgruppe der Antragspflichtversicherten kann seit 1992 ebenfalls den Regelbeitrag zahlen und ist durch ähnliche Strukturen in der Beitragszahlung gekennzeichnet wie die kraft Gesetz Versicherten. Die durchschnittlichen Beitragszahlungen liegen bei dieser Versichertengruppe ebenfalls unterhalb des Regelbeitrags, wenn auch zumindest bei den Männern in den alten Bundesländern nicht so deutlich wie bei den kraft Gesetz Versicherten, was in der abweichenden Verteilung der Zahlungen auf die Beitragsklassen begründet ist, die für die Antragspflichtversicherten in der Abbildung 5.27 und Abbildung 5.28 dargestellt ist.

In den alten Bundesländern zahlen von den Antragspflichtversicherten nach diesen Daten – obwohl keinerlei Verpflichtung dazu existiert – mehr männliche Versicherte Beiträge oberhalb des Regelbeitrags als bei den kraft Gesetz Versicherten und auch die Klasse des Regelbeitrags ist etwas stärker besetzt[454]. Entsprechend geringer sind die Anteile der Zahlungen in den unteren Beitragsklassen, auf die bei den antragspflichtversicherten Männern etwa ein Drittel, bei den Frauen etwa zwei Drittel entfallen[455]. In den neuen Bundes-

454 Beiträge oberhalb des Regelbeitrags zahlen in den alten Ländern 9 v.H. der Männer und 3 v.H. der Frauen. Bei den Regelbeitragszahlungen übersteigt der Anteil der Männer, die den Regelbeitrag zahlen, mit 58 v.H. deutlich den der Frauen mit 34 v.H.

455 Der Anteil der Entrichter des halben Regelbeitrags war bei dieser Gruppe mit um die 15 v.H. in den alten Ländern bei Männern und Frauen in etwa gleich hoch. Beiträge

Abbildung 5.27: Verteilung der Beitragszahlungen der auf Antrag versicherten Selbständigen 1999 in v.H. (alte Bundesländer)

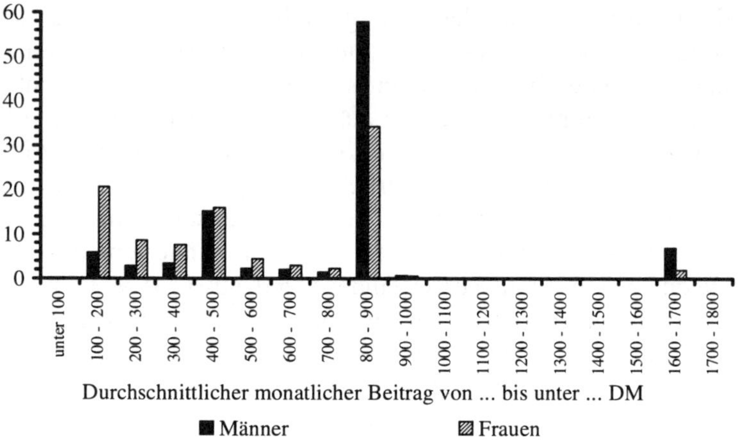

Quelle: Eigene Darstellung auf Grundlage von Verband Deutscher Rentenversicherungsträger (2001b).

Abbildung 5.28: Verteilung der Beitragszahlungen der auf Antrag versicherten Selbständigen 1999 in v.H. (neue Bundesländer)

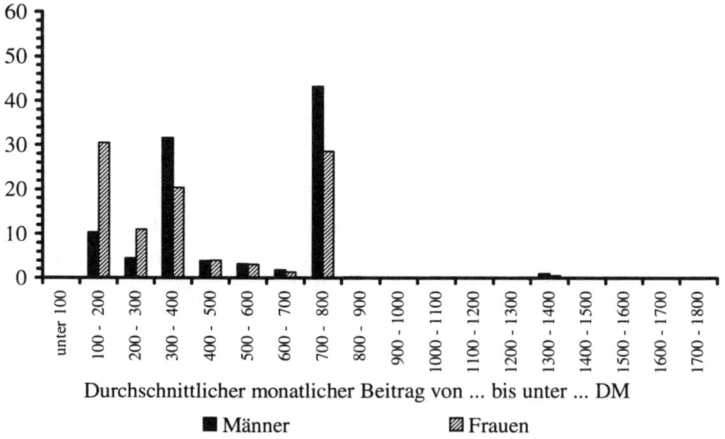

Quelle: Eigene Darstellung auf Grundlage von Verband Deutscher Rentenversicherungsträger (2001b).

---

unterhalb dieser Grenze zahlen bei den Antragspflichtversicherten 12 v.H. der Männer und 37 v.H. der Frauen.

Bundesländern dagegen entsprechen die Strukturen der Beitragszahlungen der Antragspflichtversicherten eher denen der kraft Gesetz Versicherten[456]. Ein Befund, der darin begründet sein könnte, dass die Höhe der Beitragszahlungen bei den Antragspflichtversicherten in den alten Bundesländern auch nach Änderung der beitragsrechtlichen Modalitäten im Rahmen der Rentenreform des Jahres 1992 beibehalten wurde.

5.6.1.3 Beitragszahlungen der Handwerker

Eine Beurteilung der Beitragszahlungen der Handwerker, die schon vor 1992 einen Einheitsbeitrag zahlen konnten, sollte berücksichtigen, dass nach dem Willen des Gesetzgebers innerhalb der von den Handwerkern begrenzbaren Beitragszahldauer ein gewisses Absicherungsniveau erreicht werden sollte. Da die entsprechenden sozialrechtlichen Bestimmungen allerdings nicht dieses Absicherungsniveau, sondern lediglich die Dauer der Beitragszahlung festlegen, wurde die Zahlung des Regelbeitrags vom Gesetzgeber offenbar implizit unterstellt. Die tatsächlichen Beitragszahlungen der Handwerker entsprechen diesem Leitbild nur bedingt, denn die durchschnittlich gezahlten Beiträge erreichen mit 550 DM in den alten und 434 DM in den neuen Bundesländern noch geringere Werte als bei den kraft Gesetz und auf Antrag versicherten Selbständigen und bewegen sich damit deutlich unterhalb des Normwertes Regelbeitrag[457].

Neben der Einkommenssituation, die unabhängig von den beitragsrechtlichen Regelungen die durchschnittliche Höhe der Beitragszahlungen aller Versichertengruppen beeinflusst, könnten die unterdurchsschnittlichen Beitragszahlungen der Handwerker darin begründet sein, dass Handwerker der älteren Kohorten kaum noch versichert sind und sich bei den versicherten jüngeren

---

456 Die Verteilung der Beitragszahlungen oberhalb des Regelbeitrags ist ähnlich wie bei den Versicherten kraft Gesetz, denn mehr als den Regelbeitrag zahlen weniger als 2 v.H. der männlichen und weiblichen Versicherten. Den Regelbeitrag zahlen 43 v.H. der Männer und 29 v.H. der Frauen. Den halben Regelbeitrag 32 v.H. der Männer und 20 v.H. der Frauen und damit deutlich mehr als in den alten Ländern. Auch im Bereich der Zahlungen unterhalb des halben Regelbeitrags liegen die Werte in den neuen Ländern mit 15 v.H. (Männer) und 42 v.H. (Frauen) über den entsprechenden Werten in den alten Bundesländern.

457 Das Ausmaß der geschlechtsspezifischen Unterschiede in den durchschnittlichen Beitragszahlungen ist mit Werten von 577 DM bei den Männern zu 417 DM bei den Frauen in den alten Ländern und 455 zu 330 DM in den neuen Ländern bei den Handwerkern etwa gleich groß, während dieser Wert bei den bisher dargestellten Gruppen für die Frauen in den neuen Bundesländern durchgängig etwas besser ausfiel.

Kohorten die Existenzgründungserleichterungen stärker niederschlagen als bei den unbegrenzt versicherungspflichtigen Selbständigen. Eine Vermutung, die durch die Verteilung der Zahlungen auf die unterschiedlichen Beitragsklassen bestätigt wird, da die Klasse des halben Regelbeitrags, der von Existenzsgründern gezahlt werden kann, bei den Handwerkern von allen Versichertengruppen am stärksten besetzt ist.

Ansonsten zeigt die Verteilung der Beitragszahlungen der Handwerker das schon bekannte Muster einer Konzentration der Beitragszahlungen auf die Klassen bis zur Höhe des Regelbeitrags. Die Anteile der Beitragszahlungen unterhalb dieses Wertes sind mit 60 v.H. bei den Männern und 85 v.H. bei den Frauen in den alten und 65 v.H. bei den Männern und 87 v.H. bei den Frauen in den neuen Ländern jedoch noch höher als bei den bisher untersuchten Versichertengruppen[458]. Das Gros dieser Zahlungen liegt bei den Männern mit um die 40 v.H. in der Klasse des halben Regelbeitrags, während die dann einkommensbezogenen Beitragszahlungen von mehr als 40 v.H. der Handwerkerinnen auch diesen Wert noch unterschreiten[459].

Wird die Höhe dieser Zahlungen mit der Zielsetzung des Gesetzgebers bei Einführung der begrenzten Beitragspflicht konfrontiert, drängt sich der Schluss auf, dass eine ausschließlich zeitliche Begrenzung der Beitragspflicht kein geeignetes Instrument zur Verwirklichung bestimmter Sicherungsanliegen ist, denn die Höhe der tatsächlichen Beitragszahlungen bleibt beim weit überwiegenden Teil der selbständigen Handwerker hinter der vom Gesetzgeber unterstellten Regelbeitragszahlung zurück, und zwar nicht nur im hier dargestellten Jahr 1999, sondern über die gesamte Untersuchungsperiode der 90er Jahre hinweg betrachtet.

---

458 Beiträge oberhalb des Regelbeitrags zahlen in den alten Bundesländern weniger als 1 v.H. der Männer und Frauen, in den neuen Ländern weniger als 0,2 v.H. der Männer und keine einzige Frau. Den Regelbeitrag zahlen in den alten Bundesländern – noch ähnlich wie bei den kraft Gesetz Versicherten – etwa 39 v.H. der Männer, aber mit 15 v.H. deutlich weniger Frauen und in den neuen Ländern sind diese Werte mit 34 v.H. bei den Männern und 13 v.H. bei den Frauen noch geringer. In diese Gruppe der Regelbeitragszahler fallen bei den Handwerkern auch die unbegrenzt versicherungspflichtigen Bezirksschornsteinfegermeister, deren Beitragsbemessungsgrundlage unabhängig vom tatsächlichen Beitrag mindestens die Bezugsgröße in der GRV bildet.

459 Diese Angaben gelten für die alten und neuen Bundesländer gleichermaßen.

Abbildung 5.29: Verteilung der Beitragszahlungen der versicherten Handwerker nach Geschlecht 1999 in v.H. (alte Bundesländer)

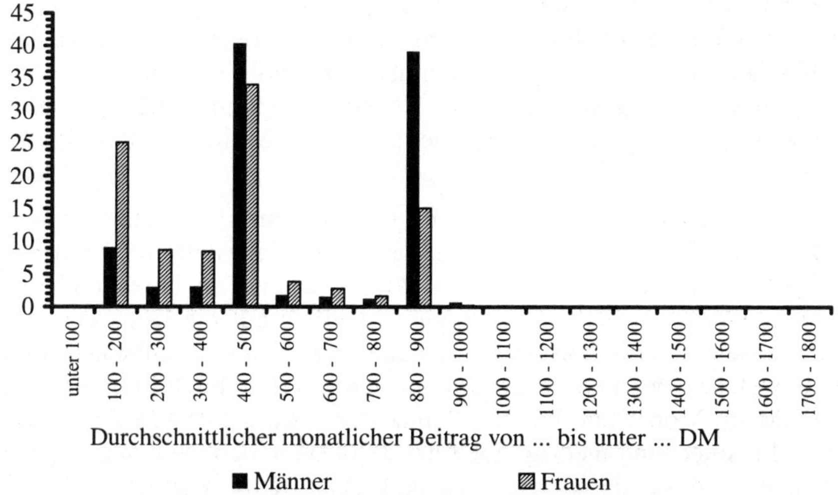

Quelle: Eigene Darstellung auf Grundlage von Verband Deutscher Rentenversicherungsträger (2001b).

Abbildung 5.30: Verteilung der Beitragszahlungen der versicherten Handwerker nach Geschlecht 1999 in v.H. (neue Bundesländer)

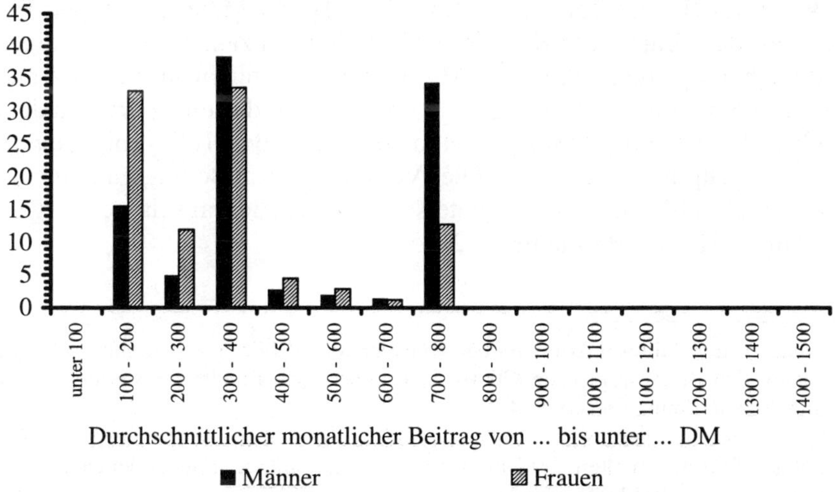

Quelle: Eigene Darstellung auf Grundlage von Verband Deutscher Rentenversicherungsträger (2001b).

5.6.1.4 Beitragszahlungen der Künstler und Publizisten

Künstler und Publizisten sind die einzige Selbständigengruppe innerhalb der VDR-Statistiken, die ausnahmslos einkommensbezogene Beitragszahlungen zur GRV leistet, wobei zu berücksichtigen ist, dass sie aufgrund der abweichenden Finanzierungsgestaltung der Künstlersozialversicherung ebenso wie Arbeitnehmer nur die Hälfte der nachfolgend abgebildeten Beiträge selbst zahlen.

Trotz dieser Sonderregelung bilden die Künstler und Publizisten hinsichtlich der Höhe der Gesamtbeitragszahlung das Schlusslicht unter den in der GRV versicherten Selbständigen. Dieses ist jedoch nicht auf sozialrechtliche Regelungen, sondern bei dieser Gruppe ausschließlich auf die Höhe des aus der künstlerischen oder publizistischen Tätigkeit erzielten Einkommens zurückzuführen, welches bei den Künstlern im Jahre 1999 durchschnittlich knapp 1.600 DM im Monat und bei den Publizisten etwa 2.140 DM monatlich beträgt[460]. Entsprechend niedrig fallen mit 335 DM in den alten und 277 DM in den neuen Bundesländern die durchschnittlichen Beitragszahlungen aus[461].

Die ausschließlich einkommensbezogene Beitragsentrichtung führt daneben zu einer anders gearteten Verteilung der Zahlungen auf die unterschiedlichen Beitragsklassen. Im Verhältnis zum Normwert des Regelbeitrags liegen zwischen 3 v.H. (NBL) und 4 v.H. (ABL) der Zahlungen oberhalb dieses Wertes[462] und in die Klasse des Regelbeitrags fallen nur zwischen 2 v.H. (ABL) und 3 v.H. (NBL) der Zahlungen. Etwa 92 v.H. der Männer und 97 v.H. der Frauen aus der Gruppe der Künstler und Publizisten zahlen damit weniger als den Regelbeitrag. Insgesamt 80 v.H. der Beiträge fallen in die Klassen des halben Regelbeitrags und weniger, so dass die aus diesen Beitragszahlungen erwachsenden Leistungsansprüche zum überwiegenden Teil weniger als einen halben Entgeltpunkt erreichen. Die Verteilung der Beitragszahlungen der Künstler und Publizisten auf die unterschiedlichen Beitragsklassen zeigen die Abbildung 5.31 und Abbildung 5.32.

---

460 Siehe zu den Jahreseinkommen der Künstler und Publizisten getrennt nach Sparten ausführlich Bundesregierung (2000), S. 13, oder auch Bundesministerium für Arbeit und Sozialordnung (2002), S. 46.

461 Ebenso wie bei den übrigen Versichertengruppen bleiben die Zahlungen der Frauen mit 291 DM in den alten und 249 DM in den neuen Ländern hinter denen der Männer (367 DM bzw. 294 DM) zurück.

462 In den alten Bundesländern besteht diese Gruppe zu 2,2 v.H. Frauen und zu 5,6 v.H. aus Männer. Davon zahlen rund 0,3 v.H. der Frauen und etwa 0,9 v.H. der Männer den Höchstbeitrag oder geringfügig weniger.

Abbildung 5.31: Verteilung der Beitragszahlungen der versicherten Künstler und Publizisten 1999 in v.H. (alte Bundesländer)

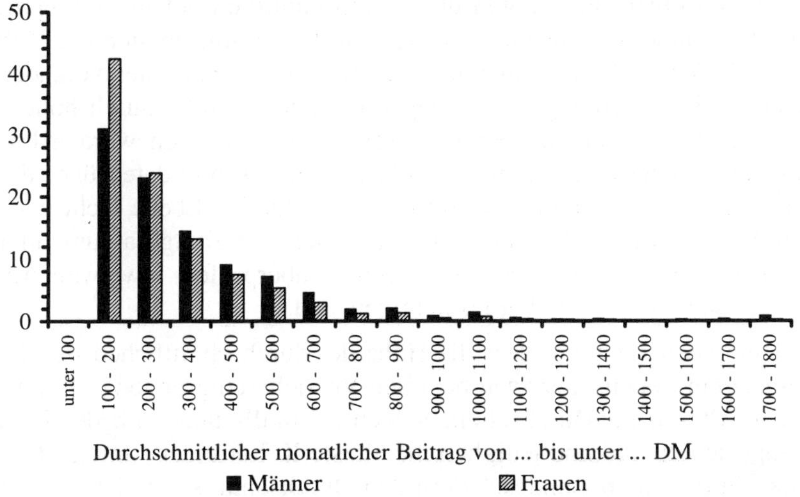

Quelle: Eigene Darstellung auf Grundlage von Verband Deutscher Rentenversicherungsträger (2001b).

Abbildung 5.32: Verteilung der Beitragszahlungen der versicherten Künstler und Publizisten 1999 in v.H. (neue Bundesländer)

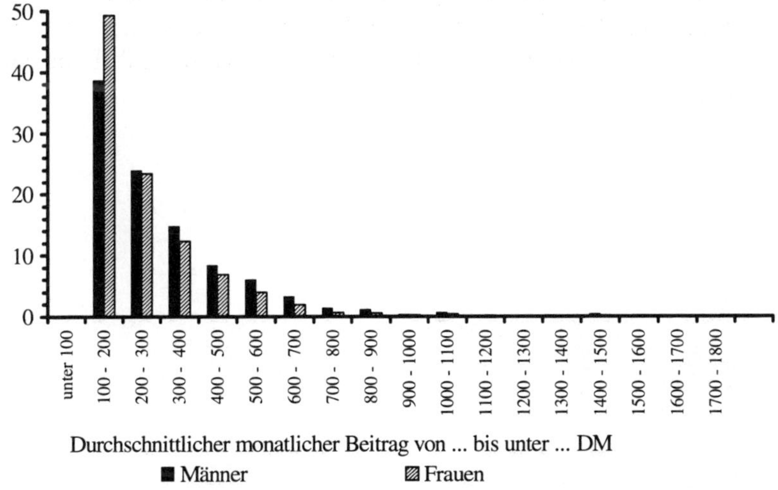

Quelle: Eigene Darstellung auf Grundlage von Verband Deutscher Rentenversicherungsträger (2001b).

5.6.1.5 Verteilung der Beitragszahlungen nach Altersklassen

Die nach den Querschnittsdaten unterdurchschnittlich hohen Beitragszahlungen der Selbständigen zur GRV werfen die Frage auf, ob sich die Höhe der durchschnittlichen Zahlungen mit zunehmendem Lebensalter verändert und geringere Beitragszahlungen der jüngeren Kohorten u.U. durch höhere Beitragszahlungen der rentennäheren Jahrgänge ausgeglichen werden könnten. Da für eine solche Untersuchung benötigte Längsschnittdaten über die Entwicklung der Beitragszahlungen auf der individuellen Ebene nicht vorliegen, wird hilfsweise die Höhe der durchschnittlichen Beitragszahlung in unterschiedlichen Altersklassen untersucht, um zu überprüfen, inwieweit Alterseffekte in diesem Bereich zu berücksichtigen sind.

Diese Untersuchung zeigt, dass die Höhe der durchschnittlichen Beiträge mit zunehmendem Lebensalter zwar bei allen Versichertengruppen steigt, die Beiträge der Älteren im Durchschnitt jedoch ebenfalls unterhalb des Regelbeitrags angesiedelt sind und lediglich die älteste Kohorte der Antragspflichtversicherten in den alten Bundesländern den Durchschnittswert der Beitragszahlungen zur GRV annähernd erreicht. Die durchschnittliche Höhe der Beitragszahlungen nach Altersklassen zeigen für die vier Versichertengruppen getrennt für die alten und neuen Bundesländer die Abbildung 5.33 und Abbildung 5.34. Bei den Antragspflichtversicherten in den alten und neuen Bundesländern und den Versicherten kraft Gesetz in den alten Ländern zeigt sich in diesen Abbildungen ferner die Tendenz zu einer höheren Beitragszahlung in den rentennahen Jahrgängen, d.h. Kohorten, die bei der Änderung der beitragsrechtlichen Regelungen im Jahr 1992 in etwa das 50. Lebensjahr erreicht hatten.

Abbildung 5.33: Beitragszahlungen der versicherten Selbständigen nach Altersklassen 1999 in DM (alte Bundesländer)

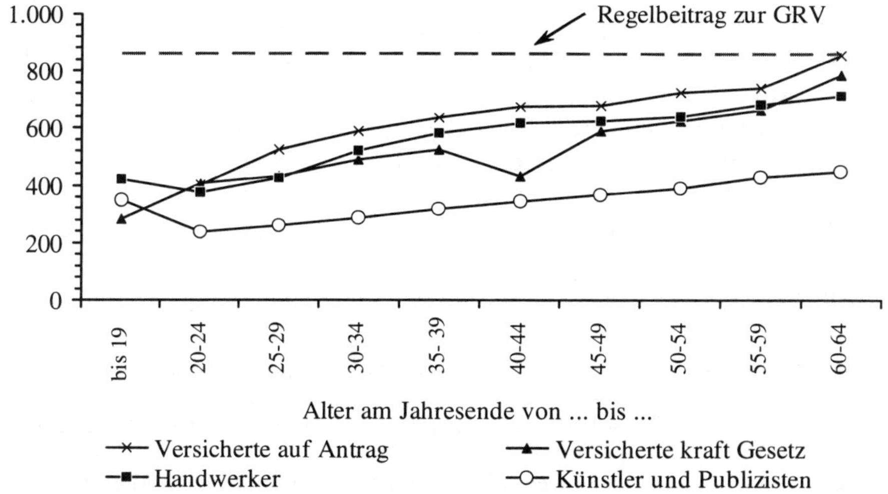

Quelle: Eigene Darstellung auf Grundlage von Verband Deutscher Rentenversicherungsträger (2001b).

Abbildung 5.34: Beitragszahlungen der versicherten Selbständigen nach Altersklassen 1999 in DM (neue Bundesländer)

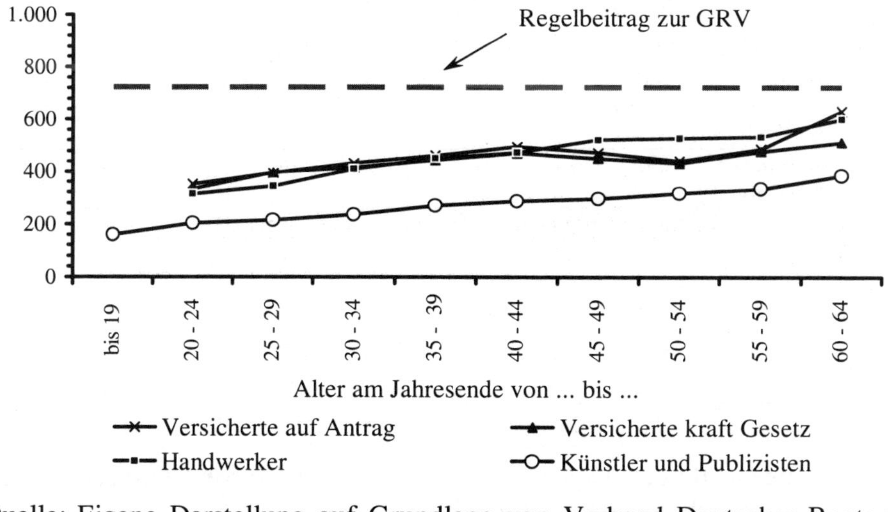

Quelle: Eigene Darstellung auf Grundlage von Verband Deutscher Rentenversicherungsträger (2001b).

5.6.1.6 Zusammenfassung: Beitragszahlung der GRV-Versicherten

Nach den Untersuchungsergebnissen zur Höhe der Beitragszahlungen in der GRV zahlen im Jahr 1999 etwa 70 v.H. der selbständigen Männer und über 85 v.H. der Frauen Beiträge unterhalb des Durchschnittsbeitrags zur GRV. Der als „Regelbeitrag“ für die Selbständigen bezeichnete Zahlbetrag wird daher nur von einem kleineren Teil entrichtet und Zahlungen oberhalb dieses Normwertes sind eher die Ausnahme: 4 v.H. der Männer in den alten Bundesländern, zwischen 1 v.H. und 2 v.H. bei den übrigen Versicherten. Die durchschnittlichen Beiträge und die Anteile der Zahlbeträge in ausgewählten Beitragsklassen werden für die einzelnen Versichertengruppen, getrennt nach Geschlecht und alten und neuen Bundesländern, in Tabelle 5.25 zusammengefasst:

Tabelle 5.25: Beitragszahlung der in der GRV versicherten Selbständigen

	Versicherte kraft Gesetz		Versicherte auf Antrag		Handwerker		Künstler und Publizisten	
Alte Bundesländer	Männer	Frauen	Männer	Frauen	Männer	Frauen	Männer	Frauen
Durchschnittlicher Beitrag DM/Monat	639	500	763	544	577	417	367	291
Zahlungen in v.H. der Versicherten in Beitragsklassen								
oberhalb des Regelbeitrags GRV	7,5	1,9	9,8	3,0	0,8	0,3	6,0	2,4
Regelbeitrag	38,6	24,2	57,9	34,1	39,2	15,1	2,2	1,3
weniger als Regelbeitrag	53,9	73,9	33,3	62,8	60,0	84,6	91,8	96,4
halber Regelbeitrag	28,6	32,6	15,2	16,0	40,4	34,1	9,1	7,5
Mindestbeitrag	9,0	15,4	5,8	20,5	9,1	25,2	31,1	42,4
Neue Bundesländer								
Durchschnittlicher Beitrag DM/Monat	490	427	516	403	455	330	294	249
Zahlungen in v.H. der Versicherten in Beitragsklassen								
oberhalb des Regelbeitrags GRV	1,75	0,9	1,6	1,1	0,1	-	3,2	1,5
Regelbeitrag	39,9	31,0	43,3	28,6	34,5	12,7	1,4	0,7
weniger als Regelbeitrag	58,3	68,1	55,1	70,4	65,4	87,3	95,4	97,8
halber Regelbeitrag	18,8	23,1	31,5	20,4	38,4	33,6	14,8	12,3
Mindestbeitrag	15,7	25,4	10,3	30,5	15,7	33,1	38,7	49,3

Quelle: Eigene Berechnungen auf Grundlage von Verband Deutscher Rentenversicherungsträger (2001b).

Diese Beitragszahlungen werden, wenn sie dauerhaft in einer solchen Größenordnung erfolgen, beim überwiegenden Teil der Selbständigen selbst bei langjähriger Versicherungsdauer nicht ausreichen, um ein armutsvermeidendes Sicherungsniveau innerhalb der GRV zu erreichen[463]. Um einen Eindruck über das realisierte Leistungsniveau durch die Beitragszahlungen in der GRV zu vermitteln, werden die Beitragszahlungen in Abbildung 5.35 und Abbildung 5.36 umgerechnet in Entgeltpunkten dargestellt[464].

Abbildung 5.35: Beitragszahlungen der männlichen Selbständigen in der GRV umgerechnet in Entgeltpunkte 1999 (Deutschland)

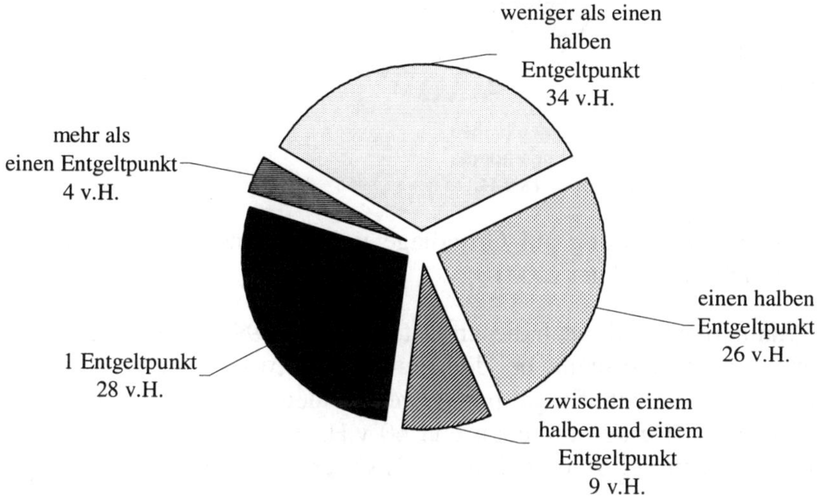

Quelle: Eigene Darstellung auf Grundlage von Verband Deutscher Rentenversicherungsträger (2001b).

463 Hier operationalisiert am Niveau der Sozialhilfe unter Berücksichtigung von Regelsatz, Einmalzahlungen und Mietzuschuss, welches bei rund 40 v.H. des durchschnittlichen Nettoarbeitsentgelts liegt. Um dieses Niveau zu erreichen, mussten (nach altem Recht) etwa 26 Entgeltpunkte erreicht werden – infolge der Neuregelungen im Rahmen der jüngsten Rentenreform etwa 30 Entgeltpunkte. Bei einer Beitragszahlung über 45 Erwerbsjahre hinweg, bedeutet dies, dass mindestens 0,66 Entgeltpunkte jährlich erzielt werden müssen, damit die Leistungen der GRV das Sozialhilfeniveau erreichen. Die Beitragszahlungen der Selbständigen im Jahr 1999 führen jedoch bei 60 v.H. der selbständigen Männern nur zu einen halben Entgeltpunkt und weniger, und bei den Frauen sind annähernd 80 v.H. in diesem Bereich angesiedelt. Siehe zum Rentenniveau und den Auswirkungen der Absenkung des Eckrentenniveaus Schmähl (1997a), S. 424ff., oder auch Schmähl (1999a), S. 403ff.

464 Der aktuelle Rentenwert, der „Gegenwert" eines Entgeltpunktes, beträgt im Jahr 1999 in den alten Bundesländern 48,29 DM, in den neuen Ländern 42,01 DM.

Abbildung 5.36: Beitragszahlungen der weiblichen Selbständigen in der GRV umgerechnet in Entgeltpunkte 1999 (Deutschland)

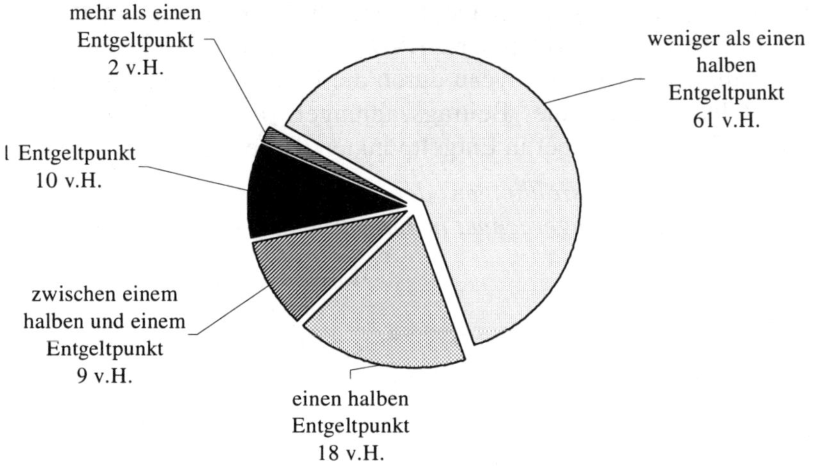

Quelle: Eigene Darstellung auf Grundlage von Verband Deutscher Rentenversicherungsträger (2001b).

Bei den Männern erreicht nach diesen Daten im Jahr 1999 nur etwa ein Drittel einen Entgeltpunkt und mehr, bei den Frauen nur etwa ein Achtel. Zwischen einem halben und einen Entgeltpunkt werden den Versichertenkonten von knapp zehn Prozent gutgeschrieben und 60 v.H. der männlichen und fast 80 v.H. der weiblichen Selbständigen in der GRV erhalten einen halben Entgeltpunkt und weniger.

Dies sind Querschnittsdaten. Die Ausführungen über die Beitragszahlungen in unterschiedlichen Altersklassen haben jedoch gezeigt, dass die durchschnittlich gezahlten Beiträge auch in älteren Kohorten hinter den Durchschnittswerten der GRV zurückbleiben. Die Annahme, dass geringe Beitragszahlungen zu Beginn der selbständigen Tätigkeit durch höhere Zahlungen in späteren Zeiten ausgeglichen werden, kann daher anhand der Durchschnittswerte der empirischen Daten nicht gestützt werden. Die bis dato sammelbaren Erfahrungen mit dem Zahlverhalten der Handwerker, der Versicherten kraft Gesetz und Antragspflichtversicherten zeigen darüber hinaus, dass Versicherte einen Regelbeitrag, wenn er angeboten wird, annehmen und von den Gestaltungsmöglichkeiten in der Beitragszahlung in der Praxis offenbar nur Gebrauch gemacht wird, wenn der persönlich zu leistende Beitrag dadurch reduziert werden kann. Um diese Vermutung zu erhärten, wird für die GRV abschließend ein Vergleich der Beitragszahlungen vor und nach der Rentenreform des

Jahres 1992 vorgenommen, im Rahmen derer die Möglichkeit der Regelbeitragszahlung auf einen größeren Teil der Versicherten ausgedehnt wurde, um zu überprüfen, inwieweit die beitragsrechtlichen Neuregelungen die Höhe der Beitragszahlungen beeinflusst haben.

5.6.1.7 Vergleich der Beitragszahlungen der in der GRV versicherten Selbständigen vor und nach der Rentenreform 1992

In der vorangegangenen Darstellung der Beitragszahlungen fiel u.a. auf, dass nur eine Minderheit der Selbständigen Beiträge oberhalb des Regelbeitrags zahlt. Inwieweit dieses nicht nur auf die Einkommensverhältnisse der Versicherten, sondern auch auf institutionelle Regelungen zur Beitragszahlung zurückzuführen ist, wird im Folgenden anhand einer Gegenüberstellung der Beitragszahlungen der Versicherten kraft Gesetz und auf Antrag vor und nach den Neuregelungen durch das RRG 1992 illustriert[465]. Die Veränderung in der Verteilung der Zahlungen auf unterschiedliche Beitragsklassen zeigt für beide Versichertengruppen und die alten Bundesländer Abbildung 5.37.

Abbildung 5.37: Beitragszahlungen der Versicherten kraft Gesetz und auf Antrag 1988 und 1999 in v.H. (alte Bundesländer)

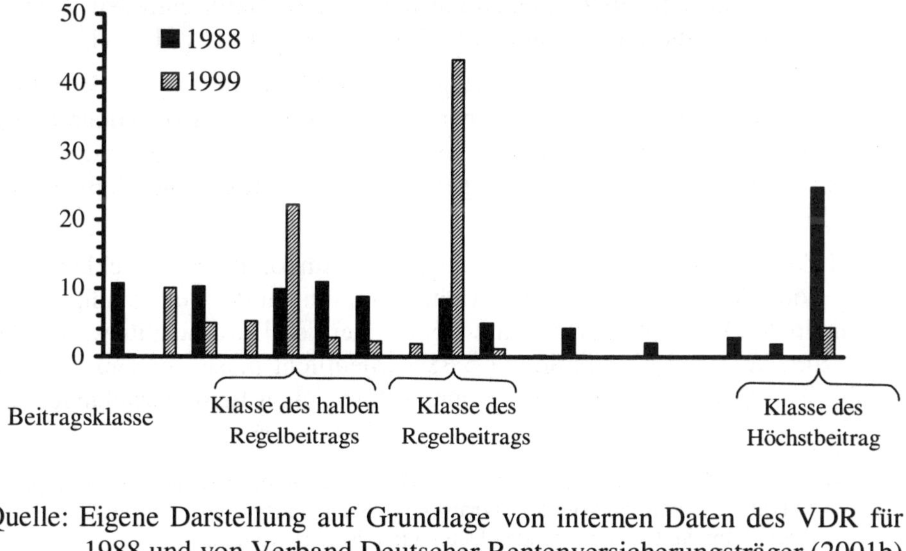

Quelle: Eigene Darstellung auf Grundlage von internen Daten des VDR für 1988 und von Verband Deutscher Rentenversicherungsträger (2001b) für 1999.

465 Auch die Handwerker gehören zu den Selbständigen, die einen Regelbeitrag entrichten können. Für diese Gruppe bestand diese Möglichkeit allerdings bereits vor 1992.

Diese Gegenüberstellung zeigt, dass sich die Beitragszahlungen im Jahre 1988, also vor der Gesetzesänderung, sehr viel gleichmäßiger auf die unterschiedlichen Beitragsklassen verteilen, als es Ende der 90er Jahre der Fall war. Augenfällig ist, dass 1999 in beiden Versichertengruppen nur knapp 5 v.H. Zahlungen in der Klasse des Höchstbeitrages entrichten, während es 1988, als diese Gruppen generell einkommensbezogene Beiträge zahlten, noch fast 25 v.H. sind.

Werden die Anteilswerte im Detail verglichen, zeigen sich weitere aufschlussreiche Resultate: So haben sich die Anteile der Versicherten, die weniger als den Durchschnittsbeitrag zur GRV zahlen, mit 51v.H. im Jahre 1988 zu 50 v.H. in 1999 kaum verändert. 1999 fällt von diesen Beitragszahlungen jedoch ein deutlich höherer Anteil als in 1988 in die Klasse des halben Regelbeitrags, was – wenn nur die Anteilswertverschiebungen betrachtet werden – fast vollständig zu Lasten der höheren Beitragszahlungen im Bereich zwischen dem halben und dem ganzen Regelbeitrag geht, die sich im betrachteten Zeitraum von 20 v.H. (1988) auf 7 v.H. (1999) verringern.

Eine ähnliche Verschiebung nach unten zeigt sich bei den etwa 50 v.H. der Beitragszahlungen, die 1988 im Bereich des Regelbeitrags und darüber erfolgen. Denn mehr als den Regelbeitrag zahlen im Jahr 1988 noch 41 v.H. der Versicherten, im Jahr 1999 dagegen nur noch 6 v.H. Dafür entfallen 1999 43 v.H. auf den Regelbeitrag, während dies im Jahr 1988 nur 9 v.H. sind.

Die Möglichkeit der Zahlung des Regelbeitrags bzw. des halben Regelbeitrags wird von den Versicherten daher offenbar stark genutzt, wodurch sich die Struktur der Beitragszahlungen im Zeitverlauf veränderte, und zwar – wenn den dargestellten Ergebnissen gefolgt wird – in Richtung möglichst geringer Beitragszahlungen[466].

Dieses Zahlverhalten schlägt sich – neben der Einkommensentwicklung[467] – in der Höhe der durchschnittlichen Beitragszahlungen der Selbständigen nieder, die in den 90er Jahren mehr und mehr hinter den Durchschnittswerten der GRV zurückbleiben[468]. Abbildung 5.38 verdeutlicht diese Tendenz in einer graphischen Darstellung, in der die durchschnittlichen Beitragszahlungen der

---

466 Das Ausmaß der Nutzung der Beitragserleichterungen in der Existenzgründungsphase wird parallel vermutlich von der Dynamik im Gründungsgeschehen beeinflusst. Dieser Effekt kann in den vorliegenden Daten nicht isoliert werden.

467 Auf die Entwicklung der Durchschnittseinkommen des Versichertenbestandes können neben Einkommensentwicklungen auch Veränderungen im Versichertenbestand einwirken. Beide Effekte können in den vorliegenden Daten nicht isoliert werden.

468 Ausschließlich von der Einkommensentwicklung beeinflusst ist die Höhe der Beitragszahlungen der Künstler und Publizisten.

Selbständigen im Vomhundertsatz des Regelbeitrags in den Jahren 1988, 1992 und 1999 (alte Bundesländer) und 1992 und 1999 (neue Bundesländer) gegenübergestellt werden.

Abbildung 5.38: Entwicklung der Durchschnittsbeiträge der versicherten Selbständigen in v.H. des Regelbeitrags zur GRV in den Jahren 1988 bis 1999 (alte Bundesländer) bzw. 1992 bis 1999 (neue Bundesländer) in v.H.

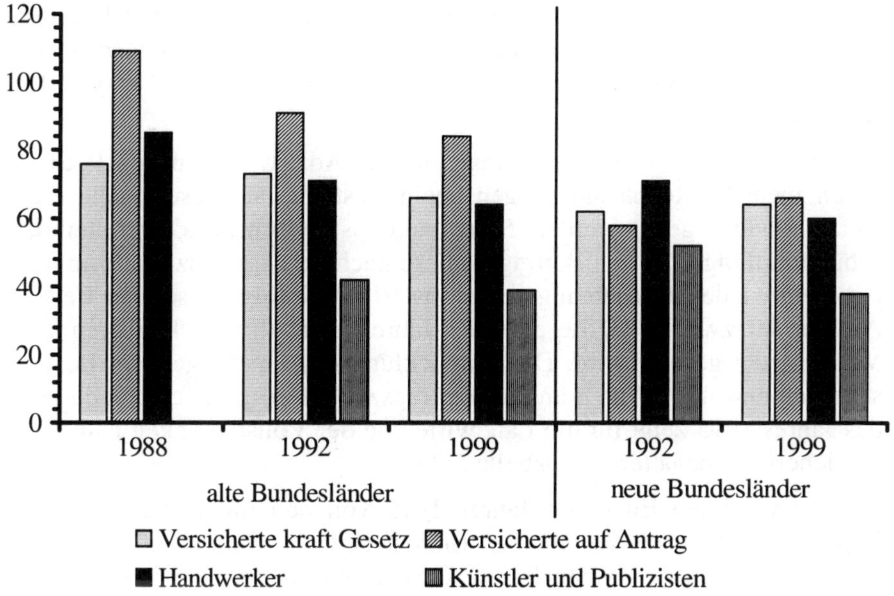

Quelle: Eigene Darstellung auf Grundlage von internen Daten des VDR für 1988 und von Verband Deutscher Rentenversicherungsträger (2001b) für 1999. Angaben für Künstler und Publizisten für das Jahr 1988 liegen nicht vor.

5.6.2 Beitragszahlung in der Alterssicherung der Landwirte

Selbständige Landwirte zahlen nach den institutionellen Regelungen des ALG formal einen einheitlichen Kopfbeitrag. Im Vergleich zum Regelbeitrag der Selbständigen in der GRV bewegt sich dieser Beitrag im Jahre 1999 mit 327

DM in den alten und 276 DM in den neuen Bundesländern[469] in etwa auf einem Niveau von 40 v.H. Hinsichtlich der absoluten Höhe entspricht er annähernd der durchschnittlichen Beitragszahlung der Künstler und Publizisten[470].

Aufgrund der Einheitsbeitragszahlung zur AdL erübrigt sich in diesem System eine Darstellung der Verteilung der Beitragszahlungen auf unterschiedliche Beitragsklassen. Bezieher niedriger Einkommen erhalten jedoch nach der Einkommenshöhe gestaffelte Beitragszuschüsse, die die individuelle Beitragsbelastung reduzieren.

In der AdL existieren damit ähnlich wie bei Künstlern und Publizisten anspruchsneutrale Beitragserleichterungen, allerdings mit dem Unterschied, dass sie in Abhängigkeit von den Einkommensverhältnissen der Versicherten gewährt werden.

Die Anzahl der Zuschussempfänger in der AdL wurde in den 90er Jahren durch mehrere Rechtsänderungen beeinflusst, die an dieser Stelle nicht im Detail wiedergegeben werden. Festzuhalten ist jedoch, dass der Anteil der Zuschussempfänger an den Beitragszahlern nach der Agrarsozialreform des Jahres 1995 wieder deutlich angestiegen ist[471] und infolgedessen der Beitrag zur AdL in der zweiten Hälfte der 90er Jahre nur noch vom kleineren Teil der Versicherten gezahlt wird. Die Entwicklung der Empfänger von Beitragszuschüssen und ihren Anteil an den Beitragszahlern insgesamt nach der Reform des Jahres 1995 zeigt für die Landwirte und der Vollständigkeit halber für die versicherten Ehegatten die Tabelle 5.26.

Demnach zahlten Ende des Jahres 1999 von den im System verbliebenen Landwirten nur noch 40 v.H. den Einheitsbeitrag, während 60 v.H. der etwa 250.000 Versicherten einen Beitragszuschuss erhielten, davon ein Fünftel in der höchsten Zuschussklasse[472], in der sich die individuelle Beitragszahlung

469 Siehe zur Höhe des Beitrags zur AdL und zur Höhe der Beitragszuschüsse §§ 2 und 3 der Verordnung zur Bestimmung der Beitragssätze in der gesetzlichen Rentenversicherung für 1999 und zur Bestimmung weiterer Rechengrößen der Sozialversicherung für 1999 (Beitragssatzverordnung 1999 – BSV 1999), vom 18. Dezember 1998 (BGBl. 1998 I, S. 3827).

470 Der Wert des Jahres 1999 entspricht etwa 38 v.H. des Regelbeitrags. Der prozentuale Abstand zum GRV-Beitrag wird bis zum Jahr 2003 stufenweise abgeschmolzen, so dass sich dieses Verhältnis zukünftig in Richtung 40 v.H. verändern wird.

471 Die Anzahl der Zuschussempfänger insgesamt hat sich in den Jahren 1991 bis 1994 von 218.999 auf 171.907 verringert; siehe Bundesministerium für Ernährung (2000), Tabellenteil S. 69.

472 Jahreseinkommen bis zu 16.000 DM für Alleinstehende bzw. 32.000 DM für Verheiratete.

Tabelle 5.26: Beitragszahler, Empfänger von Beitragszuschüssen und Anteil der Zuschussempfänger an den Beitragszahlern in den Jahren 1995 bis 1999 (Deutschland)

Jahr	Versicherte Landwirte nach § 1 Abs. 2 ALG	Versicherte Ehegatten nach § 1 Abs. 3 ALG	Empfänger von Beitragszuschüssen Landwirte	in v.H. der Versicherten	Empfänger von Beitragszuschüssen Ehegatten	in v.H. der Versicherten
1995	303.302	205.056	157.399	51,9	132.760	64,7
1996	281.964	173.196	175.034	62,1	130.992	75,6
1997	274.093	162.539	170.850	62,3	123.139	75,8
1998	262.221	152.483	162.973	62,3	115.067	75,5
1999	250.829	143.225	150.372	60,0	104.639	73,1

Quelle: Geschäftsstatistiken des Gesamtverbandes der landwirtschaftlichen Alterskassen. Eigene Berechnungen.

um etwa 80 v.H. reduziert, d.h. in den alten Bundesländern von 327 DM auf 65 DM und in den neuen Ländern von 276 DM auf 55 DM[473].

Die Verteilung der zuschussberechtigten Landwirte und Ehegatten auf die unterschiedlichen Zuschussklassen (hier angegeben in Werten für Alleinstehende), deren jeweiliger Anteil an den Zuschussberechtigten insgesamt sowie den nach Berücksichtigung der Zuschüsse zu zahlenden Beitrag zur AdL in den alten und neuen Bundesländern zeigt für das Jahr 1999 die Tabelle 5.27.

Die Änderung im Zuschussrecht zum 1. Januar 2000 hat die Anzahl der Zuschussberechtigten durch die Kappung der Zuschussklassen auf die Obergrenze von 30.000 DM bzw. 60.000 DM für Verheiratete reduziert: bei den Landwirten von 150.372 auf 104.490 im Jahre 2000, bei den Ehegatten von 104.639 auf 69.842. Zugleich wurde die Höhe der Zuschüsse herabgesetzt und als Höchstwert eine Entlastung von 60 v.H. vorgesehen, der vorher 80

473 Mit zunehmendem Einkommen verringert sich der Zuschuss je zusätzliche 1.000 DM um 3,2 Prozentpunkte des Beitrags – bis auf 10 DM in der am geringsten bezuschussten Einkommensklasse. So beträgt der Zuschuß beispielsweise bei einem Einkommen bis 17.000 DM 76,8 v.H. und bis 18.000 DM 73,6 v.H. Die Höhe der monatlichen Zuschussbeträge für die Zeit vom 1. April 1999 bis 31. Dezember 1999 in den alten und neuen Bundesländern wurde in § 3 BSV 1999 festgelegt.

Tabelle 5.27: Zuschussberechtigte Landwirte und Ehegatten nach Einkommensklassen und effektiv zu zahlendem Monatsbeitrag, 1999

Jahreseinkommen von ... bis ... unter DM	Zuschussberechtigte Landwirte und Ehegatten	in v.H. der Zuschussberechtigten	monatlicher Zuschussbetrag ABL / NBL	effektiv zu zahlender Monatsbeitrag ABL*	effektiv zu zahlender Monatsbeitrag NBL*
Unter 16.000	52.157	20,5	262 / 221	65	55
16.001-17.000	6.546	2,6	251 / 212	76	64
17.001-18.000	6.718	2,6	241 / 203	86	73
18.001-19.000	7.111	2,8	230 / 194	97	82
19.001-20.000	7.744	3,0	220 / 185	107	91
20.001-21.000	7.882	3,1	209 / 177	118	99
21.001-22.000	8.656	3,4	199 / 168	128	108
22.001-23.000	9.342	3,7	188 / 159	139	117
23.001-24.000	11.897	4,7	178 / 150	149	126
24.001-25.000	16.482	6,5	167 / 141	160	135
25.001-26.000	16.051	6,3	157 / 132	170	144
26.001-27.000	13.697	5,4	146 / 124	181	152
27.001-28.000	11.990	4,7	136 / 115	191	161
28.001-29.000	10.852	4,3	126 / 106	201	170
29.001-30.000	9.896	3,9	115 / 97	212	179
30.001-31.000	8.387	3,3	105 / 88	222	188
31.001-32.000	7.934	3,1	94 / 79	233	197
32.001-33.000	7.315	2,9	84 / 71	243	205
33.001-34.000	6.523	2,6	73 / 62	254	214
34.001-35.000	5.913	2,3	63 / 53	264	223
35.001-36.000	5.262	2,1	52 / 44	275	232
36.001-37.000	4.956	1,9	42 / 35	285	241
37.001-38.000	4.416	1,7	31 / 26	296	250
38.001-39.000	3.913	1,5	21 / 18	306	258
39.001-40.000	3.425	1,3	10 / 9	317	267

*Angaben über die Höhe der Beitragszahlungen gültig ab dem 1.4.1999.

Quelle: Geschäftsstatistiken des Gesamtverbandes der landwirtschaftlichen Alterskassen. Anteile und effektiv zu zahlender Beitrag eigene Berechnungen. Summendifferenzen sind rundungsbedingt.

v.H. betrug[474]. Der Anteil der Zuschussempfänger an den beitragszahlenden Landwirten und Ehegatten ist infolgedessen auf 47,5 v.H. Ende 2000 zurückgegangen, eine Reduktion, die noch etwas höher ausgefallen wäre, wenn sich nicht – wie schon in den Jahren zuvor – auch die Zahl der Beitragszahler weiter verringert hätte. Die Verteilung der Zuschussberechtigten auf die neuen Zuschussklassen und die Reduktion des ab 1. Januar 2000 geltenden Einheitsbeitrags zur AdL, 342 DM in den alten und 282 DM in den neuen Bundesländern, für die Zuschussberechtigten nach der Neuregelung zeigt Tabelle 5.28.

Tabelle 5.28: Zuschussberechtigte Landwirte und Ehegatten nach Einkommensklassen und zu zahlendem Monatsbeitrag, 2000

Jahreseinkommen von ... bis ... unter DM	Zuschussberechtigte Landwirte und Ehegatten	in v.H. der Zuschussberechtigten	monatlicher Zuschussbetrag ABL / NBL	effektiv zu zahlender Monatsbeitrag ABL	effektiv zu zahlender Monatsbeitrag NBL
Unter 16.000	50.000	28,7	205 / 169	137	113
16.001-17.000	5.804	3,3	192 / 158	150	124
17.001-18.000	5.914	3,4	178 / 147	164	135
18.001-19.000	6.408	3,7	164 / 135	178	147
19.001-20.000	6.890	4,0	150 / 124	192	158
20.001-21.000	7.079	4,1	137 / 113	205	169
21.001-22.000	7.388	4,2	123 / 102	219	180
22.001-23.000	7.974	4,6	109 / 90	233	192
23.001-24.000	8.604	4,9	96 / 79	246	203
24.001-25.000	9.801	5,6	82 / 68	260	214
25.001-26.000	12.760	7,3	68 / 56	274	226
26.001-27.000	14.035	8,0	55 / 45	287	237
27.001-28.000	12.293	7,0	41 / 34	301	248
28.001-29.000	10.392	6,0	27 / 23	315	259
29.001-30.000	8.990	5,2	14 / 11	328	271

Quelle: Geschäftsstatistiken des Gesamtverbandes der landwirtschaftlichen Alterskassen. Anteile und effektiv zu zahlender Beitrag eigene Berechnungen. Summendifferenzen sind rundungsbedingt.

474 Die Neuregelung erfolgte im Rahmen des Artikel 15 Nr. 2b) HSanG 1999. Die prozentuale Reduktion der Beitragszuschüsse veränderte sich dadurch von 3,2 v.H. auf 4 v.H. Die Aufwendungen für die Beitragszuschüsse aus dem Bundeshaushalt haben sich infolge der Rechtsänderungen etwa halbiert; siehe dazu Bundesministerium für Verbraucherschutz (2001), Tabelle 86, Anhang S. 75.

Nach diesen in Tabelle 5.28 dargestellten Werten war die Neuregelung für alle Zuschussempfänger mit Mehrbelastungen verbunden, die sich von der höchsten Zuschussklasse mit einem Wert von +110 v.H. bis zur geringsten Klasse auf +55 v.H. sukzessive verringern. Wie sich die Einbuße der Bezuschussung in den Einkommensbereichen von 30.000 bis 40.000 DM und/oder die Verschlechterung der Beitrags-Leitungs-Relation der AdL für die nach wie vor Zuschussberechtigten infolge der Rechtsänderungen in der Zukunft auf den Versichertenbestand auswirken wird, ist derzeit ebenso wenig absehbar wie die Beantwortung der Frage, ob sich der Anteil der Zuschussberechtigten durch den weiterhin rückläufigen Versichertenbestand wieder dem alten Wert annähern wird. Für das Jahr 2000 hat sich die Vermutung von Mehl (1999, S. 266), dass die Befreiungsanträge infolge der Neuregelungen im Zuschussrecht zunehmen werden, allerdings bereits bestätigt.

5.6.3 Beitragszahlungen zu berufsständischen Versorgungswerken

Der Untersuchung der Höhe der Beitragszahlungen der verkammerten Freiberufler zu den berufsständischen Versorgungswerken werden Grenzen gesetzt, da für diesen Bereich weder Informationen über Beitragszahlungen von einzelnen Berufsgruppen noch Angaben zu Verteilungen der Zahlbeträge auf unterschiedliche Beitragsklassen, nach Geschlecht oder auch regionalen Merkmalen vorliegen.

Die Finanzierungs- und Beitragsmodalitäten der Berufsständischen Versorgungswerke sind unterschiedlich gestaltet. Um vor diesem Hintergrund zumindest einen Eindruck über die Höhe der Beitragszahlungen zu berufsständischen Versorgungswerken zu vermitteln, wird im Folgenden wiederum auf die Daten der ABV zurückgegriffen, die Angaben über die durchschnittlichen Beitragszahlungen der dort zusammengeschlossenen Versorgungswerke enthalten[475]. Da es sich bei diesen Werten um Durchschnittsangaben für selbständig Tätige und abhängig Beschäftigte handelt, die jeweils etwa 50 v.H. der Beitragszahler ausmachen, werden die Beiträge für die Selbständigen tendenziell höher anzusetzen sein, als sie in diesen Daten abgebildet sind – wieviel höher ist allerdings nicht bekannt[476]. Einen Überblick über die Entwick-

[475] Zu den Vorsorgeaufwendungen der Freiberufler insgesamt, d.h. inklusive der Aufwendungen für Krankenversicherung, siehe z.B. Bedau (1999a) oder Bedau (1999c).

[476] Die Beiträge der abhängig Beschäftigten werden regelmäßig in Höhe der zur GRV fälligen Beiträge gezahlt und entsprechen damit nicht den Regel- oder Normwerten für die Selbständigen. Es ist allerdings auch nicht bekannt, wie viele der selbständigen Freiberufler den Regelbeitrag zu den berufsständischen Versorgungswerken entrichten.

lung der im Durchschnitt zur berufsständischen Versorgung gezahlten Beiträge in den 90er Jahren im Verhältnis zum Regelbeitrag der GRV gibt Tabelle 5.29.

Tabelle 5.29: Durchschnittliche Beitragszahlungen zur berufsständischen Versorgung im Vergleich zum Regelbeitrag in der GRV 1991 bis 1999

Jahr	durchschnittlicher Beitrag Berufsständische Versorgungswerke in DM/Monat	Regelbeitrag für versicherungspflichtige Selbständige in der GRV in DM/Monat (ABL)	Beitrag Berufsständische Versorgungswerke in v.H. des Regelbeitrags zur GRV
1991	952,00	591,00	161
1992	995,00	620,00	161
1993	1011,00	649,25	156
1994	1120,00	752,64	149
1995	1135,50	755,16	150
1996	1180,30	792,96	149
1997	1246,90	866,81	144
1998	1272,56	881,20	144
1999	1256,20	859,95	146

Quelle: Berufsständische Versorgungswerke nach ABV, Regelbeitrag nach Verband Deutscher Rentenversicherungsträger (2001a), S. 246; Vomhundertwerte eigene Berechnungen.

Die Höhe der durchschnittlich an die berufsständischen Versorgungswerke entrichteten Beiträge übersteigt nach Daten der Tabelle 5.29 den Regelbeitrag zur GRV Ende der 90er Jahre etwa um die Hälfte. In Relation zu dieser Kennziffer haben sich die Beitragszahlungen der Freiberufler in den 90er Jahren jedoch kontinuierlich verringert und sind im Jahre 1999 erstmals auch absolut gesunken, was nach Angaben der ABV auf die rückläufige Einkommensentwicklung insbesondere in den Heilberufen zurückzuführen ist.

Trotz dieser leicht rückläufigen Tendenzen sind die durchschnittlichen Beitragszahlungen der abhängig und selbständig tätigen Freiberufler an ihre berufsständischen Versorgungseinrichtungen nach wie vor mehr als doppelt so hoch, wie beim Gros der übrigen pflichtversicherten Selbständigengruppen, was sich auf der Leistungsseite, d.h. in der Rentenhöhe, entsprechend niederschlagen wird.

5.6.4 Zusammenfassung

Die empirischen Befunde zu den Beitragszahlungen der Selbständigen zeigen in der Summe ein differenziertes Bild.

So bleiben die durchschnittlichen Beitragszahlungen zu einem öffentlich-rechtlichen Pflichtalterssicherungssystem bei der Mehrzahl der Selbständigen hinter denen der abhängig Beschäftigten zurück. Nur die Mitglieder der berufständischen Versorgungswerke wenden für ihre Altersvorsorge innerhalb des Pflichtsystems deutlich höhere Beiträge auf. Diese unterdurchschnittlichen Beitragszahlungen im Vergleich zu den abhängig Beschäftigten gehen allerdings auf unterschiedliche Einflussfaktoren zurück und sind nicht nur in der Einkommenssituation der Beitragszahler begründet.

Bei den in der GRV versicherten Selbständigen, denen zum größeren Teil ein Wahlrecht zwischen einkommensunabhängigen und einkommensbezogenen Beitragszahlungen eingeräumt wurde, zeigen die Daten eine Tendenz zu möglichst geringen Zahlungen, d.h. von den Gestaltungsmöglichkeiten wird in erster Linie Gebrauch gemacht, wenn sich der persönliche Beitrag dadurch reduzieren lässt. Beitragszahlungen in Höhe des Normwertes „Regelbeitrag“ oder darüber werden dadurch nur noch von einem kleinen Teil der Versicherten entrichtet. Ein Befund, der in der längerfristigen Perspektive fatale Folgen haben könnte, da niedrige Beitragszahlungen in einkommensschwächeren Erwerbsperioden durch höhere Zahlungen in „besseren“ Zeiten, wie sie bei den Selbständigen im Wechsel durchaus häufiger vorkommen werden, nicht ausgeglichen werden.

In der Alterssicherung der Landwirte, in der eine einkommensbezogene Beitragszahlung konzeptionell nicht vorgesehen ist, zeigt die Entwicklung in der zweiten Hälfte der 90er Jahre, dass die Mehrzahl der in diesem System verbliebenen Landwirte nicht den vollen, sondern einen um – anspruchsneutrale – Beitragszuschüsse verminderten Beitrag zahlt. Durch diese Bezuschussung wird die Beitrags-/Leistungsrelation des Systems für die Zuschussberechtigten verbessert. Rechtsänderungen, die diese Besserstellung abschwächen, führten in der Vergangenheit regelmäßig zu (weiteren) Abwanderungen von Versicherten, die in der AdL durch die (großzügige) Gestaltung der Befreiungsregelungen ermöglicht wird. Eine Tendenz, nur dann im System zu verbleiben, wenn die Beitragszahlung zumindest zum Teil nicht aus persönlichen Ressourcen erfolgt, ist daher für einen Teil der Landwirte unverkennbar und wird vermutlich zu einer weiteren Reduktion des versicherten Personenkreises in diesem System beitragen.

Wie sich die Höhe der Beitragszahlungen der Selbständigen, die aufgrund der Datenlage nur in Form von Querschnittsergebnissen dargestellt werden konnte, auf die in den Sicherungssystemen erworbenen Leistungsansprüche niederschlägt, untersucht das folgende Kapitel.

5.7 Alterseinkommen von Selbständigen

Im Mittelpunkt des folgenden Kapitels stehen empirische Ergebnisse über Höhe und Zusammensetzung der Alterseinkommen von Selbständigen[477]. Die bisherigen Ergebnisse der Untersuchung haben gezeigt, dass diese Einkommen nur zum Teil aus Rentenansprüchen an die spezifischen Pflichtalterssicherungssysteme bestehen werden; einerseits, da nicht alle Selbständigen einer Versicherungspflicht in diesen Systemen unterliegen oder sich ihr entziehen, andererseits, da die Vielfalt des deutschen Alterssicherungssystems zu unterschiedlichsten Kombinationen und Kumulationen von Leistungsansprüchen führt, wenn sich der sozialrechtliche Erwerbsstatus im Lebensverlauf verändert. Die Darstellung von Leistungen aus den spezifischen Alterssicherungssystemen an die Selbständigen greift für eine Einschätzung der Gesamteinkommenssituation daher zu kurz und es ist zu berücksichtigen, dass die materielle Lage im Alter auch durch die Haushaltssituation beeinflusst wird[478].

Der Untersuchungsgegenstand wird vor diesem Hintergrund im Folgenden erweitert, d.h. es wird nicht nur die Höhe der Leistungen aus öffentlich-rechtlichen Pflichtalterssicherungssystemen untersucht, sondern das gesamte Alterseinkommen und die für dieses Einkommen maßgeblichen Einkommensquellen; ferner wird als Untersuchungseinheit die Haushaltsebene hinzugezogen.

Das Kapitel gliedert sich in drei Abschnitte:
- Im ersten Abschnitt wird das Leitbild des Drei-Schichten-Modells der Altersvorsorge zur Bildung unterschiedlicher Alterssicherungstypen genutzt, um mögliche Kumulationsformen und den Stellenwert von Leistungsansprüchen aus obligatorischen Alterssicherungssystemen für die sozialrechtlich unterschiedlich behandelten Selbständigengruppen zu systematisieren und auf Restriktionen des Datenmaterials hingewiesen.
- Im Anschluss daran werden Ergebnisse einer empirischen Erhebung über Höhe und Zusammensetzung der Einkommen von ehemals Selbständigen

477 Für ausführliche Analysen zu der materiellen Situation von Haushalten älterer Menschen siehe Fachinger (2001b) und Fachinger (2002b).

478 Siehe hierzu Fachinger (2002b), S. 11ff.

im Alter präsentiert und die faktische Bedeutung unterschiedlicher Einkommenskomponenten für die Gesamtversorgung untersucht.

- Darauf folgend geht es um Entwicklungstendenzen, d.h. Befunde über Alterseinkommen der aktiven Selbständigen also der zukünftigen Seniorengeneration, die den Resultaten des zweiten Abschnitts gegenübergestellt werden, um auf Veränderungen im Zeitablauf aufmerksam zu machen und die bisherigen Untersuchungsergebnisse zu validieren.

5.7.1.1 Die Altersvorsorge der Selbständigen in der Systematik des Drei-Schichten-Modells

Nach dem Drei-Schichten-Modell der Alterssicherung setzen sich die monetären Einkommen im Alter zusammen aus:

1. Transferzahlungen aus gesetzlich verankerten Regelalterssicherungssystemen, die für größere Personengruppen die Basis der Altersvorsorge bilden (erste Schicht)[479],
2. darauf aufbauenden Zahlungen aus ergänzenden Sicherungssystemen (zweite Schicht) und
3. Einkommen aus unterschiedlichen Formen der individuellen Vorsorge für das Alter (dritte Schicht)[480].

Die relative Bedeutung dieser drei Schichten für das Gesamteinkommen im Alter wird durch sozialrechtliche Rahmenbedingungen und die Interdependenz der Schichten untereinander geprägt[481]. Sie ist daher sowohl international als auch national – d.h. im Hinblick auf einzelne Bevölkerungsgruppen – unterschiedlich. Wird dieses Drei-Schichten-Modell als Folie für die Charakterisierung der Altersvorsorge der Selbständigen in Deutschland genutzt, gilt nach den bisherigen Untersuchungsergebnissen in der Querschnittsbetrachtung, dass:

1. in horizontaler Aufgliederung alle Varianten anzutreffen sind, d.h. neben einer obligatorischen Altersvorsorge in einem öffentlich-rechtlich organisierten Basissystem (erste Schicht) existieren ergänzende Sicherungssysteme (zweite Schicht) und die allen Bevölkerungsteilen offen stehenden Möglichkeiten der privaten Vorsorge (dritte Schicht),

---

479 Dazu zählen in Deutschland die GRV, die Beamtenversorgung, die Alterssicherung der Landwirte und die berufsständischen Versorgungswerke.

480 Siehe zum Gesamtsystem der Alterssicherung und die Bevorzugung des Begriffs „drei Schichten“ für die Charakterisierung Schmähl (1998).

481 So mindert die Zahlung von Pflichtbeiträgen an die erste und zweite Schicht die Anreize und die finanziellen Spielräume zum Aufbau einer zusätzlichen privaten Altersvorsorge und umgekehrt.

2. in vertikaler Betrachtung, d.h. hinsichtlich des einbezogenen Personenkreises[482], die Institutionen der ersten Schicht für die Selbständigen im Vergleich zu den abhängig Beschäftigten eine geringere Bedeutung haben und die Bedeutung der zweiten Schicht minimal ist,
3. durch diese vertikale Differenzierung hinsichtlich der Teilhabe an den ersten beiden Schichten der privaten Altersvorsorge eine höhere Bedeutung zukommt als bei den abhängig Beschäftigten,
4. diese höhere Bedeutung durch die Gestaltung der beitragsrechtlichen Regelungen für die Selbständigen in der ersten Schicht verstärkt wird.

In einer schematischen Darstellung dieser vier Gesichtspunkte ergibt sich für die Altersvorsorge der sozialrechtlich unterschiedlich behandelten Selbständigengruppen die in Abbildung 5.39 dargestellte Aufgliederung. Im Vergleich zu den abhängig Beschäftigten, deren Alterseinkünfte zumindest in der Vergangenheit zum überwiegenden Teil aus der ersten Schicht der öffentlich-rechtlichen Basissysteme stammen[483], zeigt die Darstellung für die Selbständigen eine heterogenere Struktur, die hinsichtlich der Bedeutung der drei Schichten für die Gesamtversorgung in drei Kategorien unterteilt werden kann:

1. Selbständige, die ebenso wie die abhängig Beschäftigten ohne zeitliche Begrenzung einkommensbezogene Beiträge an ein öffentlich-rechtliches Regelalterssicherungssystem entrichten (Typ I);

2. Selbständige, deren Entscheidungsfreiheit in der Gestaltung der Altersvorsorgemaßnahmen größer ist, da abweichende sozialrechtliche Regelungen den Stellenwert der ersten Schicht im Vergleich zum ersten Typus reduzieren (Typ II);
3. Selbständige, die nicht pflichtversichert sind und ihre Altersvorsorge mehr oder weniger frei und nach eigenen Präferenzen und Möglichkeiten gestalten (Typ III)[484].

---

482 Die Aufteilung des Alterssicherungssystems in eine vertikale und horizontale Ebene wird unter-schiedlich definiert. Für Igl (1998a), S. 585f., stellt beispielsweise der einbezogenen Personenkreis die horizontale Ebene und die unterschiedlichen Schichten die vertikale Ebene dar. Demgegenüber hängt für Tomandl (1998), S. 1117, die Einbeziehung bestimmter Personengruppen in die horizontale Ebene von der Rechtsnatur ihrer Vertragsverhältnisse ab, während die vertikale Ordnung durch die Art der ausgeübten Tätigkeit bestimmt wird.

483 Siehe zur Bedeutung der GRV-Renten beispielsweise Bundesministerium für Familie (2001), S. 194. Ferner Bundesministerium für Arbeit und Sozialordnung (2001b), ab. 1156ff. (ABL) und 2156ff. (NBL), Fachinger (2002b), S. 79ff.

484 Frei hier im Sinne von „ohne staatliche Regulierungen"; Kontraktverpflichtungen sind gesondert zu berücksichtigen.

Abbildung 5.39: Schematische Darstellung der Altersvorsorge der Selbständigen in der Systematik des Drei-Schichten-Modells

	In der GRV pflichtversicherte Selbständige			Pflichtversicherte verkammerte Freiberufler	In der AdL versicherte Landwirte	Nicht versicherungspflichtige Selbständige
Typ	I	II	III	I	II	III
Private freiwillige Vorsorge						
Obligatorisches Zusatzsystem	Seelotsen	Bezirksschornsteinfeger				
Obligatorische Mitgliedschaft in einem öffentlich-rechtlichen Regelalterssicherungssystem	Einkommensbezogene Beitragszahlung (bis zur BBG)	Regelbeitragszahlung	Regelbeitragszahlung / begrenzbare Versicherungspflicht	Norm- oder einkommensbezogene Beitragszahlung (bis zur BBG)	Einheitsbeitrag	

Quelle: Eigene Darstellung in Anlehnung an Schmähl (1986), S. 686.

Die Konsequenzen dieser im Vergleich zu den versicherungspflichtigen abhängig Beschäftigten größeren Entscheidungsfreiheit des zweiten und dritten

Typus im Bereich der Altersvorsorge und des anders gearteten Public-private-Mix der Komponenten sind ex ante, d.h. für die jetzt aktiven Selbständigen, nur schwer ermittelbar. Dies ist einerseits in der Komplexität und den Schwierigkeiten der empirischen Untersuchung des Systems der privaten Altersvorsorge begründet, das nach Viebrock/Himmelreicher[485]: „... heterogen, weit stärker von individuellen Entscheidungen abhängig, nicht immer klar zu kategorisieren und wegen der Marktdynamik schnellen, nicht immer steuerbaren Veränderungen unterworfen [ist] ...“; andererseits in den begrenzten Kenntnissen über das Entscheidungskalkül in diesem Bereich und die diesen Entscheidungen zugrunde liegenden Prämissen. Dazu gehören – neben der individuellen Einkommens- und Vermögenssituation – erwerbsbiographische Determinanten in Form unterschiedlicher Erwerbsststatus im Lebensverlauf und die damit in der Längsschnittbetrachtung einhergehende Teilhabe an verschiedenen Alterssicherungssystemen, die zur Kumulation von Leistungsansprüchen führen[486].

Eine empirische Untersuchung zur Höhe und Zusammensetzung der künftigen Alterseinkünfte von selbständig Erwerbstätigen erfordert vor diesem Hintergrund Repräsentativerhebungen über sämtliche Vorsorgeaktivitäten im Erwerbsverlauf, deren Ergebnisse im Hinblick auf die Eignung unterschiedlicher Vorsorgearten für die Erzielung von Alterseinkünften problematisiert und für die aktiven Selbständigen projiziert werden müssten[487] – ein Unterfangen, welches in Deutschland bislang nicht realisiert wurde.

Für die empirische Untersuchung der Alterseinkommen der Selbständigen wird daher im Folgenden auf die Ergebnisse zweier Sondererhebungen zur Alterssicherung und Altersvorsorge in Deutschland zurückgegriffen, um zumindest Anhaltspunkte über deren materielle Situation im Alter zu gewinnen

485 Viebrok / Himmelreicher (2001), S. 59.

486 Die Kumulation von Alterseinkommen wurde von der Transfer-Enquete-Kommission bereits Ende der 70er Jahre thematisiert, siehe Sachverständigenkommission zur Ermittlung des Einflusses staatlicher Transfereinkommen auf das verfügbare Einkommen der privaten Haushalte (1979), Ziffer 144ff., und Sachverständigenkommission zur Ermittlung des Einflusses staatlicher Transfereinkommen auf das verfügbare Einkommen der privaten Haushalte (1981), Ziffer 208ff. Unter Leistungskumulationen wird dabei der zeitidentische Bezug mehrerer Sozialleistungen durch dieselbe Person verstanden.

487 In einer weiten Fassung betrifft dies auch Auswirkungen einer phasenweisen selbständigen Erwerbstätigkeit im Erwerbsverlauf. Zu ersten Untersuchungsergebnissen zu diesem Aspekt auf Grundlage von Sonderauswertungen der AVID siehe Faik et al. (2001), S. 519-523. Zu den Schwierigkeiten, die zukünftige Entwicklung der Einkommenssituation im Alter abzuschätzen vgl. beispielsweise Deutscher Bundestag (1994), S. 293ff.

und sie im Vergleich zu den versicherungspflichtigen abhängig Beschäftigten zu bewerten. Dabei handelt es sich einerseits um die Erhebung „Alterssicherung in Deutschland“ (ASID) des Jahres 1999, deren Untersuchungsgegenstand die Einkommenssituation der Bevölkerung in der Nacherwerbsphase ist, andererseits um die Ergebnisse der Projektionen der Untersuchung „Altersvorsorge in Deutschland 1996“ (AVID), die den Anwartschaftserwerb der zukünftigen Rentnergeneration abbilden. Auf die Besonderheiten dieser Datenquellen im Hinblick auf Untersuchungspopulation und Untersuchungsgegenstand, die bei der Interpretation der Ergebnisse zu berücksichtigen sind, wird einleitend (zusätzlich zu den in den Vorbemerkungen zu den Datenquellen vorgenommenen Erläuterungen) jeweils gesondert hingewiesen.

Da bei beiden Erhebungen Detailaussagen durch den geringen Stichprobenumfang beeinträchtigt werden, kommen in den Tabellen zur Differenzierung der Werte folgende Sonderzeichen zur Anwendung:

- \- Feld ist nicht besetzt
- / Feld ist besetzt, wegen zu geringer Zellenbesetzung erfolgt jedoch kein Nachweis (n < 10).
- (..) Wert ist wegen geringer Zellenbesetzung statistisch nur schwach gesichert (9 < n > 30).

Für die Darstellung der Höhe der Alterseinkommen wird – da die steuerliche Behandlung von Alterseinkommen teilweise unterschiedlich ist – bei beiden Erhebungen so weit wie möglich auf Nettowerte abgestellt.

5.7.1.2 Komponenten und Höhe von Alterseinkommen nach Ergebnissen der Erhebung „Alterssicherung in Deutschland“ (ASID) 1999

Im Rahmen der ASID des Untersuchungsjahres 1999 wurden Angaben über die Höhe und Zusammensetzung der Alterseinkommen von hochgerechnet etwa 1,7 Millionen in der letzten oder aktuellen beruflichen Stellung selbständig Tätigen ab dem 55. Lebensjahr erhoben. Annähernd eine Million dieser Personen war im Jahr 1999 65 Jahre und älter und zählt damit zu den Leistungsbeziehern aus Alterssicherungssystemen im engeren Sinne, auf die sich die folgende Darstellung konzentriert. Tabelle 5.30 zeigt die Aufgliederung der Untersuchungspopulation der ASID in den alten und neuen Bundesländern nach Geschlecht und Alter sowie die Fallzahlen der jeweiligen Untergruppen in der Untergliederung nach der Stellung im Beruf.

Tabelle 5.30: Befragte (Basis ungewichtet) in der ASID 1999 nach Stellung im Beruf, Geschlecht, Alter und Wohnort in den alten oder neuen Bundesländern

	Alte Bundesländer				Neue Bundesländer			
	Männer		Frauen		Männer		Frauen	
Alter	55 +	65 +	55 +	65 +	55 +	65 +	55 +	65 +
Arbeiter	3.757	1.877	3.369	2.000	2.177	992	2.269	1.367
Angestellte	3.081	1.457	3.985	1.894	1.948	967	2.905	1.391
Beamte	1.211	587	243	90	42	7	11	1
Selbständige	1.220	723	403	221	271	120	101	50

Quelle: Bundesministerium für Arbeit und Sozialordnung (2001b), Tabellenband, Tabellen 1004, 1126, 2004, 2126.

Die weit überwiegende Mehrheit der befragten ehemals Selbständigen im Alter von über 65 Jahren entfällt nach diesen Daten mit 85 v.H., das sind 944 Befragte, auf die alten Bundesländer, während in den neuen Bundesländern insgesamt nur 170 ehemals Selbständige befragt wurden. Diese geringen Fallzahlen führen bei einer weiteren Untergliederung nach spezifischen Merkmalsausprägungen vielfach zu statistisch nicht mehr gesicherten Angaben. Ferner ist die Situation in den neuen Bundesländern in der Untersuchungspopulation der ASID dadurch gekennzeichnet, dass Einkommen aus Alterssicherungsinstitutionen außerhalb der GRV eine untergeordnete Rolle spielen und die Fallzahlen der Bezieher dadurch bedingt zu gering werden[488]. Die Ausführungen zur ASID beziehen sich daher in erster Linie auf die Situation der Selbständigen im Ruhestand in den alten Bundesländern.

Der Ausweis der Selbständigen erfolgt in der ASID überwiegend als Sammelgruppe, so dass Informationen über Teilgruppen nur in begrenztem Umfang vorliegen und darüber hinaus in unterschiedlichen Aufgliederungen bereitgestellt werden[489]. Teilgruppen bilden in der ASID:

– Landwirte

[488] Dies ist darin begründet, dass die Sondersysteme für die Selbständigen (AdL und berufsständische Versorgung) in den 90er Jahren erst eingeführt wurden und daher im Jahr 1999 in nur wenigen Fällen Leistungen aus diesen Systemen gezahlt wurden. Die Fallzahlen der Leistungsbezieher sind daher so niedrig, dass innerhalb der ASID keine Beträge ausgewiesen werden; siehe dazu Bundesministerium für Arbeit und Sozialordnung (2001a), S. 14f., oder auch Bundesregierung (2001a), S. 77.

[489] Dies ist auch darin begründet, dass für die Darstellung der Ergebnisse der ASID auf unterschiedliche Veröffentlichungen zurückgegriffen werden musste.

- Handwerker und Gewerbetreibende, die teils getrennt und teils als Sammelgruppe ausgewiesen werden, und
- Freiberufler, unterschieden in verkammerte und nicht verkammerte Freiberufler, die ebenfalls teils getrennt, teils als Sammelgruppe ausgewiesen werden.

Bei der Interpretation der Ergebnisse der ASID sollte ferner berücksichtigt werden, dass:
- die ehemals selbständigen Männer in der Untersuchungspopulation (hier 65 Jahre und älter) mit hochgerechnet 16 v.H. (alte Bundesländer) einen höheren Anteil als in der aktiven Erwerbsbevölkerung haben (im Jahr 2000 13,2 v.H.), während die quantitative Bedeutung der Frauen mit 4 v.H. geringer ist (2000 6,5 v.H.)[490],
- die Struktur der Selbständigen nach Tätigkeitsbereichen von den aktiven Selbständigen abweicht, da die ASID eher die tradierten Formen der selbständigen Erwerbstätigkeit widerspiegelt und die vielfältigen, neu entstehenden Berufsfelder und die wachsende Bedeutung des Dienstleitungssektors nur unvollständig abbildet[491].

Die Zusammensetzung der Alterseinkommen wird in der ASID auf der Personenebene in Rentenleistungen aus Regel- und Zusatzsystemen (erste und zweite Schicht)[492] und Einkommen aus sonstigen Einkommensquellen (dritte Schicht) untergliedert, die zusammengenommen das persönliche Gesamteinkommen bilden, welches auf der Haushaltsebene u.U. durch Einkommen von

---

490 Siehe dazu Bundesministerium für Arbeit und Sozialordnung (2001b), Tabelle 1191. Die Angaben für 2000 beruhen auf eigenen Berechnungen nach Ergebnissen des Mikrozensus.

491 Bei den männlichen Selbständigen entfallen von den insgesamt 16 v.H. der Untersuchungspopulation jeweils 5 v.H. auf Landwirte und Handwerker, 4 v.H. auf Gewerbetreibende und jeweils 1 v.H. auf verkammerte und sonstige Freiberufler. Bei den weiblichen Selbständigen (insgesamt 4 v.H.) jeweils 1 v.H. auf Landwirte und Handwerker und 2 v.H. auf Gewerbetreibende. Freiberuflerinnen werden in Prozentwerten nicht ausgewiesen, siehe Bundesministerium für Arbeit und Sozialordnung (2001b), Tabelle 1191. Fallzahlen für die Einzelgruppen werden in der ASID nicht ausgewiesen. Werden die angegebenen Prozentwerte umgerechnet, waren in der ASID etwa zwei Drittel der über 65 Jahre alten befragten Männer, die mit über 70 v.H. die Mehrheit der befragten Selbständigen bilden, ehemals als Landwirte oder Handwerker tätig, ein Viertel als Gewerbetreibende und etwa ein Achtel als Freiberufler.

492 Die untersuchten Einkommen aus Regel- und Zusatzsystemen umfassen Leistungen der GRV, der Beamtenversorgung, der Alterssicherung der Landwirte, der berufsständischen Versorgung, der betrieblichen Altersversorgung der Privatwirtschaft und der Zusatzversorgung im öffentlichen Dienst. Die bestehenden Zusatzsysteme für die Selbständigen werden auf Grund ihrer quantitativ geringen Bedeutung nicht abgebildet.

Ehegatten ergänzt wird. Die Darstellung der Ergebnisse der ASID folgt diesem Erhebungsschema und zeigt daher zuerst Befunde über Einkommen aus Regel- und Zusatzsystemen und im Anschluss daran die Bedeutung zusätzlicher Einkommensquellen.

5.7.1.3 Alterseinkommen aus Regel- und Zusatzsystemen

Die Bedeutung von Leistungen aus den unterschiedlichen Alterssicherungssystemen für die Einkommenssituation im Alter wird einerseits durch die Teilhabe an diesen Systemen, andererseits durch die Höhe der erworbenen Leistungsansprüche bestimmt. Tabelle 5.31 zeigt die Anteile der Bezieher einer eigenen Leistung aus den von der ASID untersuchten Alterssicherungssystemen in v.H. der jeweiligen Erwerbstätigengruppe in der Gegenüberstellung von abhängig Beschäftigten und Selbständigen.

Tabelle 5.31: Bezieher einer eigenen Leistung aus Regel- und Zusatzsystemen in v.H. der jeweiligen Gruppe (ab dem 65. Lebensjahr alte Bundesländer)

	Arbeiter		Angestellte		Selbständige	
	Männer	Frauen	Männer	Frauen	Männer	Frauen
GRV*	100	90	98	91	74	76
Beamtenversorgung	–	–	(1)	–	/	–
AdL	3	/	(1)	/	32	(9)
Berufsständische Versorgung	–	–	/	/	(4)	/
Betriebliche AV	34	6	42	9	(3)	/
Zusatzversorgung des öffentlichen Dienstes	8	4	22	17	(2)	/

Quelle: Bundesministerium für Arbeit und Sozialordnung (2001b), Tabellenband, Tabelle 1143. * ohne reine KLG.

Eigene Leistungen aus der GRV erhalten nach den in Tabelle 5.31 angegebenen Werten nicht nur die weit überwiegende Mehrheit der ehemaligen Arbeiter und Angestellten, sondern auch etwa drei Viertel der Selbständigen, wobei aus den Daten nicht ermittelbar ist, ob diese Ansprüche in Zeiten einer abhängigen oder selbständigen Erwerbstätigkeit erworben wurden[493].

493 Werden reine Leistungen nach dem Kindererziehungsleistungsgesetz (KLG) hinzugezählt, erhöht sich der Anteil bei den Frauen um 7 auf 83 v.H. In den neuen Bundes-

Zusätzliche oder alternative Leistungen aus einem berufsspezifischen Regelsicherungssystem beziehen 32 v.H. der selbständigen Männer aus der AdL[494]. Die berufsständische Versorgung und Leistungen aus ergänzenden Alterssicherungssystemen der abhängig Beschäftigten in Form einer betrieblichen Altersversorgung oder Zusatzversorgung des öffentlichen Dienstes fließen dagegen nur sehr wenigen und in der ASID nicht mehr gesichert nachweisbaren ehemals Selbständigen zu[495].

Werden die unterschiedlichen Leistungsansprüche zusammengenommen, erhielten 1999 etwa 95 v.H. der männlichen Selbständigen eine Rentenzahlung aus einem Regel- oder Zusatzsicherungssystem und etwa 81 v.H. der Frauen[496]. Die Anteile sind damit in der derzeitigen Seniorengeneration der Selbständigen zwar geringer als bei den abhängig Beschäftigten, der weit überwiegende Anteil der zuletzt selbständig Tätigen hat im Laufe des Erwerbslebens jedoch Ansprüche an die GRV und / oder ein berufsspezifisches Sicherungssystem erworben, während die Bedeutung der Zusatzsysteme der abhängig Beschäftigten für die Selbständigen gering ist.

Werden die Teilhabewerte der Selbständigen gruppenspezifisch betrachtet, erhöhen sich die Anteile der Bezieher einer eigenen Leistung aus der GRV bei den männlichen Handwerkern und Gewerbetreibenden auf 94 v.H. (Frauen 81v.H.)[497]. Bei den Freiberuflern bewegen sie sich etwa im Bereich des Durchschnittswertes von um die 75 v.H., während von den ehemaligen Landwirten nur etwas mehr als 40 v.H. eine Leistung aus der GRV erhalten. Dafür ist der Stellenwert der berufsspezifischen Systeme bei den letztgenannten Gruppen höher, denn 41 v.H. der männlichen und 21 v.H. der weiblichen

---

ländern sind die Werte für die GRV mit 98 v.H. bei den selbständigen Männern und 97 v.H. bei den Frauen höher.

494 Der überwiegende Teil der in der Landwirtschaft tätigen Frauen galt im rechtlichen Sinne nicht als Mitunternehmer und unterlag daher bis zum Jahre 1994 auch nicht der Versicherungspflicht in der AdL, wodurch die Frauenanteile in diesem System sehr gering sind. Von den Frauen, die sich in der ASID als selbständige Landwirte einstuften, erhielten 47 v.H. eine Leistung aus der AdL, siehe Bundesministerium für Arbeit und Sozialordnung (2001a), S. 16. Seit 1995 sind auch die Ehegatten eines landwirtschaftlichen Unternehmers versicherungspflichtig, wodurch der Anteil der Bezieher einer eigenen Leistung aus der AdL unter den Frauen zukünftig steigen wird.

495 Siehe hierzu ausführlich Fachinger (2001b), S. 160ff., und Fachinger (2002b), S. 86ff.

496 Siehe Bundesministerium für Arbeit und Sozialordnung (2001b), Tabelle 1147, oder auch Bundesregierung (2001a), Tabelle B 16 und B 17.

497 Nach Bundesministerium für Arbeit und Sozialordnung (2001a), S. 29, ist der Anteil der Bezieher bei den Handwerkern dabei mit 95 v.H. etwas höher als bei den Gewerbetreibenden mit 89 v.H.

Freiberufler erhalten Rentenleistungen aus einem berufsständischen Versorgungswerk[498] und bei den männlichen Landwirten avanciert mit einem Anteilswert von 96 v.H. die AdL zum Hauptsicherungssystem.[499] Die gruppenspezifischen Teilhabewerte der Selbständigen an Regelsicherungssystemen zeigt zusammenfassend Tabelle 5.32.

Tabelle 5.32: Verbreitungsgrad der Leistungen aus Alterssicherungssystemen nach Selbständigengruppen - Anteile der Bezieher in v.H. (alte Bundesländer)

	Landwirte	Handwerker/ Gewerbetreibende		Freie Berufe	
	Männer	Männer	Frauen	Männer	Frauen
keine eigene Leistung	4	6	19	3	19
eigene Leistung	96	94	81	97	81
GRV-Rente*		94	81	79	73
nur AdL	55	–	–	–	–
GRV + ADL	42	–	–	–	–
berufsständische Versorgung**	–	–	–	41	21

* GRV ohne reine KLG.

** Angaben für berufsständische Versorgung nicht gesichert. Die Darstellung für die Landwirte weicht in den Datenquellen von den übrigen Selbständigengruppen ab. Summendifferenzen sind rundungsbedingt.

Quelle: Bundesregierung (2001a), Tabelle B 16, S. 167, B 17, S. 168.

Einen Überblick über die Nettogesamteinkommen aus Alterssicherungssystemen für die getrennt ausgewiesenen Selbständigengruppen und den Stellen-

498 Siehe Bundesregierung (2001a), Tabelle B 17, S. 168. Diese Angabe bezieht sich im Alterssicherungsbericht auf alle Freiberufler der Befragung, d.h. nicht nur auf Angehörige der verkammerten freien Berufe. Im Berichtsband der ASID dagegen wird bei den verkammerten Freiberuflern von einem Teilhabewert in Höhe von 44 v.H. ausgegangen und eingeräumt, dass Aussagen zur Verbreitung der berufsständischen Versorgung bei den westdeutschen Frauen und für die neuen Bundesländer aufgrund der begrenzten Fallzahlen nicht möglich sind, was mit den Prozentangaben der befragten Personen in den Tabellenbänden korrespondiert. In diesem Bereich kommt es in den unterschiedlichen Datenquellen der ASID-Untersuchung daher zu sehr widersprüchlichen Aussagen.

499 Siehe Bundesregierung (2001a), Tabelle B 16 und B17, S. 167f.

wert wichtiger Komponenten für die Höhe dieser Einkommen gibt die Tabelle 5.33[500]. Die durchschnittlichen Nettoeinkommen aus Regel- und Zusatzsystemen werden für die männlichen Landwirte mit 1.198 DM beziffert. Werden nur Leistungen aus der AdL bezogen, verringert sich dieser Wert auf 845 DM, kommt es zu einer Kumulation mit Leistungen aus der GRV, erhöht er sich auf 1.661 DM[501]. Männliche Handwerker und Gewerbetreibende erhalten Rentenzahlungen in Höhe von 1.525 DM, die fast ausschließlich in der GRV realisiert werden, und männliche Freiberufler erreichen mit durchschnittlich 3.073 DM den höchsten Wert. Werden Leistungen der berufständischen Versorgungswerke, die nur verkammerten Freiberuflern zufließen, und GRV-Leistungen, die sowohl verkammerten als auch nicht-verkammerten Freiberuflern zufließen können, isoliert, nähern sich die GRV-Renten der männlichen Freiberufler mit 1.686 DM den übrigen Selbständigen außerhalb der Landwirtschaft an, während die Leistungen der berufsständischen Versorgungswerke in Höhe von durchschnittlich 3.693 DM die dort einbezogenen Personengruppen an die Spitze der Einkommenspyramide setzen[502]. Bei den Frauen ist die Höhe der Einkommen aus Alterssicherungssystemen, soweit sie aus den Daten ermittelbar ist, sehr viel geringer und erreicht im Durchschnitt nicht einmal die Hälfte der männlichen Werte[503].

---

500 Siehe hierzu auch Fachinger (2001b), S. 211ff.

501 Siehe dazu Bundesregierung (2001a), Tabelle B 16, S. 167. Eine Untersuchung der Leistungshöhe nach Einzelgruppen ist anhand der ASID-Tabellenbände nicht möglich.

502 Siehe dazu Bundesregierung (2001a) Tabelle B 17, S. 168. Die Angaben des Berichtsbandes der ASID stimmen mit denen des Alterssicherungsberichts nicht überein, da die Höhe der durchschnittlichen Leistungen aus einer berufsständischen Versorgung bei den Männern mit 3.516 DM beziffert wird und bei den Landwirten mit 854 DM, siehe Bundesministerium für Arbeit und Sozialordnung (2001a), S. 17. Im Tabellenband Bundesministerium für Arbeit und Sozialordnung (2001b) sind entsprechende Angaben nicht enthalten.

503 Bei den weiblichen Handwerkern und Gewerbetreibenden werden die Ansprüche nach Bundesregierung (2001a), Tabelle B 17, S. 168, mit 673 DM beziffert, was etwa 44 v.H. der Leistungen an die männlichen Bezieher entspricht. Ansprüche an weibliche Freiberufler werden aufgrund geringer Fallzahlen nicht ausgewiesen und die Angaben für die weiblichen Landwirte sind nicht repräsentativ, da bei den Landwirten mithelfende Familienangehörige mit den selbständigen Frauen zusammengefasst werden. Bundesministerium für Arbeit und Sozialordnung (2001a), S. 17, beziffert die Leistungen an die weiblichen Landwirte mit 470 DM.

Tabelle 5.33: Durchschnittliche Nettoeinkommen aus Alterssicherungssystemen in DM/Monat (Leistungsbezieher ab 65. Lebensjahr alte Bundesländer)

	Land-wirte	Handwerker/ Gewerbetreibende		Freie Berufe	
	Männer*	Männer	Frauen	Männer	Frauen
Eigene Ansprüche gesamt	1.198	1.525	673	3.073	/
darunter GRV-Rente	353	1.448	665	1.686	/
in v.H. der Alterssicherungsleistung insgesamt	30	95	99	55	/
AdL	845	–	–	–	–
berufsständische Versorgung**	–	–	–	3.693	–

* Bei den Landwirten nur inklusive mithelfender Familienangehörige ausgewiesen, daher für die Frauen nicht repräsentativ.

Quelle: Bundesregierung (2001a), Tabelle B 16 und B 17, S. 167f.

Werden diese in Tabelle 5.33 dargestellten Einkommen aus Alterssicherungssystemen den Durchschnittswerten der abhängig Beschäftigten gegenübergestellt (Männer 2.437 DM, Frauen 908 DM), sind sie beim größten Teil der Selbständigen deutlich niedriger[504]. Lediglich die Einkommen der Freiberufler erscheinen in der Sammelgruppe vermeintlich höher, was de facto allerdings auf die Einkommenssituation der verkammerten Freiberufler zurückzuführen ist und nicht für die Angehörigen der freien Berufe als Ganzes gilt[505].

Werden zusätzlich Häufigkeitsverteilungen der Renten auf Einkommensklassen untersucht, zeigen sich weitere Strukturunterschiede zwischen den Erwerbstätigengruppen[506]. So erhalten von den zuletzt selbständig tätigen Män-

504 Siehe Bundesregierung (2001a), S. 96. Die Höhe der Nettoleistungen wird in den veröffentlichten Ergebnissen der ASID für die abhängig Beschäftigten insgesamt nicht ausgewiesen. Hilfsweise wurde daher auf die im Alterssicherungsbericht veröffentlichten Ergebnisse für Arbeitnehmer in der Privatwirtschaft zurückgegriffen (Bundesregierung (2001a), Tabelle B 8.1, S. 156). Siehe zu einem Vergleich der Nettoeinkommen nach der beruflichen Stellung auch Fachinger (2001b), S. 208ff.

505 Siehe zur Problematik der Verwendung von Durchschnittswerten Bundesregierung (2001a), S. 76.

506 Diese Untersuchung kann nur für die Selbständigen insgesamt und in einer abweichenden Untersuchungsdimension dargestellt werden, da die Schichtung der Zahlbeträge aus Regel- und Zusatzsystemen im Tabellenband der ASID nur für die Bezieher

nern mehr als ein Drittel der Leistungsbezieher Renten von weniger als 1.000 DM im Monat (Arbeiter 4 v.H., Angestellte 1 v.H.), wobei die durchschnittlich geringen Bezüge der Landwirte, die ausschließlich Leistungen aus der AdL beziehen, die Höhe dieses Wertes maßgeblich beeinflussen. Weitere 46 v.H. fallen in die Klassen von 1.000 bis 2.000 DM (Arbeiter 34 v.H., Angestellte 13 v.H.) und nur etwa 20 v.H. der ehemals Selbständigen beziehen Alterseinkünfte aus Regel- oder Zusatzsystemen in Höhe von über 2.000 DM (Arbeiter 62 v.H., Angestellte 86 v.H.). Die Verteilung von Einkommen aus Regel- und Zusatzsystemen auf Einzelklassen zeigt für die Männer Abbildung 5.40.

Abbildung 5.40: Schichtung der Nettoeinkommen aus Regel- und Zusatzsystemen an Männer ab dem 55. Lebensjahr nach ASID 1999 (alte Bundesländer) in v.H.

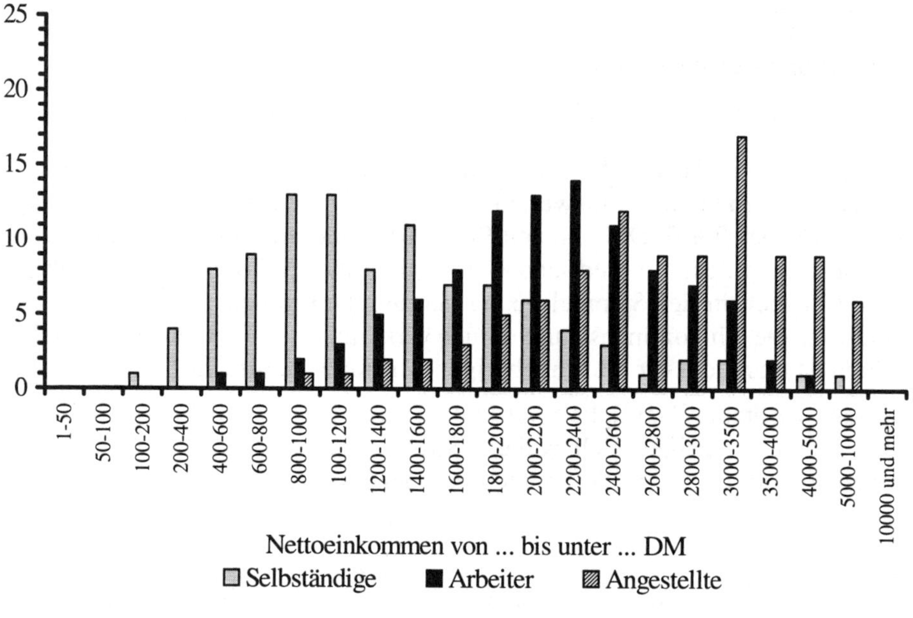

Quelle: Eigene Darstellung nach Bundesministerium für Arbeit und Sozialordnung (2001b), Tabellenband, Tabelle 1062.

---

ab dem 55. Lebensjahr dargestellt wird. Ferner sind in diesen Zahlbeträgen Leistungen aus der Kriegsopferversorgung und der gesetzlichen Unallversicherung enthalten.

Bei den Frauen ist die Verteilung gleichmäßiger. Die selbständigen Frauen sind in den Einkommensklassen bis 1.000 DM mit etwa 75 v.H. jedoch ebenfalls stärker vertreten als die Arbeiterinnen (64 v.H.) und Angestellten (40 v.H.). Renteneinkommen in Höhe von 1.000 bis 2.000 DM monatlich beziehen etwa 22 v.H. der selbständigen Frauen (Arbeiterinnen 34 v.H., Angestellte 41 v.H.) und Beträge von 2.000 DM und mehr erhalten lediglich vier Prozent (Arbeiterinnen 2 v.H., Angestellte 19 v.H.). Die Verteilung der Einkommen aus Alterssicherungssystemen für die Frauen zeigt Abbildung 5.41.

Abbildung 5.41: Schichtung der Nettoeinkommen aus Regel- und Zusatzsystemen an Frauen ab dem 55. Lebensjahr nach ASID 1999 (alte Bundesländer) in v.H. der Bezieher

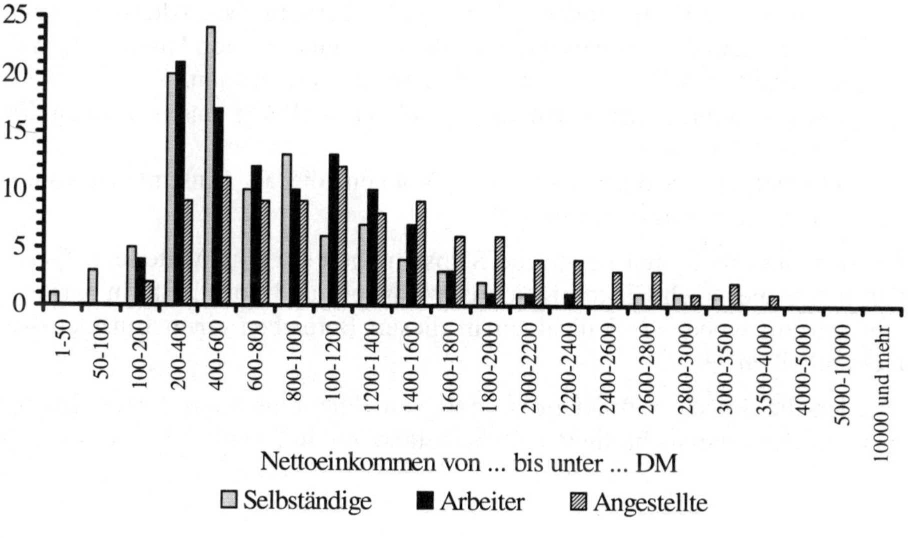

Quelle: Eigene Darstellung nach Bundesministerium für Arbeit und Sozialordnung (2001b), Tabellenband, Tabelle 1062.

Leistungen aus Regel- und Zusatzsystemen tragen nach Ergebnissen der ASID daher beim weit überwiegenden Teil der ehemals Selbständigen zu den Alterseinkommen bei. Die durchschnittliche Höhe dieser Leistungen bleibt beim Gros jedoch hinter den Leistungen an die abhängig Beschäftigten zurück und ist hinsichtlich der Verteilung der Einkommen durch eine höhere Konzentration in den unteren Einkommensklassen gekennzeichnet. Lediglich die Verteilung der Rentenzahlungen von weiblichen Selbständigen und Arbeiterinnen ist – wenngleich auf niedrigem Niveau – annähernd vergleichbar.

5.7.1.4 Einkommen aus sonstigen Einkommensquellen

Werden die Einkommen aus den übrigen im Rahmen der ASID untersuchten Einkommensquellen und deren Einfluss auf die Einkommenssituation im Alter zusätzlich berücksichtigt, verändert sich dieses Bild. Den Stellenwert zusätzlicher Einkommenskomponenten und die durchschnittlich aus ihnen fließenden Beträge zeigt in der Gegenüberstellung von abhängig Beschäftigten und Selbständigen Tabelle 5.34.

Bei diesen Ergebnissen der ASID über zusätzliche Einkommensquellen im Alter fällt bei den Selbständigen zunächst der vergleichsweise höhere Anteil mit Einkommen aus Erwerbstätigkeit nach Vollendung des 65. Lebensjahres ins Auge[507]. Höhere Anteile werden zudem

- beim Altenteil und anderen Formen der betrieblichen Altersversorgung für Selbständige ausgewiesen, zu denen in einer weiten Fassung auch die regelmäßige private Unterstützung gezählt werden kann,
- bei Einnahmen aus Vermietung und Verpachtung und sonstigen Einkommen[508] sowie
- Wohneigentum oder mietfreiem Wohnen, die als Einkommenskomponenten nicht erfasst werden[509].

Bei den Zinseinkünften liegen die Selbständigen etwa im Mittelfeld. Es fließen ihnen aber auch Einkommen aus Wohngeld und Sozialhilfe in geringem Umfang zu, wobei die Fallzahlen in diesen Bereichen einen Einzelausweis nicht erlauben[510].

Werden die durchschnittlichen zusätzlichen Einkommen aus diesen Einkommensquellen untersucht, liegen die Selbständigen in fast allen Bereichen vorn.

---

507 Bei den Landwirten spielen Erwerbseinkommen eine geringere Rolle, da das ALG als Leistungsvoraussetzung die Hofabgabe fordert.

508 Siehe Bundesministerium für Arbeit und Sozialordnung (2001b), S. 9. Sonstige Einkommen bilden die Restkategorie der in der ASID nicht näher differenzierten Einkommen ab.

509 In den neuen Bundesländern wohnen 66 v.H. der männlichen und 58 v.H. der weiblichen Selbständigen ab dem 65. Lebensjahr im eigenen Heim oder mietfrei und damit ebenfalls erheblich mehr als bei den abhängig Beschäftigten, siehe Bundesministerium für Arbeit und Sozialordnung (2001b), Tabellen 1145 (ABL) und 2145 (NBL).

510 So basieren die Angaben über den Bezug von Wohngeld bei den Frauen auf zwei Befragten, die zur Sozialhilfe auf sechs.

Tabelle 5.34: Zusätzliche Einkommen, Bezieher ab dem 65. Lebensjahr in v.H. und Betrag je Bezieher in DM/Monat (alte Bundesländer)

	Arbeiter		Angestellte		Selbständige	
	Anteil der Bezieher	Betrag je Bezieher	Anteil Bezieher	Betrag je Bezieher	Anteil Bezieher	Betrag je Bezieher
Erwerbseinkommen (Tabelle 1066)						
Männer	2	790	5	2.865	18	3.551
Frauen	1	686	2	1.179	(9)	(3.888)
Wohngeld* (Tabelle 1086)						
Männer	(1)	(97)	(1)	97	(1)	(140)
Frauen	3	138	2	145	/	/
Sozialhilfe (HLU)* (Tabelle 1090)						
Männer	(1)	(486)	/	/	/	/
Frauen	2	475	(1)	(594)	/	/
Altenteil/betriebliche Altersversorgung an Selbständige* (Tabelle 1098)						
Männer	-	-	/	/	5	666
Frauen	-	-	/	/	(6)	(3.106)
Einkommen aus Vermietung und Verpachtung* (Tabelle 1106)						
Männer	5	422	10	1.386	34	1.390
Frauen	4	786	7	1.095	23	2.183
Zinseinkünfte* (Tabelle 1110)						
Männer	31	169	49	290	44	416
Frauen	26	166	41	423	42	853
Sonstige Einkommen* (Tabelle 1118)						
Männer	(1)	(244)	2	797	7	804
Frauen	(1)	(688)	2	636	(8)	(881)
Regelmäßige private Unterstützung* (Tabelle 1102)						
Männer	/	/	/	/	(2)	(358)
Frauen	(1)	(408)	(1)	(499)	/	/
nachrichtlich: Wohneigentum/ mietfreies Wohnen						
Männer	58		62		89	
Frauen	51		53		83	

* Bei Ehepaaren je zur Hälfte beiden Ehepartnern zugerechnet.

Quelle: Bundesministerium für Arbeit und Sozialordnung (2001b), Tabellenband.

Die Streuung innerhalb der Durchschnittswerte ist jedoch auch bei den zusätzlichen Einkommen beträchtlich und weist in der Regel eine rechtsschiefe Verteilung mit vielen niedrigen und wenigen hohen Werten auf[511].

Die Untersuchungsergebnisse der ASID zeigen damit, dass der Stellenwert anderweitiger Einkommensarten im Vorsorgemix der Selbständigen höher ist als bei den abhängig Beschäftigten, obwohl bei weitem nicht alle diese Einkommensquellen nach dem derzeitigen Verständnis als vorsorgefähige Formen im Sinne der „Riester-Kriterien" angesehen werden können, und insbesondere bei den Einkommen aus Erwerbstätigkeit zu berücksichtigen ist, dass sie im Einzelfall nicht dauerhaft realisiert werden können.

Wie sich die Höhe der durchschnittlichen Alterseinkommen unter Berücksichtigung dieser zusätzlichen Einkommen aus Vorsorgeaktivitäten der dritten Schicht darstellt, zeigt Tabelle 5.35.

Tabelle 5.35: Durchschnittliche Nettogesamteinkommen ab dem 65. Lebensjahr in DM/Monat (alte Bundesländer)

	Männer	Frauen
Arbeiter	2.380	1.518
Angestellte	3.390	2.086
Selbständige	2.335	1.967
darunter:		
Landwirte	1.544	1.447
Handwerker	2.287	1.569
Gewerbetreibende	2.986	3.157
verkammerte Freiberufler*	4.897	(3.057)
sonstige Freiberufler	2.970	(2.845)

* teilweise ohne Leistung aus berufsständischen Versorgungswerken.

Quelle: Bundesministerium für Arbeit und Sozialordnung (2001b), Tabellenband, Tabelle 1192.

Die Nettogesamteinkommen werden für die Einzelgruppen der Selbständigen in den Datenquellen differenzierter ausgewiesen als die Einkommen aus Regel- und Zusatzsystemen und sind dadurch bedingt mit Letzteren nur eingeschränkt vergleichbar[512].

511 Siehe dazu Bundesministerium für Arbeit und Sozialordnung (2001b), Tabellen 1066, 1098, 1102, 1106, 1110, 1118, oder auch Bundesregierung (2001a), S. 93.

512 Welchen Personengruppen zusätzliche Einkommen zufließen, ist aus den Tabellenbänden der ASID nicht ermittelbar, da nur die Gesamteinkommen in einer neuen Ver-

Werden die in Tabelle 5.35 abgebildeten Nettogesamteinkommen betrachtet, hat sich die Einkommenssituation der Selbständigen durch zusätzliche Einkommen verbessert, im Vergleich zu den abhängig Beschäftigten aber nicht umgekehrt und auch das „ranking“ zwischen den Gruppen bleibt unverändert[513].

So befinden sich die Landwirte mit einem Gesamteinkommen von durchschnittlich etwas mehr als 1.500 DM im Monat auch unter Berücksichtigung zusätzlicher Einkommen am untersten Rand der Einkommensskala. Die Bedeutung von monetären Altenteilleistungen als ergänzende Einkommenskomponente wird hier regelmäßig wohl überschätzt, da nach Ergebnissen der ASID solche Leistungen nur 14 v.H. der männlichen und 17 v.H. der weiblichen Landwirte erhalten[514]; und auch Vermögens- und sonstige Einkommen den Landwirten im Durchschnitt in geringerem Umfang als den übrigen Selbständigengruppen zufließen[515]. Inwieweit Sacheinkommen, wie freie Kost und Logis, die materielle Lage der Landwirte im Alter verbessern, kann aus den Ergebnissen der ASID nicht ermittelt werden. Realtransfers und mietfreies Wohnen als spezifische Formen des Altenteils werden bei den Landwirten jedoch vermutlich einen größeren Stellenwert haben als bei den übrigen Selbständigengruppen[516].

Die durchschnittlichen Einkommen der ehemaligen Handwerker sind unter Berücksichtigung zusätzlicher Einkommen etwa im Einkommensbereich der Arbeiter angesiedelt. Gewerbetreibende, bei denen als einzige Gruppe die

---

teilung ausgewiesen werden. Zu einigen Angaben zur Verbreitung der sonstigen Einkommen nach Einzelgruppen und deren durchschnittlicher Höhe siehe Bundesministerium für Arbeit und Sozialordnung (2001a), S. 29.

513 Diese Angaben stimmen mit denen in Bundesregierung (2001a), S. 96, angegebenen nicht überein, da sich die dortigen Angaben auf Alterssicherungstypen beziehen und darüber hinaus Einkommen der Ehepartner eingerechnet wurden. Die durchschnittlichen Einkommen der Männer werden dort mit 3.354 DM deutlich höher beziffert.

514 Die Höhe des Altenteils wird in Bundesregierung (2001a), Tabelle B 18, S. 90, mit durchschnittlich 327 DM (Männer) bzw. 601 DM (Frauen) beziffert. Nach Angaben aus dem Agrarbericht der Bundesregierung differiert die Höhe der jährlichen Zahlungen in Abhängigkeit von der Betriebsgröße und beträgt durchschnittlich 1.612 DM bei kleineren, 2.368 DM bei mittleren und 3.601 DM bei großen Betrieben. Aus den Daten geht allerdings nicht hervor, wieviel Prozent der Landwirte über 65 Jahren eine solche Leistung erhalten; siehe Bundesministerium für Ernährung (2000), Tabellenteil S. 43, Tabelle 45.

515 Siehe dazu Bundesministerium für Arbeit und Sozialordnung (2001a), S. 29.

516 Siehe dazu Bundesregierung (2001a), S. 96.

Einkommen der Frauen über denen der Männer liegen[517], und sonstige Freiberufler nähern sich dem Einkommensniveau der männlichen Angestellten an. Alle Gruppen bleiben in der Durchschnittsbetrachtung jedoch hinter den Einkommen der männlichen verkammerten Freiberufler, die mit Einnahmen in Höhe von 4.897 DM das obere Ende der Einkommensskala bilden, weit zurück[518].

Wird die hinter diesen Durchschnittswerten verborgene Verteilung auf Einkommensklassen untersucht, sind die männlichen Selbständigen auch unter Berücksichtigung zusätzlicher Einkommen in den unteren Einkommensklassen stärker vertreten als die abhängig Beschäftigten, wobei diese Verteilung in der ASID unter Berücksichtigung der spezifischen Einkommenssituation der ehemaligen Landwirte zu interpretieren ist, die etwa ein Drittel der männlichen Selbständigen ausmachen[519].

So verfügen nach wie vor etwas mehr als ein Zehntel der Bezieher gegenüber jeweils 1 v.H. bei den Arbeitern und Angestellten über Nettogesamteinkommen von weniger als 1.000 DM im Monat. Im Einkommensbereich zwischen 1.000 und 2.000 DM befinden sich weitere 40 v.H. (Arbeiter 28 v.H., Angestellte 9 v.H.) und Gesamteinkommen in Höhe von 2.000 DM und mehr beziehen nur etwa die Hälfte, während die entsprechenden Werte bei den Arbeitern 72 v.H. und den Angestellten 90 v.H. betragen. Die Verteilung der Nettogesamteinkommen auf die Einzelklassen zeigt für Männer in den alten Bundesländern Abbildung 5.42.

Bei den selbständigen Frauen nähert sich die Verteilung über die Klassen auch beim Gesamteinkommen stärker den Werten der abhängig Beschäftigten an, da in den unteren Einkommensklassen in allen Kategorien auch abhängig Beschäftigte in ähnlichen Größenordnungen vertreten sind.

517 Dafür könnten die geringen Fallzahlen der ASID für die ehemals selbständigen Frauen verantwortlich sein, so dass dieser Wert nicht verallgemeinert werden sollte.

518 Wird die Einkommenssituation der verkammerten Freiberufler mit einer Leistung aus einem berufsständischen Versorgungswerk getrennt betrachtet, erhöhen sich die Nettogesamteinkommen dieser Gruppe nach Bundesregierung (2001a), S. 97, auf 6.942 DM.

519 Siehe Bundesregierung (2001a), S. 103.

Abbildung 5.42: Nettogesamteinkommen ab dem 65. Lebensjahr – Männer in v.H. (alte Bundesländer)

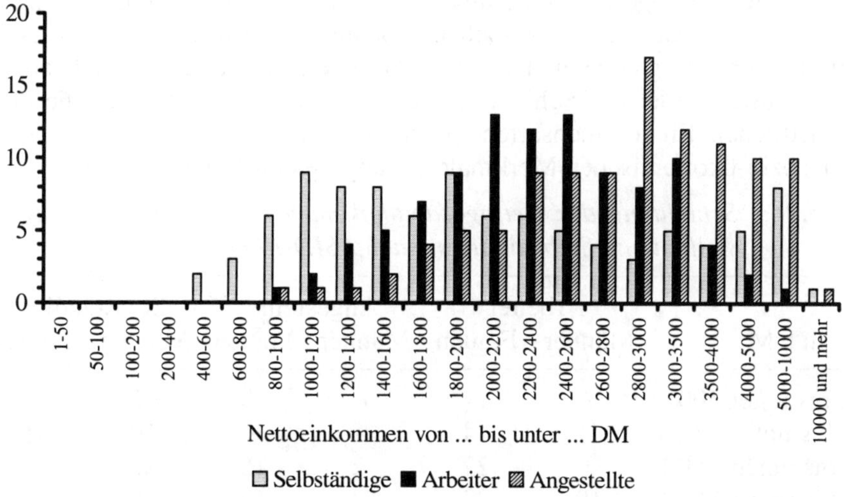

Quelle: Eigene Darstellung nach Bundesministerium für Arbeit und Sozialordnung (2001b), Tabellenband, Tabelle 1126.

Abbildung 5.43: Nettogesamteinkommen ab dem 65. Lebensjahr – Frauen (alte Bundesländer) in v.H.

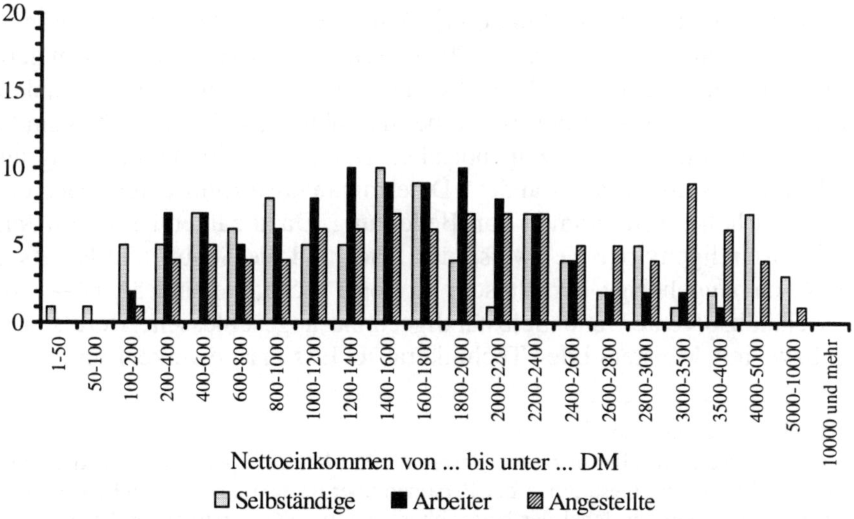

Quelle: Eigene Darstellung nach Bundesministerium für Arbeit und Sozialordnung (2001b), Tabellenband, Tabelle 1126.

Auch hinsichtlich der Einkommenssituation im Alter erweisen sich die Selbständigen daher als heterogene Gruppe. Aus den vorliegenden Daten über die Schichtung der Nettogesamteinkommen, wie sie in Tabelle 5.36 in v.H.-Werten abgebildet ist, können jedoch nur bedingt Aussagen über die Ursachen dieser Verteilung abgeleitet werden, da in den zur Verfügung stehenden Daten der ASID weder die Schichtung der Gesamteinkommen noch die der unterschiedlichen Einkommensarten hinsichtlich ihres Zusammenhangs mit weiteren sozio-ökonomischen Merkmalen nachgezeichnet werden kann.

Tabelle 5.36: Schichtung der Nettogesamteinkommen von Arbeitern, Angestellten und Selbständigen nach ASID 1999

	Arbeiter		Angestellte		Selbständige	
in DM	Männer	Frauen	Männer	Frauen	Männer	Frauen
1 bis unter 500	/	14	/	8	2	9
500 bis unter 1.000	1	14	1	10	10	15
1.000 bis unter 1.500	9	22	2	15	22	17
1.500 bis unter 2.000	19	23	7	17	18	20
2.000 bis unter 3.000	55	23	38	29	25	19
3.000 und mehr	17	4	52	19	23	19

Quelle: Bundesministerium für Arbeit und Sozialordnung (2001b), Tabellenband, Tabelle 1126. Summenabweichungen sind rundungsbedingt.

Wird nochmals auf die Ergebnisse des Alterssicherungsberichts[520] zurückgegriffen, sind Landwirte (70 v.H.), Handwerker (37 v.H.) und in geringerem Umfang Gewerbetreibende (26 v.H.) überproportional im unteren Einkommensquintil vertreten[521]. Ebenso wie bei den abhängig Beschäftigten sind im Einzelfall aber nicht nur die Zugehörigkeit zu einer bestimmten Berufsgruppe oder Branche, sondern auch andere Determinanten für ein unter- oder überdurchschnittliches Einkommen von Bedeutung. Dazu zählen bei den männlichen Selbständigenv beispielsweise das Alter und die Schul- und Berufsausbildung, da Angehörige der ältesten Kohorte (85 Jahre und älter)[522] sowie Volksschulabsolventen und Selbständige ohne abgeschlossene Berufsausbildung bzw. mit Meister- oder Technikerabschluss (Handwerker) unterdurch-

520 Bundesregierung (2001a).

521 In diesen Bereich fallen nach Bundesregierung (2001a), Tabelle C 15.1, definitionsgemäß 20 v.H. der Gesamtheit der Personen über 65 Jahre. Verheiratete oder verwitwete Frauen wurden dabei der beruflichen Stellung des verstorbenen Ehemanns zugeordnet.

522 Siehe zur materiellen Situation hochaltriger Fachinger (2002b).

schnittliche Alterseinkommen erzielen, während die Einkommen der jüngeren Kohorten und die der Selbständigen mit höheren Schul- und Berufsabschlüssen überdurchschnittlich ausfallen[523]. Wird nach dem Wohnstatus differenziert, beziehen Mieter, vor allem aber Selbständige, die mietfrei wohnen, deutlich geringere Alterseinkommen als Eigentümer von Wohneigentum[524].

Der Einfluss sozialrechtlicher Regelungen zeigt sich – soweit er isoliert werden kann – in der Höhe der Leistungen aus Alterssicherungssystemen, die bei den Landwirten am unteren Rand angesiedelt sind, bei den verkammerten Freiberuflern dagegen am oberen, was mit der Höhe der Beitragszahlungen an die jeweiligen Systeme korrespondiert.

Bei den übrigen Selbständigen, deren sozialrechtlicher Status während der selbständigen Erwerbstätigkeit aus den ASID-Daten nicht hervorgeht, kann dagegen in der Durchschnittsbetrachtung lediglich festgestellt werden, dass sich die Höhe der Gesamteinkommen in Abhängigkeit vom Qualifikations- und Tätigkeitsniveau dem der abhängig Beschäftigten annähert, d.h. die Handwerker bewegen sich in etwa auf dem Niveau der Arbeiter und die Gewerbetreibenden sowie sonstigen Freiberufler auf dem Niveau der Angestellten.

Die Zusammensetzung der Einkommen wird bei diesen Selbständigengruppen jedoch stärker von den größeren Gestaltungsspielräumen in der Altersvorsorge geprägt, da Einkommen aus Regelsicherungssystemen im Vergleich zu den abhängig Beschäftigten eine geringere Rolle spielen[525].

Inwieweit die Geringeinkommensbezieher unter den ehemals Selbständigen über weitere Einkommen aus Vermögensauflösung[526] oder anderen, von der ASID nicht erfassten Einkommensquellen verfügen[527], muss dahingestellt bleiben. Der geringe Anteil der Sozialhilfeempfänger unter den Selbständigen könnte aber ein Indiz dafür sein, dass solche anderen Quellen für die Ein-

523 Siehe dazu Bundesministerium für Arbeit und Sozialordnung (2001b), Tabellen 1190 und 1192.

524 Siehe Bundesministerium für Arbeit und Sozialordnung (2001b), Tabelle 1174.

525 Siehe dazu auch Tabellen C 11.2 und 12.1 in Bundesregierung (2001a), S. 206ff.

526 Vermögen kann in zweifacher Hinsicht die Einkommenssituation im Alter beeinflussen. So können Einnahmen zum einen aus Zinserträgen des Vermögens, zum anderen aus der Vermögensauflösung erzielt werden. Zur Vermögensbildung, Vermögenskomponenten und deren Verteilung auf private Haushalte nach Ergebnissen des SOEP vgl. z.B. Himmelreicher (2001), S. 327ff., sowie Fachinger (2001b), S. 182ff, S. 216ff., S. 288ff. sowie S. 292ff, und Fachinger (2002b), S. 98ff.

527 Hier sind einerseits Realtransfers in Form von Sachleistungen zu berücksichtigen, andererseits immaterielle Ressourcen, siehe dazu Schmähl (1999d), S. 7f., sowie Fachinger (2002), S. 12ff.

kommenssituation eine Rolle spielen. Eine in diesem Zusammenhang ebenfalls zu berücksichtigende Komponente stellt der Einfluss der Haushaltsebene dar. In der Untersuchungspopulation der ASID werden die Alterseinkommen von etwa 70 v.H. der männlichen und 30 v.H. der weiblichen Selbständigen durch Einkommen eines Ehepartners ergänzt[528]. Unter Berücksichtigung dieser Einkommen verändert sich die Einkommenssituation für einen Teil der Selbständigen erneut[529]. Tabelle 5.37 gibt einen Überblick über den Anteil der Bezieher von zusätzlichen Einkommen des Ehepartners und die Höhe des Einkommens von Ehepaaren für die verschiedenen Erwerbstätigengruppen.

Tabelle 5.37: Durchschnittliche Nettoalterseinkommen unter Berücksichtigung von Einkommen des Ehepartners ab dem 65. Lebensjahr nach ASID 1999 in DM/Monat

	persönliches Netto-einkommen (alle Bezieher) in DM	Anteil der Bezieher mit zusätzlichem Einkommen des Ehepartners in v.H.	Nettoeinkommen des Ehepaares in DM	Relation in v.H.
		Männer		
Arbeiter	2.380	64	3.131	1,3
Angestellte	3.390	71	4.496	1,3
Selbständige	2.335	71	3.817	1,6
		Frauen		
Arbeiter	1.518	35	3.376	2,2
Angestellte	2.086	37	4.531	2,2
Selbständige	1.967	30	5.105	2,6

Quelle: Bundesministerium für Arbeit und Sozialordnung (2001b), Tabellenband, Tabelle 1192, 1145, 1146 und 1229.

528 Verheiratet sind von den Selbständigen etwa 78 v.H. der Männer und 30 v.H. der Frauen. Nicht allen Ehepartnern fließen im Alter jedoch auch zusätzliche Einkommen zu.

529 Auch hier können auf Grund der Datenlage keine weiteren Aussagen darüber getroffen werden, welchen Selbständigen- oder Einkommensgruppen diese zusätzlichen Einkommen zufließen. Dies begrenzt die Aussagekraft der Daten.

Wird für die Haushaltsebene ein Äquivalenzskalenniveau von 1,7 zugrunde gelegt, können nach diesen Angaben auf der Ehepaarebene alle Frauen ihre durchschnittliche Einkommensposition verbessern, während sich die Situation bei den Männern eher verschlechtert. Wird die Verteilung der Einkommen der Ehepaare untersucht, bestätigt sich dieses Bild, denn die verheirateten selbständigen Frauen sind zwar in den unteren Einkommenskategorien (Einkommen bis 1.000 DM) mit 2 v.H. der Bezieher ebenso stark vertreten wie die Männer, platzieren sich in den Einkommensklassen ab 2.000 DM aber durchweg stärker. Die Einkommensverteilung der allein stehenden Selbständigen dagegen könnte ein Indiz dafür sein, dass die Höhe des individuellen Einkommens auch vom Familienstand beinflusst wird, denn unter den allein stehenden Selbständigen ist der Anteil der Geringeinkommensbezieher deutlich höher als bei den Selbständigen insgesamt[530].

Tabelle 5.38: Verteilung der Nettoeinkommen von allein stehenden und verheirateten Selbständigen nach ASID 1999

Nettoeinkommen von ... bis unter ... in DM/Monat	Alleinstehende (Einkommen der Person)		Verheiratete (Einkommen des Ehepaares)	
	Männer	Frauen	Männer	Frauen
1 bis unter 500	6	7	0	1
500 bis unter 1.000	14	18	2	1
1.000 bis unter 1.500	18	13	13	6
1.500 bis unter 2.000	18	31	14	5
2.000 bis unter 2.500	12	4	12	11
2.500 bis unter 3.000	7	3	11	17
3.000 und mehr	23	24	48	59

Quelle: Bundesministerium für Arbeit und Sozialordnung (2001b), Tabellenband, Tabelle 1229. Summendifferenzen sind rundungsbedingt.

Als zentrale Ergebnisse der Untersuchung der Alterseinkommen der ehemals Selbständigen anhand der Erhebung ASID 1999 kann festgehalten werden, dass:

1. der weit überwiegende Teil der Selbständigen (95v.H. der Männer und 81 v.H. der Frauen) Anwartschaften in einem öffentlich-rechtlichen Alterssicherungssystem erworben hat, davon etwa drei Viertel innerhalb der GRV,

530 Die Angaben der ASID sind für alleinstehende Frauen allerdings nur bedingt aussagekräftig, da Witwen nicht nach ihrer eigenen beruflichen Stellung, sondern nach der ihres verstorbenen Ehemannes zugeordnet werden. Dadurch werden von den nicht mehr verheirateten, ehemals selbständigen Frauen nur etwa 20 v.H. erfasst.

wobei nicht ermittelbar ist, aufgrund welcher versicherungsrechtlicher Zeiten diese Ansprüche erworben wurden,
2. die Höhe der durchschnittlichen Leistungen an die Selbständigen aus Regel- und Zusatzsystemen für das Gros deutlich hinter der abhängig Beschäftigter zurückbleibt, eine Ausnahme bilden hier lediglich Mitglieder von berufsständischer Versorgungswerken,
3. die geringeren Einkommen aus Alterssicherungssystemen in der Durchschnittsbetrachtung durch zusätzliche Einkommen aus Vorsorgeaktivitäten der privaten Vorsorge annähernd kompensiert werden,
4. die Gesamteinkommen von Teilgruppen der ehemals Selbständigen gleichwohl stärker in den unteren Einkommensbereichen angesiedelt sind, als es bei den abhängig Beschäftigten der Fall ist.

5.7.1.5 Entwicklungstendenzen: Komponenten und Höhe der Alterseinkommen der Selbständigen nach Ergebnissen der Erhebung „Altersvorsorge in Deutschland“ (AVID ‘96)

Die dargestellten Befunde auf Grundlage der ASID 1999 zeigen Höhe und Zusammensetzung der Alterseinkommen der ehemals Selbständigen. Im Folgenden wird ein Perspektivwechsel vorgenommen und anhand der Ergebnisse der AVID ‘96 dargestellt, wie sich die Einkommenssituation der aktiven Selbständigen im Alter bei einem Leistungsbezug ab dem 65. Lebensjahr darstellen könnte.

Untersuchungspopulation der AVID ist die 40- bis 60-jährige deutsche Bevölkerung mit einer GRV-Anwartschaft, also Personen, die zum Befragungszeitpunkt die Leistungsvoraussetzungen für den Bezug einer Altersrente aus der GRV erfüllen und in den Jahren 2001 bis 2021 das 65. Lebensjahr vollenden. Aufgrund dieser Grundgesamtheit der Befragung werden von der AVID nur knapp 60 v.H. der Selbständigen in den entsprechenden Altersklassen erfasst, wobei insbesondere Landwirte und verkammerte Freiberufler in den alten Bundesländern deutlich unterrepräsentiert sind.

Bei den Landwirten ist dies nicht überraschend, da sie auch nach Ergebnissen der ASID zum überwiegenden Teil nicht in der GRV versichert sind. Bei den Freiberuflern könnte diese geringere Präsenz dafür sprechen, dass ein größerer Teil von ihnen Altersvorsorge mittlerweile ausschließlich in einem berufsständischen Versorgungswerk betreibt.

Bei diesen beiden Berufsgruppen bildet die AVID daher nur eine Teilgesamtheit ab, deren Einkommenssituation nicht auf den gesamten Berufsstand übertragen werden kann. Unter Berücksichtigung dieser Einschränkungen werden von der AVID '96 die Alterseinkommen von hochgerechnet insgesamt 1,151 Millionen Selbständigen untersucht. Die dahinter stehenden Fallzahlen, die bei den Selbständigen in der AVID nach Einzelgruppen differenziert ausgewiesen werden können, zeigt Tabelle 5.39.

Tabelle 5.39: Befragte (Basis ungewichtet) in der AVID '96 nach Stellung im Beruf, Geschlecht und Wohnort

	Alte Bundesländer		Neue Bundesländer	
	Männer	Frauen	Männer	Frauen
Arbeiter	1.748	1.142	1.174	702
Angestellte	1.842	2.660	757	1.344
Beamte				
Selbständige	373	140	168	78
darunter:				
Landwirte	23	6	5	2
Handwerker	83	10	49	3
verkammerte Freiberufler	25	11	7	15
Gewerbetreibende	130	59	64	38
sonstige Selbständige	112	54	43	20

Quelle: Verband Deutscher Rentenversicherungsträger / Bundesministerium für Arbeit und Sozialordnung (2000), Basisdaten.

In den alten Bundesländern sind die Fallzahlen in der AVID danach bei den Selbständigen nochmals um fast 50 v.H. geringer als in der ASID und zeigen schon in der Grobuntergliederung nach Einzelgruppen Feldbesetzungen von unter zehn Befragten, die einen Werteausweis nicht mehr erlauben, und in einem Drittel der Felder Angaben von weniger als 30 Befragten, die zu statistisch nicht mehr gesicherten Angaben führen. Für eine weitere Untergliederung nach spezifischen Merkmalsausprägungen sind die Fallzahlen der AVID daher – insbesondere für die Frauen und Selbständige in den neuen Bundesländern – zu gering, so dass sich die Darstellung wiederum auf die Einkommenssituation der männlichen Selbständigen in den alten Bundesländern konzentrieren muss und Entwicklungstendenzen für die neuen Bundesländer nur in begrenztem Umfang aufgezeigt werden können.

Die Projektionen der Alterseinkommen beinhalten – ebenso wie in der ASID – Einkommen aus Regel- und Zusatzsystemen, berücksichtigen als zusätzliche Einkommensquellen, die nach den Ergebnissen der ASID für die Selbständigen eine nicht unerhebliche Rolle spielen, allerdings nur Anwartschaften auf Leistungen einer Lebens- oder Rentenversicherung.

Die Nettogesamteinkommenssituation nach Ergebnissen der AVID ist daher mit den Ergebnissen der ASID weder unmittelbar vergleichbar noch kann sie einen Eindruck über die Gesamteinkommenssituation der Selbständigen im Alter vermitteln.

5.7.1.6 Alterseinkommen aus Regel- und Zusatzsystemen

Die Anteile der Bezieher einer eigenen Leistung aus Regel- und Zusatzsystemen werden in der AVID durch die Auswahl der Untersuchungspopulation geprägt (nur GRV-Anwartschaftsberechtigte) und weichen schon aus diesem Grunde von den ASID-Werten ab. Veränderungen im Verbreitungsgrad der unterschiedlichen Sicherungssysteme können daher nicht unmittelbar abgeleitet werden. Werden hilfsweise die Berechnungsergebnisse zu den von der AVID abgebildeten Selbständigen, das sind knapp 60 v.H. in den befragten Altersgruppen, zur Einschätzung der Entwicklung herangezogen, hat die GRV für die Altersvorsorge der Selbständigen an Bedeutung verloren, da nach Ergebnissen der ASID von den ehemals Selbständigen noch etwa drei Viertel über eine GRV-Anwartschaft verfügen.

Unter Berücksichtigung dieser Einschränkungen stellen sich die Beteiligungen der Selbständigen an Regel- und Zusatzsystemen im Vergleich zu den abhängig Beschäftigten wie in Tabelle 5.40 aufgeführt dar, wobei auch in der AVID nicht ermittelt werden kann, in welchem Erwerbsstatus die Ansprüche erworben wurden.

Wie die Tabelle 5.40 zeigt, haben der Anlage der AVID entsprechend alle Befragten Anwartschaften in der GRV erworben, wodurch diese Leistungen für die Untersuchungspopulation eine größere Bedeutung haben als für die Gesamtheit der Erwerbsbevölkerung. Davon beeinflusst wird möglicherweise auch der im Vergleich zur ASID 1999 etwas höhere Anteil der zukünftigen Bezieher einer betrieblichen Altersvorsorge, da Anwartschaften in diesen Systemen regelmäßig parallel zu Anwartschaften in der GRV erworben werden.

Der gestiegene Anteil der männlichen Selbständigen mit einer solchen Anwartschaft ist nach Untersuchungsergebnissen zur betrieblichen Altersvorsorge auf Grundlage der AVID darauf zurückzuführen, dass diese Vorsorgeform für die aktiven Selbständigen in den alten Bundesländern in Form der so genannten Geschäftsführerversorgung an Bedeutung gewinnt, die insbesondere von Inhabern kleinerer Betriebe als Vorsorgealternative gewählt wird[531].

531 Siehe Kortmann (2001), S. 555 und 559.

Tabelle 5.40: Bezieher einer eigenen Leistung aus Regel- und Zusatzsystemen in v.H. der jeweiligen Gruppe (ab dem 65. Lebensjahr) – alte Bundesländer

	Arbeiter		Angestellte		Selbständige	
	Männer	Frauen	Männer	Frauen	Männer	Frauen
GRV	100	100	100	100	100	100
Beamtenversorgung	-	-	/	-	-	-
AdL	2	/	/	/	(9)	/
Landwirte					(95)	
Berufsständische Versorgung	–	–	1	–	(3)	/
Verkammerte Freiberufler					(66)	
Betriebliche AV	35	10	49	15	9	/
Gewerbetreibende					(10)	
sonstige Selbständige					(16)	
Zusatzversorgung des öffentlichen Dienstes	10	11	17	21	/	/

Quelle: Verband Deutscher Rentenversicherungsträger / Bundesministerium für Arbeit und Sozialordnung (2000), Basisdaten.

Leistungen aus der Zusatzversorgung des öffentlichen Dienstes werden dagegen ebenso wie die Beamtenversorgung auch für die zukünftigen Alterseinkommen der Selbständigen keine Rolle spielen.

Bei den spezifischen Alterssicherungssystemen der Selbständigen kehren sich die Teilhabewerte der Erwerbstätigen dann erwartungsgemäß wieder um. So haben von den Selbständigen mit GRV-Anwartschaft in den alten Bundesländern nach wie vor etwa 95 v.H. der männlichen Landwirte zusätzliche Ansprüche an die AdL[532] und zwei Drittel der männlichen verkammerten Freibe-

532 Die Angaben für die neuen Bundesländer sind aufgrund zu geringer Fallzahlen statistisch nicht gesichert. Bei den männlichen Landwirten wird die Beteiligung unter Berücksichtigung dieser Einschränkung mit 63 v.H. ausgewiesen.

rufler werden neben einer GRV-Rente voraussichtlich Leistungen aus einem berufsständischen Versorgungswerk beziehen.

Die Höhe der Zahlbeträge[533] aus diesen Beteiligungen wird sich beim Großteil der männlichen Selbständigen allerdings auch in Zukunft im Mittel deutlich unterhalb der entsprechenden Werte für die abhängig Beschäftigten bewegen. Mit höheren Renten können nach wie vor lediglich verkammerte Freiberufler rechnen, wobei die Angaben zur absoluten Höhe aufgrund der geringen Fallzahlen statistisch nicht gesichert sind.

Tabelle 5.41: Durchschnittliche projizierte Zahlbeträge aus Alterssicherungssytemen in DM/Monat (Leistungsbezieher ab dem 65. Lebensjahr – alte Bundesländer)

	Arbeiter		Angestellte		Selbständige	
	Männer	Frauen	Männer	Frauen	Männer	Frauen
GRV	1.946	756	2.418	1.141	866	676
AdL	797	/	/	/	(1.101)	/
Berufsständische Versorgung	–	–	(3.657)	/	(4.210)	/
Betriebliche Altersversorgung	284	163	918	442	908	/

Quelle: Verband Deutscher Rentenversicherungsträger / Bundesministerium für Arbeit und Sozialordnung (2000), Basisdaten.

Die durchschnittlichen Zahlbeträge der GRV an männliche Selbständige ohne berufsspezifisches Sicherungssystem, das sind die Gruppen der Handwerker, Gewerbetreibende sowie Sonstige, sind im Vergleich zu den in der ASID ausgewiesenen Werten um etwa 40 v.H. geringer[534]. Der Stellenwert von Alterssicherungsleistungen aus der GRV scheint daher nicht nur hinsichtlich der

533 Hierbei handelt es sich im Gegensatz zu den Daten der ASID um die Bruttoleistungen abzüglich des Eigenanteils der Bezieher zur Kranken- und Pflegeversicherung; siehe dazu Verband Deutscher Rentenversicherungsträger / Bundesministerium für Arbeit und Sozialordnung (2000), S. 14. Da diese Angaben in Werten des Jahres 1996 ausgewiesen werden, sind sie in der Größenordnung mit den Ergebnissen der ASID des Jahres 1999 annähernd vergleichbar. Leistungen aus der Beamtenversorgung und der Zusatzversorgung des öffentlichen Dienstes werden aufgrund ihrer geringen Bedeutung für die Alterseinkommen der Selbständigen nicht gesondert untersucht.

534 In der Kohortenbetrachtung fallen sie von noch 964 DM in der ältesten Kohorte (Jahrgang 1936 bis 1940) auf 628 DM in der jüngsten Kohorte der Geburtsjahrgänge 1951 bis 1955.

Verbreitung, sondern auch in Bezug auf die Höhe der Leistungen für die zukünftige Rentnergeneration unter den Selbständigen rückläufig zu sein. Ein Ergebnis, welches angesichts der nachlassenden Neigung der Selbständigen in den alten Bundesländern, ihre Altersvorsorge dauerhaft innerhalb der GRV zu realisieren und unter Berücksichtigung der gezahlten Beiträge während dieser Zeit nicht überrascht[535].

Bei den selbständigen Frauen sind die Abweichungen der projizierten Renten gegenüber den Ergebnissen der ASID geringer, d.h. ihre Renten werden in Zukunft auf niedrigem Niveau verbleiben[536]. Infolge der geringeren Renten an die Männer nehmen geschlechtsspezifische Unterschiede in der Rentenhöhe jedoch ab.

Die projizierten Zahlbeträge aus der GRV, die zwischen den Einzelgruppen nur unerheblich abweichen, und der betrieblichen Altersversorgung an die gewerblichen Selbständigen zeigt Tabelle 5.42. Da Leistungen aus der AdL und berufsständischen Versorgungswerken statistisch nachweisbar nur Landwirten und Freiberuflern zufließen, werden sie nicht gesondert aufgeführt.

Tabelle 5.42: Durchschnittliche projizierte Zahlbeträge aus der GRV und der betrieblichen Altersversorgung in DM/Monat (Leistungsbezieher ab dem 65. Lebensjahr – alte Bundesländer)

	Landwirte	Handwerker	Gewerbetreibende	verkammerte Freiberufler	sonstige Selbständige
GRV					
Männer	(493)	880	916	(673)	934
Frauen	/	(649)	693	(767)	710
Betriebliche Altersversorgung					
Männer	–	/	(1.084)	–	(1.030)
Frauen	–	–	/	–	/

Quelle: Verband Deutscher Rentenversicherungsträger / Bundesministerium für Arbeit und Sozialordnung (2000), Basisdaten.

535 In den neuen Bundesländern zeigen die Ergebnisse der AVID für die Selbständigen höhere Leistungen aus der GRV (Männer 991 DM, Frauen 807 DM), was in den unterschiedlichen Erwerbsbiographien begründet sein könnte.

536 Ein Kohorteneinfluss auf die Höhe der Zahlbeträge aus der GRV kann für die Frauen aufgrund der geringen Fallzahlen nicht ermittelt werden.

Diese im Vergleich zur ASID geringeren Durchschnittswerte der GRV-Renten schlagen sich auch in der Schichtung der projizierten Zahlbeträge auf Beitragsklassen nieder, die einerseits durch das bereits aus der ASID bekannte Muster (vgl. Abbildung 5.40 und 8.3) einer stärkeren Präsenz der Selbständigen in den unteren Zahlbetragsklassen gekennzeichnet ist, andererseits in den kumulierten Anteilswerten eine Zunahme von Leistungsbeziehern in den Klassen bis 1.000 DM aufzeigt[537].

Für die ausschließlich in der GRV versicherten Selbständigen zeigt die Schichtung der Zahlbeträge für die männlichen Leistungsbezieher in den alten Bundesländern die Abbildung 5.44.

Abbildung 5.44: Projizierte Zahlbeträge aus Anwartschaften in der GRV im 65. Lebensjahr – Männer in v.H. (alte Bundesländer)

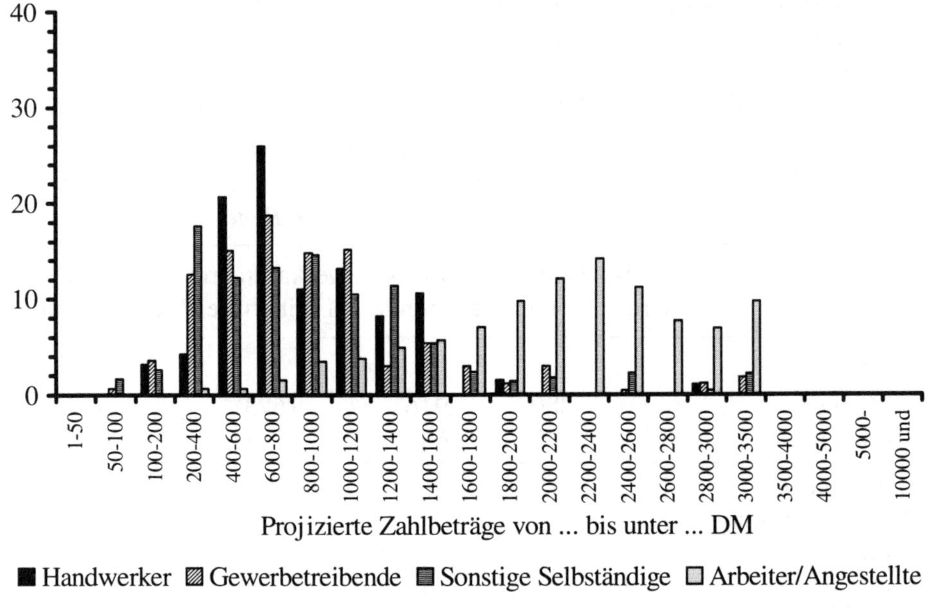

Quelle: Eigene Darstellung auf Grundlage Verband Deutscher Rentenversicherungsträger / Bundesministerium für Arbeit und Sozialordnung (2000), Basisdaten.

537 Die Summe der Einkommen aus Regel- und Zusatzsystemen und deren Verteilung auf Einkommensklassen, wie sie in der ASID dargestellt wurden, kann aus den Basisdaten der AVID nicht ermittelt werden. Daher erfolgt die Darstellung der Ergebnisse in leicht abweichender Form.

Diese Schichtung verdeutlicht, dass die Rentenleistungen aus der GRV für den Großteil der männlichen Selbständigen ohne berufsspezifisches Sicherungssystem unterhalb von 1.000 DM monatlich betragen werden[538]. Für etwa ein Drittel werden Leistungen in Höhe von 1.000 bis 2.000 DM projiziert und mit mehr als 2.000 DM können nur 1 v.H. der Handwerker, etwa 7 v.H. der Gewerbetreibenden und sonstigen Selbständigen gegenüber 63 v.H. bei den abhängig Beschäftigten rechnen (Arbeiter 52 v.H., Angestellte 78 v.H.).

Bei den Frauen ist die Verteilung – ebenso wie nach Ergebnissen der ASID – ausgeglichener. In den Zahlbetragsklassen bis 1.000 DM sind die selbständigen Frauen jedoch ebenfalls stärker vertreten als abhängig beschäftigte Frauen (100 v.H. der in handwerklichen Berufen selbständig Tätigen und jeweils etwa 80 v.H. der Gewerbetreibenden und sonstigen Selbständigen gegenüber 68 v.H. der Arbeiterinnen und 48 v.H. der Angestellten). Mit höheren Renten kann daher nur ein kleiner Teil von ihnen rechnen, davon mit mehr als 2.000 DM im Monat nur 2 v.H. bis 3 v.H.

Abbildung 5.45: Projizierte Zahlbeträge aus Anwartschaften in der GRV im 65. Lebensjahr – Frauen in v.H. (alte Bundesländer)

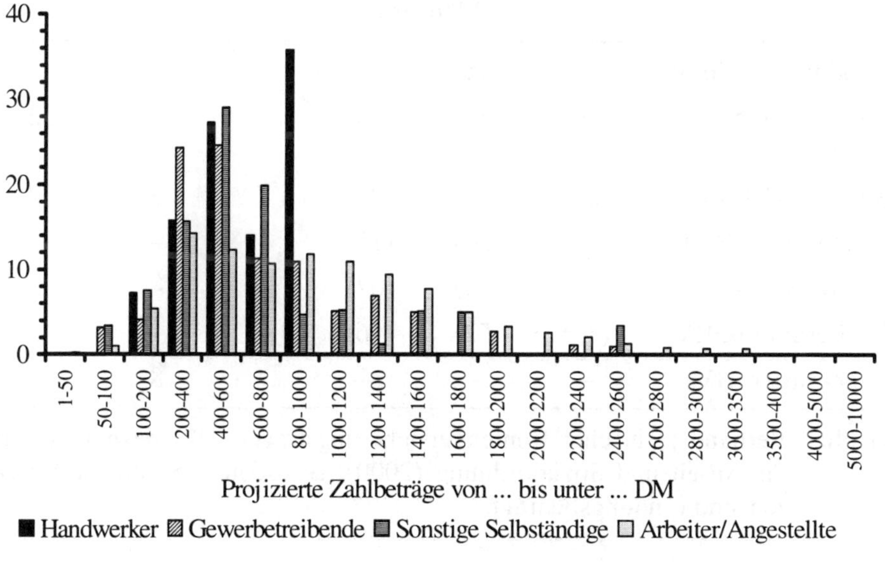

Quelle: Eigene Darstellung auf Grundlage Verband Deutscher Rentenversicherungsträger / Bundesministerium für Arbeit und Sozialordnung (2000), Basisdaten.

---

[538] Bei Handwerkern und Gewerbetreibenden jeweils 65 v.H. der Bezieher, bei sonstigen Selbständigen 62 v.H., zum Vergleich: bei Arbeitern und Angestellten 7 v.H.

Die Zahlbetragsschichtungen der projizierten GRV-Renten für Landwirte und Freiberufler sind ebenfalls mehrheitlich durch geringe Zahlbeträge gekennzeichnet (Leistungen unter 1.000 DM jeweils 85 v.H. der männlichen Bezieher[539]). Diese geringen Renten aus der GRV werden beim überwiegenden Teil (männliche Landwirte 95 v.H., verkammerte Freiberufler 66 v.H.[540]) jedoch durch Leistungen eines berufsspezifischen Sicherungssystems ergänzt, wenn auch auf systembedingt unterschiedlichem Niveau, d.h. bei den Landwirten in einer Größenordnung von zusätzlichen 500 bis (knapp über) 1.000 DM, bei den verkammerten Freiberuflern überwiegend im Bereich von 3.000 DM und mehr. Die Verteilung der Zahlbeträge auf zusammenfassende Zahlbetragsklassen zeigt für die Selbständigen in den alten Bundesländern Tabelle 5.43.

Tabelle 5.43: Schichtung der Zahlbeträge aus spezifischen Alterssicherungssytemen in v.H. der Bezieher (alte Bundesländer)

DM / Monat:	bis 500	500 - 1.000	1.000 - 1.500	1.500 - 2.000	2.000 - 3.000	3.000 und mehr
			Männer			
Handwerker (GRV)	10	55	29	5	1	–
Gewerbetreibende (GRV)	26	40	20	8	5	2
Sonstige (GRV)	28	34	24	7	5	2
Landwirte (GRV)	(59)	(26)	(15)	–	–	–
Landwirte (AdL)	–	(33)	(67)	–	–	–
Freiberufler (GRV)	(33)	(52)	(16)	–	–	–
Freiberufler (BV)	–	–	–	–	8	92

Quelle: Verband Deutscher Rentenversicherungsträger / Bundesministerium für Arbeit und Sozialordnung (2000), Basisdaten. Summendifferenzen sind rundungsbedingt.

539 Angaben für die Frauen sind aufgrund der geringen Fallzahlen bei den weiblichen Landwirten nicht möglich. Bei den Freiberuflerinnen sind sie statistisch nicht gesichert.

540 Aufgrund der geringen Fallzahl bei den männlichen Freiberuflern sind diese Angaben statistisch nicht gesichert.

Tabelle 5.43: Fortsetzung

DM / Monat:	bis 500	500 - 1.000	1.000 - 1.500	1.500 - 2.000	2.000 - 3.000	3.000 und mehr
			Frauen			
Handwerker (GRV)	(23)	(77)	–	–	–	–
Gewerbetreibende (GRV)	43	36	17	3	2	–
Sonstige (GRV)	40	40	8	9	3	–
Landwirte (GRV/AdL)	/	/	/	/	/	/
Freiberufler (GRV)	(53)	(15)	(19)	(13)	–	–
Freiberufler (BV)	–	(26)	–	–	(55)	(19)

Quelle: Verband Deutscher Rentenversicherungsträger / Bundesministerium für Arbeit und Sozialordnung (2000), Basisdaten. Summendifferenzen sind rundungsbedingt.

5.7.1.7 Verbreitung und Höhe der Leistungen aus Lebens- und Rentenversicherungen

Von den vielfältigen Einkommensquellen aus privaten Vorsorgeaktivitäten werden in den Projektionen der AVID lediglich Einkommen aus Lebens- und Rentenversicherungsverträgen abgebildet[541]. Ansprüche auf solche Leistungen haben in den alten Bundesländern 78 v.H. der männlichen und 58 v.H. der weiblichen Selbständigen mit einer GRV-Anwartschaft[542]. Hinsichtlich der Verbreitung von Lebens- und Rentenversicherungen als Vorsorgeformen weisen die Selbständigen damit höhere Anteile als die abhängig Beschäftigten auf und auch die Höhe der projizierten Zahlbeträge aus diesen Vorsorgeformen fällt mit durchschnittlich 1.074 DM monatlich bei den Männern und 696 DM bei den Frauen höher aus als bei den abhängig Beschäftigten und übersteigt die Zahlbeträge, die den Selbständigen aus der GRV zufließen werden

541 Zur Form der Berechnung der Leistungen insbesondere aus Lebensversicherungen siehe Verband Deutscher Rentenversicherungsträger / Bundesministerium für Arbeit und Sozialordnung (2000), S. 90.

542 In den neuen Bundesländern sind dies etwa 70 v.H. der Männer und rund 66 v.H. der Frauen.

(Männer 865 DM, Frauen 676 DM). Die Bedeutung von Lebens- und Rentenversicherungen für die Altersvorsorge und die Höhe der jeweiligen projizierten Anwartschaften zeigt für Arbeiter, Angestellte und Selbständige Tabelle 5.44.

Tabelle 5.44: Zusätzliche Einkommen im Alter aus Lebens- und Rentenversicherungen – Anteile der Bezieher ab dem 65. Lebensjahr in v.H. der jeweiligen Gruppe und durchschnittlicher Betrag je Bezieher in DM/Monat (alte Bundesländer)

	Arbeiter		Angestellte		Selbständige	
	Anteil Bezieher in v.H.	Betrag je Bezieher DM	Anteil Bezieher in v.H.	Betrag je Bezieher DM	Anteil Bezieher in v.H.	Betrag je Bezieher DM
Eigene Renten aus Lebensversicherung						
Männer	59	250	68	433	76	928
Frauen	36	149	40	225	54	607
Eigene Renten aus privater Rentenversicherung						
Männer	3	469	3	551	9	1.411
Frauen	(2)	(240)	3	336	(12)	(669)
Eigene Rente aus Lebens- und privater Rentenversicherung						
Männer	60	267	68	449	78	1.074
Frauen	37	156	42	236	58	696

Quelle: Verband Deutscher Rentenversicherungsträger / Bundesministerium für Arbeit und Sozialordnung (2000), Basisdaten.

Ähnlich wie schon nach Ergebnissen der ASID nähern sich die Einkommen der Selbständigen im Alter unter Berücksichtigung dieser zusätzlichen Einkommen denen der abhängig Beschäftigten an, und dies, obwohl in den Projektionen der AVID etliche Einkommenskomponenten, wie sie in der ASID bei der Ermittlung der Gesamteinkommen berücksichtigt wurden, nicht enthalten sind[543]. Die geringeren Durchschnittsbeträge des Nettoalterseinkom-

543 Beim auch in der AVID erhobenen Merkmal des Besitzes von Wohneigentum bestätigen sich die Ergebnisse der ASID, denn auch die aktiven Selbständigen verfügen in den alten Bundesländern mit etwa 80 v.H. häufiger darüber als Arbeiter (54 v.H.) und Angestellte (67 v.H.).

mens im Vergleich zu den Ergebnissen der ASID sollten daher auch nicht als Indiz für eine Verschlechterung der Einkommenssituation der Selbständigen insgesamt gewertet werden.

Die Einkommensposition der Selbständigen im Vergleich zu den abhängig Beschäftigten nach Ergebnissen der AVID zeigt Tabelle 5.45. Die Rangfolge zwischen den Gruppen hat sich im Vergleich zu den Ergebnissen der ASID im Großen und Ganzen nicht verändert, so dass in dieser Stelle auf die entsprechenden Ausführungen verwiesen werden kann.

Tabelle 5.45: Durchschnittliche Nettoalterseinkommen ab dem 65. Lebensjahr in DM/Monat (alte Bundesländer)

	Männer	Frauen
Arbeiter	2.267	946
Angestellte	3.260	1.428
Selbständige	1.946	1.247
darunter:		
Landwirte	(1.901)	/
Handwerker	1.697	(856)
Gewerbetreibende	1.878	(2.064)
verkammerte Freiberufler	(4.201)	1.293
sonstige Selbständige	1.892	1.129

Quelle: Verband Deutscher Rentenversicherungsträger / Bundesministerium für Arbeit und Sozialordnung (2000), Basisdaten.

In den Schichtungen der projizierten Nettogesamteinkommen finden die niedrigeren Durchschnittswerte ebenso wie bei den Zahlbeträgen aus Regel- und Zusatzsystemen jedoch entsprechenden Niederschlag:

So werden in den Projektionen der AVID für etwa ein Fünftel der männlichen Selbständigen Nettoalterseinkommen von weniger als 1.000 DM errechnet (nach ASID 12 v.H.), für die abhängig Beschäftigten mit 7 v.H. (Arbeiter) bzw. 3 v.H. (Angestellte) allerdings ebenfalls höhere Werte als nach Ergebnissen der ASID (etwa 1 v.H.). Alterseinkommen zwischen 1.000 und 2.000 DM werden für 46 v.H. der Selbständigen gegenüber 27 v.H. bei den Arbeitern und 11 v.H. bei den Angestellten projiziert (ASID 40 v.H. gegenüber 28 v.H. Arbeiter und 9 v.H. Angestellte) und etwa ein Drittel der männlichen Selbständigen kann mit Einkommen in Höhe von mehr als 2.000 DM monatlich aus den untersuchten Systemen rechnen (Arbeiter: 66 v.H., Angestellte

87 v.H.). Die Schichtung der projizierten Nettoalterseinkommen zeigt für die männlichen Selbständigen in den alten Bundesländern die Abbildung 5.46.

Abbildung 5.46: Schichtung der projizierten Nettoalterseinkommen nach AVID '96 - Männer (alte Bundesländer) in v.H.

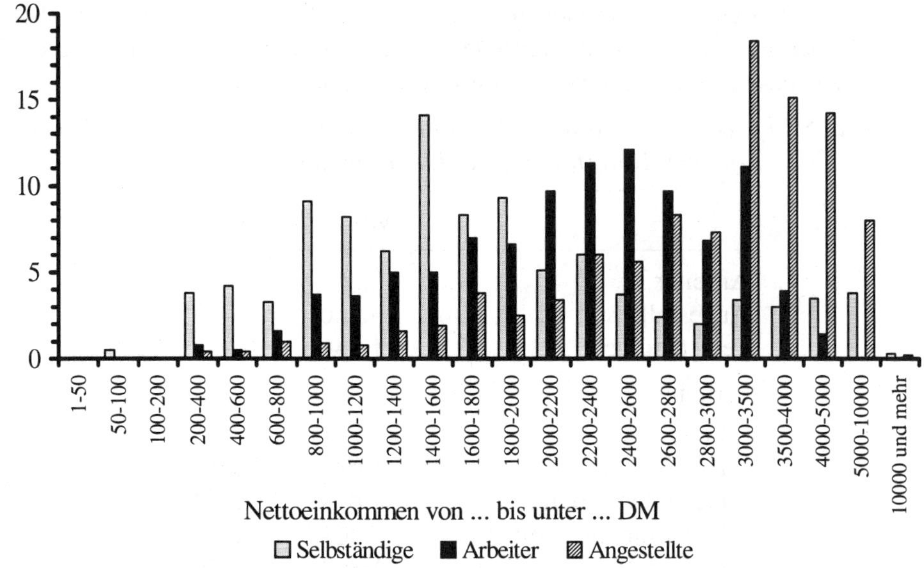

Quelle: Eigene Darstellung nach Verband Deutscher Rentenversicherungsträger / Bundesministerium für Arbeit und Sozialordnung (2000), Basisdaten.

Die Verteilung der Nettoalterseinkommen der Frauen in den alten Bundesländern ist – wie gehabt – gleichförmiger, jedoch nach wie vor durch eine stärkere Besetzung der unteren Einkommensklassen bei allen Erwerbstätigengruppen gekennzeichnet, denn Einkommen unter 1.000 DM werden für 54 v.H. der selbständigen Frauen, 58 v.H. der Arbeiterinnen und 39 v.H. der weiblichen Angestellten projiziert, wodurch sich die Anteile gegenüber den Ergebnissen der ASID – ebenso wie bei den Männern – verdoppeln würden. Einkommen zwischen 1.000 und 2.000 DM fließen voraussichtlich einem Viertel der selbständigen Frauen und jeweils 36 v.H. der Arbeiterinnen und Angestellten zu und Einkommen von mehr als 2.000 DM erreichen 21 v.H. der selbständigen Frauen gegenüber 7 v.H. bei den Arbeiterinnen und 24 v.H. bei den Angestellen. Die Schichtung der projizierten Nettogesamteinkommen zeigt für die Frauen in den alten Bundesländern Abbildung 5.47.

Abbildung 5.47: Schichtung der projizierten Nettoalterseinkommen nach AVID '96 – Frauen (alte Bundesländer) in v.H.

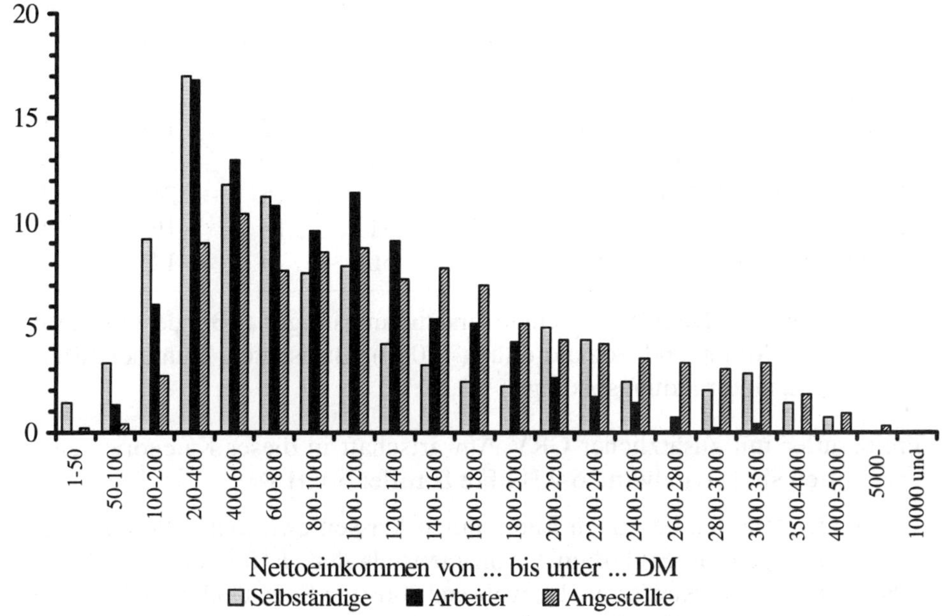

Quelle: Eigene Darstellung nach Verband Deutscher Rentenversicherungsträger / Bundesministerium für Arbeit und Sozialordnung (2000), Basisdaten.

Tabelle 5.46 fasst die Ergebnisse zur Schichtung der Alterseinkommen nach den Projektionen der AVID in der Gegenüberstellung von abhängig Beschäftigten und Selbständigen in den alten Bundesländern zusammen.

Werden die getrennt ausgewiesenen Selbständigengruppen hinsichtlich ihrer Positionierung im Einkommensgefüge untersucht, sind im Einkommenssegment von weniger als 1.000 DM männliche Handwerker, Gewerbetreibende und sonstige Selbständige mit jeweils über 20 v.H. (21, 25 respektive 23 v.H.) leicht überproportional vertreten[544], während Landwirte und verkammerte

544 Diese drei Gruppen zählen zu einem geringeren Prozentsatz gleichzeitig zu denjenigen Selbständigen, deren Alterseinkommen nach Ergebnissen der AVID ausschließlich aus der GRV stammen wird und nicht durch Einkommen aus Lebens- oder Rentenversicherungen ergänzt werden.

Tabelle 5.46: Schichtung der Nettogesamteinkommen von Arbeitern, Angestellten und Selbständigen nach AVID '96 (alte Bundesländer)

	Arbeiter		Angestellte		Selbständige	
in DM	Männer	Frauen	Männer	Frauen	Männer	Frauen
1 bis unter 500	1	32	1	17	6	23
500 bis unter 1.000	6	26	2	22	15	31
1.000 bis unter 1.500	11	23	4	20	20	18
1.500 bis unter 2.000	16	13	7	16	26	7
2.000 bis unter 3.000	50	7	31	18	19	14
3.000 und mehr	16	0	56	6	14	7

Quelle: Verband Deutscher Rentenversicherungsträger / Bundesministerium für Arbeit und Sozialordnung (2000), Basisdaten. Summendifferenzen sind rundungsbedingt.

Freiberufler mit zusätzlicher GRV-Anwartschaft in dieser Kategorie seltener anzutreffen sind (Landwirte 6 v.H., Freiberufler 3 v.H.)[545].

In den am stärksten besetzten Einkommensklassen zwischen 1.000 und 2.000 DM finden sich die Einkommen von mehr als der Hälfte der Landwirte (54 v.H.) und Handwerker (55 v.H.), während sonstige Selbständige (42 v.H.) und Gewerbetreibende (45 v.H.) leicht unterproportional vertreten sind und verkammerte Freiberufler nur zu 13 v.H. in die diese Kategorien fallen. Von Letzteren können jedoch fast 85 v.H. mit Einkommen von 2.000 DM und mehr monatlich rechnen, während die übrigen Selbständigengruppen in diesen Segmenten mit knapp 14 v.H. bei Gewerbetreibenden und sonstigen Selbständigen, 8 v.H. bei Handwerkern und 3 v.H. bei Landwirten geringer vertreten sind[546].

Neben der ausgeübten Tätigkeit wird die Höhe der Alterseinkommen der Selbständigen nachweisbar – ebenso wie in der ASID – durch das schulische und berufliche Qualifikationsniveau und das Alter beeinflusst, denn unterdurchschnittliche Alterseinkommen werden für die älteren Kohorten und Selbständige mit geringem Ausbildungsniveau projiziert[547]. Aber auch der

545 Angaben für Landwirte und Freiberufler sind statistisch nicht gesichert (23 bzw. 25 Befragte insgesamt).

546 Bei den Frauen sind die Werte für die Einzelgruppen für Landwirte nicht ausweisbar, für Handwerker und Freiberufler statistisch nicht gesichert (10 bzw. 11 Befragte insgesamt), so dass eine Darstellung nach Einzelgruppen an dieser Stelle unterbleibt.

547 Bei den Frauen sind die statistischen Angaben aufgrund zu geringer Fallzahlen nicht gesichert.

Familienstand spielt nach wie vor eine Rolle, denn verheiratete Männer (etwa 77 v.H.) werden mit 2.229 DM im Vergleich zu den Selbständigen insgesamt mit 1.946 DM überdurchschnittliche Alterseinkommen erhalten, während – genau umgedreht – die Einkommen der verheirateten selbständigen Frauen mit 1.203 DM leicht hinter dem Durchschnitt von 1.247 DM zurückbleiben[548].

Die Sozialversicherungsfreiheit der selbständigen Tätigkeit dagegen scheint keinen nachteiligen Einfluss auf die Höhe der späteren Alterseinkommen zu haben, denn für die sozialversicherungsfrei selbständig Tätigen werden mit 2.033 DM bei den Männern und 1.389 DM bei den Frauen leicht überdurchschnittliche Werte projiziert[549].

Der Einfluss der Haushaltsebene auf die Einkommenssituation im Alter kann in den AVID-Daten nur für Haushalte der männlichen Selbständigen ermittelt werden, da für die Zuordnung der Verteilung der Haushaltseinkommen bei Ehepaaren die jeweilige Stellung im Beruf des Ehemannes gewählt wurde. Werden diese Einschränkungen berücksichtigt, zeigen die Projektionen der AVID, dass sich die Einkommen der Selbständigen auf der Ehepaarebene um etwa 1.100 DM auf insgesamt durchschnittlich 3.337 DM erhöhen (Arbeiter 3.267 DM, Angestellte 4.486 DM), die unteren Einkommensklassen von den selbständigen Männern jedoch auch unter Berücksichtigung zusätzlicher Einkommen stärker besetzt sind[550]. Die Schichtung der Nettoalterseinkommen

---

548 Bei den allein stehenden Frauen sind die Angaben der AVID statistisch nicht gesichert, weisen in der Tendenz im Vergleich zu den verheirateten Frauen aber überdurchschnittliche Einkommen aus.

549 Die Alterseinkommen der in der GRV versicherungspflichtigen Selbständigen werden in den Basisdaten der AVID ‘96 nicht ausgewiesen, müssten unter der Prämisse der überdurchschnittlichen Einkommen der sozialversicherungsfreien Selbständigen aber dann wohl unterdurchschnittlich ausfallen.

550 Im Vergleich zu den Ergebnissen der ASID zeigt sich trotz der Beschränkung auf die relevanten Alterssicherungssysteme eine Verbesserung der Einkommenssituation der verheirateten selbständigen Männer in den unteren Einkommensbereichen, da nach AVID nur etwa 19 v.H. gegenüber 27 v.H. in der ASID Einkommen zwischen 1.000 und 2.000 DM erzielen, während die Klassen zwischen 2.000 und 3.000 DM nach AVID mit 30 v.H. gegenüber 23 v.H. nach ASID stärker besetzt sind. Diese Verschiebung könnte allerdings auch darin begründet sein, dass die Landwirte in der AVID unterrepräsentiert sind. Der durchgängig höhere Ausweis von Einkommen in unteren Bereichen in der AVID spiegelt sich in den Einkommen der verheirateten männlichen Selbständigen jedoch nicht wider, denn Einkommen unter 1.000 DM werden nach beiden Erhebungen von nur etwa 2 v.H. der Selbständigen realisiert und Einkommen über 3.000 DM von etwa 48 v.H

der männlichen Selbständigen unter Berücksichtigung des Einkommens der Ehefrau zeigt Abbildung 5.48.

Abbildung 5.48: Schichtung Nettoalterseinkommen von Ehepaaren nach der beruflichen Stellung des Ehemanns nach AVID '96 (alte Bundesländer) in v.H.

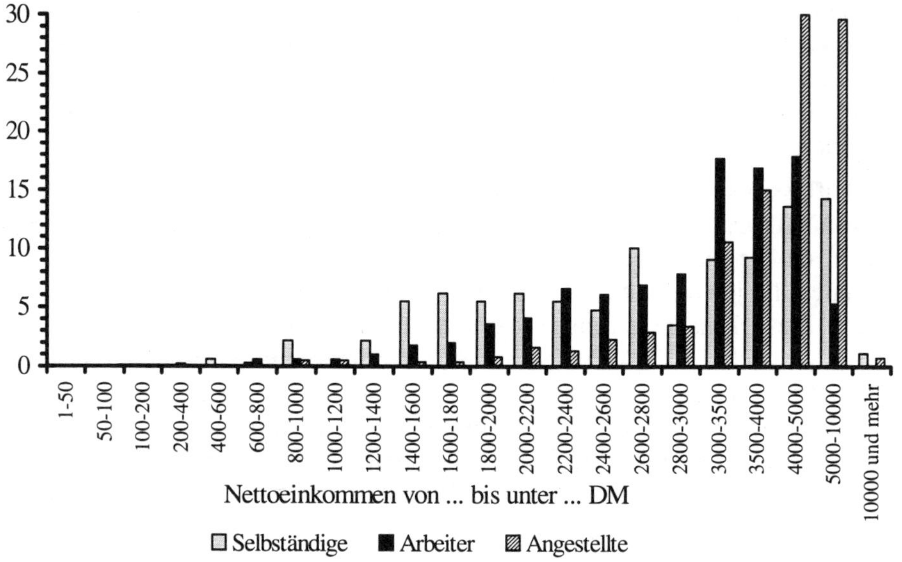

Quelle: Eigene Darstellung nach Verband Deutscher Rentenversicherungsträger / Bundesministerium für Arbeit und Sozialordnung (2000), Basisdaten.

5.7.1.8 Projizierte Alterseinkommen von Selbständigen in den neuen Bundesländern

Für eine detaillierte Untersuchung der zukünftigen Alterseinkommen der Selbständigen in den neuen Bundesländern sind die Fallzahlen der AVID zu gering. Anhand der Nettogesamteinkommensverteilung, die in der Abbildung 5.49 dargestellt ist, kann jedoch auf einige Unterschiede zwischen neuen und alten Bundesländern aufmerksam gemacht werden.

Bei der Interpretation dieser Ergebnisse für die neuen Bundesländer ist zu berücksichtigen, dass den Projektionen der AVID der Rechtsstand des Jahres 1996 zugrunde liegt und dementsprechend in den Simulationen der Leistungen aus der GRV für die neuen und alten Bundesländer unterschiedliche aktuelle Rentenwerte (46,47 DM in den alten und 38,38 DM in den neuen Ländern) zur Anwendung kamen. Die Höhe der zukünftigen Alterseinkommen wird daher im Vergleich zu den Werten in den alten Bundesländern tendenziell zu gering ausgewiesen, da eine Angleichung der Werte zwischen den neuen und alten Bundesländern im Zeitablauf in die Modellrechnungen nicht eingeflossen ist.

Abbildung 5.49: Schichtung der projizierten Nettogesamteinkommen nach AVID '96 – Männer (neue Bundesländer) in v.H.

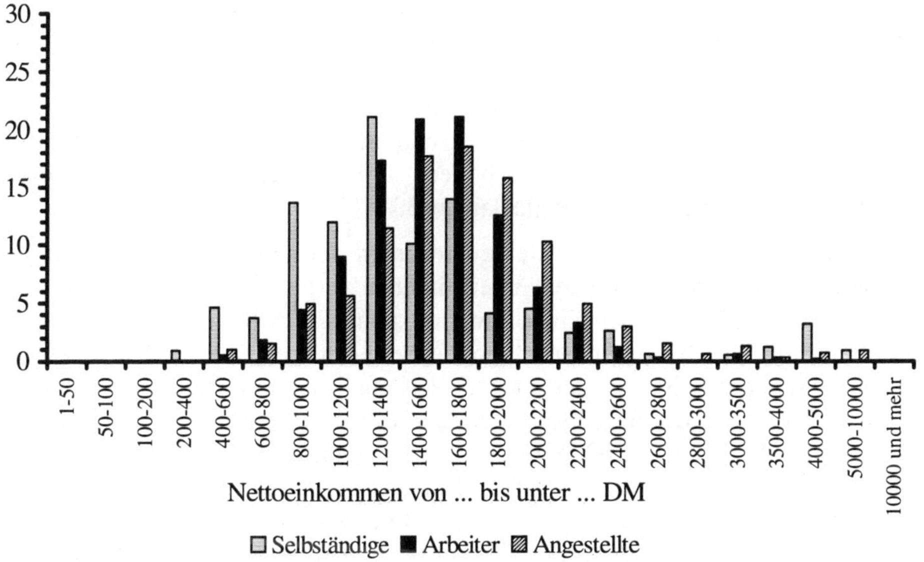

Quelle: Verband Deutscher Rentenversicherungsträger / Bundesministerium für Arbeit und Sozialordnung (2000), Basisdaten.

Werden unter Berücksichtigung dieser Unterschiede, die sich auf die Höhe der Leistungen aus der GRV und der AdL auswirken, die durchschnittlichen Nettoalterseinkommen untersucht, erreichen die männlichen Selbständigen in den neuen Bundesländern mit 1.573 DM monatlich einen um etwa 20 v.H. geringeren Wert als in den alten Bundesländern mit 1.946 DM. Unterdurchschnittliche Einkommen werden mit 1.364 DM für die sonstigen Selbständigen und mit 1.506 DM für die Gewerbetreibenden projiziert. Die Werte für Landwirte und Freiberufler sind in den neuen Bundesländern aufgrund der geringen Fallzahlen nicht ausweisbar.

Im Vergleich zu den abhängig Beschäftigten sind die Einkommensabstände in den neuen Bundesländern geringer, da für Arbeiter mit 1.585 DM etwa vergleichbare Alterseinkommen wie für die Selbständigen projiziert werden und Angestellte mit einem Wert von 1.744 DM im Unterschied zu den alten Bundesländern kein deutlich höheres Einkommen erwarten können. Die Schichtungen der projizierten Gesamteinkommen für die unterschiedlichen Erwerbstätigengruppen zeigen für die neuen Bundesländer denn auch ein ausgeglicheneres Bild, obwohl auch dort gilt, dass männliche und weibliche Selbständige in den unteren Einkommensklassen stärker vertreten sind.

So werden, ähnlich wie in den alten Bundesländern, mit 23 v.H. für etwas mehr als ein Fünftel der Selbständigen Beträge in Höhe von unter 1.000 DM projiziert (Arbeiter 7 v.H., Angestelle 8 v.H.). Zwischen 1.000 und 2.000 DM erreichen 60 v.H. (Arbeiter 81 v.H., Angestellte 69 v.H.) und mit mehr als 2.000 DM monatlich können von den männlichen Selbständigen 16 v.H. im Vergleich zu 12 v.H. bei den Arbeitern und 23 v.H. bei den Angestellten rechnen (Selbständige alte Bundesländer 33 v.H.).

Die Durchschnittswerte der Alterseinkommen der selbständigen Frauen sind in den alten und neuen Bundesländern in etwa vergleichbar (ABL: 1.247 DM, NBL: 1.227 DM)[551]. Der Einkommensabstand zu Arbeiterinnen und Angestellten fällt in absoluten Beträgen (Arbeiterinnen 1.179 DM, Angestellte 1.384 DM) ebenfalls geringer aus, so dass auch bei den Frauen in den neuen Bundesländern in den Durchschnittswerten nivelliertere Einkommensstrukturen feststellbar sind, geschlechtsspezifische Unterschiede aber ebenso zum Tragen kommen wie in den alten Bundesländern. Die Schichtung der Alterseinkommen der Frauen in den neuen Bundesländern, die in der Abbildung 5.50 dargestellt ist, zeigt jedoch ebenfalls das bereits gewohnte Muster einer stärkeren Konzentration der Selbständigeneinkommen in den unteren Einkommenskategorien.

5.7.2 Zusammenfassung

Die Untersuchungsergebnisse zum einbezogenen Personenkreis und zur Höhe der Beitragszahlungen haben gezeigt, dass die Mehrzahl der Selbständigen nicht in öffentlich-rechtlich organisierten Alterssicherungssystemen versichert ist, bzw., nur ein Teil der Versicherten (unbefristet) einkommensbezogene Beiträge an diese Systeme zahlt. Die Altersvorsorge der Selbständigen ist

551 Die Werte für Einzelgruppen sind nur für die Gewerbetreibenden mit 916 DM ausweisbar.

Abbildung 5.50: Schichtung Nettoalterseinkommen nach AVID '96 – Frauen (neue Bundesländer) in v.H.

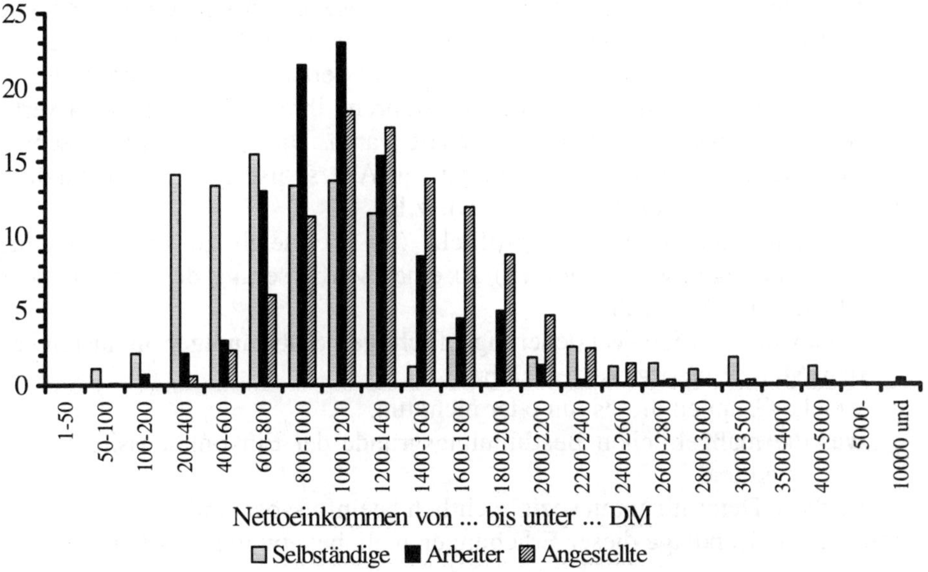

Quelle: Verband Deutscher Rentenversicherungsträger / Bundesministerium für Arbeit und Sozialordnung (2000), Basisdaten.

demzufolge – im Vergleich zu den abhängig Beschäftigten – durch größere Gestaltungsspielräume gekennzeichnet. Die Untersuchung der Folgen dieser größeren Entscheidungsfreiheit für die Einkommenssituation der Selbständigen im Alter bildet den Gegenstand des letzten Kapitels der Arbeit.

Für diese Untersuchung wurde – mangels Alternativen – auf zwei Sondererhebungen zur Alterssicherung zurückgegriffen, welche durch

- den geringen Stichprobenumfang,
- die Auswahl der jeweiligen Untersuchungspopulation und
- die Verkürzung des Untersuchungsgegenstandes

kein vollständiges Bild der derzeitigen und künftigen materiellen Lage der Selbständigen im Alter vermitteln können.

Zudem werden in diesen Datenquellen die Determinanten der Einkommenssituation nur unvollständig abgebildet, die bei den Selbständigen infolge der größeren Gestaltungsspielräume breiter gefächert sind und auch den Aspekt einer geringen Sparbereitschaft beinhalten, der bei abhängig Beschäftigten wegen der durchgängigen Versicherungspflicht weniger von Bedeutung ist. Dies liegt u.a. daran, dass die Selbständigen in beiden Erhebungen eine Subgruppe darstellen und deren unterschiedlicher sozialrechtlicher Status in den Befragungen nicht berücksichtigt wurde. Infolgedessen können die versicherungspflichtigen Selbständigen nur partiell isoliert werden, und auch bei diesen Gruppen der Handwerker, Landwirte und verkammerten Freiberufler, ist nicht feststellbar, ob und wie lange sie während ihrer selbständigen Erwerbstätigkeit denn auch tatsächlich versichert waren. Diese Sachverhalte schränken den Aussagegehalt der Erhebungen zur Altersvorsorge der Selbständigen erheblich ein, denn zentrale Fragen, wie z.B.

- ob denn eine Versicherungspflicht (im Vergleich zu nicht-versicherungspflichtigen Selbständigen) zu einer Verbesserung der Einkommenssituation im Alter führt,
- inwieweit die nicht-versicherungspflichtigen Selbständigen in ausreichendem Maße Vorsorge betreiben bzw.
- welche Gruppen dieses tun oder nicht tun,
- was die maßgeblichen Bestimmungsgründe der Einkommenssituation im Alter sind und
- ob diese Determinanten sozialrechtlich beeinflussbar sind,

können auf Grundlage dieser Erhebungen nicht beantwortet werden.

Dennoch zeigen sie Strukturmerkmale und Tendenzen, die wie folgt zusammengefasst werden können:

5.7.2.1 Alterseinkommen aus Regel- und Zusatzsystemen

Die Befunde zu Verbreitung und Höhe von Leistungsansprüchen an öffentlich-rechtliche Regelalterssicherungssysteme zeigen, dass Renten aus diesen Systemen auch einem Großteil der Selbständigen zufließen werden, wobei aus den zur Verfügung stehenden Daten nicht ermittelbar ist, inwieweit diese Ansprüche aus Zeiten einer versicherungspflichtigen abhängigen Erwerbstätigkeit resultieren.

Wird auf die durchschnittliche Höhe dieser Renten abgestellt, liegt sie beim überwiegenden Teil der Selbständigen unterhalb der Leistungen an die abhängig Beschäftigten. Die Verteilung ist daneben durch eine höhere Konzentration in den unteren Einkommensklassen gekennzeichnet.

Für die getrennt ausgewiesen Selbständigengruppen ist feststellbar, dass Leistungen aus Alterssicherungssystemen an versicherungspflichtige Landwirte und Handwerker, die hinsichtlich Höhe bzw. Dauer der Beitragszahlungen spezifischen Regelungsmustern unterliegen, regelmäßig am unteren Rand der

Einkommensskala angesiedelt sind, während sich die Einkommen der verkammerten Freiberufler, die Ansprüche in einem berufsständischen Versorgungswerk erworben haben, im oberen Teil der Einkommenskala konzentrieren. Irgendwo dazwischen liegen die Rentenzahlungen an die übrigen versicherungspflichtigen Selbständigen, deren Höhe aus den Daten nicht isoliert werden kann.

Die zu Beginn des Kapitels dargestellte Typisierung der versicherungspflichtigen Selbständigen spiegelt sich damit in der Höhe der Leistungen im Großen und Ganzen wider. Innerhalb der versicherungspflichtigen Selbständigen führt die unterschiedliche Gestaltung der institutionellen Regelungen damit de facto zu einer Polarisierung der Rentenzahlungen im unteren und oberen Bereich.

Hinsichtlich der Entwicklungstendenzen zeigen die Daten, dass der Stellenwert von Leistungen aus Regelalterssicherungssystemen, insbesondere bezogen auf die GRV, zukünftig sowohl hinsichtlich der Verbreitung als auch hinsichtlich der Höhe der Renten zurückgehen wird.

Dies bestätigt die empirischen Ergebnisse zum einbezogenen Personenkreis und zu den Beitragzahlungen der Selbständigen dahingehend, dass die vorhandenen Gestaltungsspielräume Altersvorsorge in öffentlich-rechtlich organisierten Alterssicherungssytemen auf möglichst minimalem Niveau zu realisieren, vermehrt genutzt werden.

5.7.2.2 Zusätzliche Einkommensquellen im Alter

Werden die Alterseinkommen aus zusätzlichen Quellen untersucht, bestätigt sich, dass die Gesamteinkommenssituation der Selbständigen – im Vergleich zu den abhängig Beschäftigten – stärker durch Komponenten der privaten Altersvorsorge geprägt wird. Dies allerdings in unterschiedlichem Ausmaß und unter dem Vorbehalt, dass etliche Formen dieser privaten Vorsorgeaktivitäten Risikokapital darstellen können und erst beim Eintritt in den Ruhestand abschließend beurteilt werden kann, ob daraus auch ausreichende und kontinuierliche Alterseinkommen fließen.

Werden die einzelnen Selbständigengruppen betrachtet, zeigt sich, dass verkammerte Freiberufler ihre Einkommenssituation durch zusätzliche Einkommen im Alter nochmals verbessern können, während den Landwirten und Handwerkern eine Aufstockung der geringen Leistungen aus Alterssicherungssystemen durch zusätzliche Vorsorgemaßnahmen nur zum Teil gelingt. Die Schichtung der Zahlbeträge deutet ferner darauf hin, dass die Selbständigen auch unter Berücksichtigung zusätzlicher Einkommensquellen auf der

Personen- oder Haushaltsebene stärker in unteren Einkommensbereichen vertreten sind als abhängig Beschäftigte.

In der Summe zeigen beide Erhebungen im Hinblick auf die Geamteinkommenssituation der Selbständigen im Alter eine heterogene Struktur. Eine Durchschnittswertbetrachtung ist folglich kaum geeignet, ein präzises Bild der Lage zu vermitteln, und die mangelhafte Kenntnis ihrer Determinanten läßt eine abschließende Beurteilung schwerlich zu.

Nachweisbar ist anhand der empirischen Ergebnisse jedoch:
- dass der Stellenwert von Einkommen aus staatlich organisierten Regelsicherungssystemen zurückgehen und damit eine noch stärkere Verlagerung der Altersvorsorge der Selbständigen auf Formen der dritten Schicht erfolgen wird, was die Einschätzung der individuellen Alterssicherungssituation erschwert und dem Aspekt der Sicherheit der gewählten Vorsorgealternative vermehrte Bedeutung verleiht und
- dass im Hinblick auf originäre Ziele nationaler Alterssicherungssysteme im Sinne von Armutsvermeidung und /oder Verstetigung des Lebenseinkommens die Einkommen aus staatlich organisierten Systemen für das Gros der Selbständigen das Ziel der Armutsvermeidung nicht sicherstellen und Teilgruppen der Selbständigen auch unter Berücksichtigung zusätzlicher Einkommen aus privaten Vorsorgeaktivitäten in Einkommensbereichen verbleiben, die mit Altersarmut einhergehen können.

Offen bleibt dagegen, inwieweit durch die derzeitige Gestaltung dem Ziel einer Einkommensverstetigung im Lebensverlauf entsprochen wird, da die Untersuchung einer wichtigen Determinante für die Höhe der Alterseinkünfte, nämlich die Höhe der durchschnittlichen oder letzten Erwerbseinkommen und die Relation der Alterseinkommen zu diesen Größen anhand der vorliegenden Daten nicht möglich ist. Anhaltspunkte über das jeweils erreichte individuelle Absicherungsniveau sowie darüber, ob die jeweilige Einkommenssituation im Alter auf der individuellen Ebene als gut oder schlecht einzustufen ist, stehen daher nach wie vor aus.

5.8 Resumee und Schlußfolgerungen

In der Einleitung wurden Fragestellung und Anlage der Arbeit erläutert und in die Untersuchungsschwerpunkte einer institutionellen und einer empirischen Lageanalyse unterteilt. In dem abschließenden Resumee sollen die Ergebnisse dieser beiden Schwerpunkte zusammengeführt und die zentralen Ergebnisse der Arbeit dargelegt werden.

Quintessenz der Untersuchung ist, dass in Deutschland für die obligatorische Alterssicherung der Selbständigen vielgestaltige und komplexe sozialrechtliche Regelungen bestehen, nach denen derzeit jedoch nur eine Minderheit der Selbständigen einer Versicherungspflicht in einem öffentlich-rechtlich organisierten Alterssicherungssystem unterliegt.

Ferner zeigt sich, dass trotz der sukzessiven sozialrechtlichen Ausdehnung des versicherungspflichtigen Personenkreises die Anzahl und der Anteil der versicherungspflichtigen Selbständigen im Zeitablauf wieder zurückgegangen ist, wodurch die Problematik einer kategorialen Versicherungspflicht deutlich wird, die eine ständige Anpassung der institutionellen Regelungen an geänderte Bedingungen erfordert.

Die empirische Untersuchung zeigte zudem, dass der Erfassungsgrad der bestehenden Sicherungssysteme für die Selbständigen geringer ist als nach den bestehenden gesetzlichen Bestimmungen vorgesehen, da die Erfassung offensichtlich Schwierigkeiten bereitet und die bestehenden Regelungen Schlupflöcher zur Umgehung der Versicherungspflicht eröffnen. Ferner wurde die Tendenz deutlich, dass bei abnehmender Attraktivität eines Systems oder der subjektiven Wahrnehmung einer solchen, auch die Bereitschaft der Selbständigen nachlässt, Altersvorsorge in diesen Systemen zu realisieren und Ausweichmöglichkeiten verstärkt genutzt werden.

Parametrische Änderungsvorschläge betreffen im Bereich des einbezogenen Personenkreises daher zunächst die Lösung von Erfassungsproblemen und im Weiteren die konkrete Gestaltung der gesetzlichen Regelungen, mit der Zielsetzung, dass diese nicht durch vergleichsweise einfache Gegenmaßnahmen von Seiten der Versicherungspflichtigen ausgehebelt werden können, wodurch gleichzeitig die Auswahl der zusätzlichen Kriterien für die Abgrenzung des versicherungspflichtigen Personenkreises zur Diskussion steht.

Die rechtlichen Versicherungsbestimmungen in den Bereichen Organisation, Finanzierung und Leistungsrecht sind für die pflichtversicherten Selbständigengruppen unterschiedlich gestaltet. Die Pflichtversicherung der Selbständigen erfolgt daher einerseits zu abweichenden Bedingungen in unterschiedlich gestalteten Sondersystemen, andererseits auch zwischen den Selbständigen zu abweichenden Bedingungen im allgemeinen System der GRV.

Die grundsätzliche Problematik von Sondersystemen wird bei der Alterssicherung der Landwirte und auch der berufsständischen Versorgung der Seelotsen deutlich, da strukturelle Veränderungen der Erwerbstätigkeit, die mit einem Rückgang der Beitragszahler verbunden sind, in umlagefinanzierten Sondersystemen regelmäßig zu Finanzierungsproblemen führen, wobei sich bei den beiden genannten Systemen der Bund berufen fühlte, diese Probleme zu lösen.

Sondersysteme erfordern außerdem Mobilitätsregelungen zwischen unterschiedlichen Systemen, die derzeit noch nicht zufriedenstellend sind, da bei einem Wechsel der Sicherungseinrichtung Ansprüche verloren gehen können bzw. Leistungskumulationen aus unterschiedlichen Sicherungseinrichtungen entstehen, da eine Portabilität von Leistungsansprüchen zwischen den Systemen nur in Ausnahmefällen vorgesehen ist.

Die unterschiedliche Gestaltung der beitragsrechtlichen Regelungen für Selbständige führen nach geltendem Recht zu unterschiedlichen Beitragsniveaus und unterschiedlichen relativen Beitragsbelastungen, die auf der Leistungsseite ihren entsprechenden Niederschlag finden. Ähnlichkeiten weisen sie insofern auf, als in allen Sicherungseinrichtungen für Selbständige auch die Zahlung von einkommensunabhängigen Regel- oder Einheitsbeiträgen vorgesehen ist. Mit dieser Wahlmöglichkeit der Regelbeitragszahlung wird den Selbständigen ein gewisser Gestaltungsspielraum hinsichtlich ihres Absicherungsniveaus eingeräumt. Bestehen zudem wie bei den Handwerkern Möglichkeiten, die Versicherungsdauer zu begrenzen, kann das individuelle Leistungsniveau des jeweiligen Pflichtalterssicherungssystems durch einen zweiten Mechanismus gesteuert werden.

Die empirische Untersuchung der Beitragszahlungen zeigt, dass die Zahlung von Einheitsbeiträgen ebenso wie Beitragserleichterungen in der Existenzgründungsphase, wenn sie angeboten werden, in erheblichem Umfang auch angenommen werden und von den bestehenden Gestaltungsmöglichkeiten hinsichtlich der Beitragshöhe in der Praxis offenbar nur dann Gebrauch gemacht wird, wenn sich der individuell zu zahlende Beitrag dadurch reduzieren läßt.

Wahlmöglichkeiten hinsichtlich der Höhe der Beitragszahlungen führen unter diesen Bedingungen dazu, dass Altersvorsorge in den Pflichtalterssicherungssystemen nur auf möglichst minimalem Niveau realisiert wird. Die Bedeutung von staatlich organisierten Formen der Altersvorsorge geht dadurch bedingt nicht nur quantitativ, d.h. hinsichtlich des einbezogenen Personenkreise, sondern auch qualitativ, d.h. in bezug auf die Höhe der Leistungen und deren Stellenwert im Vorsorge-Mix zurück und niedrige Beitragszahlungen in einnahmeschwachen Phasen werden durch höhere Zahlungen in „besseren" Zeiten nicht ausgeglichen, was insbesondere bei Selbständigen mit tendenziell unregelmäßigen Erwerbseinkommen fragwürdige Folgen haben kann.

Die Untersuchungsergebnisse zu den Beitragszahlungen der Handwerker – denen zusätzlich die Möglichkeit einer begrenzbaren Versicherungsdauer offensteht – zeigen darüber hinaus, dass eine ausschließlich zeitliche Begrenzung der Versicherungspflicht kein geeignetes Instrument zur Verwirklichung bestimmter Sicherungsanliegen ist. Bei dieser Versichertengruppe besteht daher über die Problematik der Regelbeitragszahlung hinaus die Notwendigkeit, die sozialrechtlichen Regelungen so zu gestalten, dass das vom Gesetzgeber intendierte Sicherungsziel klar definiert und in den institutionellen Regelungen auch zielsicher verankert wird.

Eine direkte Bezuschussung der Beitragszahlungen von Selbständigen aus allgemeinen Haushaltsmitteln erfolgt bei Landwirten, Künstlern und Publizisten; allerdings mit dem Unterschied, dass diese bei den Landwirten nach Bedarfsgesichtspunkten erfolgt, während Künstler und Publizisten – genau umgedreht – de facto einen um so höheren Zuschuss erhalten, je höher der individuelle Beitrag und damit das Einkommen der Versicherten ist. Die Gestaltung des zusätzlichen Bundeszuschusses zur Künstlersozialversicherung erscheint vor diesem Hintergrund fragwürdig und führt zur Überlegung, die Bundeszuschüsse zu diesem System, wenn sie denn beibehalten werden sollen, bedarfsabhängig zu gestalten, um die hier eingesetzten Haushaltsmittel für Beitragserleichterungen möglichst zielgerichtet einzusetzen.

6 Handlungsoptionen

6.1 Einleitende Bemerkungen

Ausgehend von der Tatsache, daß vermutlich die Mehrzahl der selbständig Erwerbstätigen keiner gesetzlichen Verpflichtung zur Altersvorsorge unterliegt und, soweit dies empirisch feststellbar ist, auch privat zum erheblichen Teil keine gezielte Altersvorsorge betreibt[552], stellt sich die Frage nach den sich daraus ergebenden Konsequenzen für sozialpolitisches Handeln.

Soll vermieden werden, daß der Selbständige nach altersbedingter Aufgabe der Erwerbstätigkeit von Mindestsicherungssystemen – z.Zt. die bedarfsorientierte Grundrente – abhängig wird und es durch die mangelnde Vorsorge zu sozial-, finanz- und wirtschaftspolitisch unerwünschten externen Effekten kommt, so ist entweder eine Verpflichtung oder ein spezifischer Anreiz zur freiwilligen Vorsorge erforderlich. Gleiches gilt, will man die Erosion der Finanzierungsbasis der GRV als Folge der Substitution versicherungspflichtiger durch versicherungsfreie, in aller Regel selbständige Tätigkeit verhindern. Dies ist ebenfalls nur durch Versicherungspflicht oder durch spezielle Anreize zur freiwilligen Vorsorge in der GRV möglich.

Im folgenden stehen die beiden angesprochenen Aspekte: Unzureichende materielle Absicherung im Alter sowie Erosion der Finanzierungsbasis der GRV im Mittelpunkt. Eine Diskussion über die Effektivität von Maßnahmen kann jedoch nur vor dem Hintergrund von zu erreichenden sozial- und verteilungspolitischen Zielen geführt werden.

Der Zielkatalog in der Altersvorsorge unterliegt gerade in der jüngsten Zeit erheblichen Änderungen. Es findet derzeit eine intensive sozialpolitische Diskussion über Ziele statt. Dabei zeichnet sich ein Wechsel ab: Zwar stellte die Enquête-Kommission Demographischer Wandel in ihrem Schlußbericht einvernehmlich fest – „… Die gesetzliche Alterssicherung sollte auch in Zukunft bei längerer Zugehörigkeit zum System für die in sie einbezogenen Personen eine Absicherung erreichen, die am früheren (Erwerbs-) Einkommen orientiert ist und deutlich über dem armutsvermeidenden Sozialhilfeniveau liegt. …“[553]. Doch in der praktischen Politik wird als Strategie zumindest für die

552 Einschränkend muss hier auf die unzureichende Datenlage hingewiesen werden, die in der Status quo Analyse ausführlich dargestellt wurde. In der Bundesrepublik Deutschland existiert kein Datensatz, anhand dessen sich die Altersvorsorge selbständig Erwerbstätiger umfassend, d.h. weder in der Erwerbs- noch in der Nacherwerbsphase, analysieren ließe.

553 Deutscher Bundestag (2002), S. 324.

gesetzliche Rentenversicherung eine Orientierung der Ausgaben an den Einnahmen angestrebt. Damit gilt auch für die gesetzliche Alterssicherung, wie in der GKV und GPV, eine einnahmenorientierte Ausgabenpolitik als Leitschnur. Dabei dominiert als Ziel die Beitragssatzstabilität – mittlerweile nicht nur bezogen auf die Reduzierung des Beitragssatzanstiegs bis zum Jahre 2030, sondern die Reduzierung des Beitragssatzes selbst[554].

Diese Unklarheit über Ziele erschwert die Auswahl geeigneter Maßnahmen und eine Überprüfung im Hinblick auf die Effektivität solcher Maßnahmen.

Weiterhin sind zusätzliche Zielkomplexe aus anderen Politikbereichen bei der Überprüfung der Maßnahmen zu berücksichtigen. Zu nennen sind hier insbesondere

- wirtschaftspolitische Ziele, so die Förderung der Zunahme selbständiger Erwerbsarbeit u.a. zur
- Schaffung von Arbeitsplätzen;
- Förderung der technischen Innovation und damit Stärkung der Wirtschaft im internationalen Wettbewerb;
- finanzpolitische Ziele, so u.a.
  - Entlastung bzw. Schuldenabbau der öffentlichen Haushalte;
  - Reduzierung der Abgabenlast;
- Ziele im Zusammenhang mit der zunehmenden „Europäisierung“, u.a.
  - Gewährung der vier Grundfreiheiten: Personen- und Dienstleistungsfreiheit, freier Kapital- und Warenverkehr (Arbeitnehmerfreizügigkeit, die Niederlassungsfreiheit sowie den freien Dienstleistungs- und Kapitalverkehr);
  - Ziele der Wettbewerbs- und Beschäftigungspolitik auf europäischer Ebene.

Da es im Zusammenhang mit den Zielen der Altersvorsorge selbständig Erwerbstätiger hier um die Absicherung einer solchen Personengruppe geht, die derzeit nicht einer Vorsorge- bzw. Versicherungspflicht unterliegt, ergeben sich weitere entscheidungsbedürftige Fragen, u.a.:

---

554 Sachverständigenrat zur Begutachtung der gesamtwirtschaftlichen Entwicklung (2002).

- Soll die Absicherung lediglich das Risiko der Langlebigkeit oder auch andere Risiken wie z.B. die Erwerbsunfähigkeit oder eine Hinterbliebenenabsicherung umfassen?
- Welche Absicherungsniveaus sollen erreicht werden:
  - Armutsvermeidung, d.h. Aufbau eines Vermögensbestandes, der bis zum Tode Einkünfte in Höhe des sozio-kulturellen Existenzminimums gewährleistet oder
  - „Lebensstandardsicherung“, d.h. Aufbau eines Vermögensbestandes (Kapital- und Sozialvermögen), der das in der Erwerbsphase erreichte Lebenshaltungsniveau bis zum Tode abdeckt?
- Ab welchem Zeitpunkt soll die Rentenzahlung erfolgen, z. B. ab der gesetzlichen Regelaltersrente von derzeit 65 Jahren oder z.B. vom Zeitpunkt der Aufgabe der selbständigen Erwerbstätigkeit an?
- Welches Einkommen ist abzusichern und soll somit als Bemessungsgrundlage dienen, lediglich das Einkommen aus selbständiger Erwerbstätigkeit oder auch weitere Einkunftsarten?
- Soll dieses Einkommen in voller Höhe oder bis zu einer Bemessungsgrenze als Grundlage dienen und soll es eine Geringfügigkeitsgrenze geben, d.h. mit versicherungsfreien Einkommen unter einer bestimmten Höhe[555]?
- Wie soll das Mischungsverhältnis zwischen verschiedenen Arten von Alterseinkünften gestaltet werden?
- Soll und wenn ja, in welcher Weise eine Leistungsanpassung erfolgen, um u.a. eine durch inflationäre Prozesse erfolgende Reduzierung des realen Absicherungsniveaus zu vermeiden?
- Bei welchem Träger soll die Absicherung erfolgen, bei einem bestehenden öffentlich-rechtlichen Träger, einem privaten oder sind neue Träger erforderlich?

Bei der Entscheidung über die grundlegenden Handlungsoptionen sind diese entscheidungsbedürftigen Aspekte implizit oder explizit mit betroffen. So umfaßt beispielsweise die Option einer Versicherungspflicht in der gesetzlichen Rentenversicherung auch die Absicherung bei Erwerbsunfähigkeit, von Hinterbliebenen sowie z.T. auch die gesundheitliche Rehabilitation, während bei einer privaten Absicherung zwischen diesen Risiken differenziert wird.

---

555 Beides könnte beispielsweise analog zur Geringfügigkeitsgrenze (derzeit von 360 €) und zur Beitragsbemessungsgrenze (derzeit 4.5000 €) in der GRV geschehen.

6.2 Optionen zur Realisierung eines Sicherungsniveaus

6.2.1 Pflicht und Freiwilligkeit

Als grundlegende Optionen im Hinblick auf das Sicherungsniveau sind zu nennen

- freiwillige Vorsorge mit und ohne Anreize,
- Pflichtvorsorge zur Vermeidung von Armut im Alter,
- Pflichtvorsorge, die über die Vermeidung von Armut im Alter hinausreicht, durch ein System oder durch Kombination verschiedener Systeme.

In jüngster Zeit wird im politischen Prozeß verstärkt Gewicht auf die freiwillige Entscheidung von Haushalten auch in bezug auf ihre Altersvorsorge gelegt, die dann bei privaten Trägern erfolgen soll. Verbunden ist das oft mit der Vorstellung, durch positive Anreize eine Erhöhung der Altersvorsorge zu erreichen. Die Frage, ob eine Förderung erfolgen soll, hängt von den Zielsetzungen ab.

Die Option, durch Anreize die freiwillige Altersvorsorge zu fördern, wird im Rahmen der Rentenreform 2001 gewählt. Zwar liegen bislang erst sehr begrenzt empirische Erfahrungen vor, doch ist die Inanspruchnahme noch recht begrenzt. Vor allem stellt sich auch die Frage, ob es hierdurch zu einer Erhöhung des Vorsorgesparens insgesamt kommt, oder ob hier nicht in erheblichem Maße Mitnahmeeffekte auftreten[556].

Im Vorfeld der Rentenreform des Jahres 2001 – und auch angesichts der bislang geringen Nutzung der geförderten Privatvorsorge – wird immer wieder die Frage aufgeworfen, ob die Privatvorsorge nicht obligatorisch gemacht werden sollte.

Der Sachverständigenrat zur Begutachtung der gesamtwirtschaftlichen Entwicklung hat in seinem jüngsten Jahresgutachten die Einführung eines Sparzwangs als „nicht angezeigt“ bezeichnet. Es sei lediglich erforderlich, „... durch geeignete Informationen den primären Grund für die Altersvorsorgeersparnis, nämlich die Erzielung eines ausreichenden Alterseinkommens, ins

556 So ist auch die Vermögensbildung breiter Schichten der Bevölkerung u.a. im Rahmen einer Beteiligung der Arbeiter am Produktivvermögen in den siebziger Jahren intensiv diskutiert worden. Die ergriffenen Maßnahmen – selbst die Wohnungsbauförderung mittels Bausparverträgen – haben allerdings nicht wesentlich zu einer Vermögenszunahme in breiten Schichten der Bevölkerung und insbesondere bei Haushalten mit niedrigen Einkommen beigetragen; siehe z.B. Althammer (1997).

Bewußtsein [zu rufen]. …“, S. 237. Allerdings würde dadurch das Problem der Intransparenz nicht gelöst. Als Ursachen für die Intransparenz der 2001 beschlossenen Maßnahmen, benennt der Sachverständigenrat zur Begutachtung der gesamtwirtschaftlichen Entwicklung (2002), S. 235, u.a.

- das Gesetzeswerk, das so kompliziert sei, … dass Anleger und selbst die Finanzberater Schwierigkeiten haben, alle Fördermöglichkeiten und Förderkombinationen zu überblicken. …“;
- die mangelnde Vergleichbarkeit der Verträge aufgrund einer fehlenden einheitlichen Kennzahl zur Umsetzung der gesetzlich vorgeschriebenen Kostentransparenz;
- die Schwierigkeit, aussagefähige Renditevergleiche durchführen zu können;
- die Einschätzung weiterer Risiken, die Flexibilität, die Transparenz und zusätzliche Produkteigenschaften wie es die Hinterbliebenen-, Rehabilitations- oder Erwerbsminderungsabsicherung sind.

Einerseits wird also der Mangel an Problembewußtsein auf der „Nachfrageseite“ angeprangert, andererseits der Mangel an Transparenz der „Angebote“ beklagt, der selbst bei den Finanzberatern zu Schwierigkeiten bei der Beurteilung der Produkte führen würde. Das Ausmaß an erforderlichen Alterseinkommen bewußt zu machen, reicht offenbar nicht aus.

Weiterhin zielt eine Stärkung des Problembewußtseins lediglich auf einen, die Ersparnis bestimmenden Faktor ab, nämlich die *Sparbereitschaft* der Haushalte. Die *Sparfähigkeit* der Haushalte wird hierbei nicht weiter beachtet. Wie empirische Analysen zeigen, ist diese sehr unterschiedlich und insbesondere bei den selbständig Erwerbstätigen, die über relativ und absolut niedrige Einkünfte verfügen, nur gering. Da diese quantitativ die größte Gruppe ausmachen, wird im folgenden eine ausschließlich freiwillige Vorsorge nicht für zielführend erachtet und folglich ins Zentrum eine Pflicht zur Vorsorge gerückt.

6.2.2 Ausgestaltung der Vorsorgepflicht

Bei der *Vorsorgepflicht* gibt es eine Reihe von Möglichkeiten, um durch staatliche Maßnahmen eine ausreichende materielle Absicherung zu gewährleisten, bei der in unterschiedlichem Ausmaß die Gestaltungsfreiheit der Versicherungspflichtigen beeinflußt wird. Im folgenden sind diese vom geringst möglichen Eingriff bis hin zum gravierendsten aufgelistet, zunächst, ohne auf den Umfang der Vorsorgepflicht einzugehen.

- *Vorsorgepflicht*, die das Vorhandensein eines bestimmten Vorsorgevermögens zum Zeitpunkt der altersbedingten Aufgabe der Erwerbstätigkeit gewährleisten soll, unabhängig von der Art der Vermögensakkumulation.
- *Versicherungspflicht*, die ein bestimmtes Leistungsniveau vorsieht, die Entscheidung über die Art der Versicherung – ob bei einer staatlichen Institution, über eine über den Betrieb erfolgende Versicherung oder im Rahmen einer privaten Versicherung – aber dem Einzelnen überläßt, jedoch primär eine Rentenzahlung zum Vertragsgegenstand hat (also keine Einmalzahlung).
- Versicherungspflicht in einem *staatlichen* Sicherungssystem, wobei hier zwischen drei Varianten unterschieden werden kann:
  - Versicherungspflicht in organisatorisch und finanziell getrennten staatlich organisierten Sicherungsinstitutionen für bestimmte Erwerbstätigengruppen,
  - Versicherungspflicht in einem allgemeinen Sicherungssystem unter Bedingungen, die von den für andere Versicherte abweichen,
  - Versicherungspflicht in einem allgemeinen Sicherungssystem unter gleichen Bedingungen für alle Versicherten,
- Grundsicherungssystem mit einheitlich hohen Leistungen für alle Erwerbstätigen,
- Grundsicherungssystem mit einheitlich hohen Leistungen für die Gesamtbevölkerung.

Jede dieser Optionen hat spezifische Vor- und Nachteile. Welches Ausmaß des Eingriffs in die Gestaltungsfreiheit gegebenenfalls vorzuziehen ist, hängt von den im Rahmen der Altersvorsorge verfolgten Zielen ab.

Auf Modelle der Grundsicherung wird im folgenden nicht näher eingegangen, da hierzu schon zahlreiche Arbeiten vorliegen[557].

Wenn man sicher gehen möchte, daß Altersvorsorge betrieben wird, die armutsvermeidend ist und im Alter ein sozio-kulturelles Existenzminimum gewährleistet, so ist eine Pflicht zur Vorsorge erforderlich. Der Umfang dieser Vorsorge wird nach unten im Prinzip durch das Sozialhilfeniveau vorgegeben, da dies die „offizielle" Höhe der für die Existenzsicherung erforderlichen materiellen Mittel angibt. Zudem dürften Vorsorgemaßnahmen, die zu einer

557 Schmähl (1993) gibt eine Übersicht, Schmähl (1988b) geht intensiv auf eine Staatbürger-Grundrente ein. Vergleiche hierzu auch Meinhardt et al. (2002), Eitenmüller / Eckerle (2000)

niedrigeren Absicherung führen, erheblich höhere Abgabenwiderstände verursachen. Die Folgen einer mangelnden Vorsorge (z.B. Sozialhilfebedürftigkeit) würden nicht in vollem Umfang ausgeschlossen.

Damit stellt sich zugleich die Frage nach dem Umfang des in der Erwerbsphase zu akkumulierenden Vorsorgevermögens und die dabei zu wählenden Vorsorgemöglichkeiten. Wenn im Prinzip lediglich der Zwang zur Vorsorge besteht, so kann dies sowohl auf dem Kapitalmarkt als auch in der GRV erfolgen. Grundsätzlich kann zwischen verschiedenen Möglichkeiten zur Vorsorge unterschieden werden[558]:

- private und staatliche Versicherungen,
- Bankprodukte,
- Wertpapiere und Investmentprodukte,
- Sachkapital, wie Immobilien und die Aufbewahrung in Form von Gütern (Edelmetalle, Kunstgegenstände).

Die Eignung für die Alterssicherung ist allerdings in unterschiedlichem Maße gegeben.

Im folgenden wird zunächst auf die Vermögensalakkumulation außerhalb der GRV eingegangen. Hier ist, um mangelnde Altersvorsorge zu vermeiden, nicht jede Form gleich geeignet, denn es sollte aus dem Vermögensbestand – inklusive Vermögensabbau – ein Einkommensstrom erfolgen, der vermeidet, daß Abhängigkeit von einem bedürftigkeitsgeprüften Mindestsicherungssystem entsteht. Dies bedeutet, daß das angesammelte Vermögen für die Restlebensdauer einen monatlichen Auszahlungsbetrag mindestens in Höhe des Regelsatzes der Sozialhilfe (inklusive der angemessenen Unterkunftskosten, d.h. Miete und Betriebskosten) decken sollte. Weiterhin können zusätzliche Rahmenbedingungen gesetzt werden, wie dies beispielsweise für die private Vorsorge im AltersvermögensGesetz (AVmG) festgelegt wird. Gemäß AVmG sollen zumindest „... die eingezahlten Vorsorgebeiträge für die Auszahlungsphase zur Verfügung stehen; ...“[559].

Abstrahiert man zunächst von der weiteren Entwicklung der Höhe der für die Existenzsicherung erforderlichen materiellen Mittel, d.h. des Regelsatzes der Sozialhilfe sowie der angemessenen Unterkunftskosten, so verdeutlichen ei-

558 Siehe hierzu die Aufstellung in Viebrok / Dräther (1999), S. 15 ff.

559 § 1 Abs. 1 Nr. 3 Gesetz über die Zertifizierung von Altersvorsorgeverträgen.

nige Kennzahlen die Größenordnung des erforderlichen Vorsorgevermögens[560]:

Geht man davon aus, daß annähernd 300 € für den Haushaltsvorstand[561] erforderlich sind und rund 240 € für jeden weiteren 18 Jahre alten oder älteren Haushaltsangehörigen, so ergibt dies 300 € monatlich für einen Einpersonen- und 540 € pro Monat für einen Zweipersonenhaushalt. Zuzüglich sind der Mehrbedarfszuschlag sowie die Unterkunftskosten zu berücksichtigen. Der Mehrbedarfszuschlag beträgt 15 v.H. des Regelsatzes eines Haushaltsvorstandes[562]. Bei den beiden hier verwendeten Haushaltstypen wären dies 45 € bzw. 90 €. Damit wären 345 € bzw. 630 € pro Monat erforderlich. Zur Ermittlung eines Eckwertes für die Unterkunftskosten seien zum einen die Durchschnittsbruttokaltmiete je Wohnungseinheit für Haushalte ohne Kinder in Höhe von 690 DM des Jahres 1998 verwendet[563] – dies entspricht etwa 360 € – sowie 20 v.H. davon als Heizkosten in Höhe von 72 €. Insgesamt ergibt sich damit ein Eckwert für die Unterkunftskosten in Höhe von 432 €. Addiert man dies zu den 345 €, so benötigt der Einpersonenhaushalt 777 € und der Zweipersonenhaushalt 1.062 € pro Monat.

Gemäß dieser stark vereinfachten Rechnung muß der Einpersonenhaushalt ein Vermögen bis zum 65ten Lebensjahr akkumulieren, aus dem er pro Jahr einen Betrag von 9.324 € und der Zweipersonenhaushalt Einkünften in Höhe von 12.744 € erhält.

Neben der absoluten Höhe des nominalen Betrages pro Jahr muß der Zeitraum bekannt sein, über den dieses Einkommen erzielt werden soll, um die Höhe des zu akkumulierenden Vermögensbestandes festlegen zu können. Nun ist ex ante die individuelle Lebensdauer nicht bekannt. Unterstellt sei zur Veranschaulichung, daß ein Zeitraum von zwanzig Jahren abgedeckt werden soll, wenn man davon ausgeht, daß die Personen im Schnitt im Alter von 85 Jahren

---

560 D.h. eine Berücksichtigung der Preisentwicklung, eine Anpassung der Regelsätze sowie von Zinseszinsen etc. erfolgt dabei nicht.

561 Zur Zeit (1. Juli 2002) liegt der Regelsatz in Westdeutschland bei 284 € in Bayern – hierbei handelt es sich um einen von der obersten Landessozialbehörde festgesetzten Mindestbetrag (die Höhe der Regelsätze bestimmen die örtlichen Träger), 294 € in Baden-Württemberg sowie Hessen und 293 € in allen anderen Bundesländern. In Ostdeutschland beträgt der Regelsatz 279 € in Mecklenburg-Vorpommern, Sachsen und Thüringen, 280 € in Brandenburg, 282 € in Sachsen-Anhalt und 293 € in Berlin.

562 § 3 Abs. 1 Nr. 1 Gesetz über eine bedarfsorientierte Grundsicherung im Alter und bei Erwerbsminderung (GSiG).

563 Statistisches Bundesamt, Ausdruck aus dem Internet vom 23.12.02, Angaben aus der EVS 1998 berechnet.

sterben[564]. Unterstellt man zunächst, daß nur die eingezahlten Vorsorgebeiträge für die Auszahlungsphase zur Verfügung stehen und somit keine Realverzinsung erfolgt, dann muß vom Einpersonenhaushalt bis zum Zeitpunkt der Aufgabe der Erwerbstätigkeit ein Vermögensbestand in Höhe von rund 186.480 und vom Zweipersonenhaushalt in Höhe von 254.880 € akkumuliert worden sein.

Ein positiver Zinssatz, der auch die mit der Vermögensakkumulation einhergehenden Kosten übersteigt, bedeutet ceteris paribus, daß ein niedrigerer Vermögensbestand angespart werden müsste. Dies ist für einen Zweipersonenhaushalt in der folgenden Abbildung 1.1 für unterschiedliche reale Zinssätze dargestellt. Zur Verdeutlichung der Zinsreagibilität wurden Zinssätze von –2 v.H. bis 5 v.H. gewählt. Dies soll darauf hinweisen, daß es durchaus auch zu Wertverlusten von akkumulierten Vermögen über einen längeren Zeitraum kommen kann[565]. Der Betrag selbst wird für die Laufzeit konstant gehalten, da sowohl die Preisentwicklung als auch die Wohlfahrtssteigerung, d.h. die Anpassung des Sozialhilfeniveaus an das sozio-kulturelle Existenzminimum, als durch die unterschiedliche Realverzinsung erfaßt angesehen werden kann.

Eine vergleichbare Überlegung trifft für die Zeit der Vermögensakkumulation zu. Hier ist auch die reale Verzinsung des bereits angesparten Vermögens zu berücksichtigen, da diese die Höhe des erforderlichen Konsumverzichts mit bestimmen.

Mit einer individuell betriebenen Vermögensakkumulation kann allerdings eine Absicherung des Risikos der materiellen Armut aufgrund von Langlebigkeit nicht umfassend erfolgen. So muß gewährleistet sein, daß der Einkommensstrom bis zum Tod des Abgesicherten aufrecht erhalten bleibt und daß das Vermögen nicht zuvor vollständig aufgebraucht ist[566]. Dies ist vor allem im Rahmen einer Versicherung möglich – allerdings besteht auch die Möglichkeit, beispielsweise Sachvermögen, wie Immobilien, gegen eine lebenslange Rente zu veräußern. Dies bedeutet aber auch, daß eine reine Pflicht zur Vorsorge mit freier Entscheidung über die Art der Vermögensakkumulation nicht ausreicht, um der Externalisierung der materiellen Absicherung in-

---

564 Die durchschnittliche fernere Lebenserwartung im Alter von 60 Jahren beträgt derzeit in Westdeutschland bei Frauen 23,44 Jahre und bei Männern 19,17 Jahre; Statistisches Bundesamt (2002).

565 Dabei wird auch die jeweilige Laufzeit, über die der Betrag von 12.744 € vorschüssig für ein Jahr gezahlt werden soll, variiert.

566 Für einen ersten Versuch der Quantifizierung der Wahrscheinlichkeit, den vollständigen Kapitalverzehr zu überleben, siehe Albrecht / Göbel (2000).

dividueller Bedarfe im Alter auf dem Niveau des sozio-kulturellen Existenzminimums (also der Sozialhilfebedürftigkeit) entgegenzuwirken bzw. diese einzuschränken.

Abbildung 6.1: Unterschiedliche erforderliche Rentenbarwerte in Abhängigkeit vom realen Zinssatz über die Laufzeit einer vorschüssig gezahlten Rente von 12.744 € pro Jahr

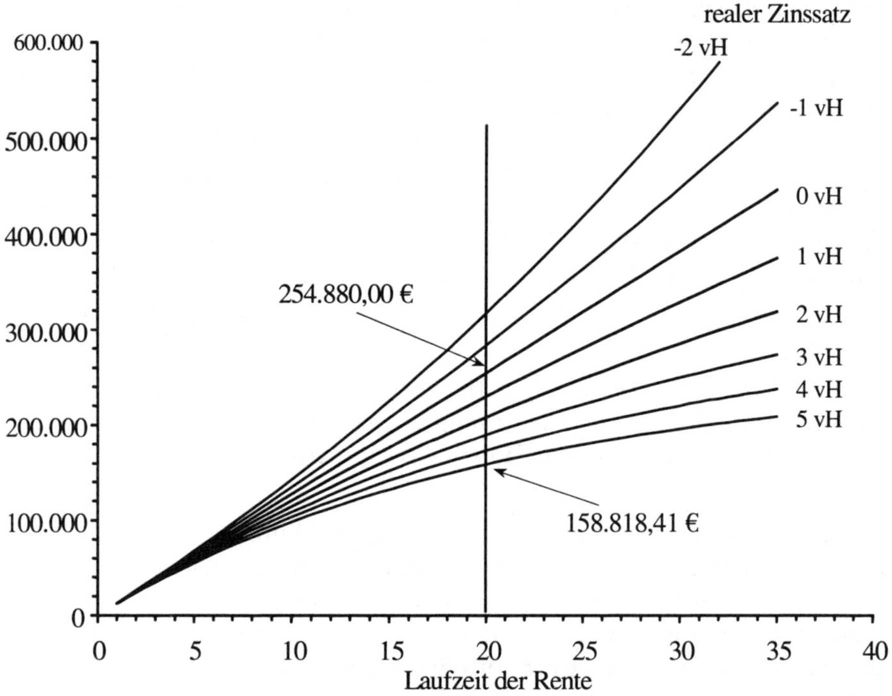

Quelle: Eigene Berechnungen.

Es ist somit erforderlich, in den entsprechenden gesetzlichen Rahmenbedingungen auch die Art der Vermögensakkumulation näher zu spezifizieren. Zur Abdeckung des biometrischen Risikos wäre statt der allgemein gehaltenen Pflicht zur Vorsorge eine Versicherungspflicht zu Absicherung des Risikos der „Altersarmut", damit aber auch ein Eingriff in die individuelle Entscheidungsfreiheit, erforderlich. Diese kann sich beispielsweise an Regelungen, die im Rahmen der Rentenreform 2002 getroffen worden sind und unter dem Stichwort „Riester-Rente" firmieren, orientieren. Die Versicherung müßte gewährleisten, daß bis zur gesetzlich fixierten Regelaltersgrenze ein hinreichend hoher Vermögensbestand akkumuliert worden ist, der für die Restlebenszeit ein materielles Niveau zumindest in Höhe der sozio-kulturellen Existenzminimums ermöglicht.

Inwieweit die Versicherungspflicht eines Individuums, d.h. eine Pflicht zur Absicherung des materiellen Existenzminimums nach Aufgabe der Erwerbstätigkeit bzw. ab dem 65sten Lebensjahr, allerdings zur Internalisierung der Kosten materieller Armut im Alter tatsächlich beitragen kann, ist fraglich, hängt dies doch nicht nur von der Sparbereitschaft, sondern in erheblichem Umfang von der Sparfähigkeit ab. Dies sei im folgenden kurz erläutert.

Dabei ist festzuhalten, daß bei einer Vermögensakkumulation, die ausreichen soll, um (Einkommens-)Armut im Alter zu vermeiden, die relative Einkommensbelastung degressiv ist, d.h. umso höher ausfällt, je niedriger das zur Verfügung stehende Einkommen in der Erwerbsphase ist, aus dem die Vorsorgeaufwendungen finanziert werden.

Dies sei anhand einer freiwilligen Versicherung in der GRV erläutert, da hier das durch die Beitragszahlung erzielbare Absicherungsniveau angegeben werden kann. Bei gegebenem Leistungsrecht ist zur Erreichung des Sozialhilfeniveaus (inklusive eines Wohngeldes) für einen Einpersonenhaushalt von etwa 777 € eine Entgeltpunktsumme in Höhe von ca. 30 erforderlich[567]. Diese ergibt mit dem derzeit geltenden aktuellen Rentenwert von 25,68 € (Westdeutschland) eine Monatsrente von 770,40 €. Die Entgeltpunktsumme wird aus zwei Variablen errechnet:

1. der Anzahl an (Versicherungs-) Jahren und
2. der Höhe der durchschnittlich erzielten Entgeltpunkte.

In der nachfolgenden Graphik sind die Kombinationen von Jahren und durchschnittlich erzielten Entgeltpunkten, die zu Entgeltpunktsummen von 30, 35, 40 und 45 führen, dargestellt. Dabei ist die obere Grenze für die Versicherungsjahre bei fünfzig Jahren festgelegt, d.h. es wird ein Fall unterstellt, bei dem die Versicherung im Alter von 15 Jahren begann. Die obere Grenze für

567 Von den Rentenversicherungsträgern wird bei einer monatlichen Rente von unter 844 € ein Informationsschreiben an den jeweiligen Rentenempfänger gesandt, mit dem dieser über den ihm gegebenenfalls zustehenden Anspruch auf Leistungen nach dem GsiG aufgeklärt werden soll. Eine Rentenleistung in der angegebenen Höhe bedeutet aber nicht, daß alle Haushalte Leistungen aus der bedarfsorientierten Grundrente erhalten. Die Leistungsgewährung ist an eine Bedürftigkeitsprüfung gebunden, die die materielle Situation des gesamten Haushalts umfaßt.

die durchschnittlich erzielten Entgeltpunkte ist mit 2,0 angesetzt, da dies die zukünftig maximal zu erreichenden Entgeltpunkte pro Jahr sind[568].

Die Höhe der jeweiligen Monatsrente wird durch die Multiplikation der Entgeltpunktsumme mit dem aktuellen Rentenwert bestimmt. Bei einem aktuellen Rentenwert von 25,68 € ergeben sich die in Klammern gesetzten Euro-Beträge für die entsprechenden monatlichen Renten im Jahr 2003.

Abbildung 6.2: Absicherungsniveaus der GRV bei unterschiedlicher Anzahl an Versicherungsjahren und Entgeltpunktsummen

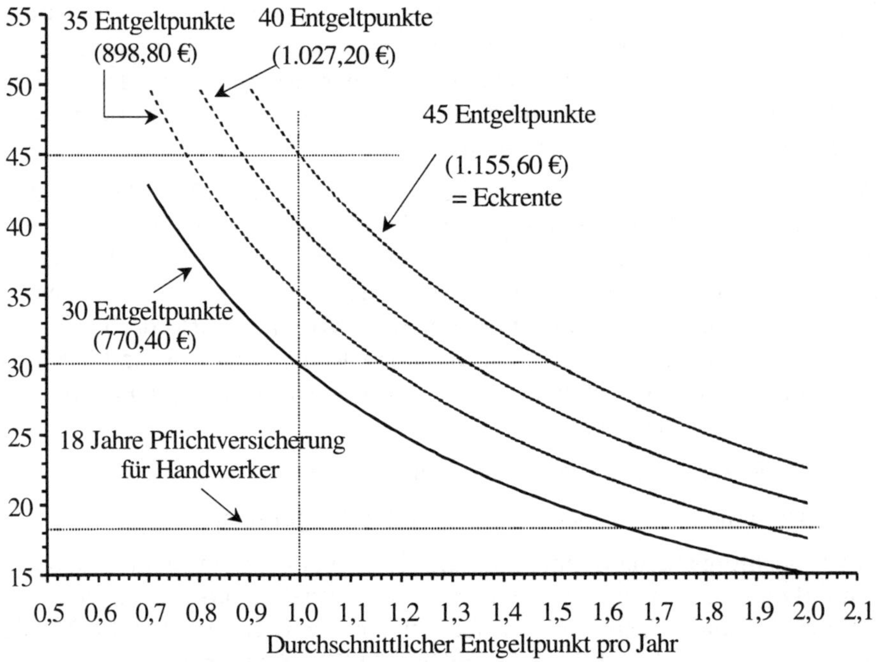

Quelle: Eigene Darstellung.

Die Isoquanten in der Abbildung zeigen die Kombination von Anzahl an Jahren und durchschnittlichen Entgeltpunkten, die zu einer entsprechenden Entgeltpunktsumme und damit Monatsrente führen. An der Abbildung wird auch deutlich, daß eine entsprechende Anzahl an Versicherungsjahren allein keine

568 Der Entgeltpunkte errechnen sich aus dem individuell erzielten versicherungspflichtigen Bruttoarbeitsentgelt bis zu Beitragsbemessungsgrenze, die derzeit 4.500,0 € beträgt, dividiert durch das von allen Erwerbstätigen erzielte durchschnittliche Bruttoarbeitseinkommen. Lange Jahre betrug die maximal erreichbare Anzahl 1,8.

bestimmte Rentenhöhe gewährleisten kann. So waren beispielsweise in der Vergangenheit im Durchschnitt rund 1,66 Entgeltpunkte pro Jahr über die 18 Jahre Pflichtversicherung für Handwerker erforderlich, um eine Entgeltpunktsumme von 30 zu akkumulieren. Werden während der 18 Jahre Beiträge gemäß dem Durchschnittsentgelt (1 Entgeltpunkt pro Jahr) gezahlt, ergeben sich lediglich 18 Entgeltpunkte.

Wie kann nun gewährleistet werden, daß eine Person eine gesetzlich vorgeschriebene Mindestzahl an Entgeltpunkten erreicht?

Ein Weg wäre, daß in Abhängigkeit vom Lebensalter ein Mindestbeitrag zu zahlen ist, der bis zum Erreichen der gesetzlichen Regelaltersgrenze die Akkumulation von 35 Entgeltpunkten gewährleistet, die bei der derzeitigen Höhe des aktuellen Rentenwertes ausreichen, eine Monatsrente, die in der Regel oberhalb des sozialen Existenzminimums liegt, zu erhalten. Bei höheren Beitragszahlungen reduziert sich dann der Zeitraum, für den eine Versicherungspflicht besteht in Anlehnung an die Regelungen der Handwerkerversicherung.

Nun entsteht bei einem Mindestbeitrag das Problem der degressiven Belastung in Abhängigkeit von der Höhe des Einkommens. Dies ist für den derzeit geltenden Mindest- und den Regelbeitrag für die GRV in der Abbildung 6.3 für den Einkommensbereich von 500 € bis 10.000 € pro Monat dargestellt. So sinkt die relative Belastung bei dem Mindestbeitrag (62,08 €) von 12,42 v.H. auf 1,48 v.H. und beim Regelbeitrag (447,90 €) von 89,58 v.H. auf 5,34 v.H. Bei Zahlung des Regelbeitrags erhält man in etwa einen Entgeltpunkt als Gegenleistung gutgeschrieben.

Wird ein bestimmter fester Beitrag erhoben (Kopfbeitrag), so werden die Einkommen aus selbständiger Erwerbstätigkeit in den unteren Bereichen stark belastet. So verbleiben beispielsweise von einem Einkommen in Höhe von 1.000 € bei Zahlung eines Regelbeitrags nur noch 552,10 €. Damit besteht die Gefahr, daß durch die Ausübung einer selbständigen Tätigkeit, bei der relativ geringe Einkommen erzielt werden bei einer Zahlung des entsprechenden Betrages, das verfügbare Einkommen unterhalb des sozialen Existenzminimums liegt.

Würde eine Regelung mit Kopfbeiträgen vorgesehen, besteht somit für die Selbständigen mit niedrigen Einkommen die Gefahr, daß – je nach Höhe des Beitrags – kein Anreiz zur Aufnahme bzw. Ausübung einer derartigen Tätigkeit bestünde[569].

569 Neben der entsprechenden Ausgestaltung der relativen Belastung sind mit der Absicherung in Form von spezifischen Versicherungsprodukten weitere zahlreiche Probleme verbunden, auf die hier nicht im einzelnen eingegangen werden kann. Im fol-

Abbildung 6.3: Belastungswirkung eines Festbetrages in v.H.

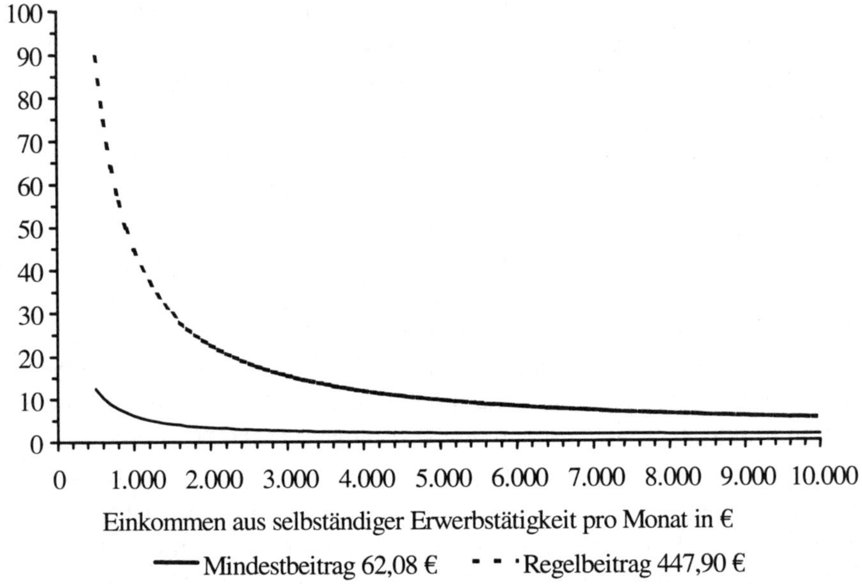

Quelle: Eigene Berechnungen.

Will man die hohe Belastung im unteren Einkommensbereich vermeiden, kann man anstelle des Kopfbeitrags einen (einheitlichen) *Beitragssatz* zugrunde legen. Um nun das Vorsorgevermögen zu akkumulieren, das zur Vermeidung von Einkommensarmut im Alter ausreicht, ist die Dauer der Beitragszahlung entscheidend und die Höhe des der Beitragszahlung zugrundeliegenden Einkommens. Wie auch derzeit in der gesetzlichen Rentenversicherung steigen dann die Absolutbeträge der Beitragszahlungen (bei einheitlichem Beitragssatz) proportional zur Höhe des der Beitragszahlung zugrundeliegenden Einkommens. Will man (nur) eine armutsvermeidende Rente sicherstellen, so würde die Dauer der Beitragszahlung davon abhängen, wann die entsprechenden Ansprüche akkumuliert sind. Sobald diese erreicht sind, würde die Versicherungspflicht enden. In der gesetzlichen Rentenversicherung könnte das an der Höhe einer entsprechenden Zahl von Entgeltpunkten (30, 35) orientiert werden. Hier stellt sich bei Selbständigen die Frage nach dem der Vorsorgepflicht zu unterwerfenden Einkommen; sind es alle Ein-

---

genden sollen daher lediglich einige im unmittelbaren Zusammenhang mit dem verfolgten Ziel der Armutsvermeidung relevante Probleme aufgegriffen werden.

kunftsarten des Selbständigen oder nur die aus selbständiger Tätigkeit. Hier wäre – auch für Fragen der Absicherung im Alter – wichtig, welche Bedeutung Einkünfte aus selbständiger Erwerbstätigkeit während der Erwerbstätigkeitsphase besitzen und ob sich nur hierauf die Absicherung beziehen soll.

Soweit es sich um die Haupteinkunftsquelle handelt, wäre dieses Einkommen zur Existenzsicherung auch in der Altersphase notwendig und sollte daher in entsprechender Höhe, zumindest aber in Höhe des Existenzminimums, abgesichert werden. Handelt es sich aber um Nebeneinkünfte, wären diese – wenn überhaupt eine Versicherungspflicht für diese Einkünfte notwendig ist – in relativem Ausmaß abzusichern. Dabei könnte die Entscheidung, inwieweit der Ausfall dieser Einkünfte überhaupt ersetzt werden soll, dem einzelnen überlassen bleiben[570].

Ein Problem, das mit dieser Einkommensdifferenzierung verbunden ist, besteht darin, bestimmen zu müssen, ab wann es sich um die Haupteinkünfte handelt. So wäre ein Schwellenwert festzulegen, was z.B. zu Auswirkungen z.B. auf die Art des Arbeitsangebots führen kann.

Die bisher dargestellten Optionen unterstellen, daß es dem einzelnen überlassen bleibt, bei welcher Institution er die Risikoabsicherung durchführt, ob bei privaten Versicherungsunternehmen oder in einem staatlichen Alterssicherungssystem, d.h. in der Regel der gesetzlichen Rentenversicherung. Diese beiden Varianten weisen grundsätzliche Unterschiede hinsichtlich des Konstruktionsprinzips auf. Dies betrifft einerseits die Art und Form der Finanzierung, andererseits die Ausgestaltung der Leistungsseite.

6.2.3 Finanzierung

Im folgenden werden im Hinblick auf Finanzierungsverfahren und -arten nur die im Zusammenhang mit der hier diskutierten Thematik relevanten Aspekte angesprochen. Während zur Gewährleistung der Leistungen von privaten Versicherungsinstitutionen bei freiwilliger Versicherung oder bei Wahlmöglichkeiten in der Höhe der Vorsorge eine „Kapitaldeckung“ erforderlich ist, erfolgt in der GRV eine Umlagefinanzierung. Auf die Unterschiede dieser Finanzierungsverfahren ist schon in zahlreichen Untersuchungen eingegangen

570 Grundsätzlich ist dies eine normative Entscheidung. Als Rahmenbedingung könnte man festlegen, daß dazu sicher gestellt sein müßte, daß die Einkünfte aus der Haupteinkommensquelle entsprechend im Alter ersetzt werden und das Ersatzeinkommen zumindest eine Existenzsicherung gewährleistet.

worden[571]. Die folgenden Ausführungen beziehen sich lediglich auf die Versicherungspflicht zur Gewährleistung eines sozio-kulturellen Existenzminimums im Alter.

Bei den kapitalfundierten Finanzierungsverfahren kann man zwischen verschiedenen Varianten unterscheiden. Allen ist aber gemein, daß der gebildete „Kapitalstock" (Vermögensbestand) spezifischen Risiken unterliegt[572]:

- Entwertung (Inflationsrisiko)[573],
- wirtschaftliche Risiken bezogen auf den wirtschaftlichen Erfolg des Unternehmen (Konkursrisiko),
- Kapitalmarktentwicklung, u.a. Kursschwankungen der Kapitalanlagen, insbesondere von Aktienwerten; beispielsweise ein Reduzierung um 19,8 v.H. im Jahr 2001, um 21,9 v.H. im Jahr 1990 und um 37,6 v.H. im Jahr 1987.
- Qualität des Anlagemanagements,
- Währungsrisiko[574],
- Änderung des biometrischen Risikos,
- Risiko der Gewährleistung einer garantierten Mindestrente zu einem nominalen Betrag,
- politische Risiken bzw. geographische Risiken – falls das Kapital in Ländern mit einer „instabilen Gesellschaft oder Wirtschaftsstruktur" angelegt wird – ,
- Kostenrisiko, z.B. durch Änderung der Buchführungspflicht, Basel 2, Kostenstruktur des bzw. der Anlagefonds wie Verwaltungsgebühren sowie Ausgabenaufschläge, etc.)

Derartige Risiken können teilweise reduziert werden, indem den Unternehmen bestimmte Anlageformen bzw. ein bestimmter Anlagenmix (Asset Allocation[575]) vorgeschrieben wird[576]. Dadurch kann sich allerdings die Rendite

---

571 Siehe aus einer Vielzahl an Veröffentlichungen Börsch-Supan (2000), Homburg (1988), Ribhegge (1990), Schmähl (1992b), Windisch (2001), Fürstenwerth (2000), Krupp (1998), Schmähl (1995), Blümle (1990).

572 Siehe hierzu ausführlich Viebrok / Dräther (1999).

573 Siehe hierzu z.B. Rehnert (1988) sowie Loubergé (1988).

574 Siehe Loubergé (1988)

575 Siehe für einen allgemeinen Überblick z.B. Stephan (1995).

576 Inwieweit die entsprechende Regierung dazu über eine Handlungsfreiheit bzw. –autonomie verfügt, muß hier offen bleiben. Zu bedenken ist beispielsweise, daß die

der Anlagen reduzieren. Soll ein bestimmter Kapitalbestand aufgebaut werden, ist bei einer Einschränkung der Handlungsfreiheit der Unternehmen ein höherer Beitrag erforderlich.

Weiterhin ist zu bedenken, daß der Wert des Vermögensbestandes sowie die Höhe der Zinsen von der zum Zeitpunkt der Messung aktuellen gesamtwirtschaftlichen Situation abhängen. Der Wert des Vermögensbestandes in einer Periode ist in hohem Maße abhängig vom wirtschaftlichen Erfolg der Erwerbstätigen in den vorherliegenden und in derselben Periode. Es ist somit durchaus nicht so, daß ein einmal erreichter Vermögensbestand, der zum Zeitpunkt der Verrentung ausreichen würde, einen bestimmten monatlichen Betrag zu gewährleisten, dies auch im weiteren Zeitverlauf garantieren kann. Hier könnte lediglich ein nominales Mindestniveau im Rahmen einer Versicherungslösung gewährleistet werden, wie dies beispielsweise für die zertifizierten Produkte gilt.

Bezogen auf das Ziel der Gewährleistung eines Existenzminimums über den Zeitraum der Auszahlung sind zumindest zwei Aspekte zu beachten:

- Erstens müßte es gelingen, einen Vermögensbestand während der „aktiven Zeit" aufzubauen (bzw. Ansprüche zu erwerben), der hinreichend groß genug ist, um alle Leistungen finanzieren zu können.
- Zweitens müßte sichergestellt sein, daß für den Zeitraum der Auszahlung, d.h. ab dem Zeitpunkt der „Verrentung" bis zum Ableben, ein hinreichend hoher Einkommensstrom aus dem Vermögensbestand erfolgen kann, der in jeder Periode eine Existenzsicherung gewährleistet. Dies macht eine „Absicherung" des Vermögensbestandes über einen Zeitraum von in der Regel über 30 Jahren notwendig. Dabei ist zu bedenken, daß in diesem Zeitraum auch der Einkommensarmut vermeidende Betrag nicht nominal unverändert bleibt, sondern sich in Verbindung mit Änderungen von Inflation und Realeinkommenswachstum selbst verändert.

Während bei einer privaten Absicherung die Beitragszahlung nicht in unmittelbarem Zusammenhang mit den Leistungen in derselben Zeitperiode steht, ist dies bei einer Umlagefinanzierung anders. Bei ceteris paribus konstantem Leistungsniveau gemessen als Relation von Durchschnittsrente zu Durchschnittsentgelt kann es insbesondere zu Beitragssatzschwankungen in Abhän-

---

Rahmenbedingungen im Zusammenhang mit der Wirtschaftspolitik der Europäischen Gemeinschaften entsprechende Einschränkungen bedingen können. So haben diese beispielsweise in der Vergangenheit zu einer Öffnung der Lebensversicherungsmärkte geführt; siehe zu den Konsequenzen der Dritten Lebensversicherungsleitlinie König (1997).

gigkeit von der Anzahl der Beitragszahler und der Leistungsempfänger kommen, wie die folgende vereinfachte Darstellung zeigt[577], bei der die einzelnen Bundeszuschüsse außer Acht gelassen wurden.

$$Beitragssatz = \frac{Rentenempfänger}{Beitragszahler} \cdot \frac{Durchschnittsrente}{Durchschnittsentgelt} \quad (1)$$

Bei einer überproportionalen Zunahme der Anzahl der Rentenempfänger kommt es damit zu Beitragssatzsteigerungen, wenn das Leistungsniveau aufrechterhalten werden soll. Hierdurch entsteht ein Konflikt mit dem auch in der GRV jetzt dominierenden Ziel der Beitragssatzstabilität.

Aber auch ein „Kapitaldeckungsverfahren" ist nicht immun gegenüber Schwankungen des Beitrags- oder Leistungsniveaus im Zeitablauf.

Ein Problemkomplex, der beide Verfahren betrifft, ist die Dauer und Beständigkeit der Beitragsleistung. So stellt sich das grundsätzliche Problem des Statuswechsels zwischen selbständiger und abhängiger Beschäftigung. Hierdurch kann es – gesetzt den Fall von (Mehrfach-) Wechseln zwischen sozialversicherungspflichtiger abhängiger Beschäftigung und selbständiger Erwerbstätigkeit – bei nicht erfolgender Abstimmung zwischen den Sicherungssystemen zu „Sicherungslücken" bzw. zu einer „Überversorgung" kommen.

Versicherungslücken und ein dadurch bedingter niedrigerer Vermögensbestand bzw. Absicherungsniveau können auftreten, wenn in den Phasen des Wechsels zwischen einer sozialversicherungspflichtigen Tätigkeit mit einer Absicherung in der GRV und einer selbständigen Erwerbstätigkeit mit einer privaten Versicherung kein nahtloser Übergang gelingt. Eine mangelnde Abstimmung kann auch zu einer Überversorgung führen, weil beispielsweise in bestimmten Zeiträumen „doppelt" gespart wird, z.B in der GRV und auch weiterhin in der privaten Versicherung. Hier kommt es bei einer privaten Absicherung entscheidend auf die Vertragsmodalitäten hinsichtlich der Beitragszahlung sowie von Ruhensvorschriften an.

Versicherungslücken können aber auch durch Zeiten entstehen, in denen die Person keiner Beschäftigung nachgeht. Während für Personen, die sozialversicherungspflichtig beschäftigt waren und offiziell als arbeitslos gemeldet sind, Beiträge an die GRV gezahlt werden, haben Selbständige in längeren Phasen der Auftragslosigkeit oder bei Insolvenz keinen Anspruch auf derartige Leistungen.

---

577 Siehe hierzu ausführlich Schmähl (2001d) sowie Schäfer (2002).

6.2.4 Leistungsgestaltung

6.2.4.1 Umfang des Leistungsspektrums

Das Leistungsspektrum unterscheidet sich in der Regel zwischen staatlicher und der privater Absicherung. Bei den privaten Versicherungsunternehmen wird eine Differenzierung einzelner Risiken vorgenommen, so daß hier eine Absicherung der materiellen Situation im Alter, bei Erwerbsminderung, für die Hinterbliebenen und die gesundheitliche Rehabilitation getrennt erfolgen muß – sofern neben der Altersvorsorge weitere Risiken abgedeckt werden sollen. Demgegenüber findet in der GRV nicht nur Altersvorsorge statt, sondern auch eine Erwerbsminderungs- und Hinterbliebenenabsicherung sowie teilweise die der gesundheitlichen Rehabilitation. Wenn es also nur um die Alterssicherung im engeren Sinne geht, dann ist die Risikoabdeckung in der GRV zu umfassend. Um den bislang von keinem obligatorischen System erfassten selbständig Erwerbstätigen die Möglichkeit zu geben, eine Vorsorge zur Vermeidung von Armut zu gestalten, könnte dies im Rahmen der Versicherungspflicht im allgemeinen Sicherungssystem der GRV unter Bedingungen erfolgen, die von denen der anderen Versicherten abweichend[578].

Wenn man den Begriff der materiellen Absicherung im Alter allerdings weiter faßt und auch die Erwerbsminderung sowie die Hinterbliebenenabsicherung und z.T. die gesundheitliche Rehabilitation mit einbezieht, so müßte die entsprechende Risikoabsicherung bei einem privatwirtschaftlichen Unternehmen auch diese Formen umfassen, die die GRV abdeckt.

6.2.4.2 Leistungsniveau

Ein weiterer, gravierender Unterschied zwischen den beiden Absicherungsvarianten: Versicherungspflicht in der Privatwirtschaft und Pflichtabsicherung in der GRV liegt in der Ermittlung des Leistungsniveaus bei der *Erstberechnung* (dem Rentenzugang). Die Höhe der Leistungen richtet sich in der Privatwirtschaft nach der Höhe des akkumulierten Vermögens, wobei neben den

---

578 Es stellt sich daraus die grundsätzliche Frage, ob nicht auch in der GRV eine getrennte Absicherung zumindest des Risikos der Erwerbsminderung ermöglicht werden sollte, da dies u.a. mit für die Altersvorsorge (einschließlich Hinterbliebenenversorgung) ceteris paribus zu niedrigeren Beitragszahlungen führen würde. Angesichts der in der GRV veränderten Gestaltung der Hinterbliebenenabsicherung kann aber auch gefragt werden, ob nicht auch hierfür eine gesonderte Absicherung kalkuliert werden sollte.

Einzahlungsbeträgen (Prämien) in der Regel eine Mindestverzinsung der eingezahlten Prämien bis zum Zeitpunkt der erstmaligen Leistungsauszahlung zugestanden wird[579] und – u.a. in Abhängigkeit vom wirtschaftlichen Erfolg des Unternehmens – auch eine sogenannte Überschußbeteiligung. Demgegenüber bestimmt sich die Höhe der Leistungen in der GRV, wie in der Abbildung 6.2 dargestellt, nach der Anzahl an Versicherungsjahren und der Höhe der durchschnittlich pro Jahr erzielten Entgeltpunkte. Die Höhe der Monatsrente ergibt sich aus der Multiplikation der Entgeltpunktsumme mit dem „aktuellen Rentenwert".

Während somit für Personen mit gleichen jährlichen versicherungspflichtigen Bruttoarbeitsentgelten und damit auch gleichen Beitragszahlungen und bei gleicher Anzahl an Versicherungsjahren (generell sogar bei gleicher Summe an Entgeltpunkten) die Leistungen aus der GRV identisch sind, ist dies bei einer Altersvorsorge in der Privatwirtschaft nicht der Fall. Hier spielt bei gegebenen Anlagemöglichkeiten der wirtschaftliche Erfolg des Unternehmens durch das gewählte Anlageverhalten eine bedeutsame Rolle. So kann es zu beträchtlichen Unterschieden in der Höhe des Vermögensbestandes zum Zeitpunkt des erstmaligen Leistungsbezugs kommen[580]. Dies bedeutet, daß bei gleichen Beitragszahlungen die Höhe des angesparten Vermögens und damit die monatlichen Auszahlungsbeträge erheblich voneinander abweichen können[581]. Hier obliegt somit dem Versicherten das Anlagerisiko[582]. Der Versicherungsumfang ist daher so auszugestalten, daß immer eine entsprechende zieladäquate Mindestleistung gewährt werden kann.

Mit der Bedeutung, die dem wirtschaftliche Erfolg des Unternehmens bei der Vermögensakkumulation zukommt, so daß bei identischer Beitragszahlung die individuellen Leistungen erheblich voneinander abweichen können, und den angesprochenen Aspekten ergeben sich unmittelbar Probleme im Hin-

---

579 Zur Zeit wird eine Mindestverzinsung von 3,25 v.H. zugesichert. Im Gegensatz zu Produkten, die der Förderung nach dem AVmG bzw. AVmEG unterliegen, da hier lediglich eine Rückzahlung des eingezahlten Kapitals zu gewährleisten ist.

580 Siehe hierzu ausführlich die Analysen in Schmähl et al. (2003).

581 Außerdem besteht immer die Gefahr, daß ein Unternehmen insolvent wird. In diesem Fall kommt es auf die Regelungen zur Abdeckung des Insolvenzrisikos an.

582 Finsinger / Wieser (1997), S. 141. Rehnert (1988), S. 292, kommt zu dem Schluß: „Bei der fondsgebundenen Lebensversicherung erwirbt der Kunde einen direkten Anteil an dem in Wertpapieren angelegten Deckungsstock. Auf diese Weise trägt er das Risiko der Kursentwicklung der zugrunde gelegten Investmentpapiere unmittelbar mit."

blick auf die Relation von Leistung und Gegenleistung[583]. So ist, wenn nur die Zahlbeträge betrachtet werden, bei gleichen individuellen Risikofaktoren eine direkte Äquivalenz im Sinne einer Leistungs-Gegenleistungs-Beziehung – für dieselbe Beitragshöhe ergibt sich dieselbe Leistungshöhe zum gleichen Zeitpunkt – allein schon aufgrund der unterschiedlichen wirtschaftlichen Erfolge nicht gegeben.

Ein weiterer zu beachtender Aspekt, der die verschiedenen „Zugangskohorten“ betrifft, ist die unterschiedliche gesamtwirtschaftliche Situation zum Zeitpunkt der Inanspruchnahme der Versicherungsleistung. Ein Periodeneffekt – wie beispielsweise der Anschlag auf das World Trade Center – verdeutlicht, wie drastisch die Reaktionen auf den Kapitalmärkten sein können. Es kam quasi „über Nacht“ zu einer beträchtlichen „Entwertung“ insbesondere von Aktien. Dieser Periodeneffekt wirkt für die Versicherten, die im Anschluß daran die Versicherungsleistung in Anspruch nehmen müssen, über die gesamte Restlebenszeit.

Ein besonderes Problem, dass in der Literatur häufig vernachlässigt wird, sind die Unterschiede in der *Anpassung der Leistungen im Zeitablauf*. Erfolgt beispielsweise die Auszahlung in Form eines im Zeitablauf nominal konstanten Geldbetrages, so droht bei Preissteigerung ein sukzessives Absinken unter das sozio-kulturelle Existenzminimum und damit wiederum eine Externalisierung des Armutsrisikos im Alter. Auch eine konstante Erhöhung des Auszahlungsbetrages (um z.B. 2 v.H. pro Jahr) kann dies nicht grundsätzlich verhindern. Es müßte somit eine Auszahlungsmodalität gefunden werden, die ein Absinken unter das Existenzminimum zumindest in größerem Ausmaß vermeidet.

Zum Erhalt des Realwertes wäre an eine Preisindexierung zu denken[584]. Diese bereitet aber – neben der adäquaten Erfassung der Preisveränderungen – bei der Ausgestaltung von Versicherungen, die Leistungszusagen über große Zeiträume festlegen, Probleme[585]. Zwar kann aufgrund der in der Vergangenheit beobachteten Entwicklung eine Prognose vorgenommen werden, diese wird jedoch mit zunehmendem Zeithorizont immer ungenauer[586].

---

583 Rehnert (1988), S. 291: „[Der kapitalbildenden Lebensversicherung] … liegt eine langfristige Kalkulation zugrunde, deren Erfolg oder Mißerfolg für den Kunden bei Abschluß des Vertrages nicht voraussehbar ist. Die Vertragnahme erfordert daher vom Versicherungsnehmer ein hohes Maß an Vertrauen in die Anlagepolitik des Unternehmens und in die Wertbeständigkeit der Währung.“

584 Zum Problem der Inflationsmessung siehe z. B. Meyer (1994)

585 Bodie (1990) diskutiert die Möglichkeit einer Indexierung an den Konsumgüterpreisen

586 Eine Möglichkeit, mit diesem Problem umzugehen, wäre eine „Ausfallbürgschaft“ durch den Staat, m.a.W., sollten die Versicherungsinstitutionen einen Realwerterhalt

In der Dynamisierung liegt denn auch ein weiterer wesentlicher Unterschied in den Leistungen. Während bei einer privaten Versicherung in der Regel ein Nominalbetrag – evtl. mit einer entsprechenden konstanten Veränderung im Zeitablauf – ausgezahlt wird, erfolgt in der GRV eine modifizierte bruttolohnbezogene Anpassung der Rentenzahlungen[587]. Damit ist allerdings nicht in jedem einzelnen Jahr gewährleistet, daß die Leistungsanpassung an die Preisentwicklung gekoppelt ist. Wie der Abbildung 6.4 zu entnehmen ist, haben sich die Bruttolöhne teilweise stärker, teilweise allerdings auch nicht so stark verändert wie die Inflationsrate, hier gemessen am Preisindex für die Lebenshaltung aller privaten Haushalte. Die durchschnittliche Veränderung über den Gesamtzeitraum von 1963 bis 2001 beträgt 3,2 v.H. für den Preisindex und 6,0 v.H. für die Bruttolöhne und -gehälter. Berücksichtigt man nur die Zeit ab 1992, so liegen die durchschnittlichen Veränderungsraten bei 2,3 v.H. bzw. 2,7 v.H.

In den letzten Jahren hat sich somit der Veränderung der Bruttolöhne und -gehälter und die des Preisindexes angenähert. Allerdings war mal die Veränderung der Preise, mal die der Bruttolöhne und -gehälter stärker. Eine Indexierung an einen Preisindex würde damit zwar einen Realwerterhalt bewirken können[588], an der wirtschaftlichen Entwicklung und damit der allgemeinen Wohlfahrtssteigerung würden die Rentenbezieher jedoch nicht beteiligt.

Das Ziel der Leistungsdynamisierung in der GRV ist allerdings nicht ein Realwerterhalt, sondern die Aufrechterhaltung der materiellen Position in der Altersphase und damit eine Teilnahme der Rentner an der wirtschaftlichen Prosperität, wie sie in der Entwicklung der Löhne und Gehälter zum Ausdruck kommt.

Eine zur GRV vergleichbare Leistungsanpassung ist bei einer privatwirtschaftlichen Absicherung nicht möglich. Die Art der Dynamisierung kann

---

nicht vollständig realisieren können, und würde ein Absinken unter das soziokulturelle Existenzminimum eintreten, wäre für den verbleibenden Teil der Staat zuständig – und dies kann in vielfältiger Weise geschehen, im „Extremfall" wiederum im Rahmen von Leistungen der bedarfsorientierten Grundsicherung. Damit käme es dann allerdings wiederum zu einer Externalisierung, die durch die Versicherungspflicht vermieden werden sollte.

587 Siehe hierzu ausführlich Fachinger (2001c), Schmähl (1988c), Schmähl (1999b) und Schmähl (1999c).

588 Auf die Probleme, die sich bei der adäquaten Ermittlung der Preisentwicklung ergeben, sei hier nicht näher eingegangen. Siehe zu Problemen der Inflationsmessung ausführlich Leifer (2002).

Abbildung 6.4: Veränderung des Preisindexes und der Bruttolöhne und -gehälter, bis 1990 Westdeutschland, ab 1992 Gesamtdeutschland in v.H.

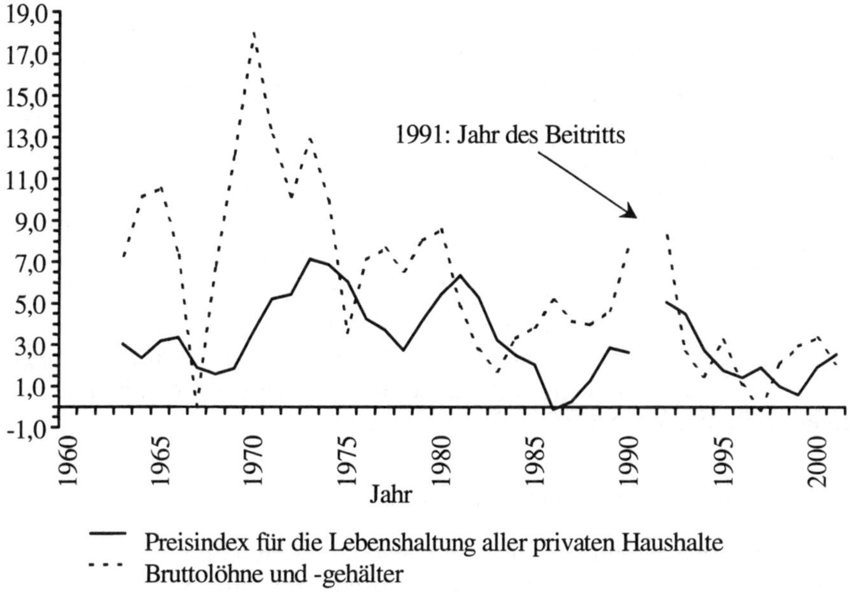

Quelle: Eigene Berechnungen auf der Grundlage von Verband Deutscher Rentenversicherungsträger (2002).

aber zwischen den Beteiligten zu einem gewissen Grad als Bestandteil des Versicherungsvertrages vereinbart werden. So kann festgelegt werden, daß die Auszahlung in Form eines in der nominellen Höhe konstanten Betrages erfolgt, es kann aber auch ein bestimmter Vomhundertsatz vereinbart werden, um den der Auszahlungsbetrag pro Jahr angehoben wird – es ist sogar ein im Zeitablauf steigender Vomhundertsatz denkbar. Dies ermöglicht es, zumindest teilweise eine Geldentwertung zu antizipieren. Eine Fixierung des Realwertes der Leistungen ist damit aber nicht möglich, da die Inflationsrate im Zeitablauf nicht konstant ist, wie der Abbildung 6.4 zu entnehmen ist. Bei einem festgelegten Vomhundertsatz kann es somit zu einer zu niedrigen, aber auch zu einer im Vergleich zur Preisentwicklung zu hohen Veränderung des Auszahlungsbetrages kommen.

Die staatlich geförderte private Vorsorge sieht hier die Möglichkeit vor, anstelle einer lebenslangen Rente aus dem angesparten Vermögensbestand zu erhalten, eine Kombination aus einem sogenannten Entnahmeplan bis zum

85sten Lebensjahr und anschließend einer lebenslangen Rente zu wählen. Dieser Entnahmeplan ist allerdings a priori festzulegen – und damit ist eine zur GRV vergleichbare Dynamisierung an die Einkommensentwicklung oder an die Preisentwicklung vom Prinzip her nicht möglich.

Da es somit zu einer Unter-, aber auch „Überversorgung“ kommen kann, ist die Effektivität einer derartigen Absicherung eingeschränkt. Allerdings ist zu beachten, daß das offizielle sozio-kulturelle Existenzminimum als Regelsatz der Sozialhilfe bzw. der bedarfsorientierten Grundrente ebenfalls nicht an die Preisentwicklung angepaßt wird. In der Bundesrepublik Deutschland ist die Dynamisierung des Regelsatzes intensiv diskutiert worden – so wurde u.a. das sogenannte Statistik-Modell vorgeschlagen und zumindest teilweise realisiert[589]. In den Jahren 2002, 2003 und 2004 wird der Regelsatz jeweils zum 1. Juli um den Vomhundertsatz, um den sich der aktuelle Rentenwert in der gesetzlichen Rentenversicherung verändert, erhöht[590]. Selbst wenn die Rentenleistung mit der Inflationsrate angepasst würde, käme es zu einer Zielverfehlung, wenn die „Armutsgrenze“ stärker angehoben wird, d.h. hier der aktuelle Rentenwert stärker steigt.

6.2.5 Einige Zusätzliche Aspekte

Es ist schon einleitend darauf hingewiesen worden, daß ein gravierendes Problem die *Intransparenz* bei der zur Absicherung zur Verfügung stehenden Möglichkeiten ist. So gehen Finsinger / Wieser (1997) bezogen auf Lebensversicherungen davon aus, „... daß ca. 80 v.H. der Versicherungskunden als wenig informiert einzustufen sind.“, S. 140. Hierbei sind noch gar nicht weitere Produkte der Altersvorsorge oder die Vertragsvielfalt infolge der gesetzlichen Änderungen in den letzten Jahren berücksichtigt. So gibt es zur Zeit allein über 3.500 Produkte, die zur zusätzlichen privaten Altersvorsorge angeboten werden und von der Zertifizierungsstelle des Bundesaufsichtsamtes für das Versicherungswesen nach dem Altersvorsorgeverträge-Zertifizierungsgesetz zertifiziert wurden. Bisher ist es noch nicht gelungen, Indikatoren zu entwickeln, die für die Nachfrager eine Vergleichbarkeit der Produkte zulassen – wie dies beispielsweise mit dem Effektivzins bei Wertpapieren oder bei Krediten der Fall ist.

---

589 Großjohann (1986), Schellhorn (1989), Schellhorn (1990). Die Anpassung des Regelsatzes nach dem „Statistik-Modell“ ist zwar zum 1. Juli 1990 stufenweise eingeführt worden, es wurde jedoch für die Anpassung seit 1. Juli 1994 in der Regel eine Obergrenze für die Erhöhung festgelegt.

590 § 22 Abs. 6 Satz 2 BSHG.

Aber selbst wenn das Problem der Intransparenz (bezogen auf den Zeitpunkt des Vertragsabschlusses) gelöst wäre, gilt dies noch nicht für die Probleme, die sich aus der Langfristigkeit des Versicherungsverhältnisses ergeben. Ein Unterschied zwischen den beiden Varianten obligatorische Absicherung in der Privatwirtschaft oder bei einer staatlichen Institution liegt in der speziellen Eigenschaft des Gutes „Versicherung“ begründet. Im Prinzip handelt es sich bei einer derartigen Absicherung um ein „immaterielles Vertrauensgut“, d.h. Vertrauen, dass in die Sicherheit der Erfüllung der Zusage gesetzt wird. Vertrauensgüter stellen eine besondere Form der asymetrischen Informationsverteilung dar. Der Nachfrager ist über die Qualität des ihm angebotenen Gutes nur sehr eingeschränkt informiert bzw. verfügt über beträchtliche Unkenntnis.

In diesem Zusammenhang ist darauf hinzuweisen, daß das *Ausfallrisiko* bei einer privaten Absicherung nach Albrecht und Maurer[591] für den Versicherungsnehmer ein praktisch kaum diversifizierbares Risiko ist – und somit ein systematisches Risiko darstellt. Insbesondere über derart große Zeiträume, wie die Altersvorsorge umfassen muß, ist es nicht absehbar, ob das Versicherungsunternehmen, dass u.a. dem Risiko der Insolvenz unterliegt, auch über den insgesamt abzusichernden Zeitraum existiert. Das Risiko des „Totalverlustes“ wird zwar durch eine Rückversicherung (Pensionssicherungsverein) reduziert – nicht jedoch ein beträchtlicher Vermögensverlust.

Es ist des öfteren zu lesen, daß ein *Wechsel der Vermögensstruktur* in verschiedenen Lebensphasen von in der Jugend eher riskanteren Anlageformen (z.B. mit höherem Anteil an Aktien) hin zu im Alter sicheren Formen (z.B. höherer Anteil an Wertpapieren) vorgenommen werden sollte. Dies ist im Rahmen eines Vertrages nur vorab möglich. Dies bedeutet dann aber auch, daß zeitnahe spätere Änderungen als Reaktion auf sich ändernde Rahmenbedingungen gar nicht oder nur zu sehr hohen Kosten umsetzbar sind.

Ein grundsätzliches Problem, das unabhängig von der konkreten Ausgestaltung der Pflichtversicherung besteht, ist die *Erfassung der selbständig Erwerbstätigen.* Wie die Status quo Analyse zeigt, besteht derzeit bei den kraft Gesetz versicherten Selbständigen eine vermutlich relativ hohe Dunkelziffer an Personen, die ihrer Versicherungspflicht – sei es gewollt oder unwissentlich – nicht nachkommen. Wird eine allgemeine Versicherungspflicht eingeführt, so gilt es, dies so zu gestalten, daß ein hoher Erfassungsgrad gewährleistet ist. Dies kann zum einen durch verstärkte Kontrollen erfolgen. So werden beispielsweise seit 1996 die Betriebsprüfungen von der Bundesversicherungsanstalt für Angestellte (BfA) durchgeführt und nicht mehr von den Allgemeinen Ortskrankenkassen. Eine Folge davon war, dass zahlreiche selb-

591 Albrecht / Maurer (2000).

ständig erwerbstätige Lehrkräfte nun ihrer Versicherungspflicht nachkommen. Zum anderen könnte durch Datenweitergabe im Rahmen der Kooperation zwischen Trägern der Krankenversicherung und der Rentenversicherung, die bereits für abhängig Beschäftigte erfolgt, ebenfalls der Erfassungsgrad erhöht werden.

Ein weiterer Aspekt betrifft die Personen, die bereits eine Form von Alterssicherung betreiben. Hier stellt sich die Frage, ob bei der Einführung einer allgemeinen Versicherungspflicht eine *Befreiungsmöglichkeit* erforderlich ist. Dies kann beispielsweise von vorhandenem Vermögen oder einer anderweitigen Vermögensbildung abhängig gemacht werden. Hier müßte allerdings gewahrt sein, daß diese Vermögensbildung auch den Zielen, die mit der Einführung einer allgemeinen Versicherungspflicht erreicht werden sollten, genügt. Hier ist insbesondere an die Langfristigkeit zu denken, d.h. daß die Altersvorsorge nach der Aufgabe der Erwerbstätigkeit aus Altersgründen eine lebenslange materielle Versorgung gewährleistet.

Im Rahmen der temporären Befreiungsmöglichkeit aus der Versicherungspflicht bei selbständigen Lehrkräften wurde beispielsweise in § 231 Abs. 5 SGB VI festgelegt, daß eine Vorsorgeregelung getroffen war für Personen, die

„(2) … mit einem öffentlichen oder privaten Versicherungsunternehmen einen Lebens- oder Rentenversicherungsvertrag abgeschlossen haben, der so ausgestaltet ist oder bis zum 30. Juni 2000 oder binnen eines Jahres nach Eintritt der Versicherungspflicht so ausgestaltet wird, dass

a) Leistungen für den Fall der Invalidität und des Erlebens des 60. oder eines höheren Lebensjahres sowie im Todesfall Leistungen an Hinterbliebene erbracht werden und
b) für die Versicherung mindestens ebensoviel Beiträge aufzuwenden sind, wie Beiträge zur Rentenversicherung zu zahlen wären, oder

(3) … eine vergleichbare Vorsorge liegt vor, wenn

a) vorhandenes Vermögen oder
b) Vermögen, das aufgrund einer auf Dauer angelegten vertraglichen Verpflichtung angespart wird,

insgesamt gewährleisten, dass eine Sicherung für den Fall der Invalidität und des Erlebens des 60. oder eines höheren Lebensjahres sowie im Todesfall für Hinterbliebene vorhanden ist, deren wirtschaftlicher Wert nicht hinter dem einer Lebens- oder Rentenversicherung nach Nummer 2 zurückbleibt.“

6.2.6 Nochmals: Wahlfreiheit oder Pflicht?

Hält man sich die Finanzierungs- und Leistungsseite der beiden grundlegenden Optionen: eine Risikoabsicherung bei privaten Versicherungsunternehmen oder in einem staatlichen Alterssicherungssystem, im Hinblick auf eine adäquate Vorsorge für die materielle Sicherheit im Alter vor Augen, stellt sich die Frage, ob eine Entscheidungsfreiheit des einzelnen über die individuelle Absicherung bestehen sollte, oder ob es nicht distributive und allokative (oder auch ordnungspolitische) Gründe gibt, die für eine Einschränkung der Wahlfreiheit sprechen.

6.2.6.1 Distributive Aspekte

Die Versicherungspflicht, d.h. den Zwang zur Absicherung des materiellen Existenzminimums nach Aufgabe der Erwerbstätigkeit bzw. ab dem 65sten Lebensjahr für ein Individuum, stellt zunächst auf eine rein intertemporale Umverteilung ab.

Erfolgt eine derartige Absicherung auf dem Versicherungsmarkt, um das biometrische Risiko abzudecken, so werden die Individuen entsprechend ihrem Risiko klassifiziert, d.h. eine Person mit einer ex ante höheren Wahrscheinlichkeit, länger zu leben, wird ein entsprechend höheres Vermögen bis zu seinem 65sten Lebensjahr akkumulieren müssen als eine Person, die eine geringere „Über-“ bzw. Erlebenswahrscheinlichkeit besitzt.

Verwendet man die obige Beispielrechnung mit einem jährlichen Betrag von 12.744 €, so ergibt sich eine Summen von 191.160 € für einen Zeitraum von 15 Jahren, bei 20 Jahren ein Betrag von 254.880 € und bei 25 Jahren liegt der zu akkumulierende Vermögensbestand bei 318.600 €. Nun ist bekannt[592], daß beispielsweise

- Frauen im Durchschnitt deutlich länger leben als Männer;
- Personen, die eine Erwerbsminderung aufweisen, im Durchschnitt früher sterben als Personen, die ohne derartige Beeinträchtigungen sind;
- zum Zeitpunkt des Eintritts in die Versicherung jüngere Kohorten eine höhere Lebenserwartung haben.

Damit ergeben sich aber unterschiedlich hohe Beitragsbelastungen für die jeweiligen Personen, was aus verteilungspolitischer Sicht unerwünscht sein kann.

---

592 Siehe hierzu z.B. Deutscher Bundestag (2002), S. 43 ff.

Die Differenzierung nach Risikogruppen bei Vermögensakkumulationen in Form von Versicherungen bedeutet, daß spezifische Personengruppen nur einen „teureren Versicherungsschutz" und z.T. sogar keine derartige Vermögensansammlung durchführen können.

Soll dies vermieden werden, stellt sich die Frage nach den rechtlichen Möglichkeiten der Begrenzung einer Risikodifferenzierung der Versicherungsunternehmen. So wurde zur Vermeidung einer „Diskriminierung" von Frauen beispielsweise ein Unisex-Tarif vorgeschlagen[593]. Inwieweit dieser überhaupt sinnvoll ist, ist u.a. ein verteilungspolitisches Problem, da infolge der ceteris paribus höheren Beitrags- bzw. Prämienzahlung der Männer im Vergleich zu risikodifferenzierten Beiträgen eine Umverteilung von Männern zu Frauen erfolgt. Mit anderen Worten, dass versicherungstechnische Äquivalenzprinzip würde hierdurch nicht gewährleistet. So könnte es beispielsweise zu einer Reaktion bei den Männern kommen, keine Versicherung abzuschließen, da für diese ein derartiger Versicherungsschutz ceteris paribus zu „teuer" wäre.

In diesem Zusammenhang muß allerdings auch beachtet werden, daß die Arbeitsangebotsentscheidung von Frauen und Männern durch nach dem Geschlecht *differenzierten Beiträgen* bei sonst gleichen Voraussetzungen unterschiedlich stark beeinflußt werden, d.h. Männer würden eher eine Erwerbstätigkeit aufnehmen als Frauen. *Unisex-Tarife* könnten demgegenüber ceteris paribus das Arbeitsangebot von Frauen erhöhen, da diese zwangsläufig einen im Vergleich zu ihrem Risiko niedrigeren Beitrag zahlen müßten.

Bei der Erörterung der Wirkungen von Unisex-Tarifen darf man allerdings die Angebotsseite nicht außer Acht lassen. Würde eine geschlechtsspezifische Tarifgestaltung verhindert, würde ein Versicherungsunternehmen ceteris paribus bemüht sein, ausschließlich Männer als „gute Risiken" zu versichern, d.h. es tritt das Phänomen der adversen Selektion auf. Dies wiederum legt nahe, einen „Zeichnungszwang" (Kontrahierungszwang) für alle Versicherungsunternehmen einzuführen[594].

Aber selbst für Personen, die derselben Risikogruppe zugeordnet werden, kann es bei gleicher Beitragsleistung zu einer unterschiedlichen Höhe des akkumulierten Vermögens und damit des Leistungsniveaus kommen. Wie dargestellt, hängt dies von zahlreichen Faktoren ab. Diese führen im Endeffekt dazu, daß die Wohlfahrtspositionen nicht, wie in der GRV durch den Bezug auf die Lebensarbeitsleistung und durch das Anpassungsverfahren intendiert,

---

593 In der gesetzlichen Pflegeversicherung ist die Risikodifferenzierung u.a. nach dem Geschlecht verboten; § 110 Abs. 1 Nr. 2 d) SGB XI.

594 Siehe für Maßnahmen zur Vermeidung einer adversen Selektion beispielsweise Seidl (1983).

in die Rentnerphase übertragen werden, sondern daß es zu erheblichen Unterschieden beim Übergang, aber auch in der Rentnerphase kommen kann.

Inwieweit es tatsächlich zur Internalisierung der Kosten materieller Armut im Alter von der Erwerbs- in die Rentnerphase kommt, hängt bei freiwilliger Versicherung in erheblichem Umfang von der Sparfähigkeit ab. Diese ist für den Großteil der selbständig Erwerbstätigen mit den abhängig Beschäftigten vergleichbar. Es kann sogar auf der Grundlage der empirischen Analysen vermutet werden, daß sie nicht höher, sondern eher sogar niedriger ist.

Um die Sparfähigkeit und die in unteren Einkommensbereichen höhere relative Belastung durch Prämien an Versicherungsunternehmen (die ja einkommensunabhängig gestaltet sind) zu berücksichtigen, wäre ein Ausgleich durch steuerliche Maßnahmen eine Möglichkeit. Allerdings ist nicht auszuschließen, daß dies bei der Preisbildung von den Marktparteien antizipiert wird. Aus verteilungspolitischer Perspektive ergibt sich die Frage, warum dies ggf. nur für Selbständige gelten soll, falls es zu einer Versicherungspflicht für diese Personengruppen mit einkommensunabhängigen Prämien käme. Also wann erfolgt hier eine Subventionierung der Prämienzahlung für eine Absicherung? Dies könnte allerdings mit steuerfinanzierten Umverteilungselementen in der GRV gerechtfertigt werden, die andere Personengruppen begünstigen.

6.2.6.2 Allokative Aspekte

Durch die Einführung einer Versicherungspflicht und die damit einhergehenden Vorsorgeaufwendungen wird die Arbeitsangebotsentscheidung beeinflußt. Dies bedeutet, daß es durch Änderungen der Absicherung selbständig Erwerbstätiger – ob über eine allgemeine Versicherungspflicht (mit Befreiungsmöglichkeit) oder eine Versicherungspflicht in der GRV – zu einer Veränderung des Arbeitsangebots kommen kann. Hierbei sind verschiedene Fälle zu unterscheiden:

Die Aufnahme sowie die weitere Ausübung einer Tätigkeit. Dabei ist jeweils zu entscheiden, ob dies erfolgt oder nicht, und wenn ja, dann geht es um die Entscheidung, ob dies in abhängiger oder selbständiger Form geschieht (bzw. ggf. ein Wechsel erfolgt); siehe Abbildung 6.5).

Welche Reaktionen auftreten werden, kann im Voraus nicht bestimmt werden, da Einkommens- und Substitutionseffekte auftreten können und deren Wirkung abhängig von den individuellen Präferenzen ist. Spezifische Probleme ergeben sich durch eine Zwitterstellung, in der sich der Selbständige

Abbildung 6.5: Reaktionsmöglichkeiten auf die Einführung einer Versicherungspflicht

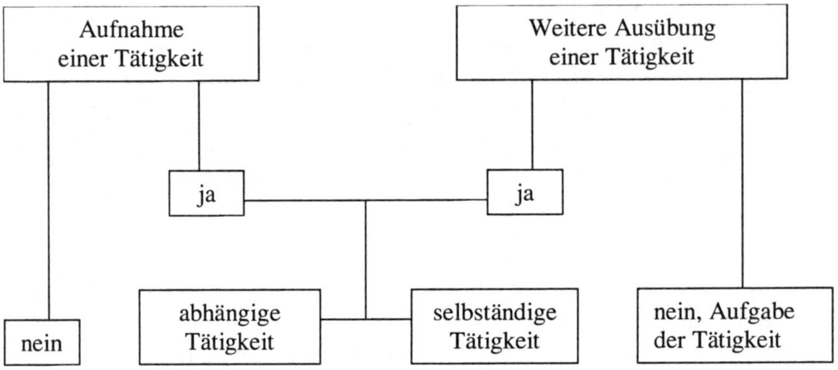

Quelle: Eigene Darstellung.

befindet: einerseits geht es um die Entscheidung eines privaten Haushalts unter anderem über sein Arbeitsangebot, andererseits ist der private Haushalt „Unternehmer".

Die Aufnahme, die Fortführung oder die Aufgabe einer selbständigen Tätigkeit ist damit eine "Unternehmens-" bzw. „Firmenentscheidung". So ist die Frage einer weiteren Ausübung dieser Tätigkeit eine Frage nach dem Marktaustritt, die der Aufnahme einer Tätigkeit die nach dem Markteintritt.

Unterstellt man ein gewinnmaximierendes Verhalten der Selbständigen bezogen auf das aus der Erwerbstätigkeit zu erzielende verfügbare Einkommen und weiterhin, daß durch die Einführung einer Beitragszahlung mehr an Vorsorgeaufwendungen erfolgt als zuvor, so wird das verfügbare Einkommen reduziert, da es sich als Differenz aus dem Umsatz und den Gesamtkosten der Produktion unter Berücksichtigung von Steuer- und Beitragszahlungen ergibt. Somit lassen sich die Argumente aus der Diskussion über „Lohnnebenkosten" und ihre Wirkungen auf die Unternehmen auch auf den Bereich der selbständig Erwerbstätigen übertragen.

Wie stark die Wirkungen im Hinblick auf die Entscheidung bezüglich einer Ausübung selbständiger Tätigkeit bzw. deren Umfang sind, dazu lässt sich keine allgemeine Aussage treffen. Zu bedenken ist allerdings, dass vielfältige Substitutionsmöglichkeiten bestehen. Zu benennen sind hier vor allem:

1. Räumliche Substitution durch Verlegung des Produktionsstandorts beispielsweise in andere Staaten. Dies ist insbesondere in grenznahen Regionen eine durchaus auch schon in der Vergangenheit aufgetretene Reaktion.

2. Persönliche Substitution beispielsweise durch die Übertragung des „Unternehmensbesitzes“ und damit des erwirtschafteten Gewinns an andere Mitglieder des privaten Haushalts.
3. Juristische Substitution durch die Wahl einer alternativen Rechtsform der Unternehmens.
4. Zeitliche Substitution u.a. durch eine entsprechende Ermittlung des der Beitragsbemessung zugrunde liegenden Einkommens. Selbständige haben hier durchaus Gestaltungsmöglichkeiten.

Darüber hinaus ist als Reaktion auch die „Einholung“ der erhöhten Aufwendungen durch eine Steigerung des Umsatzes möglich, soweit dies die Marktsituation zuläßt.

Die Reaktionen können u.U. Maßnahmen in ihrer Wirkung berühren, die mit dem Ziel einer Förderung selbstständiger Erwerbstätigkeit ergriffen werden. Eine Vorsorgepflicht könnte u.U. hemmend auf die Aufnahme selbständiger Tätigkeit wirken. Dem kann allerdings durch eine Ausgestaltung, die insbesondere der schwierigen Anfangsphase selbständiger Tätigkeit Rechnung trägt, entgegengewirkt werden.

Allerdings ist auch zu bedenken, daß die soziale Absicherung selbständig Erwerbstätiger zu einer Zunahme dieser Form der Erwerbstätigkeit führen kann, da Individuen mit relativ hoher Risikoaversion nun eher bereit sein könnten, das „Wagnis“ einer selbständigen Tätigkeit aufzunehmen. Mit anderen Worten, die Förderung selbständiger Erwerbstätigkeit könnte auch durch eine adäquate Pflichtabsicherung im sozialen Sicherungssystem erfolgen, während demgegenüber die aktuelle Regelung auch als Hemmnis für eine Existenzgründung bzw. als Hindernis für einen Verbleib in der Selbständigkeit wirken kann. Ist dies der Fall, bliebe ein Potential ungenutzt, das durch die wirtschaftspolitisch gewollte Förderung der Selbständigkeit gewonnen werden soll.

Die Reaktion der Haushalte bzw. Personen auf eine Versicherungspflicht bezieht sich allerdings nicht nur auf ihr Arbeitsangebotsverhalten. Es sind weitere Substitutionseffekte zu berücksichtigen, von denen allokative Wirkungen ausgehen.

(1) Die Konsum-Spar-Entscheidung

Mit der Pflicht zur Versicherung ist unmittelbar ein Eingriff in die Konsum-Spar-Entscheidung der Haushalte verbunden. Welche Auswirkungen dies auf die Sparquote eines Haushalts hat, ist allerdings ungewiß. Trotz aller Bemühungen ist es bisher empirisch nicht geklärt, ob als Reaktion auf die Versicherungspflicht eine Reduzierung, ein Aufrechterhalten oder eine Erhöhung der Sparquote eintreten wird.

Falls ein Haushalt vor Einführung der Versicherungspflicht schon einen langfristigen Vermögensaufbau betreibt, beispielsweise im Rahmen einer Lebensversicherung, was kurz- oder mittelfristig nicht geändert werden kann aufgrund beispielsweise vertraglicher Bindungen, so kann zumindest kurzfristig eine Reduzierung der Konsumquote erfolgen, sofern nicht entsprechende Befreiungsmöglichkeiten gegeben sind.

(2) Struktur des Vermögensbestandes

Durch die Versicherungspflicht kann es zu einer Umschichtung in der Vermögensstruktur kommen. Zum einen wird es zu einer Substitution von in Höhe des der Versicherungspflicht unterliegenden Vorsorgesparens in Vermögensanlagen mit niedrigem Risiko kommen, da nicht davon ausgegangen werden kann, daß durch die Versicherungspflicht eine den erforderlichen Sparbetrag umfassende zusätzliche Vorsorge erfolgt. Zum anderen könnte aber, da ein „Grundbestand" in sicherer Vorsorge gewährleistet ist, die Risikobereitschaft der Individuen bezogen auf die zusätzliche Vermögensakkumulation zunehmen. Soweit es die materielle Situation ermöglicht, könnte ein Anstieg der Anlagen in Vermögenswerten mit höheren Gewinnchancen und damit einem höheren Verlustrisiko erfolgen.

(3) Substitution zwischen der Absicherung sozialer Risiken

So wurde beispielsweise im Rahmen der Durchsetzung der Versicherungspflicht von Honorarlehrkräften in der GRV beobachtet, daß eine Substitution mit der Krankenabsicherung erfolgte, da aus individueller Sicht die Summe der Beitragsbelastung zu hoch war und deshalb die freiwillige Kranken- und damit auch Pflegeversicherung beendet wurde, um die Gesamtbelastung zu reduzieren.

6.2.7 Schlußfolgerungen

Mit Blick auf die Alterssicherung derjenigen Selbständigen, die bislang in Deutschland in *kein* obligatorisches Vorsorge- und Sicherungssystem einbezogen sind, legen die obigen Überlegungen es nahe, diesen Personenkreis zu *obligatorischer* Vorsorge heranzuziehen. Angesichts der Heterogenität dieses Personenkreises und der häufig schwankenden Einkommen sollte zumindest eine Vorsorge erfolgen, die Einkommensarmut im Alter vermeidet. Eine solche Pflichtvorsorge kann zwar prinzipiell in privater oder staatlicher Regie erfolgen, doch sprechen die oben dargelegten Gründe für eine *Einbeziehung in die gesetzliche Rentenversicherung*.

Da es hier nicht um die Auseinandersetzung mit Detailfragen, sondern um die grundsätzlichen Optionen geht, sei nur darauf hingewiesen, daß hier – wie auch bei sonstigen Ausweitungen des Personenkreises in der GRV – Befreiungsmöglichkeiten erforderlich werden, sofern von den nicht obligatorisch Abgesicherten in einer (dann näher zu spezifizierenden Weise) vergleichbare Vorsorge bereits betrieben wurde. Außerdem liegt es nahe, reduzierte Vorsorgeaufwendungen in einer Startphase selbständiger Tätigkeit vorzusehen, um die Aufnahme solcher Erwerbstätigkeit nicht zu behindern.

Die Vorsorgeaufwendungen würden damit durch einkommensbezogene Beiträge in der GRV erbracht, nicht aber durch einkommensunabhängige Kopfbeiträge. Denn diese führen – wie dargestellt – zu einer regressiven Belastung und erfordern kompensierende Mittel aus öffentlichen Haushalten, wenn die Belastung als sozial- und verteilungspolitisch nicht akzeptabel angesehen wird. Anstelle einer solchen "Subventionierung" von Altersvorsorge während der Erwerbsphase sollte bei Erreichen des Rentenalters geprüft werden, ob unzureichendes Einkommen (das ja durch die Vorsorgepflicht möglichst vermieden werden soll) vorhanden ist. Zu diesem Zeitpunkt liegt es nahe, im ungünstigen Fall aus öffentlichen Mitteln eine Aufstockung des Einkommens vorzunehmen, wie z.B. durch die bedarfsorientierte Grundsicherung im Alter (oder auch durch Sozialhilfe).

Allerdings ist hinsichtlich der relativen Höhe der Beitragszahlung zu bedenken, dass selbst diese in niedrigen Einkommensbereichen – da die Selbständigen den vollständigen Beitragssatz von derzeit 19,5 v.H. zahlen müssen – zu einer zu starken Belastung führen kann. Um hierdurch entstehende negative Effekte zu vermeiden, wäre eine Regelung analog zu der für abhängig Beschäftigte denkbar, die eine Reduzierung des Beitragstarifs innerhalb der Gleitzone zwischen 400 € und 800 € bedingt[595].

Mit Blick auf die Absicherung in der GRV ist zu entscheiden, wann das (Mindest-) Sicherungsziel als erreicht anzusehen ist. Hier bietet sich an, dies an das Erreichen einer bestimmten Summe an Entgeltpunkten zu knüpfen. Dabei ist zu beachten, daß Entgeltpunkte bereits durch (frühere) versicherungspflichtige Erwerbstätigkeit oder auch z.B. durch Kindererziehung erworben werden können.

Angesichts des in der GRV im Zeitablauf durch gesetzgeberische Maßnahmen vorgezeichneten Sinkens des generellen Leistungsniveaus wäre das Erreichen von (mindestens) 30 Entgeltpunkten vorzusehen. Danach würde für diesen Personenkreis die Vorsorgepflicht in der GRV enden.

595 § 163 Abs. 1 Nr. 10 SGB VI.

Diese Regelung unterscheidet sich von der für in der GRV versicherte Handwerker, bei denen die Versicherungspflicht an eine bestimmte Versicherungsdauer geknüpft ist. Dies führt – wie die obige Analyse zeigte – zu unbefriedigenden Ergebnissen und einer Verfehlung des Sicherungszieles.

Da in der GRV verschiedene Gruppen von Selbständigen mit Sonderregelungen erfasst sind, liegt es nahe zu prüfen, ob nicht für diesen Personenkreis eine einheitliche Regelung erfolgen sollte. Sonderregelungen sollten eine spezifische Begründung voraussetzen und nicht zu Lasten der in der GRV Versicherten gehen.

Es bleibt allerdings dann auch zu begründen, warum für bestimmte Gruppen von Selbständigen, die in der GRV versichert sind, eine Begrenzung der Vorsorgepflicht erfolgt, die für andere Versicherte (Arbeitnehmer und andere Gruppen von Selbständige) nicht gegeben ist.

6.3 Entwicklung der Finanzierungsbasis der GRV

Eine Einbeziehung noch nicht in der GRV erfasster Selbständiger (die auch keinem anderen obligatorischen System angehören) wird manchmal befürwortet, um die Finanzierungsbasis der GRV zu verbreitern. Andererseits wird dagegen eingewandt, daß hierdurch langfristig eine Mehrbelastung auf die GRV bzw. alle Beitragszahler zukäme, da die Lebenserwartung dieser Gruppe überdurchschnittlich lang sei. Auf diese Frage sei abschließend kurz eingegangen. Allerdings sei ausdrücklich betont, daß im Zentrum der hier vorgelegten Analyse die Alterssicherung von Selbständigen – also auch deren Absicherung im Alter – steht. Unter sozialpolitischen Aspekten sollte dies auch der dominierende Gesichtspunkt sein. D.h. also eine Begründung aus dem Blickwinkel der Verbesserung der Finanzierungsbasis der GRV wäre nachrangig. Allerdings sind die Auswirkungen auf die Finanzlage der GRV und auf die übrigen Beitragszahler bei einer Entscheidung über eine Regelung für bislang nicht obligatorisch Versicherte (bzw. auch eine Umgestaltung der Regelungen für bestimmte Gruppen bereits in die GRV einbezogener Selbständiger) zu berücksichtigen.

Soll eine durch den strukturellen Wandel im Bereich der Erwerbstätigkeit durch eine Umgehung der Versicherungspflicht ausgelöste Erosion der Finanzierungsbasis der GRV verhindert werden, so macht dies im Prinzip eine obligatorische Absicherung aller Erwerbstätigen in der GRV erforderlich. Dabei ist jedoch zu beachten, daß

1. für zahlreiche Selbständigengruppen Sondersysteme existieren und

2. Selbständige, die keiner Versicherungspflicht unterliegen, bereits eine freiwillige Vorsorge betreiben könnten.

Diese beiden Aspekte können jedoch durch entsprechende Befreiungsregelungen berücksichtigt werden.

Die Erosion der Finanzierungsbasis der GRV wird allerdings nicht nur durch ein Ausscheiden von Erwerbstätigen aus der Versicherungspflicht verursacht, sondern auch durch Maßnahmen, für in der GRV versicherungspflichtige Selbständige. Beispielsweise sollen durch einen reduzierten Beitragssatz und damit reduzierte Beitragszahlungen an die GRV u.a. Anreize zur Aufnahme selbständiger Erwerbstätigkeit gegeben und die finanzielle Belastung insbesondere in der „Startphase“ soll reduziert werden. Werden damit auch in entsprechend geringerem Umfang Rentenansprüche erworben, führt dies auch längerfristig zu keiner Mehrbelastung der GRV, anders in dem Fall, daß – ohne kompensierende Zahlungen aus öffentlichen Haushalten – höhere Ansprüche zuerkannt werden als sie den Beitragszahlungen entsprechen.

Weiterhin ist zu beachten, daß Selbständigengruppen, die bislang keiner Versicherungspflicht unterliegen, dazu übergehen könnten, eigene Vorsorgesysteme zu gründen. Derzeit prüfen die Kammern der Psychotherapeuten in Niedersachsen und Nordrhein-Westfalen die Möglichkeit, ein eigenständiges Versorgungswerk zu gründen. Dies zeigt einerseits, daß die Interessenvertretungen von selbständig Erwerbstätigen die soziale Absicherung ihrer Mitglieder anstreben. Andererseits würde dies zu einer weiteren Reduzierung von potentiell in der GRV Versicherten führen. Und es kann davon ausgegangen werden, daß entsprechende andere Gruppen ebenfalls versuchen würden, ein eigenständiges System zu gründen. Zu denken ist hier an den Wechsel zwischen selbständiger und abhängiger Beschäftigung. So besteht bei den existierenden Versorgungswerken der freien Berufe für die abhängig Beschäftigten die Möglichkeit der Befreiung von der Versicherungspflicht in der GRV und ein Wechsel in das Versorgungswerk der jeweiligen Berufsgruppe. Würde eine derartige Befreiungsregelung auch für die Gruppe der „neuen Selbständigen“ gelten, träte zwangsläufig eine Reduzierung der in der GRV Versicherungspflichtigen ein. Soweit es zu einer Zunahme an Versorgungswerken kommt, kann dies nicht nur zu einem weiteren „Ausbluten“ der GRV durch den strukturellen Wandel führen, sondern auch durch die „Flucht aus der Versichertengemeinschaft“ aufgrund des Wechsels in – vermeintlich oder tatsächlich – bessere Systeme der Altersvorsorge.

Die Frage ist allerdings, welche gesamtwirtschaftliche Relevanz dieser „Einnahmeausfall“ bzw. zusätzliche Einnahmen bei der Einführung einer Versicherungspflicht besitzen. Eine Beispielrechnung, bezogen auf die Einführung einer Versicherungspflicht für selbständig Erwerbstätige, basierend auf Ergebnissen der Status quo Analyse, soll die Spannbreite möglicher Entwicklungen veranschaulichen. Dazu werden zwei Berechnungen vorgelegt: Die zur Zeit nicht in der GRV abgesicherten Selbständigen würden im Schnitt entweder

1. einen Beitrag in Höhe des geltenden Regelbeitrags in Höhe von 447,90 Euro oder
2. einen Beitrag in Höhe des Mindestbeitrags von 62,08 Euro zahlen.

Geht man davon aus, daß ungefähr 1,9 Millionen Personen zusätzlich einer Versicherungspflicht unterliegen würden, so ergäben sich im ersten Fall für das Jahr 2002 Mehreinnahmen in Höhe von etwa 10 Mrd. Euro und bei einer Mindestbeitragszahlung von 1,4 Mrd. Euro. Zur Beurteilung dieser Größen sei darauf verwiesen, daß einem Beitragssatz von 1 v.H. rund 8,8 Mrd. Euro Einnahmen entsprechen. Selbst Mehreinnahmen von 10 Mrd. € entsprechen somit nur etwa einem Beitragssatzpunkt.

Bei den vorstehenden Überlegungen handelt es sich allerdings um keine Längsschnittbetrachtung, sondern hier ist nur der unmittelbare Effekt zusätzlicher Einnahmen berücksichtigt.

Sowohl zusätzlichen Beitragseinnahmen durch Ausweitung des Kreises der Versicherungspflichtigen als auch verminderten Einnahmen durch "Abwanderung" stünden veränderte Rentenansprüche und (spätere) Rentenausgaben gegenüber. Diese hängen insbesondere ab von

- der Zahl der Personen,
- der Höhe des der Beitragszahlung zugrunde liegenden Einkommens,
- dem Alter der Personen (für die Frage, wann Ausgaben fällig werden) sowie
- der Lebenserwartung verglichen mit dem Durchschnitt aller Versicherten.

Je nach den hierbei gemachten Annahmen unterscheiden sich auch die Berechnungsergebnisse und die hierauf sich stützenden Aussagen über die Konsequenzen einer Erweiterung des in der GRV pflichtversicherten Personenkreises.

Werden darüber hinaus Reaktionen der betroffenen Personen z.B. hinsichtlich ihrer Spar- und Arbeitsangebotsentscheidungen unterstellt (wobei auch die bisher schon Pflichtversicherten betroffen sind), hängen die Ergebnisse zusätzlich von den unterstellten Verhaltensannahmen ab.

Es überrascht nicht, daß recht unterschiedliche Ergebnisse vorgelegt werden, die allerdings – diese Vermutung erscheint nicht unplausible – auch von der generellen Einstellung von Autoren insbesondere im Hinblick auf die Entwicklung der umlagefinanzierten Alterssicherung und ihrer künftigen Rolle im Gesamtsystem der Alterssicherung abhängen. So geht beispielsweise der Sachverständigenrat zur Begutachtung der gesamtwirtschaftlichen Entwicklung in seinem 2001 vorgelegten Jahresgutachten[596] auf S. 160 f. von einer überdurchschnittlich hohen Lebenserwartung von Selbständigen aus mit der Folge eines längerfristig höheren Beitragssatzes durch Einbeziehung dieser Personengruppe. In einer Simulationsstudie geht Jess (2003) gleichfalls von einer überdurchschnittlichen Lebenserwartung aus und zugleich davon, daß Selbständige ein Einkommen erzielen, das in der höchsten (in der Studie berücksichtigten) Einkommensklasse liegt. Letzteres führt zu einer Beitragssatzsenkung von 3,5 Prozentpunkten[597]. Da zudem unterstellt wird, daß die übrigen Versicherten aufgrund des niedrigeren Beitragssatzes ihr Arbeitsangebot reduzieren, folglich geringere Rentenansprüche erwerben, ergibt sich aus der Studie eine dauerhafte Reduzierung des Beitragssatzes (ganz im Gegensatz beispielsweise zum Sachverständigenrat).

Diese wenigen Hinweise machen bereits deutlich, daß Aussagen über die Auswirkungen auf die Finanzlage der GRV im vornherein nur sehr begrenzt möglich sind. Dabei ist zusätzlich zu berücksichtigen, daß nicht interessiert, welche Effekte durch Selbständige generell für die Finanzlage der GRV zu erwarten wären[598], sondern nur durch die Einbeziehung bislang noch nicht irgendwo obligatorisch erfasster selbständiger Erwerbstätiger. Zudem ist es fraglich, ob für diesen Personenkreis (a) ein überdurchschnittliches Einkommen und (b) eine überdurchschnittlich hohe Lebenserwartung unterstellt werden kann.

Insgesamt kann – auch angesichts der realistischerweise zu unterstellenden Größenordnung – der Effekt für die Finanzlage der GRV nicht als Argument

596 Sachverständigenrat zur Begutachtung der gesamtwirtschaftlichen Entwicklung (2001).

597 Was Jess selbst als "maximale Entlastung" interpretiert. Buslei (2002) kommt in einer im Prinzip auf vergleichbarem Modellansatz beruhenden Simulationsstudie zu einer geringeren Beitragssatzsenkung (2 Prozentpunkte), da er das Einkommen der Selbständigen niedriger ansetzt.

598 Jess (2003) geht dabei von 10 v.H. aller Erwerbstätigen aus, die einbezogen werden. Von den rund 3,6 Millionen selbständig Erwerbstätigen im Jahr 2000 sind allerdings rund 1,7 Millionen schon versicherungspflichtig, d.h. ein Anteil von 10 v.H. ist zu hoch. Wie die Status quo Analyse zeigt, kann man als Grenze maximal 5,2 v.H. ansetzen.

gegen eine obligatorische Einbeziehung des noch nicht obligatorisch gesicherten Personenkreises angeführt werden.

Das auch in der Diskussion vorgetragene Argument, dadurch würde das Gewicht der Umlagefinanzierung erhöht, während es im Sinne einer "Modernisierungsstrategie" gerade um deren Reduzierung gehe, berücksichtigt nicht die oben dargelegten möglichen Folgen kapitalfundierter Alterssicherung und deren geringe Eignung zur Absicherung gegen Einkommensarmut im Alter.

Die Entscheidung für eine der Optionen im Hinblick auf noch nicht obligatorisch abgesicherte Selbständige sollte also nicht primär mit Blick auf die Finanzlage der GRV oder generell die Frage nach dem Gewicht von Umlagefinanzierung und kapitalfundierte Finanzierung getroffen werden, sondern mit Blick auf das sozialpolitische Ziel der einkommensmäßigen Sicherung im Alter.

7 Literatur

Albrecht, Peter / Göbel, Thorsten (2000): Rentenversicherung vs. Fondsentnahmepläne, oder: Wie groß ist die Gefahr den Verzehr des eigenen Vermögens zu überleben? Working Paper 74, Universität Mannheim. Mannheim.

Albrecht, Peter / Maurer, Raimond (2000): Zur Bedeutung einer Ausfallbedrohtheit von Versicherungskontrakten – ein Beitrag zur Bevavioral Insurance, in: Zeitschrift für die gesamte Versicherungswirtschaft 89, Heft 74, S. 339-355.

Alterssicherungskommission (Hrsg.) (1997): Vorschläge der Kommission "Fortentwicklung der Rentenversicherung". Bonn: Eigenverlag.

Althammer, Jörg (1997): Die Rolle der Vermögenspolitik im Rahmen einer Sozialstaatsreform, in: Jahrbücher für Nationalökonomie und Statistik 216, Heft 4+5, S. 595-617.

Bach, Hans-Uwe / Kohler, Hans / Magvas, Emil / Spitznagel, Eugen / Pusse, Leo (1999): Der Arbeitsmarkt in der Bundesrepublik Deutschland in den Jahren 1998 und 1999, in: Mitteilungen aus der Arbeitsmarkt– und Berufsforschung 32, Heft 1, S. 5-40.

Bäcker, Gerhard (1998): Die Zukunft der Alterssicherung, in: Soziale Sicherheit 47, Heft 6, S. 201-212.

Bäcker, Gerhard (2001): Flexibilität und soziale Sicherung in Deutschland: Bestandsaufnahme und Reformoptionen für die Alterssicherung, in: Ministerium für Arbeit und Soziales, Qualifikation und Technologie des Landes Nordrhein-Westfalen (Hrsg.): Flexicurity – Soziale Sicherung und Flexibilisierung der Arbeits- und Lebensverhältnisse. Düsseldorf: Ministerium für Arbeit und Soziales, Qualifikation und Technologie des Landes Nordrhein-Westfalen, S. 443-502.

Backhaus, Rolf / Grintsch, Ulrich / Neidert, Alfred / Polster, Andreas (1991): Das Versicherungs- und Rentenrecht im beigetretenen Teil Deutschlands, in: Deutsche Rentenversicherung 63, Heft 1, S. 15-89.

Becker, Irene (2001): Personelle Einkommensverteilung 1993 und 1998: Ergebnis der EVS zur Ungleichheit innerhalb und zwischen sozioökonomischen Gruppen. Working Paper 26, Johann Wolfgang Goethe-Universität Frankfurt am Main, Fachbereich Wirtschaftswissenschaften. Frankfurt am Main.

Bedau, Klaus-Dietrich (1994): Das Einkommen sozialer Haushaltsgruppen in Westdeutschland im Jahre 1992, in: Wochenbericht des DIW 61, Heft 45/94, S. 769-778.

Bedau, Klaus-Dietrich (1995a): Das Einkommen der Freiberufler in Westdeutschland, in: Wochenbericht des DIW 62, Heft 37/95, S. 642-651.

Bedau, Klaus-Dietrich (1995b): Relative Einkommenspositionen der westdeutschen Haushaltsgruppen in den achtziger und neunziger Jahren, in: Wochenbericht des DIW 62, Heft 18/95, S. 355-360.

Bedau, Klaus-Dietrich (1996a): Das Einkommen der freiberuflichen Zahnärzte 1994: Wirkungen des Gesundheitsstrukturgesetzes läßt nach, in: Wochenbericht des DIW 63, Heft 15/96, S. 247-252.

Bedau, Klaus-Dietrich (1996b): Die Vermögenseinkommen der privaten Haushalte 1995, in: Wochenbericht des DIW 63, Heft 29/96, S. 481-442.

Bedau, Klaus-Dietrich (1997): Geldvermögen und Vermögenseinkommen der privaten Haushalte 1996, in: Wochenbericht des DIW 64, Heft 31/97, S. 435-442.

Bedau, Klaus-Dietrich (1998a): Auswertungen von Statistiken über die Vermögensverteilung in Deutschland. Beiträge zur Strukturforschung. Berlin: Duncker & Humblot.

Bedau, Klaus-Dietrich (1998b): Die Einkommen der Zahnärzte haben sich 1996 erholt, in: Wochenbericht des DIW 65, Heft 9/98, S. 181-187.

Bedau, Klaus-Dietrich (1999a): Ersparnis und Vorsorgeaufwendungen nach Haushaltsgruppen. Working Paper 187, Deutsches Institut für Wirtschaftsforschung. Berlin.

Bedau, Klaus-Dietrich (1999b): Geldvermögen und Vermögenseinkommen der privaten Haushalte, in: Wochenbericht des DIW 66, Heft 30/99, S. 559-568.

Bedau, Klaus-Dietrich (1999c): Zur Einkommenslage in den freien Berufen, in: Wochenbericht des DIW 66, Heft 2/99, S. 51-61.

Bedau, Klaus Dietrich (1999d): Einkommen der Zahnärzte 1997 moderat gestiegen, in: Wochenbericht des DIW 66, Heft 6/99, S. 134-139.

Bedau, Klaus Dietrich (1999e): Entwicklung der Einkommenspositionen von Haushaltsgruppen in Deutschland, in: Wochenbericht des DIW 66, Heft 3/99, S. 79-88.

Bedau, Klaus-Dietrich / Meinhardt, Volker / Stille, Frank / Teichmann, Dieter / Zwiener, Rudolf (1993): Zur Entwicklung der Einkommensverteilung in der Bundesrepublik Deutschland. Gutachten im Auftrage der Hans-Böckler-Stiftung. Berlin: Deutsches Institut für Wirtschaftsforschung. Februar 1993.

Berndt, Joachim (2000): Von der Scheinselbständigkeit zur Förderung der Selbständigkeit, in: Neue juristische Wochenschrift 53, Heft 7, S. 464-468.

Berntsen, Roland (1992): Dynamik in der Einkommensverteilung privater Haushalte. Eine empirische Langschnittanalyse für die Bundesrepublik. Frankfurt/New York: Campus.

Bieback, Karl-Jürgen (1999): Neue Selbständigkeit und soziale Sicherheit – Notwendigkeit einer Neuorientierung, in: Sozialer Fortschritt, Heft 7, S. 166-174.

Bieback, Karl-Jürgen (2000): Die Neuregelung zu "Scheinselbständigkeit" und kleinen Selbständigen in §7 SGB IV und § 2 Nr. 9 SGB VI, in: Die Sozialgerichtsbarkeit 47, Heft 5, S. 189-198.

Bieback, Karl-Jürgen (2001): Der Versuch, neue Selbständigkeit und Scheinselbständigkeit sozialstaatlich zu regulieren, in: Kritische Justiz, Heft 1/2001, S. 29-45.

Bieber, Ulrich / Stegmann, Michael (2000): Sozialversicherungspflichtige Teilzeitbeschäftigung in den Erwerbsbiographien der zukünftigen Rentnerinnen und ihre Auswirkung auf die Altersvorsorge, in: Deutsche Rentenversicherung 72, Heft 6, S. 364-383.

Bieling, Jörg (1998): Die berufsständische Altersversorgung der Ärzte, Zahnärzte und Tierärzte, in: Versicherungswirtschaft 53, Heft 11, S. 748-754.

Blümle, Gerold (1990): Der Einfluß verschiedener Alterssicherungssysteme auf das private Sparverhalten, in: Gahlen, Bernhard et al. (Hrsg.): Theorie und Politik der Sozialversicherung. Tübingen: Mohr (Paul Siebeck), S. 23-53.

Bodie, Zvi (1990): Inflation Insurance, in: The Journal of Risk and Insurance 57, Heft 4, S. 634-645.

Boecken, Winfried (1986): Die Pflichtaltersversorgung der verkammerten freien Berufe und der Bundesgesetzgeber. Berlin: Duncker & Humblot.

Boecken, Winfried (1988): Berufsständische Versorgungswerke, in: Maydell, Bernd Baron von / Ruland, Franz (Hrsg.): Sozialrechtshandbuch (SRH). Neuwied: Luchterhand, S. 829-858.

Bögenhold, Dieter (1985): Die Selbständigen - Zur Soziologie dezentraler Produktion. Frankfurt/New York: Campus.

Bögenhold, Dieter (1987a): Der Gründerboom - Realität und Mythos der neuen Selbständigkeit. Frankfurt/New York: Campus.

Bögenhold, Dieter (1987b): Selbständige im Beschäftigungssystem, in: Weymann, Ansgar (Hrsg.): Soziale Welt – Sonderband 5. Bildung und Beschäftigung – Grundzüge und Perspektiven des Strukturwandels. Göttingen: Schwartz, S. 317-333.

Bögenhold, Dieter (1991): "Alternative" Wirtschaft oder Atoll des Kleinunternehmertums?, in: Zeitschrift für Soziologie 20, Heft 3, S. 223-236.

Bögenhold, Dieter (2000): Die Entwicklung zu Dienstleistungen. Ein wirtschaftshistorisches Erklärungsmuster für Veränderungen in der Unternehmensorganisationen und für das Entstehen neuer KMU's, in: Bögenhold, Dieter (Hrsg.): Kleine und mittlere Unternehmen im Strukturwandel – Arbeitsmarkt und Strukturpolitik. Frankfurt u. a. O.: Peter Lang, S. 77-98.

Bögenhold, Dieter / Leicht, René (2000): „Neue Selbständigkeit“ und Entrepreneurship: Moderne Vokabeln und damit verbundene Hoffnungen und Irrtümer, in: WSI Mitteilungen 53, Heft 12, S. 779-787.

Bögenhold, Dieter / Staber, Udo (1990): Selbständigkeit als ein Reflex auf Arbeitslosigkeit?, in: Kölner Zeitschrift für Soziologie und Sozialpsychologie 42, Heft 2, S. 265-279.

Böhm, Stefan (1992): Zur monetären Absicherung im Alter – Verteilungspolitische Zielvorstellungen und einkommensmäßige Wirkungen von Alterssicherungssystemen, in: Zeitschrift für Gerontologie 25, Heft 3, S. 155-165.

Börsch-Supan, Axel (Hrsg.) (2000): Was für die Kapitaldeckung und was für das Umlageverfahren spricht. Beiträge zur angewandten Wirtschaftsforschung, 587-00. Mannheim: Universität Mannheim.

Brand, Jürgen (1996): Die sozialrechtlichen Abgrenzungskriterien der "Abhängigkeit/Selbständigkeit/Scheinselbständigkeit" und die Folgen der Einstufung als Selbständiger bzw. abhängig Beschäftigter, in: Zeitschrift für Sozialreform 42, Heft 6, S. 401-415.

Brand, Jürgen (1997): Die Behandlung des Problems "Scheinselbständigkeit" durch die Sozialgerichte, in: Neue Zeitschrift für Sozialrecht 6, Heft 12, S. 552-558.

Braun, Reiner (2000): Vermögensbildung privater Haushalte. Empirische Auswertungen und Modellrechnungen. Frankfurt: Peter Lang.

Brüderl, Josef (Hrsg.) (1999): Neugegründete Unternehmen: "Born to Die?". Eine neue Gründerzeit: Die Wiederentdeckung kleiner Unternehmen in Theorie und Praxis. Amsterdam: G+B Verlag Fakultas.

Brüderl, Josef / Preisendörfer, Peter / Baumann, Axel (1991): Determinanten der Überlebenschancen neugegründeter Kleinbetriebe, in: Mitteilungen aus der Arbeitsmarkt- und Berufsforschung 24, Heft 1, S. 91-100.

Buch, Holger (1995a): Institutioneller Wandel auf dem Arbeitsmarkt und dessen Folgen für den Generationsvertrag, in: Deutsche Rentenversicherung 67, Heft 12, S. 750-759.

Buch, Holger (1995b): Steigende Sozialversicherungsbeiträge durch Zunahme von ungeschützten Beschäftigungsverhältnissen, in: Sozialer Fortschritt 44, Heft 6, S. 148-154.

Buch, Holger (1999): Ungeschützte Beschäftigungsverhältnisse. Frankfurt am Main: Peter Lang.

Buchner, Herbert (1999): Von Scheinselbständigkeit und Scheinlösungen – Das "Gesetz zur Förderung der Selbständigkeit", in: Der Betrieb 52, Heft 49, S. 2514-2518.

Buczko, Gerhard (2000): Zur Rentenversicherungspflicht von Selbständigen mit einem Auftraggeber i. S. von § 2 Satz 1. Nr 9 SGB VI, in: Die Angestelltenversicherung 47, Heft 4, S. 134-138.

Bundesministerium für Arbeit und Sozialordnung (Hrsg.) (1992): Alterssicherung in Deutschland 1986. Band V: Selbständige und ihre Hinterbliebenen. Forschungsbericht 200/V Sozialforschung. Bonn: Bundesministerium für Arbeit und Sozialordnung.

Bundesministerium für Arbeit und Sozialordnung (Hrsg.) (2000): Altersvorsorge in Deutschland 1996 (AVID '96). Lebensverläufe und künftige Einkommen im Alter. Tabellenbände und Methodenbericht. DRV-Schriften Band 19. Frankfurt: Verband Deutscher Rentenversicherungsträger. Forschungsbericht 277 Sozialforschung. Bonn: Bundesministerium für Arbeit und Sozialordnung. Sonderausgabe auf CD.

Bundesministerium für Arbeit und Sozialordnung (Hrsg.) (2001a): Alterssicherung in Deutschland 1999 (ASID '99). Zusammenfassung wichtiger Untersuchungsergebnisse. Forschungsbericht 289/Z Sozialforschung. Bonn: Bundesministerium für Arbeit und Sozialordnung.

Bundesministerium für Arbeit und Sozialordnung (Hrsg.) (2001b): Alterssicherung in Deutschland 1999 (ASID '99). Tabellenband. Forschungsbericht 289/T Sozialforschung. Bonn: Bundesministerium für Arbeit und Sozialordnung.

Bundesministerium für Arbeit und Sozialordnung (Hrsg.) (2001c): Alterssicherung in Deutschland 1999 (ASID '99). Methodenbericht. Forschungsbericht 289/M Sozialforschung. Bonn: Bundesministerium für Arbeit und Sozialordnung.

Bundesministerium für Arbeit und Sozialordnung (2001d): Lebenslagen in Deutschland. Daten und Fakten. Materialband zum ersten Armuts- und Reichtumsbericht der Bundesregierung. Berlin: Bundesregierung.

Bundesministerium für Arbeit und Sozialordnung (2002): Künstlersozialversicherung. Bonn: Deutscher Bundestag.

Bundesministerium für Ernährung, Landwirtschaft und Forsten (2000): Agrarbericht der Bundesregierung. Bonn: Deutscher Bundestag.

Bundesministerium für Familie, Senioren, Frauen und Jugend (2001): Dritter Bericht zur Lage der älteren Generation in der Bundesrepublik Deutschland: Alter und Gesellschaft und Stellungnahme der Bundesregierung. Bundestags-Drucksache. Berlin: Bunderegierung.

Bundesministerium für Verbraucherschutz (2001): Agrarbericht der Bundesregierung. Berlin: Bundesregierung.

Bundesministerium für Verbraucherschutz, Ernährung und Landwirtschaft (2003): Ernährungs- und agrarpolitischer Bericht 2002 der Bundesregierung. Berlin: Bundesregierung.

Bundesministerium für Wirtschaft und Technologie (2001): Initiative Unternehmensnachfolge. Berlin: Bundesregierung.

Bundesregierung (1998): Alterssicherungsbericht 1997. Bundestags-Drucksache 13/9570. Bonn: Deutscher Bundestag.

Bundesregierung (2000): Bericht der Bundesregierung über die soziale Lage der Künstlerinnen und Künstler in Deutschland. Berlin: Deutsche Bundesregierung. 31. März 2000.

Bundesregierung (2001a): Alterssicherungsbericht 2001. Bundestags-Drucksache 14/7640. Berlin: Bundesregierung.

Bundesregierung (2001b): Lebenslagen in Deutschland. Der erste Armuts- und Reichtumsbericht der Bundesregierung. Bundesregierung: http://www.bundesregierung.de/Anlage8473/Armutsbericht.pdf, 5. Juni 2002.

Bundesversicherungsanstalt für Angestellte (1997): Selbständige in der Rentenversicherung. Berlin: Eigenverlag.

Bundesversicherungsanstalt für Angestellte (1999): Viertes Sozialgesetzbuch: Gemeinsame Vorschriften für die Sozialversicherungen. Text und Erläuterungen. Berlin: Eigenverlag.

Burger, Alexander (1998): Die Einbeziehung Selbständiger in die Versicherungspflicht der Gesetzlichen Rentenversicherung, in: Die Rentenversicherung 39, Heft 6, S. 97-98.

Buslei, Hermann (2002): Wohlfahrtseffekte einer Ausweitung des Kreises der Pflichtversicherten in der gesetzlichen Rentenversicherung. Unveröffentlichtes Manuskript, Vortrag auf der Jahrestagung 2002 des Vereins für Socialpolitik. Innsbruck.

Danziger, Sheldon / Haveman, Robert / Smolensky, Eugene (1977): The Measurement and Trend of Inequality: Comment, in: The American Economic Review 67, Heft 3, S. 505-512.

Dederer, Rolf (2000): 10 Jahre deutsche Einheit – Rechtsangleichung in der Rentenversicherung, in: Deutsche Rentenversicherung 72, Heft 8, S. 465-477.

Dederer, Rudolf / Grintsch, Ulrich (1989): Neuregelungen des Rentenreformgesetzes 1992 im Bereich des Versicherungsrechts, in: Deutsche Rentenversicherung 61, Heft 12, S. 783-815.

Deisler, Harald (Hrsg.) (1998): Die Alterssicherung der Landwirte. Handbuch zur Altersversorgung. Frankfurt a/M: Fritz Knapp GmbH.

Deneke, Volrad (1969): Klassifizierung der freien Berufe: statistische Erfassung und Systematik, Berufstätigkeiten und Berufsbenennungen nach der Volks- und Berufszählung von 1961. Köln: Deutscher Ärzte-Verlag.

Deutscher Bundestag (1975): Bericht der Bundesregierung über die wirtschaftliche und soziale Lage der künstlerischen Berufe. Drucksache 7/3071, 7. Wahlperiode. Bonn: Deutscher Bundestag.

Deutscher Bundestag (Hrsg.) (1994): Zwischenbericht der Enquête-Kommission „Demographischer Wandel" – Herausforderungen unserer älter werdenden Gesellschaft an den einzelnen und die Politik. Zur Sache, 4/94. Bonn: Deutscher Bundestag.

Deutscher Bundestag (1998): Gesetz zu Korrekturen in der Sozialversicherung und zur Sicherung der Arbeitnehmerrechte. Bonn, Bundesgesetzblatt. Teil 1: S. 3843-3852.

Deutscher Bundestag (1999): Bericht des Bundesrechnungshofes gemäß § 99 BHO zur Neugestaltung der Organisationsstrukturen in der landwirtschaftlichen Sozialversicherung. Bundestags-Drucksache 14/1101, 14. Wahlperiode. Bonn: Deutscher Bundestag

Deutscher Bundestag (2000): Gesetz zur Förderung der Selbständigkeit. Bonn, Bundesgesetzblatt. Teil 1: S. 2-4.

Deutscher Bundestag (2001): Lagebericht der Bundesregierung über die Alterssicherung der Landwirte 2001: Unterrichtung durch die Bundesregierung. Verhandlungen des Deutschen Bundestages: Drucksachen 14/7798. Bonn: Deutscher Bundestag.

Deutscher Bundestag (Hrsg.) (2002): Enquête-Kommission Demographischer Wandel. Herausforderungen unserer älter werdenden Gesellschaft an den Einzelnen und die Politik. Zur Sache, 3/2002. Berlin: Deutscher Bundestag.

Diekmann, Claudia / Grintsch, Ulrich / Neidert, Alfred / Schellhorn, Helmut (1996): Wesentliche Neuregelungen des Gesetzes zur Änderung des sechsten Sozialgesetzbuches und anderer Gesetze, in: Deutsche Rentenversicherung 68, Heft 1-2, S. 22-53.

Dietrich, Hans (Hrsg.) (1996a): Empirische Befunde zur "Scheinselbständigkeit". Nürnberg: Institut für Arbeitsmarkt- und Berufsforschung der Bundesanstalt für Arbeit.

Dietrich, Hans (1996b): Neue Formen der Erwerbstätigkeit unter besonderer Berücksichtigung der Scheinselbständigkeit, in: Laszlo, Alex / Tessaring, Manfred (Hrsg.): Neue Qualifizierungs- und Beschäftigungsfelder. Bielefeld: Bertelsmann, S. 283-303.

Dietrich, Hans (1998): Erwerbsverhalten in der Grauzone von selbständiger und abhängiger Erwerbsarbeit. Zur Erfassung scheinselbständig Erwerbstätiger und deren vertragliche, berufliche und soziale Lage. Beitrag. 205. Erlangen/Nürnberg: Institut für Arbeitsmarkt- und Berufsforschung der Bundesanstalt für Arbeit

Döse, Annegret / Höland, Armin / Schallhöfer, Petra / Roethe, Thomas (Hrsg.) (1994): Neue Formen und Bedingungen der Erwerbsarbeit in Europa. Baden-Baden: Nomos Verlagsgesellschaft.

Dräther, Hendrik / Fachinger, Uwe / Oelschläger, Angelika (2001): Selbständige und ihre Altersvorsorge – Möglichkeiten der Analyse anhand der Mikrozensen und erste Ergebnisse. Working Paper 1/01, Zentrum für Sozialpolitik. Bremen.

Düll, Nicola / Vogler-Ludwig, Kurt (1998): Germany, in: Trends 31. Europäisches Beschäftigungsobservatorium: http://www.eu-employment-observatory.net/ersep/trd31_uk/00120040.asp, 1998.

Ebert, Thomas (2001): Rentenreform 2001: Sozialverträgliche Modernisierung?, in: Sozialer Fortschritt 50, Heft 8, S. 182-187.

Eitenmüller, Stefan / Eckerle, Konrad (2000): Umfinanzierung der Alterssicherung. 561-5393. Basel: Prognos AG. Mai 2000.

Emmerling, Dieter / Riede, Thomas (1997): 40 Jahre Mikrozensus, in: Wirtschaft und Statistik 3/1997, Heft 3, S. 160-174.

Engelbrech, Gerhard / Reinberg, Alexander (1997): Frauen und Männer in der Beschäftigungskrise der 90er Jahre. IAB-Werkstattbericht Nr. 11. Nürnberg: Institut für Arbeitsmarkt- und Berufsforschung.

Erdmann, Jörg-Peter (1996): Sozialversicherungsrechtliche Beurteilung von GmbH-Gesellschafter-Geschäftsführern, in: Zentralblatt für Sozialversicherung 50, Heft 4, S. 101-106.

Euler, Manfred (1982): Einkommens- und Verbrauchsstichprobe 1983, in: Wirtschaft und Statistik, Heft 6/1982, S. 433-437.

Euler, Manfred (1985): Erfassung und Darstellung der Einkommen privater Haushalte in der amtlichen Statistik, in: Wirtschaft und Statistik, Heft 1/1985, S. 56-62.

Evers, George / Wijman, Luuk (2000): Selbständige ohne Mitarbeiter: Erwerbstätige zwischen Arbeitnehmer und Unternehmer? Einheitlichkeit und Differenz, in: WSI Mitteilungen 53, Heft 10, S. 788-796.

Fachinger, Uwe (1998): Die Verteilung der Vermögen privater Haushalte: Einige konzeptionelle Anmerkungen sowie empirische Befunde für die Bundesrepublik Deutschland. Working Paper 13/98, Zentrum für Sozialpolitik. Bremen.

Fachinger, Uwe (2000): Erweiterung des versicherten Personenkreises auf Selbständige – Einige Anmerkungen zum DJB-Modell, in: Zeitschrift für Sozialreform 46, Heft 9, S. 811-840.

Fachinger, Uwe (2001a): Einnahmen und Ausgaben Hochbetagter. Expertise für die Sachverständigenkommission "4. Altenbericht der Bundesregierung". Kommissionsdrucksache. Berlin: Deutsches Zentrum für Altersfragen.

Fachinger, Uwe (2001b): Materielle Ressource älterer Menschen – Struktur, Entwicklung und Perspektiven, in: Deutsches Zentrum für Altersfragen (Hrsg.): Expertisen zum 3. Altenbericht der Bundesregierung. Band 2: Erwerbsbiographien und materielle Lebenssituation im Alter. Opladen: Leske + Budrich, S. 131-360.

Fachinger, Uwe (2001c): Wechselwirkungen zwischen Besteuerungselementen und der Anpassungsformel sowie dem Rentenniveau der gesetzlichen Rentenversicherung, in: Verband Deutscher Rentenversicherungsträger (Hrsg.): Besteuerung von Beiträgen und Leistungen in der Altersvorsorge. Wissenschaftliches Kolloquium des VDR am 22./23.03.2001 in Würzburg. DRV-Schriften, 29. Bad Homburg: WDV Wirtschaftsdienst, S. 48-64.

Fachinger, Uwe (2002a): Die „neuen" Selbständigen: Armutspotential der Zukunft?, in: Sell, Stefan (Hrsg.): Armutsberichterstattung, Armutsforschung – Und was dann? Neue Wege in der Armutspolitik. Berlin: Duncker & Humblot.

Fachinger, Uwe (2002b): Einnahmen und Ausgaben Hochbetagter, in: Deutsches Zentrum für Altersfragen (Hrsg.): Band II: Ökonomische Perspektiven auf das hohe Alter. Hannover: Vincentz, S. 5-207.

Fachinger, Uwe (2002c): Sparfähigkeit und Vorsorge gegenüber sozialen Risiken bei Selbständigen: Einige Informationen auf der Basis der Einkommens- und Verbrauchsstichprobe 1998. Working Paper 1/02, Zentrum für Sozialpolitik. Bremen.

Fachinger, Uwe / Oelschläger, Angelika (2000): Selbständige und ihre Altersvorsorge: Sozialpolitischer Handlungsbedarf?, in: Bögenhold, Dieter (Hrsg.): Kleine und mittlere Unternehmen im Strukturwandel – Arbeitsmarkt und Strukturpolitik. Frankfurt: Peter Lang, S. 145-172.

Faik, Jürgen / Roth, Michael / Ruland, Franz (2001): Nichtnormarbeitsverhältnisse auf dem Arbeitsmarkt und in Biografien Rentenversicherter, in: Becker, Irene et al. (Hrsg.): Soziale Sicherung in einer dynamischen Gesellschaft. Frankfurt/New York: Campus, S. 503-542.

Fehrenbach, Silke / Leicht, Rene (2001): Boom der DV Dienstleister ungebrochen. Working Paper 6/2001, Institut für Mittelstandsforschung. Mannheim.

Finke, Hugo (1996): Die Künstler und ihre Rente. Die soziale Sicherung der Künstler und Publizisten. Berlin: Eigenverlag.

Finke, Hugo / Geisler, Detlef / Schmidt, Wolfgang (1990): Neuregelungen im Versicherungs- und Beitragsrecht, in: Die Angestelltenversicherung 37, Heft 2, S. 49-57.

Finsinger, Jörg / Wieser, Robert (1997): Die Lebensversicherung, in: Männer, Leonhard (Hrsg.): Langfristige Versicherungsverträge. Ökonomie, Technik, Institutionen. Karlsruhe: Verlag Versicherungswirtschaft (VVW), S. 133-175.

Fischer, Hans P. (Hrsg.) (1994): Staatliche Existenzgründung um jeden Preis? Neue Unternehmen: Interdisziplinäre Beiträge zur Gründungsforschung. Heidelberg: Physica-Verlag.

Flecken, Hans Ludwig (1995): Die Reform der Alterssicherung der Landwirte, in: Die Sozialversicherung 50, Heft 3, S. 57-64.

Folkers, Cay (1980): Vermögen I: Struktur und Verteilung, in: Albers, Willi et al. (Hrsg.): Handwörterbuch der Wirtschaftswissenschaft (HdWW). Teil 8: Terminmärkte bis Wirtschaft der DDR, Die. Stuttgart/Tübingen/Göttingen: Fischer/ J. C. B. Mohr (Paul Siebeck)/ Vandenhoeck & Ruprecht, S. 265-282.

Försterling, Joachim (2000): Die Abgrenzung abhängig Beschäftigter von selbständig Tätigen nach dem Gesetz zur Förderung der Selbständigkeit, in: Deutsche Rentenversicherung 72, Heft 7, S. 432-438.

Franco, Ana (1998): Selbständige außerhalb der Landwirtschaft in der Europäischen Union, in: Internationale Vereinigung für soziale Sicherheit / Landeskasse der Krankenversicherung der Selbständigen (Hrsg.): Soziale Sicherheit und die Entwicklung der selbständigen Erwerbstätigkeit außerhalb der Landwirtschaft. Genf: Internationale Vereinigung für soziale Sicherheit, S. 37-48.

Frerichs, Petra / Himmelreicher, Ralf K. (2000): Sozialer Raum und Geschlechterverhältnis, in: Ehrig, Detlev et al. (Hrsg.): Finanzmarktarchitektur, ökonomische Dynamik und regionale Strukturforschung. Bremen: Institut für Konjunktur- und Strukturforschung (IKSF), Universität Bremen, S. 173-193.

Frerichs, Petra / Himmelreicher, Ralf K. (2001): Sozialer Raum und Geschlechterverhältnis, in: Stadlinger, Jörg (Hrsg.): Reichtum heute – Diskussion eines kontroversen Sachverhalts. Münster: Westfälischer Dampfboot Verlag, S. 185-201.

Frick, Sigfried (Hrsg.) (1999): "Kultur der Selbständigkeit" in Deutschaland? Zur theoretischen und empirischen Fundierung eines aktuellen Begriffs der Wirtschaftspolitik. Eine neue Gründerzeit? Die Wiederentdeckung kleiner und mittlerer Unternehmen in Theorie und Praxis. München: G+B Verlag Fakultas.

Frick, Siegfried / Lagemann, Bernhard / Rosenbladt, Bernhard von / Voelzkow, Helmut / Welter, Friederike (1998): Möglichkeiten zur Verbesserung des Umfeldes für Existenzgründer und Selbständige: Wege zu einer neuen Kultur der Selbständigkeit. Essen: RWI-Rheinisch-Westfälisches Institut für Wirtschaftsforschung.

Fürstenwerth, Jörg Frank von (2000): Chancen und Risiken im Vergleich, in: Soziale Sicherheit 49, Heft 3, S. 76-81.

Geisler, Detlev (2000): Erweiterte Befreiungsmöglichkeiten nach § 231 Abs. 5 SGB VI, in: Die Angestelltenversicherung 47, Heft 4, S. 138-141.

Genzke, Jürgen (2000): Beitragssatz für das Jahr 2001 und langfristige Ausblicke vor dem Hintergrund einer Reform in der gesetzlichen Rentenversicherung, in: Die Angestelltenversicherung 47, Heft 12, S. 437-445.

Genzke, Jürgen (2001): Vorläufige Rechnungsergebnisse des Jahres 2000 und mögliche weitere Entwicklungen, in: Die Angestelltenversicherung 48, Heft 4, S. 133-142.

Georgellis, Yannis / Wall, Howard J. (2000): Gender differences in Self-Employment: Panel Evidence from Germany. Working Paper 99-008B, Federal Reserve Bank of St. Louis. St. Louis.

Gewerkschaft Erziehung und Wissenschaft (Hrsg.) (2001): Selbständig – aber sicher! Soziale Sicherung von Dozentinnen und Dozenten in der Weiterbildung. Berufliche Bildung und Weiterbildung, 12. Frankfurt: Gewerkschaft Erziehung und Wissenschaft.

Gitter, Wolfgang (1996): Die abhängigen Selbständigen - Zur Flucht aus der Sozialversicherungspflicht, in: Die Sozialgerichtsbarkeit 43, Heft 6, S. 263-265.

Gottschall, Karin (1999): Freie Mitarbeit im Journalismus, in: Kölner Zeitschrift für Soziologie und Sozialpsychologie 51, Heft 4, S. 635-654.

Gottschall, Karin / Schnell, Christiane (2000): "Alleindienstleister" in Kulturberufen – Zwischen neuer Selbständigkeit und alten Abhängigkeiten, in: WSI Mitteilungen 53, Heft 12, S. 804-810.

Götzenberger, Anton-Rudolf (1995): Versicherungs- und Beitragspflicht der selbständig tätigen Künstler und Publizisten nach dem Künstlersozialversicherungsgesetz - KSVG, in: Die Sozialversicherung 50, Heft 6, S. 148-151.

Graeff, Günter / Schmidt, Bernhard (2001): Organisation gestärkt, in: Bundesarbeitsblatt, Heft 9, S. 20-23.

Grintsch, Ulrich (1997): Erstes Kapitel. Versicherter Personenkreis. Selbständig Tätige, in: Kreikebohm, Ralf et al. (Hrsg.): Sozialgesetzbuch VI. Gesetzliche Rentenversicherung. München: C.H. Beck, S. 42-58.

Großjohann, Klaus / Hartmann, Helmut (1986): Auf dem Weg zur Neufestsetzung der Sozialhilfe-Regelsätze, in: Theorie und Praxis der sozialen Arbeit 37, Heft 11, S. 362-369.

Guderjahn, Klaus (1971): Die Frage des sozialen Versicherungsschutzes für selbständig Erwerbstätige vom Entstehen der deutschen Sozialversicherung bis zur Gegenwart. Bonn-Bad Godesberg: Asgard Verlag GmbH.

Günther, Hartmut / Page, Klaus (1987): Die freiwillige Versicherung – Stiefkind der gesetzlichen Rentenversicherung?, in: Die Angestelltenversicherung 34, Heft 5, S. 205-209.

Gürtner, Klaus (2000): SGB VI. § 2 Selbständig Tätige, in: Niesel, Klaus et al. (Hrsg.): Kasseler Kommentar. Sozialversicherungsrecht. München: C.H. Beck, S. 2-4.

Hagedorn, Konrad / Mehl, Peter (2001): Deutschland – Sozialpolitische Reformen für die deutsche Landwirtschaft: Herausforderungen und Empfehlungen, in: Internationale Revue für Soziale Sicherheit 54, Heft 1, S. 101-118.

Hahn, Dierk (1974): Die öffentlich-rechtliche Alterssicherung der verkammerten freien Berufe. Berlin: Duncker & Humblot.

Harhoff, Dietmar (1997): Unternehmensgründungen – Empirische Analysen für die alten und neuen Bundesländer. Baden-Baden: Nomos Verlagsgesellschaft.

Harhoff, Dietmar / Woywode, Michael (Hrsg.) (1994): Überlebenschancen von Unternehmen – eine empirische Analyse auf der Basis des Mannheimer Unternehmerpanels. Neue Unternehmen: Interdisziplinäre Beiträge zur Gründungsforschung. Heidelberg: Physica Verlag.

Heller Clain, Suzanne (2000): Gender Differences in Full-Time Self-Employment, in: Journal of Economics and Business 52, Heft 6, S. 499-513.

Hermann, Christopher (1988): Die Rentenreform 1972 – Bilanz und Perspektive nach 15 Jahren, in: Deutsche Rentenversicherung 60, Heft 1/2, S. 1-21.

Heyn, Walther (1947): Die Selbständigen in der Sozialversicherungsreform, in: Sozialversicherung 1, Heft 12, S. 446-449.

Heyn, Walther (1954): Die soziale Sicherung der Selbständigen, in: Rohrbeck, Walter (Hrsg.): Beiträge zur Sozialversicherung: Festgabe für Johannes Krohn zum 70. Geburtstag. Berlin: Duncker und Humblot, S. 127-155.

Heyn, Walther (1960): Der Wandel der Handwerkerversicherung bis zum Gesetz vom 8. September 1960. Ein Beitrag zur Versicherungspflicht von Selbständigen, in: Zeitschrift für die gesamte Versicherungswissenschaft, Band 49, S. 303-397.

Himmelreicher, Ralf K. (2001): Soziodemographie, Erwerbsarbeit, Einkommen und Vermögen von westdeutschen Haushalten. Eine Längsschnitt-Kohortenanalyse auf Datenbasis des SOEP (1984-1997). Berlin: Logos.

Hinz, Thomas (1998): Betriebsgründungen in Ostdeutschland. Berlin: Edition Sigma Rainer Bohn Verlag.

Hinz, Thomas / Wilsdorf, Steffen H. (Hrsg.) (1999): Das Scheitern von Betriebsgründungen in den neuen Bundesländern. Eine neue Gründerzeit? Die Wiederentdeckung kleiner Unternehmen in Theorie und Praxis. Amsterdam: G+B Verlag Fakultas.

Hoffmann, Edeltraut / Walwei, Ulrich (1998a): Längerfristige Entwicklung von Erwerbsformen in Westdeutschland, in: IAB Kurzbericht 8, Heft 2, S. 3-8.

Hoffmann, Edeltraud / Walwei, Ulrich (1998b): Normalarbeitsverhältnis: Ein Auslaufmodell?, in: Mitteilungen aus der Arbeitsmarkt- und Berufsforschung 31, Heft 3, S. 409-425.

Homburg, Stefan (1988): Umlage- versus Kapitaldeckungsverfahren., in: Wirtschaftswissenschaftliches Studium 17, Heft 12, S. 605-609.

Igl, Gerhard (1998a): Für eine integrierte Alterssicherung, in: Deutsche Rentenversicherung 70, Heft 10, S. 581-600.

Igl, Gerhard (1998b): Neue Arbeitsformen und sozialrechtlicher Veränderungsbedarf, in: Sozialer Fortschritt 47, Heft 12, S. 287-293.

Institut der deutschen Wirtschaft (1998): Sozialversicherungspflichtige Beschäftigung – Weiche Schale, harter Kern, in: idw, Heft 13, S. 4-5.

Jenkins, Stephen / O'Higgins, Michael (1989): Inequality Measurement Using "Norm Incomes": Were Garvy and Paglin onto Something After All? in: The Review of Income and Wealth, Heft 35, S. 265-282.

Jess, Heinrich (2003): Selbständige in die gesetzliche Rentenversicherung? Wohlfahrtseffekte einer Ausweitung der Versicherungspflicht. Unveröffentlichtes Manuskript, Vortrag auf der Jahrestagung 2003 des Vereins für Socialpolitik. Berlin: Bundesversicherungsanstalt für Angestellte.

Johnson, William R. (1977): The Measurement and Trend of Inequality: Comment, in: The American Economic Review, Heft 67, S. 502-504.

Jung, Michael (1998): Berufständische Versorgung, in: Cramer, Jörg E. et al. (Hrsg.): Handbuch zur Altersversorgung. Gesetzliche, betriebliche und private Vorsorge in Deutschland. Frankfurt: Fritz Knapp Verlag, S. 151-170.

Kaiser, Manfred (Hrsg.) (1987): Selbständige in "neuen" Gesellungsformen. Soziale Welt – Sonderband 5. Bildung und Beschäftigung – Grundzüge und Perspektiven des Strukturwandels. Göttingen: Verlag Otto Schwarz & Co.

Kaiser, Manfred / Otto, Manfred (1990): Übergang von Arbeitslosigkeit in berufliche Selbständigkeit, in: Mitteilungen aus der Arbeitsmarkt- und Berufsforschung 23, Heft 2, S. 284-299.

Kannengießer, Walter (1998): In eigener Verantwortung: die berufsständischen Versorgungswerke und ihre Arbeitsgemeinschaft. Sankt Augustin: Asgard-Verlag Hippe.

Klammer, Ute / Tillmann, Katja (2001a): Erwerbsbiographien als Mosaik – Längsschnittergebnisse zur Zusammensetzung von Erwerbsbiographien und ihren Veränderungen, zum Einkommenserwerb im Lebenslauf und den Folgen für die Absicherung im Alter, in: Ministerium für Arbeit und Soziales, Qualifikation und Technologie des Landes Nordrhein-Westfalen (Hrsg.): Flexicurity – Soziale Sicherung und Flexibilisierung der Arbeits- und Lebensverhältnisse. Düsseldorf: Ministerium für Arbeit und Soziales, Qualifikation und Technologie des Landes Nordrhein-Westfalen, S. 141-223.

Klammer, Ute / Tillmann, Katja (2001b): Mobil von einem Status zum anderen – Querschnittsergebnisse zur statistischen Verbreitung unterschiedlicher Übergänge, ihrer Veränderung und ihrer Hintergründe, in: Ministerium für Arbeit und Soziales, Qualifikation und Technologie des Landes Nordrhein-Westfalen (Hrsg.): Flexicurity – Soziale Sicherung und Flexibilisierung der Arbeits- und Lebensverhältnisse. Düsseldorf: Ministerium für Arbeit und Soziales, Qualifikation und Technologie des Landes Nordrhein-Westfalen, S. 83-140.

Klammer, Ute / Tillmann, Katja (Hrsg.) (2001c): Vielfalt als Normalität? – Querschnittsergebnisse zur Ausdifferenzierung der Arbeit in Deutschland und NRW. Soziale Sicherung und Flexibilisierung der Arbeits- und Lebensverhältnisse. Düsseldorf: Ministerium für Arbeit und Soziales Qualifikation und Technologie des Landes Nordrhein-Westfalen.

Klammer, Ute / Klenner, Christina / Ochs, Christiane / Radke, Petra / Ziegler Astrid (2000): WSI-Frauen Datenreport. Berlin: Edition Sigma Rainer Bohn Verlag.

Klattenhoff, Roland (1996): Gesetzliche Rentenversorgung und berufsständische Altersversorgung, in: Die Angestelltenversicherung 43, Heft 9, S. 404-411.

Klöpper, Ralf (1992): "Rechtsprobleme der Scheinselbständigkeit", in: ArbuR (Arbeit und Recht) 40, Heft 3, S. 84-86.

Köbl, Ursula (Hrsg.) (1999): Versicherungs- und Leistungsfälle. Handbuch des Sozialversicherungsrechts, Bd. 3. München: C.H. Beck.

Koch, Erich / Möller-Schlotfeldt, Achim (1999): Alterssicherung der Landwirte, in: Schulin, Bertram (Hrsg.): Handbuch des Sozialversicherungsrechts. Bd. 3 Rentenversicherungsrecht. Handbuch des Sozialversicherungsrechts, 3. München: C. H. Beck, S. 1249-1297.

Kolb, Rudolf (1983): Berufsständische Versorgung. Bonn.

Kollmer, Norbert (1999): Das neue "Gesetz zu Korrekturen in der Sozialversicherung und zur Sicherung der Arbeitnehmerrechte", in: Neue Juristische Wochenschrift, Heft 9, S. 608-610.

Kommission "Scheinselbständigkeit" (1999): Zwischenbericht der Kommission "Scheinselbständigkeit", in: Die Sozialversicherung 54, Heft 10, S. 253-258.

Kommission der Europäischen Gemeinschaften (2001): Beschreibung der sozialen Lage in Europa 2001. Luxemburg: Amt für amtliche Veröffentlichungen der Europäischen Gemeinschaften. 16. Juli 2002.

König, Alexander (1997): Ansätze zur Risikoanalyse und Risikobewältigung in der Lebensversicherung. Eine Untersuchung vor dem Hintergrund der Umsetzung der Dritten Lebensversicherungsrichtlinie der Europäischen Union. Karlsruhe: Versicherungswirtschaft.

Kortmann, Klaus (2001): Stand und künftige Entwicklung der betrieblichen Altersversorgung – Die Kohorten 1936-1955, in: Becker, Irene et. al. (Hrsg.): Soziale Sicherung in der dynamischen Gesellschaft – Festschrift für Richard Hauser zum 65. Geburtstag. Frankfurt a.M./New York: Campus Verlag, S. 543-562.

Kortmann, Klaus / Schatz, Christof (1999): Altersvorsorge in Deutschland 1996 – (AVID'96). Zusammenfassung wichtiger Ergebnisse der Untersuchung "Strukturen und Trends der Altersvorsorge von 40-60jährigen Rentenversicherten und ihrer Ehepartner", in: Deutsche Rentenversicherung, Heft 10-11, S. 573-597.

Kramer, Hans-Jörg (1996): "Friedensgrenze" zwischen Rentenversicherung und berufsständischer Versorgung abgesteckt, in: Die Angestelltenversicherung 43, Heft 4, S. 154-162.

Krauß, Karen (1999): Zwölfter Abschnitt. Sonderregelungen, in: Schulin, Bertram (Hrsg.): Handbuch des Sozialversicherungsrechts. Bd. 3 Rentenversicherungsrecht, 3. München: C.H. Beck, S. 1151-1247.

Kreikebohm, Ralf (Hrsg.) (1999): Rentenversicherungsrecht. Handbuch des Sozialversicherungsrechts. München: C.H. Beck.

Kreikebohm, Ralf / Splittgerber, Joachim (1986): Neue Erwerbsformen und Sozialversicherungsrecht, in: Die Sozialgerichtsbarkeit 33, Heft 7, S. 269-277.

Kretschmer, Hans-Jürgen (1994): Abhängige und selbständige Erwerbstätigkeit in der Sozialversicherung – Bemerkungen zum Problem der "Abhängigen Selbständigkeit" –, in: Zeitschrift für Sozialreform 40, Heft 7, S. 462- 484.

Krockow, Albrecht (1995): Erste Ergebnisse der Handels- und Gaststättenzählung 1993, in: Wirtschaft und Statistik 1995, Heft 9, S. 688-693.

Krupp, Hans-Jürgen (1975): Möglichkeiten der Verbesserung der Einkommens- und Vermögensstatistik. Göttingen: Otto Schwartz.

Krupp, Hans-Jürgen (1998): Wie sicher und rentabel kann Alterssicherung sein – Private oder gesetzliche Rentenversicherung, Umlage- oder Kapitaldeckungsverfahren?, in: Sozialer Fortschritt, Heft 47, S. 293-300.

Kruppe, Thomas / Oschmiansky, Heidi / Schömann, Klaus (1998): Selbständigkeit: Beschäftigungsdynamik in der Europäischen Union, in: inforMISEP, Heft 64, S. 36-47.

Kurien, C. John (1977): The Measurement and Trend of Inequality: Comment, in: The American Economic Review 67, Heft 3, S. 517-519.

Lampert, Heinz (1993): Gesamtwirtschaftliche Grundlagen der Vermögensbildung und der Vermögenspolitik, in: Kirchenamt der Evangelischen Kirche in Deutschland und Sekretariat der Deutschen Bischofskonferenz (Hrsg.): Beteiligung am Produktiveigentum. Hannover/Bonn: Eigenverlag.

Laurich, Martina (2001): Neue Befreiungsregelung für Selbständige, in: Die Angestelltenversicherung 48, Heft 5/6, S. 195-197.

Lauterbach, Herbert (1997): Unfallversicherung: Sozialgesetzbuch VII. Kommentar zum Siebten Buche des Soziagesetzbuchs und zu weiteren die Unfallversicherung betreffenden Gesetzen. Suttgart: Kohlhammer.

Lehmann, Udo (Hrsg.) (1994): Gründungen und Ausgründungen in den neuen Bundesländern. Neue Unternehmen: Interdisziplinäre Beiträge zur Gründungsforschung. Heidelberg: Physica Verlag.

Leicht, René (2000): Die „neuen Selbständigen“ arbeiten alleine. Wachstum und Struktur der Solo-selbständigen in Deutschland, in: Internationales Gewerbearchiv 48, Heft 2, S. 75-90.

Leicht, René / Luber, Silvia (1998): The Development of Self-Employment in Western Europe: Patterns of Entrepreneurship and Labour Market Trends. Montreal: World Congress of Sociology.

Leicht, René / Philipp, Ralf (1999): Der Trend zum Ein-Personen-Unternehmen. Mannheim: Institut für Mittelstandsforschung.

Leicht, René / Stockmann, Reinhard (1993): Die Kleinen ganz groß? Göttingen: Verlag Otto Schwartz und Co.

Leifer, Hans-Albert (2002): Zur Eignung eines Verbraucherpreisindex und eines Lebenshaltungskostenindex als Inflationsmaßstab, in: Allgemeines Statistisches Archiv 86, Heft 3, S. 371-384.

Leuchten, Alexis / Zimmer, Mark (1999): Das neue Gesetz zur "Scheinselbständigkeit" – Probleme in der Praxis, in: DB 52, Heft 7, S. 381-383.

Lindner, Helmut (unter Mitarbeit von Bernd Freitag) (1986): Die Einkommensverteilungsrechnungen des Deutschen Instituts für Wirtschaftsforschung (DIW), in: Lindner, Helmut (Hrsg.): Aussagefähigkeit von Einkommensverteilungsrechnungen für die Bundesrepublik Deutschland. Gutachten im Auftrag des Bundesministers für Wirtschaft. Forschungsberichte Serie A, 43. Tübingen: Institut für Angewandte Wirtschaftsforschung Tübingen, S. 141-433.

Linnenkohl, Karl (1998): Die Virtualisierung der Arbeitsbeziehungen, in: BB 53, Heft 1, S. 45-50.

Loubergé, Henri (1988): Währungsfragen der Versicherung, in: Farny, Dieter et al. (Hrsg.): Handwörterbuch der Versicherung HdV. Karlsruhe: Verlag Versicherungswirtschaft, S. 1297-1302.

Loutfi, Martha F. (1991): Self-employment patterns and policy issues in Europe, in: International Labour Review Vol. 130, Heft 1, S. 1-19.

Luber, Silvia (Hrsg.) (1999): Die Entwicklung selbständiger Erwerbsarbeit in Westeuropa und den USA, in: Eine neue Gründerzeit? Die Wiederentdeckung kleiner Unternehmen in Theorie und Praxis. Amsterdam: G+B Verlag Fakultas, S. 43-69.

Luber, Silvia / Müller, Walter (1999): The Determinations of Self-Employment: A Comparison of Germany and the United Kingdom. Warsaw Meeting: Warsaw Meeting of the ISA-RC28.

Lüttinger, Paul (1997): Der Mikrozensus – Amtliche Daten für die Sozialforschung, in: ZUMA - Nachrichten 21, Heft 21, S. 19-44.

Marburger, Horst (1996): Beifreiung von der Rentenversicherungspflicht bei Zugehörigkeit zu einer berufsständischen Versicherungs- oder Versorgungseinrichtung, in: Zentralblatt für Sozialversicherung, Sozialhilfe und Versorgung 50, Heft 6, S. 161-164.

Marschner, Andreas (1997): Einführung in die Künstlersozialversicherung. Sozialrechtliche Jahrestagung 1997: Verlag für die Rechts- und Anwaltspraxis GmbH&Co.

Maydell, Bernd von (1978): Die freiwillige Rentenversicherung nach dem 21. RAG, in: Die Angestelltenversicherung 25, Heft 9, S. 345-350.

Mayer, Udo / Paasch, Ulrich (1990): Ein Schein von Selbständigkeit - Ein-Personen-Unternehmen als neue Form der Abhängigkeit. Köln: Bund.

Mayer, Udo / Paasch, Ulrich / Ruthenberg, Hans-Jürgen (1988): Umgehung der Sozialversicherungspflicht durch Scheinselbständigkeit, in: Soziale Sicherheit 37, Heft 3, S. 77-84.

McManus, Patricia (2001): Occupational Choice and Career Experiences, in: Vierteljahreshefte zur Wirtschaftsforschung 70, Heft 1, S. 24-30.

Meinhardt, Volker (2000): Der Prozess der Angleichung im Bereich der sozialen Sicherung – 10 Jahre nach der Einführung der Währungs-, Wirtschafts- und Sozialunion, in: Vierteljahreshefte zur Wirtschaftsforschung 69, Heft 2, S. 225-248.

Meinhardt, Volker / Kirner, Ellen / Grabka, Markus / Lohmann, Ulrich / Schulz, Erika (2002): Finanzielle Konsequenzen eines universellen Systems der gesetzlichen Alterssicherung. Düsseldorf: Hans-Böckler-Stiftung.

Menthe, Andreas (1995): Sozialversicherungsrechtliche Beurteilung mitarbeitender Gesellschafter, in: Die Angestelltenversicherung 42, Heft 9, S. 314-322.

Merten, Detlef (1998): Die Ausweitung der Sozialversicherungspflicht und die Grenzen der Verfassung, in: Neue Zeitschrift für Sozialrecht 7, Heft 12, S. 545-551.

Mess, Erich (1980): Die Einbeziehung der selbständigen Künstler und Publizisten in die Sozialversicherung, in: Die Ersatzkasse 60, Heft 9, S. 377-381.

Meurer, Anne (1994): Berufsständische Versorgung, in: Die Angestelltenversicherung 41, Heft 9, S. 301-306.

Meyer, Norbert (1994): Zur Problematik einer aktuellen Inflationsmessung, in: Grohmann, Heinz (Hrsg.): Indikatoren der Wirtschaftsentwicklung. Zum verantwortungsbewußten Umgang mit der Statistik. Sonderhefte zum Allgemeinen Statistischen Archiv, 28. Göttingen: Vandenhoeck & Ruprecht, S. 55-71.

Michaelis, Klaus (1990): Rentenberechnung, Rentenzahlung, Rentenanpassung, in: Ruland, Franz (Hrsg.): Handbuch der gesetzlichen Rentenversicherung. Festschrift aus Anlaß des 100jährigen Bestehens der gesetzlichen Rentenversicherung im Auftrag des Vorstandes des Verbandes Deutscher Rentenversicherungsträger (VDR). Neuwied: Luchterhand, S. 695-736.

Michaelis, Klaus (1998a): Das Rentenreformgesetz 1999, in: Die Angestelltenversicherung 45, Heft 2, S. 41-48.

Michaelis, Klaus (Hrsg.) (1998b): Rentenversicherung. Handbuch zur Altersversorgung. Frankfurt a.M.: Fritz Knapp.

Minarik, Joseph J. (1977): The Measurement and Trend of Inequality: Comment, in: The American Economic Review 67, Heft 3, S. 513-516.

Mörschel, Richard (1990): Die Finanzierungsverfahren in der Geschichte der gesetzlichen Rentenversicherung, in: Deutsche Rentenversicherung 62, Heft 9-10/90, S. 619-661.

Mückenberger, Ulrich (1991): Re-Regulierung neuer Beschäftigungsformen – Kann "atypische" Beschäftigung sozialverträglich sein?, in: Semlinger, Klaus (Hrsg.): Flexibilisierung des Arbeitsmarktes – Interessen,Wirkungen, Perspektiven. Frankfurt/New York: Campus Verlag, S. 203-224.

Münnich, Margot (2000): Einkommens- und Geldvermögensverteilung privater Haushalte in Deutschland – Teil 1. Ergebnisse der Einkommens- und Verbrauchsstichprobe 1998, in: Wirtschaft und Statistik, Heft 9/2000, S. 679-691.

Musielak, Hans-Joachim / Cordt, Brigitte / Manke, Michael (1992): Schornsteinfegergesetz – Kommentar zum Schornsteinfegergesetz und zur Verordnung über das Schornsteinfegerwesen. Dieburg: Otto Elsner.

Nabel, Dietrich (1998): Die Rentenversicherungspflicht der selbständig im Gesundheitswesen tätigen Therapeuten, in: Die Sozialversicherung 53, Heft 2, S. 33-39.

Nielsen, Hans-Georg (1991): Die Handwerkerversicherung: Entwicklung – Strukturfragen – Modellcharakter; ein Beitrag zur Pflichtversicherung Selbständiger. Baden-Baden: Nomos Verlagsgesellschaft.

Paasch, Ulrich (1991): Abhängige Selbständigkeit, in: WSI Mitteilungen 44, Heft 4, S. 216-226.

Paglin, Morton (1975): The Measurement and Trend of Inequality: A Basic Revision, in: The American Economic Review 65, Heft 4, S. 598-609.

Paglin, Morton (1977): The Measurement and Trend of Inequality: Reply, in: The American Economic Review 67, Heft 3, S. 520-531.

Paglin, Morton (1979): The Measurement of Inequality: Reply, in: The American Economic Review 69, Heft 4, S. 673-677.

Paglin, Morton (1989): On the Measurement and Trend of Inequality: Reply, in: The American Economic Review 79, Heft 1, S. 265-266.

Pannenberg, Markus (1997): Neue Selbständige in Deutschland in den Jahren 1990 bis 1995, in: DIW Wochenbericht 64, Heft 41, S. 749-753.

Pannenberg, Markus (1998): Zunehmende Selbständigkeit in Deutschland von 1990 bis 1996. Starke Veränderung im Bestand, in: DIW Wochenbericht 65, Heft 38, S. 687-691.

Paulini, Monika (Hrsg.) (1994): Entwicklung junger Unternehmen in den neuen Bundesländern. Neue Unternehmen: Interdisziplinäre Beiträge zur Gründungsforschung. Heidelberg: Physica-Verlag.

Pezoldt, Peter (1997): Die Beitragszahlung der versicherungspflichtigen Selbständigen, in: Mitteilungen der Landesversicherungsanstalt Oberfranken und Mittelfranken, Heft 3, S. 89-98.

Pezoldt, Peter (1998): Versicherungsrechtliche Folgen der Änderung der Handwerksordnung, in: Mitteilungen der Landesversicherungsanstalt Oberfranken und Mittelfranken, Heft 10, S. 545-551.

Pfarr, Heide M. (1997): Die arbeitnehmerähnliche Person – Neue Selbständigkeit und deren arbeitnehmerrechtliche Beurteilung, in: Engelen-Kefer, Ursula et al. (Hrsg.): Arbeitsrecht in der Bewährung: Festschrift für Karl Kehrmann zum 65. Geburtstag. Köln: Bund-Verlag, S. 75-93.

Pfeiffer, Friedhelm (1994): Selbständige und abhängige Erwerbstätigkeit – Arbeitsmarkt- und industrieökonomische Perspektiven. Frankfurt/New York: Campus.

Pfeiffer, Friedhelm (2000): Business start-ups by the unemployed – an economic analysis based on firm data, in: Labour Economics, Heft 7, S. 629-663.

Pitschas, Rainer (Hrsg.) (1999): Zehnter Abschnitt. Organisationsrecht. Handbuch des Sozialversicherungsrechts. Bd. 3 Rentenversicherungsrecht. München: C.H. Beck.

Plander, Harro (1989): Flucht aus dem Normalarbeitsverhältnis: An den Betriebs- und Personalräten vorbei? Baden-Baden: Nomos Verlagsgesellschaft.

Plicht, Hannelore / Schober, Karen / Schreyer, Franziska (1994): Zur Ausbildungsadäquanz der Beschäftigung von Hochschulabsolventinnen und -absolventen, in: Mitteilungen aus der Arbeitsmarkt- und Berufsforschung 27, Heft 3, S. 177-204.

Preisendörfer, Peter (Hrsg.) (1996): Gründungsforschung im Überblick: Themen, Theorien und Befunde. Prozesse von Neugründung von Betrieben in Ostdeutschland. Rostock: Wirtschafts- und Sozialwissenschaftliche Fakultät.

Rehnert, Karl-Heinz (1988): Inflation und Versicherung, in: Farny, Dieter et al. (Hrsg.): Handwörterbuch der Versicherung HdV. Karlsruhe: Verlag Versicherungswirtschaft, S. 289-295.

Reindl, Josef (2000): Scheinselbständigkeit - ein deutsches Phänomen und ein verkorkster Diskurs, in: Leviathan 28, Heft 4, S. 413-433.

Reiserer, Kerstin (2000): Endlich Schluß mit der "Scheinselbständigkeit"! Das neue Gesetz zur Förderung der Selbständigkeit, in: Betriebs-Berater 55, Heft 2, S. 94-98.

Ribhegge, Hermann (1990): Denkfehler zum Thema Alterssicherung. Kapitaldeckungs- versus Umlageverfahren, in: Jahrbuch für Sozialwissenschaft 41, Heft, S. 359-376.

Rische, Herbert (1999): Perspektiven der Rentenreform, in: Soziale Sicherheit 48, Heft 12, S. 382-388.

Rombach, Wolfgang (1994): Reform der agrarsozialen Sicherung – Hintergründe und Grundzüge der Reform, in: SGB 41, Heft 10, S. 455-464.

Ruland, Franz (1996): Die Rentenversicherung: zukunftssicher, weil anpassungsfähig, in: NDV (Nachrichtendienst des Deutschen Vereins für öffentliche und private Fürsorge) 76, Heft 9, S. 272-276.

Rüppel, Cornelia / Kröll, Michael (1992): Atypische Beschäftigungsformen und Rentenversicherung, in: Die Sozialversicherung 47, Heft 10, S. 259-266.

Sachverständigenkommission zur Ermittlung des Einflusses staatlicher Transfereinkommen auf das verfügbare Einkommen der privaten Haushalte (1979): Zur Einkommenslage der Rentner. Zwischenbericht der Sachverständigenkommission zur Ermittlung des Einflusses staatlicher Transfereinkommen auf das verfügbare Einkommen der privaten Haushalte (Transfer-Enquête-Kommission). Bonn: Die Bundesregierung, Der Bundesminister für Arbeit und Sozialordnung, Der Bundesminister für Wirtschaft.

Sachverständigenkommission zur Ermittlung des Einflusses staatlicher Transfereinkommen auf das verfügbare Einkommen der privaten Haushalte (1981): Das Transfersystem in der Bundesrepublik Deutschland. Bonn: Die Bundesregierung, Der Bundesminister für Arbeit und Sozialordnung, Der Bundesminister für Wirtschaft.

Sachverständigenrat zur Begutachtung der gesamtwirtschaftlichen Entwicklung (2001): Für Stetigkeit – gegen Aktionismus. Jahresgutachten 2001/02. Stuttgart: Metzler-Poeschel.

Sachverständigenrat zur Begutachtung der gesamtwirtschaftlichen Entwicklung (2002): Zwanzig Punkte für Beschäftigung und Wachstum. Jahresgutachten 2002/03. Stuttgart: Metzler-Poeschel.

Schäfer, Dieter (2002): Minderung der Rentnerquote als Alternative zu Beitragssatzerhöhungen und Rentenniveausenkungen, in: Fachinger, Uwe et al. (Hrsg.): Die Konzeption sozialer Sicherung. Festschrift für Prof. Dr. Winfried Schmähl zum 60. Geburtstag. Baden-Baden: Nomos, S. 209-234.

Schellhorn, Walter (1989): Neues Bedarfsbemessungssystem für die Regelsätze der Sozialhilfe: Ableitung der Regelsätze für sonstige Haushaltsangehörige, in: Nachrichtendienst des Deutschen Vereins für öffentliche und private Fürsorge 69, Heft 5, S. 157-161.

Schellhorn, Walter (1990): Einführung eines neuen Bedarfsbemessungssystems für die Regelsätze in der Sozialhilfe, in: Nachrichtendienst des Deutschen Vereins für öffentliche und private Fürsorge 70, Heft 1, S. 14-16.

Schewe, Dieter (1969): Die öffentlich-rechtliche Alters- und Hinterbliebenensicherung der freien Berufe. Stuttgart: W. Kohlhammer GmbH.

Schiefer, Bernd (1999): Gesetz zu Korrekturen in der Sozialversicherung und zur Sicherung der Arbeitnehmerrechte, in: DB 52, Heft 1, S. 48-51.

Schmähl, Winfried (1980): Zielvorstellungen in der Diskussion über die Alterssicherung – Eine Skizze –, in: Zeitschrift für Gerontologie 13, Heft 3, S. 222-246.

Schmähl, Winfried (1981): Soziale Sicherung im Alter, in: Albers, Willi et al. (Hrsg.): Handwörterbuch der Wirtschaftswissenschaft (HdWW), 6. Stuttgart/Tübingen/Göttingen: Fischer, J. C. B. Mohr (Paul Siebeck), Vandenhoeck & Ruprecht, S. 645-661.

Schmähl, Winfried (1984): Ziele der Alterssicherungspolitik und Alternativen der Besteuerung von Alterseinkünften. Anmerkungen zum Bericht der Sachverständigenkommission Alterssicherungssysteme, in: Finanzarchiv, N. F. 42, Heft 2, S. 252-273.

Schmähl, Winfried (1986): Gesetzliche und betriebliche Alterssicherung für verschiedene Gruppen der Bevölkerung in der Bundesrepublik Deutschland: Erfahrungen und Zukunftsaufgaben, in: Deutsche Rentenversicherung 11-12/86, Heft 11-12, S. 684-701.

Schmähl, Winfried (1988a): Ökonomische Grundlagen sozialer Sicherung. Neuwied: Luchterhand.

Schmähl, Winfried (1988b): Übergang zu Staatsbürger-Grundrenten. Ein Beitrag zur Deregulierung in der Alterssicherung?, in: Thiemeyer, Theo (Hrsg.): Regulierung und Deregulierung im Bereich der Sozialpolitik. Schriften des Vereins für Socialpolitik, N.F. 177. Berlin: Duncker & Humblot, S. 83-138.

Schmähl, Winfried (1988c): Überlegungen zur Veränderung des Anpassungsverfahren für Renten in der Bundesrepublik Deutschland: Von der bruttolohn- zur nettolohnbezogenen Anpassung, in: Schmähl, Winfried (Hrsg.): Beiträge zur Reform der Rentenversicherung, 104. Tübingen: J. C. B. Mohr (Paul Siebeck), S. 75-108.

Schmähl, Winfried (1990a): Reformen der Rentenversicherung: Gründe, Strategien und Wirkungen – Das Beispiel der "Rentenreform 1992" –, in: Gahlen, Bernhard / Hesse, Helmut / Ramser, Hans Jürgen, unter Mitarbeit von Gottfried Bombach (Hrsg.): Theorie und Politik der Sozialversicherung. Tübingen: J. C. B. Mohr (Paul Siebeck), S. 203-255.

Schmähl, Winfried (1990b): Das System der Alterssicherung in der Bundesrepublik Deutschland im Prozeß der deutschen Einigung, in: Die Angestelltenversicherung 37, Heft 11, S. 427-434.

Schmähl, Winfried (1991): Alterssicherung in der DDR und ihre Umgestaltung im Zuge des deutschen Einigungsprozesses. Einige verteilungspolitische Aspekte, in: Kleinhenz, Gerhard (Hrsg.): Sozialpolitik im vereinten Deutschland I. (Schriften des Vereins für Socialpolitik, Gesellschaft für Wirtschafts- und Sozialwissenschaften, Neue Folge Band 208/I). Berlin: Dunker & Humblot, S. 49-95.

Schmähl, Winfried (Hrsg.) (1992a): Sozialpolitik und Systemtransformation – Zur Bedeutung und Veränderung von Sozialpolitik im Prozeß der deutschen Wiedervereinigung. Sozialpolitik im Prozeß der deutschen Vereinigung. Frankfurt a.M./New York: Campus Verlag.

Schmähl, Winfried (1992b): Zum Vergleich von Umlageverfahren und kapitalfundierten Verfahren zur Finanzierung einer Pflegeversicherung in der Bundesrepublik Deutschland. Stuttgart/Berlin/Köln: Kohlhammer.

Schmähl, Winfried (1993): Alternative Strategien für die Mindestsicherung im Alter in Deutschland, in: Schmähl, Winfried (Hrsg.): Mindestsicherung im Alter. Erfahrungen, Herausforderungen, Strategien. Frankfurt/New York: Campus, S. 218-255.

Schmähl, Winfried (1995): Kapitaldeckungs- versus Umlageverfahren, in: Bundesvereinigung der Deutschen Arbeitgeberverbände (Hrsg.): Kapitalbildung und Investitionstätigkeit im Zeichen der Globalisierung. 5. Volkswirtschaftliches Kolloquium, Arbeitgeber. Sonderausgabe Juni 1995, Köln, S. 8-12.

Schmähl, Winfried (1996a): Die Finanzierung der sozialen Sicherung in Deutschland. Aufgaben, Probleme und Lösungsmöglichkeiten, in: Heidelberger Club für Wirtschaft und Kultur e. V. (Hrsg.): Sozialfall Sozialstaat. Wie sicher ist unsere soziale Sicherung? Münster/Hamburg: LIT, S. 206-217.

Schmähl, Winfried (1996b): Ökonomische Grundlagen sozialer Sicherung, in: Maydell, Bernd Baron von / Ruland, Franz (Hrsg.): Sozialrechtshandbuch (SRH). Neuwied: Luchterhand, S. 125-175.

Schmähl, Winfried (1997a): Alterssicherung – Quo vadis?, in: Jahrbücher für Nationalökonomie und Statistik 216, Heft 4+5, S. 413-435.

Schmähl, Winfried (1997b): Änderungen der Finanzierungsstruktur der sozialen Sicherung und inbesondere der Sozialversicherung als wichtiges Element eines "Umbaus" des deutschen Sozialstaats. Allokative, distributive und ordnungspolitische Begründungen, quantitative Dimensionen und ökonomische Wirkungen, in: Hauser, Richard (Hrsg.): Reform des Sozialstaats I. Arbeitsmarkt, soziale Sicherung und soziale Dienstleistungen. (Schriften des Vereins für Socialpolitik, Gesellschaft für Wirtschafts- und Sozialwissenschaften, Neue Folge 251/I.) Berlin: Duncker & Humblot, S. 121-167.

Schmähl, Winfried (Hrsg.) (1998): Das Gesamtsystem der Alterssicherung. Handbuch zur Altersversorgung. Gesetzliche, betriebliche und private Vorsorge in Deutschland. Frankfurt: Fritz Knapp Verlag.

Schmähl, Winfried (1999a): An der Schwelle zum neuen Jahrhundert – vor Weichenstellungen für die Alterssicherung in Deutschland, in: Die Angestelltenversicherung (DAngVers) 46, Heft 9, S. 397-412.

Schmähl, Winfried (1999b): Die Nettoanpassung der Renten "auf dem Prüfstand": Für eine Modifizierung der Nettoanpassung und einen Übergang zu einer "lohn- und beitragsbezogenen" Anpassungsformel – Gründe und Wirkungen –, in: Deutsche Rentenversicherung, Heft 8-9, S. 494-507.

Schmähl, Winfried (1999c): Rentenversicherung in der Bewährung: Von der Nachkriegszeit bis an die Schwelle zum neuen Jahrhundert – Stationen und Weichenstellungen, in: Kaase, Max / Schmid, Günther (Hrsg.): WZB Jahrbuch 1999. Eine lernende Demokratie. Berlin: edition sigma, S. 397-423.

Schmähl, Winfried (1999d): Sozialpolitische Rahmenbedingungen für Alter(n) auf dem Lande. Working Paper 10/1999, Zentrum für Sozialpolitik. Bremen.

Schmähl, Winfried (2000): Alterssicherung in Deutschland an der Jahrtausendwende – Konzeptionen, Maßnahmen und Wirkungen–, in: Deutsche Rentenversicherung 72, Heft 1-2, S. 50-71.

Schmähl, Winfried (2001a): Alte und neue Herausforderungen nach der Rentenreform 2001, in: Die Angestelltenversicherung 48, Heft 9/01, S. 313-322.

Schmähl, Winfried (2001b): Alterssicherung in Deutschland – Stand, Perspektiven, statistische Probleme und entscheidungsbedürftige Fragen, in: Fluder, Robert et al. (Hrsg.): Soziale Sicherung im Alter. Informationsbedarf – heute und morgen. Neuchatel: Bundesamt für Statistik (Schweiz), S. 81-100.

Schmähl, Winfried (2001c): Plädoyer für eine einheitliche und verständliche Rentenformel, in: Sozialer Fortschritt 50, Heft 1, S. 2-6.

Schmähl, Winfried (2001d): Umlagefinanzierte Rentenversicherung in Deutschland. Optionen und Konzepte sowie politische Entscheidungen als Einstieg in einen grundlegenden Transformationsprozeß, in: Schmähl, Winfried / Urlich, Volker (Hrsg.): Soziale Sicherung und demographische Herausforderungen. Tübingen: J C. B. Mohr (Paul Siebeck), S. 123-204.

Schmähl, Winfried / Fachinger, Uwe (1994): Prozeßproduzierte Daten als Grundlage für sozial- und verteilungspolitische Analysen – Einige Erfahrungen mit Daten der Rentenversicherungsträger für Längsschnittanalysen –, in: Hauser, Richard et al. (Hrsg.): Mikroanalytische Grundlagen der Gesellschaftspolitik: Ergebnisse aus dem gleichnamigen Sonderforschungsbereich an den Universitäten Frankfurt und Mannheim. Band 2: Erhebungsverfahren, Analysemethoden und Mikrosimulation (Deutsche Forschungsgemeinschaft). Berlin: Akadamie Verlag, S. 179-200.

Schmähl, Winfried / Himmelreicher, Ralf K. / Viebrok, Holger (2003): Private Altersvorsorge statt Rente: Wer gewinnt, wer verliert? Forschungsprojekt "Die sozial- und verteilungspolitische Bedeutung der Rahmenbedingungen privater Altersvorsorge". Gefördert durch die Hans Böckler Stiftung. Forschungsbericht. Bremen: Zentrum für Sozialpolitik.

Schmid, Günther / Storrie, Donald (Hrsg.) (2001): Employment Relations in the "New Economy". Die soziale Marktwirtschaft in der neuen Weltwirtschaft. Berlin: Edition Sigma.

Schmidt, Dorothea (1999a): Zurück zur Jahrhundertwende? Alte und neue Selbständigkeit in Deutschland, in: Prokla 29, Heft 117, S. 603-626.

Schmidt, Simone (2000): Erwerbstätigkeit im Mikrozensus. Konzepte, Definition, Umsetzung. ZUMA-Arbeitsbericht 2000/01. Mannheim: ZUMA.

Schmidt, Wolfgang (1991): Die Rentenversicherung der Selbständigen im Beitrittsgebiet, in: Die Angestelltenversicherung 38, Heft 2, S. 37-39.

Schmidt, Wolfgang (1992): Rentenüberleitungsgesetz – Regelungen für Selbständige und freiwillig Versicherte, in: Die Angestelltenversicherung 39, Heft 2, S. 20-22.

Schmidt, Wolfgang (1999b): Elfter Abschnitt. Beitragsrecht, in: Schulin, Bertram (Hrsg.): Handbuch des Sozialversicherungsrechts. Bd. 3 Rentenversicherungsrecht. München: C.H. Beck, S. 1069-1119.

Schmidtchen, Gerhard (Hrsg.) (1968): Die Lage der Selbständigen im Alter. Stuttgart/Berlin/Köln/Mainz: Verlagsgesellschaft Rudolf Müller.

Schmude, Jürgen (Hrsg.) (1994): Gründungsforschung - eine interdisziplinäre Aufgabe. Neue Unternehmen: interdisziplinäre Beiträge zur Gründungsforschung. Heidelberg: Physica-Verlag.

Schrumpf, Heinz (1986/87): Zur Entwicklung der Zahl der Selbständigen in der Bundesrepublik Deutschland, in: RWI-Mitteilungen 37/38, Heft 4, S. 475-488.

Schulin, Bertram (Hrsg.) (1999): Renten. Handbuch des Sozialversicherungsrechts, 3. München: C.H. Beck.

Schüssler, Reinhard / Lang, Oliver / Buslei, Hermann (2001): Wohlstandsverteilung in Deutschland 1978 - 1993. Düsseldorf: Hans Böckler Stiftung.

Schwarz, Norbert (2000): Entwicklung der Frauenerwerbstätigkeit in den neuen Ländern und Berlin-Ost sowie im früheren Bundesgebiet, in: Wirtschaft und Statistik 2000, Heft 11, S. 841-846.

Seidl, Christian (1983): Theoretische Grundlagen der Sozialpolitik, in: Ruppe, Hans Georg (Hrsg.): Sozialpolitik und Umverteilung. Eine kritische Analyse der ökonomischen und juristischen Probleme aus österreichischer Sicht. Institut für angewandte Sozial- und Wirtschaftsforschung. Wien: Signum, S. 20-104.

Sitte, Ralf (1998): Fortschritte im Stillstand, in: Sozialer Fortschritt 47, Heft 6, S. 152-157.

Söhnlein, Bernd (1999): Die Neuregelung der Sozialversicherungspflicht von Scheinselbständigen nach dem Rentenkorrekturgesetz – materiellrechtliche und verfahrensrechtliche Aspekte, in: Neue Zeitschrift für Sozialrecht 8, Heft 6, S. 280-284.

Statistisches Amt der DDR (1990): Statistisches Jahrbuch der Deutschen Demokratischen Republik. Berlin: Rudolf Haufe Verlag.

Statistisches Bundesamt (1993): Statistisches Jahrbuch 1993 für die Bundesrepublik Deutschland. Stuttgart: Metzler-Poeschl.

Statistisches Bundesamt (1996): Produzierendes Gewerbe – Handwerkszählung vom 31. März 1995. Stuttgart: Metzler Poeschel.

Statistisches Bundesamt (Hrsg.) (1997a): Fachserie 14. Finanzen und Steuern, Reihe 7.1, Lohn- und Einkommensteuerstatistik 1992. Stuttgart: Metzler-Poeschl.

Statistisches Bundesamt (1997b): Produzierendes Gewerbe – Handwerkszählung vom 31. März 1995. Stuttgart: Metzler Poeschel.

Statistisches Bundesamt (Hrsg.) (1999a): Statistisches Jahrbuch 1999 für die Bundesrepublik Deutschland. Stuttgart: Metzler-Poeschl.

Statistisches Bundesamt (1999b): Systematisches Verzeichnis: Ausgaben der privaten Haushalte für die Einkommens- und Verbrauchsstichprobe 1998, abgeleitet aus dem Systematischen Verzeichnis der Einnahmen und Ausgaben der privaten Haushalte (SEA 98, Ausgabe 1998). Wiesbaden: Eigenverlag.

Statistisches Bundesamt (2000): Datenreport 1999. Zahlen und Fakten über die Bundesrepublik Deutschland. München: Olzog.

Statistisches Bundesamt (2001a): Beruf, Ausbildung und Arbeitsbedingungen der Erwerbstätigen. Fachserie 1, Reihe 4.1.2. Stuttgart: Metzler und Poeschl.

Statistisches Bundesamt (2001b): Stand und Entwicklung der Erwerbstätigkeit. Fachserie 1, Reihe 4.1.1. Stuttgart: Metzler und Poeschl.

Statistisches Bundesamt (2001c): Statistisches Jahrbuch 2001 für die Bundesrepublik Deutschland. Stuttgart: Metzler und Poeschl.

Statistisches Bundesamt (2002): Statistisches Jahrbuch 2002 für die Bundesrepublik Deutschland. Stuttgart: Metzler und Poeschl.

Stegmann, Michael / Bieber, Ulrich (2000): Wer nutzt private Altersvorsorge? Der Zusammenhang zwischen sozio-ökonomischer Position und privater Altersvorsorge – eine Analyse auf Basis der Untersuchung Altersvorsorge in Deutschland 1996 (AVID 1996), in: Deutsche Rentenversicherung, Heft 3-4, S. 165-187.

Steil, Fabian (Hrsg.) (1997): Unternehmensgründungen in Ostdeutschland. Unternehmensgründungen – Empirische Analysen für die alten und neuen Bundesländer. Baden-Baden: Nomos Verlags-Gesellschaft.

Steinmeyer, Heinz-Dietrich (1996): Die Problematik der Scheinselbständigkeit, in: Zeitschrift für Sozialreform 42, Heft 6, S. 348-386.

Steinmeyer, Heinz-Dietrich (1998): Handwerkerversicherung. Ergänzbares Lexikon des Rechts. Loseblattsammlung: 11/160 (1-4).

Stephan, Thomas G. (1995): Strategische Asset Allocation in Lebensversicherungsunternehmen. Karlsruhe: Versicherungswirtschaft.

Sternberg, Rolf (2000): Entrepreneurship in Deutschland – Das Gründungsgeschehen im internationalen Vergleich: Länderbericht Deutschland zum Global Entrepreneurship Monitor. Berlin: Edition Sigma Rainer Bohn Verlag.

Sund, Olav (1957): Die Sozialpolitik für Selbständige, in: Boettcher, Erik (Hrsg.): Sozialpolitik und Sozialreform. Tübingen: J.C.B. Mohr, S. 167-190.

Tomandl, Theodor (1998): Die Problematik horizontaler Anknüpfungen der Sozialversicherungspflicht bei Selbständigen, in: Ruland, Franz et al. (Hrsg.): Verfassung, Theorie und Praxis des Sozialstaats (Festschrift für Hans F. Zacher). Heidelberg: C.F. Müller Verlag, S. 1117-1142.

Trautwein-Kalms, Gudrun (1997): Informationsgesellschaft und Arbeitswelt: Nur Technik, Markt, Deregulierung?, in: WSI Mitteilungen 50, Heft 3, S. 169-177.

Veldhues, Bernhard (1996): Ausgewählte Ergebnisse der Handwerkszählung vom 31. März 1995, in: Wirtschaft und Statistik, Heft 8, S. 487-497.

Verband Deutscher Rentenversicherungsträger (2000): Verschiebung der Altersgrenzen. Frankfurt: Verband Deutscher Rentenversicherungsträger.

Verband Deutscher Rentenversicherungsträger (Hrsg.) (2001a): Rentenversicherung in Zeitreihen 2001. DRV-Schriften, 22, Juli 2001. Frankfurt: Eigenverlag.

Verband Deutscher Rentenversicherungsträger (2001b): VDR Statistik Versicherte 1998/1999. Frankfurt: Eigenverlag.

Verband Deutscher Rentenversicherungsträger (2002): Rechengrößen in der Gesetzlichen Rentenversicherung. Frankfurt: Verband Deutscher Rentenversicherungsträger.

Verband Deutscher Rentenversicherungsträger / Bundesministerium für Arbeit und Sozialordnung (Hrsg.) (2000): Altersvorsorge in Deutschland 1996 (AVID '96). Phasen I und II: Datenerhebung und –aufbereitung, Fortschreibung der Biographien, Berechnung der Alterseinkommen. Methodenbericht. Forschungsbericht 289/M Sozialforschung. Bonn: Bundesministerium für Arbeit und Sozialordnung.

Viebrok, Holger / Dräther, Hendrik (1999): Alterssicherung auf der Grundlage von Sicherheit, Rentabilität und sozialer Verantwortung. Bremen/Bonn: Zentrum für Sozialpolitik und Gesellschaft für Versicherungswissenschaften und -gestaltung (GVG).

Viebrok, Holger / Himmelreicher, Ralf K. (2001): Verteilungspolitische Aspekte vermehrter privater Altersvorsorge. Working Paper 17/2001, Zentrum für Sozialpolitik. Bremen.

Voelzke, Thomas (1999): Vierter Abschnitt. Kreis der versicherten Personen, in: Schulin, Bertram (Hrsg.): Handbuch des Sozialversicherungsrechts. Band 3. Rentenversicherungsrecht. München: C.H. Beck, S. 371-493.

von Einem, Hans-Jörg (1993): "Abhängige Selbständigkeit" – Handlungsbedarf für den Gesetzgeber?, in: Die Sozialversicherung 48, Heft 12, S. 314-318.

Vonderach, Gerd (1980): Die "neuen Selbständigen", in: Mitteilungen aus der Arbeitsmarkt- und Berufsforschung 13, Heft 2, S. 153-169.

Voß, Günter / Pongratz, Hans J. (1998): Der Arbeitskraftunternehmer, in: Kölner Zeitschrift für Soziologie und Sozialspsychologie 50, Heft 1, S. 131-158.

Vring, Thomas von der (2000): Fourastie`s Große Hoffnung des 20. Jahrhunderts – eine Illusion?, in: Ehrig, Detlev et al. (Hrsg.): Finanzmarktarchitektur, ökonomische Dynamik und regionale Strukturforschung – Festschrift für Gerhard Leithäuser und Thomas von der VrinG. Bremen: Universität, S. 41-60.

Walwei, Ulrich (1998): Bestimmungsfaktoren für den Wandel der Erwerbsformen, in: IAB Kurzbericht 8, Heft 3, S. 3-8.

Wank, Rolf (1988): Arbeitnehmer und Selbständige. München: Beck'sche Verlagsbuchhandlung.

Wank, Rolf (1992): Die "neue Selbständigkeit", in: Der Betrieb 45, Heft 2, S. 90-93.

Welter, Friederike / Rosenbladt, Bernhard von (1998): Der Schritt in die Selbständigkeit: Gründungsneigung und Gründungsfähigkeit in Deutschland, in: Internationales Gewerbearchiv 46, Heft 4, S. 234-248.

Werling, Rudi F. (1999): Selbständige in der gesetzlichen Rentenversicherung nach Inkrafttreten des Gesetzes zu Korrekturen in der Sozialversicherung, in: Die Rentenversicherung 40, Heft 3, S. 46-49.

Wertz, Kenneth L. (1979): The Measurement of Inequality: Comment, in: The American Economic Review 69, Heft 4, S. 670-672.

Wießner, Frank (1997a): Auch für Freie Berufe Starthilfen vom Arbeitsamt, in: IAB Kurzbericht 7, Heft 11, S. 1-7.

Wießner, Frank (1997b): Existenzgründer bevorzugen Servicebereich, in: IAB Kurzbericht 7, Heft 10, S. 1-6.

Wießner, Frank (1998a): Das Überbrückungsgeld als Instrument der Arbeitsmarktpolitik – eine Zwischenbilanz, in: Mitteilungen aus der Arbeitsmarkt- und Berufsforschung 31, Heft 1, S. 123-142.

Wießner, Frank (1998b): Eine vorläufige Zwischenbilanz der Förderung – Erfolgsbeobachtung und Wirkungsanalyse durch IAB, in: Materialien aus der Arbeitsmarkt- und Berufsforschung, Heft 4, S. 5-7.

Wießner, Frank (2001): Das Geheimnis des Erfolges. IAB Kurzbericht. 5/2001: IAB. 28.3.2001. Nürnberg: Insitut für Arbeitsmarkt- und Berufsforschung.

Williams, Donald R. (2000): Consequence of self-emloyment for women and men in the United States, in: Labour Economics, Heft 7, S. 665-687.

Windisch, Rupert (2001): Fundamentalarithmetik der Altersversorgung: Kapitaldeckungs- versus Umlageverfahren, in: das Wirtschaftsstudium 30, Heft 5, S. 737-745.

Winter, Lothar (1998): Der selbständig tätige Handwerker in der gesetzlichen Rentenversicherung, in: Die Rentenversicherung 39, Heft 5, S. 77-86.

Wirth, Christian (1996): Nachbesserungen für Bäuerinnen, in: Bundesarbeitsblatt, Heft 4, S. 5-9.

Zabre, Bernd-Rainer (1999): Soziale Sicherung von Künstlern und Publizisten – Pflichtversicherung nach dem KSVG, in: Die Angestelltenversicherung 46, Heft 12, S. 557-562.

Zimmermann, Olaf / Schulz, Gabriele (2000a): Eine kurze Einführung in das Gesetz über die Sozialversicherungspflicht der Künstler und Publizisten, in: Deutscher Kulturrat (Hrsg.): Künstlersozialversicherungsgesetz. Kulturpolitik – Hintergrundinformationen, 1. Bonn/Berlin: Eigenverlag, S. 15-25.

Zimmermann, Olaf / Schulz, Gabriele (2000b): Künstlersozialversicherungspflicht ja oder nein? – Eine Zusammenstellung von der Künstlersozialkasse anerkannter Tätigkeitsbereiche, in: Deutscher Kulturrat (Hrsg.): Künstlersozialversicherungsgesetz. Kulturpolitik – Hintergrundinformationen, 1. Bonn/Berlin: Eigenverlag, S. 27-41.

Zweng, Johannes / Scheerer, Reinhard / Buschmann, Gerhard / Dörr, Gernot (1992): Handbuch der Rentenversicherung. Kommentare. Stuttgart: Kohlhammer.

Dortmunder Beiträge zur Sozial- und Gesellschaftspolitik
herausgegeben von Prof. Dr. Gerhard Naegele (Universität Dortmund) und Dr. Gerd Peter (Landesinstitut Sozialforschungsstelle Dortmund)

Gerhard Bäcker; Rolf G. Heinze; Gerhard Naegele
Die Sozialen Dienste vor neuen Herausforderungen
Bd. 1, 1995, 240 S., 20,90 €, br., ISBN 3-8258-2579-5

Bernhard Rosendahl
Bericht zur sozialen Lage älterer Menschen in Dortmund
im Auftrag des Landesinstituts Sozialforschungsstelle Dortmund
Bd. 2, 1995, 296 S., 20,90 €, br., ISBN 3-8258-2550-7

Hans Vollmer; Georg Langenhoff; Wolfgang Skorvanek; Bernhard Rosendahl
Bericht zur sozialen Lage in Dortmund
Bd. 3, 1996, 216 S., 20,90 €, br., ISBN 3-8258-2691-0

Manuela Michel
Bewältigungsformen des Arbeitsplatzabbaus durch Truppenreduzierung bei Zivilbeschäftigten der alliierten Stationierungsstreitkräfte
Fallanalyse eines britischen Reparaturbetriebs in Mönchengladbach
Bd. 4, 1995, 184 S., 20,90 €, br., ISBN 3-8258-2356-3

Rüdiger Klatt
Zu einer hermeneutischen Soziologie der betrieblichen Mitbestimmung
Konstruktivistische Perspektiven in der Analyse des Alltags von Betriebsräten
Bd. 5, 1995, 136 S., 20,90 €, br., ISBN 3-8258-2581-7

Ulrike Hellert
Erfolgreich durch Arbeitsmotivation
Motivationspsychologische Maßnahmen bieten Chancen für Mitarbeiterinnen und Betriebe
Bd. 6, 1996, 104 S., 12,90 €, br., ISBN 3-8258-2679-1

Frerich Frerichs (Hg.)
Älterer Arbeitnehmer im Demographischen Wandel – Qualifizierungsmodelle und Eingliederungsstrategien
Bd. 7, 1996, 200 S., 19,90 €, br., ISBN 3-8258-2725-9

Michael Bürger
Zur Alltagstypik von Betriebsratshandeln
Eine Fallstudie
Bd. 8, 1996, 160 S., 20,90 €, br., ISBN 3-8258-2945-6

Wolfgang Kapp; Helmut Martens
Institutionelle Entwicklung und Transformationsprozeß
Theoretisch-methodische Überlegungen und empirische Fallstudien zu betrieblicher Mitbestimmung und lokaler Arbeitspolitik in Ostdeutschland. Forschungsbericht
Bd. 9, 1996, 304 S., 24,90 €, br., ISBN 3-8258-2936-7

Gerhard Naegele; Waldemar Schmidt (Hrsg.)
Mehr Bürgernähe und wohnortbezogene Vernetzung in der kommunalen Altenarbeit
Modellprojekt "Sozialgemeinde" in Nordrhein-Westfalen
Bd. 10, 1996, 272 S., 22,90 €, br., ISBN 3-8258-3099-3

Monika Reichert; Gerhard Naegele (Hrsg.)
Alterssicherung in Nordrhein-Westfalen: Daten und Fakten
Bd. 11, 1997, 312 S., 25,90 €, br., ISBN 3-8258-3186-8

Ursula Ammon; Guido Becke; Gerd Peter
Unternehmenskooperation und Mitarbeiterbeteiligung
Eine Chance für ökologische und soziale Innovationen
Bd. 12, 1997, 216 S., 20,90 €, br., ISBN 3-8258-3208-2

Cordula Sczesny
Arbeitszeiten zwischen formeller Regelung und informeller Ausgestaltung
Eine Fallstudie aus den neuen Bundesländern
Bd. 13, 1997, 104 S., 15,90 €, br., ISBN 3-8258-3293-7

Frerich Frerichs; Manuela Michel; Gerhard Naegele; Gerd Peter; Cordula Sczesny
Bewältigung des Demographischen Wandels in Nordrhein-Westfalen
Entwicklungen in der Arbeitswelt und Handlungsperspektiven für die nachberufliche Lebenswelt
Bd. 14, 1998, 192 S., 20,90 €, br., ISBN 3-8258-3294-5

Klaus Kock (Hg.)
Bausteine für eine gewerkschaftliche Regionalpolitik
Erfahrungen und Beispiele aus dem östlichen Ruhrgebiet
Bd. 15, 1997, 104 S., 12,90 €, br., ISBN 3-8258-3351-8

LIT Verlag Münster – Hamburg – Berlin – Wien – London
Grevener Str./Fresnostr. 2 48159 Münster
Tel.: 0251 – 23 50 91 – Fax: 0251 – 23 19 72
e-Mail: vertrieb@lit-verlag.de – http://www.lit-verlag.de

Thomas Kauss, Sabine Kühnert, Gerhard Naegele, Waldemar Schmidt, Eckart Schnabel
Vernetzung in der ambulanten geriatrischen Versorgung – die Schlüsselstellung des Hausarztes
Bd. 16, 1998, 304 S., 25,90 €, br., ISBN 3-8258-3648-7

Monika Reichert (Hg.)
Häusliche Pflege in Nordrhein-Westfalen
Bd. 17, 1998, 296 S., 25,90 €, br., ISBN 3-8258-3675-4

Dietmar Köster
Strukturwandel und Weiterbildung älterer Menschen
Eine Studie des neuen alters im Auftrag der Hans-Böckler-Stiftung und des Ministeriums für Arbeit, Gesundheit und Soziales NRW
Bd. 18, 1998, 216 S., 17,90 €, br., ISBN 3-8258-3881-1

Katrin Krämer
Betriebliche Gesundheitsförderung
Konzeption. Wirkungen. Evaluation
Bd. 19, 1998, 152 S., 17,90 €, br., ISBN 3-8258-3963-x

Ursula Ammon; Maria Behrens (Hg.)
Dialogische Technikfolgenabschätzung in der Gentechnik: Bewertung von ausgewählten Diskurs- und Beteiligungsverfahren
Dokumentation einer Tagung der Sozialforschungsstelle Dortmund und der FernUniversität Hagen am 26. 11. 1996 in Dortmund
Bd. 20, 1998, 152 S., 20,90 €, br., ISBN 3-8258-3964-8

Christine Fromm
Betrieblicher Gesundheitsschutz und soziale Selbstverwaltung
Gestaltungsaufgaben und Handlungsmöglichkeiten der Sozialen Selbstverwaltung im Zusammenhang mit der aktuellen Strukturreform des betrieblichen Gesundheitsschutzes
Bd. 21, 1999, 184 S., 17,90 €, br., ISBN 3-8258-4146-4

Bernhard Rosendahl
Kommunalisierung und korporative Vernetzung in der Implementation der Pflegeversicherung
Wirkungsanalyse regionaler Pflegekonferenzen in Nordrhein-Westfalen
Bd. 22, 1999, 320 S., 25,90 €, br., ISBN 3-8258-4195-2

Josef Hilbert; Gerhard Naegele (Hg.)
Qualifizierte Dienstleistungen
Internationale Erfahrungen und Herausforderungen für den Strukturwandel im Ruhrgebiet
Bd. 23, 1999, 232 S., 20,90 €, br., ISBN 3-8258-4368-8

Arno Georg; Frerich Frerichs
Ältere Arbeitnehmer in NRW
Betriebliche Problemfelder und Handlungsansätze
Bd. 24, 1999, 216 S., 20,90 €, br., ISBN 3-8258-4399-8

Gerhard Naegele; Gerd Peter (Hg.)
Arbeit – Alter – Region
Zur Debatte um die Zukunft der Arbeit, um die demographische Entwicklung und die Chancen regionalpolitischer Gestaltung. Beiträge aus FfG und sfs
Bd. 25, 2000, 304 S., 20,90 €, br., ISBN 3-8258-4247-9

Petra Bröscher
Gewalt – Erfahrungen im Leben alternder Frauen
Bd. 26, 1999, 160 S., 15,90 €, br., ISBN 3-8258-4354-8

Jürgen Howaldt; Ralf Kopp; Ulla Schwitalla; Rainer Skrotzki; Walter Wicke (Hg.)
Handlungsleitfaden zur Implementierung eines arbeitsplatznahen kontinuierlichen Qualifizierungsprozesses in Klein- und Mittelbetrieben
Der vorliegende Handlungsleitfaden präsentiert Ergebnisse eines Modellversuchs zur Entwicklung von Methoden und Verfahren arbeitsplatznaher, kontinuierlicher Qualifizierung und Personalentwicklung. Die in Klein- und Mittelbetrieben erprobten Vorgehensweise und Instrumente der Personalentwicklung sind überwiegend so konzipiert, daß sie Organisationsentwicklungsmaßnahmen durch beteiligungsorientierte, anforderungsgerechte, prozeßbegleitende, teamorientierte und selbstorganisierte Personalentwicklung unterstützen. Der Handlungsleitfaden richtet sich an Personalentwickler, Aus- und Weiterbildner, Verantwortliche des "human ressources development", an interne Organisationsentwickler und Prozeßbegleiter sowie an Berater, die mit entsprechenden Stellen zusammenarbeiten. Auch wenn sich die Beiträge primär auf den Kontext von Klein- und Mittelbetrieben des Produktionsbereiches beziehen, kann der Handlungsleitfaden mit großem Gewinn von Vertretern anderer Organisationsformen und Branchen gelesen werden. Die einzelnen Beiträge sind so aufbereitet, daß sie von den Praktikern leicht nachvollzogen werden

LIT Verlag Münster – Hamburg – Berlin – Wien – London
Grevener Str./Fresnostr. 2 48159 Münster
Tel.: 0251 – 23 50 91 – Fax: 0251 – 23 19 72
e-Mail: vertrieb@lit-verlag.de – http://www.lit-verlag.de

können. Durch umfangreiche Materialien soll die Anschaulichkeit der Darstellungen und der praktische Nutzen erhöht werden.
Bd. 27, 2000, 192 S., 15,90 €, br., ISBN 3-8258-4680-6

Birgit Mütherich
Die Problematik der Mensch-Tier-Beziehung in der Soziologie: Weber, Marx und die Frankfurter Schule
Ausgangspunkt des Buches ist die Frage nach den möglichen Ursachen für die Ausblendung der Mensch-Tier-Beziehung in der traditionellen Soziologie. Um dieser Blindstelle nachzuspüren, beschäftigt sich der Text mit dem Bild des Tieres und dem Stellenwert der Mensch-Tier-Beziehung im Rahmen klassischer soziologischer Theorien und exemplarischer Einzelansätze. Neben neuen Forschungsperspektiven zu interspezifischen Fragestellungen wird hierbei deutlich, dass das Mensch-Tier-Verhältnis als Funktionskomplex einen wichtigen Schlüssel für die Analyse symbolischer Ordnungen und sozialer Handlungssysteme darstellt und damit auch weit reichende Implikationen für die Theoriebildung, die Forschungsentwicklung und das wissenschaftliche Selbstverständnis der Soziologie beinhaltet.
Bd. 28, 2001, 256 S., 20,90 €, br., ISBN 3-8258-4753-5

Walter R. Heinz; Hermann Kotthoff; Gerd Peter
Soziale Räume, global players, lokale Ökonomien – Auf dem Weg in die innovative Tätigkeitsgesellschaft?
Die bedrohte Zukunft von Arbeitsgesellschaft und Wohlfahrtsstaat hat angesichts der Globalisierung der Wirtschaft die Bedeutung lokaler Ökonomien wieder in das Blickfeld des öffentlichen Interesses gerückt. Im Zeichen tiefgreifender gesellschaftlicher Umbrüche stellt sich die Frage nach den Entwicklungstendenzen von Arbeit neu. Die Autorinnen und Autoren dieses Bandes wollen einen Beitrag zu der Frage leisten, wie gesellschaftliche Tätigkeiten im Spannungsfeld von ökonomischer Effizienz und sozialer Integration zukunftsweisend organisiert werden können.
Bd. 29, 2000, 168 S., 20,90 €, br., ISBN 3-8258-4754-3

Eckehart Ehrenberg; Wilfried Kruse
Soziale Stadtentwicklung durch große Projekte?
EXPOs, Olympische Spiele, Metropolen-Projekte in Europa: Barcelona, Berlin, Sevilla, Hannover
In der jüngeren Vergangenheit versuchen Städte immer häufiger, grosse Projekte zu nutzen, um sich in der schärfer werdenden Konkurrenz um Standorte und Ressourcen besser zu positionieren. Am Beispiel der Olympiade in Barcelona 1992, der Weltausstellungen von Sevilla 1992 und Hannover 2000 und unter Einbezug des "Hauptstadt-Projekts" Berlin wird vor allen Dingen danach gefragt, was mit den sozialen Verhältnissen in einer Periode geschieht, die oft als "Krise der Stadt" bezeichnet wird. Das Ergebnis: Das Erfordernis einer "Sozialen Stadtentwicklung" ist aktueller denn je. Hierzu werden differenzierte Vorschläge gemacht, die von der Notwendigkeit und Möglichkeit der bürgerschaftlichen Beteiligung ausgehen.
Bd. 30, 2000, 392 S., 25,90 €, br., ISBN 3-8258-5083-8

Jürgen Howaldt; Michael Kohlgrüber; Ralf Kopp; Eva Mola; Georg Schulze; Annette Sträter; Walter Wicke
Aufbau regionaler Lernnetzwerke am Beispiel der Dortmunder Metallindustrie
Ergebnisse des Projektes "Betriebliche Reogranisation im regionalen Kontext" (REKO)
Netzwerke haben Konjunktur. Sie können helfen die unterschiedlichen Kräfte einer Region zu bündeln und gemeinsame Entwicklungsprozesse voranzutreiben. Insbesondere kleinen und mittleren Unternehmen können solche Netzwerke helfen, notwendige Veränderungsprozesse im Verbund mit kompetenten Partnern zu bewältigen und langfristig die eigene Wettbewerbsfähigkeit zu erhalten. Allerdings stellt der Aufbau und das Management solcher Netzwerke ihre Promotoren vor schwierige Aufgaben. Die richtigen Partner müssen gefunden und die unterschiedlichen Interessen in Einklang gebracht werden zudem müssen neue unternehmensübergreifende Arbeitsformen entwickelt und auf die Bedürfnisse der Kooperationspartner hin zugeschnitten werden.
Der hier vorgelegte Handlungsleitfaden will den Nutzen derartiger Netzwerke verdeutlichen und Praktikern, die sich für deren Aufbau und Management interessieren oder die bereits selbst als "Netzwerkmanager" agieren, eine anschauliche Orientierung ermöglichen.
Bd. 31, 2000, 112 S., 15,90 €, br., ISBN 3-8258-5084-6

Walter R. Heinz; Hermann Kotthoff; Gerd Peter (Hg.)
Beratung ohne Forschung – Forschung ohne Beratung?
Der Transfer von Forschungsergebnissen in wissenschaftliche wie praktische Kontexte gehört zum Alltagsgeschäft des Wissenschaftlers. Doch in jüngster Zeit werden mehr und mehr Praxisanforderungen gestellt, die sozialwissenschaftlichen Sachverstand (expertise) in Beratung oder Moderation abrufen wollen. Dementsprechend hat

forschungsgestützte Beratung von Institutionen, Organisationen, Betrieben und Politik inzwischen einen festen Platz in der Wissenschaft und Praxis eingenommen, da dieser Typus von Beratung geeignet scheint, bestehende Lücken zwischen Theorie und Praxis, Grundlagen- und Anwendungsforschung, Experten- und Laienwissen zu schließen. Gleichwohl stellen sich dabei noch viele Fragen, die beantwortet werden müssen, und neue Problemstellungen tauchen auf, die zu lösen sind. Die zweite Tagung des Instituts für Sozialforschung und Sozialwirtschaft (iso), Saarbrücken, des Instituts zur Erforschung sozialer Chancen (ISO), Köln, und der Sozialforschungsstelle (sfs), Dortmund, widmete sich diesen Fragen vor dem Hintergrund der Erfahrung ihrer eigenen Forschungs- und Beratungspraxis.

Bd. 32, 2001, 112 S., 17,90 €, br., ISBN 3-8258-5405-1

Marion Vortmann

Freiwilliges Engagement älterer Menschen als Instrument der gesellschaftlichen Partizipation

Handlungsbedarf und Förderstrategien

Der Focus der vorliegenden Publikation ist auf neue Vergesellschaftungserfordernisse des Alters gerichtet. Empirische Studien belegen, dass freiwilliges Engagement ein von älteren Menschen erwünschtes Betätigungsfeld darstellt und grundsätzlich hohes Interesse daran besteht.

Ältere haben einen ähnlich hohen Beteiligungsgrad wie andere Altersgruppen. Ihr zeitlicher Einsatz ist jedoch höher. Dem großen ermittelten Potenzial engagementbereiter Menschen fehlen Umsetzungschancen, bereits Engagierte wünschen verbesserte Rahmenbedingungen und neue moderne Mitwirkungsformen. Wer sich engagiert, hat bestimmte Vorstellungen von seinem Engagement. Zu berücksichtigen sind neue Motivationsformen und Zeitvorstellungen sowie Informations-, Beratungs- und Begleitwünsche.

Ältere wollen Selbstbestimmung, Eigenständigkeit und Verantwortungsübernahme in gewünschten Handlungsfeldern.

Freiwilliges Engagement hat nur dann Zukunft, wenn die Rahmenbedingungen an die neuen Wünsche und Bedürfnisse älterer Menschen, die sich einbringen wollen, angepasst werden.

Bd. 33, 2001, 164 S., 17,90 €, br., ISBN 3-8258-5406-x

Nicole Maly

Töchter, die ihre Mütter pflegen

Eine Analyse ihrer Lebenssituation

Die Töchter stellen in der Bundesrepublik Deutschland ein bedeutendes Pflegepotential dar. Ohne sie würde eine große Versorgungslücke im Bereich der häuslichen Pflege entstehen. Dieses Buch widmet seine Aufmerksamkeit diesen Frauen, deren Lebenssituation sich durch die mütterliche Pflegebedürftigkeit gravierend verändert: In einer Untersuchung sind pflegende Töchter unter anderem danach gefragt worden, was sie zur Pflege bewegt hat, ob und inwiefern sich die Pflege der Mutter auf ihr Familienleben sowie auf andere wichtige Lebensbereiche ausgewirkt hat, und welche Hilfen und Unterstützungsmöglichkeiten sie in Anspruch genommen haben. Aus den dargelegten Ergebnissen lassen sich auch Maßnahmen und Unterstützungsleistungen für Pflegende ableiten, die ebenfalls in diesem Buch präsentiert werden.

Bd. 34, 2001, 224 S., 20,90 €, br., ISBN 3-8258-5519-8

Gerhard Naegele; Monika Reichert; Nicole Maly

10 Jahre Gerontologische Forschung in Dortmund

Bilanz und Perspektiven

Das zehnjährige Bestehen der Forschungsgesellschaft für Gerontologie e. V. wurde zum Anlass für eine Fachtagung in Dortmund genommen, bei der aktuelle Themen der Sozialen Gerontologie im Mittelpunkt standen. Neben Grußworten und Vorträgen zum gegenwärtigen Stand der Gerontologie – sowohl aus europäischer als auch aus interdisziplinärer Perspektive – standen Arbeitsgruppen auf dem Programm. Diese boten die Möglichkeit für konkrete inhaltliche Arbeit zu ausgewählten Themen, welche die Forschungsschwerpunkte am Institut für Gerontologie in Dortmund widerspiegeln.

In dieser Tagungsdokumentation sind nun die Grußworte, die Hauptreferate sowie die in den Arbeitsgruppen gehaltenen Impulsreferate noch einmal zusammengestellt worden.

Bd. 35, 2001, 136 S., 15,90 €, br., ISBN 3-8258-5541-4

Wolf Klehm (Hg.)

Das ZWAR-Konzept

Moderation, Animation und existentielle Begegnung in der Gruppenarbeit mit "Jungen Alten". Rekonstruktion und Reflexion auf der Grundlage ethnographischer Bildungsforschung

Das Konzept, das auf Moderation, existentieller Animation und Gestaltarbeit beruht, fördert die Weiterentwicklung von Gruppen älterer Menschen, die einen Teil ihrer Freizeit gemeinsam gestalten und tragfähige soziale Netzwerke im Sinne von Freundeskreisen entwickeln. Die sinnvolle Gestaltung der (erwerbs-) arbeitsfreien Zeit ist eine wichtige Lebensaufgabe im (Vor-) Ruhestand. ZWAR (Zwischen Arbeit und Ruhestand), das vom Herausgeber gegründet und

geleitet wurde, bietet seit mehr als 20 Jahren Weiterbildung dafür an. Vor dem Hintergrund dieser Erfahrungen wurde in einem Forschungs- und Entwicklungsprojekt im Diskurs zwischen Praktikern und ethnographischen Begleitforschern das Konzept rekonstruiert und entwickelt.
Bd. 36, 2002, 256 S., 20,90 €, br., ISBN 3-8258-5814-6

Walter R. Heinz; Hermann Kotthoff; Gerd Peter (Hg.)
Lernen in der Wissensgesellschaft
Immer mehr Unternehmen sehen sich veranlaßt, zur Steigerung der Arbeitsproduktivität und zur Bewältigung der komplexen Reorganisationsmaßnahmen auf das Wissen und die aktive Mitwirkung der Beschäftigten und ihrer Interessenvertretungen zu setzen. Bildung, vor allem berufliche Weiterbildung, gilt weitgehend unbestritten als einer der entscheidenden Modernisierungsfaktoren.
„Lebenslanges Lernen" heißt die Forderung in der öffentlichen Debatte, in der jedoch umstritten ist, wer die Bedingungen dafür zu schaffen hat und wer die Kosten trägt. Allenfalls die größeren Unternehmen sind tatsächlich in der Lage, derart weitreichende Neuregelungen der betrieblichen Weiterbildung zu etablieren; kleine und mittlere Betriebe sind dagegen auf Kooperationsverbünde angewiesen.
Diese neuen Entwicklungen sind auf der Tagung „Lernen in der Wissensgesellschaft" vom ISO-Köln, vom iso-Saarbrücken und von der sfs-Dortmund kritisch reflektiert worden. Der Reader enthält dazu Beiträge von Axel Bolder und Walter Heinz (ISO, Köln), Ingrid Matthäi und Achim Huber (iso, Saarbrücken), Gerd Peter, Wilfried Kruse und Jürgen Howaldt (sfs Dortmund).
Bd. 37, 2002, 112 S., 17,90 €, br., ISBN 3-8258-6018-3

Cordula Sczesny
Arbeitszeitgestaltung zwischen arbeitswissenschaftlichen Erkenntnissen und individuellen Arbeitszeitpräferenzen
Am Beispiel der Dauernachtarbeit im Krankenhaus
Die Trennung von Tag- und Nachtdienst sowie der Einsatz von Pflegekräften die ausschließlich nachts arbeiten – den Dauernachtwachen – gehören zu den kaum hinterfragten Selbstverständlichkeiten in der Krankenpflege.
Zahlreiche Gründe veranlassen Pflegekräfte immer wieder in den Dauernachtdienst zu wechseln. Dieser kann sich als Nachtdienstfalle entpuppen: je länger ausschließlich nachts gearbeitet wird, desto schwieriger wird eine Rückkehr in den normalenSStationsalltag.
Arbeitswissenschaftler/innen weisen seit Jahren auf die Gefahren der Dauernachtarbeit hin. Die Umsetzung ihrer Empfehlungen zur Gestaltung von Nacht- und Schichtarbeit stossen jedoch nicht nur bei den betroffenen Dauernachtwachen auf Ablehnung.
Auf der Basis einer schriftlichen Befragung sowie Interviews mit Dauernachtwachen werden Handlungsempfehlungen für die Gestaltung der Arbeitszeit in der stationären Krankenpflege entwickelt. Diese tragen sowohl den verobjektivierten arbeitswissenschaftlichen Gestaltungsempfehlungen als auch den Arbeitszeitwünschen sowie den beruflichen und familialen Belastungssituationen der Pflegekräfte Rechnung.
Das Plädoyer gilt einer lebensphasenorientierten Arbeitszeitgestaltung als Teil eines betrieblichen Beschäftigungsmanagements.
Bd. 38, 2004, 368 S., 30,90 €, br., ISBN 3-8258-6019-1

Jürgen Klute; Karl Heinz Bitter (Hg.)
Dokumentation: Sozialkonferenz Herne 2002
Der Rückzug der Montanindustrie sowie Rationalisierungen in der übrigen Industrie und in den Verwaltungen haben etliche 100.000 Arbeitsplätze vernichtet.
Die finanzkräftigeren Bürger/innen wandern ins Umland ab.
Die finanzielle Unterstützung des Strukturwandels im Ruhrgebiet durch die EU läuft 2006 aus.
Wie kann die Region angesichts dessen ihre Zukunft aus eigener Kraft sozial verantwortbar und wirtschaftlich erfolgreich gestalten?
Die *Sozialkonferenz Herne 2002* stellt sich diesen Problemen unter den Themen:
- Zukunft der Arbeit
- Gesundheit
- Bildung und Qualifikation
- demografische Entwicklungen

Die Veranstalter:
- Herner Bündnis
- Heinrich Böll Stiftung NRW
- Volkshochschule Herne

Bd. 39, 2002, 256 S., 15,90 €, br., ISBN 3-8258-6147-3

Helmut Martens
Die Zukunft der Mitbestimmung beginnt wieder neu
Bilanz und Perspektiven der Mitbestimmung im Lichte von Grundlagen- und Auftragsforschung, Beratung und Forschungstransfer in den 1990ern
Dass die Zukunft der Mitbestimmung wieder neu beginnt, ist angesichts der fortgesetzten Erosionskrise der Institutionen der Arbeit zunächst eine programmatische politische These gegen den neoliberalen Zeitgeist. Aber es gibt gute Gründe dafür, dass im Zuge der Metamorphosen der Arbeit am Ende des Fordismus starke neue De-

Dieter Scholz; Heiko Glawe;
Helmut Martens; Pia Paust-Lassen;
Gerd Peter; Frieder O. Wolf (Hg.)

Arbeit in der neuen Zeit

Regulierung der Ökonomie, Gestaltung der Technik, Politik der Arbeit. Ein Tagungsband

Dieses Buch zu einer neuen Politik der Arbeit ist als Ergebnis einer Tagung entstanden, die der DGB Bezirk Berlin Brandenburg gemeinsam mit der Sozialforschungsstelle Dortmund und dem Berliner inEcom Institut am 29. – 30.11.2002 in Berlin-Spandau/ IGM-Bildungsstätte Pichelsee durchführten. Neben den die Tagung vorbereitenden und nachbereitenden Texten und den Beiträgen der Herausgeber finden sich die Referate u. a. von Adelheid Biesecker, Hildegard Maria Nickel und Johano Strasser.
(Vgl. auch die Website des Diskursprojektes: www.Forum-neue-Politik-der-Arbeit.de)

Bd. 46, 2004, 360 S., 29,90 €, br., ISBN 3-8258-7034-0

Uta Zybell

An der Zeit

Zur Gleichzeitigkeit von Berufsausbildung und Kindererziehung aus Sicht junger Mütter

Es ist kaum zu glauben, dass die schlichte Tatsache, Mutter zu sein, bisher verhindert hat, eine Ausbildung im Dualen System zu absolvieren. Die vorliegenden Veröffentlichungen zeigen Wege auf, diese Benachteiligung nicht nur zu beseitigen, sondern aus den Erfahrungen mit der Ausbildung junger Mütter generelle Reformoptionen für die berufliche Ausbildung in Deutschland zu begründen, die allen jungen Erwachsenen zur Verfügung stehen können. Flexibilisierung und Individualisierung ohne Abstriche an der Qualität der beruflichen Ausbildung stehen damit auf der Tagesordnung der Reformagenda. Es ist an der Zeit!

Bd. 47, 2003, 288 S., 29,90 €, br., ISBN 3-8258-7172-x

Laima Nader; Gwendolyn Paul; Angela Paul-Kohlhoff

An der Zeit

Zur Gleichzeitigkeit von Selbständigkeit und Begleitung aus Sicht der Betriebe, der Berufsschule und der Bildungsträger

Es ist kaum zu glauben, dass die schlichte Tatsache, Mutter zu sein, bisher verhindert hat, eine Ausbildung im Dualen System zu absolvieren. Die vorliegenden Veröffentlichungen zeigen Wege auf, diese Benachteiligung nicht nur zu beseitigen, sondern aus den Erfahrungen mit der Ausbildung junger Mütter generelle Reformoptionen für die berufliche Ausbildung in Deutschland zu begründen, die allen jungen Erwachsenen zur Verfügung stehen können. Flexibilisierung und Individualisierung ohne Abstriche an der Qualität der beruflichen Ausbildung stehen damit auf der Tagesordnung der Reformagenda. Es ist an der Zeit!

Bd. 48, 2003, 296 S., 29,90 €, br., ISBN 3-8258-7183-5

Frerich Frerichs; Kai Leichsenring;
Gerhard Naegele; Monika Reichert;
Michael Stadler-Vida

Qualität Sozialer Dienste in Deutschland und Österreich

Die Studie untersucht die Bedeutung von koordinierten und integrativen Leistungen sozialer Dienste und die dafür eingesetzten Maßnahmen einerseits und die Stärkung der Stellung und Beteiligung ihrer NutzerInnen andererseits. Als Nutzergruppen werden ältere pflegebedürftige Menschen, arbeitslose Jugendliche und geistig behinderte Menschen einbezogen. Im Zusammenhang mit der Erbringung von integrierten und koordinierten Dienstleistungen und Maßnahmen der Qualitätssicherung werden des weiteren die Qualität der Arbeitsbedingungen und die Einbeziehung der MitarbeiterInnen analysiert. Der Band versteht sich insgesamt als Beitrag zur Debatte über die Professionalisierung, die Entwicklung von Qualitätsstandards und die Lage der Beschäftigten im Bereich sozialer Dienste.

Bd. 49, 2003, 264 S., 19,90 €, br., ISBN 3-8258-7191-6

Gerd Peter

Wissenspolitik und Wissensarbeit als Gesellschaftsreform

Die Beiträge des vorliegenden Sammelbandes sollen aufzeigen, dass es sich bei den aktuellen Debatten zu Wissensmanagement, Wissenspolitik und Wissensgesellschaft im Kern um einen Jahrzehnte alten Diskurs handelt, oft jeweils nur im Gewand veränderter Begrifflichkeiten geführt. Es wird deutlich, dass frühere Rationalitätsvorstellungen gesellschaftlicher Planung und Organisation sich zwar an gesellschaftlichen Interessen und politischer Machtausübung gebrochen haben, dass es aber keinen Grund gibt anzunehmen, dass die damit verbundenen Problemlagen inzwischen gelöst sind. Wichtige Erkenntnisse für das Weitermachen kann man aus den Erfahrungen mit dem Humanisierungsprogramm gewinnen, mit der Technologiepolitik auf der Ebene von Bundesländern, aus der interdisziplinären Arbeitsforschung und sozialwissenschaftlicher Beratung, aber auch einer begleitenden Grundlagenreflexion. Hiervon zeugen die bisher nur verstreut zugänglichen Abhandlungen aus den Jahren 1972 – 2002.
(siehe auch www.sfs-dortmund.de)

Bd. 50, , 440 S., 34,90 €, br., ISBN 3-8258-7213-0

mokratisierungspotentiale entstehen. Die Beiträge in diesem Buch arbeiten im Licht der aktuellen wissenschaftlichen Debatte Begründungszusammenhänge und empirische Anknüpfungspunkte für eine neuerliche Verlebendigung von Mitbestimmungsansprüchen und -Zielen heraus. Es geht um Bilanz und Perspektiven eines gesellschaftspolitischen Reformprojekts.
Bd. 40, 2002, 240 S., 25,90 €, br., ISBN 3-8258-6289-5

Eckart Schnabel; Frauke Schönberg (Hg.)
Qualitätsentwicklung in der Versorgung Pflegebedürftiger
Bilanz und Perspektiven
Im vorliegenden Band werden der Stand, aber auch die Perspektiven der Qualitätsentwicklung in der Versorgung Pflegebedürftiger aus unterschiedlichen Blickwinkeln diskutiert: Die Autorinnen und Autoren thematisieren in ihren Beiträge u.a. konzeptuelle Überlegungen und Bilanzierungen des Systems „Pflegeversicherung", setzen sich mit dem Leistungsgeschehen und Qualitätsmängeln in der ambulanten und stationären Pflege auf der Grundlage empirischer Forschung auseinander und stellen ausgewählte „Instrumente" der Qualitätsentwicklung und -sicherung und deren Evaluation vor. Darüber hinaus wird die aktuelle Diskussion der Nutzerorientierung kritisch reflektiert und nicht zuletzt stellen unterschiedliche an der Pflegeversicherung beteiligte Akteure ihr Verständnis von Qualitätsentwicklung dar. Insgesamt illustrieren die hier gesammelten Aufsätze ein Spektrum an Themen und zeigen zugleich die Vielfalt der Fragen und Problembereiche, wie sie für die gegenwärtige Diskussion um Qualität und Qualitätsentwicklung charakteristisch sind.
Bd. 41, 2003, 240 S., 17,90 €, br., ISBN 3-8258-6632-7

Gerda Reschl-Rühling
Personelle und organisatorische Umstrukturierung in Einrichtungen der stationären Altenpflege
Bd. 42, Frühjahr 2004, ca. 504 S., ca. 34,90 €, br., ISBN 3-8258-6639-4

Susanne Felger; Wilfried Kruse; Angela Paul-Kohlhoff; Silke Senft
Partizipative Arbeitsorganisaiton: Beteiligung jenseits von Naivität
Ergebnisse aus dem PartArt-Projekt
Partizipation jenseits von Naivität
Mit diesem Titel unserer Veröffentlichung aus einem Arbeitsgestaltungsprojekt wird versucht die Nüchternheit gegenüber beteiligungsorientierten Ansätzen in der Arbeitsgestaltung zu erfassen, wie in den Betriebsfallstudien deutlich zeigte. Beteiligung der Belegschaften an der Gestaltung von Arbeitsprozessen ist jenseits aller Humanisierungseuphorie zu einer „normalen", wenngleich schwierigen Perspektive der Arbeitsgestaltung geworden. Dabei dürfen allerdings nicht die Schwierigkeiten und Probleme der Umsetzung verkannt werden, aber auch nicht die neuen Chancen für verbesserte Arbeitsbedingungen.
Bd. 43, 2003, 248 S., 24,90 €, br., ISBN 3-8258-6786-2

Olaf Katenkamp; Ralf Kopp; Antonius Schröder (Hg.)
Praxishandbuch: Empirische Sozialforschung
Aus dem Inhalt:
Qualitative Methoden:
Narrative Interviews – Experteninterviews – Telefoninterview – Teilnehmende Beobachtung
Fallstudien – Methoden der Organisationsentwicklung und -beratung
Qualifizierungsbedarfsanalyse (QBA) – Nachhaltige Personal- und Organisationsentwicklung (NPO) – Kollegiale Fallberatung in der organisationellen Praxis – Organisationsdiagnose als Baustein zur Einführung von Gender Mainstreaming – Gesundheitszirkel – Runder Tisch – Kommunikationspotentialanalyse (KPA)
Quantitative Methoden:
Beschäftigtenbefragungen – Standardisierte mündliche Befragung – Panelbefragung – Delphi-Methode – Evaluation von Modellprogrammen
Bd. 44, 2003, 320 S., 24,90 €, br., ISBN 3-8258-6901-6

Monika Reichert; Angela Carell; Maggie Pearson; Andrew Nocon (Hg.)
Informelle außerfamiliäre Unterstützungsnetzwerke älterer Menschen mit Hilfe- und Pflegebedarf
Eine deutsch-britische Vergleichsstudie
Es zeichnen sich bezogen auf informelle Unterstützungsmöglichkeiten für ältere hilfebedürftige Menschen bereits seit längerem zwei gegenläufige Tendenzen ab: Einerseits wird ein steigender Bedarf an informellen Hilfeleistungen prognostiziert, dem andererseits vielfältige soziostrukturelle und arbeitsmarktpolitische Entwicklungen entgegenstehen. Um auch zukünftig dem Hilfebedarf älterer Menschen entsprechen und gleichzeitig den sozialpolitisch wie sozialrechtlich favorisierten Vorrang informeller Unterstützungsleistungen vor professionell erbrachter Hilfe weiterhin umsetzen zu können, müssen *andere* informelle Hilfequellen erschlossen werden. Diese Untersuchung beschäftigt sich im Rahmen eines deutsch-britischen Vergleichs mit der Frage, inwieweit und unter welchen Umständen Freunde, Nachbarn und Bekannte bereit sind, für einen längerfristigen Zeitraum und in einem größeren Umfang Hilfe zu leisten.
Bd. 45, 2003, 136 S., 14,90 €, br., ISBN 3-8258-7028-6